Speth
(Hrsg.)

Berufsfachliche Kompetenz Industrie
Grundstufe

Ausgabe Baden-Württemberg

Speth (Hrsg.)

Berufsfachliche Kompetenz Industrie

Grundstufe

Ausgabe Baden-Württemberg

Merkur Verlag Rinteln

Wirtschaftswissenschaftliche Bücherei für Schule und Praxis
Begründet von Handelsschul-Direktor Dipl.-Hdl. Friedrich Hutkap †

Herausgeber:

Dr. Hermann Speth

Verfasser:

Dr. Hermann Speth, Dipl.-Hdl., Wangen im Allgäu

Hartmut Hug, Dipl.-Hdl., Argenbühl

Hans-Jürgen Hahn, Dipl.-Hdl., Balingen

Gernot B. Hartmann, Dipl.-Hdl., Emmendingen

Friedrich Härter, Dipl.-Volkswirt, Sexau

Aloys Waltermann, Dipl.-Kfm. Dipl.-Hdl., Fröndenberg

* * * * *

2., aktualisierte Auflage 2007

Gesamtherstellung:
MERKUR VERLAG RINTELN Hutkap GmbH & Co. KG, 31735 Rinteln

E-Mail: info@merkur-verlag.de
Internet: www.merkur-verlag.de

Umschlagfoto: Festo AG & Co.

ISBN 978-3-8120-**0555-5**

Vorwort

Auf der Grundlage des Rahmenlehrplans für den Ausbildungsberuf Industriekaufmann/Industriekauffrau hat das Land Baden-Württemberg einen neuen Lehrplan erstellt, der seit dem Schuljahr 2006/2007 in Kraft ist. Dieses Schulbuch deckt die Lerninhalte des 1. Schuljahres für die Schwerpunkte Betriebswirtschaft (Abschnitt A), Steuerung und Kontrolle (Abschnitt B) sowie Gesamtwirtschaft (Abschnitt C) ab.

Für Ihre Arbeit mit dem Lehrbuch möchten wir Sie auf Folgendes hinweisen:

- Zentrales Prinzip bei der Behandlung der betriebswirtschaftlichen Lerninhalte ist, fachsystematische mit prozessorientierten Elementen zu verknüpfen.
- Zahlreiche Abbildungen, Schaubilder, Beispiele, Begriffschemata, Gegenüberstellungen und Zusammenfassungen erhöhen die Anschaulichkeit und Einprägsamkeit der Informationen.
- Fachwörter, Fachbegriffe und Fremdwörter werden grundsätzlich im Text oder in Fußnoten erklärt.
- Bei der Behandlung wichtiger Gesetze werden die Paragrafen angegeben, um Ihnen die selbstständige Arbeit bei der Lösung von Rechtsfragen zu erleichtern.
- Die Einführungskapitel im Buchführungsteil sind bewusst in kleinere Lernschritte aufgeteilt worden. Wir wollen damit erreichen, dass der Schüler/die Schülerin behutsam in die Denkweise der Buchführung eingeführt wird und die Grundzusammenhänge genau erkennt. Aus unserer Praxis des Buchführungsunterrichts wissen wir, dass der Schüler, der die Grundlagen nicht beherrscht, bei dem streng logischen Stoffaufbau der Buchführung stets Schwierigkeiten haben wird.
- Als unterstützende Anschauungshilfe werden in der Einführungsphase im Buchführungsteil bei allen Beispielen folgende Farben beim Buchen verwendet: Aktivkonten: grau, Passivkonten: rot, Aufwendungen: violett, Erträge: blau.
- Die Abwicklung eines Kundenauftrags mit einer integrierten Unternehmenssoftware wird im Abschnitt D dargestellt. Als Software wird Microsoft Business Solutions-Navision® eingesetzt.
- Ein ausführliches Stichwortverzeichnis hilft Ihnen, Begriffe und Erläuterungen schnell aufzufinden.
- Für das 2. und 3. Ausbildungsjahr steht jeweils ein Aufbauband für die Schwerpunkte Betriebswirtschaft – Fachstufe (ISBN 978-3-8120-0558-6), Steuerung und Kontrolle – Fachstufe (ISBN 978-3-8120-0556-2) und Gesamtwirtschaft – Fachstufe (ISBN 978-3-8120-0507-4) zur Verfügung.

Hinweis: Durch das Unternehmensteuerreformgesetz 2008 ergeben sich ab 1. Januar 2008 Änderungen bei der Berechnung der Abschreibung. Das Kapitel Abschreibungen wurde entsprechend überarbeitet und richtet sich an der neuen Gesetzeslage aus.

Wir wünschen Ihnen einen guten Lehr- und Lernerfolg!

Die Verfasser

Inhaltsverzeichnis

Abschnitt A: Schwerpunkt Betriebswirtschaft

Lernfeld 1: Kundenaufträge bearbeiten

Lernfeld 2: Leistungserstellungsprozesse planen, steuern und kontrollieren

Abschnitt B: Schwerpunkt Steuerung und Kontrolle

Lernfeld 7: Geschäftsvorfälle erfassen und buchen

Lernfeld 8: Kosten erfassen, verursachungsgerecht verteilen und analysieren

Abschnitt C: Schwerpunkt Gesamtwirtschaft

Lernfeld 10: In Ausbildung und Beruf orientieren

Abschnitt D: Abwicklung eines Kundenauftrags mit einer integrierten Unternehmenssoftware

Abschnitt A: Schwerpunkt Betriebswirtschaft

Lernfeld 1: Kundenaufträge bearbeiten

1 Organisatorische Grundlagen des Wirtschaftens

1.1 Begriffe und Voraussetzungen der Organisation

(1) Organisation

Jedes Unternehmen setzt sich bestimmte Ziele, die es erreichen will. Damit wird die Richtung festgelegt, in der sich das Unternehmen in Zukunft entwickeln soll. Nach der Zielsetzung wird über alle Maßnahmen entschieden, die der Zielerreichung dienen sollen. Eine der Maßnahmen, über die im Rahmen der Planung entschieden werden muss, ist die Frage der **(Betriebs-)Organisation.**

Merke:

Unter **Organisation** verstehen wir ein System von geplanten Regelungen und Arbeitsanweisungen, durch das der Betriebsaufbau und die betrieblichen Abläufe gestaltet werden.

Im Rahmen der Organisation werden die anstehenden Aufgaben in einzelne Teilaufgaben zerlegt und an Mitarbeiter verteilt, es werden Anordnungsbefugnisse übertragen und Menschen und Sachen einander zugeordnet. Im Rahmen der Organisation sind zu regeln: die Rangordnungsverhältnisse der Mitarbeiter zueinander (Aufbauorganisation) und der Ablauf der Arbeitsprozesse (Ablauforganisation).

- Die **Aufbauorganisation**[1] legt die Aufgaben und Zuständigkeiten von Mitarbeitern fest. Sie befasst sich mit Institutionen, Stellen, Abteilungen.

Beispiel:

Die Aufbauorganisation sagt u.a. darüber etwas aus, welcher Mitarbeiter für den Verkauf der Erzeugnisgruppe A zuständig ist.

- Die **Ablauforganisation**[1] legt die zeitliche und räumliche Ordnung der Arbeitsabläufe fest. Sie befasst sich mit Arbeits- und Bewegungsabläufen innerhalb der festgelegten Institutionen.

Beispiel:

Die Ablauforganisation legt z.B. die zeitliche Fertigstellung von Werkstücken bei der Herstellung einer Werkzeugmaschine fest.

(2) Improvisation

Merke:

Ungeplante Regelungen nennt man **Improvisation.**

---

1 Es handelt sich hier um eine theoretische Begriffstrennung. In der Realität sind die Organisationsstruktur eines Betriebs und die darin anfallenden Abläufe untrennbar miteinander verbunden, d. h., die Organisation von Ablauf und Aufbau muss synchron (gleichzeitig, gleichlaufend) erfolgen.

Improvisation ist dann erforderlich, wenn im Betrieb unerwartete Situationen auftreten.

Je größer der Spielraum für ungeplante Regelungen (Improvisationen) ist, desto größer ist die **Elastizität**[1] des Betriebs. Andererseits wächst mit zunehmender Improvisation die Gefahr von Fehlentscheidungen.

(3) Voraussetzungen der Organisation

Die Organisation als System von Regelungen und Anweisungen setzt Tätigkeiten voraus, die

- regelmäßig anfallen **(Wiederholbarkeit)**,
- in gleicher oder wenigstens ähnlicher Weise bewältigt werden müssen **(Gleichartigkeit)** und
- auf mehrere Personen (Stellen), Abteilungen oder Abteilungsgruppen verteilt werden können **(Teilbarkeit)**.

Beispiel:

Das Öffnen der Briefpost ist eine Tätigkeit, die sich ständig wiederholt. Es handelt sich außerdem um eine gleich bleibende Tätigkeit, die von einer Person bzw. von mehreren Personen in einer Abteilung (z. B. in der Poststelle) vorgenommen werden kann.

1.2 Aufbauorganisation[2]

1.2.1 Überblick

Die Aufbauorganisation vollzieht sich in mehreren Schritten:

Aufgabengliederung (Aufgabenanalyse) → Stellenbildung (Aufgabensynthese) → Stellenbesetzung[3] (Aufgabenverteilung) → Festlegung eines Weisungssystems[4]

1.2.2 Aufgabengliederung (Aufgabenanalyse)

(1) Problemstellung

Zu Beginn der organisatorischen Arbeiten muss die Gesamtaufgabe des Betriebs in zuordnungsreife Teilaufgaben zerlegt **(Aufgabengliederung, Aufgabenanalyse)** und anschließend geregelt werden. Die getroffenen Regelungen bilden den Inhalt der Betriebsorganisation. Sie gewährleisten, dass eine bestimmte Ordnung im betrieblichen Ablauf herrscht.

Die Zerlegung der Gesamtaufgabe in zuordnungsreife Teilaufgaben kann nach **sachlichen Gesichtspunkten,** d.h. nach **Funktionen (Verrichtungen),** nach **Objekten** oder nach **formalen Gesichtspunkten,** z.B. nach dem **Rang,** erfolgen.

1 Elastizität, hier: Reaktionsfähigkeit.

2 Einen Vergleich zwischen der Aufbauorganisation und einer prozessorientierten Organisation finden Sie in Kapitel 2.3.2, S. 35ff.

3 Aufgrund des Lehrplans wird auf die Stellenbesetzung im Folgenden nicht eingegangen.

4 Aufgrund des Lehrplans wird hierauf im Folgenden nicht eingegangen.

Einteilungsgesichtspunkte	Erläuterungen	Beispiele
Funktionen (Aufgaben, Verrichtungen)	Die Aufgliederung der Gesamtaufgabe erfolgt nach den betrieblichen Aufgaben. Die Aufgaben werden dabei in die einzelnen, zu ihrer Erfüllung notwendigen Verrichtungen zerlegt.	Betriebliche Funktionen (Aufgaben) des Industriebetriebs sind: ■ Beschaffungs- u. Lagerwirtschaft ■ Produktionswirtschaft ■ Absatzwirtschaft ■ Finanz- und Rechnungswesen ■ Personalwirtschaft
Objekte	Die Aufgliederung der Gesamtaufgabe erfolgt nach Warengruppen.	Eine Möbelfabrik gliedert sich z. B. nach den Warengruppen ■ Wohnzimmermöbel ■ Küchenmöbel ■ Schlafzimmermöbel
Formale Gesichtspunkte (z. B. Rang)	Alle Teilaufgaben werden danach geordnet, ob es sich um Leitungs- oder um Ausführungsaufgaben handelt.	Die Teilfunktion Absatzwirtschaft wird gegliedert in ■ Verkaufsleiter ■ Sachbearbeiter

(2) Aufgabengliederung nach Funktionen

Im Folgenden wird die **Aufgabengliederung nach Funktionen** (Aufgaben, Verrichtungen) näher vorgestellt. Nach der Bedeutung der Aufgaben untergliedern wir stufenweise in Gesamtaufgaben, Hauptaufgaben und Teilaufgaben.

■ Hauptaufgaben

Beispiel: Die Hauptaufgaben eines Industriebetriebs sind:

■ Teilaufgaben

In größeren Betrieben werden die Hauptaufgaben noch tiefer bis auf die Ebene der Teilaufgaben zergliedert.

Beispiel: Die Materialwirtschaft wird in den Einkauf und die Werkstofflagerung aufgeteilt.

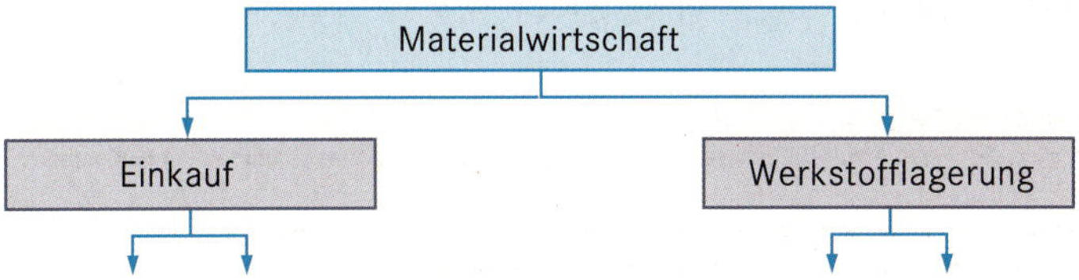

(3) Aufgabengliederungsplan

Das Ergebnis der Aufgabengliederung (Aufgabenanalyse) sind Aufgabengliederungspläne. Ein vereinfachter Aufgabengliederungsplan eines Industriebetriebs wird auf Seite 20 vorgestellt.

1.2.3 Stellenbildung (Aufgabensynthese)

(1) Begriff

Ziel der Aufgabengliederung war es, abgegrenzte Teilaufgaben zu definieren. Mehrere dieser Teilaufgaben (z. B. Werkstoffe und Dienstleistungen einkaufen, Belege buchen, Eingangsrechnungen prüfen) werden im folgenden Schritt, der Stellenbildung (Aufgabensynthese), zu größeren Aufgabeneinheiten zusammengefasst, die von einer Person bewältigt werden können. Die von einer Person durchzuführende Arbeit nennt man **Stellenaufgabe.** Die mit einer Stellenaufgabe betraute Person besetzt eine **Stelle,** ist Stelleninhaber. Die Stelle ist das **Grundelement der Aufbauorganisation.**

Beispiel:

Die 4 Stellen in einer Einkaufsabteilung entstehen durch die Zusammenfassung der Teilaufgaben **(TA)** 1 bis 14.

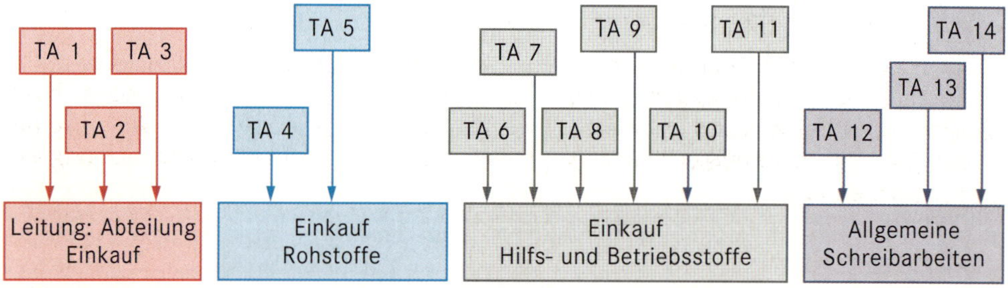

Merke:

Die Zusammenfassung von Teilaufgaben zu einem Arbeitsbereich für eine Person bezeichnet man **Stelle.**

(2) Stellenbeschreibung

Die Zuordnung der Teilaufgaben auf eine Stelle sowie die Einbindung der Stelle in die Organisationsstruktur werden in einer Stellenbeschreibung festgehalten. Aus der Stellenbeschreibung leiten sich die Kompetenz (Zuständigkeit) und die Verantwortung des Stelleninhabers ab.

Merke:

Die **Stellenbeschreibung** hat die Einordnung einer Stelle in den hierarchischen Aufbau eines Betriebs sowie die Aufgaben (Funktionen) einer Stelle deutlich zu machen.

Vorteile der Stellenbeschreibung sind z. B.

- schnelle Einarbeitung neuer Stelleninhaber,
- Verringerung von Streitigkeiten wegen unklarer Zuständigkeiten,
- eindeutige Regelung der Über-, Neben- und Unterordnungen (Weisungsrechte),
- Grundlage für die Personalentwicklungsplanung.

Die Vorteile verkehren sich jedoch ins Gegenteil, wenn die Stellenbeschreibungen nicht an die sich ständig verändernden Arbeitsbedingungen angepasst werden.

(3) Stellenarten

Wichtigstes Kriterium zur Zusammenfassung von Teilaufgaben zu einzelnen Stellen sind sachliche Gegebenheiten.

■ Objektprinzip (Objektzentralisation)

Beim **Objektprinzip** erfolgt die Zusammenfassung der Teilaufgaben unter dem Aspekt, dass sich ungleiche Arbeitsverrichtungen auf gleichartige Objekte beziehen, z. B. Einkaufen, Lagern, Vertreiben (ungleiche Arbeitsverrichtungen) der Erzeugnisgruppe Büromöbel (gleichartige Objekte).

■ Funktionsprinzip (Verrichtungszentralisation)

Beim **Funktionsprinzip** werden der Stelle Teilaufgaben mit gleichen Verrichtungen zugeordnet (z.B. nur bestellen oder kalkulieren oder buchen). Dies bedeutet, dass diese Arbeitsstelle Arbeitsverrichtungen an *ungleichen Objekten* vornimmt (z. B. Werbung für Erzeugnisgruppe Büromöbel, Erzeugnisgruppe Wohnzimmereinrichtungen, Erzeugnisgruppe Küchen usw.).

(4) Zusammenfassung von Stellen zu Abteilungen und Funktionsbereichen

■ Abteilungsbildung

Ein formales Kriterium zur Aufgabenverteilung ist die **Rangbildung** der Stellen. Dies rührt aus der Tatsache her, dass es im Betrieb **Ausführungsaufgaben** und **Leitungsaufgaben** gibt. Werden die Ausführungsarbeiten in einer ranghöheren Stelle zusammengefasst, so entsteht eine **Instanz.** Aufgabe der Instanz ist es, die rangniedrigeren Stellen zu leiten. Die Instanz mit den dazugehörigen rangniedrigeren Stellen zusammen bilden eine Abteilung.

Merke:

Eine **Abteilung** besteht aus mindestens einer Instanz und mehreren zugeordneten rangniedrigeren Stellen.

Werden mehrere Instanzen stufenweise wiederum einer übergeordneten Instanz zugeordnet, so entsteht damit die **Unternehmenshierarchie.**

2 Speth u. a. – ISBN 978-3-8120-0555-5

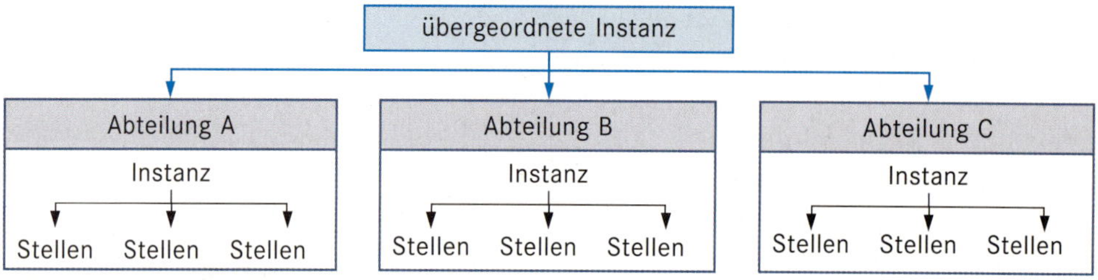

Funktionsbereiche

Es ist wichtig, dass die Aufgaben, die den jeweiligen Instanzen übertragen werden, mit der eingeräumten Kompetenz übereinstimmen. Sind die Kompetenzen nicht scharf abgegrenzt, so kommt es zu Reibereien zwischen den Abteilungen. Kann die übergeordnete Instanz in die laufenden Arbeiten einer Abteilung eingreifen, so kann man der untergeordneten Abteilung nicht die volle Verantwortung für die durchzuführenden Arbeiten übertragen. Die Aufgaben- und Kompetenzverteilung zu regeln, obliegt den Leitern der Funktionsbereiche bzw. der Geschäftsführung.

Merke:

Die **Hauptfunktionsbereiche** stellen die ranghöchsten Instanzen (Hauptabteilungen) eines Unternehmens dar.

(5) Organisationsplan (Organigramm)

Das Ziel der Aufgabensynthese war die Bildung von Stellen und Abteilungen. Deren Zuordnung wird in Stellen- und Abteilungsplänen dokumentiert. Damit sind die organisatorischen Einheiten in ihrer Aufgabenstellung, Rangordnung zueinander und Beziehungsgestaltung festgeschrieben.

Merke:

Stellen- und Abteilungspläne weisen die in einem Betrieb zu bildenden Stellen und Abteilungen aus und beschreiben deren Aufgabenbereiche, Rangordnung und Stellung im Betriebsaufbau.

Werden die einzelnen Stellen- und Abteilungspläne zu einem Gesamtplan zusammengefasst, so ergibt dies den Organisationsplan (ein Organigramm). Er bildet die organisatorische Aufbaustruktur des Betriebs vollständig ab.[1]

Merke:

Der **Organisationsplan (das Organigramm)** fasst die einzelnen Stellen- und Abteilungspläne zusammen. Er zeigt die vollständige organisatorische Aufbaustruktur des Betriebs.

Beispielhaft soll hier der Organisationsplan einer Kaffeerösterei vorgestellt werden.

1 Dem Organisationsplan kann ein Aufgabengliederungsplan beigefügt sein.

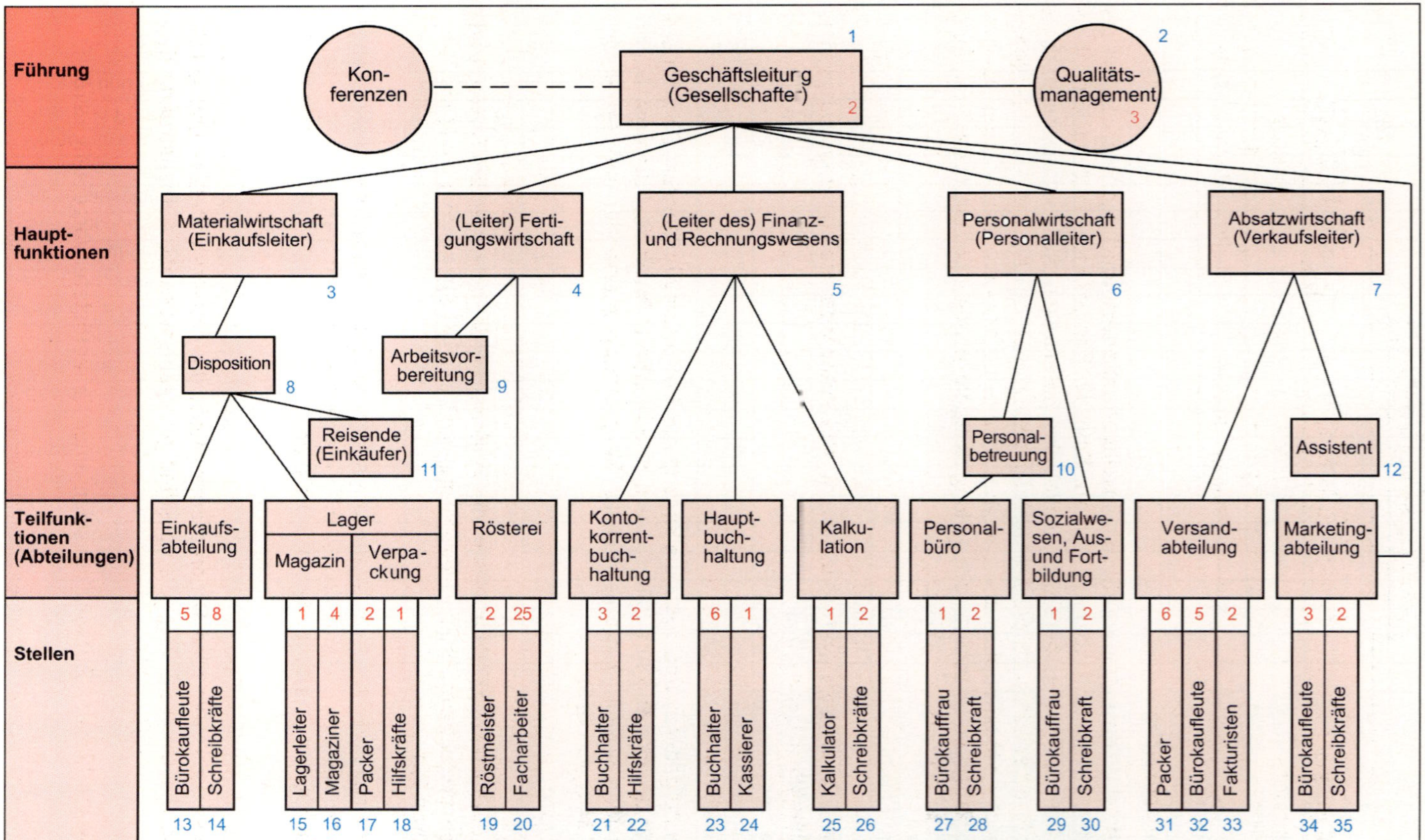

Die roten Zahlen 1, 2 usw. bedeuten die jeweilige Mitarbeiterzahl; die blauen Zahlen 1, 2 usw. identifizieren die Elemente des Organigramms.

Organisationplan einer Kaffeerösterei

Teilaufgaben / Personen bzw. Personengruppen	1 Gesellschafter	2 Qualitätsmanagement	3 Leiter	4 Leiter	5 Leiter	6 Leiter	7 Leiter	8 Disposition	9 Arbeitsvorbereitung	10 Personalbetreuung	11 Reisende	12 Assistent des VK	13 Bürokaufleute	14 Schreibkräfte	15 Lagerleiter	16 Magaziner	17 Packer	18 Hilfskraft	19 Röstmeister	20 Facharbeiter	21 Buchhalter	22 Hilfskräfte	23 Buchhalter	24 Kassierer	25 Kalkulator	26 Schreibkräfte	27 Bürokauffrau	28 Schreibkraft	29 Bürokauffrau	30 Schreibkraft	31 Packer	32 Bürokaufleute	33 Fakturisten	34 Bürokaufleute	35 Schreibkräfte
Bedarfsermittlung		□	□	□			□	□	□			○																				□			
Angotseinholung und -vergleich		□						□					○	△																					
Bestellung, Vertragsabschluss		□	✱					□			○		○	△																					
Warenannahme und -kontrolle		□		✱				✱	□						○	△																			
Warenpflege und -kontrolle		□		✱				✱	□						○	△																			
Kaffee belesen und rösten		□	✱	✱															○	○															
Verpacken		□	✱	✱													○	△																	
Eingangsrechnungen prüfen		□			✱								○																						
Eingangsrechnungen buchen		□			✱																○														
Werbung, Absatzpolitik	x	□					⊠																											○	△
Bestellungsannahme/Vertragsabschluss		□					✱																									○			
Zusammenstellung der Aufträge		□																													○	✱			
Verpacken und absenden		□																													○	✱			
Ausgangsrechnungen schreiben		□																														✱	○		
Ausgangsrechnungen buchen		□			✱																○	△													
Löhne und Gehälter buchen		□			✱																		○												
Sonstige Geschäftsvorfälle buchen		□			✱																		○												
Jahresabschluss		□			x																		○												
Kostenkontrolle, Kalkulation		□		□	✱		□																		○	△									
Personalverwaltung	□	□				x				○																	△	△							
Aus- und Fortbildung, Umschulung	□	□				x				○	○								○				○						○	△				○	
Barein- und Auszahlungen		□			✱																			○											

Vereinfachter Aufgabengliederungsplan einer Kaffeerösterei

x Entscheidung ○ Durchführung △ Ausführungshilfe □ Beratung und Abstimmung ✱ Kontrolle ⊠ Entscheidung nach Beratung

Zusammenfassung

- Ein **Hilfsmittel zur Erreichung betrieblicher Ziele** ist die **Organisation.**
- Unter **Organisation** verstehen wir ein System von Regelungen und Arbeitsanweisungen, durch das der Betriebsaufbau und die betrieblichen Abläufe (Prozesse) gestaltet werden.
- Die **Aufbauorganisation** legt die Aufgaben und Zuständigkeiten von Mitarbeitern fest.
- Die Gesamtaufgabe eines Betriebs wird stufenweise bis auf die Ebene der Teilaufgaben aufgegliedert **(Aufgabenanalyse).** Die Teilaufgaben sind anschließend zu **Aufgabenbereichen** zusammmenzufassen.
- Die Aufgabenbereiche können nach **Funktionen (Aufgaben, Verrichtungen),** nach **Objekten** oder nach **formalen Gesichtspunkten** (z. B. nach dem Rang) untergliedert werden.
- Nach dem **Umfang der Aufgabenbereiche** entstehen

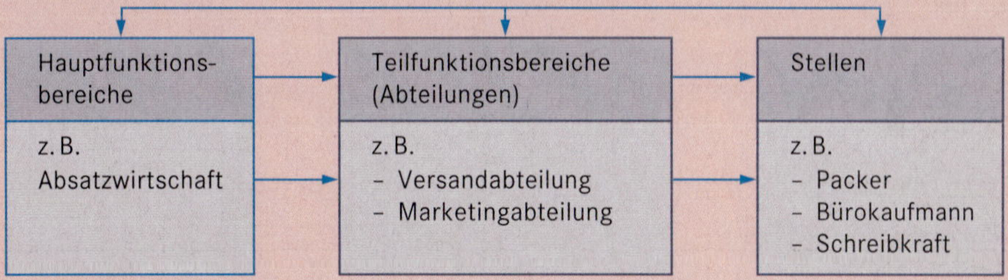

- Unter einer **Stelle** verstehen wir die Zusammenfassung von Teilaufgaben zu einem Arbeitsbereich für eine Person. Für eine Stelle wird in der Regel eine Stellenbeschreibung angefertigt.
- Die Stellen können nach dem **Objektprinzip** oder auch nach dem **Verrichtungsprinzip** eingerichtet werden.
- Eine **Abteilung** besteht aus mindestens einer Instanz und mehreren zugeordneten rangniedrigeren Stellen.
- Die ranghöchsten Instanzen eines Unternehmens nennt man **Hauptfunktionsbereiche.**
- Das Ergebnis der Aufgabensynthese ist die Festlegung von **Stellen- und Abteilungsgliederungsplänen.** Ihre Zusammenfassung ergibt den **Organisationsplan** des Betriebs.

Übungsaufgaben

1
1. Beschreiben Sie den Begriff Organisation mit eigenen Worten!
2. Worin sehen Sie die Hauptaufgabe der betrieblichen Organisation?
3. Beschreiben Sie den Begriff Aufbauorganisation mit eigenen Worten!
4. Beschreiben Sie die Kriterien, nach denen die betriebliche Gesamtaufgabe gegliedert werden kann!
5. Führen Sie eine einfache Aufgabengliederung (Aufgabenanalyse) an einem selbst gewählten Beispiel (z. B. Ihrem Ausbildungsbetrieb) durch und nennen Sie hierbei wichtige Unteraufgaben und Teilaufgaben!

2
1. Erläutern Sie den Begriff Stellenbildung (Aufgabensynthese)!
2. Beschreiben Sie anhand eines Beispiels die Möglichkeiten der Stellenbildung!
3. Was muss durch eine Stellenbeschreibung alles geregelt werden?

4. Erklären Sie den Begriff Abteilungsbildung!
5. Grenzen Sie die Begriffe Stelle, Instanz und Abteilung voneinander ab! Fertigen Sie hierzu eine Skizze an!
6. Welche Hauptfunktionsbereiche hat ein Industriebetrieb?
7. Beschreiben Sie die Funktion eines Aufgabengliederungsplans!

1.3 Ablauforganisation

1.3.1 Begriff und Ziele ablauforganisatorischer Maßnahmen

(1) Begriff

Merke:

Unter **Ablauforganisation** versteht man die Gestaltung von Arbeitsabläufen. Die Gestaltung erfordert, dass zunächst die für den Arbeitsvorgang benötigten Arbeitsschritte bestimmt werden und anschließend deren Reihenfolge festgelegt wird.

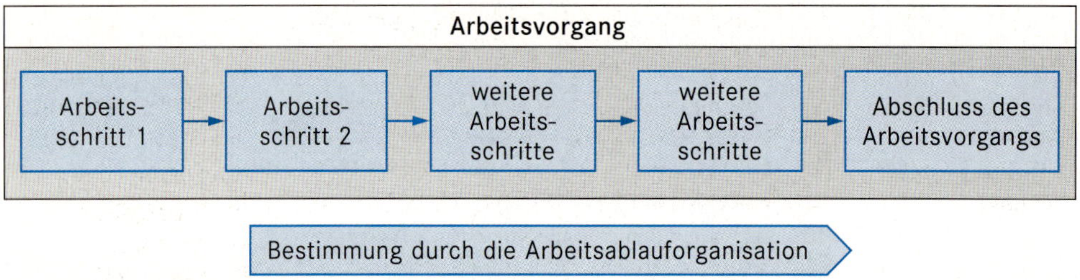

Um das Ziel zu erreichen, einen optimalen Arbeitsablauf festlegen zu können, ist es notwendig, ihn unter bestimmten Gesichtspunkten zu ordnen.[1]

(2) Ziele

Ordnungskriterien	Inhalte	Ziele
Ordnung des Arbeitsraums	Die organisatorischen Überlegungen beziehen sich auf die günstigste Anordnung 1. der Räumlichkeiten (z. B. Büroräume, Werkstätten), 2. der Betriebsmittel (z. B. Bürogeräte, Maschinen) und 3. auf die optimale Gestaltung des einzelnen Arbeitsplatzes unter arbeitstechnischen und personenbezogenen Gesichtspunkten.	■ minimale Durchlaufzeiten[2] ■ Kostenminderung ■ Humanisierung der Arbeit[3]

1 Auf die Arbeitsverteilung (Arbeitszuordnung, Arbeitszeitfestlegung, Arbeitsortfestlegung) sowie auf die Erstellung von Arbeitsanweisungen wird im Folgenden nicht eingegangen.

2 Die Dauer des Arbeitsvorgangs (Differenz zwischen dem Beginn und dem Ende des Arbeitsvorgangs) bezeichnet man als Durchlaufzeit. Siehe auch S. 27.

3 Humanisieren: menschlicher gestalten.

Ordnungskriterien	Inhalte	Ziele
Ordnung der Arbeitszeit	Geordnet wird neben der richtigen Reihenfolge der Teilaufgaben auch deren terminliche (zeitliche) Abstimmung. Wir unterscheiden folgende Stufen: 1. Ermittlung und Beschreibung der Teilaufgaben. 2. Festlegung der Reihenfolge der Teilaufgaben (z. B. Rechnung schreiben, Rechnung prüfen, Rechnungskopie ablegen, Original zur Poststelle bringen). 3. Festlegung der geplanten Tätigkeitszeiten (Sollzeiten) sowie die Durchlaufzeitenermittlung einerseits und Ermittlung der tatsächlich benötigten Tätigkeitszeiten (Istzeiten) andererseits. 4. Ermittlung von Zeitabweichungen zwischen Soll- und Istzeiten, Feststellung der Ursachen von Zeitabweichungen und schließlich Beseitigung der Mängel.	▪ Minimierung des Zeitaufwands ▪ Einhaltung von Terminen ▪ Kostenminderung
Ordnung der Kapazität (geplante Leistungsmenge)	1. Festlegung der Betriebsgröße und der einzusetzenden Produktionsfaktoren (Anzahl der Mitarbeiter, Art, Menge der eingesetzten Betriebsmittel und Werkstoffe). 2. Festlegung der Leistung bzw. Leistungsfähigkeit der Produktionsfaktoren.	▪ Größtmögliche Auslastung ▪ Kostenminderung ▪ höchstmögliche Leistung und Produktqualität ▪ minimale Durchlaufzeit

1.3.2 Darstellung von Arbeitsabläufen

Zur grafischen Darstellung des Arbeitsablaufs aufgrund der anfallenden Tätigkeiten (funktionsorientierte Ablauforganisation)[1] werden verschiedene grafische Darstellungsformen eingesetzt. Wir beschränken uns im Folgenden auf die Behandlung der so genannten **Arbeitsablaufdiagramme (Arbeitsablaufkarten).**

Mit einem Arbeitsablaufdiagramm können **einfache Arbeitsabläufe** grafisch dargestellt werden. Die Teilaufgaben werden dabei senkrecht in ihrer **zeitlichen Abfolge** angegeben. Dadurch werden die Vor- und Nachteile des betreffenden Arbeitsablaufs besser sichtbar gemacht. Gleichzeitig bietet sich die Möglichkeit, Verbesserungsvorschläge zu machen.

1 Auf die zeitorientierte Ablauforganisation (Balkendiagramme, Netzplantechnik) wird im Folgenden nicht eingegangen.

Symbolik	Tätigkeit	Beispiel
(Pfeil)	Transport	Arbeiter bringt Werkstoffe (z. B. Bretter) zum Arbeitsplatz
(Dreieck)	Lagerung	gehobelte Bretter werden aufgeschichtet
(Kreis)	Bearbeitung	Bretter werden auf gleiche Länge gesägt
(Rechteck)	Prüfung	Meister prüft stichprobenweise die Qualität der Hölzer
(Halbkreis)	Wartezeiten	Arbeiter wartet auf Empfang der Bretter im Rohstofflager
(Kreis im Viereck)	Bearbeitung und Prüfung	Arbeiter prüft die Bretter und sägt sie anschließend auf gleiche Länge

Beispiel:

Die Arbeitsgangfolge „Verpacken“ soll in einem Arbeitsablaufdiagramm erfasst werden. Dabei wird der gesamte Arbeitsgang in seine *Elemente* zerlegt: (1) die Ware wird zum Verpackungsstand transportiert, (2) die Ware wird verpackt, (3) die verpackte Ware wird zur Waage gebracht und (4) gewogen, (5) die Versandpapiere werden aufgeklebt und – (6) nach Ablauf einer Wartezeit von 2 Minuten – (7) zur Versandstelle gebracht. Anschließend (8) wird die abgepackte Ware in der Versandstelle gelagert.

Das **Arbeitsablaufdiagramm** mit den „Istwerten“ kann wie folgt gestaltet sein:

Arbeitsablaufdiagramm

Abteilung: Versand — Datum: 15. Febr. 20..

Arbeitsgangfolge: Verpackung — Anfang: Transport vom Fertigwarenlager

Erzeugnisnummer: 4813 — Ende: Lagerung in der Versandstelle

Beschreibung	Symbole: (Kreis)	(Pfeil)	(Rechteck)	(Halbkreis)	(Dreieck)	Entfernung in m	Zeit in Min.	Bemerkungen für eine Verbesserung
1. Zum Verpackungsstand		●				12	2,5	Verkürzung
2. Verpacken	●						5,0	Verkürzung
3. Zur Waage		●				2	0,5	
4. Wiegen	●						0,5	
5. Aufkleben der Versandpapiere	●						1,0	
6. Wartezeit				●			2,0	Verkürzung
7. Zur Versandstelle		●				5	2,5	
8. Lagerung					●		3,0	
Entfernung/Zeit insgesamt						19	17,0	

Arbeitsablaufdiagramm mit Istwerten

Erläuterungen:

Der Organisator hat auf dem Ablaufdiagramm mehrere „Verkürzungen“ vorgeschlagen. Die Transportzeit zum Verpackungsstand kann verringert werden, wenn die Fertigwaren auf Rollen befördert werden. Die bisherige Beförderung erfolgt mit Handkarren. Auch das Verpacken lässt sich rationalisieren. Der Organisator schlägt vor, auf das bisher verwendete Packpapier zu verzichten und dafür stärkeren Karton zu verwenden. Die Packmaterialkosten ändern sich dadurch nicht. Die nach dem Aufkleben der Versandpapiere entstehende Wartezeit ist überflüssig, wenn zum Transport zur Versandstelle ebenfalls Rollen verwendet werden.

Das **Arbeitsablaufdiagramm** mit den „Sollwerten“ (Soll: erstrebter Zustand) sieht dann wie folgt aus:

Arbeitsablaufdiagramm

Abteilung: Versand — Datum: 15. Febr. 20..

Arbeitsgangfolge: Verpackung — Anfang: Transport vom Fertigwarenlager

Erzeugnisnummer: 4813 — Ende: Lagerung in der Versandstelle

Beschreibung	Symbole ○	⇨	▭	D	▽	Entfernung in m	Zeit in Min.	Bemerkungen für eine Verbesserung
1. Zum Verpackungsstand		●				12	1,0	
2. Verpacken	●						3,0	
3. Zur Waage		●					0,5	
4. Wiegen	●					2	0,5	
5. Aufkleben der Versandpapiere	●						1,0	
6. Zur Versandstelle		●				5	1,0	
7. Lagerung					●		3,0	
8.								
Entfernung/Zeit insgesamt						19	10,0	

Arbeitsablaufdiagramm mit Sollwerten

In der Praxis begnügt man sich häufig damit, auf dem Arbeitsablaufdiagramm den *Sollzustand* darzustellen.

Zusammenfassung

- **Ziel der tätigkeitsorientierten Ablauforganisation** ist es, einen **optimalen Arbeitsablauf** festzulegen. Hierzu werden Anzahl und Reihenfolge der Arbeitsschritte festgelegt.
- Die **grafische Darstellung des Arbeitsablaufs** kann durch **Arbeitsablaufdiagramme** erfolgen. Das Arbeitsablaufdiagramm eignet sich zur grafischen Darstellung einfacher, nicht verzweigter Arbeitsvorgänge.

Übungsaufgabe

3

1. Worin besteht das Wesen der Ablauforganisation?
2. Auf welche Weise können Arbeitsabläufe dargestellt werden?
3. Entwerfen Sie ein Arbeitsablaufdiagramm für die Arbeitsfolge „Ausgangsrechnungen schreiben“. Die Arbeiten werden von einer Arbeitskraft allein erledigt (es handelt sich um einen Kleinbetrieb). Der Arbeitsplatz des Sacharbeiters befindet sich in der Abteilung „Hauptbuchhaltung“. Beginn der Tätigkeit: Lieferscheine von der Verkaufsabteilung; Ende der Tätigkeit: Ablage der Rechnungskopien.

   Folgende Tätigkeiten sind zu erfassen (ungeordnete Reihenfolge):

   3.1 Lieferscheine werden sortiert (0 m, 20 Minuten);

   3.2 Ablage der Rechnungskopien (6 m, 15 Minuten);

   3.3 Lieferscheine werden in der Verkaufsabteilung abgeholt (10 m, 3 Minuten);

   3.4 Die Rechnungen werden geschrieben (0 m, 60 Minuten);

   3.5 Rechnungen werden auf Übereinstimmung mit den Lieferscheinen geprüft (0 m, 30 Minuten);

   3.6 Ablage für Lieferscheine (6 m, 15 Minuten).

   Aufgabe:

   Zeichnen Sie den Arbeitsfluss in das von Ihnen entworfene Arbeitsablaufdiagramm ein!
4. „Die Ablauforganisation hat ihren Ansatzpunkt dort, wo die Aufbauorganisation endet.“

   Aufgabe:

   Beschreiben Sie unter Verwendung dieser Aussage den Unterschied zwischen der Ablauf- und der Aufbauorganisation!

2 Konzept der Geschäftsprozesse

2.1 Begriff, Merkmale und Umfang von Geschäftsprozessen

(1) Begriff und Merkmale von Prozessen

Merke:

- **Prozesse** sind eine **Abfolge von Aktivitäten** (z. B. bearbeiten, verarbeiten) durch die **Inputfaktoren** (z. B. Werkstoffe, Information, Dienstleistungen) zu **Outputfaktoren** (z. B. Erzeugnissen, Buchungssatz, Kreditvertrag) umgewandelt werden.
- Die Aktivitäten werden durch ein **Startereignis** (z. B. Auftrag ist eingetroffen) angestoßen, von einem **Prozessor** (z. B. Mitarbeiter, Maschine) durchgeführt und durch ein **Endereignis** (z. B. der Pressvorgang zur Herstellung eines Werkzeugs ist beendet, der Buchungssatz ist auf Konten gebucht, der Kreditvertrag ist ausgefüllt) abgeschlossen.
- Die Prozessdauer (Differenz zwischen dem Anfangs- und Endzeitpunkt) bezeichnet man als **Durchlaufzeit.**

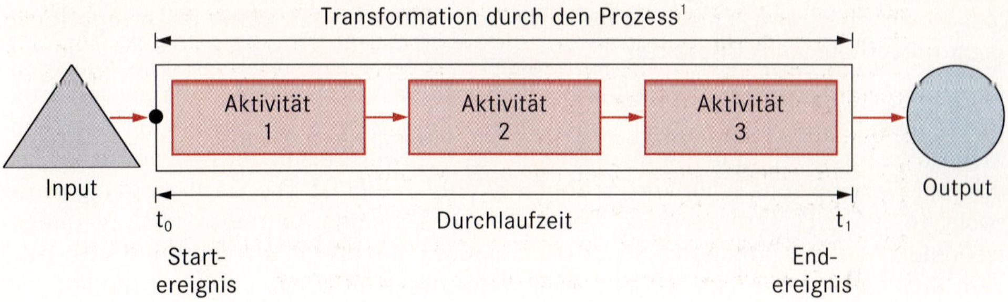

An Aktivitäten im Industriebetrieb unterscheidet man Material-/Leistungsprozesse, Dienstleistungs- und Informationsprozesse.

- **Materialprozesse/Leistungsprozesse.** Sie liegen vor, wenn z. B. Vorräte physisch eingelagert werden, Werkstoffe be- oder verarbeitet oder die verkauften Erzeugnisse ausgeliefert werden.
- **Dienstleistungsprozesse.** Hierzu zählen z. B. Zahlung einer Liefererrechnung, Abschluss einer Transportversicherung, Abschluss eines Arbeitsvertrages mit einem neuen Mitarbeiter.
- **Informationsprozesse.** Diese betreffen den Datenfluss von Organisationseinheiten und an Organisationseinheiten bzw. vom Personal und an das Personal, z. B. Informationen über den Vorratsbestand steuern die Lager- und Beschaffungsprozesse, Informationen über Kunden, Wettbewerber, Markt steuern die Marketingprozesse.

Die einzelnen Prozesseinheiten im Industriebetrieb sind selten isolierte Einheiten. In aller Regel wird der Output eines Prozesses zum Input eines oder mehrerer anderer Prozesse. Im ersten Fall entsteht eine **Prozesskette** (z. B. die Lohnabrechnung wird der Input für die Zahlungs- und Buchungsvorgänge) im zweiten Fall ein **Prozessnetzwerk** (siehe Kapitel 3.10, S. 128).

---

1 Zur Darstellungsform von Prozessen siehe Kapitel 2.4, S. 40 f.

(2) Begriff und Merkmale von Geschäftsprozessen (Business Process)

Beim Konzept der Geschäftsprozesse wird versucht, die in Unternehmen anfallenden Aufgaben in **zusammenhängende Folgen von Tätigkeiten (Geschäftsprozesse)** zu gliedern (z. B. Auftragsabwicklung, Personaleinstellung, Mahnwesen, Zahlungsabwicklung), um einen zuvor festgelegten Auftrag zu erfüllen. Der Umfang eines Geschäftsprozesses wird dabei von den Gegebenheiten des jeweiligen Betriebs bestimmt.

Beispiel:

Der weit gespannte Geschäftsprozess „Auftragsabwicklung" kann beispielsweise in eine Kette kleinerer Subprozesse (Unterprozesse) aufgegliedert werden, z. B. in die Geschäftsprozesse Angebotserstellung, Auftragsbearbeitung, Materialbeschaffung, Produktion, Kalkulation und Auslieferung.

Geschäftsprozesse werden nur für solche betrieblichen Abläufe beschrieben (modelliert), die sich in einer gewissen Regelmäßigkeit wiederholen (z. B. Bewerbungsverfahren für neue Mitarbeiter, Lagerbestandsbuchführung, Kundenservice, Bearbeiten und Buchen von Eingangsrechnungen). Von einmalig durchzuführenden Projekten (z. B. Erstellen einer neuen Lagerhalle, Gründung eines Unternehmens), für die kein modellhafter Prozessablauf beschrieben wird, unterscheiden sich Geschäftsprozesse durch ihren **repetitiven** (sich wiederholenden) **Charakter.**

Ein weiteres Kriterium von Geschäftsprozessen ist, dass durch die Ausführung von Tätigkeiten [Funktionen] (z. B. Handeln eines Mitarbeiters, Start eines Moduls der Unternehmenssoftware) das Ergebnis einen höheren Wert aufweist als in der Ausgangssituation, d. h. ein **Wertzuwachs** (eine **Wertschöpfung**) entstanden ist. Die Wertschöpfung verursacht Kosten (z. B. Verbrauch von Material, Arbeitsstunden, Betriebsmittel). Die aufgewendeten Kosten sind allerdings nur dann sinnvoll eingesetzt, wenn der erstellte Wert dem Kunden einen Nutzen bringt, d. h. er bereit ist, hierfür einen Preis zu zahlen. Der Kunde ist somit der entscheidende Bezugspunkt für Geschäftsprozesse: Er löst den Geschäftsprozess aus, er bestimmt Art und Umfang des Wertschöpfungsprozesses und er beendet ihn, indem er seinen Kundenwunsch als erfüllt betrachtet.

Die Prozessorientierung, verstanden als eine Summe von miteinander kooperierenden[1] Geschäftsprozessen, betrifft zum einen die im Unternehmen beschäftigten Mitarbeiter, von denen verlangt wird, dass sie ihre eigene Tätigkeit als einen Baustein sehen, den es in den Gesamtzusammenhang des Geschäftsprozesses zu integrieren gilt. Zum anderen überschreitet das Konzept der Geschäftsprozesse die Unternehmensgrenzen, indem versucht wird, den **gesamten Datenfluss vom Vorlieferanten bis zum Endkunden** zu erfassen. Angestrebt wird damit eine unternehmensübergreifende Abwicklung der anfallenden Geschäftsprozesse.

Merke:

- **Geschäftsprozesse** bestehen aus einer zusammenhängenden abgeschlossenen Folge von Tätigkeiten, die zur Erfüllung einer betrieblichen Aufgabe notwendig sind und den Kunden einen Nutzen liefern. Sie haben ein Ziel (oder auch mehrere), das sich aus den Unternehmenszielen ableitet.

1 Kooperieren: zusammenwirken.

- Geschäftsprozesse werden nur für sich wiederholende betriebliche Abläufe beschrieben (modelliert).
- Die vom Geschäftsprozess beschriebenen Aufgaben werden im Rahmen eines Organisationsplanes von den vorgesehenen „Aufgabenträgern“ (z. B. Mitarbeiter, Maschinen) unter Nutzung der benötigten Produktionsfaktoren[1] ausgeführt.
- Geschäftsprozesse können für unternehmensinterne oder unternehmensübergreifende Vorgänge definiert werden.

(3) Umfang der Geschäftsprozesse

Geschäftsprozesse erfüllen Aufgaben, d. h., die konkrete Gestaltung des Geschäftsprozesses hängt ab von der zu leistenden Aufgabe. Die Art der Aufgabenstellung entscheidet über die Länge, die Breite und die Tiefe des Geschäftsprozesses.

- Die **Prozesslänge** gibt die **Anzahl der organisatorischen Einheiten** (z. B. Anzahl der zu leistenden Aufgaben) an, über die sich der Prozess erstreckt. Man kann z. B. die Auftragsbearbeitung als Ganzes als Geschäftsprozess betrachten oder seine einzelnen Abschnitte, also z. B. die Produktionsplanung, die Nettobedarfsermittlung, die Losgrößenermittlung, die Kapazitätsterminierung, die Fertigungsveranlassung usw.
- Das Kriterium **Breite** gibt die **Anzahl der möglichen Vorgänge** an, die **innerhalb eines Geschäftsvorganges** anfallen können. So kann ein Unternehmen z. B. für den Geschäftsprozess Auftragsabwicklung zwei Varianten entwickeln, z. B. Variante I: Abwicklung eines Standardauftrags, Variante II: Abwicklung einer Sonderanfertigung.
- Das Kriterium **Tiefe** gibt die **Hierarchie der einzelnen Prozessschritte** an, in die der Geschäftsprozess aufgegliedert ist. Während auf der untersten Ebene die Prozessbeschreibung so konkret ist, dass der einzelne Mitarbeiter seine Arbeit bewältigen kann, nimmt die Abstraktion der Prozessbeschreibung mit ansteigender Prozessebene zu.

Beispiel:[2]

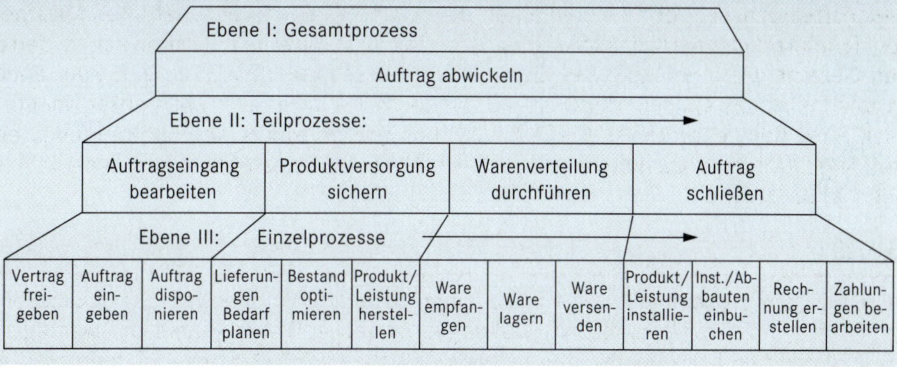

1 Produktionsfaktoren sind Grundelemente, die bei der Produktion mitwirken, z. B. Produktionsfaktor Arbeit, Natur, Kapital, Bildung.

2 Nach: Gaitanides, M. u. a. Prozeßmanagement, München 1994, S. 62.

2.2 Arten von Geschäftsprozessen

Im Folgenden beschränken wir uns auf die Gliederung der Geschäftsprozesse unter dem Aspekt ihrer **Bedeutung für den Betrieb.** Aus dieser Sicht sind **Kernprozesse** und **unterstützende Prozesse** zu unterscheiden.

(1) Kernprozesse

Begriff und Merkmale

Merke:

- **Kernprozesse** sind jene Geschäftsprozesse, die **direkt** zur **Wertschöpfung** beitragen. Sie erbringen zum einen die **Hauptleistung** des Unternehmens und liefern zum anderen den **Hauptnutzen für die Kunden.** Kernprozesse machen die Kernkompetenz (den Wettbewerbsvorteil) eines Unternehmens aus und besitzen daher eine hohe strategische Bedeutung.
- Man unterscheidet **vier Kernprozesse:** den **Innovationsprozess** (Forschung und Produktentwicklung)[1], den **Absatzprozess,** den **Leistungserstellungsprozess** und den **Beschaffungsprozess.**

Im Einzelnen sind die Kernprozesse durch folgende Merkmale gekennzeichnet:

- Kernprozesse tragen direkt zur **Wertschöpfung** des Unternehmens bei,
- Kernprozesse liefern (bringen) dem Kunden einen wahrnehmbaren Nutzen, für den dieser zu zahlen bereit ist **(Kundennutzen),**
- Kernprozesse nutzen die eingesetzten Ressourcen[2] unternehmensspezifisch einmalig **(Nicht-Imitierbarkeit**[3]**),**
- Kernprozesse liefern eine Problemlösung (z. B. Produkt, Dienstleistung), die kein anderes Unternehmen in vergleichbarer Weise erbringen kann **(Nicht-Substituierbarkeit),**
- Kernprozesse sind langfristig ausgelegt und leiten sich aus der entwickelten Unternehmensphilosophie ab **(unternehmensstrategisch bedeutsam)** und
- Kernprozesse besitzen einen nach klaren Maßstäben (z. B. Qualität, Kosten, Geschwindigkeit) definierten Output **(Ergebnisorientierung).**

Arten von Kernprozessen

Nach der **Kundennähe** unterscheidet man kundennahe und kundenferne Kernprozesse.

- **Kundennahe Kernprozesse** haben direkten Kontakt mit den Kunden. Es handelt sich hierbei um leistungs- und absatzorientierte Prozesse. Hierzu zählen z. B. Kundenbetreuung, Auftragsbearbeitung, Wartung und Ersatzteilversorgung.
- **Kundenferne Kernprozesse** sind Prozesse, die einen hohen Anteil an der Wertschöpfung des Unternehmens besitzen, jedoch nur indirekt mit dem Kunden in Beziehung stehen. Es handelt sich hierbei um beschaffungs- und innovationsorientierte Prozesse. Hierzu zählen z. B. unternehmensübergreifende Beschaffungsprozesse mit Lieferanten zur Produktion von Fertigteilen mit einem hohen Wertschöpfungsanteil, lieferantenseitige Qualitätskontrollen oder Produktentwicklungsprozesse.

---

1 Aufgrund des Lehrplans wird auf den Innovationsprozess im Einzelnen nicht eingegangen.

2 Ressource (fr.): Hilfsmittel, Hilfsquellen.

3 Imitation (lat., fr.): Nachahmung.

(2) Unterstützende Prozesse

Merke:

- **Unterstützende Prozesse** sind notwendig, um die Kernprozesse ausführen zu können. Sie leisten eine **Wertschöpfung für die Kernprozesse** und sind wichtig für das langfristige Überleben des Unternehmens.
- Die unterstützenden Prozesse kann man in **Serviceprozesse (Supportprozesse**[1]**)** und in **Managementprozesse** aufgliedern.

- Zu den **Serviceprozessen** gehören z. B. die Beschaffung von Mitarbeitern, deren Fort- und Weiterbildung, die Personalbetreuung und die Beschaffung von Finanzmitteln.
- Zu den **Managementprozessen** gehören z. B. die Formulierung der Unternehmenspolitik, die strategische Planung, die Führung und Steuerung des Unternehmens.

(3) Zusammenhänge zwischen Kern-, Management- und Serviceprozessen

Schematisch gesehen können die Zusammenhänge zwischen Kern-, Management- und Serviceprozessen im Industriebetrieb wie folgt dargestellt werden:

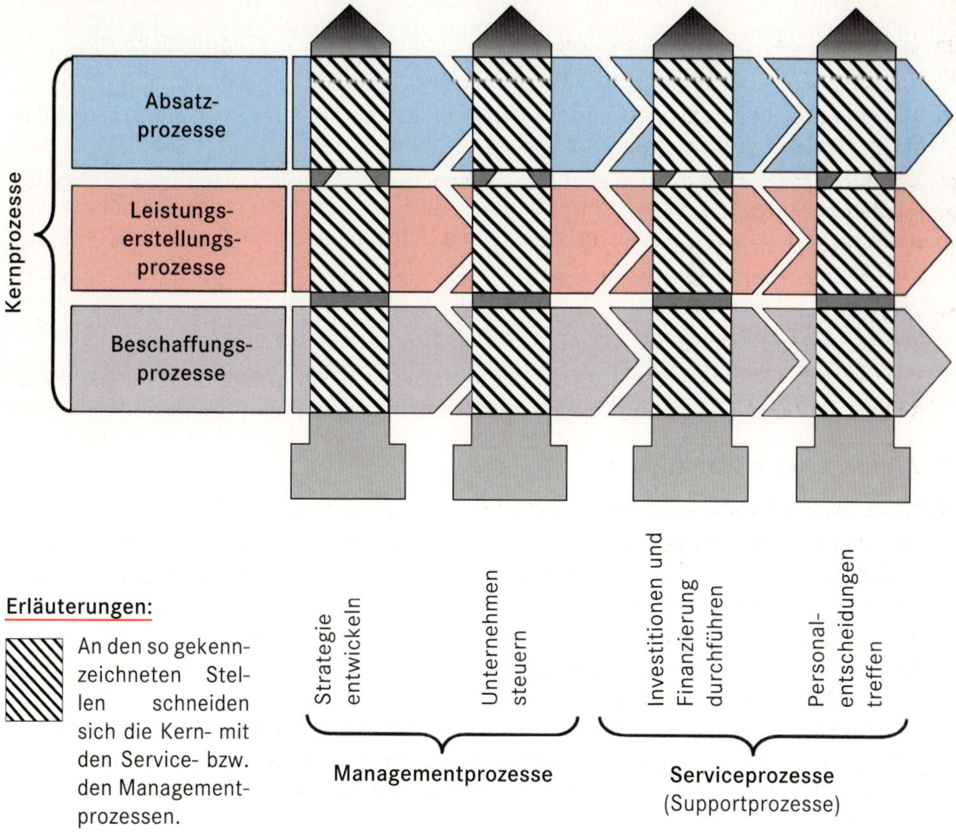

Erläuterungen:

An den so gekennzeichneten Stellen schneiden sich die Kern- mit den Service- bzw. den Managementprozessen.

1 Support (engl.): Stütze, Hilfe.

(4) Beispiel: Schnittstellen bei den Absatzprozessen

- **Schnittstelle zwischen Kernprozess „Absatz“ und Serviceprozess „Investitionen und Finanzierung durchführen“**

  Betrachtet man die Schnittstelle zwischen dem Kernprozess **„Absatz“** und dem Serviceprozess **„Investitionen und Finanzierung durchführen“**, so erkennt man, dass es mehrere Berührungen gibt. Beispiele:

  - Die Höhe der verfügbaren liquiden Mittel bestimmt u. a. das Werbebudget.
  - Die Wahl der Vertriebswege/des Logistikkonzeptes (eigener Fuhrpark oder Nutzung von Speditionen?) hat Folgen für die Höhe des Kapitalbedarfs.
  - Großzügige Finanzdienstleistungen gegenüber den Kunden schaffen Präferenzen (Bevorzugungen) und unterstützen eine langfristige Kundenbindung.

- **Schnittstelle zwischen Kernprozess „Absatz“ und Managementprozess „Strategie entwickeln“**

  Zwischen dem Kernprozess **„Absatz“** und dem Managementprozess **„Strategie entwickeln“** besteht zum Beispiel folgender Zusammenhang:

  Die Entwicklung einer Gesamtstrategie für das Unternehmen wirkt sich auch in einem entsprechenden Marktauftritt im Rahmen des Absatzes aus. Lautet eines der Managementziele zum Beispiel „Preisführerschaft in einem Markt für Massenartikel“, dann hat dies andere Konsequenzen für die Preisgestaltung, die Wahl der Absatzwege und/oder die Produktpolitik, als wenn das Unternehmen einen Nischenmarkt mit qualitativ hochwertigen Produkten versorgt.

Die Beispiele zeigen, dass die einzelnen betrieblichen Geschäftsprozesse nicht isoliert geplant werden können. Die Ausstattung eines Unternehmens mit Finanzmitteln (Eigenkapital oder Zugang zum Kapitalmarkt), mit qualifiziertem Personal und/oder mit Ressourcen (z. B. durch eine ausgebaute Infrastruktur[1] des Standortes) haben jeweils Auswirkungen auf die Gestaltung der anderen Prozesse.

Eine detaillierte Darstellung der dargestellten Geschäftsprozesse erfolgt jeweils in den einzelnen Kapiteln.

2.3 Grundlagen und Ziele einer Prozessorientierung von Industriebetrieben und der Vergleich der traditionellen Aufbauorganisation mit einer prozessorientierten Organisation

2.3.1 Grundlagen

Der Gedanke der Prozessorientierung zielt darauf ab, die Organisation der Industriebetriebe an zwei Bezugspunkten auszurichten. Zum einen sollen die Belange der Kunden Berücksichtigung finden **(Kundenorientierung)** und zum anderen sollen die betriebsinternen Abläufe **(Geschäftsprozesse)** optimiert werden.

---

1 **Infrastruktur:** wirtschaftlich-organisatorischer Unterbau einer hoch entwickelten Wirtschaft. Dazu gehören die Versorgung mit Verkehrssystemen (Straßen, Eisenbahn, Luftverkehr), Kommunikationssysteme (Post, Telefon, Fernsehen), Energieversorgung (Strom, Gas), soziale Einrichtungen (Krankenhäuser, Kindergärten), Bildungseinrichtungen (Schulen, Hochschulen).

(1) Prinzip Kundenorientierung

Das Prinzip der Kundenorientierung verlangt, dass die Erwartungen der Kunden an das Produkt bzw. die Dienstleistung hinsichtlich Erwerb (z. B. Zugänglichkeit, Verfügbarkeit), Wirtschaftlichkeit (Preis, Unterhaltskosten), Gebrauch (z. B. Funktionsfähigkeit, Zuverlässigkeit, Haltbarkeit, Sicherheit) und Verwertung (z. B. Recyclingfähigkeit, Entsorgung) optimal erfüllt werden müssen. Der ermittelte Kundenwunsch und das Leistungsergebnis (Outputfaktor) müssen sich entsprechen.

Um die Zielsetzung Kundenzufriedenheit zu erreichen, stehen dem Unternehmen insbesondere drei Möglichkeiten zur Verfügung: Qualitätsmanagement, Zeitmanagement und Kostenmanagement.

- Das **Qualitätsmanagement** zielt darauf ab, die gesamte Leistungserstellung möglichst fehlerfrei zu organisieren. Eine Organisationskonzeption zur Erreichung dieser Zielsetzung ist das Total Quality Management.[1]
- Das **Zeitmanagement** zielt insbesondere darauf ab, die Durchlaufzeit zwischen dem Ereignis, das den Prozess auslöst, bis zur Verfügbarkeit des Produkts bzw. der Dienstleistung möglichst gering zu halten. Die Durchlaufzeit der Leistungserstellung bestimmt die Reaktionsfähigkeit auf dem Markt und wird auf diese Weise zu einem entscheidenden Wettbewerbsfaktor. Jede Leistungserbringung wird flexibler und wettbewerbsfähiger, je kürzer sie dauert.
- Das **Kostenmanagement** ist darauf ausgerichtet, die Kosten der einzelnen Geschäftsprozesse zu erfassen, um die Betriebsabläufe auch aus kostenrechnerischer Sicht steuern zu können. Das Konzept der Geschäftsprozessorientierung setzt daher auch die Prozesskostenrechnung als eine Form der Kostenrechnung ein.[2]

Merke:

Alle Maßnahmen, die zur Steuerung der Geschäftsprozesse eines Unternehmens hinsichtlich Qualität, Zeit, Kosten und Kundenzufriedenheit eingesetzt werden, bezeichnet man in der betriebswirtschaftlichen Literatur als **Prozessmanagement.**

(2) Optimierung der betriebsinternen Abläufe (Geschäftsprozessoptimierung)

Die wirtschaftliche (effiziente) Erfüllung der verschiedenen Einzelfunktionen innerhalb eines Unternehmens steht nicht mehr im Vordergrund, sondern eine die Organisationseinheiten übergreifende Gestaltung der Unternehmensabläufe wird zum entscheidenden Faktor. Es soll ein Umdenken im Unternehmen herbeigeführt werden, um über die Veränderung von Geschäftsprozessen eine wenig wirtschaftliche (ineffiziente) Aufbau- oder Ablauforganisation zu erkennen und anschließend zu verändern. Über die Erfassung der aktuellen Prozesse im Unternehmen **(Ist-Modellierung)** und deren Analyse soll eine Umstrukturierung bzw. Neuordnung der Prozesse **(Soll-Modellierung)** herbeigeführt und bisherige Organisationsstrukturen verbessert (optimiert) werden **(Geschäftsprozessoptimierung).** Es handelt sich hier um einen Regelkreislauf, da die neu festgelegten Geschäftsprozesse wiederum dokumentiert und gegebenenfalls überarbeitet (revidiert) werden müssen.

---

1 Vgl. Band „Betriebswirtschaft – Fachstufe“, Lernfeld 2, Kapitel 7.6.

2 Die Prozesskostenrechnung wird im Band „Steuerung und Kontrolle – Fachstufe“, Lernfeld 8 behandelt.

3 Speth u. a. – ISBN 978-3-8120-0555-5

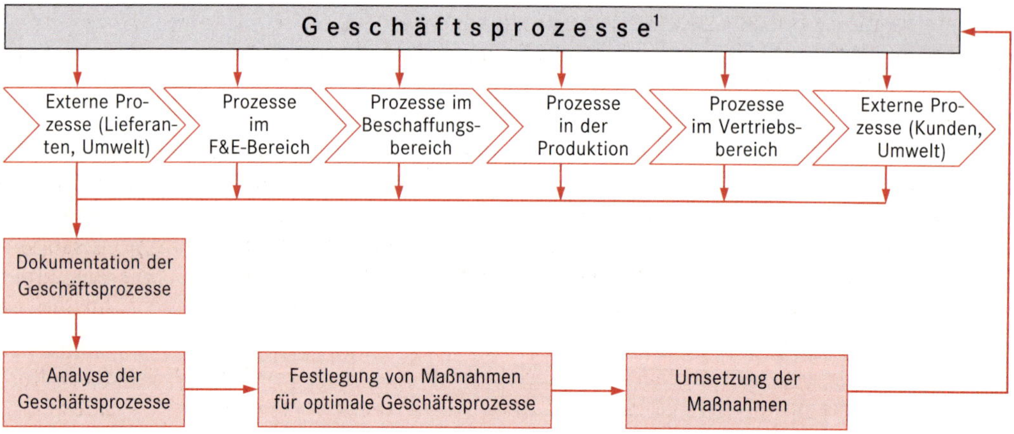

Beispiel:

Die Franz Steiner GmbH hat bisher in ihrem Hauptfunktionsbereich Absatz fünf (aufgabenorientierte) Abteilungen eingerichtet: Anfrage/Angebotsbearbeitung, Auftragsbearbeitung, Versandabwicklung/Verkaufsbüros, Rechnungsbearbeitung, Retouren/Reklamationsbearbeitung. Die Abteilungen wurden durch einen internen Datenfluss miteinander verzahnt.

Es kam immer wieder zu Störungen bei den Kontakten zwischen den Kunden und der jeweiligen Abteilung. So konnte z.B. die Abteilung Auftragsbearbeitung den Kunden keine Auskunft bei Reklamationen erteilen und die Abteilung Versandabwicklung/Verkaufsbüros war bei Kundenanfragen zur Ausgangsrechnung (Faktura) nicht der richtige Ansprechpartner. Die Einrichtung von Geschäftsprozessen sollte hier Abhilfe schaffen.

Die Dokumentation und Analyse der Geschäftsprozesse ergab, dass die bisher fünf funktionsorientierten Abteilungen durch den Geschäftsprozess „Contact-Center" ersetzt werden können.

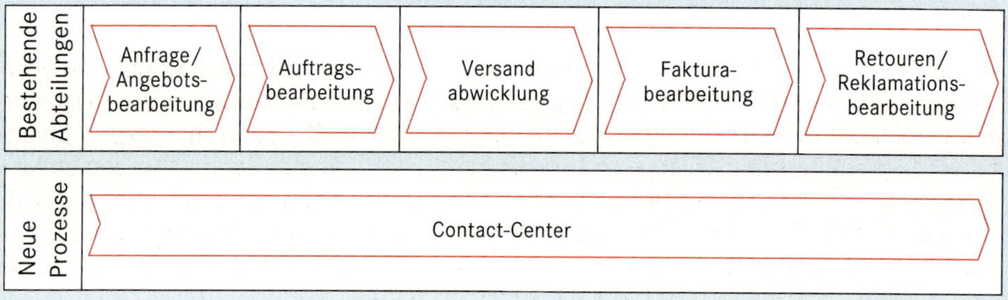

1 Es handelt sich um einen Regelkreislauf. Der **Regelkreis** lehnt sich an die Regeltechnik an. Beim Regelkreis erarbeitet der Regler Maßnahmen (Planungen), wie das Ziel zu erreichen ist (Sollgröße) und handelt entsprechend. Anschließend vergleicht der Regler das Ergebnis (Istgröße) mit dem Plan (Sollgröße), ermittelt die Abweichung, erarbeitet entsprechende weiterführende Maßnahmen (Sollgröße) zur Zielerreichung und handelt entsprechend.
Beispiel: Die Raumtemperatur soll mit Hilfe eines Thermostat (Regler) auf 23° C eingestellt werden. Ein Thermometer misst die Ist-Raumtemperatur im Beispiel nun mit 18° C und gibt diesen Messwert an den Regler weiter. Der dort durchgeführte Soll-Ist-Vergleich führt dazu, dass der Regler die Heizung so lange einschaltet, bis das Thermometer auf 23° C steht und diese Information an den Regler weiterleitet. Der dann durchgeführte Soll-Ist-Vergleich führt nicht mehr zu einer Abweichung. Das bedeutet, das Ziel ist erreicht.

Verzahnt werden die Geschäftsprozesse über eine Software und über eine unternehmensweite Datenbank, die es erlauben, alle anfallenden Geschäftsprozesse zu verwalten, die verschiedenartigen Informationssysteme zu integrieren sowie neue Geschäftsmodelle zu betrachten, zu verändern und zu erstellen.

Eine konsequente Prozessorientierung verlangt, dass sich Aufgaben, Kompetenz und Verantwortung der Mitarbeiter an dem jeweiligen Prozessablauf orientieren. Im optimalen Fall beherrscht und steuert ein Mitarbeiter (bzw. ein Mitarbeiterteam) durchgängig einen Geschäftsprozess. Dies erfordert allerdings, dass das Unternehmen eine prozessorientierte Aufbauorganisation entwickelt, denn ein Geschäftsprozess liegt oftmals quer zu der traditionell funktionsorientierten Aufbauorganisation, d. h., er berührt unter Umständen mehrere Funktionsabteilungen.

Die Denkweise, betriebliche Organisationsstrukturen prozessorientiert umzugestalten, fasst man in der betriebswirtschaftlichen Literatur unter dem Oberbegriff Business Prozess Reengineering zusammen.

Merke:

- **Business Process Reengineering** beschäftigt sich mit den einzelnen Abläufen im Unternehmen, gliedert sie in Geschäftsprozesse auf und versucht, diese zu optimieren.
- **Ziel des Business Process Reengineering** ist es, die Prozessabläufe mit den Kundenwünschen abzustimmen, um die geforderten qualitäts-, kosten- und zeitbezogenen Anforderungen erfüllen zu können.

2.3.2 Vergleich der traditionellen Aufbauorganisation mit einer prozessorientierten Organisation

(1) Funktionsorientierte Organisation von Unternehmen

Die traditionellen Organisationsstrukturen für Unternehmen orientieren sich vorwiegend an den betrieblichen Funktionen (Aufgaben), das heißt, verrichtungsgleiche Tätigkeiten werden zu größeren Abteilungen zusammengefasst (z. B. Dreherei, Bohrerei, Fräserei, Endmontage im Produktionsbereich bzw. Einkauf, Buchhaltung, Personalwesen im kaufmännischen Bereich). Diese funktionsorientierte Organisationsstruktur beruht auf der Erkenntnis von F. W. Taylor, dass es für ein Unternehmen Vorteile bringt, wenn es die anfallende Arbeit so aufteilt, dass im Extremfall jedem Mitarbeiter auf Dauer immer dieselbe, genau umschriebene Tätigkeit zugewiesen wird.

Zu den wichtigsten **Vorteilen** gehören:

- Die Mitarbeiter sind mit ihrer Arbeitsaufgabe vertraut,
- sie beherrschen die Abläufe und haben dadurch einen hohen Grad an Vorkenntnissen in ihrem Bereich, sodass neue Aufgaben von der Warte eines höheren Vorbereitungsgrades aus (und damit besser) gelöst werden können.

Die funktionsorientierte Organisationsstruktur hat seit Beginn des letzten Jahrhunderts im besonderen Maße die Entwicklungen im Produktionsbereich bestimmt. Kennzeichnend hierfür ist etwa die Einführung der Fließbandarbeit.

Zur Optimierung funktionsorientierter Unternehmensstrukturen wurden Kennzahlen entwickelt, die überprüfen, ob sich der Betrieb in genau dieser Richtung verbessernd weiterentwickelte – nämlich „mehr vom Gleichen“ zu leisten. So wird z. B. mit der Kennzahl „Arbeitsproduktivität“ ermittelt, wie hoch die Ausbringungsmenge pro Arbeitsstunde ist. Eine Verbesserung ist dann erreicht, wenn in der Folgeperiode pro Arbeitsstunde mehr hergestellt wurde als zuvor.

(2) Nachteile einer funktionsorientierten Unternehmensorganisation

Eine Ausrichtung der Unternehmensorganisation an den betrieblichen Funktionen führt jedoch auch zu **Nachteilen,** denn die Anstrengungen der einen Abteilung, im Sinne des Gesamtunternehmens gewinnmaximierend zu handeln, führen u. U. zu Kollisionen mit den Anstrengungen der anderen Abteilungen. Die nachfolgende Grafik zeigt einen derartigen Konflikt zweier Funktionsbereiche auf, die im Grunde dasselbe Ziel verfolgen, nämlich den Gewinn des Unternehmens zu maximieren.

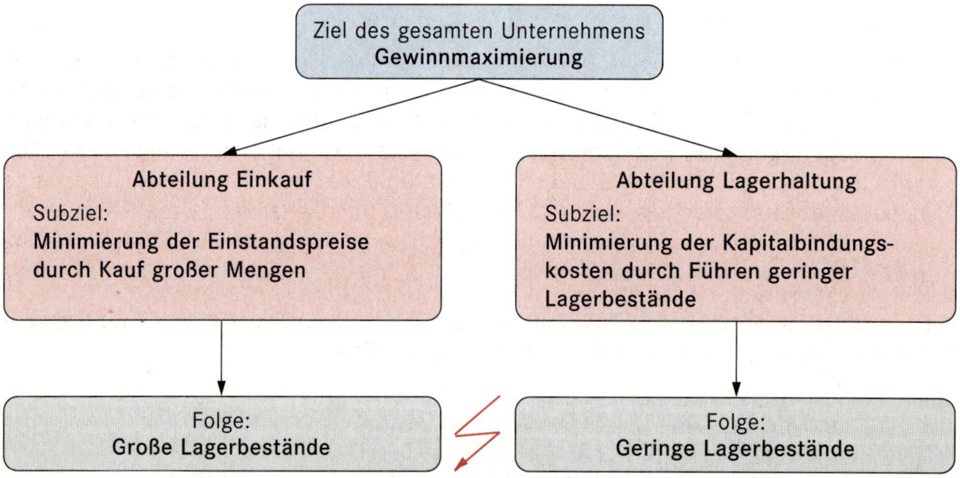

Die Abteilung Einkauf erstrebt die Zielerreichung für das gesamte Unternehmen durch Bemühungen um möglichst günstige Einkaufspreise. Dies erreicht sie, indem sie in großen Mengen einkauft, was zwangsläufig wiederum zu hohen Lagerbeständen führt. Genau dieses Ergebnis steht aber im Konflikt zum Subziel der Lagerhaltung, welche ihre Kosten dadurch minimieren will, indem sie die Lagerbestände möglichst gering hält.

Das Dilemma[1] wird noch erweitert, wenn das Streben nach günstigen Einkaufspreisen nicht nur zu hohen Lagerbeständen und damit zu einem Konflikt zum Bereich der Lagerhaltung führt, sondern auch noch zur Beschaffung von Produkten minderer Qualität verleitet und damit einen Konflikt mit der Qualitätssicherung hervorruft.

1 Dilemma: Wahl zwischen zwei (unangenehmen) Dingen; Zwangslage.

Weitere mögliche **Nachteile** einer funktionsorientierten Organisationsstruktur sind:

- Gesteuert durch entsprechende Kennzahlen orientieren sich die Mitarbeiter weitestgehend an der **mengenmäßigen** Leistung. Orientierung an den Bedürfnissen der Kunden, Arbeitsqualität, Termintreue haben nachrangige Priorität.
- Die Arbeitszerlegung führt zu Tätigkeiten mit **geringem Arbeitsinhalt, Monotonie** und – besonders im Fertigungsbereich – zu **einseitiger Belastung** und **Taktbindung.** Höherrangige Bedürfnisse (z. B. nach Selbstständigkeit, autonomer Gestaltung der Abläufe, Selbstverwirklichung) können im Rahmen einer Funktionsorientierung weniger verwirklicht werden.
- Um die spezialisierten Mitarbeiter in ihrer Tätigkeit zu unterstützen, sind spezielle Programme zu entwickeln, wie z. B. Programme zur Rechnungsschreibung, Buchhaltungsprogramme usw. Die Dateien, auf welche diese Programme Zugriff haben, gehören jedoch nicht zu einer unternehmensweiten Datenbank, sondern sind nur an jenem Ort in gesonderten Dateien gespeichert, wo sie benötigt werden. Es fehlt die **Datenintegration.** Da aber z. B. die Werbeabteilung dieselben Kundendaten benötigt wie die Auftragsbearbeitung, sind zumindest ein Teil der Kundendaten mehrfach vorhanden **(Datenredundanz).** Ändert ein Kunde z. B. seine Anschrift, dann muss diese Änderung zwingend an mehreren Stellen durchgeführt werden.
- In der Regel verlaufen die betrieblichen Prozesse „quer" zu den Funktionen. Dies führt zwangsläufig zu Transport- und Wartezeiten zwischen den einzelnen spezialisierten Funktionsbereichen, zu Zeitverzögerungen aufgrund nicht nahtloser Weiterbearbeitung, Rückfragen usw. Es bilden sich also zunächst Informationsbestände, zusätzlich zwischen den Produktionsabteilungen noch Materialbestände, weil Zwischenlager eine hohe Kapazitätsauslastung sicherstellen sollen. Durch die langen Durchlaufzeiten für die Beantwortung von Kundenanfragen, Auftragsbestätigungen, Auftragsabwicklung **leidet die Servicequalität** und die **Nähe zum Kunden.**

Die nachfolgende vereinfachte Abbildung verdeutlicht, wie der Prozess einer „Auftragsbearbeitung" die verschiedenen Funktionsbereiche berührt.

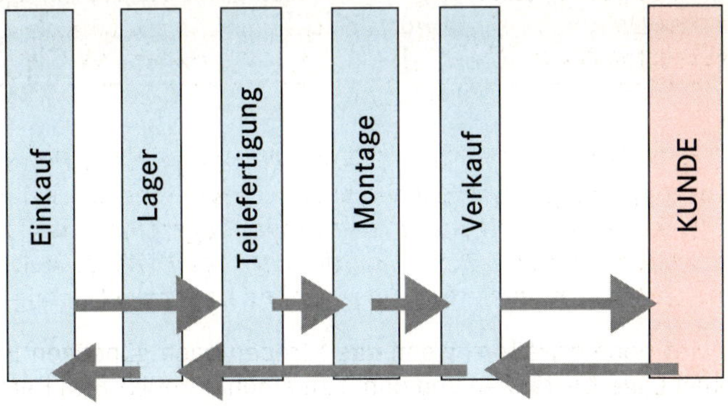

Ausgehend vom Kundenauftrag werden quer durch die bestehende, funktionsorientierte Organisationsstruktur die Teilaufgaben zu ihrer Erledigung weitergereicht. Die Aufbauorganisation bestimmt somit den Ablauf des Prozesses **Auftragsbearbeitung** („process follows structure").

Daraus ergeben sich negative Konsequenzen, wie z. B.:

- Die Qualität des Ablaufs wird bestimmt durch die Reibungslosigkeit, mit welcher die Teilaufgaben von Station zu Station weitergegeben werden.
- Die Durchlaufzeiten sind insgesamt zu lang mit dem Risiko des Informationsverlustes oder von Rückfragen beim Kunden.

(3) Prozessorientierte Organisation von Unternehmen

Grundlegendes und Beispiele

In einer prozessorientierten Organisation ist die angesprochene **Auftragsbearbeitung** idealtypisch z. B. dadurch gelöst, dass alle bisher isolierten Teilaufgaben **einem** Projektteam übertragen werden. Eine Weitergabe der Aufgabe mit den oben beschriebenen negativen Wirkungen ist damit vermieden. Der Prozess wird angestoßen durch den Eingang des Kundenauftrages, und er wird beendet mit der Leistungsübergabe an den Kunden („Kunde-Kunde"-Prozesskette). Das Konzept einer prozessorientierten Organisation dient als Rahmen und als Vorgabe für die Entwicklung der betrieblichen Organisation („structure follows process").

Schematisch gesehen ist der **Ablauf** der **Auftragsbearbeitung** damit wie folgt denkbar:

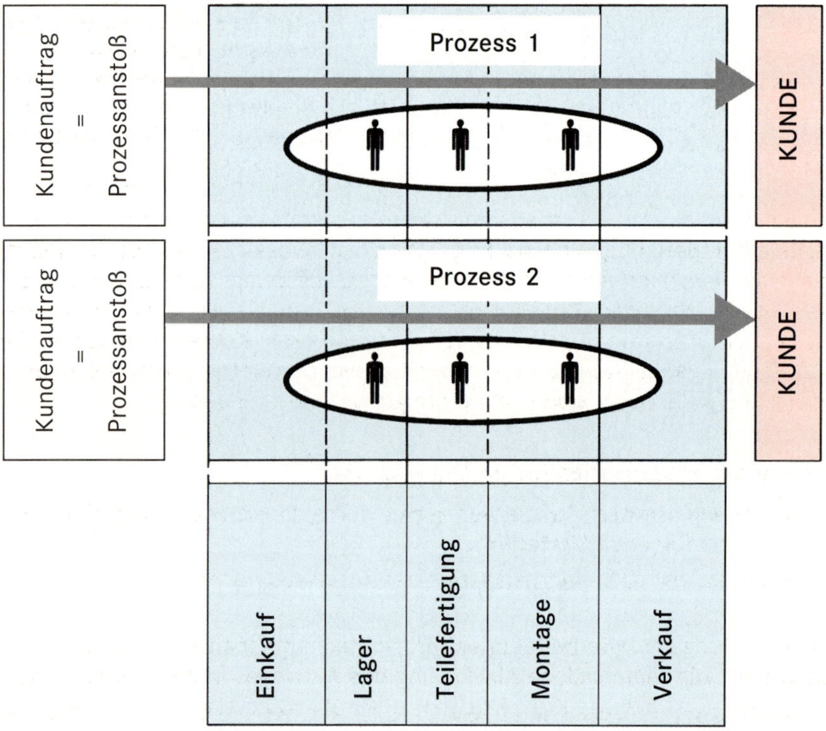

Eine konsequente Prozessorientierung des unternehmerischen Handelns hat Auswirkungen auf alle Bereiche des Unternehmens. Beispielhaft soll dies an drei Bereichen dargestellt werden:

Bereiche	Maßnahmen	Erreichbare Ziele
Entwicklung (siehe z. B. Lernfeld 2, Kapitel 3.2.2)	**Lieferant wird strategischer Partner** und Mitglied im Entwicklungsteam, er wird vom Teile- zum Systemlieferant	■ **Verkürzung** der **Entwicklungszeit** für neue Produkte.
Qualitätsmanagement (siehe z. B. Lernfeld 2, Kapitel 7.6)	**Qualitätssicherungsvereinbarungen** mit den Lieferanten werden zum Bestandteil der Einkaufsbedingungen. Diese beziehen sich nicht nur auf die Qualität der Produkte, sondern auch auf die Qualität des Handelns.	■ **Wareneingangsprüfung entfällt.** ■ **Doppelarbeiten** zur Qualitätsprüfung werden vermieden. ■ Die **Durchlaufzeiten** und damit die Kapitalbindungskosten werden reduziert.
Beschaffung (siehe z. B. Lernfeld 3, Kapitel 7.3)	Die Konzeption des **Supply Chain[1] Managements** vernetzt die Wertschöpfungsaktivitäten vor- und nachgelagerter Stufen zu einer kosteneffektiven Versorgungskette von Informationen, Materialien und Produkten.	■ **Verkürzung** der **Beschaffungszeit** ■ **Optimierung** der **Abläufe** ■ **Geringere Beschaffungskosten** ■ Durch den Bezug kompletter Baugruppen (siehe Bereich Entwicklung) wird die **Anzahl verschiedener Teile** im Beschaffungsbereich **verringert** und dadurch die Komplexität der Beschaffungsabläufe vereinfacht.

Diese positiven Effekte, die sich aus den Optimierungsbemühungen für die Prozesse in den dargestellten Bereichen Entwicklung, Qualitätsmanagement und Beschaffung ergeben, lassen sich auch auf andere Prozesse, wie z. B. Leistungserstellungsprozesse oder Absatzprozesse, übertragen. Ihre Wirkung ist dort analog – sie verringern die Komplexität der Abläufe, verkürzen die Durchlaufzeiten, verringern die Kosten, verbessern die Produkt- und Handlungsqualität und führen damit zu einer größeren Zufriedenheit der Lieferer, der eigenen Mitarbeiter und – am wichtigsten – der Kunden.

■ Vorteile einer prozessorientierten Organisation

Aus **unternehmensinterner**[2] Sicht ergeben sich durch die **prozessorientierte Organisation** insbesondere folgende **Vorteile:**

- Eine teamorientierte Arbeitsorganisation der Prozessbegleiter unterstützt kurze Kommunikationswege.
- Die Denkrichtung der Mitarbeiter orientiert sich nicht mehr an den Bereichsinteressen, sondern stellt die reibungslose Abwicklung des Auftrages in den Vordergrund.
- Die Gestaltung der Prozesse ist ausgerichtet auf die Bedürfnisse der Kunden bzw. auf die Anforderungen des Marktes.

1 Supply Chain: Versorgungskette.

2 Intern: innerlich; nur die inneren Verhältnisse (eines Unternehmens) angehend.

- Die Mitarbeiter tragen ein höheres Maß an Verantwortung und entwickeln daher ein ausgeprägteres Kostenbewusstsein.
- Flachere Hierarchien.

Neben den unternehmensinternen Gründen könnten für eine Prozessorientierung auch **unternehmensexterne**[1] Gründe maßgebend sein. Wichtige unternehmensexterne Gründe sind z. B.:

- Nach den Vorschriften des **Produkthaftungsgesetzes** liegt die Beweislast für die Fehlerfreiheit eines Erzeugnisses beim Hersteller. Hat dieser seine Arbeitsabläufe standardisiert und in Form von Geschäftsprozessen modelliert, ist es ihm leichter möglich, Regressansprüche abzuwehren.
- Großunternehmen verlangen von ihren Lieferern immer häufiger die **Zertifizierung** und damit den Nachweis kontrollierter und standardisierter Abläufe. Die Neufassung der **ISO 9000:2000** stellt die Prozessorientierung in den Vordergrund.[2] Die Bewertung und Optimierung von Prozessen und Schnittstellen wird erleichtert.

Die prozessorientierte Aufgabenorganisation ist somit die Umkehr der bisherigen aufgabenorientierten Organisation. Die Hauptrolle der Betrachtung des Unternehmensgeschehens spielen nicht mehr aufgabengerechte Abteilungen und Bereiche, sondern kundenorientierte Prozesse.

Merke:

Der **Kundenwunsch** bestimmt die **Strategie.** → Die **Strategie** bestimmt den **Prozess.** → Der **Prozess** bestimmt die **Struktur** der betrieblichen Aufbauorganisation.

2.4 Darstellung von Geschäftsprozessen

Die Geschäftsprozessbeschreibungen stellen Organisationsrichtlinien und Handlungsanweisungen dar. Für die Beschreibung von Geschäftsprozessen bieten sich textliche und grafische Darstellungsformen an. Im Folgenden beschränken wir uns auf die grafische Darstellung von Geschäftsprozessen nach der Methode der **ereignisgesteuerten Prozessketten (EPK).**

Die wichtigsten Beschreibungsmittel der EPK-Methode sind **Funktionen** zur Beschreibung von betriebwirtschaftlichen Vorgängen, **Ereignisse,** die einen eingetretenen betriebswirtschaftlichen Zustand repräsentieren, und **Operatoren,** die die Ablauflogik von Geschäftsprozessen beschreiben. In der Darstellung wechseln sich Ereignisse und Funktionen ab, wobei diese Folge durch Operatoren unterbrochen sein kann. Die Regeln der Geschäftsprozessmodellierung geben dabei vor, dass eine Tätigkeit (Funktion) erst begonnen werden kann, wenn ein bestimmtes Ereignis eingetreten ist. Zusätzlich ist zu beachten, dass eine ausgeführte Funktion ein weiteres Ereignis auslöst.

1 Extern: auswärtig; nur die äußeren Verhältnisse (eines Unternehmens) angehend.

2 Vgl. hierzu Band „Betriebswirtschaft – Fachstufe", Lernfeld 2, Kapitel 7.6.6.

Im Einzelnen werden folgend grafische Elemente (Darstellungsweisen) verwendet:[1]

Elemente	Beschreibung der Elemente	Zusätzliche Bemerkungen
Ereignis	Das Ereignis beschreibt das Eintreten eines betriebswirtschaftlichen Zustandes, der eine Handlung (Funktion) auslöst bzw. das Ergebnis einer Funktion sein kann.	Jeder Geschäftsprozess beginnt mit einem *Start-/Auslöseereignis* und endet mit einem *End-/Ergebnisereignis.* Da dieses Element ein Ereignis beschreibt, das soeben eingetroffen ist, sollte hierfür auch als Zeitangabe das Perfekt[2] verwendet werden. (Bsp.: Auftrag ist **eingetroffen,** Rechnung ist **bezahlt.**)
Funktion	Die **Funktion** beschreibt, was nach einem auslösenden Ereignis gemacht werden soll.	Funktionen verbrauchen Mittel (Ressourcen) und Zeit. Da dieses Element eine Tätigkeit beschreibt, sollten auch Tätigkeitswörter verwendet werden. (Bsp.: Mahnung schreiben, Fälligkeit prüfen).
Organisations-einheit	Die **Organisationseinheit** gibt an, welche Stelle die bestimmte Funktion ausführt.	Die Organisationseinheit gibt an, **wer** die angegebene Funktion ausführt. Dieses Element ist daher mit der betreffenden Funktion auf gleiche Höhe zu zeichnen.
Informations-objekt	Mit dem **Informationsobjekt** werden die für die Durchführung der Funktion benötigten Daten angegeben.	Das Informationsobjekt kann nur mit Funktionen verbunden werden.
∧ ∨ XOR	Die 3 verschiedenen logischen **Operatoren** ermöglichen es, **Verzweigungen** zwischen Ereignissen und Funktionen bzw. umgekehrt einzufügen.	∧ = **UND** ∨ = **ODER** **XOR =** *exklusives* **Oder**
Prozess-wegweiser	Der **Prozesswegweiser** (Unterprozess) ermöglicht es, einzelne Geschäftsprozesse miteinander zu verbinden.	

1 Die dargestellten Elemente sind der LEU-Handreichung LP 02 BK WI 0302.doc (Baden-Württemberg) entnommen. Autoren sind: Heinz Baumgartner, Klaus Ebert und Karsten Schleider.

2 Das Perfekt stellt den Abschluss oder Vollzug eines Geschehens als eine (im Sprechzeitpunkt) gegebene Tatsache oder Eigenschaft fest.

Elemente	Beschreibung der Elemente	Zusätzliche Bemerkungen
↓	Der **Kontrollfluss** gibt alle möglichen Durchgänge durch eine EPK wieder. Der Kontrollfluss kann mittels der Operatoren aufgespaltet werden.	Die Elemente der EPK sollten so angeordnet werden, dass der Kontrollfluss weitgehend von oben nach unten verläuft.
→ ← ↔	Der **Informationsfluss** zeigt den Datenfluss zwischen Informationsobjekt und Funktion auf.	

Beispiel: Darstellung des Teilprozesses „Angebote vergleichen und bestellen“

Die eingegangenen Angebote werden mit Hilfe eines Kalkulationsprogramms verglichen. In der Regel erhält der günstigste Lieferer den Zuschlag. Bei ihm wird daher bestellt.

Teilprozess: Angebote vergleichen und bestellen

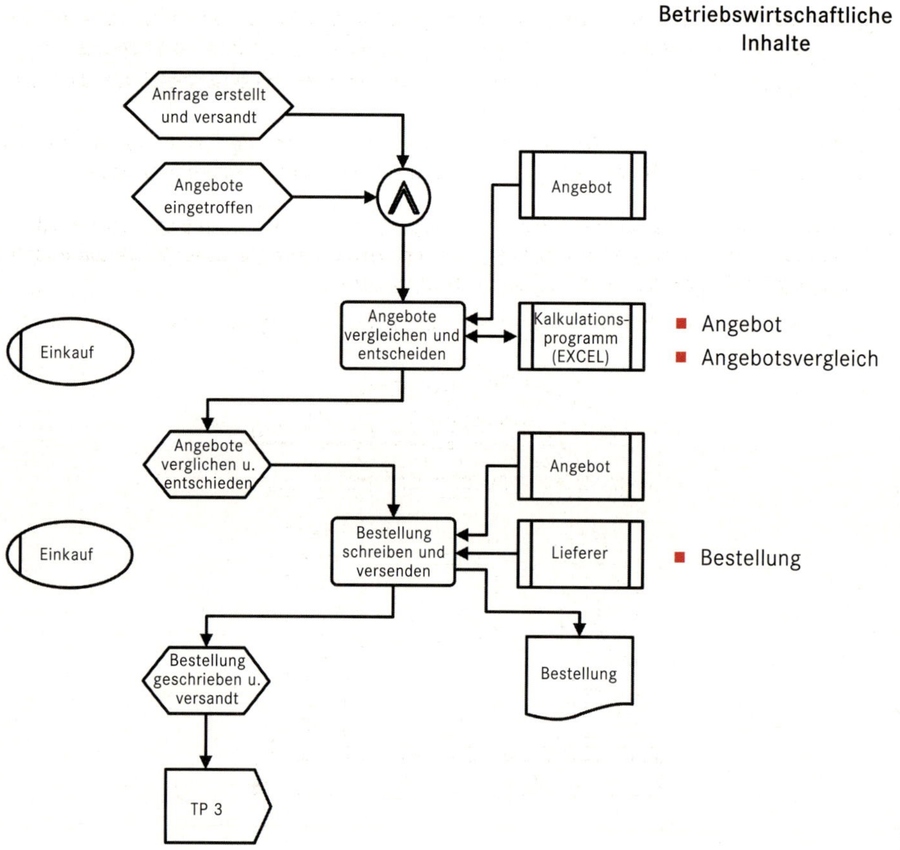

Zusammenfassung

- **Prozesse** sind eine **Abfolge von Aktivitäten** durch die **Inputfaktoren** in **Outputfaktoren** umgewandelt werden. Die Aktivitäten werden durch ein **Startereignis** angestoßen, von einem **Prozessor** durchgeführt und durch ein **Endereignis** beendet. Die Prozessdauer bezeichnet man als **Durchlaufzeit.**

- **Geschäftsprozesse (Business Process)** sind durch folgende Merkmale charakterisiert:
  - Zusammenhängende, abgeschlossene Folgen von Tätigkeiten zur Erfüllung einer betrieblichen Aufgabe,
  - werden für sich wiederholende betriebliche Abläufe beschrieben,
  - sind in einen Organisationsplan eingebettet,
  - betreffen unternehmensinterne oder unternehmensübergreifende Vorgänge,
  - liefern einen Kundennutzen.

- Geschäftsprozesse können nach der Bedeutung der Geschäftsprozesse für den Betrieb in Kernprozesse und unterstützende Prozesse untergliedert werden.
  - **Kernprozesse** tragen direkt zur Wertschöpfung bei, erbringen die Hauptleistung des Unternehmens, liefern den Hauptnutzen für die Kunden. Wichtige Kernprozesse sind: der Innovationsprozess, der Absatzprozess, der Leistungsprozess und der Beschaffungsprozess.
  - Kernprozesse können untergliedert werden in **kundennahe-** und **kundenferne Kernprozesse.**
  - **Unterstützende Prozesse** leisten einen Wertschöpfungsbeitrag für Kernprozesse. Zu unterscheiden sind **Serviceprozesse (Supportprozesse)** und **Managementprozesse.**

- Der **Gedanke der Prozessorientierung** als **Instrument der Unternehmenssteuerung** richtet sich an zwei Bezugspunkten aus: dem **Prinzip der Kundenorientierung (Prozessmanagement)** und dem **Prinzip der Geschäftsprozessoptimierung.**
  - Die **Grundlagen des Prozessmanagements** zeigt die nachfolgende Grafik[1].

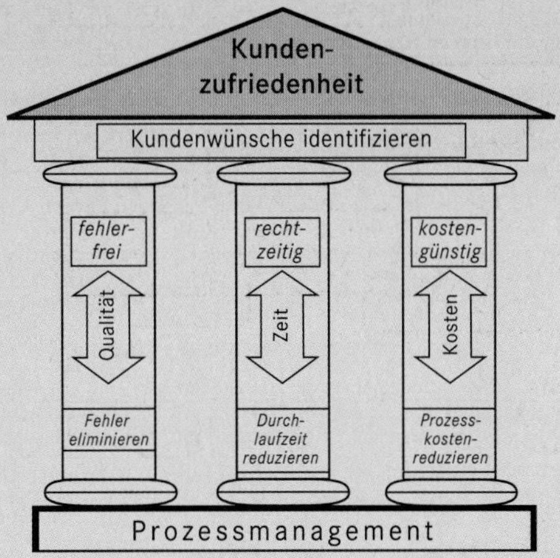

1 Nach: Gaitanides, M.: Prozessmanagement, München 1994, S. 16.

- Die Geschäftsprozesse werden zunächst als **„Ist-Modelle“** erfasst. Deren Analyse führt zu einer Neuordnung der Prozesse (**„Soll-Modelle),** die anschließend erprobt und wieder überprüft werden. Durch diesen Regelkreis wird eine **Geschäftsprozessoptimierung** angestrebt.

- Die **traditionelle Organisation** eines Unternehmens ist **funktionsorientiert,** d.h., **Gliederungsmerkmal** bei der Aufgabenanalyse und bei der Zusammenfassung von Teilaufgaben zu Arbeitsbereichen (Stellen, Abteilungen) im Rahmen der Aufgabensynthese sind **Funktionen** (Aufgaben, Verrichtungen).

- Das Konzept der Geschäftsprozesse erfordert eine **prozessorientierte Aufbauorganisation.**

- Eine **Organisation** nach **Geschäftsprozessen** ist **notwendig,** weil
  - funktionsorientierte Organisationsstrukturen bei der Verfolgung ihrer jeweiligen Ziele unvermeidlich in **Konflikte** zu anderen Funktionsbereichen geraten,
  - eine **mengenorientierte** Denkweise vorherrscht,
  - spezialisierten Informationssystemen zur Unterstützung herkömmlicher, funktionaler Strukturen die **Datenintegration fehlt,**
  - **betriebliche Prozesse „quer“ zu den Funktionen verlaufen** und daher Zeitverzögerungen, Rückfragen usw. zur Folge haben,
  - **Regressansprüche nach dem Produkthaftungsgesetz** mit standardisierten und protokollierten Abläufen leichter abzuwehren sind,
  - Unternehmen nur dann in die Liefererkette von Großunternehmen aufgenommen werden, wenn sie **zertifiziert** sind und damit über standardisierte Abläufe verfügen.

- **Vorteile** der **Geschäftsprozessorientierung** sind z.B.:
  - **Bereichsübergreifende Denkweise** der Mitarbeiter und reibungslose Abwicklung stehen im Vordergrund.
  - Prozesse sind **zielorientiert** am Nutzen der Kunden bzw. an den Anforderungen des Marktes ausgerichtet.
  - **Teamarbeit** unterstützt **kurze Kommunikationswege.**

- Der logische und zeitliche Ablauf eines Geschäftsprozesses lässt sich relativ einfach durch **„ereignisgesteuerte Prozessketten“** grafisch darstellen.

Übungsaufgaben

4

1. 1.1 Beschreiben Sie die Kernaussage der Geschäftsprozess-Konzeption!
   1.2 Welche Zielsetzungen verfolgt die Geschäftsprozess-Konzeption?
2. Erläutern Sie an einem Beispiel die Merkmale von Geschäftsprozessen und stellen Sie dar, warum es für die Praxis wichtig ist, zwischen Kern-, Management- und Serviceprozessen zu unterscheiden!
3. Ausgangspunkt ist die Möbelfabrik Fritz Kerler GmbH. Sie produziert Küchenmöbel und Regale für den Wohnbereich. Es fallen folgende Geschäftsprozesse an:
   3.1 Die Fritz Kerler GmbH bestätigt einen Auftrag über 150 m^2 Spanplatten.
   3.2 Die Fritz Kerler GmbH stellt einen neuen Außendienstmitarbeiter ein.

3.3 Die Geschäftsleitung entschließt sich für die Herstellung einer neuen Kollektion Küchenmöbel. Die Konstruktionsabteilung entwickelt entsprechende Modelle.

3.4 Die Geschäftsleitung veranlasst die Überprüfung der Kundendatensätze.

3.5 Die Finanzbuchhaltung erstellt den Jahresabschluss für die Fritz Kerler GmbH.

3.6 Der Fertigungsleiter der Fritz Kerler GmbH erstellt einen Maschinenbelegungsplan für die anstehende Kalenderwoche.

3.7 Die Geschäftsleitung der Fritz Kerler GmbH beschließt, in Zukunft auch Polstermöbel herzustellen und will damit in den kommenden zwei Jahren eine Umsatzsteigerung von 20% erzielen.

Aufgabe:

Entscheiden Sie, ob es sich bei den Geschäftsprozessen jeweils um einen Kernprozess oder um einen unterstützenden Prozess handelt. Begründen Sie Ihre Entscheidung!

4. Entscheiden Sie, ob es sich bei den nachfolgenden Prozessen um Geschäftsprozesse handelt. Begründen Sie Ihre Entscheidung!

4.1 Überprüfung eines Rohstoffeinkaufs,

4.2 Gründung einer Filiale,

4.3 Lohnbuchhaltung,

4.4 Inventur im Fertigungslager,

4.5 Schulung der Auszubildenden,

4.6 Schadensfeststellung nach einer Überschwemmung des Fabrikgeländes,

4.7 Einstellung eines Mitarbeiters als Softwareverwalter,

4.8 Qualitätsprüfung.

5

1. Welche Sachverhalte führten zu einer funktionsorientierten Gliederung der Unternehmung?
2. Welche Nachteile sind mit einer funktionsorientierten Unternehmensorganisation verbunden?
3. Vergleichen Sie die Durchführung der Auftragsbearbeitung innerhalb einer funktionsorientierten Struktur mit jener innerhalb einer prozessorientierten Struktur!
4. Welche Vorteile ergeben sich aus einer prozessorientierten Unternehmensstruktur?
5.

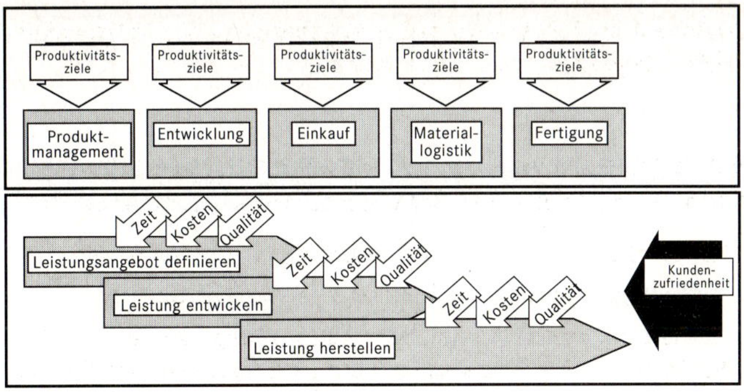

(Quelle: Gaitanides, M.: Prozessmanagement, München 1994, S. 12)

Aufgabe:

Erläutern Sie die Abbildung!

Hinweis: Produktivität ist die technische Ergiebigkeit eines Produktionsvorgangs.

$$\text{Produktivität} = \frac{\text{Ausbringungsmenge}}{\text{Einsatzmenge}}$$

6 1. 1.1 Erklären Sie in Worten den nachfolgenden Auszug aus dem Teilprozess „Rechnung prüfen und bezahlen"!

1.2 Ordnen Sie die Objekte den einzelnen Sichten zu!

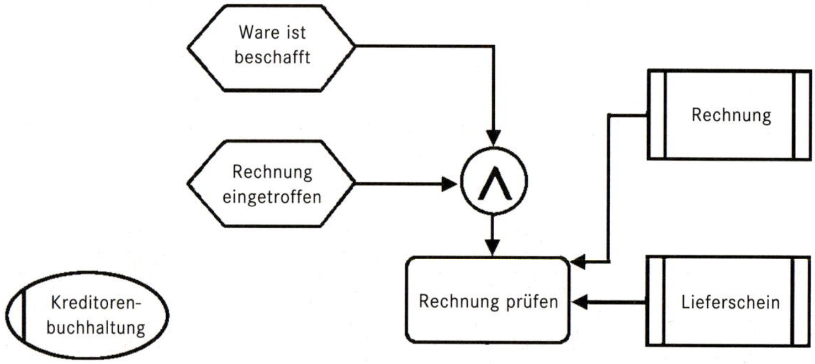

2. In welcher Weise werden hierbei die Dokumente benutzt?
3. Welchen Vorteil bringt es, dass bei der Organisationseinheit der Name der Stelle (hier: Kreditorenbuchhaltung) und nicht der Name des Sachbearbeiters angegeben wird?
4. Erstellen Sie die Auszüge aus einer Ereignisprozesskette, die jeweils folgende Abläufe abbildet:
   4.1 Der Patient wird aus dem Krankenhaus entlassen, nachdem er sowohl die Telefonrechnung als auch den Eigenanteil bezahlt hat.
   4.2 Nachdem die Ware versandfertig gemacht wurde, kann sie mit der Deutschen Post AG oder mit UPS versandt werden.
   4.3 Warum kann die Verknüpfung in Aufgabe 4.2 nicht mit OR hergestellt werden?
5. 5.1 Interpretieren Sie den folgenden Teilprozess!

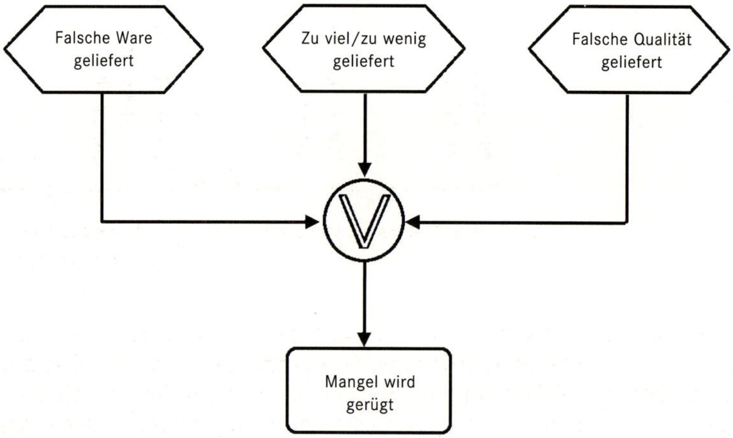

   5.2 Wie würde sich der Aussagewert des obigen Geschäftsprozesses ändern, wenn statt des einfachen ODER ein XOR als Verknüpfung eingefügt wäre?

3 Auftragsabwicklung[1]

3.1 Einbettung des Prozesses „Auftragsabwicklung“ in das Gesamtsystem betrieblicher Geschäftsprozesse[2]

Die nachfolgende Abbildung dient der Standortbestimmung des Kapitels **Absatzprozesse planen, steuern und kontrollieren,** indem es dessen Einordnung in das Schaubild als einer der drei Kernprozesse besonders hervorhebt. Dieser Kernprozess ist gekennzeichnet durch ein hohes Maß an Kundennähe.

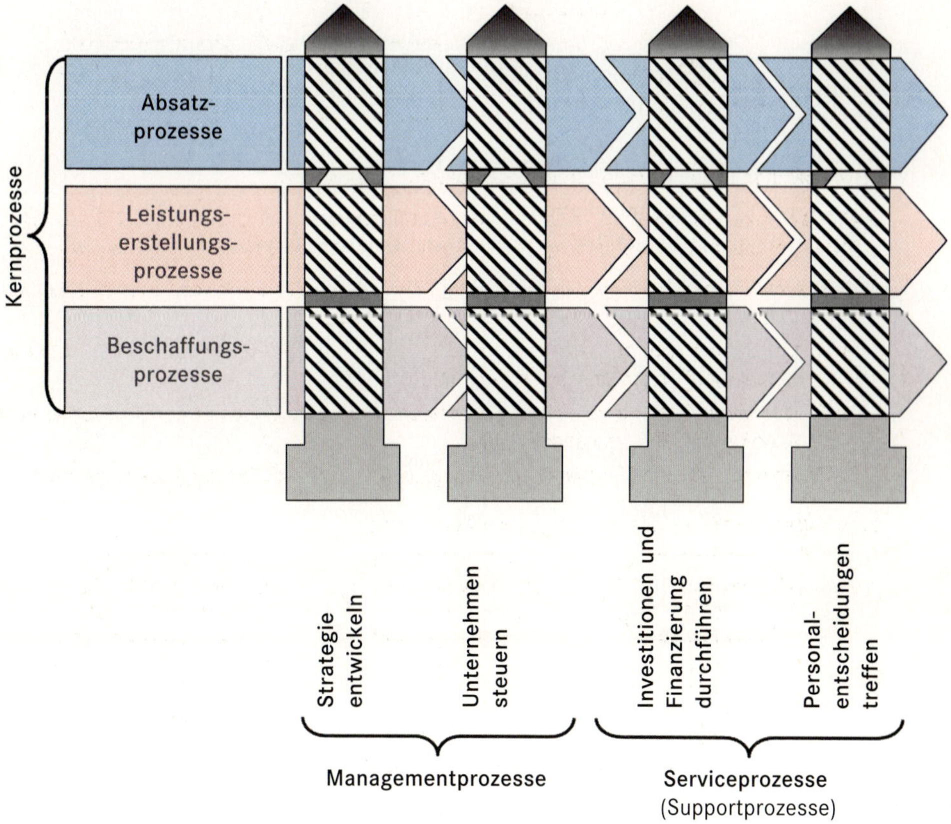

Isoliert man den Kernprozess **Absatz** aus obigem Schaubild heraus und gliedert ihn stufenweise zunächst in **Planungsprozesse, Steuerungsprozesse** und **Controllingprozesse** und diese wiederum in feinnervigere Subprozesse, dann erhält man die auf S. 48 abgebildete Übersicht, mit deren Hilfe zugleich eine Zuordnung zwischen den einzelnen Subprozessen und deren betriebswirtschaftlichen Inhalten möglich ist.

1 Von den Absatzprozessen wird im Folgenden aufgrund des Lehrplans nur der Teilprozess Auftragsabwicklung dargestellt (siehe auch S. 48).

2 Zum Gesamtkonzept betrieblicher Geschäftsprozesse siehe Kapitel 2.2, S. 27 ff.

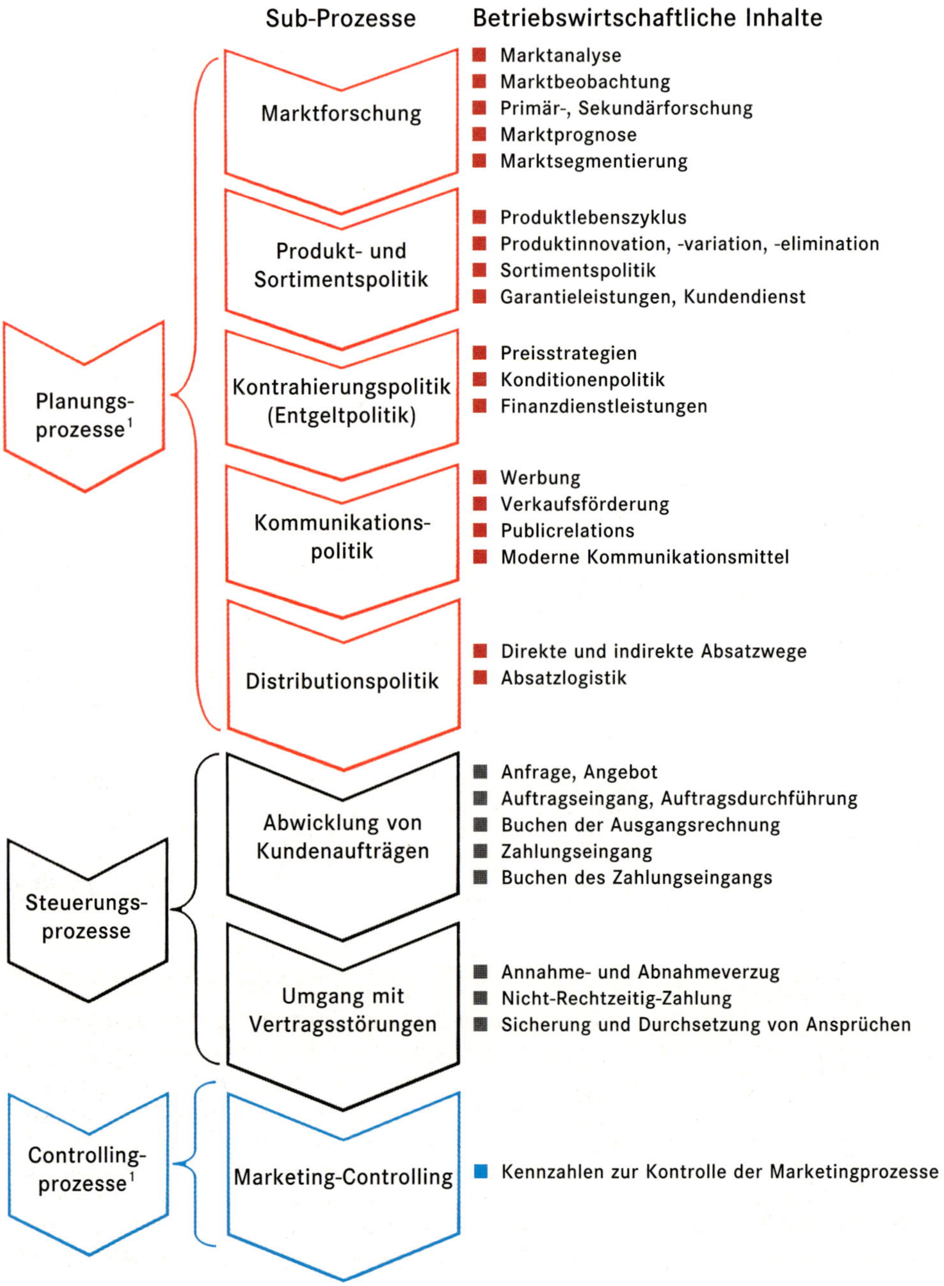

1 Die betriebswirtschaftlichen Inhalte der Planungs- und Controllingprozesse werden im Band „Betriebswirtschaft – Fachstufe", Lernfeld 4 behandelt.

3.2 Übersicht

Die Prozesskette der Auftragsabwicklung eines Industriebetriebs ist äußerst komplex. Nachfolgend soll sie in Form eines verdichteten Gesamtüberblicks dargestellt werden.

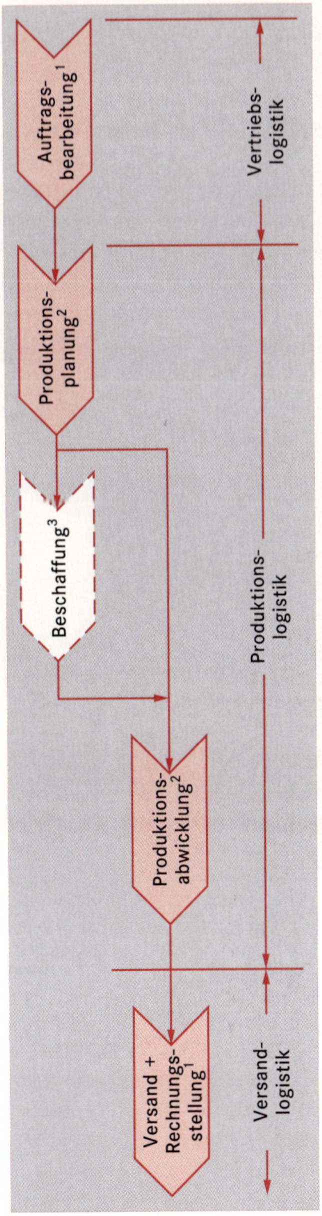

Ziel des Kernprozesses Auftragsbearbeitung ist, feste Kundenaufträge zu akquirieren (beschaffen). Die erhaltenen Kundenaufträge werden zu dem Bedarf an Standardprodukten hinzuaddiert. Dies ergibt die Gesamtmenge der herzustellenden Erzeugnisse.

Aus dieser Gesamtmenge an verkaufsfähigen Erzeugnissen wird im Rahmen der Produktionsplanung der Bedarf an nachgeordneten Komponenten (Einzelteile, Baugruppen) ermittelt.

Handelt es sich hierbei um Fremdteile, dann erfolgt deren weitere Bearbeitung im Rahmen der Beschaffung. Eigenteile müssen hingegen als Fertigungsaufträge in die Produktion eingeschleust werden.

Durch das Zusammenfassen der Bedarfe aus den verschiedenen Kundenaufträgen wird versucht, eine kostengünstige Produktion zu erzielen. Dabei gilt es, die richtige Balance zwischen kleinen Produktionsmengen (häufiges Umrüsten der Maschinen, kleine Lagerkosten) und großen Produktionsmengen (seltenes Umrüsten der Maschinen, große Lagerkosten) zu finden.

Die Herstellung wird durch eine Reihe von Fertigungsinformationen unterstützt, wie z. B.

- Stücklisten (Was wird benötigt?)
- Materialentnahmescheine (Wie viel wurde entnommen?)
- Arbeitsplänen (Wie wird es gemacht?)
- Prüfvorschriften (Ist die Arbeit in Ordnung?)
- Lohnscheine (Wer hat es in welcher Zeit gemacht?)

Im Rahmen der Betriebsdatenerfassung fließen Informationen zur Fertigungssteuerung zurück und dienen der Kontrolle des Fertigungsfortschritts, der Lagerbestandsführung und der Lohnabrechnung.

Abschließend müssen die fertig gestellten Aufträge den vorliegenden Kundenaufträgen zugeordnet werden. Es ist Aufgabe des Versandes, die zugeteilten Aufträge versandfertig zu machen und dem Kunden zuzusenden.

1 Wird behandelt im Rahmen des Lernfeldes 1.
2 Wird behandelt im Rahmen des Lernfeldes 2.
3 Wird behandelt im Rahmen des Lernfeldes 3.

4 Speth u. a. – ISBN 978-3-8120-0555-5

Die Abwicklung von Kundenaufträgen[1] bildet die Basis für die betriebliche Wertschöpfung. In einer Unternehmenswelt, die gekennzeichnet ist von

- gesättigten Märkten,
- differenzierten Kundenwünschen,
- Forderung nach kurzen Lieferfristen und
- hohen Ansprüchen an die Produktqualität

können die wenigsten Unternehmen Standarderzeugnisse auf Vorrat produzieren. Sie sind gezwungen, erst nach Eintreffen der Anfrage aktiv zu werden. Ihre Ressourcen in jenen Unternehmensbereichen, die der Produktion vorgelagert sind (Vertrieb, Konstruktion, Produktionsplanung, Arbeitsvorbereitung, Kalkulation), sind daher besonderen Beanspruchungen ausgesetzt. Sie müssen in ihren Kapazitäten entsprechend dimensioniert sein, um auch saisonale Schwankungen in der Beanspruchung von Kunden zu deren vollen Zufriedenheit abwickeln zu können. Um die individuellen Kundenwünsche in einer auftragsbezogenen Fertigung möglichst rasch und kompetent lösen zu können, konzentrieren sich die Unternehmen in aller Regel auf bestimmte Kernkompetenzen. Diese Beschränkung auf Problemfelder ermöglicht es ihnen, neue Herausforderungen aufgrund von Kundenwünschen von der Warte eines höheren Vorbereitungsgrades aus schneller und besser lösen zu können.

3.3 Anfrage

(1) Wesen der Anfrage

Merke:

Durch die **Anfrage** soll der Verkäufer in aller Regel zur **Abgabe** eines **verbindlichen Angebots** aufgefordert werden. Die Anfrage ist rechtlich unverbindlich (keine Willenserklärung), d. h., die angefragten Güter müssen nicht gekauft werden.

(2) Rechtliche Bindung

Der Käufer ist durch seine Anfrage **rechtlich nicht gebunden.** Er kann deshalb auch gleichzeitig bei mehreren möglichen Verkäufern anfragen.

Arten der Anfragen	Inhalt der Anfragen
Bestimmte Anfragen	Sie beziehen sich auf ein *bestimmtes* Erzeugnis bzw. auf eine *bestimmte* Dienstleistung. Zur Vermeidung von Rückfragen und unvollständigen Angeboten müssen die Anfragen fehlerfrei und mit **allen** für den Anfragenden **wichtigen Angaben** erfolgen.

1 Die bei der Abwicklung von Kundenaufträgen anfallenden Buchungsvorgänge finden Sie im Kapitel 3.6.5 „Besondere Buchungen beim Verkauf von Erzeugnissen, Handelswaren und Dienstleistungen“, S. 83ff.

Arten der Anfragen	Inhalt der Anfragen
Allgemeine Anfragen (unbestimmt gehaltene Anfragen)	Hier wird der Anbieter unter allgemeiner Schilderung des Problems gebeten, z. B. die aus seiner Sicht geeignetsten Materialien und Qualitäten anzubieten. Allgemeine Anfragen sind besonders dann sinnvoll, wenn neue Sachgüter beschafft werden sollen, mit denen der Anfragende noch keine Erfahrung hat.

(3) Inhalt der Anfrage

Ist die **Anfrage bestimmt,** sollte sie folgende Angaben enthalten:

- genaue (ausreichende) **Beschreibung** der erfragten Sachgüter und/oder Dienstleistung (Anlagen beifügen),
- **Mengenangabe** in der üblichen Maß- und/oder Gewichtseinheit,
- **Leistungsort** (Bedarfsstelle), z. B. Werk, Fachabteilung oder Magazin,
- **geforderte Liefertermine** bzw. Termine der Leistungserstellung,
- **erforderlichenfalls Fristsetzung für die Angebotsabgabe,**
- zwingend vorgeschriebene **Versand- und/oder Verpackungsbedingungen** (Transportmittel, Transportwege, Verpackungsart, Verpackungshilfsmittel),
- **Anfrage-(Anforderungs-)nummer,** Anfragedatum, Kurzzeichen des zuständigen Sachbearbeiters, Durchwahlrufnummer.

(4) Form der Anfrage[1]

Für die Anfrage ist gesetzlich *keine bestimmte Form* vorgeschrieben (Grundsatz der **Formfreiheit**). Ob diese mündlich, fernmündlich, schriftlich oder elektronisch (per Fax, E-Mail) erfolgt, hängt vor allem vom Umfang der Anfrage und der Art der angefragten Güter ab. Umfangreiche Anfragen (z. B. Bauleistungen) und solche über technisch komplizierte Güter (z. B. Maschinen) sollten, vor allem zur Vermeidung von Hör- und Übertragungsfehlern, möglichst *schriftlich* erfolgen. Außerdem erleichtert die schriftliche Anfrage dem Lieferer als Arbeitsunterlage die Abgabe des Angebots.

Beispiel:

Bei der Brändle-Druck KG, Zöllerstraße 102, 64291 Darmstadt, meldet die integrierte Unternehmenssoftware am 5. Juni 20.. einen Bedarf von 500 Mehrwegpaletten, 100 x 120 cm, Holz, gehobelt, gebeizt, verschraubt, mit abgerundeten Kanten. Daraufhin erfolgt von der Einkaufsabteilung die Anfrage. Der gewünschte Liefertermin ist der 22. Juni 20.. Die letzten Paletten von Gebhardt & Söhne OHG, Urbanstraße 4, 73728 Esslingen, wurden am 28. Januar 20.. zum Preis von 42,50 EUR/Stück gekauft.

1 In der Geschäftspraxis werden von den Unternehmen für die Anfragen, Angebote, Bestellungen und Auftragsbestätigungen (Bestellungsannahmen) meistens Vordrucke mit mehreren Durchschlägen verwendet.

Brändle-Druck KG
Zöllerstraße 102 · 64291 Darmstadt

Brändle-Druck KG, Postfach 10 01 01, 64201 Darmstadt

BD

Gebhardt & Söhne OHG
Palettenfabrik
Urbanstraße 4
73728 Esslingen

Telefax
06151 6666-44

Ihr Zeichen, Ihre Nachricht vom	Unser Zeichen, unsere Nachricht vom	☎ Name 06151 6666-	Datum
	hä-zi	28 Frau Härer	20..-06-07

Anfrage Nr. 81/03609

Sehr geehrte Damen und Herren,

für unsere Produktion benötigen wir

> **500 Mehrwegpaletten,** 100 x 120 cm, Holz, gehobelt, gebeizt, verschraubt, mit abgerundeten Kanten.

Wir benötigen alle Paletten spätestens am 22. Juni 20.. Wenn Sie früher liefern können, nennen Sie uns bitte einen verbindlichen Termin. Wir werden dies bei unserer Entscheidung berücksichtigen.

Bitte senden Sie uns Ihr Angebot bis zum 12. Juni 20.. zu. Vielen Dank.

Mit freundlichen Grüßen

Brändle-Druck KG

ppa. Doris Härer

Doris Härer

Geschäftsräume
Zöllerstr. 102
64291 Darmstadt

Geschäftszeit
07:00 Uhr – 12:30 Uhr
14:00 Uhr – 16:00 Uhr

Deutsche Bank AG Darmstadt
Kto.-Nr. 1007855
BLZ 508 700 05

Postbank Frankfurt
Kto.-Nr. 38116-602
BLZ 500 100 60

Sitz der Gesellschaft:
Darmstadt

Registergericht:
Darmstadt HRA 879

STEUER-Nr.: 12740510
FA: Darmstadt

(5) Prüfung der Anfrage

Unter Umständen (z. B. bei Anfragen neuer Kunden) ist eine mehrfache Prüfung des Angebotes erforderlich. Hierbei können folgende Fragen von Bedeutung sein:

- Welche Erfahrung haben wir mit der **Bonität** des Kunden in der Vergangenheit gemacht?
- Gehört das angefragte Erzeugnis überhaupt in unser **Produktprogramm?**
- Ist das Erzeugnis ein **Standardprodukt** und kann ggf. aus den Vorräten der Fertigerzeugnisse geliefert werden?
- Sind notwendige Produkte der Vorstufe innerhalb der Zeit **verfügbar,** dass das Erzeugnis zum Kundenwunschtermin hergestellt werden kann?
- Sind die Preisvorstellungen des Kunden so, dass die Herstellung des Erzeugnisses für uns einen **Gewinn** bringt?
- Sind die **technischen Voraussetzungen** zur Erfüllung des Kundenwunsches vorhanden?
- Sind genügend **freie Kapazitäten** vorhanden, dass die Fertigstellung zum Kundenwunschtermin zugesichert werden kann?

3.4 Angebot

3.4.1 Wesen des Angebots und rechtliche Bindung an das Angebot

(1) Wesen des Angebots

Merke:

Das **Angebot** ist eine bestimmte, verbindliche Willenserklärung[1] des Verkäufers, die an eine **bestimmte** Person oder Personengruppe – **nicht an die Allgemeinheit** – gerichtet ist. Das Angebot ist rechtlich eine empfangsbedürftige Willenserklärung.

Inserate in Zeitungen, Zeitschriften, Schaufensterauslagen, Verkaufsprospekte, Wurfsendungen, Plakate sowie das Aufstellen von Waren in Selbstbedienungsläden sind an die Allgemeinheit gerichtet, somit **nicht bestimmt.** Sie sind deshalb keine „Verkaufsangebote", sondern *Aufforderungen* („Werbungen") an den möglichen Käufer, seinerseits einen Antrag (z. B. eine Bestellung) auf Abschluss eines Kaufvertrags zu machen.

Ausnahme: Wenn nach Sachlage nur ein Angebot an die Allgemeinheit möglich ist und der Antragende (Anbieter) mit *jedem,* der auf das Angebot eingeht, abschließen will, liegt ein Angebot (eine Willenserklärung) vor.

Beispiele für Angebote an die Allgemeinheit:

Aufstellen eines Automaten, Angebote öffentlicher Verkehrsmittel. Mit dem Geldeinwurf in den Automaten, mit dem Lösen der Fahrkarte, Einsteigen in das Verkehrsmittel wird das Angebot angenommen.

Eine bestimmte **Form ist gesetzlich nicht vorgeschrieben.** Zur Vermeidung von Irrtümern (aus Gründen der Rechtssicherheit/Beweissicherheit) ist jedoch die **Schriftform** angebracht und auch praxisüblich.

1 **Willenserklärungen** sind solche Äußerungen (Handlungen) einer Person (oder mehrerer Personen), die mit der Absicht vorgenommen werden eine **rechtliche Wirkung** herbeizuführen.

(2) Bindung an das Angebot

Grundsatz

Der **Anbieter ist rechtlich an sein Angebot (seinen Antrag) gebunden,** wenn er nicht von vornherein die Bindung durch **Freiklauseln** (z. B. unverbindlich, Zwischenverkauf vorbehalten) ausdrücklich ganz ausschließt oder einschränkt [§ 145 BGB].[1] Der Anbieter (Verkäufer) muss mithin nach Abschluss des Kaufvertrags zu den angebotenen Verkaufsbedingungen die Kaufsache dem Käufer frei von Sach- und Rechtsmängeln übergeben und dem Käufer das Eigentum an der Kaufsache verschaffen [§ 433 I BGB].

Einschränkungen der rechtlichen Bindung

Durch gesetzliche Annahmefristen des BGB

Angebote unter Anwesenden (auch fernmündliche)

Sie müssen sofort, d. h. solange das Gespräch dauert, angenommen werden [§ 147 I BGB].

Beispiel:

Verlässt ein Kunde einen Laden, weil er sich noch nicht zum Kauf der angebotenen Waren entschließen kann und deshalb weitere Geschäfte aufsucht, muss er mit dem Verkauf der ihm angebotenen Ware an einen anderen Kunden rechnen.

Angebote unter Abwesenden[2]

Die Bindungsfrist für den Anbieter besteht, solange er unter regelmäßigen Umständen mit dem Eingang der Antwort (z. B. Bestellung) rechnen kann [§ 147 II BGB]. Dabei muss das Angebot mindestens mit dem gleich schnellen Nachrichtenmittel angenommen werden wie es abgegeben wurde.

Beispiel:

Ein Angebot per E-Mail erfordert z. B. mindestens eine Annahme (Bestellung) auf gleichem Weg. Ein Briefangebot im Expressdienst erfordert mindestens eine Annahme (Bestellung) durch den Expressdienst.

Angebote mit vom Anbieter (Antragenden) bestimmter Annahmefrist

Die Annahme dieser befristeten Angebote kann nur *innerhalb der gesetzten Frist* (z. B. „gültig bis zum 28. Juli 20..“) erfolgen [§ 148 BGB]. Die Bestellung muss dem Anbieter bis zur gesetzten Frist zugegangen sein.

Rechtsfolge:

Bei zu später Annahme ist der Anbieter nicht mehr an sein Angebot gebunden, sein Antrag erlischt [§ 146 BGB]. Eine verspätete Annahme des Angebots gilt als **neuer Antrag** [§ 150 I BGB].

---

1 Erklärungen, bei denen sich eine **Freiklausel** auf das ganze Angebot bezieht (z. B. unverbindlich, freibleibend), sind rechtlich **keine Anträge,** sondern Aufforderungen zur Abgabe eines Antrags (z. B. Bestellung). Diese „Freiklauseln“ dürfen nicht mit den so genannten **„Freizeichnungsklauseln“** („Freizeichnungen“) verwechselt werden (z. B. mit den Haftungsausschlüssen und Haftungsbegrenzungen bei Ansprüchen aus unerlaubten Handlungen, für entgangenen Gewinn; Haftungsbegrenzungen auf Personen- oder Sachschäden). Für formularmäßige Freizeichnungen im nichtkaufmännischen Verkehr ergeben sich aus den §§ 305 c, 307 ff. BGB Beschränkungen und Haftungsausschlussverbote.

2 Die Annahmefrist setzt sich zusammen aus der Zeit für die **Übermittlung** des Angebots, einer angemessenen **Überlegungs-** und **Bearbeitungszeit** beim Empfänger und der Zeit für die **Übermittlung der Antwort** an den Anbieter.

■ **Durch sonstige Anlässe**

Die Bindung an ein Angebot entfällt z. B. auch,

- wenn der Empfänger das erhaltene Angebot **ausdrücklich** oder **stillschweigend** ablehnt [§ 146 BGB].
- wenn der Anbieter sein Angebot **rechtzeitig widerruft.** Das ist möglich, da das Angebot erst mit Zugang beim Empfänger wirksam wird. Der Widerruf muss jedoch vor, spätestens *zusammen mit dem Angebot* beim *Empfänger* eingehen [§ 130 I, S. 2 BGB].
- wenn der **Kundenauftrag inhaltlich vom Angebot abweicht** [§ 150 II BGB]. Ein Kunde bestellt z. B. rechtzeitig, aber nicht, wie angeboten 100 kg, sondern nur 10 kg, oder nicht wie angeboten „ab Lager", sondern „Lieferung frei Werk".

Rechtsfolge:
Eine Annahme unter **Erweiterungen, Einschränkungen** oder **sonstigen Änderungen** gilt ebenfalls als **Ablehnung** und zugleich als **neuer Antrag** [§ 150 II BGB].

3.4.2 Inhalt des Angebots

(1) Überblick

Es gibt keinen gesetzlich vorgeschriebenen Inhalt. Es ist aber vorteilhaft, wenn der Verkäufer alle Einzelheiten im Angebot so festlegt, dass der Käufer nur noch zuzustimmen braucht. Wird eine Einzelheit im Angebot nicht geregelt (z. B. wer hat die Verpackungskosten zu tragen), so gilt für diesen Fall die **gesetzliche Regelung** des BGB und HGB.

Inhalt eines ausführlichen Angebots
- → Art, Güte, Beschaffenheit und Menge der Produkte
- → Preis der Produkte
- → Lieferungs- und Zahlungsbedingungen
- → Leistungsort und Gerichtsstand
- → Gewährleistungsbedingungen

(2) Art, Güte, Beschaffenheit und Menge der Produkte

■ **Art der Produkte** (genaue Bezeichnung der Produkte)

■ **Güte (Qualität) der Produkte;**

Für viele Kunden sind die Kriterien Qualität und Umweltverträglichkeit bei ihrer Entscheidung für oder gegen ein Produkt von hoher Bedeutung. Um einen Kundenauftrag zu erhalten, kann es für den Lieferer daher ausschlaggebend sein, im Rahmen der Angebotsabgabe qualitätsbezogene Aussagen zu treffen, z. B. über Haltbarkeit, Design, Leistungsfähigkeit, Belastbarkeitsgrenzen.

- **Beschaffenheit der Produkte**
- **Menge der Produkte** (z. B. t Kohle, l Heizöl, Stück Maschinen, m^3 Spanplatten, usw.)
- Bei **Gattungssachen (Gattungsschulden)** braucht im Kaufvertrag keine ausdrückliche Regelung hinsichtlich Güte und Beschaffenheit getroffen zu werden, weil BGB und HGB hier bestimmen, dass bei fehlender Vereinbarung Sachen (Produkte) mittlerer Art und Güte zu liefern sind [§ 243 I BGB und § 360 HGB]. Gattungssachen (Gattungswaren) sind bewegliche Sachen, die nur der Art nach bestimmt sind (z. B. Mehl einer bestimmten Type, serienmäßig hergestellte Autos eines bestimmten Typs, Eier einer bestimmten Handelsklasse). Dem Käufer ist es also gleichgültig, welche Teilmenge aus der Gattung geliefert wird.
- Anders ist es bei **Speziessachen (Stückschulden).** Hier wird eine ganz genau bestimmte Sache geschuldet (z. B. *dieses* Ölgemälde, *das* Springpferd „Rex", *dieser* Modellmantel).

(3) Preis der Produkte

Der Preis der Produkte muss *unbedingt* im Angebot angegeben und zum Vertragsabschluss *unverändert* in der Annahme akzeptiert werden. Mögliche **Preisstellungen:**

- **Nettopreise**

Hier sind keinerlei Preisabzüge mehr möglich. Der Anbieter hat knapp kalkuliert, d. h., mögliche Abzüge bereits vorgenommen. Die Klausel (Formulierung) lautet z. B. „Zahlbar netto Kasse" oder „Zahlbar ohne jeden Abzug".

- **Bruttopreise**

In diesem Fall lässt der Anbieter noch Preisabzüge zu, die allerdings an bestimmte Bedingungen geknüpft sind. Mögliche Abzüge sind:

- **Rabatte** (Abschläge). Der Rabatt ist ein Preisnachlass, der *unabhängig* von der Zahlungsfrist gewährt wird. Wichtige Rabattarten sind:

Mengenrabatt	Preisnachlass, der bei Abnahme größerer Mengen gewährt wird. Steigt der Rabattsatz mit zunehmenden Abnahmemengen an, spricht man von „Staffelrabatt".
Sonderrabatt	Preisnachlass, der aus besonderen Anlässen (z. B. Geschäftsjubiläen) oder aufgrund einer einmaligen Vereinbarung mit dem Kunden eingeräumt wird.
Treuerabatt	Preisnachlass, der langjährigen Kunden gewährt wird.
Wiederverkäuferrabatt	Preisnachlass, den der Lieferer (Verkäufer) solchen Kunden einräumt, die die Ware weiterverkaufen oder -verarbeiten.
Naturalrabatt	Indirekter (mittelbarer) Preisnachlass, indem der Kunde (unberechnete) Dreingaben oder Draufgaben erhält.

- **Boni** (Einzahl: Bonus). Hier handelt es sich um Preisnachlässe, die *nachträglich* gewährt werden. Ein Bonus liegt z. B. vor, wenn der Verkäufer seinem Kunden bei Erreichen einer bestimmten Umsatzsumme im vergangenen Geschäftsjahr eine Rückvergütung leistet.

Bei technisch unkomplizierten genormten Gütern, die von vielen Verkäufern jederzeit kurzfristig bezogen werden können, ist der Preis ein wichtiges Kriterium für den Käufer, das Angebot anzunehmen oder abzulehnen.

Andererseits gibt es Kaufentscheidungen (z. B. bei komplizierten Investitionsgütern), bei denen die Fragen der **Zuverlässigkeit** (Leistungsfähigkeit), die **Gewährleistungsbedingungen,** der **Reparaturservice** (Kundendienst), die **Kulanz**[1] und die **„Mitarbeit"** der Verkäufer (z. B. Fähigkeit und Bereitschaft, ihrerseits Vorschläge zu unterbreiten, falls der Anfragende Beschaffungs- und Produktionsprobleme hat) Vorrang vor reinen Preisvergleichen haben. Immer wichtiger bei den Kaufentscheidungen ist auch die (z. B. auch gesetzlich) erforderliche und gewünschte **Umweltverträglichkeit der Güter.**

(4) Lieferungs- und Zahlungsbedingungen

Ein Preisvergleich auf Seiten des Kunden kann erst abgeschlossen werden, wenn alle Lieferungs- und Zahlungsbedingungen in den Vergleich mit einbezogen worden sind, die den tatsächlich aufzubringenden Betrag – den so genannten **Bezugs**- oder **Einstandspreis** – beeinflussen.

■ Skonti

Unter **Skonti** (Einzahl: Skonto) versteht man einen Preisnachlass, der dann gewährt wird, wenn der Schuldner innerhalb einer bestimmten Frist bezahlt. Die Klausel lautet z. B.: „3 % Skonto bei Zahlung innerhalb von 10 Tagen, 30 Tage netto ab Rechnungsdatum". (Zweck: Anreiz für den Kunden, früher zu zahlen, d. h. in diesem Fall am 10. anstatt am 30. Tag.)

Werden für das Angebot sowohl Rabatt als auch Skonto gewährt, wird zur Berechnung des Zahlungsbetrags zuerst der Rabatt und dann der Skonto abgesetzt, denn der Skonto als Abzug für vorzeitige (schnelle) Zahlung kann nur von dem tatsächlich geschuldeten Betrag vorgenommen werden.

■ Verpackungsaufwendungen

Eine unmittelbare Vorschrift darüber, wer die Verpackungsaufwendungen zu tragen hat, sieht das BGB nicht vor. § 448 I BGB sagt aber, dass der Käufer die Kosten der Abnahme und der Versendung der Sache nach einem anderen Ort als dem Leistungsort zu tragen habe. Daraus folgt:

Ist im Angebot nichts anderes gesagt und wird das Angebot unverändert angenommen, trägt der **Käufer** die **Aufwendungen** für **die Versandverpackung.**

Im Geschäftsleben sind nähere Vereinbarungen über die Frage, wer die Aufwendungen für die Verpackung tragen soll, zweckmäßig. In einem Angebot könnten sich z. B. folgende Angaben finden:

- „32,00 EUR je Verkaufspackung", d. h., die Verpackung wird nicht getrennt berechnet.
- „Leihpackung! Bei Rücksendung erhalten Sie $^2/_3$ des berechneten Werts gutgeschrieben." In diesem Fall trägt der Käufer einen Teil des Verpackungsaufwands.

---

1 Kulanz: Entgegenkommen (z. B. die Übernahme von Reparaturkosten, obwohl hierzu rechtlich keine Verpflichtung besteht).

- „Leihpackung! Bei Rücksendung erhalten Sie den berechneten Wert gutgeschrieben." Hier trägt der Verkäufer die gesamten Verpackungsaufwendungen.
- „Die Verpackungskosten gehen zu Lasten des Käufers".

Eine andere handelsübliche Klausel ist „brutto für netto", abgekürzt „bfn" (z. B. auf Farbdosen), d. h., der Kunde zahlt das Verpackungsgewicht (Tara) wie das Inhaltsgewicht (Nettogewicht).

Beförderungsaufwendungen

Ist im Angebot nichts anderes gesagt und wird das Angebot unverändert angenommen, so hat der **Käufer** grundsätzlich die **Beförderungsaufwendungen** (z. B. Frachten, Porti) **zu bezahlen.**

Dies folgt aus der Tatsache, dass **Warenschulden gesetzlich im Zweifel**[1] **Holschulden** sind [§ 269 BGB].[2]

Der Verkäufer kann im Angebot andere Regelungen vorschlagen:

- Der Verkäufer übernimmt sämtliche Beförderungsaufwendungen. Die Bedingungen können z. B. lauten: „Wir liefern frei Haus" (z. B. bei Weinlieferungen an Privatleute üblich) oder „frei Keller dort" (z. B. bei Weinlieferungen an Gaststätten).
- Käufer und Verkäufer teilen sich die Beförderungsaufwendungen. Der Anbieter kann z.B. die Beförderungsaufwendungen bis zur Empfangsstation des *Käufers* tragen. Der Angebotspreis wird dann wie folgt präzisiert (genau beschrieben): „frei dort", „frei Bahnhof dort", „frachtfrei". Die Beförderungsaufwendungen ab Empfangsstation trägt also der Käufer (z. B. Entgelt für die Anfuhr).

Lieferfrist

Der Vergleich der Lieferfristen verschiedener Anbieter kann im Einzelfall von großer Bedeutung sein. Auf schnelle Lieferung ist ein Betrieb z. B. dann angewiesen, wenn er selbst (unerwartete) zusätzliche Aufträge erhält, oder wenn Sonderaufträge gefertigt werden müssen, für die Materialien benötigt werden, die normalerweise nicht am Lager vorrätig gehalten werden.

Ist im Angebot die Leistungszeit nicht bestimmt und diese auch nicht aus den Umständen des Rechtsgeschäfts zu entnehmen und wird das Angebot unverändert angenommen, muss der **Verkäufer** auf Verlangen des **Käufers sofort liefern** [§ 271 I BGB].

Bei manchen Geschäften steht und fällt der Zweck des Kaufvertrags mit der Einhaltung eines bestimmten Termins. Hier muss entweder der genaue Liefertermin oder die Lieferfrist vereinbart werden **(Fixkauf).**[3]

---

1 Im **Zweifel** bedeutet, dass es sich um eine Auslegungsregel handelt, die dann nicht gilt, wenn durch vertragliche Vereinbarungen etwas anderes bestimmt ist.

2 In der Geschäftspraxis sind die Warenschulden bei zweiseitigen Handelskäufen jedoch meistens **Schickschulden.**

3 Siehe § 323 II, Nr. 2 BGB; § 376 HGB (Fixhandelskauf).

■ **Zahlungsfristen**

Ist im Angebot der Zahlungszeitpunkt nicht bestimmt und dieser auch nicht aus den Umständen des Rechtsgeschäfts zu entnehmen und wird das Angebot unverändert angenommen, muss der **Käufer sofort nach Übergabe der Ware bezahlen** [§ 271 I BGB].

Die sofortige bare Zahlung ist nur möglich, wenn der Käufer die Produkte am Geschäftssitz des Verkäufers abholt. Werden die Produkte verschickt, muss der Käufer die Zahlung auf andere Weise vornehmen. Möglich ist beispielsweise die Einschaltung einer Bank, die den Betrag vom Konto des Zahlers auf das Konto des Zahlungsempfängers überweist. Die Aufwendungen, die mit dem „Geldtransport“ zusammenhängen, muss der Geldschuldner tragen (z. B. die Überweisungsgebühren der Bank) (siehe § 270 BGB).

Ist nichts anderes vereinbart, muss der Geldschuldner alle Aufwendungen tragen, die mit der Zahlung verbunden sind, denn **Geldschulden sind Schickschulden** [§ 270 BGB].

Der Anbietende kann bestimmte Zahlungsbedingungen vorschlagen, die von der gesetzlichen Regelung abweichen:

- **Teilweise oder vollständige Zahlung vor der Lieferung.** Die Zahlungsbedingungen können z. B. lauten: „Nur gegen Vorauskasse“, „Nur gegen Vorauszahlung“, „Anzahlung $\frac{1}{3}$ des Kaufpreises bei Bestellung, $\frac{1}{3}$ bei Lieferung, $\frac{1}{3}$ drei Monate nach Erhalt der Ware“.
- **Zahlung nach der Lieferung.** In diesem Fall erhält der Käufer ein *Zahlungsziel*. Die Klauseln im Angebot können z. B. lauten: „Zahlbar innerhalb 4 Wochen nach Rechnungserhalt“, „Zahlbar innerhalb 8 Tagen mit 2 % Skonto“, „14 Tage Ziel“.

(5) Leistungsort und Gerichtsstand

In einem Angebot muss festgelegt werden, **wo** der Anbieter seine Leistung zu erbringen hat.

Der Ort, an dem der Anbieter (Schuldner) seine Leistung zu erbringen hat, ist der **Leistungsort.**[1]

Gleichzeitig wird in der Regel im Angebot festgelegt, welcher Gerichtsort[1] bei eventuellen Streitigkeiten zuständig sein soll.

(6) Gewährleistungsbedingungen[2]

1 Leistungsort und Gerichtsstand werden auf S. 68 f. behandelt.

2 Die Gewährleistungsrechte des Verkäufers bei Sachmängeln werden im Kapitel 3.7.2.3 ausführlich besprochen.

Beispiel für ein Angebot:

Die Gebhardt & Söhne OHG hat die Anfrage der Brändle-Druck KG (siehe S. 52) erhalten und macht am 11. Juni 20.. das folgende schriftliche Angebot.

Gebhardt & Söhne OHG
Palettenfabrik
Esslingen

Gebhardt & Söhne OHG, PF 193, 73702 Esslingen

Brändle-Druck KG
Postfach 100101
64201 Darmstadt

Ihr Zeichen: hä-zi
Ihre Nachricht vom: 20..-06-07
Unser Zeichen: g-wi
Unsere Nachricht vom:

Name: Gebhardt
Telefon: 0711 4980-0
Telefax: 0711 4980-33

Esslingen: 20..-06-11

Angebot 97/188/..1

Sehr geehrte Frau Härer,

vielen Dank für Ihre Anfrage. Wir bieten Ihnen freibleibend an:

500 Mehrwegpaletten aus Holz,
100 x 120 cm gehobelt und gebeizt, verschraubt, mit abgerundeten Kanten

Preis je Stück 45,00 EUR
zuzgl. 19% Umsatzsteuer

Die Lieferung erfolgt ab Werk Esslingen; den Zwischenverkauf behalten wir uns vor. Unsere Verkaufsbedingungen finden Sie auf der Rückseite.

Was Sie besonders interessieren wird: Wir können kurzfristig liefern. Über Ihren Auftrag würden wir uns freuen.

Mit freundlichen Grüßen

Gebhardt & Söhne OHG

ppa. Gebhardt

Gebhardt

Geschäftsräume
Urbanstraße 4
73728 Esslingen

Sitz der Gesellschaft:
Esslingen

Volksbank Esslingen eG
Kto.-Nr. 98765
BLZ 61190110

Kreissparkasse Esslingen
Kto.-Nr. 45768
BLZ 61150020

Geschäftszeit
07:00 Uhr – 16:00 Uhr

Registergericht:
Esslingen HRA 554

STEUER-Nr.: 25172008
FA: Esslingen

3.5 Kundenauftrag (Bestellung)

(1) Wesen des Kundenauftrags

Merke:

- Der **Kundenauftrag**[1] ist eine **empfangsbedürftige Willenserklärung des Käufers,** bestimmte Güter (z. B. Erzeugnisse) zu den im Auftrag **angegebenen Bedingungen** zu kaufen.
- Zu den **Bedingungen** gehören Angaben über die Art, Güte, Beschaffenheit der Güter, Bestellmenge, Preise mit Preiszu- und/oder -abschlägen, Zahlungsbedingungen usw.

Gesetzlich ist für den Auftrag **keine bestimmte Form vorgeschrieben.** Um ein „Beweismittel" in der Hand zu haben und möglichen Irrtümern vorzubeugen, sollten vor allem mündliche und fernmündliche Aufträge schriftlich wiederholt werden.

- Bezieht sich der Auftrag auf ein **vorausgegangenes verbindliches Angebot,** so gilt dies als
  - **Annahme,** wenn das Angebot rechtzeitig und unverändert angenommen wird. Damit kommt ein Kaufvertrag zustande.
  - **Antrag,** wenn das *Angebot abgeändert* oder *verspätet* angenommen wurde [§ 150 BGB].
- Geht dem Auftrag **kein verbindliches Angebot** voraus, so liegt ein **Antrag** des Käufers vor.

(2) Rechtliche Bindung an den Auftrag

Grundsatz

Der Kunde ist rechtlich an seinen Auftrag gebunden. Diese Bindung tritt mit Zugang des Auftrags beim Empfänger (z. B. Verkäufer) ein [§ 131, S. 1 BGB]. Mit dem Auftrag aufgrund eines vorausgegangenen verbindlichen Angebots verpflichtet sich der Käufer, alle im Angebot enthaltenen Vertragsbedingungen einzuhalten. Der Käufer muss insbesondere die ordnungsgemäß (rechtzeitig, am rechten Ort, mängelfrei) gelieferten Erzeugnisse *abnehmen* und den vereinbarten **Kaufpreis zahlen** [§ 433 II BGB].

Einschränkungen

Bezüglich der **Einschränkung der rechtlichen Bindung** an den Auftrag gelten die im Kapitel zur rechtlichen Bindung an das Angebot gemachten Ausführungen. Auch der Auftrag ist somit kein Vertragsantrag, wenn die rechtliche Bindung ganz oder teilweise ausgeschlossen ist.

Widerruf

Der Widerruf eines Auftrags muss vor, spätestens gleichzeitig mit dem Auftrag beim Empfänger (z. B. Verkäufer) eingehen [§ 130 I, S. 2 BGB].

---

1 Aus der Sicht des Verkäufers handelt es sich bei der Bestellung des Kunden um einen **Kundenauftrag.** Bestellung und Kundenauftrag sind somit zwei verschiedene Begriffe für ein und denselben Vorgang – je nach Standpunkt des Betrachters.

Zusammenfassung

- Durch **Anfragen** werden Angebote eingeholt.
- **Anfragen sind erforderlich,** wenn die zur Bestellung erforderlichen Beschaffungskonditionen (z.B. Preise, Lieferqualitäten, Lieferfristen) nicht bekannt oder überholt sind (z.B. alte Preislisten), zum günstigen Einkauf Konkurrenzangebote eingeholt, der Liefererkreis zur Absicherung der Bedarfsdeckung erweitert und/oder völlig neue Güter eingekauft werden sollen.
- **Zur Vermeidung von Rückfragen** und unvollständigen Angeboten müssen die Anfragen alle für den Käufer wesentlichen Punkte enthalten (z.B. Art, Qualität, Menge, geforderte Lieferzeit der benötigten Produkte).
- Der Anfragende ist durch seine **Anfrage rechtlich nicht gebunden,** er muss die angefragten Erzeugnisse oder Fremdleistungen nicht bestellen (kaufen).
- Für die Anfrage besteht **kein gesetzlicher Formzwang.** Bei komplizierten Gütern und einem umfangreichen Bedarf sollen die Anfragen zur Vermeidung von Fehlern möglichst **schriftlich** erfolgen.
- Das **Angebot** ist eine bestimmte, verbindliche Willenserklärung des Verkäufers an eine bestimmte Person. Es handelt sich um eine empfangsbedürftige Willenserklärung.
- Der Anbieter ist **rechtlich** an sein Angebot **gebunden.** Die rechtliche Bindung an das Angebot **kann eingeschränkt werden.**

  - Angebote ohne einschränkende Klauseln (feste, verbindliche Angebote).
  - Angebote mit ganz ausgeschlossener oder eingeschränkter rechtlicher Bindung.
    - Angebote mit ausgeschlossener Bindung. Klauseln z.B.: Ohne Obligo, unverbindlich, freibleibend.
    - Angebote mit eingeschränkter Bindung. Klauseln z.B.: Lieferung solange Vorrat reicht, Preis freibleibend, ohne Garantie.

- Der **Inhalt eines Angebots** sollte alle Einzelheiten festlegen, sodass der Käufer nur noch zuzustimmen braucht. Wichtige Inhalte des Angebots sind:

  - Art, Güte, Beschaffenheit und Menge der Produkte.
  - Preis der Produkte.
  - Lieferungs- und Zahlungsbedingungen.
  - Leistungsort und Gerichtsstand, Gewährleistungsbedingungen.

- Der auf ein Angebot oder ohne vorausgegangenes Angebot erfolgte **Auftrag ist eine empfangsbedürftige Willenserklärung des Käufers, bestimmte Sachen zu den in der Bestellung und/oder im Angebot enthaltenen Bedingungen** (z.B. Preisen, Qualitäten, Mengen, Zahlungsbedingungen) **zu kaufen.** Aus der Sicht des Käufers handelt es sich beim Auftrag um eine **Bestellung.**

- Für den Auftrag besteht **keine gesetzliche Form** und **kein gesetzlich vorgeschriebener Inhalt.** Um Irrtümer und Streitigkeiten zu vermeiden (aus Gründen der Rechtssicherheit/ Beweissicherheit), sollten jedoch umfangreiche und wichtige Aufträge grundsätzlich schriftlich erfolgen.
- Der Auftraggeber (z. B. Käufer) ist an seinen Auftrag **grundsätzlich rechtlich gebunden.** Bei einem vorausgegangenen verbindlichen Angebot muss er somit die bestellten Sachgüter abnehmen und bezahlen.
- Die **Bindung des Auftraggebers an seinen Auftrag entfällt bei einer verspäteten Annahme des Auftrags,** bei einer vom Auftrag **abweichenden Auftragsbestätigung** des Verkäufers, wenn der **Empfänger (Verkäufer) den erhaltenen Auftrag ablehnt** oder **der Auftraggeber seinen Auftrag rechtzeitig widerruft.**

Übungsaufgaben

7

1. Erklären Sie die wirtschaftliche Notwendigkeit der Anfrage!
2. Nennen Sie die wichtigsten Punkte einer Anfrage!
3. Begründen Sie, warum die Anfrage keine Willenserklärung ist!
4. Erläutern Sie, unter welchen Bedingungen Sie eine Anfrage schriftlich abfassen würden!
5. Erklären Sie, welche rechtlichen Voraussetzungen erfüllt sein müssen, damit ein Angebot eine Willenserklärung (ein Vertragsantrag) ist!
6. Was bedeutet die rechtliche Bindung an ein Angebot?
7. Begründen Sie die Notwendigkeit der gesetzlichen Annahmefristen des BGB und erklären Sie, bis zu welchem Zeitpunkt der Anbieter an sein Angebot unter Anwesenden bzw. Abwesenden und bei einer bestimmten Annahmefrist rechtlich gebunden ist!
8. Der Inhaber einer Bekleidungsfabrik informiert sich auf der Modemesse über Neuheiten und Modetrends für die Sommersaison. Er führt mit mehreren Stoffherstellern Einkaufsgespräche, wobei ihm ein günstiges Angebot unterbreitet wird.

   Aufgaben:

   8.1 Wie lange ist der Hersteller an das mündliche Angebot gebunden?

   8.2 Welche wesentlichen Bestandteile beinhaltet ein vollständiges schriftliches Angebot? Nennen Sie vier!

   8.3 Nennen Sie zwei weitere Gründe, die für die Kaufentscheidung des Geschäftsinhabers von Bedeutung sind!

   8.4 Bei welchen Gütern wird der Einkaufspreis der wichtigste Entscheidungsgrund bei der Beschaffung sein? Begründen Sie Ihre Antwort!
9. Erklären Sie die wirtschaftlichen und rechtlichen Merkmale des Kundenauftrags!
10. Begründen Sie, warum der Auftraggeber an seinen Auftrag rechtlich gebunden ist!
11. Erläutern Sie mit den §§ des BGB, unter welchen Bedingungen die rechtliche Bindung des Auftraggebers an seinen Antrag entfällt!

12. Erläutern Sie die Rechtswirkungen, wenn ein Auftrag vom Angebot abweicht, der Empfänger das erhaltene Angebot ablehnt oder der Anbieter sein Angebot nach dessen Zugang beim Empfänger widerruft! Geben Sie bei Ihrer Antwort die entsprechenden §§ des BGB an!

8 Josef Meyer e.K., Schaltergerätewerk in Stuttgart, unterbreitet der Elektrogroßhandlung Franz Bührer e.K. in Offenburg am 2. Mai ein schriftliches Angebot über

Wechselschalter Typ Fl 4/1,5/b zum Preis von 4,45 EUR/Stück und
Serienschalter Typ Fl 6/1,5/c zum Preis von 6,12 EUR/Stück

bei Abnahme von jeweils mindestens 800 Stück.

Aufgaben:

1. Wie lange ist Josef Meyer e.K. an dieses Angebot gebunden? (Datum und Begründung!)
2. Durch welche Zusätze könnte die Bindung an ein solches Angebot
   2.1 eingeschränkt (zwei Beispiele),
   2.2 ganz ausgeschlossen werden (zwei Beispiele)?
3. Franz Bührer e.K. bestellt am 10. Mai 600 Stück Wechselschalter zu 3,45 EUR und 800 Stück Serienschalter zu 5,12 EUR/Stück. Muss Josef Meyer e.K. liefern? (Begründung!)
4. Im Kaufvertrag wurde vereinbart: „Lieferung frachtfrei"
   4.1 Erläutern Sie diesen Begriff!
   4.2 Wer müsste die Beförderungskosten übernehmen, wenn vertraglich nichts vereinbart worden wäre?
5. Im Kaufvertrag wurde außerdem vereinbart: „Zahlungsziel 30 Tage, bei Zahlung innerhalb von 8 Tagen 2% Skonto ... Bei Abnahme von 800 Stück gewähren wir 5% Rabatt."
   5.1 Erklären Sie den Unterschied zwischen Rabatt und Skonto!
   5.2 Erklären Sie den Unterschied zwischen Rabatt und Bonus!
   5.3 Begründen Sie, warum ein Verkäufer Skonti gewährt!
6. Begründen Sie, warum bei Gattungswaren[1] die Güte und Beschaffenheit der Waren nicht ausdrücklich vereinbart werden müssen!

3.6 Kaufvertrag

3.6.1 Überblick

Das Kaufvertragsrecht unterscheidet grundsätzlich in **allgemeines Kaufvertragsrecht** [§§ 433ff. BGB] und in den **Verbrauchsgüterkauf.**[2] Ein Verbrauchsgüterkauf liegt vor, wenn ein **Verbraucher** von einem **Unternehmer** eine bewegliche Sache kauft [§§ 474ff. BGB].[3] Diese Unterscheidung wurde unter anderem deshalb notwendig, weil der Gesetzgeber die stark am Verbraucherschutz orientierten Regelungen nicht auf alle Kaufverträge (z.B. nicht auf den zweiseitigen Handelskauf) angewendet haben wollte. Im Folgenden werden zunächst die wichtigsten Regelungen des allgemeinen Kaufvertragsrechts behandelt.

1 Siehe §§ 91, 243 I BGB und § 360 HGB.

2 Vgl. hierzu Ausführungen im Kapitel 3.6.6, S. 96f.

3 Gebrauchte Sachen, die im Rahmen einer öffentlichen Versteigerung verkauft werden, an der der Verbraucher persönlich teilnehmen kann, fallen nicht unter die Regelungen des Verbrauchsgüterkaufs [§ 474 I, S. 2 BGB].

3.6.2 Abschluss des Kaufvertrags (Verpflichtungsgeschäft)

(1) Begriff

Merke:

Ein **Kaufvertrag** kommt durch **inhaltlich übereinstimmende,** rechtsgültige **Willenserklärungen** von mindestens **zwei Personen** und durch **rechtzeitigen Zugang** der zweiten Willenserklärung beim Erklärungsempfänger zustande [§§ 145 ff., 433 BGB].

Der Normalfall ist, dass der Kaufvertrag zwischen zwei Vertragspartnern abgeschlossen wird. Mitunter sind aber auch mehr Personen an einem Kaufvertrag beteiligt.

Beispiel:

Das Ehepaar Müller ist jeweils zur Hälfte an einem Grundstück beteiligt, das an Herrn Dohrmann verkauft werden soll. Der Grundstücksveräußerungsvertrag ist rechtswirksam abgeschlossen, wenn sich alle drei beteiligten Personen über die Vertragsbedingungen einig sind. Außerdem muss der Grundstücksveräußerungsvertrag schriftlich abgeschlossen und notariell beurkundet werden [§§ 311 b I, S. 1; 873 I; 925 I BGB].

Beide Willenserklärungen müssen in allen wesentlichen Vertragsbedingungen übereinstimmen. Die Vertragspartner müssen sich also über *alle* wichtigen Einzelheiten geeinigt haben [§ 154 I, S. 1 BGB], so z. B. über Art, Typ, Qualität, Menge, Preis der Produkte, die Lieferzeit, Zahlungsbedingungen, den Leistungsort, Gerichtsstand, Garantiebedingungen und die Gewährleistungsbedingungen.

(2) Verschiedene Möglichkeiten des Kaufvertragsabschlusses

- **Der Verkäufer macht ein verbindliches Angebot, der Käufer erteilt den Auftrag (unter Bezugnahme auf das Angebot) rechtzeitig und ohne Änderung.**

Der Kaufvertrag ist zustande gekommen (geschlossen), sobald der Verkäufer die Bestellung erhalten hat, diese ihm **rechtzeitig zugegangen** ist [§§ 146 ff. BGB].

- **Der Käufer erteilt einen Auftrag ohne vorhergehendes verbindliches Angebot des Verkäufers und der Verkäufer nimmt den Auftrag rechtzeitig und ohne Änderung an.**

Dies kann z. B. der Fall sein, wenn der Käufer den Verkäufer (seine Produkte, Preise) aus früheren Lieferungen kennt und aufgrund gültiger Verkaufsprospekte mit Preislisten oder aufgrund eines freibleibenden (unverbindlichen) Angebots den Auftrag erteilt.

Der Kaufvertrag ist zustande gekommen (geschlossen), sobald die Annahme des Auftrags (Auftragsbestätigung) durch den Verkäufer dem Käufer rechtzeitig **zugegangen** ist [§§ 146 ff. BGB].

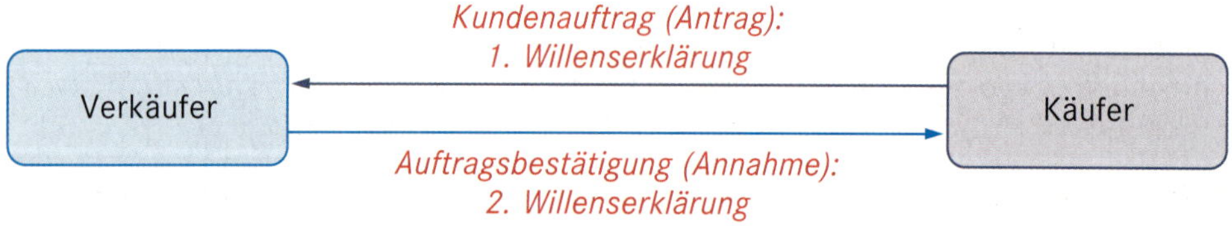

- **Der Verkäufer macht ein verbindliches Angebot, der Käufer erteilt den Auftrag jedoch zu spät oder mit Abänderungen des Angebots, z. B. mit kürzerer Lieferzeit, höheren Mengen, niedrigeren Preisen.**

Der Kaufvertrag kommt erst zustande, wenn der Verkäufer den verspäteten oder abgeänderten Auftrag des Käufers (neuer Antrag) angenommen hat, d. h. durch die Auftragsbestätigung des Verkäufers und nach deren rechtzeitigem **Zugang** beim Käufer.

Die Auftragsbestätigung ist deshalb erforderlich, weil die verspätete Annahme eines Antrags oder eine Annahme mit Erweiterungen, Einschränkungen oder sonstigen Änderungen als Ablehnung gilt, verbunden mit einem neuen Antrag [§ 150 I, II BGB].

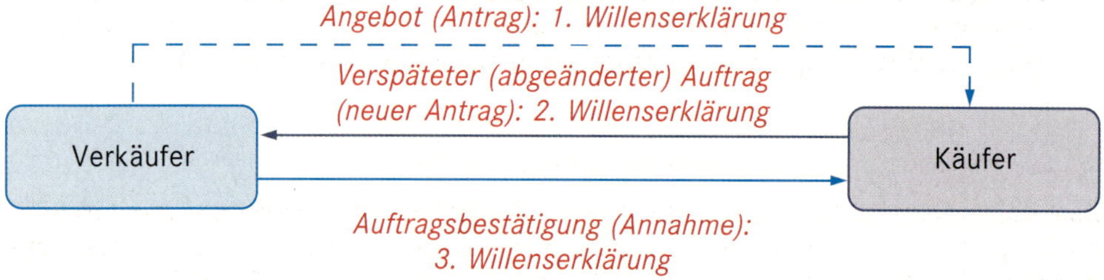

3.6.3 Erfüllung des Kaufvertrags (Erfüllungsgeschäft)

3.6.3.1 Rechte und Pflichten aus dem Kaufvertrag

Mit dem *Abschluss* des Kaufvertrags ist nichts weiter bewirkt, als dass sich der *Verkäufer* verpflichtet hat, die verkaufte Sache dem Käufer frei von Sach- und Rechtsmängeln zu liefern (zu übergeben und zu übereignen) und der *Käufer* die Verpflichtung eingegangen ist, die gekaufte Sache abzunehmen und vor allem zu bezahlen [§ 433 BGB]. Der Abschluss des Kaufvertrags (nach §§ 145 ff. BGB) ist daher ein *Verpflichtungsgeschäft,* dem ein *Erfüllungsgeschäft* folgen muss.

Der **Kaufvertrag** umfasst damit **zwei Rechtsgeschäfte:**

(1) Verpflichtungsgeschäft: Übernahme von Rechten und Pflichten

Pflichten des Verkäufers (Rechte des Käufers) [§ 433 I BGB]	⟷ Kaufvertrag ⟷	Pflichten des Käufers (Rechte des Verkäufers) [§ 433 II BGB]

- Die bestellte Sache muss in der vereinbarten Menge mängelfrei und fristgemäß am Leistungsort übergeben[1] werden.
- Das Eigentum an der Kaufsache muss auf den Käufer übertragen werden.

- Die bestellte Sache muss abgenommen werden (meistens eine Nebenpflicht).
- Die ordnungsgemäß gelieferte Sache muss vereinbarungsgemäß bezahlt werden (Hauptpflicht).

Merke:

- Der **Verkäufer ist** zum einen **Schuldner** (er schuldet die Übergabe und Übereignung der mangelfreien Sache) **und** zum anderen **Gläubiger** (er hat Anspruch darauf, dass der Käufer die gelieferte Sache abnimmt und bezahlt).
- Der **Käufer** ist zum einen **Schuldner** (er schuldet die Abnahme der Sache und die Zahlung des Kaufpreises) **und** zum anderen **Gläubiger** (er hat Anspruch auf die Übergabe und Übereignung der mangelfreien Sache durch den Verkäufer).

(2) Erfüllungsgeschäft: Erfüllung der eingegangenen Verpflichtungen

Das durch den Kaufvertrag bewirkte Schuldverhältnis (das Verpflichtungsgeschäft) erlischt, wenn die geschuldeten Leistungen nach den Vereinbarungen des Kaufvertrags durch das **Erfüllungsgeschäft** an den **Gläubiger erfüllt sind** [§ 363 I BGB].[2]

Dies ist der Fall, wenn die Übergabe und Übereignung der Kaufsache durch den Verkäufer sowie die Abnahme der Kaufsache und Kaufpreiszahlung durch den Käufer **vereinbarungsgemäß erfolgt ist** [§ 929 ff., 854 BGB].

3.6.3.2 Erfüllung des Kaufvertrags durch den Verkäufer

Die **Erfüllung** des **Kaufvertrags** durch den **Verkäufer** umfasst:

- **Übergabe** der **Kaufsache** an den **Käufer** und
- **Eigentumsübertragung** auf den Käufer [§ 433 I BGB].

1 **Übergabe:** Verschaffung des unmittelbaren Besitzes nach § 854 I oder II BGB.

2 Bei **„Zug-um-Zug-Geschäften"** (z. B. Käufe im Ladengeschäft, bei denen Waren und Geld „Zug um Zug" übergeben werden) fallen Vertragsabschluss *und* Erfüllung des Vertrags *zeitlich* zusammen.

Bei **Zielgeschäften** (Warenlieferung später oder Zahlung später) wird jedoch deutlich, dass hinter dem *Kauf* **zwei Rechtsgeschäfte** unterschiedlicher Art stehen, nämlich ein **Verpflichtungsgeschäft** und ein **Erfüllungsgeschäft.**

3.6.3.2.1 Übergabe der Kaufsache an den Käufer

(1) Leistungszeit

Merke:

Ist eine Zeit für die Leistung weder bestimmt noch aus den Umständen zu entnehmen, so kann der Käufer die vertragliche Leistung **sofort verlangen,** der Verkäufer sie **sofort bewirken** [§ 271 I BGB].

In der Regel wird die Leistungszeit zwischen dem Käufer und Verkäufer vertraglich geregelt oder (im Geschäftsleben) durch **Handelsbräuche** bestimmt.

(2) Begriff Leistungsort

Bei einem Kaufvertrag muss – wie bei jedem anderen Vertrag auch – feststehen, **wo** der Schuldner seine geschuldete Leistung zu erbringen hat.

Merke:

Der Ort, an dem ein Schuldner seine Leistungshandlung vorzunehmen hat, ist der **Leistungsort.** Das BGB bezeichnet den Leistungsort auch als Erfüllungsort (siehe §§ 447 I, 644 II BGB).[1]

(3) Arten von Leistungsorten

Der **gesetzliche Leistungsort** für den Verkäufer und den Käufer ist jeweils sein *Wohnsitz* [§ 269 I BGB] oder – bei gewerblichen Schulden – der Ort der *gewerblichen Niederlassung* [§ 269 II BGB] zum Zeitpunkt der Entstehung des Schuldverhältnisses (z. B. zum Zeitpunkt des Abschlusses des Kaufvertrags). Da es mit dem Abschluss des Kaufvertrags zwei Schuldner gibt (Verkäufer ist Warenschuldner; Käufer ist Geldschuldner), gibt es auch zwei gesetzliche Leistungsorte.

Beispiel:

Hat der Verkäufer seine gewerbliche Niederlassung in Karlsruhe und der Käufer seine Niederlassung in München, so ist der gesetzliche Leistungsort für den Warenschuldner Karlsruhe, der gesetzliche Leistungsort für den Geldschuldner München.

Daneben haben Käufer und Verkäufer die Möglichkeit, den Leistungsort vertraglich zu regeln **(vertraglicher Leistungsort).**

Beispiel:

Die Maschinenfabrik Kaiser KG in Ravensburg und die Möbelfabrik Raimann GmbH in Regensburg vereinbaren Regensburg als Leistungsort für beide Vertragsparteien.

Es gibt auch den **natürlichen Leistungsort,** der durch die Umstände, insbesondere durch die Natur des Schuldverhältnisses, bestimmt wird [§ 269 I BGB].

Beispiel:

Werkverträge über Reparaturarbeiten im Haus des Auftraggebers, so genannte Handkäufe in Ladengeschäften.

1 Aus Gründen der Vereinfachung wird nicht zwischen dem Erfüllungsort und dem Leistungsort unterschieden.

(4) Bedeutung des Leistungsorts für den Warenschuldner[1]

■ Bedeutung des Leistungsorts für den Gefahrübergang

Der Leistungsort bezeichnet den Ort, an dem sich der Schuldner von seiner Leistungspflicht befreit. Aus diesem Grund sind **Warenschulden gesetzlich im Zweifel Holschulden** [§ 269 BGB]. Wenn nichts anderes vereinbart ist, „reisen die Waren auf Gefahr des Käufers".

Der Käufer trägt somit beim gesetzlichen Leistungsort mit der **Übergabe** der **Kaufsache** das **Transportrisiko** (Gefahr des zufälligen Untergangs oder der zufälligen Verschlechterung der Ware auf dem Weg vom Verkäufer zum Käufer) [§ 446, S. 1 BGB].

Zu beachten ist, dass sich beim **Transport von Waren mit unternehmenseigenen Fahrzeugen** diese noch in der Verfügungsgewalt des Verkäufers befinden. Deswegen hat in diesem Fall der Verkäufer erst erfüllt, wenn die Waren dem Käufer übergeben worden sind.

Das Gleiche gilt übrigens für den sog. **„Fernkauf"**. Hier haben Käufer und Verkäufer als Leistungsort den Wohn- bzw. Niederlassungsort des *Käufers* vereinbart (vertraglicher Leistungsort). Folglich hat der Verkäufer erst dann erfüllt, wenn die Ware beim Käufer rechtzeitig und mängelfrei eingetroffen ist.

■ Bedeutung des Leistungsorts für die Übernahme der Versendungskosten

Aus der Tatsache, dass Warenschulden gesetzlich im Zweifel Holschulden sind, folgt, dass bei fehlender Vereinbarung der Käufer die Transportkosten (Versendungskosten) tragen muss. Beim **Versendungskauf** [§ 447 BGB] trägt der Käufer die Transportkosten ab Versandstation des Verkäufers.[2]

■ Bedeutung des Leistungsorts für den Gerichtsstand und über dessen Bestehen

Für Streitigkeiten aus einem Vertragsverhältnis und über dessen Bestehen ist das Gericht des Ortes zuständig, an dem die streitige Verpflichtung zu erfüllen ist [§ 29 I ZPO],[3] also der Leistungsort.

Merke:

Der gesetzliche Leistungsort zieht den **gesetzlichen Gerichtsstand** nach sich.

Dies bedeutet, dass der Käufer (wenn er klagen will) den Verkäufer bei dem Gericht verklagen muss, in dessen zuständigem Bezirk der Wohnsitz oder die gewerbliche Niederlassung des Verkäufers liegt, d.h. bei dem Gericht, das für den Leistungsort des Verkäufers zuständig ist. Will hingegen der Verkäufer den Käufer verklagen (z.B. auf Zahlung des Kaufpreises), so muss er die Klage bei dem Gericht einreichen, in dessen örtlichem Zuständigkeitsbereich der Wohnsitz oder der gewerbliche Niederlassungsort des Käufers liegt.

---

1 In der Geschäftspraxis wird der Leistungsort meistens durch die vereinbarten „Allgemeinen Geschäftsbedingungen" geregelt.

2 Im **Handelsverkehr** sind **Warenschulden** oft **Schickschulden.** Der Verkäufer versendet die Kaufsache auf Verlangen des Käufers nach einem anderen Ort als dem Erfüllungsort. Mit der Übergabe der Kaufsache durch den Verkäufer an den Spediteur, Frachtführer oder an eine andere mit der Versendung beauftragte Person geht die Gefahr auf den Käufer über [§ 447 I BGB].

3 ZPO: Zivilprozessordnung.

Beachte: Zum Käuferschutz sind Vereinbarungen über den Gerichtsstand mit Nichtkaufleuten grundsätzlich unzulässig (zu den Ausnahmen siehe §§ 29 II, 38 ZPO). Vertragliche Vereinbarungen über den Gerichtsstand sind daher nur unter **Kaufleuten** möglich.

(5) Bedeutung des Leistungsorts für den Geldschuldner

Der gesetzliche Leistungsort für den Zahlungsschuldner (beim Kaufvertrag für den Käufer) ist in der Regel dessen Wohn- bzw. Niederlassungsort [§ 269 I, II i. V. m. § 270 VI BGB]. Der Zahlungsschuldner (Geldschuldner) hat jedoch das geschuldete Geld im Zweifel[1] auf *seine Gefahr* und *seine Kosten* dem Gläubiger an dessen Wohn- bzw. Geschäftssitz zu übermitteln (Sonderregelung für Geldschulden gemäß § 270 I, II BGB). **Geldschulden** sind demnach **gesetzlich im Zweifel Schickschulden.** Der Geldschuldner hat jedoch den Kaufvertrag *erfüllt,* wenn er z. B. den Überweisungsauftrag seiner Bank rechtzeitig übergeben hat. Die Verspätungsgefahr trägt der Geldgläubiger.[2]

Beispiel:

Wurde als Zahlungstermin „spätestens 30. April 20..“ vereinbart, hat der Käufer fristgemäß bezahlt, wenn er z. B. das Geld mit einer Banküberweisung noch am 30. April überweist. Seine Vertragspflicht hat der Käufer jedoch erst voll erfüllt, wenn der Gläubiger den angewiesenen Betrag erhalten hat [§ 362 I BGB].

(6) Besitzverschaffung

Merke:

Besitz ist die **tatsächliche Gewalt** einer Person über eine Sache [§ 854 BGB].

Der Besitz wird bei **beweglichen Sachen** durch **Übergabe,** bei **unbeweglichen Sachen** durch **Gebrauchsüberlassung** verschafft. Im Unterscheid zum Eigentum kann man sich den Besitz auch unrechtmäßig verschaffen, z. B. durch Diebstahl oder durch Unterschlagung des Fundes.

3.6.3.2.2 Eigentumsübertragung an den Käufer

(1) Begriff Eigentum[3]

Merke:

Eigentum ist die **rechtliche Verfügungsgewalt** einer Person über Sachen [§ 903 BGB].

---

1 Im Zweifel bedeutet, dass es sich beim § 270 BGB um eine Auslegungsregel handelt, die dann nicht gilt, wenn durch vertragliche Vereinbarungen oder Gesetz (z. B. Steuergesetz) etwas anderes bestimmt ist.

2 Der Geldschuldner trägt die Transportgefahr/Übermittlungsgefahr (**Verlustgefahr**) sowie die Kosten der Geldübertragung (z. B. die Überweisungsentgelte und Zustellkosten, nicht jedoch die vom Geldgläubiger an seine Bank zu zahlenden Kontoführungsgebühren.

3 Besitz und Eigentum können auseinander fallen. Beispiel: Der Auszubildende Franz hat sich im Buchgeschäft ein Buch gekauft und gleich mitgenommen. Er ist Eigentümer und Besitzer des Buchs. Sein Klassenkamerad Fritz „borgt“ sich das Buch für ein paar Tage aus, um es zu lesen. Franz bleibt Eigentümer, während Fritz Besitzer wird. Fritz ist rechtmäßiger Besitzer, der Besitzübergang ist mit Willen des bisherigen Besitzers erfolgt. Hätte Fritz das Buch einfach an sich genommen (gestohlen), wäre er unrechtmäßiger Besitzer geworden. Gibt Fritz das Buch wieder an Franz zurück, wird Franz wieder Besitzer.

(2) Eigentumsübertragung

Eigentumsübertragung an beweglichen Sachen

1. Befindet sich die Sache noch beim Eigentümer, so erfolgt die Eigentumsübertragung durch **Einigung** und **Übergabe** [§ 929, S. 1 BGB].

Beispiel:

Die Inhaberin des Modegeschäfts Fröhlich e. Kfr. übergibt Frau Schnurr das gekaufte Kleid. Mit der Einigung und der Übergabe des Kleids ist Frau Schnurr Eigentümerin geworden.

2. Es kommt vor, dass sich die Sache, an der das Eigentum übertragen werden soll, bereits im Besitz des künftigen Erwerbers befindet. Hier **genügt** für die Eigentumsübertragung die **Einigung** zwischen Eigentümer (z. B. Verkäufer) und Erwerber (z. B. Käufer), dass das **Eigentum auf den Käufer übergehen** soll [§ 929, S. 2 BGB].

Beispiel:

Herr Schmidt hat sich von einem Fernsehfachgeschäft ein Farbfernsehgerät ins Wohnzimmer stellen lassen, um dieses auszuprobieren. Nach 8 Tagen teilt er dem Händler mit, dass er das Gerät erwerben möchte. Stimmt der Händler zu, wird Herr Schmidt Eigentümer des Geräts.

3. Möglich ist auch, dass der bisherige Eigentümer (z. B. der Verkäufer) im Besitz der Sache bleiben soll, an dem der Erwerber (z. B. Käufer) Eigentümer werden möchte. In diesem Fall müssen sich beide Vertragspartner darüber **einigen,** dass das **Eigentum auf den Erwerber (Käufer) übergeht,** der **Veräußerer (Verkäufer)** aber im unmittelbaren **Besitz der Sache bleibt** (sog. Besitzkonstitut) [§§ 929, S. 1; 930 BGB].

Beispiel:

Frau Schlank ist begeisterte Reiterin. Sie kauft einem Pferdezüchter ein Reitpferd ab mit der Vereinbarung, das Pferd in den Stallungen des Züchters zur dortigen Pflege zu lassen. Frau Schlank ist Eigentümerin (und „mittelbare" Besitzerin), der Pferdezüchter ist unmittelbarer Besitzer des Pferds.

4. Die vierte Möglichkeit besteht darin, dass der Eigentümer selbst nicht im Besitz der veräußerten Sache ist, sondern ein Dritter. Auch in diesem Fall müssen sich der bisherige Eigentümer und der Erwerber über den **Eigentumsübergang** geeinigt haben [§ 929, S. 1 BGB]. Außerdem muss der **Eigentümer (z. B. Verkäufer)** den **Herausgabeanspruch an den Erwerber (z. B. Käufer)** *abtreten* [§ 931 BGB].

Beispiel:

Der Kohlenhändler Gebhard Schwarz e. K. in Hamburg hat die von ihm im Ruhrgebiet gekaufte Kohle bei einer Lagergesellschaft in Hannover gelagert. Er verkauft mehrere Tonnen Kohle an einen Kohlenhändler in Braunschweig. Damit der Braunschweiger Kohlenhändler die gekaufte Kohle bei der Lagergesellschaft in Hannover abholen kann, muss er Eigentümer sein. Dies wird er durch Einigung und Abtretung des Herausgabeanspruchs [§§ 929, S. 1; 931 BGB].

Eigentumsübertragung an unbeweglichen Sachen

Das Eigentum an Grundstücken, Gebäuden und Eigentumswohnungen wird durch **Einigung (Auflassung** genannt [§ 925 I BGB]) und **Eintragung** des Eigentumsübergangs im Grundbuch übertragen [§ 873 I BGB]. Die Einigung zwischen dem Eigentümer und dem

Erwerber ist auch hier ein zweiseitiges Rechtsgeschäft mit dem Inhalt, dass das Eigentum vom bisherigen Eigentümer (Verkäufer) auf den Käufer übergehen soll. Da ein Grundstück nicht wie eine bewegliche Sache „übergeben" werden kann, tritt anstelle der körperlichen Übergabe die **Eintragung** ins **Grundbuch**, aus dem jeder, der ein berechtigtes Interesse hat, ersehen kann, wie die Eigentumsverhältnisse bei einem bestimmten Grundstück sind.

Eigentumsübertragung an Rechten

Die Eigentumsübertragung an Rechten erfolgt durch **Einigung** und **Abtretung des Forderungsrechts (Zession)** [§§ 398ff. BGB].

Sonderfall: Gutgläubiger Eigentumserwerb

Konnte ein Erwerber nicht wissen, dass sich der erworbene Gegenstand nicht im Eigentum des Veräußerers befand, wird er Eigentümer (gutgläubiger Eigentumserwerb nach § 932 I BGB).

Beispiel:

Lebensmittelhändler Mehlig e. Kfm. hat Nudeln unter Eigentumsvorbehalt gekauft und noch nicht bezahlt. Hausfrau Fröhlich kauft diese Nudeln. Mit der Einigung darüber, dass das Eigentum an den Nudeln übergehen soll und der Übergabe, wird sie Eigentümerin der Nudeln [§§ 929ff. BGB].

Gutgläubiger Erwerb ist **nicht möglich**, wenn es sich um **gestohlene, verlorene** oder **sonst abhanden gekommene** (z. B. unterschlagene) **Sachen** handelt [§ 935 I BGB].[1]

Eine **Ausnahme** von der Regel, dass an gestohlenen Sachen trotz guten Glaubens kein Eigentum erworben werden kann, besteht bei Sachen, die öffentlich versteigert werden. Diese Sachen sowie Geld- und Inhaberpapiere (z. B. „Inhaberschecks") können aus Gründen der *Rechtssicherheit* auch dann gutgläubig erworben werden, wenn sie gestohlen bzw. verloren wurden oder sonst abhanden gekommen sind [§ 935 II BGB].

(3) Eigentumsvorbehalt[2]

Wesen des Eigentumsvorbehalts

Will der Käufer sofort in den Besitz der Kaufsache kommen, aber erst zu einem späteren Zeitpunkt bezahlen, so können Verkäufer und Käufer vereinbaren, dass der Verkäufer bis zur Zahlung des Kaufpreises Eigentümer der Kaufsache bleibt [§ 449 I BGB].

Merke:

Der **Eigentumsvorbehalt** ist eine zusätzliche Vereinbarung beim Abschluss eines Kaufvertrags, wonach der **Käufer** mit der Übergabe der Kaufsache zunächst nur **unmittelbarer Besitzer,** nicht aber *Eigentümer* werden soll.

---

1 Gutgläubiger Erwerb liegt nicht vor, wenn der Erwerber wusste, dass der Veräußerer nicht Eigentümer ist. Versäumt es der Erwerber grob fahrlässig, sich nach den Eigentumsverhältnissen zu erkundigen, ist auch kein gutgläubiger Eigentumserwerb möglich.

2 Ein Eigentumsvorbehalt kann nur beim Kauf beweglicher Sachen und beim Werkvertrag, nicht jedoch beim Grundstückskauf [§ 925 II BGB], bei Forderungen und sonstigen Rechten vereinbart werden.

Die Einigung über den Eigentumsübergang ist zwar erfolgt, der Käufer erwirbt jedoch durch die so genannte **aufschiebend bedingte Einigung** [§§ 929, 158 I BGB] nur ein Recht auf Erlangung des vollständigen Eigentums an der Kaufsache. Die Vereinbarung des Eigentumsvorbehalts bedarf keiner bestimmten Form. Allerdings muss der Käufer in irgendeiner Art und Weise sein Einverständnis zum Ausdruck bringen.

■ Zweck des Eigentumsvorbehalts

Der Eigentumsvorbehalt sichert den Anspruch des Verkäufers auf Zahlung des Kaufpreises durch den Käufer **(Mittel der Kreditsicherung)**. Der Eigentumsvorbehalt gibt dem Verkäufer einen **Rückforderungsanspruch** (Herausgabeanspruch auf das „Vorbehaltseigentum"), wenn der Käufer nicht zahlt und der Verkäufer vom Kaufvertrag zurückgetreten ist [§§ 449 II, 323 BGB].[1]

■ Ende des Eigentumsvorbehalts

Der Eigentumsvorbehalt erlischt z. B., wenn die Ware

- vom Käufer bezahlt wird,
- verarbeitet oder umgebildet wird [§ 950 BGB],
- mit einem Grundstück als wesentlicher Bestandteil fest verbunden wird [§ 946 BGB],
- an einen gutgläubigen Dritten veräußert wird [§ 932 BGB],
- zerstört wird, oder wenn
- der Verkäufer nach §§ 449 II, 323 I BGB vom Kaufvertrag zurücktritt und die Kaufsache zurückverlangt.

3.6.3.3 Erfüllung des Kaufvertrags durch den Käufer

Die **Erfüllung des Kaufvertrags durch den Käufer umfasst** (1) die **Abnahme des Kaufgegenstandes** (meistens eine Nebenpflicht) und (2) die **Zahlung des Kaufpreises** (Hauptpflicht).

(1) Abnahme[2] des Kaufgegenstands

■ Warenabnahme und Warenannahme

Vertragsgemäß gelieferte Waren und Werkstoffe muss der Käufer **abnehmen** (körperliche Entgegennahme, § 433 II BGB). Für die Abnahme der Waren und Werkstoffe sind meistens die Mitarbeiter der Warenläger bzw. Werkstoffläger zuständig und verantwortlich. In größeren Unternehmen ist hierfür aus Gründen der Kostenersparnis (Rationalisierungsgründen) in der Regel eine besondere Abnahmestelle (sie wird häufig als Warenannahmestelle bezeichnet) eingerichtet. Von dieser werden dann alle angelieferten Waren bzw. Werkstoffe in Empfang genommen und nach deren Prüfung an das Lager oder - bei dezentraler Lagerung - an die Läger weitergeleitet.

---

1 Voraussetzung für den Rücktritt des Verkäufers ist, dass der Käufer eine **angemessene Frist** zur **Leistung** setzt und diese Frist erfolglos abgelaufen ist.

2 Die Abnahme und Annahme des Kaufgegenstands ist rechtlich scharf zu trennen.
- Die **Abnahme** ist die tatsächliche Entgegennahme der Ware, wodurch der Käufer (unmittelbaren) Besitz erlangt.
- Die **Annahme** des Kaufgegenstands ist hingegen eine Willenserklärung und bedeutet die Erklärung der vertragsmäßigen Erfüllung des Kaufvertrags. Auf die Annahme der Leistung durch den Käufer hat der Verkäufer keinen Anspruch.

Die Ausführungen gelten auch für die Abnahme und Annahme aller **Werkstoffe** und grundsätzlich auch für die **Betriebsmittel.**

Die erfolgte oder die geplante Versendung der Waren und Werkstoffe teilen die Verkäufer dem Käufer meist durch eine **Lieferanzeige** mit. Dadurch kann der Käufer rechtzeitig die zur Abnahme erforderlichen Vorkehrungen treffen (z.B. Anmieten eines Krans bei schweren Gütern, Räumen des Lagers für die neuen Waren und/oder Werkstoffe).

Beispiele:

Bereits bei der Übergabe der Ware muss die Abnahmestelle die Unversehrtheit der Verpackung, die Übereinstimmung der gelieferten Stückzahlen, Gewichte und/oder Volumeneinheiten mit den auf den Warenbegleitpapieren (Lieferscheine, Frachtbriefe) angegebenen Zahlen und, soweit möglich, die unverpackten Waren selbst prüfen.

Ist von vornherein erkennbar, dass Waren und Werkstoffe beschädigt oder unvollständig sind, ist die Abnahme zu verweigern. In diesem Fall wird vom Überbringer eine Bescheinigung über den festgestellten Mangel verlangt **(Tatbestandsaufnahme).**

Zur ordnungsgemäßen Abnahme der Waren und Werkstoffe gehört auch das Ausfüllen eines **Wareneingangsscheins (Materialeingangsscheins)** mit Durchschlag.

■ Warenprüfung (Materialprüfung)

Alle übergebenen Waren und Werkstoffe müssen vor ihrer endgültigen Einlagerung (z.B. Einsortieren in die Lagerregale) unverzüglich einer genauen Warenprüfung (Materialprüfung) unterzogen werden. Nur dadurch kann vermieden werden, dass mangelhafte Waren und Werkstoffe auf Lager genommen werden.

- Die **Warenprüfung (Materialprüfung)** erstreckt sich z.B. auf:
  - die Liefermenge,
  - die Art, Güte, Beschaffenheit und Funktionsfähigkeit der Waren und Werkstoffe.
- **Unterlagen für die Warenprüfung (Materialprüfung)** sind:
  - Begleitpapiere der Waren und Werkstoffe (z.B. Packzettel, Lieferscheine, Versandanzeigen, Frachtbriefe),
  - Bestelldurchschriften, Auftragsbestätigungen, Rechnungen,
  - Muster und Proben,[1]
  - Prüfvorschriften (z.B. Stichproben), die oft mit den Verkäufern abgestimmt sind.

Da die Warenprüfung (Materialprüfung) meistens während der Übergabe der Waren und Werkstoffe zeitlich nicht abgeschlossen werden kann, ist es angebracht, eine Empfangsbestätigung stets mit einem Vermerk zu versehen, der darauf hinweist, dass mit dieser Bestätigung nicht die vertragsgemäße (ordnungsgemäße) Lieferung bescheinigt wird (übliche Klausel z.B. „Vorbehaltlich der noch nicht abgeschlossenen Warenprüfung bzw. Materialprüfung...“).

1 Bei Abweichungen der Beschaffenheit der gelieferten Kaufsache von der vereinbarten Beschaffenheit des Musters oder der Probe liegen **Sachmängel** vor [§§ 433 ff. BGB].

(2) Zahlung des Kaufpreises

Der Käufer ist nach § 433 II BGB verpflichtet, dem Verkäufer den vereinbarten Kaufpreis zu zahlen. Geldschulden sind gesetzlich im Zweifel **Schickschulden** [§ 270 BGB], d. h., der Käufer übernimmt im Zweifel die Gefahr und die Kosten der Geldübertragung (vgl. S. 70). Die Zahlungsart ist in der Regel dem Käufer überlassen.

3.6.4 Lieferung und Fakturierung

3.6.4.1 Auftragsbestätigung

Häufig besteht zwischen Kunde und Lieferer eine längerfristige Geschäftsverbindung (Stammkunde bzw. Stammlieferer). Dann ist es nicht mehr üblich, für jeden Verkaufsvorgang die Prozessschritte „Anfrage" und „Angebot" zu durchlaufen. Das wäre für beide Vertragspartner mit erheblichem Zeitaufwand und Kosten verbunden. Vielmehr werden durch Rahmenvereinbarungen die Liefer- und Zahlungsbedingungen sowie die Qualitätsvorgaben für einen längeren Zeitraum festgelegt. Dies gilt auch - allerdings zumeist für kürzere Zeiträume - für die Preise.

Der Geschäftsprozess Verkauf beginnt in diesem Fall mit dem Auftragseingang als erster Willenserklärung (Antrag). Die erforderliche 2. Willenserklärung (Annahme) erfolgt dann durch den Verkäufer, indem er an den Kunden eine **Auftragsbestätigung** schickt. Liegen damit zwei übereinstimmende Willenserklärungen vor, ist der Vertrag rechtswirksam geschlossen und beide Partner verfügen über einen schriftlichen Nachweis für den Fall, dass nachträglich eine Beweisführung erforderlich ist. Aus diesem Grund enthält die Auftragsbestätigung detaillierte Angaben über Artikel, Preise, Mengen, Liefer- und Zahlungsbedingungen.

Im Beispiel auf S. 76 bestätigt die HWR GmbH aus Balingen der Baupraktiker GmbH aus Wangen einen Auftrag.

3.6.4.2 Lieferschein

Der Lieferschein ist ein Dokument des Verkäufers, das der Warensendung beigelegt wird. Es dient dazu,

- auf **Seiten des Lieferers im Rahmen einer abschließenden Versandkontrolle** zu überprüfen, ob für diese Sendung auch die richtigen Artikel in der richtigen Menge zusammengestellt wurden,
- auf **Seiten des Kunden im Rahmen einer ersten Wareneingangskontrolle** zu überprüfen, ob die gelieferte Ware auch mit der bestellten übereinstimmt. Dieser Vergleich ist dann möglich, wenn die Warenabnahmestelle zuverlässig über ausgehende Bestellungen informiert ist.

Das Beispiel eines Lieferscheins auf S. 77 bezieht sich auf die vorangegangene Auftragsbestätigung.

Beispiel: Auftragsbestätigung

Es gibt immer was zu tun...
HWR GmbH
Hobby Werken Renovieren
Wir machen Sie zu Profis!

HWR GmbH

*Hobby * Werken * Renovieren*

HWR GmbH * Im Industriegebiet 20 * 72336 Balingen

Baupraktiker GmbH
Allgäustr. 25
88239 Wangen

Name	**Herr Hahn**
Telefon	07433 9123-**65**
Fax	07433 9123-**66**
Mail	info@hwr.de
Home	www.hwr.de
Bank	Sparkasse Zollernalb
BLZ	65351260
Konto	24999111
Bestell-Nr.	**68531**
Datum	**10.01.20..** **Seite 1**

Verkauf - Auftragsbestätigung Nr.: 22001

Sehr geehrte Damen und Herren,

vielen Dank für Ihren Auftrag, den wir hiermit bestätigen:

Nr.	Beschreibung	Menge	Einheit	VK-Preis	Rabatt %	MwSt.%	Betrag
221035	Gummihammer 230 g	200	Stück	6,25	8	19	1.150,00
221046	Vorhängeschloss	250	Stück	3,25	5	19	771,87

Total EUR ohne MwSt.	**1.921,87**
19% MwSt.	365,16
Total EUR inkl. MwSt.	**2.287,03**

Zahlungsbedingung	14 Tage / 3% Skonto / 60 Tage Ziel
Lieferbedingung	frei Haus
Lieferdatum	07.02.20..

Wir versprechen Ihnen eine sorgfältige Ausführung Ihres Auftrages.

Mit freundlichen Grüßen

HWR GmbH

i. A. Hendrik Hahn

Hendrik Hahn

Gerichtsstand: Balingen
Sitz der Gesellschaft: Balingen
Registergericht: Amtsgericht Balingen
Handelsregister: HRB 8604
Geschäftszeiten: Mo-Fr 08:00 - 20:00 Uhr, Sa 08:00-14:00

Geschäftsführer: Ernst Apel
Geschäftsräume:
Im Industriegebiet 20
72336 Balingen

Finanzamt Balingen
Steuer-Nr. 53050/00468
USt-IdNr. DE 1640899958

Beispiel: Lieferschein

Es gibt immer was zu tun...

HWR GmbH

Hobby * Werken * Renovieren

Wir machen Sie zu Profis!

HWR GmbH * Im Industriegebiet 20 * 72336 Balingen

Baupraktiker GmbH
Allgäustr. 25
88239 Wangen

Name	Herr Hahn
Telefon	07433 9123 **65**
Fax	07433 9123 **66**
Mail	info@hwr.de
Home	www.hwr.de
Bank	Sparkasse Zollernalb
BLZ	65351260
Konto	24999111
Bestell-Nr.	**68531**
Auftrag Nr.	**22001**
Datum	**06.02.20..**

Seite 1

Verkauf - Lieferschein Nr.: 23003

Sehr geehrte Damen und Herren,

aufgrund Ihrer Bestellung liefern wir Ihnen folgende Artikel:

Nr.	**Beschreibung**	**Menge**	**Einheit**
221035	Gummihammer 230 g	200	Stück
221046	Vorhängeschloss	250	Stück

Mit freundlichen Grüßen

HWR GmbH

.
.
.

3.6.4.3 Ausgangsrechnung[1]

Parallel zum Lieferschein wird von einer integrierten Unternehmenssoftware auch eine Ausgangsrechnung erstellt.

1 Zur manuellen buchhalterischen Abwicklung des Verkaufs von Erzeugnissen, Handelswaren und Dienstleistungen siehe Kapitel 3.6.5, S. 83 ff.

Beispiel: Ausgangsrechnung

Es gibt immer was zu tun...
HWR GmbH
Hobby Werken Renovieren
Wir machen Sie zu Profis!

HWR GmbH * Im Industriegebiet 20 * 72336 Balingen

HWR GmbH

*Hobby * Werken * Renovieren*

Name	**Herr Hahn**
Telefon	07433 9123 **65**
Fax	07433 9123 **66**
Mail	info@hwr.de
Home	www.hwr.de
Bank	Sparkasse Zollernalb
BLZ	65351260
Konto	24999111
Kunden-Nr.	2212
Bestell-Nr.	68531
Bestelldatum	09.01.20..
Auftrag Nr.	22001
Liefertermin	07.02.20..
Ausst.-Datum	06.02.20..

Bauprakitker GmbH
Allgäustr. 25
88239 Wangen

Seite 1

Verkauf - Rechnung Nr.: 26003

Sehr geehrte Damen und Herren,

aufgrund unserer Lieferung stellen wir Ihnen folgende Artikel in Rechnung:

Nr.	Beschreibung	Menge	Einheit	VK-Preis	Rabatt %	MwSt %	Betrag
221035	Gummihammer 230 g	200	Stück	6,25	8	19	1.150,00
221046	Vorhängeschloss	250	Stück	3,25	5	19	771,87
				Total EUR ohne MwSt.			**1.921,87**
				19% MwSt.			365,16
				Total EUR inkl. MwSt.			**2.287,03**

Zahlungsbedingung	14 Tage / 3% Skonto / 60 Tage Ziel
Lieferbedingung	frei Haus
Leistungsort	für beide Teile Balingen
Gerichtsstand	für beide Teile Balingen
Eigentumsvorbehalt	Die Ware bleibt bis zur endgültigen Bezahlung unser Eigentum.

Erläuterungen

Eine Ausgangsrechnung ist in der Regel in drei Bereiche aufgeteilt. Sie enthält

- im **Kopfteil** die Absenderdaten, in der Regel in Verbindung mit einem Firmenlogo. Weiter enthält der Kopfteil kundenspezifische Daten, wie z. B. Kundenanschrift und Kundennummer, sowie die einmalig rechnungsbezogenen Daten, wie z. B. Bestellnummer, Bestelldatum, Auftragsnummer, Zeitpunkt der Lieferung oder der sonstigen Leistung, Rechnungsnummer und Rechnungsdatum.
- im **Tabellenteil** für jede Auftragsposition wiederholend die artikelbezogenen Informationen wie z. B. Auftragsmenge, Artikelnummer und Artikelbezeichnung, Einzelpreis, Rabatt, Betrag je Positionszeile.
- im **Fußteil** den Rechnungsgesamtbetrag mit Umsatzsteueranteil sowie Angaben über Zahlungsbedingungen, Gerichtsstand, Leistungsort, Eigentumsvorbehalt, ggf. Vermerk über die Vergütung zurückgesandter Verpackung, die dem Lieferer zugeteilte Steuernummer oder Umsatzsteueridentifikationsnummer.

3.6.4.4 Zahlungseingang

Eine sorgfältige Rechnungserstellung ist gegenüber dem Kunden ein Beleg für die Sorgfalt der gesamten Auftragsabwicklung. Auch kleine Fehler in der Rechnung können einen Kunden dazu ermuntern, den gesamten Rechnungsbetrag zurückzuhalten.

Der Zahlungseingang kann beschleunigt werden, indem bei der Rechnungsstellung in erster Linie auf Anreize zur raschen Zahlung und weniger auf langfristige Zahlungsziele geachtet wird. Das Beifügen von weitgehend ausgefüllten Überweisungsträgern und die Benennung eines Ansprechpartners (mit Telefonnummer) für Rückfragen unterstützen dieses wichtige Ziel.

Eine sorgfältige Kontrolle des Zahlungseingangs sichert dem Unternehmen die eigene Liquidität. Andernfalls müsste es die Liquidität dadurch sicherstellen, dass es Bankkredite aufnimmt und hierfür teure Zinsen bezahlt. Eine integrierte Unternehmenssoftware[1] unterstützt die Buchhaltung darin, einen exakten Überblick darüber zu haben, zu welchem Datum mit den einzelnen Zahlungseingängen zu rechnen ist. Säumigen Kunden kann daher pünktlich eine Mahnung erteilt werden. Entschlossenes und nachdrückliches Handeln an dieser Stelle beeinflusst das Zahlungsverhalten der Kunden im positiven Sinne. Darüber hinaus verbessert der Nachweis eines geordneten Forderungs- und Mahnwesens langfristig die Kreditbedingungen bei der eigenen Bank.

Zusammenfassung

(1) Abschluss des Kaufvertrags

- Der **Kaufvertrag** kommt durch mindestens zwei inhaltlich übereinstimmende und rechtzeitig aufeinander folgende empfangsbedürftige Willenserklärungen zustande.
- Die **erste Willenserklärung** ist der **Antrag,** die auf den Antrag folgende **zweite Willenserklärung** die **Annahme.**
- Da die erste Willenserklärung sowohl vom Verkäufer als auch vom Käufer abgegeben werden kann, kann ein Kaufvertrag sowohl durch ein **Angebot** (1. Willenserklärung) und den **Auftrag** (2. Willenserklärung) als auch durch einen **Auftrag** (1. Willenserklärung) und die **Auftragsbestätigung** (2. Willenserklärung) zustande kommen.

(2) Erfüllung des Kaufvertrags

- Durch den Abschluss eines Kaufvertrags ist zunächst ein gegenseitiges Schuldverhältnis entstanden, das zu gegenseitigen Leistungen verpflichtet, das sog. **Verpflichtungsgeschäft.**
- Dem **Verpflichtungsgeschäft** muss das **Erfüllungsgeschäft** folgen, weil erst durch das Erfüllungsgeschäft die tatsächlichen Rechtsänderungen (z.B. Übergabe und Eigentumsübertragung), d.h. die Erfüllung erfolgt.

1 Durch die Speicherung aller Daten zu einem Kundenauftrag schließt eine solche Software die Bearbeitungsmöglichkeit des gesamten Geschäftsprozesses ein.

- Der **Verkäufer ist verpflichtet,** dem Käufer die verkaufte Sache in der richtigen Art und Weise, mängelfrei, rechtzeitig und am richtigen Ort zu übergeben und dem Käufer das Eigentum an dem Kaufgegenstand zu übertragen.

- Der **Käufer ist verpflichtet,** den vereinbarten Kaufpreis zu zahlen und die ordnungsgemäß gelieferte Kaufsache abzunehmen.

- Ist über die **Leistungszeit** nichts vereinbart und ist diese auch nicht aus den Umständen des Rechtsgeschäfts zu entnehmen, kann der Gläubiger die vereinbarte Leistung sofort verlangen, der Schuldner sie sofort bewirken.

- Der **Leistungsort** ist der Ort, an dem die geschuldete **Leistung zu erbringen** ist.

- Der **gesetzliche Leistungsort** gilt nur, wenn kein Leistungsort vereinbart ist und ein Leistungsort auch nicht durch die Natur bzw. die Umstände des Schuldverhältnisses bestimmt wird. Er liegt grundsätzlich beim Wohnsitz bzw. Niederlassungsort des **Schuldners** zur Zeit der Entstehung des Schuldverhältnisses [§ 269 BGB].

- Der Leistungsort hat folgende **Bedeutung:**
  - Am Leistungsort befreit sich der Schuldner von seiner Leistungspflicht,
  - der Leistungsort bestimmt den Gefahrübergang (Ausnahme: Geldschulden),
  - ab Leistungsort trägt der Gläubiger die Versendungskosten (Ausnahme: Geldschulden),
  - der Leistungsort bestimmt den Gerichtsstand (Ausnahme: Geschäfte mit Nichtkaufleuten).

- Unter **Besitz** versteht man die tatsächliche Gewalt über eine Sache. („Besitz hat man“).

- Unter **Eigentum** versteht man das Recht über eine Sache (oder eine Forderung) im Rahmen der gesetzlichen Vorschriften frei verfügen zu können. („Eigentum gehört einem“).

- Wichtige **Möglichkeiten des Eigentumserwerbs** sind
  - an **beweglichen Sachen:**
    - Einigung und Übergabe,
    - Einigung (wenn die Sache bereits im Besitz des Erwerbers ist).
  - an **unbeweglichen Sachen:**
    - Einigung (Auflassung) und Eintragung im Grundbuch.
  - an **Rechten**
    - Einigung und
    - Abtretung des Forderungsrechts (Zession).

- Beim **Eigentumsvorbehalt** vereinbaren Verkäufer und Käufer, dass der Käufer mit der Übergabe der Kaufsache zunächst nur unmittelbarer Besitzer und nicht Eigentümer werden soll.
  - Mit der vollständigen Zahlung des Kaufpreises geht das Eigentum (im Zweifel) ohne weitere Willenserklärungen (automatisch) auf den Käufer über.
  - Der Eigentumsvorbehalt muss vereinbart werden. Eine einseitige Erklärung des Verkäufers, nur unter Eigentumsvorbehalt zu liefern, reicht nicht.

- Vertragsgemäß gelieferte Waren und Werkstoffe muss der Käufer **abnehmen.** Bei einem zweiseitigen Handelskauf muss der Käufer die erhaltenen Waren und Werkstoffe **unverzüglich untersuchen** und **festgestellte Mängel unverzüglich rügen.**

- Der Käufer ist verpflichtet, dem Verkäufer den vereinbarten **Kaufpreis zu zahlen** und die gekaufte mängelfreie **Sache abzunehmen.**
- Die **Auftragsbestätigung** ist ein Dokument des Lieferers. Es bestätigt gegenüber dem Kunden die Annahme seines Auftrags und gibt ihm Informationen über den voraussichtlichen Liefertermin und die Versandart.
- Der **Lieferschein** ist ein Warenbegleitpapier des Lieferers und dient einer abschließenden Versandkontrolle bzw. ersten Wareneingangskontrolle der Warensendung.
- Die Zahlungsabwicklung beginnt mit einer **sorgfältigen Rechnungsstellung.**
- Der **Zahlungseingang** wird beschleunigt durch Anreize zur raschen Zahlung, Beifügung von weitgehend ausgefüllten Überweisungsträgern und Benennung eines Ansprechpartners für mögliche Rückfragen.

Übungsaufgaben

9

1. Unter welchen Bedingungen kommt ein Kaufvertrag bereits mit der Auftragserteilung zustande?
2. Unter welchen Bedingungen kommt ein Kaufvertrag erst mit der Auftragsbestätigung zustande?
3. Die Lehmann Maschinenfabrik GmbH macht der Bruno Bernhard KG unter dem 24. April 20.. ein vollständiges Verkaufsangebot über eine Bohrmaschine zum Preis von 3 100,00 EUR. Unter Bezugnahme auf das Angebot bestellt die Bruno Bernhard KG unter dem 28. Mai 20.. zum Preis von 3 100,00 EUR. Die Lehmann Maschinenfabrik GmbH nimmt den Auftrag der Bruno Bernhard KG vom 28. Mai 20.. am 2. Juli 20.. an.

   Aufgabe:

   Wie kommt im vorliegenden Fall ein Kaufvertrag zustande?
4. Erklären Sie den Unterschied zwischen Verpflichtungsgeschäft und Erfüllungsgeschäft!
5. Erläutern Sie die Bedeutung des gesetzlichen Leistungsorts für den Warenschuldner!
6. Welche Abweichungen bestehen beim gesetzlichen Leistungsort zwischen Waren- und Geldschulden?

10

1. Betrachten Sie die Skizze auf S. 82! In welchen Fällen (1.1, 1.2) muss der Käufer den Kaufpreis für die auf dem Transport durch den Unfall vernichtete oder beschädigte Ware zahlen?

   Aufgaben:

   Muss der Verkäufer nochmals liefern?

   1.1 Über den Leistungsort wurden keine Vereinbarungen getroffen.

   1.2 Der vereinbarte Leistungsort ist Karlsruhe.

6 Speth u. a. – ISBN 978-3-8120-0555-5

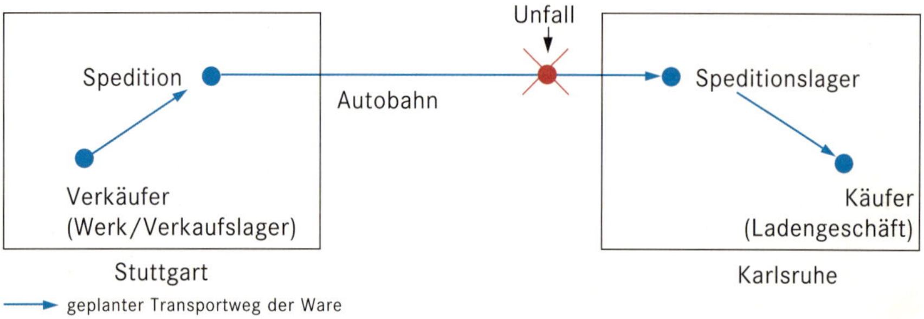

2. Wie wäre die Rechtslage, wenn der Käufer die Ware abholt und der Unfall auf der Wegstrecke zwischen dem Werk des Verkäufers und der Bahnstation des Verkäufers passieren würde?

3. In den nachfolgenden Abbildungen sind symbolisch zwei verschiedene Möglichkeiten der Eigentumsübertragung durch Rechtsgeschäft dargestellt. Die Symbole bedeuten:

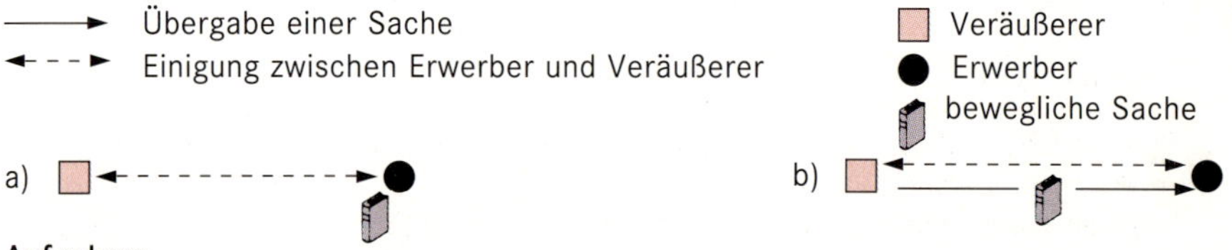

Aufgaben:

3.1 Welche rechtsgeschäftlichen Möglichkeiten der Eigentumsübertragung werden dargestellt?

3.2 Durch welche Vereinbarung im Kaufvertrag kann sich der Verkäufer das Verfügungsrecht über die Ware bis zum Zahlungseingang sichern?

3.3 Unter welchen Bedingungen kann man Eigentum gutgläubig erwerben?

4. Herr Schmidt hat sich ein Einfamilienhaus gebaut. Er nennt sich jetzt stolz „Hausbesitzer".

   Aufgabe:

   Inwiefern ist dieser Ausdruck zutreffend, inwiefern nicht? Wie lautet Ihre Antwort, wenn Herr Schmidt das Haus mietet?

5. Das Eigentum wird vom Gesetz grundsätzlich geschützt. Der Besitz auch?

6. Warum ist Eigentum nicht gleich Vermögen?

7. Erklären Sie Wesen und Zweck des Eigentumsvorbehalts!

8. Begründen Sie, warum ein Eigentumsvorbehalt nur durch eine Vereinbarung zwischen dem Verkäufer und Käufer und nicht allein durch die Willenserklärung des Verkäufers, nur unter Eigentumsvorbehalt zu liefern, rechtswirksam werden kann!

9. Nennen Sie Gründe, bei deren Vorliegen der Eigentumsvorbehalt erlischt!

3.6.5 Besondere Buchungen beim Verkauf von Erzeugnissen, Handelswaren und Dienstleistungen

Vorbemerkungen:

Lehrplangemäß sind die „besonderen Buchungen beim Verkauf von Erzeugnissen, Handelswaren und Dienstleistungen“ im Schwerpunkt Betriebswirtschaft zu behandeln. Die nachfolgenden Buchungen setzen aber voraus, dass im Schwerpunkt Steuerung und Kontrolle die Erfolgskonten behandelt worden sind (vgl. Kapitel 7, S. 269ff.).

3.6.5.1 Verkauf von Waren und Dienstleistungen[1]

Beispiele:

Geschäftsvorfälle	Konten	Soll	Haben
1. Barverkauf von Waren Nettowert 4 100,00 EUR + 19% USt 779,00 EUR Rechnungsbetrag 4 879,00 EUR	2820 Kasse an 5000 UE f. Erz. u. Leist. an 4800 Umsatzsteuer	4 879,00	 4 100,00 779,00
2. Für die Überprüfung und Reparatur einer gelieferten Papiermaschine werden in Rechnung gestellt: 5 Arbeitsstunden à 75,00 EUR = 375,00 EUR + 19% USt 71,25 EUR 446,25 EUR	2400 Ford. a. L. u. L. an 5000 UE f. Erz. u. Leist. an 4800 Umsatzsteuer	446,25	 375,00 71,25
Bilden Sie die Buchungssätze!			

3.6.5.2 Buchhalterische Behandlung der Vertriebskosten

Unter buchhalterischen Gesichtspunkten sind zu unterscheiden:

Merke:

- Vertriebskosten (Versandkosten[2]), die wir den Kunden zusätzlich (neben den reinen Produktkosten) in Rechnung stellen, und
- Vertriebskosten (Versandkosten), für die uns Eingangsrechnungen vorliegen.

(1) Vertriebskosten, die wir den Kunden zusätzlich in Rechnung stellen

Die von uns zusätzlich in Rechnung gestellten Vertriebskosten erhöhen die Verkaufserlöse. Im Gegensatz zum Einkaufsbereich wird im Verkaufsbereich **kein** Unterkonto geführt. Die zusätzlich in Rechnung gestellten Versandkosten werden daher zusammen mit dem Warenwert direkt auf dem entsprechenden Umsatzerlöskonto gebucht.

1 Führen Industriebetriebe Reparaturleistungen durch, so handelt es sich um **Dienstleistungen.** Der Schulkontenrahmen sieht für Dienstleistungen kein besonderes Ertragskonto vor, sondern erfasst die Dienstleistungen ebenfalls auf dem Konto 5000 Umsatzerlöse für Erzeugnisse und Leistungen.

2 Unter betriebswirtschaftlichen Gesichtspunkten stellen Versandkosten einen Teilbereich der Vertriebskosten dar.

Beispiele:

Geschäftsvorfall	
Wir verkaufen Erzeugnisse auf Ziel laut folgender Ausgangsrechnung:	
Listenverkaufspreis	1 200,00 EUR
+ Verpackung	55,00 EUR
+ Fracht	105,00 EUR
	1 360,00 EUR
+ 19 % USt	258,40 EUR
	1 618,40 EUR

Buchungssätze:

Konten	Soll	Haben
2400 Ford. a. L. u. L.	1 618,40	
an 5000 UE f. Erz. u. Leist.		1 360,00
an 4800 Umsatzsteuer		258,40

Geschäftsvorfall:	
Wir verkaufen Handelswaren auf Ziel laut folgender Ausgangsrechnung:	
Listenverkaufspreis	2 500,00 EUR
− 10 % Rabatt	250,00 EUR
	2 250,00 EUR
+ Fracht u. Verpackung	200,00 EUR
	2 450,00 EUR
+ 19 % USt	465,50 EUR
	2 915,50 EUR

Konten	Soll	Haben
2400 Ford. a. L. u. L.	2 915,50	
an 5010 UE f.Handelswaren		2 450,00
an 4800 Umsatzsteuer		465,50

Anmerkung: Für die direkt bei Rechnungserstellung von uns gewährten Preisnachlässe **(Sofortnachlässe)** gilt der gleiche Grundsatz wie für Sofortnachlässe auf Eingangsrechnungen. Sie **erscheinen in der Buchführung nicht.**

Merke:

- Werden dem Kunden zusätzlich zu den Erzeugnissen und Handelswaren Nebenkosten in Rechnung gestellt, gehören diese zu den Umsatzerlösen. Ein Unterkonto dafür ist nicht vorgesehen.
- Nachlässe, die dem Kunden sofort bei Rechnungserteilung gewährt werden, sind kein Bestandteil der Umsatzerlöse. Sie erscheinen daher in der Buchführung nicht.

(2) Vertriebskosten, für die Eingangsrechnungen vorliegen

Sofern für Versandkosten Eingangsrechnungen vorliegen, wie z. B. Eingangsrechnungen für den Einkauf von Verpackungsmaterial, Eingangsrechnungen von Spediteuren für so genannte Ausgangsfrachten oder Eingangsrechnungen von Vertretern für die uns in Rechnung gestellten Provisionsansprüche, erscheinen diese Kosten auf **besonderen Aufwandskonten in der Klasse 6.**

Der vorliegende Schulkontenrahmen sieht dafür die folgenden Konten vor:

- 6040 Aufwendungen für sonstiges Material (z. B. für Verpackungsmaterial)
- 6140 Frachten und Fremdlager
- 6150 Vertriebsprovisionen

Anmerkungen zum Konto 6040:

Ein entsprechendes Konto befindet sich in der Kontenklasse 2. Hier finden Sie das Konto **2040 Sonstiges Material z. B. Verpackungsmaterial.** Auf diesem **Bestandskonto** ist eine Eingangsrechnung für Verpackungsmaterial dann zu buchen, wenn es sich um einen Großeinkauf handelt, der für mehrere Geschäftsperioden ausreicht. Der jeweilige **Verbrauch der Geschäftsperiode** ist dann periodenweise auf das **Aufwandskonto** in der Kontenklasse 6 umzubuchen.

Buchungssatz: 6040 Aufwendungen für sonstiges Material (Aufwandskonto)
an 2040 Sonstiges Material (Bestandskonto)

Wenn keine weiteren Angaben erfolgen, ist davon auszugehen, dass das eingekaufte Verpackungsmaterial zum Verbrauch innerhalb der Geschäftsperiode bestimmt ist und daher auf dem Aufwandskonto 6040 zu buchen ist.

Beispiele:

Geschäftsvorfälle	
1. Wir zahlen folgende noch nicht gebuchte Eingangsrechnung für Verpackungsmaterial bar:	
1 000 Blatt Packpapier à 0,20 EUR =	200,00 EUR
20 Rollen Tesafilm je 1,50 EUR =	30,00 EUR
15 Rollen Einwickelpapier à 2,00 EUR =	30,00 EUR
	260,00 EUR
– 5 % Rabatt	13,00 EUR
	247,00 EUR
+ 19 % USt	46,93 EUR
	293,93 EUR

Buchungssätze:

Konten	Soll	Haben
6040 Aufw. f. so. Mat. (z. B. Verp.-Mat.)	247,00	
2600 Vorsteuer	46,93	
an 2820 Kasse		293,93

2. Wir begleichen eine noch nicht gebuchte Rechnung unseres Spediteurs durch Banküberweisung für Fahrten im Monat März	380,00 EUR
+ 19 % USt	72,20 EUR
	452,20 EUR

Konten	Soll	Haben
6140 Frachten und Fremdlager	380,00	
2600 Vorsteuer	72,20	
an 2800 Bank		452,20

3. Wir zahlen Vertriebsprovision bar	460,00 EUR
+ 19 % USt	87,40 EUR
	547,40 EUR

Konten	Soll	Haben
6150 Vertriebsprovisionen	460,00	
2600 Vorsteuer	87,40	
an 2820 Kasse		547,40

Merke:

Liegen uns für die Verpackung, für den Versand oder für den Vertrieb der Erzeugnisse und Handelswaren Eingangsrechnungen vor, so handelt es sich um Aufwendungen, die auf entsprechenden Konten der Klasse 6 zu buchen sind.

Übungsaufgaben

11 Bilden Sie zu folgenden Geschäftsvorfällen die Buchungssätze!

1. 1.1 Wir senden einem Kunden für die Lieferung von eigenen Erzeugnissen folgende Ausgangsrechnung:

Listenpreis	1 890,00 EUR
– 30 % Kundenrabatt	567,00 EUR
	1 323,00 EUR
– 5 % Einführungsrabatt	66,15 EUR
	1 256,85 EUR
+ 19 % USt	238,80 EUR
Rechnungsbetrag	1 495,65 EUR

1.2 Ausgangsrechnung Nr. 1567 für

Handelswaren	865,00 EUR
– 10 % Rabatt	86,50 EUR
	778,50 EUR
+ Zustellkosten	25,00 EUR
	803,50 EUR
+ 19 % USt	152,67 EUR
Rechnungsbetrag	956,17 EUR

2. Für die Zusendung der Erzeugnisse beauftragen wir einen Spediteur. Der Spediteur sendet uns die folgende Rechnung, die wir mit Bankscheck begleichen:

Frachtkosten	184,70 EUR
+ 19 % USt	35,09 EUR
Rechnungsbetrag	219,79 EUR

3. Ausgangsrechnung Nr. 2654 für Handelswaren

Warenwert	2 390,00 EUR
+ Verpackungskosten	105,00 EUR
+ Frachtkosten	132,00 EUR
+ Transportversicher.	25,00 EUR
	2 652,00 EUR
+ 19 % USt	503,88 EUR
Rechnungsbetrag	3 155,88 EUR

12 Bilden Sie zu folgenden Geschäftsvorfällen die Buchungssätze!

1. Zielverkauf von Erzeugnissen lt. AR 14/1718		14 000,00 EUR
– 10 % Rabatt		1 400,00 EUR
		12 600,00 EUR
+ Fracht- und Verpackungspauschale		470,00 EUR
		13 070,00 EUR
+ 19 % USt		2 483,30 EUR
		15 553,30 EUR
2. Der Kunde überweist zum Ausgleich der Rechnung AR 14/1718 auf unser Bankkonto		15 553,30 EUR
3. Banküberweisung für eine noch nicht gebuchte Rechnung unseres Spediteurs	920,00 EUR	
+ 19 % USt	174,80 EUR	1 094,80 EUR
4. Für die Überprüfung und Reparatur einer gelieferten Maschine werden von uns in Rechnung gestellt		277,50 EUR
+ 19 % USt		52,73 EUR
		330,23 EUR

5. Verkauf von Handelswaren bar	9 100,00 EUR
− 5 % Rabatt	455,00 EUR
	8 645,00 EUR
+ Fracht- und Verpackungspauschale	165,00 EUR
	8 810,00 EUR
+ 19 % USt	1 673,90 EUR
	10 483,90 EUR

13 Bilden Sie zu den folgenden Geschäftsvorfällen die Buchungssätze!

1. Wir bezahlen die Vertriebsprovisionen an einen Handelsvertreter bar in Höhe von netto	765,00 EUR	
+ 19 % USt	145,35 EUR	910,35 EUR
2. Für Fremdlohnarbeiten an unseren Erzeugnissen zahlen wir per Banküberweisung	19 540,00 EUR	
+ 19 % USt	3 712,60 EUR	23 252,60 EUR
3. Barzahlung für eine Computerreparatur einschließlich 19 % USt		1 344,70 EUR
4. Bankabbuchung der Monatspauschale der Stadtwerke für Strom und Gas	8 940,00 EUR	
+ 19 % USt	1 698,60 EUR	10 638,60 EUR
5. Banküberweisung einer Speditionsrechnung für Ausgangsfrachten	751,00 EUR	
+ 19 % USt	142,69 EUR	893,69 EUR
6. An Patent- und Lizenzkosten werden uns in Rechnung gestellt netto	22 390,00 EUR	
+ 19 % USt	4 254,10 EUR	26 644,10 EUR
7. Die Eingangsrechnung für Gebäudereinigung im Monat Mai wird durch Bankscheck beglichen	891,00 EUR	
+ 19 % USt	169,29 EUR	1 060,29 EUR
8. Die noch nicht gebuchte Rechnung der Abfallentsorgungs-GmbH für den Abtransport unseres Mülls wird durch Bankscheck beglichen	1 860,00 EUR	
+ 19 % USt	353,40 EUR	2 213,40 EUR
9. Die Speditionsrechnung für den Versand verkaufter Waren zahlen wir per Banküberweisung	420,00 EUR	
+ 19 % USt	79,80 EUR	499,80 EUR
10. Für Reparaturen am Geschäftsgebäude erhalten wir eine Rechnung über	23 000,00 EUR	
+ 19 % USt	4 370,00 EUR	27 370,00 EUR
11. Zielverkauf von Erzeugnissen		1 580,00 EUR
− 10 % Rabatt		158,00 EUR
		1 422,00 EUR
+ Fracht- und Verpackungspauschale		72,80 EUR
		1 494,80 EUR
+ 19 % USt		284,01 EUR
		1 778,81 EUR
12. Der Kunde überweist zum Ausgleich der Rechnung (Fall 11) auf unser Bankkonto		1 778,81 EUR

3.6.5.3 Rücksendungen durch Kunden

Bei Rücksendungen von Erzeugnissen und Handelswaren durch Kunden nehmen die ursprünglich gebuchten Forderungen um den Bruttowert der Rücksendung ab. Daher muss eine **Habenbuchung** auf dem **Konto 2400 Forderungen aus Lieferungen und Leistungen** erfolgen.

Gleichzeitig nehmen auch die ursprünglich gebuchten Umsatzerlöse um den Nettowert der Rücksendung ab. Diese Minderung könnte direkt auf dem betreffenden Umsatzerlöskonto gebucht werden. Um die Rücksendungen jedoch später noch feststellen zu können, werden sie zunächst auf einem **entsprechenden Unterkonto** auf der **Sollseite** erfasst, das beim Abschluss der Konten über das betreffende Hauptkonto abzuschließen ist.

Da sich durch die nachträgliche Änderung der Umsatzerlöse die Berechnungsgrundlage für die Umsatzsteuer geändert hat, muss auch die ursprünglich gebuchte Umsatzsteuer korrigiert werden. Dieser Korrekturbetrag ergibt sich aus der Differenz zwischen dem Bruttowert und dem Nettowert der Rücksendung. Dadurch ergibt sich eine **Sollbuchung** auf dem **Konto 4800 Umsatzsteuer** in Höhe dieser Differenz.

Der hier zugrunde liegende Schulkontenrahmen sieht für die Rücksendung durch Kunden folgende Unterkonten vor:

Merke:

- **5001 Preisnachlässe und Rücksendungen** (für Erzeugnisse und Leistungen)
- **5011 Preisnachlässe und Rücksendungen** (für Handelswaren)

Beispiel:

Ausgangssituation: Folgende Ausgangsrechnung für auf Ziel verkaufte Erzeugnisse wurde bereits bei uns gebucht:

Warenwert netto	30 000,00 EUR
+ 19 % USt	5 700,00 EUR
	35 700,00 EUR

Problemfall: Von der bereits bei uns gebuchten Lieferung schickt uns der Kunde wegen Falschlieferung Erzeugnisse zurück im Werte von

netto	800,00 EUR
+ 19 % USt	152,00 EUR
	952,00 EUR

Aufgaben:

1. Buchen Sie den Problemfall auf den Konten des Hauptbuches!
2. Schließen Sie das Unterkonto über das betreffende Hauptkonto ab!
3. Bilden Sie die Buchungssätze:
   3.1 für den Problemfall,
   3.2 für den Abschluss des Unterkontos 5001 Preisnachlässe und Rücksendungen!

Lösungen:

Zu 1./2. Buchung auf den Konten des Hauptbuches:

S	2400 Forderungen a. Lief. u. Leist.		H
5000/4800	35700,00	5001/4800	952,00

S	5000 Umsatzerlöse f. Erz. u. Leist.		H
5001	800,00	2400	30000,00

beim Abschluss

S	5001 Preisnachlässe u. Rücksendungen		H
2400	800,00	5000	800,00

S	4800 Umsatzsteuer		H
2400	152,00	2400	5700,00

Zu 3.1 und 3.2 Buchungssätze:

Vorgänge	Konten	Soll	Haben
3.1 Rücksendung von Erzeugnissen durch Kunden.	5001 Preisnachl. u. Rücksend. 4800 Umsatzsteuer an 2400 Ford. a. L. u. L.	800,00 152,00	 952,00
3.2 Abschluss des Kontos 5001 über das Hauptkonto 5000.	5000 UE f. Erz. u. Leist. an 5001 Preisnachl. u. Rücks.	800,00	 800,00

Merke:

Rücksendungen durch Kunden vermindern unsere Forderungen aus Lieferungen und Leistungen in Höhe des Bruttowertes der Rücksendung, die ursprünglichen Umsatzerlöse um den Nettowert und die Umsatzsteuer in Höhe der Differenz aus den beiden Werten.

Übungsaufgaben

14 Bilden Sie die Buchungssätze zu den vorliegenden Geschäftsvorfällen!

1. Ein Kunde sendet einen Teil der gelieferten Erzeugnisse wegen eines Qualitätsmangels an uns zurück. Wir gewähren eine Gutschrift einschließlich 19 % USt in Höhe von 224,91 EUR.
2. Ein Kunde bringt von uns bar verkaufte Erzeugnisse zurück und erhält den Gegenwert von 850,00 EUR zuzüglich 19 % USt gutgeschrieben.

15 Bilden Sie die Buchungssätze zu den vorliegenden Geschäftsvorfällen!

1. 1.1 Ein Kunde kauft 2 Erzeugnisse im Bruttowert von 124,95 EUR je Erzeugnis (19 % USt) gegen Rechnung.
   1.2 Nach einigen Tagen gibt er einen Artikel zurück und bezahlt den anderen bar.

2. 2.1 Wir verkaufen Handelswaren im Bruttowert von 618,80 EUR auf Ziel.

2.2 Aufgrund einer Falschlieferung sendet uns der Kunde Handelswaren im Bruttowert von 139,69 EUR zurück. Über den Restbetrag sendet er einen Bankscheck.

16

Quittung

Nr. 1415

Durchschlag

Warenwert netto	EUR	*850*	Ct	*00*
+ *19%* MWSt	EUR	*161*	Ct	*50*
gesamt	EUR	*1011*	Ct	*50*

Gesamtbetrag EUR in Worten

eintausendelf

Cent wie oben

von *Möbelfabrik Mannheim GmbH*

für *Warenrückgabe von Erzeugnissen*

dankend erhalten

Ort *Mannheim* Datum *20..-04-05*

Buchungsvermerke

Stempel/Unterschrift des Empfängers *Hempel*

Aufgabe:

Bilden Sie den Buchungssatz für die Möbelfabrik Mannheim GmbH!

3.6.5.4 Preisnachlässe gegenüber Kunden

(1) Grundlegendes

Neben den Preisänderungen, die sofort bei Rechnungserteilung gewährt werden, gibt es auch im Verkaufsbereich Preisnachlässe, die nach der Buchung einer Ausgangsrechnung auftreten.

Als nachträglich gewährte Preisnachlässe kommen in Frage:

- Preisnachlässe aufgrund beanstandeter Mängel des Kunden **(Mängelrüge)**,
- den Kunden nachträglich gewährte Rabatte **(Umsatzboni)**,
- den Kunden bei vorzeitiger Zahlung gewährte Skonti **(Kundenskonti)**.

Bei nachträglichen Preisnachlässen gegenüber Kunden in Form einer Gutschrift vermindern sich die Forderungen in Höhe des Bruttobetrages der Gutschrift, die Umsatzerlöse in Höhe des Nettobetrages (wobei die Minderung der Umsatzerlöse zunächst auf einem entsprechenden Unterkonto erfasst wird) und die Umsatzsteuer in Höhe der Differenz beider Beträge.

(2) Ein Kunde erhält eine Gutschrift aufgrund seiner Reklamation

Nachträgliche Gutschriften (Preisnachlässe) an unsere Kunden aufgrund von Reklamationen werden ebenfalls auf dem **Unterkonto Preisnachlässe und Rücksendungen** gesammelt und am Ende der Rechnungsperiode auf das entsprechende Konto Umsatzerlöse umgebucht. Um feststellen zu können, auf welchem Unterkonto die Gutschrift zu buchen ist, muss aus der Aufgabenstellung hervorgehen, auf welches Hauptkonto (Umsatzerlöse für Erzeugnisse und Leistungen oder Umsatzerlöse für Handelswaren) sich die betreffende Gutschrift bezieht.

Beispiel:

Ein Kunde reklamiert an den gelieferten Handelswaren Mängel und erhält daraufhin von uns einen Preisnachlass in Form einer Gutschrift in Höhe von 800,00 EUR zuzüglich 19 % USt.

Aufgaben:

Bilden Sie die Buchungssätze:

1. für den Geschäftsvorfall,
2. für den Abschluss des Unterkontos 5011 Preisnachlässe und Rücksendungen!

Lösungen:

Vorgänge	Konten	Soll	Haben
1. Wir gewähren dem Kunden eine Gutschrift aufgrund einer Mängelrüge an den gelieferten Handelswaren.	5011 Preisn. u. Rücks. 4800 Umsatzsteuer an 2400 Ford. a. L. u. L.	800,00 152,00	 952,00
2. Abschluss des Kontos 5011 über das Hauptkonto 5010.	5010 UE f. Handelswaren an 5011 Preisn. u. Rücks.	800,00	 800,00

Erläuterungen:

- Das Konto Preisnachlässe und Rücksendungen stellt ein Unterkonto des jeweiligen Umsatzerlöskontos dar.
- Das Konto Preisnachlässe und Rücksendungen wird über das jeweilige Hauptkonto abgeschlossen.
- Rücksendungen von Waren und Gutschriften aufgrund beanstandeter Mängel des Kunden lösen die gleichen Wirkungen aus und führen daher zum gleichen Buchungssatz.

(3) Ein Kunde erhält eine Umsatzrückvergütung (Bonus) in Form einer Gutschrift

Durch die Gewährung eines Kundenbonus mindern sich die jeweiligen Umsatzerlöse. Die Erlösschmälerung wird nicht direkt auf dem jeweiligen Umsatzerlöskonto gebucht, sondern zunächst auf dem Unterkonto **Kundenboni**. Beim Abschluss wird das Unterkonto über das entsprechende Hauptkonto abgeschlossen.

Um feststellen zu können, auf welchem Unterkonto der Kundenbonus zu buchen ist, muss aus der Aufgabenstellung hervorgehen, auf welches Hauptkonto (Umsatzerlöse für Erzeugnisse und Leistungen oder Umsatzerlöse für Handelswaren) sich der betreffende Kundenbonus bezieht.

Geschäftsvorfall		Konten	Soll	Haben
Wir gewähren einem Kunden auf die gelieferten Erzeugnisse einen Umsatzbonus in Form einer Gutschrift.				
Nettowert	600,00 EUR	5003 Kundenboni	600,00	
+ 19 % USt	114,00 EUR	4800 Umsatzsteuer	114,00	
	714,00 EUR	an 2400 Ford. a. L. u. L.		714,00

(4) Kundenskonti

Beispiel:

Ein Kunde bezahlt eine bereits gebuchte Rechnung	
für Fertigerzeugnisse in Höhe von	11 900,00 EUR
unter Abzug von 2 % Skonto durch Banküberweisung	238,00 EUR
Bankgutschrift	11 662,00 EUR

Aufgaben:

1. Buchen Sie den Geschäftsvorfall auf Konten und schließen Sie das Unterkonto Kundenskonti ab!
2. Bilden Sie dazu die Buchungssätze:
   2.1 für den Zahlungseingang einer Ausgangsrechnung unter Skontoabzug,
   2.2 für den Abschluss des Unterkontos 5002 Kundenskonti!

Lösungen:

Zu 1. Buchung auf den Konten und Abschluss des Kontos 5002:

S	2400 Ford. a. Lief. u. Leist.		H
5000/4800	11 900,00	2800/4800/5002	11 900,00

S	2800 Bank		H
2400	11 662,00		

S	4800 Umsatzsteuer		H
2400	38,00	2400	1 900,00

S	5002 Kundenskonti		H
2400	200,00	5000	200,00

S	5000 Umsatzerl. f. Erzeugn, u. Leist.		H
5002	200,00	2400	10 000,00

Umsatzerlöse f.Erz.u.Leist.	10 000,00 EUR
– Kundenskonto	200,00 EUR
Tatsächliches Entgelt	9 800,00 EUR

Zu 2. Buchungssätze:

Geschäftsvorfälle	Konten	Soll	Haben
2.1 Bankgutschrift für eine Kundenrechnung mit Skontoabzug:			
Ein Kunde überweist uns einen	2800 Bank	11 662,00	
Rechnungsbetrag über 11 900,00 EUR	4800 Umsatzsteuer	38,00	
unter Abzug von	5002 Kundenskonti	200,00	
2 % Skonto 238,00 EUR	an 2400 Ford. a. Lief. u. Leist.		11 900,00
Bankgutschrift 11 662,00 EUR			
2.2 Abschluss des Unterkontos 5002 über das Hauptkonto 5000.	5000 Umsatzerl. f. Erz. u. Leist.	200,00	
	an 5002 Kundenskonti		200,00

Erläuterungen zur Berechnung der Steuerberichtigung:

Der Skontoabzug in Höhe von 238,00 EUR stellt eine nachträgliche Preisminderung dar, die eine Korrektur der ursprünglich gebuchten Umsatzsteuer nach sich ziehen muss. Da der Skontobetrag vom Bruttowert der Ausgangsrechnung berechnet wurde, ist der Korrekturbetrag im Skontobetrag enthalten. Er kann wie folgt berechnet werden:

$$119\,\% \triangleq 238{,}00\text{ EUR}$$
$$19\,\% \triangleq x\text{ EUR}$$

$$x = \frac{238 \cdot 19}{119} = 38{,}00\text{ EUR}$$

Zusammenfassung

- Preisnachlässe, die sofort bei Rechnungsstellung gewährt weden **(Sofortnachlässe)**, erscheinen in der Buchführung nicht. Sie gehören nicht zu den Umsatzerlösen.
- **Vertriebskosten** (Versandkosten), die wir den Kunden zusätzlich in Rechnung stellen, zählen zu den Umsatzerlösen und werden auf dem **entsprechenden Erlöskonto** erfasst.
- **Vertriebskosten**, für die **Eingangsrechnungen vorliegen**, werden auf den entsprechenden Konten in der **Kontenklasse 6** erfasst.
- **Warenrücksendungen von Kunden** und den Kunden nachträglich gewährte **Preisnachlässe wegen Mängelrüge**, als **Umsatzbonus** oder als **Kundenskonto** haben im Prinzip die **gleichen Auswirkungen.**
- Ein Unterschied zu den Rücksendungen besteht nur insofern, als die **nachträglich gewährten Preisnachlässe** im Allgemeinen zunächst auf einem **Unterkonto** erfasst werden, das beim Abschluss über das betreffende Hauptkonto abzuschließen ist.

Übungsaufgaben

17 Bilden Sie zu den folgenden Geschäftsvorfällen die Buchungssätze:

(**Hinweis:** Bei allen Geschäftsvorfällen ist davon auszugehen, dass die ursprüngliche Rechnung bereits bei uns gebucht war.)

1. Ein Kunde sendet die von uns falsch gelieferten Erzeugnisse zurück, Nettowert 375,00 EUR zuzüglich 19 % USt.
2. Aufgrund seiner Reklamation erhält ein Kunde auf die gelieferten Handelswaren nachträglich einen Preisnachlass in Form einer Gutschrift. Gutschriftbetrag einschließlich 19 % USt 476,00 EUR.
3. Ein treuer Kunde erhält durch Gutschriftanzeige den vierteljährlichen Umsatzbonus. Berechnen und buchen Sie den Bonus aufgrund folgender Daten:

   Erzielter Umsatz aus dem Verkauf von Fertigerzeugnissen einschließlich 19% USt 177 310,00 EUR

Bonusstaffelung:	Nettoumsatz:	bis	50 000,00 EUR	Bonus:	1 %
		bis	100 000,00 EUR		2 %
		bis	150 000,00 EUR		3 %
		über	150 000,00 EUR		4 %

4. Ein mit der Belieferung von Kunden beauftragter Spediteur stellt uns für den Monat Juli folgende Beträge in Rechnung, die von uns per Banküberweisung gezahlt werden:

Für Fahrten im Monat Juli	830,00 EUR	
+ 19 % Umsatzsteuer	157,70 EUR	987,50 EUR

18 Bilden Sie zu folgenden Geschäftsvorfällen die Buchungssätze:

1. Ein Kunde schickt einen Teil unserer Erzeugnisse zurück

Nettowert	291,30 EUR	
+ 19 % USt	55,35 EUR	346,65 EUR

2. Wir erteilen einem Kunden aufgrund einer Mängelrüge an zugesandten Erzeugnissen eine Gutschrift. Bruttowert einschl. 19 % USt 221,58 EUR

3. Wir erhalten von unserem Kunden für zugesandte Erzeugnisse eine berechtigte Reklamation. Daraufhin nehmen wir einen Teil der Erzeugnisse in Höhe von 420,00 EUR zuzüglich 19 % USt zurück. Auf den Rest gewähren wir einen Nachlass von 182,07 EUR einschließlich 19 % USt.

4. Verkauf von Erzeugnissen auf Ziel

Listenverkaufspreis	93 000,00 EUR
– 20 % Rabatt	18 600,00 EUR
	74 400,00 EUR
+ 19 % USt	14 136,00 EUR
	88 536,00 EUR

5. Ein Kunde erhält auf gelieferte Erzeugnisse einen Umsatzbonus

in Form einer Gutschrift	1 200,00 EUR
+ 19 % USt	228,00 EUR
	1 428,00 EUR

6. Einkauf von Verpackungsmaterial gegen Rechnung

(sofortiger Verbrauch)	500,00 EUR
+ 19 % USt	95,00 EUR
	595,00 EUR

7. Wir gewähren unserem Kunden eine Gutschrift wegen

mangelhafter Lieferung von Erzeugnissen. Nettowert	180,00 EUR
+ 19 % USt	34,20 EUR
	214,20 EUR

19 Buchen Sie im Grundbuch den nachfolgenden Beleg für die Heimann KG!

Kontonummer 9400649 — Stadtsparkasse Wuppertal — Bankleitzahl 33050000

Buchungstag	Tag der Wertstellung	Verwendungszweck/Buchungstext	Buchungsnummer	alter Kontostand 4791,20 +
12.05.	12.05.	RECHNUNG WIPPER GmbH Urbanstr. 2 33106 Paderborn Rechnung-Nr. 2007 ./. 2 % Skonto	9224	2 507,33 +

Heimann KG
Freiheitsstr. 15
42277 Wuppertal

7 298,53 + neuer Kontostand

Kontoauszug vom 12.05.20.. | Auszug 1 | Blatt 0

Bitte beachten Sie die Hinweise auf der Rückseite

20 Zum Ausgleich einer Rechnung in Höhe von 480,00 EUR schickt die Franz Färber KG einen Scheck an Franz Mayer e. Kfm. über 465,60 EUR nach Abzug von 3 % Skonto. Bilden Sie den Buchungssatz für Franz Mayer e. Kfm.!

Stuttgarter Volksbank — Nur zur Verrechnung

DE

Zahlen Sie gegen diesen Scheck: vierhundertfünfundsechzig
Betrag in Buchstaben

EUR | Betrag: 465,60

▲ Bitte immer ausfüllen!

noch Betrag in Buchstaben

an Franz Mayer e. Kfm., Stuttgart oder Überbringer

Franz Färber KG

Stuttgart, 17. April 20.. — p. P. Schreiner
Ausstellungsort, Datum — Unterschrift des Ausstellers

Verwendungszweck
(Mitteilung für den Zahlungsempfänger)

Der vorgedruckte Schecktext darf nicht geändert oder gestrichen werden. Die Angabe einer Zahlungsfrist auf dem Scheck gilt als nicht geschrieben.

Scheck-Nr.	X	Konto-Nr.	X	Betrag	X	Bankleitzahl	X	Text
0000000023583⑆		37526⑈				60090100⑆		01⑈

Bitte dieses Feld nicht beschriften und nicht bestempeln

21 Bilden Sie die Buchungssätze aus der Sicht der Fritz Pfennig OHG!

1. Für die Ausgangsrechnung!
2. Für den Zahlungseingang auf dem Bankkonto der Fritz Pfennig OHG am 9. Juli unter Abzug des vereinbarten Skontobetrags.

Fritz Pfennig OHG – Hersteller von Bürobedarf

Fröbelstraße 10
09126 Chemnitz

Bürozentrum
Adler GmbH
Lukasstr. 57
04315 Leipzig

Rechnung Nr. 58/102
Lieferdatum: 20..-06-25
Rechnungsdatum: 20..-06-30

Menge	Artikel-Bezeichnung	Einzelpreis	Betrag EUR
	Warenlieferungen laut beiliegender Lieferkarte: Mai – Juni 20..		280,00
	10 % Rabatt		28,00
			252,00
	19 % USt		47,88
			299,88
	Bei Bezahlung innerhalb 10 Tagen abzüglich 6,00 EUR Skonto.		

Sitz der Gesellschaft: Chemnitz — Registergericht: Chemnitz: HRA 119 — Steuer-Nr.: 11253/111

3.6.6 Verbrauchsgüterkauf

(1) Begriff Verbrauchsgüterkauf

Merke:

Ein **Verbrauchsgüterkauf** liegt vor, wenn ein **Verbraucher**[1] von einem **Unternehmer**[2] eine **bewegliche Sache** kauft [§ 474 I, S. 1 BGB].

Die rechtliche Besserstellung des Verbrauchers erfolgt durch die §§ 474 ff. BGB.[3] In ihnen werden zusätzliche rechtliche Anforderungen an die Gültigkeit von Verbrauchsgüterkaufverträgen formuliert. Die Sonderregelungen betreffen insbesondere den Gefahrübergang, die Beweislastumkehr, Garantieerklärungen, die Verjährung von Ansprüchen sowie unzulässige Einschränkungen von Rechten zu Lasten des Verbrauchers.

(2) Sonderregelungen beim Verbrauchsgüterkauf

- **Gefahrübergang**

Beim Verbrauchsgüterkauf tritt der Gefahrübergang erst ein, wenn der Verbraucher die Kaufsache erhalten hat [§ 446 BGB]. Die Gefahrübergangsregelung beim Versendungskauf [§ 447 BGB] finden auf den Verbrauchsgüterkauf keine Anwendung [§ 474 II BGB].

- **Beweislastumkehr**

Dem Verbraucher ist es oft nicht möglich, einem Unternehmer zu beweisen, dass die Kaufsache bereits beim Vertragsabschluss und/oder bei deren Übergabe mangelhaft war (einen Sachmangel aufweist). Beim **Verbrauchsgüterkauf** besteht deshalb eine (auf diesen Kauf beschränkte) so genannte (gewährleistungsrechtliche) **Beweislastumkehr.**

Nach § 476, 1. HS BGB wird beim Auftreten eines Sachmangels in den ersten sechs Monaten nach Gefahrübergang zugunsten des Käufers gesetzlich vermutet, dass der Mangel bereits beim Gefahrübergang (Übergabe der Sache; § 446, S. 1 BGB) der Kaufsache vorhanden war. Der Gegenbeweis obliegt dann dem Verkäufer.[4]

Beispiel:

Bei einem im Juli erworbenen Dachfenster tritt im Oktober bei Regen Wasser ein. Es zeigt sich, dass sich Dichtungen im Rahmen großflächig ablösen. Hier spricht die Vermutung für eine von Anfang an fehlerhafte Qualität der Dichtungen bzw. ihrer Verklebung.

---

1 Nach § 13 BGB ist jede natürliche Person (jeder Mensch) ein **Verbraucher**, wenn sie ein Rechtsgeschäft zu einem Zweck abschließt, der weder ihrer gewerblichen noch ihrer selbstständigen beruflichen Tätigkeit zugerechnet werden kann.

2 **Unternehmer** ist nach § 14 BGB eine natürliche oder juristische Person (z. B. GmbH, AG) oder eine rechtsfähige Personengesellschaft, die beim Abschluss eines Rechtsgeschäfts (z. B. Kaufvertrag) in Ausübung ihrer gewerblichen oder selbstständigen beruflichen Tätigkeit handelt. Die Unternehmereigenschaft ist unabhängig davon, ob eine Gewinnerzielungsabsicht besteht oder nicht.

3 Diese dem Schutz des Verbrauchers dienenden Rechtsvorschriften ergänzen vor allem die grundsätzlich für alle Kaufverträge geltenden Vorschriften des BGB.

4 Diese Vermutung gilt jedoch nicht, wenn die Vermutung mit der Art der Sache oder des Mangels unvereinbar ist [§ 476, 2. HS BGB].

Bestreitet der Unternehmer, dass der Mangel bereits beim Gefahrübergang bestand, dann muss er dies dem Käufer beweisen (den „Gegenbeweis“ führen). Diese Beweislastumkehr gilt auch beim **Verbrauchsgüterkauf gebrauchter Sachen.**[1] Die zwingende Rechtsvorschrift der Beweislastumkehr kann weder einzelvertraglich noch durch „Allgemeine Geschäftsbedingungen“[2] ausgeschlossen werden.

Die Vermutung eines bei der Übergabe der Sache bereits vorhandenen Sachmangels gilt nicht, wenn die Sache z. B. Schäden aufweist, die offensichtlich durch unsachgemäße Verwendung oder Gewalteinwirkung verursacht sind.

Beispiel:

Weisen die Dichtungen am Dachfenster Einschnitte und mechanische Verletzungen auf, wird man davon ausgehen dürfen, dass die Art des Mangels gegen die Vermutung eines Herstellerfehlers spricht.

Garantieerklärungen

Die Garantie ist in zweifacher Weise geregelt: Zum einen gibt es Regelungen zur Beschaffenheits- und Haltbarkeitsgarantie, die für alle Kaufverträge gelten [§ 443 BGB], und zum anderen gibt es darüber hinaus noch Regelungen, die spezifisch auf den Verbrauchsgüterkauf ausgerichtet sind [§ 477 BGB].

Beschaffenheits- und Haltbarkeitsgarantie [§ 443 BGB]

Bei einer Beschaffenheits- und/oder Haltbarkeitsgarantie übernimmt der Verkäufer oder ein Dritter unabhängig davon, ob beim Gefahrübergang ein Mangel besteht oder nicht besteht, die **Garantie** (Gewähr) für die **zugesicherte Beschaffenheit** der Sache **(Beschaffenheitsgarantie)** oder dafür, dass die Sache für eine **bestimmte Dauer** eine **bestimmte Beschaffenheit behält (Haltbarkeitsgarantie).**

Tritt der Garantiefall ein, dann kann der Käufer – neben seinen gesetzlichen Ansprüchen aus der Sachmängelhaftung – seine **Garantierechte** zu den in der Garantieerklärung und den in der betreffenden Werbung angegebenen Bedingungen[3] gegenüber dem die Garantie einräumenden Verkäufer oder Dritten[4] geltend machen (§ 443 I BGB, siehe auch § 443 II BGB).

Beispiele:

- Die Stuttgarter Heizungsanlagenbau AG wirbt bundesweit in Anzeigen, Prospekten und im Regionalfernsehen für ihre neu entwickelten, besonders umweltfreundlichen Heizungsanlagen und garantiert hierbei für ihre Anlagen (bei gleicher Heizleistung) eine Energieeinsparung von über 20 % gegenüber ihren herkömmlichen (bisher hergestellten) Heizungsanlagen. In der den Kaufverträgen beiliegenden Garantieurkunde wird eine Energieeinsparung von 22 % garantiert.

---

1 Um später Streitigkeiten möglichst zu vermeiden, sollten deshalb beim Verbrauchsgüterkauf gebrauchter Sachen typische Verschleißerscheinungen (z. B. abgefahrene Reifen, Rostflecken, Lackfehler beim Gebrauchtwagenkauf) im Kaufvertrag eindeutig beschrieben werden.

2 **Allgemeine Geschäftsbedingungen** (AGB) sind alle für eine **Vielzahl von Verträgen** vorformulierte **Vertragsbedingungen**, die **eine** Vertragspartei (Verwender) der anderen Vertragspartei bei Abschluss eines Vertrags stellt [§ 305 I, S. 1 BGB].

3 Der Käufer kann seine Garantieansprüche somit auch mit den in der einschlägigen Werbung angegebenen Bedingungen begründen, nicht nur mit der Garantieurkunde selbst.

4 Dritte sind meistens die Hersteller der Sachen (Industrie- und Handwerksbetriebe).

7 Speth u. a. – ISBN 978-3-8120-0555-5

Wenn der Käufer (Verbraucher) nach der Inbetriebnahme der gekauften Heizungsanlage feststellt, dass die Energieeinsparung tatsächlich 22 % beträgt, die Heizleistung jedoch niedriger als zugesagt ist, dann kann sich der Käufer (Verbraucher) auf die in der Werbung erklärte Garantie „konstanter Heizleistung" berufen, ohne dass die Garantieerklärung ihm gegenüber direkt abgegeben sein muss (**Beschaffenheitsgarantie** aufgrund einer **Garantieurkunde** und **Werbung**).

- Die Münchner Kesselbau AG gibt eine Garantie dafür, dass ihre Dampfkessel innerhalb der nächsten fünf Jahre nicht durchrosten. Die Leipziger Werkzeugbau KG garantiert, dass ihre hergestellten Stahlfedern innerhalb der nächsten 8 Jahre (auch bei hoher, dauernder Belastung) nicht brechen werden **(Haltbarkeitsgarantien)**.

Bestimmungen für Garantien beim Verbrauchsgüterkauf [§ 477 BGB]

Beim Verbrauchsgüterkauf werden durch die Vorschriften im § 477 BGB (i. V. m. 443 BGB) besondere, dem Schutz der Verbraucher dienende Anforderungen an die Garantieerklärungen des Verkäufers (Unternehmers) gestellt. Im Einzelnen sind vom Verkäufer folgende verbraucherschützende Vorschriften (Anforderungen) zu beachten [§ 477 I, II BGB]:

- einfache und verständliche Abfassung der Garantieerklärung,
- Hinweis auf die gesetzlichen Rechte des Verbrauchers und deren uneingeschränkte Geltung,
- Mindestinhalt der Garantieerklärung (Angaben über die Geltendmachung der Garantie, insbesondere Dauer und räumlicher Geltungsbereich des Garantieschutzes, Name und Anschrift des Garantiegebers),
- das Recht des Verbrauchers auf Aushändigung der Garantieerklärung (zumindest) in Textform sowie
- die Wirksamkeit der Garantieverpflichtung auch im Falle der Nichteinhaltung der genannten Anforderungen.

Damit die Verbraucher bei einer unkorrekten Garantieerklärung nicht schlechter gestellt sind als bei einer ordnungsgemäßen Garantie, wird die Garantieverpflichtung des Unternehmers nicht dadurch nichtig (ungültig), dass diese eine der im § 477 I und II BGB genannten Anforderungen nicht erfüllt [§ 477 III BGB].

Unzulässige Einschränkungen

Abweichende Vereinbarungen, die vor Mitteilung eines Mangels an den Unternehmer getroffen werden, und das Recht des Verbrauchers auf Nacherfüllung, das Rücktrittsrecht, die Beweislastumkehr sowie das Recht auf Minderung einschränken, sind rechtlich bedeutungslos [§ 475 I BGB]. Dies gilt für die Vorschriften zum Verbrauchsgüterkauf [§§ 474 bis 479 BGB] selbst und für die Umgehung all dieser Rechtsnormen durch vom Gesetz abweichende Vereinbarungen. Ein Haftungsausschluss in „Allgemeinen Geschäftsbedingungen" ist somit nicht möglich. Aus Gründen des Verbraucherschutzes ist insoweit die Vertragsfreiheit eingeschränkt.

Dagegen ist der Ausschluss oder die Beschränkung des Schadensersatzanspruchs des Verbrauchers möglich, der Verkäufer muss jedoch gegebenenfalls die Beschränkungen der §§ 307 - 309 BGB für Allgemeine Geschäftsbedingungen beachten [§ 475 III BGB].

- **Eigenständiger Rückgriffsanspruch des Unternehmers**[1]

Werden neu hergestellte Sachen an Verbraucher verkauft, machen diese grundsätzlich ihre Gewährleistungsansprüche gegenüber dem Verkäufer (z. B. Einzelhändler) geltend.

Der Händler hat in diesem Fall einen Rückgriffsanspruch gegen seinen Lieferanten, dieser gegen den Vorlieferanten bis hin zum Hersteller [§ 478 BGB]. Der Rückgriffsanspruch verjährt frühestens zwei Monate nach Erfüllung der Ansprüche des Verbrauchers durch denjenigen, der an den Verbraucher verkauft hat, spätestens aber fünf Jahre nach Ablieferung der Sache durch den Lieferanten an den Unternehmer [§ 479 II BGB]. Eine Frist zur Durchsetzung seines Rückgriffsanspruchs muss der Verkäufer dem Lieferanten nicht setzen [§ 478 I BGB].

Ein Rückgriff des Letztverkäufers (und auch seiner Vorlieferanten auf deren Vorlieferanten) ist jedoch grundsätzlich nur möglich, wenn z. B. der Verbraucher wegen eines Sachmangels der Kaufsache den Kaufpreis gemindert hat, wenn der Letztverkäufer die verkaufte Sache von seinem Kunden zurücknehmen musste (z. B. bei Nacherfüllung oder Rücktritt des Verbrauchers) und wenn es sich bei der verkauften Sache um eine **neu hergestellte Sache** handelt (Näheres siehe § 478 BGB).

- **Verjährung**[2] **von Mängelansprüchen**

Eine Verkürzung der Verjährung in Verbrauchsgüterkaufverträgen gegenüber einem Verbraucher ist grundsätzlich möglich. Sie beträgt bei neuen Sachen nicht weniger als zwei Jahre und bei gebrauchten Sachen nicht weniger als ein Jahr [§ 475 II BGB].

Zusammenfassung

- Ein **Verbrauchsgüterkauf** liegt vor, wenn ein Verbraucher von einem Unternehmer eine bewegliche Sache kauft.
- Für den Verbrauchsgüterkauf gelten Sonderregelungen, die zu einer **rechtlichen Besserstellung des Verbrauchers** führen.
- Wichtige **Sonderregelungen beim Verbrauchersgüterkauf:**
  - Der **Gefahrübergang** tritt erst ein, wenn der Verbraucher die Kaufsache erhalten hat.
  - Es besteht eine **Beweislastumkehr,** d. h., beim Auftreten eines Sachmangels wird in den ersten sechs Monaten nach Gefahrübergang vermutet, dass der Mangel bereits beim Gefahrübergang der Kaufsache vorhanden war. Der Gegenbeweis obliegt dann dem Verkäufer.
  - Bei einer **Beschaffenheits- und/oder Haltbarkeitsgarantie** übernimmt der Verkäufer oder ein Dritter die Garantie für die zugesicherte Beschaffenheit der Sache oder dafür, dass die Sache für eine bestimmte Dauer eine bestimmte Beschaffenheit behält. Für die Garantieerklärung gelten besondere Vorschriften.
  - Vereinbarte **Verjährungsfristen** dürfen bei neuen Sachen zwei Jahre und bei gebrauchten Sachen ein Jahr nicht unterschreiten.

---

1 Durch den Rückgriffsanspruch soll vor allem verhindert werden, dass der Einzelhandel allein die Nachteile des verbesserten Verbraucherschutzes tragen muss. Der **Schadensverursacher** (letztlich der Hersteller der Kaufsache) soll haften.

2 Vgl. hierzu Kapitel 3.9, S. 121 ff.

Übungsaufgabe

22 1. 1.1 Bilden Sie ein Beispiel für einen Verbrauchsgüterkaufvertrag!

1.2 Warum hat der Gesetzgeber für den Verbrauchsgüterkaufvertrag gegenüber dem Kaufvertrag nach §§ 433ff. BGB Sonderregelungen getroffen?

1.3 Nennen Sie die Sonderregelungen, die den Verbrauchsgüterkaufvertrag charakterisieren!

2. Die Glashandlung Fritz Hutter e. K. bestellt bei dem Möbelhaus Mattes GmbH einen Schreibtisch für das Büro. Es wird vereinbart, dass der Schreibtisch durch einen Spediteur per Lkw zugestellt wird. Durch einen Unfall auf eisglatter Straße entsteht an dem Lkw des Spediteurs sowie an der Ladung Totalschaden. Den Fahrer des Lkw trifft kein Verschulden.

Aufgaben:

2.1 Muss die Glashandlung Fritz Hutter e. K. den Kaufpreis für den durch den Unfall vernichteten Schreibtisch bezahlen?

2.2 Gleicher Sachverhalt. Besteller des Schreibtisches ist jedoch Hans Krapf, der den Schreibtisch für das Kinderzimmer seines Sohnes Gebhard bestellt hat. Muss Hans Krapf den Kaufpreis bezahlen?

3. Privatmann Norbert Speidel kauft beim Autohaus Peter Falke e. K. einen fünf Jahre alten Kleinwagen. Zwei Wochen nach dem Kauf tritt erheblicher Ölverlust an der Servolenkung auf. Herr Speidel möchte die Reparaturkosten vom Autohaus ersetzt haben. Das Autohaus lehnt die Kostenübernahme mit der Begründung ab, der Ölverlust sei erst nach Abschluss des Kaufvertrags aufgetreten.

Aufgaben:

3.1 Wer hat die Beweislast für den aufgetretenen Mangel zu tragen? Begründen Sie Ihre Meinung mit Hilfe des Gesetzestextes!

3.2 Gleicher Sachverhalt. Der Autokauf wurde jedoch von der Helmut Heine GmbH getätigt. Wie ist die Rechtslage in diesem Fall?

3.7 Leistungsstörungen im Rahmen der Auftragsbearbeitung

3.7.1 Begriff Leistungsstörungen und Überblick über mögliche Leistungsstörungen

(1) Begriff Leistungstörungen

Nicht alle Schuldverhältnisse werden den getroffenen Vereinbarungen entsprechend erfüllt. Es kann auch zu **Leistungsstörungen** kommen.

Merke:

Zu einer **Leistungsstörung** kommt es, wenn der Schuldner z. B. die geschuldete Leistung gar nicht, nicht rechtzeitig, nicht in der geschuldeten Qualität erbringt oder im Rahmen der Leistungserbringung die Interessen des Gläubigers auf andere Weise verletzt [§ 241 II BGB].

Die nachfolgenden Ausführungen beschränken sich auf die **Leistungsstörungen** beim **Kaufvertrag.**

(2) Mögliche Leistungsstörungen beim Kaufvertrag

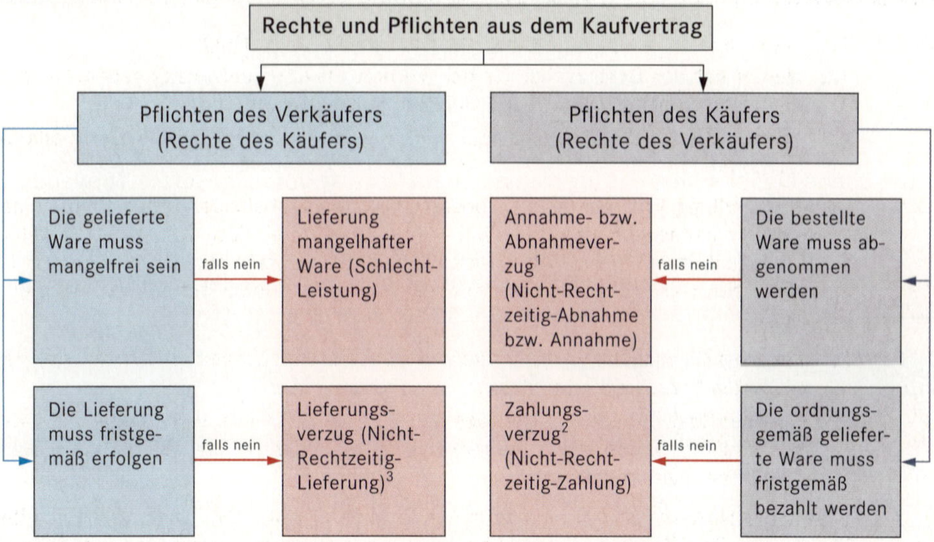

3.7.2 Mangelhafte Lieferung (Schlecht-Leistung)[4]

3.7.2.1 Begriff der mangelhaften Lieferung

Merke:

Übergibt und übereignet der Verkäufer dem Käufer die im Kaufvertrag vereinbarte Sache (Leistung) mit Sach- und/oder Rechtsmängeln behaftet, so liegt eine **mangelhafte Leistung** (Schlecht-Leistung) vor. Die Leistung einer mangelhaften Sache stellt eine **Pflichtverletzung** im Sinne des § 280 BGB dar.

3.7.2.2 Arten der Mängel

(1) Sachmängel

- **Mangel in der Beschaffenheit**

- **Vertraglich vereinbarte Beschaffenheit fehlt** [§ 434 I, S. 1 BGB]

Maßgeblich dafür, ob ein Mangel vorliegt, ist ausschließlich die ausdrücklich oder stillschweigend getroffene **vertragliche Vereinbarung.** Es gilt daher, Über- und Unterschreitungen des Qualitätsstandards durch eine vertragliche Vereinbarung zu beachten.

1 Auf den Annahme- und Abnahmeverzug wird im Folgenden nicht eingegangen.

2 Der Zahlungsverzug (die Nicht-Rechtzeitig-Zahlung) wird im Kapitel 3.7.3, S. 112 ff. dargestellt.

3 Vgl. hierzu im Band „Betriebswirtschaft – Fachstufe" Lernfeld 3, Kapitel 6.6.

4 Zwar liegen die Denk- und Entscheidungsprozesse bei der mangelhaften Lieferung (Schlecht-Leistung) auf Seiten des Kunden und damit im Rahmen der Beschaffungsprozesse. Der Lehrplan sieht aber ausdrücklich die Behandlung dieses Themas im Rahmen des Lernfeldes 1 vor.

Beispiel:

Im Kaufvertrag ist vereinbart, dass die maximale Leistung der Stanzmaschine 1200 Teile je Maschinenstunde betragen soll. Die tatsächliche Leistung der Stanzmaschine beträgt jedoch nur 1080 Stück je Maschinenstunde.

- **Die Sache eignet sich nicht für die nach dem Vertrag vorausgesetzte Verwendung** [§ 434 I, S. 2, 1. HS BGB]

Damit werden die Fälle angesprochen, bei denen die Beschaffenheit zwar nicht konkret vereinbart worden ist, diese jedoch z. B. im Vorfeld des Vertrags oder aufgrund langjähriger Geschäftsbeziehungen als selbstverständlich vorausgesetzt ist.

Beispiel:

Die Farben Müller KG bestellt bei der Farbenfabrik Bunt GmbH einen Lack, wobei sie der Farbenfabrik Bunt GmbH lediglich mitteilt, dass der Lack zum Anstrich einer Witterungseinflüssen ausgesetzten Stahlkonstruktion verwendet wird. Nach dem Anstrich zeigt sich jedoch bereits nach vier Wochen, dass der gelieferte Lack nicht witterungsbeständig ist. In diesem Fall ergibt sich der Sachmangel (Beschaffenheitsmangel) aus der fehlenden Eignung (Eigenschaft) für die nach dem Kaufvertrag vorausgesetzte Verwendung des Lacks [§ 434 I, S. 2, 1. HS BGB].

- **Die Sache eignet sich nicht für eine gewöhnliche Verwendung** [§ 434 I, S. 2, 2. HS BGB]

Damit werden die Fälle angesprochen, bei denen die Qualität der gelieferten Ware den durchschnittlichen Qualitätsstandard nicht erreicht.

Beispiel:

Der Wäschetrockner hat eine defekte Steuerungselektronik; der PC-Schrank entspricht nicht der entsprechenden DIN-Norm; die fabrikneue CD hat einen Kratzer.

- **Die Beschaffenheit der Sache entspricht nicht den Eigenschaften, die der Käufer insbesondere aufgrund der Werbung oder Kennzeichnung der Sache, erwarten kann** [§ 434 I, S. 3 BGB]

Entspricht die Sache nicht der konkreten Eigenschaftsbeschreibung einer Werbung, einer Kennzeichnung (z. B. Marke) bzw. einer Produktbeschreibung, so ist die Sache mangelhaft.[1] Dabei haftet der Verkäufer auch für die Erklärungen seines Lieferanten oder des Herstellers. Allerdings ist diese Haftung z.B. dann ausgeschlossen, wenn er deren Werbung weder kannte noch kennen musste [§ 434 I, S. 3, 2. HS BGB], wobei die Beweislast beim Verkäufer liegt.

1 Hierdurch werden überzogene Werbeaussagen, die oft zu einer „Irreführung" der Verbraucher führen, mit wirksamen Sanktionen belegt.

Beispiel:

Der Energieverbrauch eines Herdes wird als besonders niedrig beschrieben, obwohl er nur geringfügig unter dem durchschnittlichen Energieverbrauch von vergleichbaren Herden liegt.

- **Fehlerhafte Montageanleitungen bzw. Montagemangel** [§ 434 II BGB][1]

Ein Sachmangel ist auch dann gegeben, wenn die vereinbarte Montage durch den Verkäufer oder dessen Erfüllungsgehilfen unsachgemäß durchgeführt wurde [§ 434 II, S. 1 BGB].

Führt eine fehlerhafte Montageanleitung zu einem falschen Zusammenbau durch den Käufer oder einen Dritten, bedeutet dies ebenfalls einen Sachmangel. Ein Sachmangel entsteht jedoch dann nicht, wenn die Sache durch den Käufer gleichwohl fehlerfrei montiert wurde [§ 434 II, S. 2 BGB]. Einer fehlerhaften Montageanleitung steht eine falsche Betriebsanleitung gleich.

Beispiel:

Der Käufer übernimmt den Zusammenbau eines Büroschranks. Aufgrund einer falschen Montageanleitung gelingt der Zusammenbau nicht. Außerdem werden einige Elemente beschädigt.

- **Falschlieferung (Aliud) oder Lieferung einer Mindermenge (Minderlieferung)** [§ 434 III BGB]

Ein Sachmangel liegt auch vor, wenn eine andere Sache oder eine zu geringe Menge geliefert wird.

Beispiel:

Anstelle der bestellten 100 Silberlöffel werden 100 Silbermesser geliefert (Falschlieferung). Statt 20 Stück eines bestimmten Posters werden nur 15 Stück geliefert (Minderlieferung).

Wichtig: Der § 434 BGB enthält **keine Bagatellgrenze**[2], d. h., auch geringfügige Mängel sind Sachmängel.

(2) Rechtsmängel [§ 435 BGB]

Ein Rechtsmangel liegt vor, wenn ein Dritter in Bezug auf die Sache Rechte gegen den Käufer geltend machen kann, die im Kaufvertrag nicht vereinbart wurden. Einem Rechtsmangel steht es gleich, wenn im Grundbuch ein nicht bestehendes Recht eingetragen ist.

Beispiel:

Der Verkauf von Marken-Jeans ohne Lizenz stellt einen Rechtsmangel dar, da dem Käufer verschwiegen wird, dass die Rechte Dritter (hier Recht an einer Marke) verletzt werden.

Im Grundbuch ist für ein Grundstück aufgrund eines Versehens ein Wegerecht eingetragen, das einem anderen Grundstück zuzurechnen ist.

---

1 Der § 434 II BGB ist eine Sonderregelung.

2 Bagatelle: Kleinigkeit, Nebensächlichkeit.

(3) Offene und versteckte Mängel

Offene Mängel

Diese Mängel sind bei Übergabe der Sache erkennbar. Der Käufer kann die Mängel bei gewissenhafter Prüfung sofort, z. B. durch Zählen, Messen, Wiegen, chemische Analysen oder durch Vergleichen der gelieferten Kaufsache mit vorliegenden Proben bzw. Mustern, erkennen.

Beispiel:

Vereinbart wurde eine Lieferung von 20 tragbaren Fernsehgeräten eines bestimmten Typs. Geliefert wurden jedoch 18 Fernsehgeräte (Quantitätsmangel, Mangel in der Menge). Bei drei Fernsehern sind die Gehäuse zerkratzt (Qualitätsmangel), zwei Fernseher sind außerdem keine Tragegeräte (Falschlieferung, Gattungsmangel).

Versteckte (verborgene) Mängel

Diese Mängel sind bei der Übergabe der Sache trotz gewissenhafter Prüfung nicht entdeckbar. Sie sind erst später, z. B. während ihres Gebrauchs oder ihrer Verarbeitung, zu erkennen. Werden die Mängel absichtlich verschwiegen, liegen **arglistig verschwiegene Mängel** vor.

Beispiel:

Erst 3 Monate nach dem Anstrich einer Stahlkonstruktion zeigt sich, dass der gelieferte Lack nicht säure- und/oder hitzebeständig ist.

3.7.2.3 Rechtsfolgen (Gewährleistungsrechte)

(1) Überblick

Hat der Verkäufer den Kaufvertragsgegenstand bereits übergeben und übereignet, dann stehen dem **Käufer** nach § 437 BGB **folgende Rechte zu:**

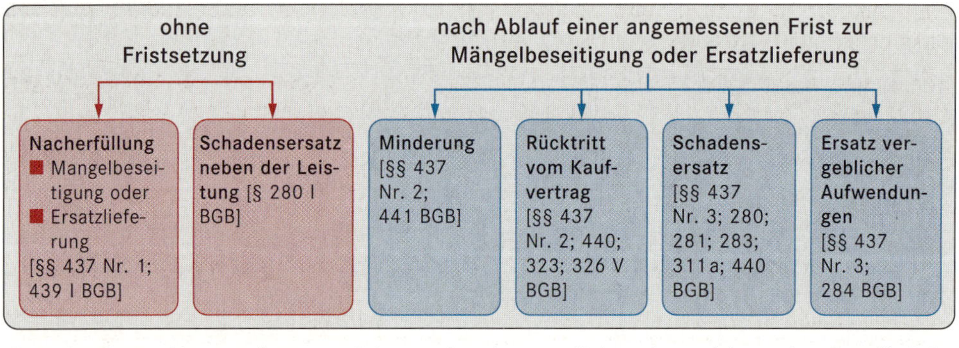

Ein mit einem **Unternehmer** erfolgter einzelvertraglicher Ausschluss der Gewährleistungsrechte des **Verbrauchers** oder ein Ausschluss durch Allgemeine Geschäftsbedingungen der Unternehmen ist rechtswirksam nicht möglich.[1]

1 Zwischen Verbrauchern (Privatpersonen) kann jedoch die Gewährleistungshaftung des Verkäufers (auch ganz) ausgeschlossen werden.

(2) Rechte ohne Fristsetzung

■ Nacherfüllung

Ohne Fristsetzung kann der Käufer auf **Nacherfüllung** bestehen. Dabei kann der Käufer nach seiner Wahl die Beseitigung des Mangels **(Mängelbeseitigung)** oder die Lieferung einer mangelfreien Sache **(Ersatzlieferung)** verlangen [§ 439 I BGB]. Er hat hierfür dem Verkäufer eine angemessene[1] Zeit einzuräumen. Die Aufwendungen, die zum Zweck der Nacherfüllung anfallen, hat der Verkäufer zu tragen [§ 439 II BGB]. Der Verkäufer kann allerdings die **Leistung verweigern,** wenn die vom Käufer gewählte Art der Nacherfüllung für ihn nur mit **unverhältnismäßigen Kosten** verbunden ist [§ 439 III BGB].

Beispiel:

Einfache Quarzuhren lassen sich häufig nur mit unverhältnismäßigem Aufwand reparieren, soweit dies nicht ohnehin technisch ausgeschlossen ist. Entscheidet sich der Käufer dafür, die Beseitigung des Mangels zu verlangen, kann der Verkäufer dies ablehnen und stattdessen eine andere mangelfreie Uhr liefern.

Der Anspruch auf Nacherfüllung kann vom Käufer nicht „übersprungen" werden. Der Käufer kann somit nicht unmittelbar vom Kaufvertrag zurücktreten, Minderung oder (gegebenenfalls auch) Schadensersatz verlangen. Erst wenn die Nacherfüllung verweigert oder erfolglos ist, kann der Käufer erneut wählen. Für die Nacherfüllung sollte der Käufer dem Verkäufer sofort eine Frist setzen.

■ Schadensersatz neben der Leistung [§ 280 I BGB]

Neben dem Recht auf Nacherfüllung hat der Käufer zusätzlich noch einen **Anspruch auf Schadensersatz neben der Leistung,** wenn der Verkäufer die mangelhafte Lieferung zu vertreten hat [§ 280 I BGB].

Voraussetzungen für den Schadensersatz neben der Leistung sind: **Pflichtverletzung** und **Verschulden[2] des Verkäufers.** Die Art der Pflichtverletzung ist völlig unerheblich (z.B. schlecht, zu viel oder zu wenig, am falschen Ort geleistet, Verletzung einer Haupt- oder einer Nebenpflicht usw.). Steht die Pflichtverletzung fest, muss der Schuldner beweisen, dass er die Pflichtverletzung nicht zu vertreten hat.

Schadensersatz neben der Leistung wird der Käufer verlangen, wenn er den Kaufgegenstand behält und einen eventuell angefallenen Schaden ersetzt haben will.

Beispiel:

Die Franz Sauber KG kauft eine Autowaschanlage. Wie der Verkäufer bei Übergabe fahrlässig nicht bemerkt, ist die Wasserleitung der Anlage defekt. Die Franz Sauber KG kann die Anlage drei Tage lang nicht einsetzen und erleidet einen Gewinnausfall von 800,00 EUR. Die Franz Sauber KG

1 **Angemessen** besagt, dass die Frist so lange sein muss, dass der Schuldner die Leistung tatsächlich noch erbringen kann. Allerdings muss sie dem Schuldner nicht ermöglichen, mit der Leistungserbringung erst zu beginnen. Der Schuldner soll nur die Gelegenheit bekommen, die bereits in Angriff genommene Leistung zu beenden.

2 Nach § 280 I BGB haftet der Verkäufer wie jeder Schuldner für jede Art des Verschuldens (d. h. auch schon bei bloßer Fahrlässigkeit), ferner auch für das Verschulden seiner Erfüllungsgehilfen und gesetzlichen Vertreter [§ 278 BGB] und die Übernahme einer Garantie oder eines Beschaffungsrisikos [§ 276 I BGB]. Eine besondere Schadensersatzregelung für die Fälle einer zugesicherten Eigenschaft oder des arglistigen Verschweigens eines Mangels gibt es nicht. Gibt der Schuldner vor, dass er die Pflichtverletzung nicht zu vertreten hat, so hat er dieses zu beweisen (dies ergibt sich aus § 280 I, S. 2 BGB].

kann (ohne Fristsetzung) Ersatz des Betriebsausfallschadens nach §§ 434 I, S. 2, Nr. 2; 437 Nr. 3; 280 I BGB verlangen.

Hat der Schuldner ein Beschaffungsrisiko oder eine Garantie übernommen, so hat der Schuldner im Schadensfall nach § 276 BGB auch ohne Verschulden Schadensersatz zu leisten.

(3) Rechte nach Ablauf einer angemessenen Fristsetzung (erfolglose Nacherfüllung)[1]

Rücktritt vom Kaufvertrag [§§ 323 - 326 BGB]

Der Gläubiger kann von einem **gegenseitigen Vertrag** zurücktreten, wenn eine **Pflichtverletzung** des **Schuldners** vorliegt und die Frist zur Nacherfüllung erfolglos abgelaufen ist [§ 323 I BGB].[2] Eine vom Käufer verlangte Nacherfüllung durch Mängelbeseitigung gilt z.B. dann als erfolglos, wenn der Verkäufer zweimal vergeblich eine Nachbesserung versucht hat [§ 440, S. 2 BGB]. Das Rücktrittsrecht des Käufers ist nicht von einem Verschulden des Verkäufers abhängig.

Wegen der einschneidenden Wirkung des Rücktritts sieht das Rücktrittsrecht allerdings eine Einschränkung des Rücktrittsrechts vor. Der Rücktritt des Gläubigers ist z.B. ausgeschlossen,

- wenn im Falle der Schlechtleistung die Pflichtverletzung des Schuldners unerheblich ist [§ 323 V, S. 2 BGB],

  Beispiel:

  Befindet sich an einem neuen Pkw ein kleiner Kratzer unter der Motorhaube, ist kein Rücktritt möglich, weil die Schlechtleistung unerheblich ist.

- wenn der Gläubiger ganz oder weit überwiegend für den Rücktrittsgrund verantwortlich ist [§ 323 VI, 1. HS BGB].

Bei vertraglichem wie bei gesetzlichem Rücktrittsrecht sind im Falle des Rücktritts die empfangenen Leistungen zurückzugewähren und die gezogenen Nutzen herauszugeben (zum **Rückabwicklungsschuldverhältnis** vgl. §§ 346 ff. BGB).

Beispiel:

Ein Käufer, der einen mangelhaften Pkw erhalten und genutzt hat, muss sich vom Verkäufer ein Nutzungsentgelt anrechnen lassen.

Der Käufer kann, trotz seines Rücktritts, zusätzlich Ersatz des ihm entstandenen Schadens verlangen [§ 325 BGB]. Es handelt sich um einen Anspruch auf **Schadensersatz statt der Leistung.**[3]

---

1 Der Verkäufer hat somit die Möglichkeit zu einer so genannten zweiten Andienung (einem weiteren Erfüllungsversuch).

2 Unter bestimmten Voraussetzungen kann die angemessene Fristsetzung auch entfallen (Näheres siehe § 323 II, Nr. 1 und Nr. 3 BGB). Siehe auch § 323 IV BGB.

3 Siehe Ausführungen S. 107.

Minderung [§ 441 BGB]

Der Käufer kann statt vom Kaufvertrag zurückzutreten auch den Kaufpreis durch eine Erklärung gegenüber dem Verkäufer herabsetzen, d. h. **Minderung** verlangen [§ 441 I, S. 1 BGB]. Minderung bedeutet, dass der Kaufpreis der Sache um den Betrag vermindert wird, um den der Mangel den Wert der Sache, gemessen am Kaufpreis, mindert. Erforderlichenfalls ist die Minderung durch Schätzung zu ermitteln [§ 441 III BGB]. Das Recht auf Minderung gilt auch für **unerhebliche Mängel.** Minderung wird in der Regel verlangt, wenn die Sache nur kleinere Mängel aufweist, sodass der Käufer diese weiter verwenden (z. B. verarbeiten oder weiterveräußern) kann.

Beispiel:

Eine Musikanlage, die für 300,00 EUR gekauft wurde, leistet nicht wie vertraglich vorgesehen 500 Watt, sondern nur 400 Watt. Da es nicht innerhalb einer gesetzten Frist zur Nacherfüllung durch den Verkäufer kommt, verlangt der Käufer Minderung. Eine Musikanlage mit einer Leistung von 400 Watt könnte er für 200,00 EUR erwerben. Dem Käufer steht ein Minderungsanspruch in Höhe von 100,00 EUR zu.

Ist ein zusätzlicher Schaden entstanden und liegt ein Verschulden des Verkäufers vor, kann der Käufer neben der Minderung auch noch **Schadensersatz neben der Leistung** nach § 280 I BGB verlangen.

Schadensersatz statt der Leistung[1]

Ein Schadensersatz statt der Leistung [§§ 280 I, III; 281 BGB] bei mangelhafter Leistung kann nur verlangt werden, wenn neben einer Pflichtverletzung und dem Verschulden des Verkäufers zusätzlich noch eine erfolglose angemessene Fristsetzung zur Nacherfüllung vorliegt [§ 281 I, S. 1 BGB].[2]

Einen Schadensersatz statt der Leistung wählt der Käufer, wenn er den gelieferten Kaufgegenstand zurückgibt und ihm ein Schaden entstanden ist. Abgedeckt wird sowohl der eigentliche Mangelschaden als auch ein sich anschließender eventueller Mangelfolgeschaden. Mit der Forderung von Schadensersatz statt Leistung verliert der Käufer nach § 281 IV BGB seinen Leistungsanspruch (aus § 433 I BGB) einschließlich des Nacherfüllungsanspruchs (aus § 439 I BGB).

Beispiel:

Wegen eines Mangels ist eine Zementmischmaschine nicht einsatzfähig. Nach Ablauf einer erfolglosen Fristsetzung zur Nacherfüllung erwirbt der Käufer bei einem anderen Verkäufer eine gleichartige Maschine (so genannter **Deckungskauf**). Dabei entstehen Mehrkosten in Höhe von 5 800,00 EUR. Außerdem kann ein Bauvorhaben zwei Tage lang nicht weitergeführt werden. Der entstandene Schaden beträgt 9 400,00 EUR. Die gesamte Schadenssumme in Höhe von 15 200,00 EUR kann als Schadensersatz geltend gemacht werden.

---

1 Auf den **Schadensersatz statt der ganzen Leistung** wird im Folgenden aus Vereinfachungsgründen nicht eingegangen.

2 Eine Fristsetzung, innerhalb der die **Nacherfüllung** vorzunehmen ist, ist bei der Geltendmachung von Schadensersatz z. B. nicht erforderlich, wenn der Schuldner beide Arten der Nacherfüllung ernsthaft und endgültig verweigert [§ 281 II, 1. HS BGB], die dem Käufer zustehende Art der Nacherfüllung erfolglos oder ihm unzumutbar ist [§ 440, S. 1, 2. und 3. HS BGB].

■ **Aufwendungsersatzansprüche** [§ 284 BGB]

Anstelle des „Schadensersatzes statt der Leistung" kann der Gläubiger **Ersatz der Aufwendungen** verlangen, die er im Vertrauen auf den Erhalt der Leistungen gemacht hat und billigerweise machen durfte.

Beispiel:

Die Heinz Dreger KG hat eine spezielle Druckmaschine für Prospekte bestellt und die entsprechenden Strom-, Wasser- und Fliesenarbeiten im Voraus ausgeführt. Die Druckmaschine kann aus technischen Gründen nicht geliefert werden. Die Heinz Dreger KG kann in diesem Fall alle ihr entstandenen Kosten vom Verkäufer zurückverlangen.

(4) Ausschluss der Käuferrechte (Haftungsausschlüsse)

Wenn der Käufer einen Mangel bereits beim Vertragsabschluss kennt, dann kann er keine Rechte gegen den Verkäufer wegen dieses Mangels geltend machen [§ 442 I, S. 1 BGB].

Wenn dem Käufer ein Mangel wegen grober Fahrlässigkeit[1] unbekannt geblieben ist, dann kann er seine Rechte wegen dieses Mangels nur dann geltend machen, wenn der Verkäufer den Mangel **arglistig[2] verschwiegen** oder eine **Garantie** für die **Beschaffenheit** der **Sache** übernommen hat [§ 442 I, S. 2 BGB].

Grundsätzlich ist eine Beschränkung oder der Ausschluss der Mängelhaftung des Verkäufers möglich [§ 444 BGB].[3] Hat der Verkäufer einen Mangel jedoch arglistig verschwiegen oder eine Garantie für die Beschaffenheit der Kaufsache übernommen, dann kann er sich nicht darauf berufen, dass die Rechte (Ansprüche) des Käufers wegen eines Mangels mit dem Käufer vereinbarungsgemäß ausgeschlossen sind [§ 444 BGB].

3.7.2.4 Verjährungsfristen von Mängelansprüchen

Der Käufer muss seine Gewährleistungsansprüche innerhalb bestimmter Fristen geltend machen. Werden diese Fristen vom Käufer nicht beachtet, kann er seine Rechte, die sich aus der mangelhaften Lieferung ergeben, nicht mehr gerichtlich durchsetzen.

Die wichtigsten **Verjährungsfristen** von **Mängelansprüchen** sind in der nachfolgenden Tabelle zusammengestellt.

Verjährungsgegenstand	Verjährungsfrist	Beginn der Verjährung
Ansprüche auf Nacherfüllung, Schadensersatz, Ersatz vergeblicher Aufwendungen.	2 Jahre (Regelfall) [§ 438 I, Nr. 3 BGB]	Unmittelbar mit Ablieferung einer beweglichen Sache [§ 438 II, 2. HS BGB]

1 **Fahrlässig** handelt, wer die im Verkehr erforderliche Sorgfalt außer Acht lässt [§ 276 II BGB]. Grobe Fahrlässigkeit liegt bei einer besonders schweren Verletzung der im Geschäftsverkehr (Rechtsverkehr) erforderlichen Sorgfaltspflicht vor.

2 **Arglistig** handelt, wer wahre Tatsachen unterdrückt (der Verkäufer kennt z. B. den erheblichen Mangel der Kaufsache bereits bei Übergabe der Kaufsache an den Käufer) oder falsche Tatsachen „vorspiegelt" (der Verkäufer erklärt z. B. wahrheitswidrig, dass das verkaufte Auto für 100 km Fahrstrecke auch bei Höchstgeschwindigkeit höchstens 8,0 Liter Treibstoff verbraucht).

3 Diese Vertragsfreiheit wird jedoch zum **Schutz des Verbrauchers** durch **Sondervorschriften** des **BGB** beschränkt oder aufgehoben (siehe z. B. §§ 309, Nr. 8, 475 BGB).

Kaufrechtliche Mängelansprüche bei Bauwerken und Sachen, die entsprechend ihrer üblichen Verwendungsweise für ein Bauwerk verwendet wurden und dessen Mangelhaftigkeit verursacht haben.	5 Jahre [§ 438 I, Nr. 2 BGB]	Übergabe des Grundstücks[1] bzw. Ablieferung der Sache [§ 438 II BGB]
Mängelansprüche, bei denen der Mangel der Kaufsache in einem dinglichen Herausgabeanspruch eines Dritten besteht bzw. in einem sonstigen Recht, das im Grundbuch eingetragen ist.	30 Jahre [§ 438 I, Nr. 1 BGB]	Übergabe des Grundstücks bzw. Ablieferung der Sache [§ 438 II BGB]
Mängelansprüche, bei denen der Verkäufer einen Mangel arglistig verschwiegen hat.	3 Jahre (regelmäßige Verjährungsfrist, §§ 438 III, S. 1; 195 BGB)	Mit Schluss des Jahres, in dem der Anspruch entstanden ist und der Gläubiger davon und vom konkreten Schuldner Kenntnis erlangt oder grob fahrlässig nicht erlangt hat [§ 199 I BGB].

Zusammenfassung

- Eine **mangelhafte Lieferung** liegt vor, wenn die im Kaufvertrag vereinbarte Leistung zum **Zeitpunkt** der **Übergabe (Gefahrübergang)** mit einem **Sach-** und/oder einem **Rechtsmangel** behaftet ist.
- 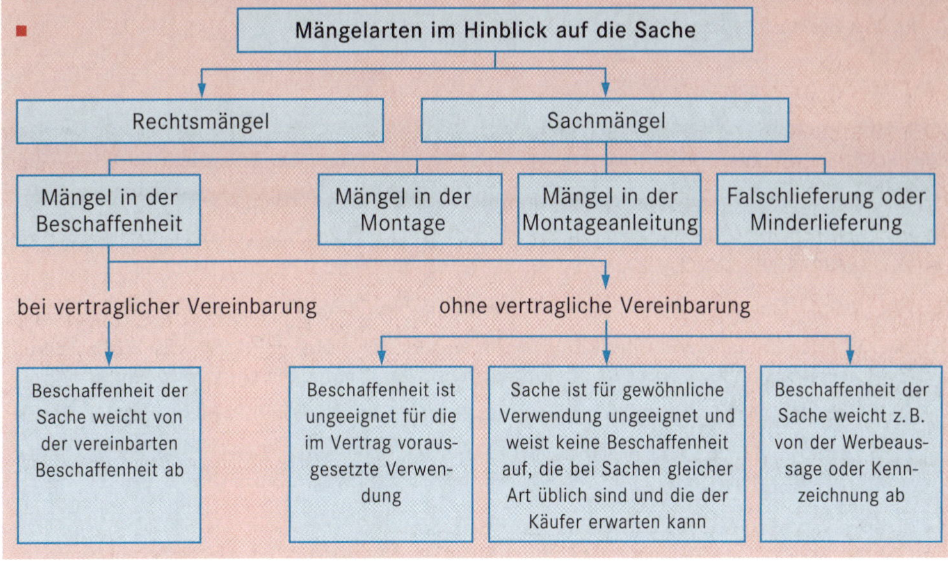

1 Unter Übergabe ist nicht die (bei Grundstücken, Gebäuden nicht mögliche) körperliche Übergabe gemeint, sondern die Nutzungsüberlassung des Grundstücks bzw. die Grundbucheintragung, aus der jede Person sehen kann, wie die Eigentumsverhältnisse bei einem bestimmten Grundstück sind.

- Bei der Lieferung mangelhafter Sachen hat der Käufer folgende **Rechte:**

  I. **Vorrangig: Nacherfüllung**

Ersatzlieferung (Ausnahme: z. B. unverhältnismäßige Kosten) und **Schadensersatz neben der Leistung** (nur bei Verschulden)	**Beseitigung des Mangels** (Ausnahme: z. B. unverhältnismäßige Kosten) und **Schadensersatz neben der Leistung** (nur bei Verschulden).

  II. **Nachrangig:** nach Ablauf der gesetzten angemessenen Frist (erfolglose Nacherfüllung)

  entbehrlich →
  - Nacherfüllung ist erfolglos oder für Käufer unzumutbar
  - ernsthafte und endgültige Leisungsverweigerung durch Verkäufer
  - besondere Umstände

Minderung und **Schadensersatz neben der Leistung**	**Rücktritt** (Ausnahmen: Pflichtverletzung unerheblich bzw. überwiegend vom Gläubiger zu vertreten)	**Schadensersatz statt der Leistung** (nur bei Verschulden und erheblicher Pflichtverletzung)	**Ersatz vergeblicher Aufwendungen** (nur anstelle von Schadensersatz statt der Leistung)

- Der Käufer muss seine Gewährleistungsansprüche innerhalb bestimmter Fristen geltend machen. Ansonsten unterliegen sie der **Verjährung.**
- Wenn der Käufer einen Mangel bereits beim Vertragsabschluss kennt, dann kann er keine Ansprüche gegen den Verkäufer wegen dieses Mangels geltend machen.
- Wenn dem Käufer ein Mangel wegen **grober Fahrlässigkeit** unbekannt geblieben ist, dann haftet der Verkäufer nur, wenn er den Mangel **arglistig verschwiegen** oder eine **Garantie** für die **Beschaffenheit der Sache** übernommen hat.

Übungsaufgabe

23

1. Erklären Sie die Gewährleistungshaftung des Verkäufers für Sachmängel!
2. Begründen Sie, warum der Verkäufer auch für Sachmängel haftet, die ohne sein Verschulden entstanden sind!
3. Welche Gewährleistungsrechte hat der Käufer bei einer mangelhaften Lieferung?
4. Überlegen Sie, warum der Käufer bei mangelhafter Lieferung nicht ohne weiteres statt Nacherfüllung auf Rücktritt oder Minderung des Kaufpreises bestehen kann!
5. Unter welchen wirtschaftlichen Voraussetzungen würden Sie Mängelbeseitigung, Ersatzlieferung verlangen oder vom Kaufvertrag zurücktreten?
6. Das Möbelhaus Helmut Mendler e.K. bestellt bei der Möbelfabrik Heinzler GmbH 50 Stühle in Kirschbaumholz.

   Bei der Überprüfung der Stühle wurde festgestellt:

   (1) Fünf Stühle wurden in Nussbaum geliefert.

   (2) Drei Stühle weisen leichte Lackfehler auf.

   Aufgaben:

   6.1 Um welche Mängelarten handelt es sich bei den Fällen (1) und (2)?

6.2 Welche Rechte sollte Ihrer Meinung nach das Möbelhaus Helmut Mendler e.K. geltend machen? Begründen Sie Ihre Ansicht!

6.3 Was muss das Möbelhaus Helmut Mendler e.K. unternehmen, um diese Rechte nicht zu verlieren?

7. 7.1 Die Lagerhaus Oberdorf e. G.[1] kauft am 15. Oktober beim Autohaus Nieter GmbH einen Transporter, der am 20. Oktober ausgeliefert wird. Nach einer Fahrleistung von wenigen hundert Kilometern entsteht ein Getriebeschaden, der zweifelsfrei auf einen Fabrikationsfehler zurückzuführen ist.

Aufgabe:

Was muss die Lagerhaus Oberdorf e. G. unternehmen, um ihre Rechte gegenüber dem Autohaus Nieter GmbH zu wahren?

7.2 Die Lagerhaus Oberdorf e. G. besteht auf der Reparatur des Schadens. Das Autohaus Nieter tauscht das beanstandete Getriebe gegen ein neues aus. Nach zwei Wochen ist das neue Getriebe wieder defekt. Die Warenauslieferung der Lagerhaus Oberdorf e. G. erfolgt deshalb mit einem Mietfahrzeug, das täglich 80,00 EUR höhere Kosten verursacht als der Transport mit dem eigenen Fahrzeug.

Aufgabe:

Welche Rechte kann die Lagerhaus Oberdorf e. G. gegenüber dem Autohaus Nieter GmbH geltend machen?

8. Die Großhandlung Weber OHG in Schifferstadt erhielt am 12. Februar von der Fahrradfabrik Adler GmbH in Kaiserslautern folgendes Angebot:

Herrenfahrräder „Diamant“ zu 190,00 EUR je Stück, Preis freibleibend. Die Großhandlung bestellte am 18. Februar 20 Fahrräder zum Preis von 190,00 EUR je Stück.

Die Lieferung erfolgte am 20. März. Die Fahrradfabrik berechnet 200,00 EUR je Stück und begründet die Preissteigerung mit erhöhten Lohnkosten.

Aufgaben:

8.1 Begründen Sie, welchen Preis die Großhandlung Weber OHG bezahlen muss!

8.2 Bei der Warenabnahme wurde festgestellt, dass bei zwei Fahrrädern der Rahmen verzogen ist. Ein Fahrrad weist starke Lackschäden auf.[2]

8.2.1 Innerhalb welcher Frist müssen diese Mängel gerügt werden?

8.2.2 Erläutern Sie, welche gesetzlichen Rechte die Großhandlung Weber OHG geltend machen kann!

8.2.3 Welches Gericht wäre örtlich für eine Klageerhebung zuständig? Im Kaufvertrag war keine vertragliche Vereinbarung getroffen worden.

8.2.4 Die Großhandlung Weber OHG macht auch einen Schadensersatzanspruch geltend wegen entgangenen Gewinns. Nehmen Sie dazu Stellung und begründen Sie Ihre Meinung!

9. Die Vorschrift des BGB, dass auch eine mangelhafte Montageanleitung einem Sachmangel gleichsteht, wird von den Juristen als „IKEA-Klausel“ bezeichnet.

Aufgabe:

Können Sie sich den Grund für diese Bezeichnung denken?

---

1 e. G.: Eingetragene Genossenschaft. **Genossenschaften** sind Gesellschaften mit **nicht geschlossener Mitgliederzahl** (mindestens drei, § 4 GenG), welche die **Förderung der wirtschaftlichen Existenz ihrer Mitglieder** durch gemeinschaftlichen Geschäftsbetrieb bezwecken, **ohne** dass diese **persönlich** für die Verbindlichkeiten der Genossenschaften **haften** (§§ 1f. GenG). Rechtlich gesehen sind die eingetragenen Genossenschaften **juristische Personen**

2 Lösen Sie die Aufgaben 8.2.1 bis 8.2.4 unter der Annahme, dass ein rechtswirksamer Kaufvertrag zustande gekommen ist.

3.7.3 Zahlungsverzug (Nicht-Rechtzeitig-Zahlung)

(1) Begriff

Merke:

Ein **Zahlungsverzug** liegt vor, wenn der Zahlungsschuldner (z.B. der Käufer) trotz Mahnung durch den Gläubiger (z.B. Verkäufer) die vertragsmäßig vereinbarte und fällige Zahlung des Kaufpreises nicht rechtzeitig, nicht vollständig oder gar nicht leistet. Der Zahlungsverzug ist ein **Schuldnerverzug.**[1]

(2) Eintritt des Zahlungsverzugs

Von welchem Zeitpunkt an der Käufer (Zahlungsschuldner) in Zahlungsverzug ist, hängt maßgeblich von den Zahlungsbedingungen ab.

- **Zahlungszeitpunkt nach dem Kalender genau bestimmt oder berechenbar**[2]

Ist der **Zahlungszeitpunkt** nach dem Kalender **genau bestimmt,** kommt der Käufer unmittelbar nach Überschreiten des Zahlungstermins in Verzug [§ 286 II, Nr. 1 BGB]. Lässt sich der **Zahlungszeitpunkt** anhand eines der Leistung vorangehenden Ereignisses **kalendermäßig berechnen** (bestimmen), so tritt der Zahlungsverzug unmittelbar nach Überschreiten des berechneten Zahlungstermins ein [§ 286 II, Nr. 2 BGB].[3]

Eine Leistungszeit kann dabei nicht durch eine einseitige Erklärung bestimmt werden. Durch den bloßen Aufdruck des Zahlungstermins durch den Verkäufer auf einer Rechnung kann somit der Zahlungstermin nicht festgelegt werden. Ein Zahlungstermin ist nur dann genau bestimmt, wenn er auf einem Gesetz oder Urteil beruht oder vertraglich vereinbart ist.

Beispiele:

Im Vertrag ist vereinbart: „ Der Kaufpreis ist bis zum 15. Januar auf das vom Verkäufer genannte Konto zu überweisen." Der Käufer kommt mit Ablauf des 15. Januars in Verzug.

„Der Kaufpreis ist zahlbar im Mai 20.." Der Käufer kommt mit Ablauf des 31. Mai 20.. in Verzug.

Im Vertrag ist vereinbart: „ Der Kaufpreis ist innerhalb von zehn Kalendertagen nach Rechnungszugang zu leisten." Erfolgt der Rechnungszugang am 17. Juni, dann ist der Käufer mit Ablauf des 27. Juni in Zahlungsverzug.

„Der Kaufpreis ist innerhalb von 8 Kalendertagen nach Mitteilung des Notars vom Vorliegen der Eintragungsvoraussetzungen auf das vom Verkäufer benannte Konto zu überweisen." Erhält der Käufer die Mitteilung des Notars am 1. Juli, so befindet sich der Käufer mit Ablauf des 9. Juli in Zahlungsverzug.

---

1 Ein Verschulden des Käufers spielt beim Zahlungsverzug keine Rolle.

2 In diesen Fällen muss der Zahlungsschuldner (z.B. Käufer) nicht durch eine Mahnung des Gläubigers (z.B. Verkäufers) in Verzug gesetzt werden. Keiner Mahnung bedarf es auch, wenn der Zahlungsschuldner die Zahlung ernsthaft und endgültig verweigert [§ 286 II, Nr. 3 BGB] oder wenn ein sofortiger Eintritt des Verzugs gerechtfertigt ist [§ 286 II, Nr. 4 BGB].

3 Die nach dem Kalender zu berechnende Leistungszeit muss **angemessen** sein. Eine Klausel „Zahlbar sofort nach Erhalt der Ware" oder „Zahlbar sofort nach Erhalt der Rechnung" kann demnach keinen Zahlungsverzug auslösen.

Das (beliebige) Ereignis kann auch die Lieferung einer Sache, die Erbringung einer Dienstleistung (z. B. Reparatur) oder die Kündigung (z. B. eines Darlehensvertrags) sein.

Zahlungszeitpunkt nicht genau bestimmt (vereinbart) und nicht berechenbar

Ist der Zahlungszeitpunkt nicht genau bestimmt und nicht berechenbar, dann kommt der Käufer in Zahlungsverzug, wenn er auf eine vom Verkäufer nach der Fälligkeit erfolgte **Mahnung** nicht zahlt [§ 286 I, S. 1 BGB]. Der Zahlungsverzug tritt auch ein, wenn der Verkäufer den Käufer rechtzeitig auf Zahlung verklagt oder dem Käufer rechtzeitig einen gerichtlichen Mahnbescheid zukommen lässt [§ 286 I, S. 2 BGB].

Verzichtet der Verkäufer auf eine Mahnung oder verweigert der Käufer die Zahlung ernsthaft und endgültig, so befindet sich der Käufer **spätestens 30 Tage nach Fälligkeit und Zugang einer Rechnung** (oder einer gleichwertigen Zahlungsaufstellung) in Zahlungsverzug [§ 286 III, S. 1 BGB].[1]

Beispiel:

Die Elektrogroßhandlung Strom e. K. erhält am 2. August 20.. von der Tele-AG Neustadt eine Rechnung über gelieferte Fernseher. Bei Nichtzahlung ist die Elektrogroßhandlung Strom e. K. ohne Mahnung am 2. September 20.. in Zahlungsverzug. Erhält die Elektrogroßhandlung Strom e. K. am 17. August eine Mahnung der Tele-AG Neustadt wegen Nichtzahlung, dann ist sie ab dem 17. August in Zahlungsverzug.

Der Verkäufer kann somit wählen, ob er z. B. nach Zugang einer Rechnung beim Käufer durch eine rasche Mahnung nach Fälligkeit schon vor Ablauf von 30 Tagen den Zahlungsverzug herbeiführen will oder ob er durch bloßes Zuwarten den Verzug erst nach 30 Tagen eintreten lässt.

Ist der Zeitpunkt des Zugangs der Rechnung oder Zahlungsaufstellung unsicher[2], kommt der Zahlungsschuldner (der kein Verbraucher ist) einer **Entgeltforderung,** spätestens 30 Tage nach Fälligkeit und Empfang der Gegenleistung (z. B. der Ware) in Zahlungsverzug [§ 286 III, S. 2 BGB].

Beispiel:

Dem Einzelhandelsgeschäft Wolfgang Wolfsperger e. K. werden die für das Unternehmen von der Mühlhäuser Büromöbel KG gekauften Büromöbel mit dem Rechnungsdatum 28. November 20.. (Empfangsdatum der Möbellieferung) berechnet. Ist der Zeitpunkt des Zugangs der Rechnung unsicher und die Mühlhäuser Büromöbel KG verzichtet trotz der bisher nicht erfolgten Zahlung auf eine Mahnung, dann ist das Einzelhandelsgeschäft Wolfgang Wolfsperger e. K. spätestens nach Ablauf von 30 Tagen (spätestens am 28. Dezember 20..) in Zahlungsverzug.

---

1 Diese 30-Tage-Regelung gilt gegenüber einem Verbraucher nur, wenn auf die Folgen des „automatischen“ Verzugseintritts (30 Tage nach Fälligkeit und Zugang einer Rechnung oder Zahlungsaufstellung) in der Rechnung oder Zahlungsaufstellung besonders hingewiesen worden ist [§ 286 III, S. 1, 2. HS BGB]. Diese Vorschrift des § 286 III BGB gilt nur für **Entgeltforderungen.**

2 Der Gläubiger (z. B. Verkäufer) hat die Nachweispflicht für den Zugang der Rechnung (oder Zahlungsaufstellung) beim Schuldner (z. B. Käufer).

8 Speth u. a. – ISBN 978-3-8120-0555-5

(3) Rechtsfolgen (Rechte des Verkäufers)

■ Überblick

Grundsätzlich entsprechen die Rechtsfolgen des Zahlungsverzugs denen des Lieferungsverzugs, da es sich in beiden Fällen um einen **Schuldnerverzug** handelt.[1] Neben den Rechtsfolgen, die sich aus der Pflichtverletzung nach § 280 I BGB ergeben, bestehen beim Sachverhalt der Leistungsverspätung noch zusätzlich folgende Rechtsfolgen: **Ersatz von Verzögerungsschäden** [§ 280 II BGB], **Anspruch auf Verzugszinsen** [§ 288 BGB] sowie (wie beim Lieferungsverzug) eine **Verschärfung der Haftung** [§ 287 BGB].

Besondere Rechte wegen Verzögerung der Leistung (Zahlung) (ohne Fristsetzung)		Rechte, die sich aus der Pflichtverletzung ergeben. (mit Fristsetzung)
Anspruch auf Verzugszinsen [§ 288 BGB]	Recht auf Zahlung und Anspruch auf Schadensersatz wegen Verzögerung der Leistung [§§ 280 I, II; 286 BGB]	■ Rücktritt vom Kaufvertrag [§ 323 BGB] ■ Anspruch auf Schadensersatz statt der Leistung [§§ 280 I, III; 281 BGB]

■ Gläubigerrechte ohne Fristsetzung: Besondere Rechte wegen Verzögerung der Leistung (Zahlung)

■ **Anspruch auf Verzugszinsen** [§ 288 HGB]

Eine Geldschuld ist während des Verzugs zu verzinsen. Der Verzugszinssatz beträgt für das Jahr fünf Prozentpunkte über dem Basiszinssatz [§§ 288 I, 247 BGB].[2] Die sich hieraus ergebenden gesetzlichen Verzugszinsen können auch dann geltend gemacht werden, wenn der Zahlungsschuldner (Käufer) dem Gläubiger (Verkäufer) nachweist, dass geringere Zinsaufwendungen entstanden sind. Das bedeutet, dass der Gläubiger eine gesetzlich festgelegte Mindestentschädigung erhält.

Der Verzugszinssatz für Entgeltforderungen aus Rechtsgeschäften, an denen ein Verbraucher nicht beteiligt ist, liegt acht Prozentpunkte über dem Basiszinssatz [§§ 288 II, 247 BGB].

Wurde zwischen den Vertragsparteien (z. B. zwischen Käufer und Verkäufer) ein höherer Zinssatz vereinbart, oder musste der Gläubiger wegen des Zahlungsverzugs einen Kredit zu einem höheren Zinssatz aufnehmen, kann er die höheren Zinsen verlangen [§ 288 III BGB]. Darüber hinaus kann der Gläubiger nach § 288 IV BGB noch weitere Schäden geltend machen. Als weitere Schäden im Sinne dieser Vorschrift kommen vor allem der Verlust von Anlagezinsen oder die Aufwendungen von Kreditzinsen sowie sonstige berechnete Kreditkosten (z. B. Kreditprovision, Kreditbearbeitungskosten) in Betracht.

---

1 Der Verkäufer (Gläubiger der Kaufpreiszahlung) kann deshalb auch weiterhin nach § 433 II BGB die **Zahlung** des **fälligen Kaufpreises** (Erfüllung des Kaufvertrags durch den Käufer) verlangen.

2 Der Basiszinssatz richtet sich nach dem jüngsten (letzten) Zinssatz der Europäischen Zentralbank für ihre Hauptrefinanzierungsoperationen. Beispiel: Basiszinssatz 3,5 %, Verzugszinssatz 8,5 %.

Schadensersatz wegen Verzögerung der Leistung [§§ 280 I, II; 286 BGB]

Ist der Schuldner (z. B. der Käufer) in Zahlungsverzug, so ist der Gläubiger (z. B. der Verkäufer) berechtigt, den angemessenen Ersatz **aller** durch den Zahlungsverzug des Schuldners bedingten **Verzugsschäden** zu fordern. Der Gläubiger kann beispielsweise die Erstattung der Kosten eines Inkassobüros und des Verwaltungsaufwands, die zur Geltendmachung der Forderung erforderlich waren, sowie der Gerichtskosten und der Anwaltskosten verlangen. Der Anspruch auf **Schadensersatz wegen Verzögerung der Leistung** tritt neben den Erfüllungsanspruch, d. h., der Gläubiger kann weiterhin die Zahlung fordern und gegebenenfalls den Käufer auf Zahlung verklagen.

Gläubigerrechte nach erfolglosem Ablauf einer angemessenen Frist zur Zahlung[1]

Rücktritt vom Kaufvertrag

Der Verkäufer ist berechtigt, vom Kaufvertrag zurückzutreten [§ 323 BGB]. Trotz des Rücktritts ist der Verkäufer berechtigt, zusätzlich noch Schadensersatz zu verlangen [§ 325 BGB].

Beispiel:

Ein Käufer zahlt nicht. Der Verkäufer tritt vom Kaufvertrag zurück, wenn er diesem Käufer Waren geliefert hat, die er anderweitig zu einem höheren Preis verkaufen kann. Der Käufer wird jedoch z. B. mit Rücknahmekosten (z. B. Frachtkosten) und Verzugszinsen belastet.

Schadensersatz statt der Leistung

Lehnt der Verkäufer die verspätete Zahlung ab und besteht auf Ersatz des entstandenen Schadens, so kann er, nach Ablauf einer erfolglosen angemessenen Fristsetzung, **Schadensersatz statt der Leistung** verlangen [§§ 280 I, III; 281 BGB].

Beispiel:

Ein Käufer zahlt nicht. Der Verkäufer nimmt die Ware zurück und verkauft sie anderweitig, jedoch zu einem niedrigeren Preis. Den Preisunterschied, die Rücknahmekosten und gegebenenfalls weitere entstandene Verzugskosten (z. B. Verzugszinsen) hat der Käufer zu tragen.

1 Auch beim Zahlungsverzug ist eine Fristsetzung nicht erforderlich, wenn z. B. der Käufer die Zahlung ernsthaft und endgültig verweigert oder ein Fixgeschäft vorliegt [§§ 281 II; 323 II, Nr. 1,2 BGB].

3.8 Sicherung und Durchsetzung von Ansprüchen (außergerichtliches Mahnverfahren[1])

(1) Zweck und Form der Mahnung

Die Mahnung bezweckt, den Kunden zur Erfüllung seiner Verpflichtung zu veranlassen, ohne dass das Gericht bemüht werden muss.

Es gibt keine gesetzlich vorgeschriebene Form der außergerichtlichen (kaufmännischen) Mahnung. Die meisten Mahnungen erfolgen jedoch aus Gründen der Beweissicherheit (Rechtssicherheit) in schriftlicher Form. In größeren Unternehmen werden für die erste Mahnung (Zahlungserinnerung) aus Gründen der Arbeitsvereinfachung meistens vorgedruckte Mahnkarten oder Mahnbriefe verwendet. In diesen Formularen muss nur noch die Anschrift des Schuldners, die Bestellnummer (oder die Nummer der Auftragsbestätigung), der Zeitpunkt der Lieferung, der vereinbarte Zahlungstermin und die Unterschrift des Sachbearbeiters eingetragen werden.

(2) Stufen der Mahnung

In der Praxis erfolgen die kaufmännischen Mahnungen im Allgemeinen in folgenden Stufen:

- **Erste Mahnung** (Zahlungserinnerung). Sie ist eine höfliche Erinnerung an die fällige Zahlung (meistens mit einer Rechnungskopie oder einem Kontoauszug), die häufig mit einem neuen Angebot verbunden wird.
- **Zweite Mahnung** (ausdrückliche Mahnung). In ihr wird ausdrücklich auf die Fälligkeit der Schuld (Zahlung) hingewiesen und eine *neue Zahlungsfrist* gesetzt. Wie bei der „ersten Mahnung" können die entsprechenden Zahlungsformulare beigelegt werden.
- **Dritte Mahnung.** In dieser Mahnung wird dem Schuldner unter Hinweis auf die ihm entstehenden zusätzlichen Kosten *angedroht,* die überfällige Zahlung durch eine *Nachnahme* oder ein *Inkassoinstitut* einziehen zu lassen, falls die Zahlung nicht innerhalb der nächsten Tage eingeht.

  In großen Unternehmen wird oft auch angedroht, die Rechtsabteilung einzuschalten. Geht die Zahlung nicht innerhalb einer intern festgelegten kurzen Frist von z.B. 3 - 6 Tagen ein, erfolgt der Einzug der Zahlung durch Nachnahme oder ein Inkassoinstitut.
- **Vierte Mahnung.** Ist die Zahlung auch aufgrund der dritten Mahnung noch nicht erfolgt, hat der Schuldner eine Nachnahme nicht eingelöst oder die Zahlung an das Inkassoinstitut verweigert, so erfolgt eine letzte *verschärfte Mahnung* mit letzter Fristsetzung. In dieser wird eine *Klage auf Zahlung* oder ein *gerichtlicher Mahnbescheid* angedroht.

(3) Beispiel für ein außergerichtliches Mahnverfahren

Die folgenden zwei Briefe (siehe S. 117 und S. 118) zeigen beispielhaft, wie in der Praxis das außergerichtliche Mahnverfahren durchgeführt werden kann.

1 Auf das gerichtliche Mahnverfahren wird im Folgenden nicht eingegangen. Der Lehrplan sieht die Behandlung dieses Themengebiets nicht vor.

Beispiel 1: Zahlungserinnerung: Rechnungskopie (1. Mahnung)

MÖBELHAUS WOHNPLATZ GMBH

Hauptstraße 40 · 86199 Augsburg

Herr/Frau/Firma

Discount GmbH
Innere Uferstr. 15
86153 Augsburg

Lieferanschrift

Herr/Frau/Firma	Vorname			
Discount GmbH				
Straße	Etage			
Innere Uferstr. 15				
PLZ	Ort			
86153	Augsburg			
Telefon (privat)	Telefon (Firma)	Tour	Fah	Fah
	0821 53720			
	KV-Datum	Bemerkung		
	20..-03-10			
Liefertermin	Auftragsnummer			
Mitnahme	164947			

Achtung: Bei Zahlung immer Auftrags-Nummer angeben!

Fahrstuhl

LIEFERSCHEIN UND RECHNUNG

Pos.	Anz.	Bezeichnung, Art, Modell, Ausführung, Größe	BW	EZ-Preis	Gesamtpreis
1	1	ES BEDIENTE SIE FRAU HEPP			
		2000058 L/01/WA 1			473,28
		BÜROSESSEL			
		PILOT-CHEF 176210600			
		GESTELL: SCHWARZ			
		BEZUG: LEDER SCHWARZ			
		MIT WIPPE			
		LAGERPLATZ: WA 1			
		19% UMSATZSTEUER			89,92
		Fälligkeit der Zahlung: 30. März 20..			
		Rechnungskopie			

Der vollständige und einwandfreie Empfang obiger Ware wird hiermit ausdrücklich bestätigt.

i.A. Lang
Unterschrift

Beanstandungen sind umseitig genau anzugeben!

Rechnungs-Betrag	563,20
Fälliger Restbetrag	563,20

QUITTUNG

Auftrags-Nummer	Rechnungs-Nummer	Datum

Betrag	Betrag in Worten	tausend	hundert	zehn	eins

Herr/Frau/Firma	Straße	PLZ	Ort

Geschäftsräume
Hauptstr. 40
86199 Augsburg
Geschäftszeit: 09:00 – 15:00 Uhr

RG Augsburg
HRB 720
Steuer-Nr. 85437101

Kontoverbindungen
Volksbank Augsburg
BLZ 720 601 00
Konto-Nr. 426 000

Betrag dankend erhalten - Nur gültig mit Unterschrift

- ☐ Scheck
- ☐ Bar

Unterschrift des Inkassoberechtigten

Beispiel 2: Einzug durch Nachnahme: (3. Mahnung)

MÖBELHAUS WOHNPLATZ GMBH
Hauptstraße 40 · 86199 Augsburg

Möbelhaus Wohnplatz GmbH, Hauptstraße 40, 86199 Augsburg

Discount GmbH
Innere Uferstr. 15
86153 Augsburg

Telefax
0821 5001–
469

E-Mail
wohnplatz.augsburg@t-online.de

Ihr Zeichen, Ihre Nachricht vom	Unser Zeichen, unsere Nachricht vom	☎ Name 0821 5001–	Datum
	hu 20..–05–30	467 Frau Hug	20..-06-16

Kunden-Nr. 164 947
Dritte Mahnung

Sehr geehrter Kunde,

Ihr Konto weist nachstehende Posten als Restbetrag aus:

Rechn-Nr.	Re-Datum	fällig am	Mahnst.	Betrag
164 947	20..-03-10	Rechnung 20..-03-30	3	563,20 EUR
		Gesamtbetrag der Mahnstufe	3	563,20 EUR
		Der fällige Saldo beträgt		563,20 EUR
		Der Gesamtsaldo beträgt		563,20 EUR

Zahlungseingänge sind berücksichtigt bis 20..-06-12

Obwohl Sie von uns bereits einmal zur Zahlung des noch ausstehenden Betrags aufgefordert wurden, konnten wir bis jetzt keinen Zahlungseingang feststellen.

Wir bitten um Überprüfung und um Überweisung des noch ausstehenden Betrags

bis zum 20..-06-24

Sollte der fällige Betrag bis zu diesem Zeitpunkt nicht bei uns eingegangen sein, werden wir den Betrag durch Nachnahme einziehen lassen. Die Kosten hätten Sie zu tragen.

Mit freundlichem Gruß

MÖBELHAUS WOHNPLATZ GmbH
Buchhaltung

Eva Hug

i. A. Eva Hug

Geschäftsräume
Hauptstr. 40
86199 Augsburg
Geschäftszeit: 09:00 – 15:00 Uhr

Registergericht Augsburg
HRB 720

STEUER-Nr.: 85437101

Kontoverbindungen
Volksbank Augsburg
BLZ 720 601 00
Konto-Nr. 426 000

Zusammenfassung

- Wenn ein Schuldner (z. B. der Käufer als Schuldner des Kaufpreises seine Zahlungsverpflichtungen nicht wie vereinbart oder gesetzlich bestimmt rechtzeitig erfüllt, dann kommt er in Zahlungsverzug. Der **Zahlungsverzug** ist wie der Lieferungsverzug des Verkäufers ein **Schuldnerverzug.**
- Eintritt des Zahlungsverzugs
  - Zahlungszeitpunkt vereinbart
    - nach dem Kalender
      - bestimmt oder
      - berechenbar
    - mit Ablauf des bestimmten oder berechenbaren Kalendertags
  - Zahlungszeitpunkt nicht nach dem Kalender vereinbart oder berechenbar
    - durch Nichtzahlung nach einer (nach der Fälligkeit) erfolgten Mahnung
    - spätestens 30 Tage nach Fälligkeit und Zugang einer Rechnung oder gleichwertigen Zahlungsaufstellung
- Gläubigerrechte beim Zahlungsverzug
  - **ohne Fristsetzung:** (1) Verzugszinsen, (2) Schadensersatz wegen Verzögerung der Zahlung (Verzugsschaden)
  - **Kaufpreiszahlung** durch den Käufer
  - **nach erfolgloser angemessener Fristsetzung zur Zahlung:** (1) Schadensersatz statt der Leistung, (2) Rücktritt vom Kaufvertrag und zusätzlich Schadensersatz wegen Verzögerung der Zahlung oder Schadensersatz statt der Leistung
- Das **außergerichtliche (kaufmännische) Mahnverfahren** vollzieht sich in mehreren „Stufen". In der Regel werden drei bis vier Mahnungen versandt, die sich von der höflichen Zahlungserinnerung bis zur Androhung gerichtlicher Maßnahmen steigern.

Übungsaufgaben

24

1. Erklären Sie die Rechtsfolgen des Zahlungsverzugs!
2. Begründen Sie, warum „Verschulden" des Zahlungsschuldners (z. B. Käufers) keine Voraussetzung des Zahlungsverzugs ist!
3. Die Baumaschinenhandlung Noll e. Kfm. erhält am 2. April von ihrem Lieferer folgende Rechnung: 44 000,00 EUR zuzüglich 19 % USt, zahlbar innerhalb von 10 Tagen ab Rechnungsdatum mit 2 % Skonto oder 30 Tage netto Kasse. Rechnungsdatum ist der 1. April!

   Aufgaben:

   Ist Noll in Zahlungsverzug, wenn

   3.1 Noll den Rechnungsbetrag abzüglich 2 % Skonto am 12. April überweist,

   3.2 Noll die Rechnung ohne Skonto am 15. Mai bezahlt hat?

4. Rechnungsdatum: 10.04.20.. Der Rechnungseingang erfolgt zusammen mit der Warenlieferung am 12.04.20..

   Aufgabe:

   Entscheiden Sie, ab wann sich der Käufer (Zahlungsschuldner) in Zahlungsverzug befindet, wenn folgende Zahlungsbedingungen als vertraglich vereinbart gelten:

   4.1 sofort,
   4.2 20 Tage ab heute,
   4.3 am 20. April 20..,
   4.4 14 Tage ab Rechnungszugang.

5. Die Schreinerei Baumeister e.K. hat folgende Schuldner:

Kunden	Betrag	Rechnungsdatum	Rechnungseingang	Zahlungsbedingung	Zahlungseingang
Frau Erna Schneider, Lehrerin i.R.	1620,00 EUR	16. Februar (Schaltjahr)	18. Februar	sofort nach Rechnungserhalt	31. März
Anni Moor OHG	24300,00 EUR	1. März	2. März	3% Skonto innerhalb 8 Tagen oder 4 Wochen nach Rechnungsdatum netto Kasse	15. Mai
Herr Alfred Mai, Student	460,00 EUR	5. April	7. April	sofort nach Rechnungserhalt	31. Mai

   Aufgabe:

   Mit wie viel Euro Verzugszinsen kann die Schreinerei Baumeister e.K. die oben genannten Kunden belasten? Der Basiszinssatz beträgt 2,57%. Die Zinsen sind tagegenau zu berechnen. Die Verbraucher wurden auf die rechtlichen Folgen einer verspäteten Zahlung ausdrücklich hingewiesen.

25 Jan Svenson, Inhaber des Feinkostgeschäfts „Jans Spezialitätenhaus e.K." lieferte am 17. Mai im Rahmen des Party-Bringdienstes ein Menü für 40 Personen an die Eheleute Britta und Alfred Menke, Gesellschafter der Menke OHG, für ihre private Geburtstagsfeier zum Preis von 1980,00 EUR, zahlbar 14 Tage nach Rechnungserhalt. Die Rechnung ging bei den Eheleuten Menke am 20. Mai ein.

Am 20. Juni d.J. haben die Eheleute Menke immer noch nicht bezahlt. Jan Svenson schickt ihnen deshalb am 24. Juni eine Mahnung und verlangt Zahlung bis zum 30. Juni einschließlich der gesetzlichen Verzugszinsen. Der Basiszinssatz beträgt 4,26%.

Aufgaben:

1. Kann Jan Svenson Verzugszinsen von den Eheleuten Menke verlangen? Wenn ja, in welcher Höhe?
2. Ändert sich die Rechtslage, wenn die Eheleute das Menü für eine Jubiläumsfeier der Menke OHG bestellt und die Rechnung bis zum 30. Juni d.J. nicht bezahlt hätten?

26

1. Erläutern Sie die Gründe, warum die Unternehmen auf eine pünktliche Bezahlung ihrer Ausgangsrechnungen angewiesen sind!
2. Beschreiben Sie die „Stufen" des kaufmännischen (außergerichtlichen) Mahnverfahrens!
3. Erklären Sie mögliche Vor- und Nachteile des Forderungseinzugs durch Nachnahme und Inkassoinstitute aus der Sicht des Geldgläubigers!

3.9 Verjährung

3.9.1 Gegenstand, Begriff und Zweck der Verjährung

(1) Gegenstand und Begriff der Verjährung

Als Gegenstände der Verjährung kommen ausschließlich **Ansprüche** (im Sinne eines Rechts) in Betracht [§ 194 I BGB]. Unter einem Anspruch versteht man das Recht, von einem anderen (z. B. Unternehmer, Verbraucher) ein **Tun** oder ein **Unterlassen** zu verlangen, also ein Handeln oder Nichthandeln (einschließlich des Duldens).

Beispiel:

Anspruch des Käufers auf Übergabe und Übereignung der Kaufsache (geschuldet wird ein „Tun" des Verkäufers). Der Grundstückseigentümer (Bauherr) verpflichtet sich seinem Grundstücksnachbarn gegenüber, kein Mehrfamilienhaus mit mehr als zwei Wohnungen zu bauen (geschuldet wird ein „Unterlassen" des Bauherrn).

Ansprüche können nur innerhalb bestimmter Fristen erfolgreich gerichtlich geltend gemacht werden.

Merke:

Unter **Verjährung** versteht man den Ablauf der Frist, innerhalb der ein Anspruch erfolgreich gerichtlich geltend gemacht werden kann.[1]

Die Verjährung bedeutet jedoch nicht, dass der Anspruch nach vollendeter Verjährung erloschen ist. Dem Schuldner wird nach Ablauf der Verjährungsfrist gesetzlich lediglich das Recht eingeräumt, sich nach seinem freien Ermessen auf die vollendete Verjährung zu berufen und die Leistung zu verweigern [§ 214 I BGB]. Er hat das Recht zur „Einrede der Verjährung". Erfüllt ein Schuldner also einen bereits verjährten Anspruch, kann er die Leistung nicht mehr erfolgreich zurückfordern [§ 214 II BGB].

Beispiel:

In Unkenntnis der bereits eingetretenen Verjährung des Zahlungsanspruchs seines Verkäufers zahlt der Käufer den Kaufpreis. Der Käufer kann die Zahlung nicht nach den Grundsätzen der ungerechtfertigten Bereicherung (siehe §§ 812 ff. BGB) vom Verkäufer zurückfordern [§ 214 II, S. 1 BGB].

(2) Zweck (Ziele) des Verjährungsrechts

Die Verjährung dient vor allem der Rechts- und Beweissicherheit und übt einen Druck aus auf eine möglichst schnelle und reibungslose Abwicklung der Rechtsgeschäfte.

Das Verjährungsrecht berücksichtigt sowohl die Interessen des Schuldners (nach Ablauf einer bestimmten Zeit mit der Durchsetzung von Ansprüchen gegen ihn nicht mehr rechnen zu müssen) als auch die Interessen des Gläubigers (bei der Feststellung und Durchsetzung seiner Anprüche gegen den Schuldner nicht in „Zeitnot" zu kommen).

1 Nach Eintritt der Verjährung ist dies z. B. nur noch dann möglich, wenn der Gläubiger den Schuldner verklagt, der Beklagte während der Gerichtsverhandlung die Einrede der Verjährung unterlässt und der Beklagte z. B. zur Zahlung verurteilt wird. Der Richter muss die Verjährung von Amts wegen nicht berücksichtigen.

Durch einheitliche und eindeutige Regelungen des Verjährungsrechts soll dem Schuldner und Gläubiger (z. B. den Vertragsparteien des Kaufvertrags) eine größtmögliche Gewissheit über das Bestehen und die Dauer der (gerichtlichen) Durchsetzung ihrer Ansprüche verwirklicht werden.

3.9.2 Regelmäßige Verjährungsfristen[1]

(1) Dauer

Die **regelmäßige Verjährungsfrist** beträgt **drei Jahre** [§ 195 BGB]. Sie gilt immer dann, wenn **besondere Verjährungsfristen fehlen.** Die regelmäßige Verjährungsfrist geht von einer Einheitsverjährung aus, d. h., sie unterscheidet nicht zwischen vertraglichen und außervertraglichen Ansprüchen. Der betreffende Anspruch kann ebenso schuld-, sachen-, familien- und erbrechtlicher Natur sein.

(2) Anwendungsbereich

Unter die **regelmäßige Verjährungsfrist** fallen z. B.

- Ansprüche, die durch rechtsgeschäftliche oder rechtsgeschäftsähnliche Schuldverhältnisse (z. B. Vertrag) entstehen,
- gesetzliche Ansprüche, wie Ansprüche aus ungerechtfertigter Bereicherung [§§ 812 ff. BGB] und Geschäftsführung ohne Auftrag [§§ 677 ff. BGB],
- Ansprüche aus unerlaubter Handlung (z. B. wegen Körperverletzung) [§§ 832 ff. BGB],
- alle sachenrechtlichen Ansprüche mit Ausnahme der Herausgabeansprüche aus Eigentum und anderen dinglichen Rechten,
- regelmäßig wiederkehrende Leistungen oder Unterhaltsleistungen, die auf familien- und erbrechtlichen Ansprüchen beruhen [§ 197 II BGB].

(3) Fristbeginn

Der **Beginn der regelmäßigen Verjährungsfrist** hängt von einem **objektiven** und einem **subjektiven Tatbestand** ab: Beide müssen vorliegen, um die Frist in Lauf zu setzen:

- Die regelmäßige Verjährungsfrist beginnt mit dem **Schluss des Jahres,** in dem der **Anspruch entstanden ist** (objektiver Tatbestand) und
- der **Gläubiger** von den den **Anspruch begründenden Umständen** und der **Person des Schuldners tatsächlich Kenntnis erlangt** oder ohne grobe Fahrlässigkeit erlangen musste (subjektiver Tatbestand) [§ 199 I BGB].

Beispiel 1:

Das Kaufhaus Velter GmbH verkauft an das Einzelhandelsgeschäft Josef Krieger e. K. mit Vertrag vom 15. Februar 2006 seinen zwei Jahre alten Kombiwagen. Zu welchem Zeitpunkt verjähren die Ansprüche auf Zahlung des Kaufpreises und Lieferung des Fahrzeugs?

Die Ansprüche sind am 15. Februar 2006 entstanden. Das Kaufhaus Velter GmbH und Josef Krieger e. K. haben jeweils Kenntnis von den den Anspruch begründenden Umständen und der Person des Schuldners erlangt. Die Verjährung beginnt daher gemäß § 199 I BGB am 31. Dezember 2006. Für das Rechtsgeschäft kommt die dreijährige regelmäßige Verjährungsfrist in Betracht. Die Ansprüche verjähren mit Ablauf des 31. Dezember 2009.

1 Auf Abweichungen von der regelmäßigen Verjährungsfrist wird im Folgenden nicht eingegangen. Siehe auch die Ausführungen zu den Verjährungsfristen von Mängelansprüchen S. 108 f.

Beispiel 2:

Das Versandhaus Wurm GmbH liefert am 21. April 2002 einem betrügerischen Käufer teure Wohnmöbel. Der Käufer zahlt nicht und ist, wie Nachfragen des Versandhauses ergeben, an einen unbekannten Wohnort verzogen. Erst am 12. Januar 2007 ermittelt die Polizei die neue Anschrift des „Betrügers". Das Versandhaus hat dann, ab dem 31. Dezember 2007 gerechnet, drei Jahre Zeit, das Geld (z. B. durch einen gerichtlichen Mahnbescheid) einzutreiben [§§ 195, 199 I BGB]. Aufgrund der zehn Jahre bestehenden Höchstgrenze (siehe nachfolgende Tabelle), gerechnet ab Entstehung des Anspruchs [§ 199 III, S. 1, Nr. 1; IV BGB], könnte das Versandhaus den geschuldeten Kaufpreis (zuzüglich angefallener Mahnkosten, Verzugszinsen) auch noch zehn Jahre nach der Bestellung bzw. Möbellieferung (also bis zum 21. April 2012) einfordern, unabhängig davon, wann der betrügerische Käufer in der Zwischenzeit gefunden wird.

(4) Höchstfristen

Die Abhängigkeit des Beginns der **regelmäßigen Verjährungsfrist** von dem subjektiven Kriterium „Kenntnis oder grob fahrlässige Unkenntnis" des Gläubigers kann zu einem endlosen Aufschub des Fristbeginns führen. Der Gesetzgeber hat deshalb **Verjährungshöchstfristen** festgelegt, nach deren Ablauf in jedem Fall (unabhängig von der Anspruchsentstehung oder Anspruchskenntnis) die Verjährung eintritt [§ 199 II, III, IV BGB]. Einen Überblick über diese absoluten Verjährungsfristen (Maximalfristen) gibt die nachfolgende Tabelle:

Ansprüche	Maximale Verjährungsfrist	Beginn der Verjährung
Schadensersatzansprüche aus der Verletzung des Lebens, des Körpers, der Gesundheit oder der Freiheit von Personen[1] (ohne Rücksicht auf ihre Entstehung und die Kenntnis oder grob fahrlässige Unkenntnis)	30 Jahre [§ 199 II BGB]	mit der Begehung der Handlung, der Pflichtverletzung oder dem sonstigen, den Schaden auslösenden Ereignis
Sonstige Schadensersatzansprüche		
Fall 1: Schadensersatzanspruch[2] (ohne Rücksicht auf Kenntnis oder grob fahrlässige Unkenntnis)	10 Jahre [§ 199 III, S. 1, Nr. 1 BGB]	mit der Entstehung des Anspruchs
Fall 2: Schadensersatzanspruch (ohne Rücksicht auf die Entstehung und die Kenntnis oder grob fahrlässige Unkenntnis)	30 Jahre [§ 199 III, S. 1, Nr. 2 BGB] Maßgeblich (ob 10 oder 30 Jahre) ist im konkreten Fall die früher ablaufende Frist [§ 199 III, S. 2 BGB]	mit der Begehung der Handlung, der Pflichtverletzung oder dem sonstigen, den Schaden auslösenden Ereignis

1 Z. B. Ansprüche aus der Haftung der Ärzte, Apotheker (Arzneimittelhaftung), aus Vergewaltigungen.

2 Z. B. Ansprüche wegen falscher Beratung (z. B. durch Ärzte, Steuerberater, Anlageberater). Siehe auch §§ 1, 13 I ProdHaftG.

Ansprüche	Maximale Verjährungsfrist	Beginn der Verjährung
Andere Ansprüche als Schadensersatzansprüche (ohne Rücksicht auf Kenntnis oder grob fahrlässige Unkenntnis)	10 Jahre [§ 199 IV BGB]	mit der Entstehung des Anspruchs

Das folgende Beispiel soll die Bedeutung des **Beginns** und der **Höchstfristen** der **Verjährung** veranschaulichen.

Beispiel:

Im Jahr 2003 wird ein Hochhaus gebaut. Durch die im gleichen Jahr in unmittelbarer Nähe des Hochhauses unsachgemäß durchgeführten Kanalarbeiten bekommt das Haus im Jahr 2006 Risse. Von diesen unsachgemäßen Tiefbauarbeiten und dem ausführenden Tiefbauunternehmen erhält der Hauseigentümer erst im Jahr 2008 Kenntnis. Der Hauseigentümer verlangt von dem Bauunternehmer im Jahr 2010 Schadensersatz. Weil keine grob fahrlässige Unkenntnis vorliegt, kann der Hauseigentümer vom Tiefbauunternehmen auch noch im Jahr 2010 Schadensersatz verlangen.[1]

Begründung: Die dreijährige regelmäßige Verjährungsfrist hat erst mit dem Ende des Jahres 2008 (mit Kenntnis des Eigentümers/Gläubigers von den Umständen der Tiefbauarbeiten und dem ausführenden Tiefbauunternehmen) begonnen [§ 199 I BGB]. Weil seit der Entstehung des Anspruchs (2006) keine zehn Jahre vergangen sind, wird die dreijährige Verjährungsfrist nicht durch den § 199 III, S. 1, Nr. 1 BGB begrenzt. Da außerdem seit den unsachgemäßen schadensauslösenden Tiefbauarbeiten (2003) noch keine 30 Jahre vergangen sind, können auch die Vorschriften des § 199 III, S. 1, Nr. 2 BGB nicht angewendet werden.

Auf die Höchstfristen des § 199 II bis IV BGB finden die Vorschriften über die **Hemmung** und den **Neubeginn** der Verjährung Anwendung, d.h., der Fristablauf kann nach den §§ 203ff. BGB auch auf über zehn bzw. dreißig Jahre verlängert werden.

3.9.3 Hemmung und Neubeginn der Verjährung

(1) Hemmung

■ Begriff

Merke:

Die **Hemmung** bewirkt, dass der Ablauf der Verjährung für eine bestimmte Zeit aufgehalten wird [§ 209 BGB]. Nach Beendigung der Hemmung läuft die **Verjährungsfrist weiter.** Der Zeitraum der Hemmung, während dessen die Verjährung gehemmt ist, wird somit nicht in die Verjährungsfrist eingerechnet.

1 Die Verjährung des Schadensersatzanspruchs tritt am 31. Dezember 2011 ein.

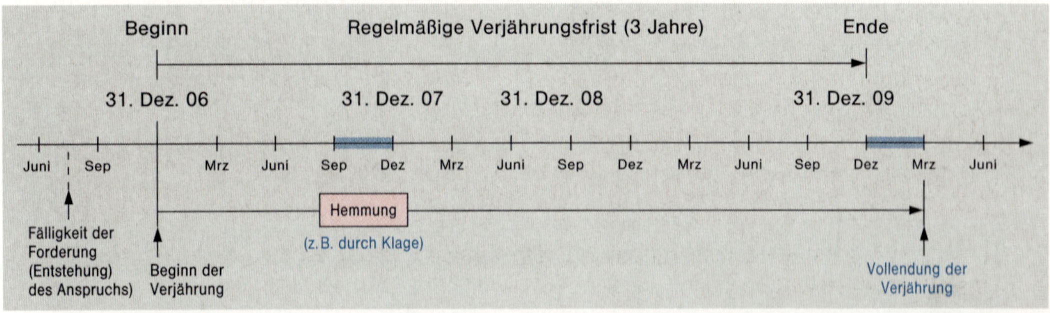

Die **Hemmung** dient dem **Gläubigerschutz.** Es können nämlich Umstände eintreten, die einen Gläubiger gewollt oder ungewollt an der Wahrnehmung (Durchsetzung) seiner Ansprüche hindern können. Der Gläubiger soll deshalb den Ablauf der Verjährung hinauszögern können.

Hemmungsgründe

Hemmungsgründe sind z. B. noch nicht **abgeschlossene (schwebende) Verhandlungen** zwischen Gläubiger und Schuldner, die **Erhebung einer Leistungsklage, Zustellung eines gerichtlichen Mahnbescheids** und das Vorliegen eines **Leistungsverweigerungsrechts des Schuldners** (Näheres siehe §§ 203 ff. BGB).

(2) Neubeginn

Merke:

Der **Neubeginn** der Verjährung bewirkt nach § 212 BGB, dass die bereits abgelaufene Verjährungsfrist vom Zeitpunkt des Neubeginns der Verjährung an nicht beachtet wird. Die **Verjährungsfrist** beginnt vom Zeitpunkt des Neubeginns der Verjährung an in voller Länge **erneut** zu laufen.

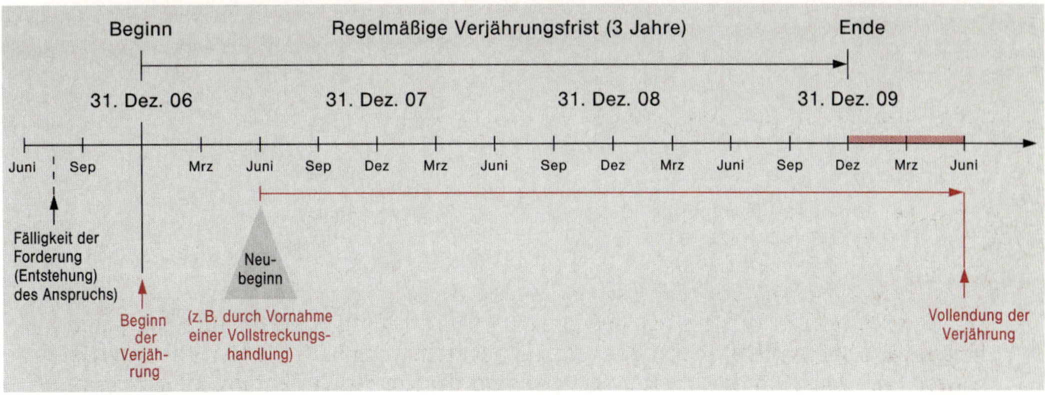

Auch der **Neubeginn** dient dem **Gläubigerschutz.** Dem Gläubiger soll die Möglichkeit gegeben werden, die Vollendung der Verjährung seiner Ansprüche zu verhindern. Im Unterschied zur Hemmung wird somit die Zeit vor dem Neubeginn nicht auf die Gesamtzeit der Verjährung angerechnet.

Der § 212 BGB sieht **zwei Fälle des Neubeginns** der Verjährung vor:

- Bei einer Anerkenntnis des Anspruchs gegenüber dem Gläubiger durch den Schuldner (z. B. durch Abschlagszahlung, Zinszahlung, Sicherheitsleistung oder in anderer Weise [z. B. durch ausdrückliche Schuldanerkenntnis]) [§ 212 I, Nr. 1 BGB] und
- wenn der Gläubiger eine gerichtliche oder behördliche Vollstreckungshandlung beantragt oder wenn sie vorgenommen wird [§ 212 I, Nr. 2 BGB].

Beispiel:

Ein in drei Jahren verjährender Anspruch des Gläubigers wäre ohne Hemmung und Neubeginn der Verjährung am 31. Dezember 2007 verjährt. Am 31. Dezember 2007 leistet der Schuldner eine Teilzahlung auf die Schuld. Damit liegt ein Neubeginn der Verjährung vor. Die Verjährung ist somit erst am 31. Dezember 2010 abgelaufen [§ 212 I, Nr. 1 BGB].

Zusammenfassung

- Nur **Ansprüche** unterliegen der Verjährung.
- Die **Verjährung** dient vor allem der **Rechts- und Beweissicherheit** sowie dem **Rechtsfrieden.**
- **Nach Vollendung der Verjährung** kann ein Anspruch bei einer berechtigten Einrede der Verjährung durch den Schuldner gerichtlich nicht mehr erfolgreich durchgesetzt werden.
- **Regelmäßige Verjährungsfrist**

  Die regelmäßige Verjährungsfrist beträgt 3 Jahre

  Höchstfristen

30 Jahre	**10 Jahre**
■ Schadensersatzansprüche aus Verletzung des Lebens, des Körpers, der Gesundheit und der Freiheit einer Person. ■ Sonstige Schadensersatzansprüche.	■ Sonstige Schadensersatzansprüche. ■ Andere Ansprüche als Schadensersatzansprüche.
Beginn: Ohne Rücksicht auf ihre Entstehung und die Kenntnis oder grob fahrlässige Unkenntnis; z. B. von der Begehung der Handlung, der Pflichtverletzung an	Beginn: Ohne Rücksicht auf die Kenntnis oder grob fahrlässige Unkenntnis des Anspruchs

Maßgeblich für die sonstigen Schadensersatzansprüche ist die früher endende Frist.

Übungsaufgaben

27 1. 1.1 Erklären Sie den Begriff Verjährung!

1.2 Begründen Sie die Notwendigkeit (den Zweck) und den Gegenstand der Verjährung!

2. Warum beginnt die regelmäßige Verjährungsfrist erst mit Ablauf des Jahres, in dem eine Forderung fällig wurde, d.h. der Anspruch entstand?

3. Warum muss die „Regelverjährungsfrist" (regelmäßige Verjährungsfrist) des § 195 BGB durch Höchstfristen begrenzt werden?

4. Die Biehler Baustoffhandel KG in Nagold lieferte einem Tapezier- und Polstergeschäft mit Rechnung vom 20. April 06 Nadelfilz, Rechnungsbetrag 12 300,00 EUR.

Aufgaben:

4.1 Wann verjährt diese Forderung?

4.2 Welche Folgen hat die Verjährung für den Gläubiger?

4.3 Welche Maßnahme muss „Biehler" ergreifen, damit die Verjährung der Forderung erneut beginnt?

4.4 Welche Rechtswirkung hat die Hemmung auf die Verjährung einer Forderung?

28 1. Karl Lahm kaufte sich am 18. Juni 06 ein Farbfernsehgerät für 820,00 EUR bei der Elektro-Fisch KG, zahlbar am 1. Juli 06. Da Karl Lahm Ende 06 immer noch nicht bezahlt hatte, erhielt er von der Elektro-Fisch KG am 3. Januar 07 eine (kaufmännische) Mahnung. Daraufhin zahlte Lahm am 15. Januar 07 200,00 EUR an und bat um Stundung des Restbetrags bis 30. Juni 07. Die Elektro-Fisch KG gewährte Stundung bis 30. Mai 07 mit der Maßgabe, dass am 15. Februar 07 weitere 320,00 EUR abzuzahlen seien. Lahm überwies den geforderten Betrag tatsächlich am 15. Februar 07.

Aufgaben:

1.1 Wann ist die Restforderung verjährt, falls weder Lahm noch die Elektro-Fisch KG etwas unternehmen?

1.2 Ändert sich an der Vollendung der Verjährung etwas, wenn die Elektro-Fisch KG am 15. Juni 07 mahnt, weil Lahm nach Ablauf der Stundungsfrist nicht bezahlt? (Begründen Sie Ihre Antwort!)

1.3 Ändert sich der Verjährungszeitpunkt, wenn die Elektro-Fisch KG die Geduld verliert und auf ihren Antrag hin am 15. Juni 07 eine gerichtliche Vollstreckungshandlung vorgenommen wird?

2. Das Schreibwarengeschäft Franz Fritzmaier e.Kfm. schuldet der Großhandlung Karl Klein OHG einen Rechnungsbetrag über 1 465,20 EUR, fällig am 14. April 06. Die Rechnung ist dem Schreibwarengeschäft Franz Fritzmaier e.Kfm. am 6. April 06 zugegangen.

Aufgaben:

2.1 Von welchem Tag an befindet sich Fritzmaier im Zahlungsverzug?

2.2 Wann wäre die Forderung der Großhandlung gegen Fritzmaier verjährt, wenn Fritzmaier am 5. Februar 07 eine Teilzahlung von 500,00 EUR einschließlich der bis dahin aufgelaufenen Zinsen leistet?

2.3 Wie würde sich eine schriftliche Stundungsbitte des Schreibwarengeschäfts Franz Fritzmaier e.Kfm. auf die Verjährung auswirken?

3.10 Von der Kundenanfrage bis zum Zahlungseingang als Geschäftsprozess

(1) Überblick

Der gesamte Ablauf von der Kundenanfrage bis zum Zahlungseingang lässt sich in Form eines Geschäftsprozesses darstellen. In der Darstellung auf den folgenden Seiten wird davon ausgegangen, dass es sich um ein Erzeugnis handelt, das gegebenenfalls produziert werden soll. Änderungen, die sich im Falle von Handelswaren ergeben, werden anschließend dargestellt.

(2) Geschäftsprozess von der Kundenanfrage bis zum Zahlungseingang bei selbst hergestellten Erzeugnissen

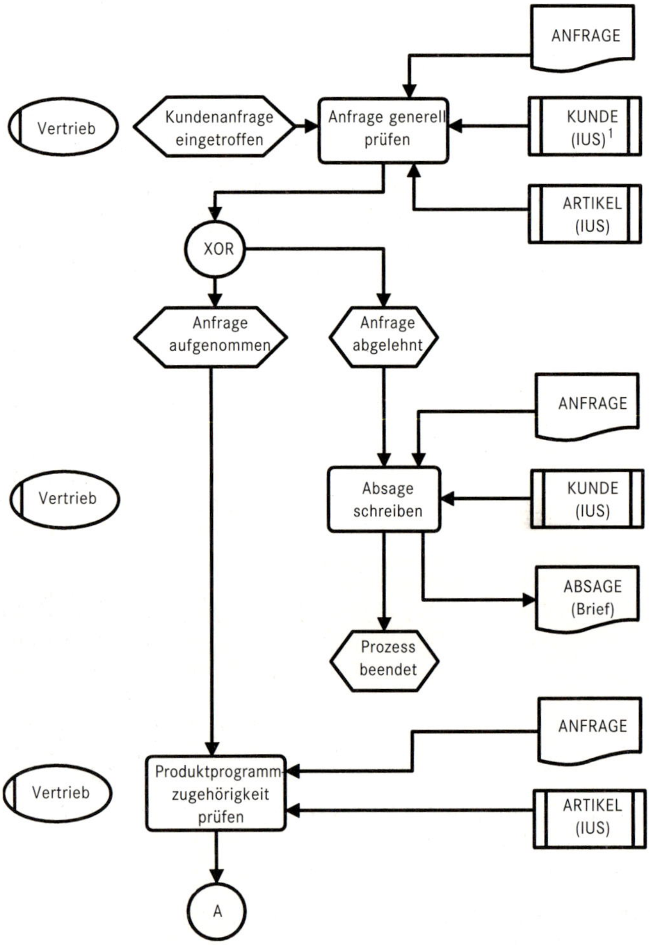

Die **generelle Prüfung** der eingetroffenen Kundenanfrage prüft bereits im Vorfeld, ob überhaupt ein Angebot abgegeben werden soll. Ziel dieser Vorprüfung ist es, betriebliche Ressourcen zu schonen, damit nicht erst Konstruktion und Kalkulation aktiv werden, um nachträglich festzustellen, der Kunde hat sich in der Vergangenheit als sehr unzuverlässig bei der Zahlung erwiesen.

Ablehnungsgründe können demnach sein:

- Mangelnde Bonität des Kunden.
- Das angefragte Erzeugnis gehört nicht zu unserem Problemfeld.
- Das Erzeugnis gehört zwar in unser Problemfeld, ein eventueller Auftrag könnte aber nicht angenommen werden, weil die Voraussetzungen für die technische Machbarkeit nicht gegeben sind, weil z. B. das innerbetriebliche Transportsystem maximal nur 5 t tragen kann.

1 IUS: Integrierte Unternehmenssoftware.

Nachdem entschieden ist, dass das Erzeugnis in unser Problemfeld gehört, wird im Rahmen der **Prüfung der Produktprogrammzugehörigkeit** ermittelt, ob das angefragte Erzeugnis zu den Standarderzeugnissen des Unternehmens gehört oder ob es gesondert angefertigt werden müsste.

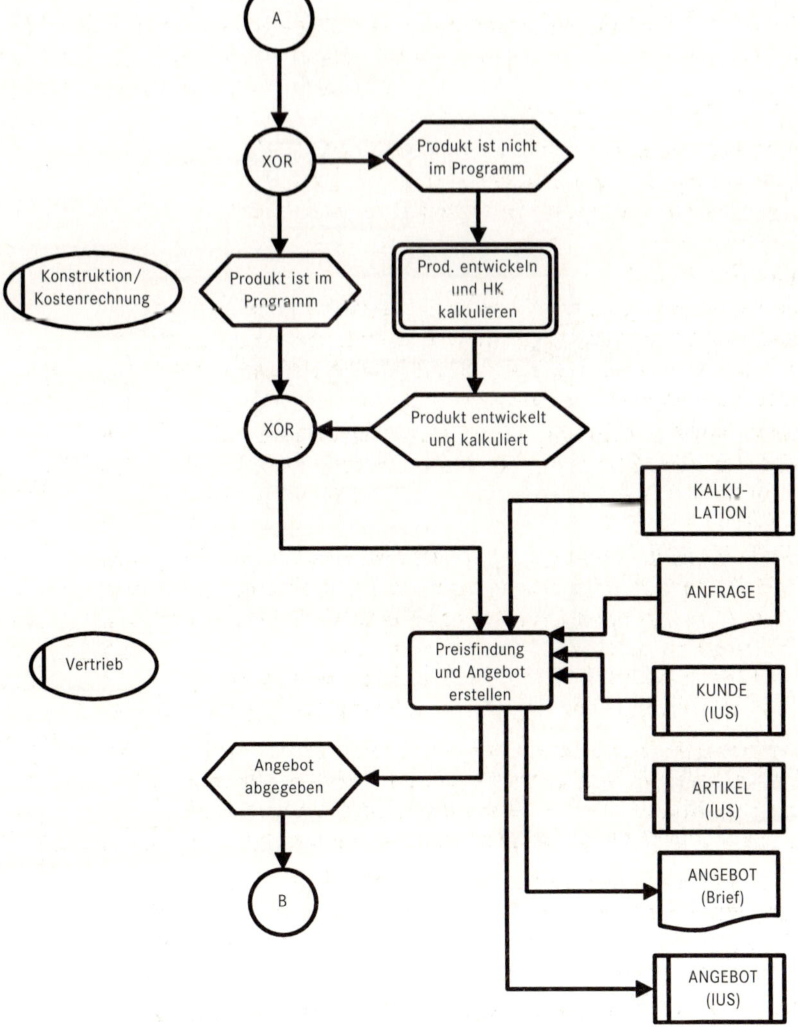

Gehört das angefragte Produkt nicht zu den Standardprodukten, dann muss es entsprechend den Kundenvorgaben von der Konstruktionsabteilung **entwickelt** und durch die Kostenrechnung in seinen **Herstellkosten kalkuliert** werden.

Sind die Herstellkosten ermittelt, sind zur endgültigen Preisfindung für das Angebot unter Umständen noch weitere Faktoren zu berücksichtigen, wie z. B.:

- Preis der Konkurrenz für ein vergleichbares Erzeugnis,
- Möglichkeit eines Folge- oder Anschlussauftrags,
- eigene Marktposition.

9 Speth u. a. - ISBN 978-3-8120-0555-5

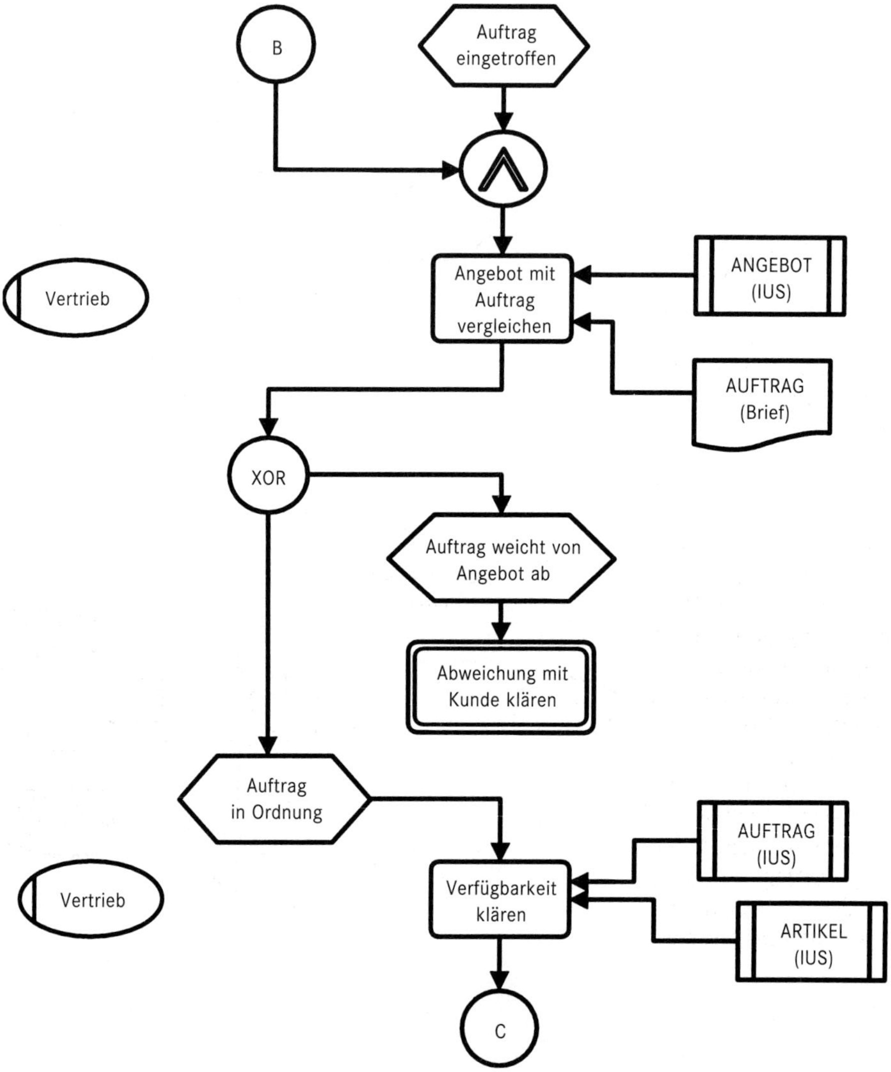

Nachdem der Auftrag des Kunden eingetroffen ist, muss er mit dem ursprünglichen **Angebot verglichen** werden. Eventuell vorhandene Abweichungen (andere Mengen, Termine, gewünschte Leistungsdaten des Erzeugnisses) müssen mit dem Kunden abgeklärt werden, um spätere Differenzen nach der Abwicklung des Vertrages auszuschließen.

Im Rahmen der **Verfügbarkeitsprüfung** wird ermittelt, ob das Produkt in der gewünschten Menge zu dem vom Kunden gewünschten Termin auf Lager sein wird.

Ist das Erzeugnis zum Kundenwunschtermin nicht vorrätig, dann muss dessen **Produktion** rechtzeitig geplant und durchgeführt werden (siehe Lernfeld 2).

Nachdem sichergestellt ist, dass das Erzeugnis verfügbar sein wird (entweder aufgrund eines eingeplanten Fertigungsauftrages oder aufgrund vorhandener Vorräte an Fertigerzeugnissen), wird durch die integrierte Unternehmenssoftware aus dem Angebot ein Kundenauftrag erstellt und dieser gegenüber dem Kunden bestätigt.

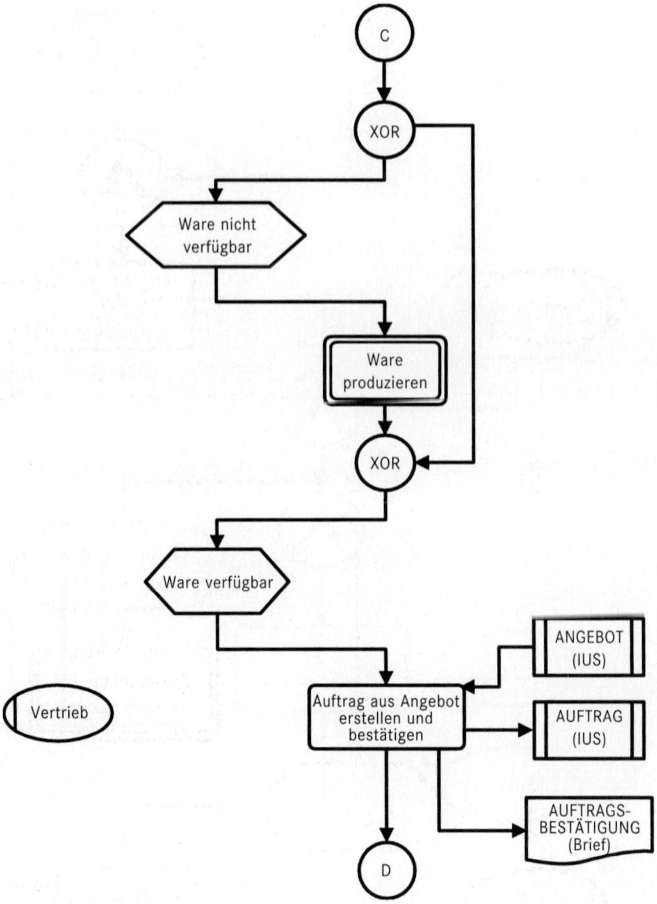

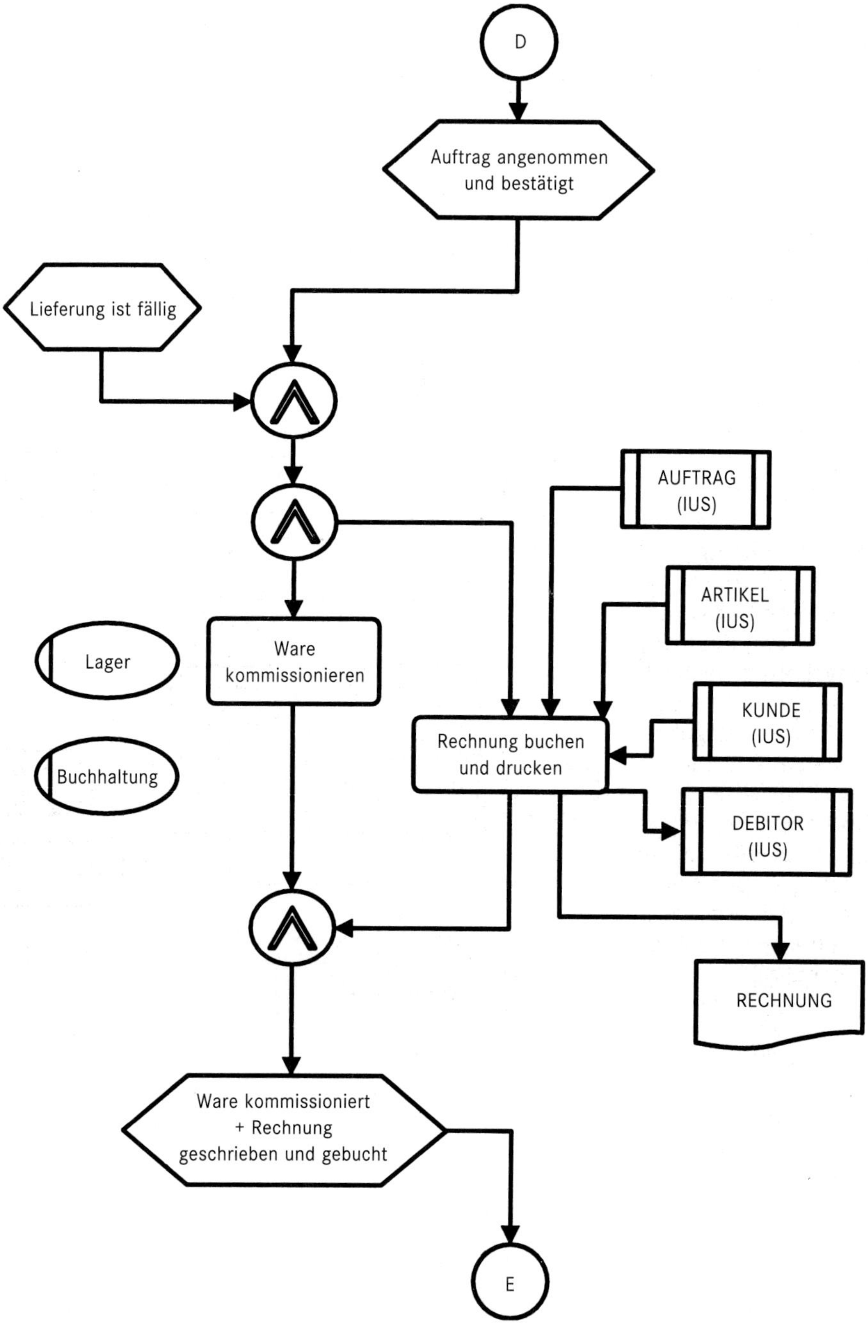

Zum Fälligkeitstermin des Auftrags werden die Fertigerzeugnisse für den Kunden zusammengestellt (**kommissioniert**), zeitlich parallel hierzu wird die **Rechnung geschrieben, gedruckt** und gebucht.

Aufgabe der Buchhaltung ist es, zum Fälligkeitstermin den **Zahlungseingang zu überwachen.** Ist die Zahlung nicht erfolgt, dann beginnt das **kaufmännische** und gegebenenfalls das **gerichtliche Mahnverfahren.**

Im Regelfall ist der **Zahlungseingang zu buchen.**

(An dieser Stelle wird im nebenstehenden Geschäftsprozess unterstellt, dass der Kunde genau den Betrag der offenen Forderung begleicht. Eine Fortsetzung des Prozesses wäre dadurch möglich, dass der Zahlungsbetrag sachlich und rechnerisch überprüft wird und festgelegt wird, wie bei eventuellen Betragsdifferenzen zu verfahren ist, z. B. Ausbuchen unterhalb eines Kleinbetrags oder Nachforderung des verbliebenen offenen Postens beim Kunden.)

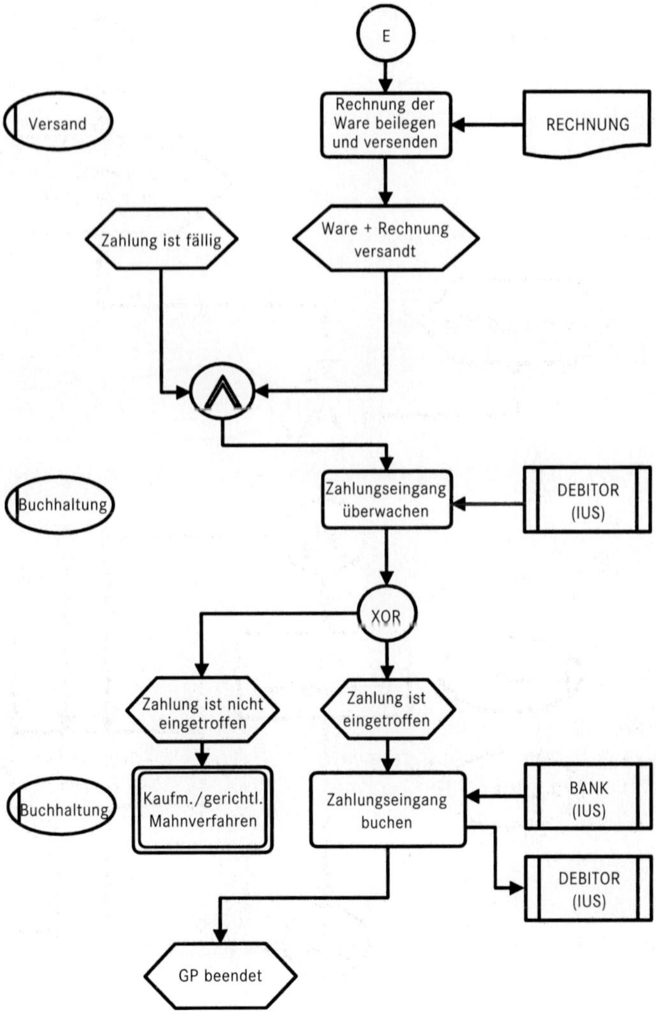

(3) Geschäftsprozess von der Kundenanfrage bis zum Zahlungseingang bei Handelswaren

Handelt es sich bei dem Kundenauftrag nicht um selbst hergestellte Erzeugnisse, sondern um **Handelswaren,** dann verändert sich der Ablauf des Prozesses an folgenden Stellen:

Gehört das gewünschte Erzeugnis nicht zu unserem Standardprogramm, dann wird der Beschaffungsbereich aktiv, ermittelt die Bezugsquellen und führt einen Angebotsvergleich durch.

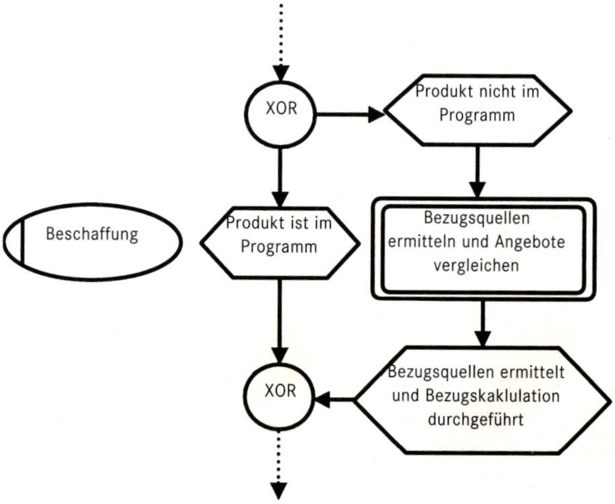

Statt das Erzeugnis selbst zu fertigen, muss die Handelsware von einem Lieferanten bezogen werden.

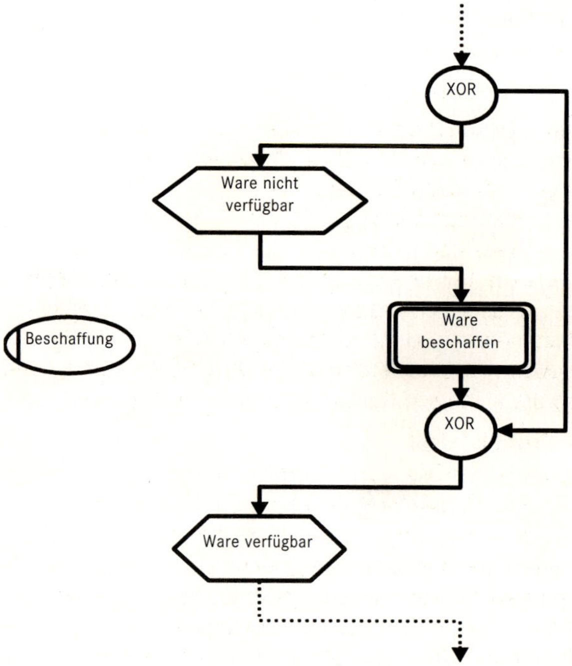

Lernfeld 2: Leistungserstellungsprozesse planen, steuern und kontrollieren

1 Ziele der betrieblichen Leistungserstellung

(1) Grundlegendes

Die Ziele der betrieblichen Leistungserstellung leiten sich aus den allgemeinen Unternehmenszielen ab. Insoweit kann es nur darum gehen, besondere Zielsetzungen zu formulieren, die speziell die betriebliche Leistungserstellung betreffen.

(2) Besondere Zielsetzungen der betrieblichen Leistungserstellung

■ Ausrichtung der Produkte am Kundennutzen

Grundsätzlich gilt, das zu erstellende Produkt hat den vom Kunden geforderten Nutzen (z. B. hinsichtlich Qualität und Lieferzeit) zu erfüllen. Für die Produktion bedeutet dies zum einen, dass alle Prozesse, die zur Erstellung einer Leistung notwendig sind, auf die Mehrung des Kundennutzens auszurichten sind (z. B. Maßnahmen zur ständigen Qualitätssicherung, Verbesserung bisheriger Produkte, Entwicklung neuer Produkte). Zum anderen sind die Produktionszeiten für die Erstellung der Produkte so zu verkürzen bzw. flexibel zu gestalten, dass alle Fertigungsaufträge innerhalb der vom Kunden gewünschten Lieferzeit produziert werden können. Dies setzt eine genaue Terminierung der einzelnen Produktionsschritte voraus, die es dann einzuhalten gilt. Terminstörungen führen immer zu innerbetrieblichen Problemen (z. B. Auffangen der Störungen durch Überstunden, Sonderschichten, Überbelastung der Maschinen) und außerbetrieblichen Schäden (z. B. Imageverlust, Lieferungsverzug mit Schadensersatzansprüchen, Kundenverlust).

■ Wirtschaftlichkeit

Nach dem Wirtschaftlichkeitsprinzip ist anzustreben, dass die Kosten bei einer gegebenen Leistung minimiert bzw. die Leistung bei gegebenen Kosten maximiert werden. Die Haupteinflussgrößen für das Wirtschaftlichkeitsergebnis der Leistungserstellung sind die Art und Menge der verwendeten Materialien und die damit verbundenen Einstandspreise, die eingesetzten Fertigungsverfahren, die Prozessgestaltung der Leistungserstellung sowie die Produktionszeiten. Ziel der betrieblichen Leistungserstellung muss es daher sein, z. B. durch Planung einer optimalen Losgröße[1] den Materialpreis zu senken, die Maschinenbelegung zu optimieren, um Leerkosten[2] zu vermeiden, durch eine entsprechende Prozessgestaltung die Durchlaufzeiten für die einzelnen Aufträge zu verringern, um die Höhe der Kapitalbindung zu verkleinern und die Liquidität zu stärken.

■ Produktivität

Durch die Produktivität (Verhältnis von Produktmenge zu Faktoreinsatzmenge oder -zeit) wird die „Mengenergiebigkeit“ des Produktionsprozesses ausgewiesen. Für die Messung der Leistungsfähigkeit des Produktionsprozesses sind Produktivitätskennzahlen insbesondere dann aussagefähig, wenn sie auf einzelne Arbeitsplätze, Fertigungsanlagen, Fertigungsverfahren, Arbeitssysteme, Ressourcenverbrauch oder Ökologiebelastung bezogen werden. Im Rahmen der Leistungserstellung werden die Produktivitätskennzahlen vor allem auch als Steuerungsgrößen für die Einleitung und Durchführung von Rationalisierungsmaßnahmen verwendet. Außerdem werden die Produktivitätskennzahlen für

1 Vgl. Kapitel 5.4, S. 202 ff.

2 Leerkosten sind die Kosten, die für die nicht genutzte Kapazität anfallen.

Planungszwecke (z. B. Vergleich von Soll-Produktivitäten alternativer Herstellverfahren, Materialien, Maschinen) und Kontrollzwecke (z. B. Gegenüberstellung von Soll- und Ist-Produktivitäten, um die sich ergebenden Abweichungen nach Entstehungsursachen zu analysieren) verwendet.

Soziale Ziele

Im Produktionsbereich sind vor allem zwei soziale Zielsetzungen von Bedeutung. Zum einen ist dies das Ziel der Arbeitsplatzerhaltung und zum anderen die Erhaltung der Gesundheit der Mitarbeiter.

Aufgrund des Zwanges zur Rationalisierung und hier insbesondere zur Automatisierung bereitet gerade im Leistungserstellungsprozess die Forderung nach **Arbeitsplatzerhaltung** ein besonderes Problem. Vielfach gelingt nach dem Einsatz neuer Technologien die Weiterbeschäftigung von Mitarbeitern nur nach Umschulungen für aufgabenveränderte oder völlig neu gestaltete Arbeitssysteme.

Bei dem sozialen Ziel der **Erhaltung der Gesundheit** geht es vor allem darum, ergonomische Erkenntnisse der physischen und psychischen Arbeitsbelastung zu berücksichtigen. Dabei stehen Fragen der menschengerechten Betriebsmittelgestaltung im Vordergrund. Viele dieser sozialen Anforderungen sind heute rechtlich vorgeschrieben, z. B. in der Gewerbeordnung, in Sicherheitsvorschriften, im Arbeitszeitgesetz oder in Tarifverträgen.

2 Leistungserstellungsprozess im Rahmen betrieblicher Geschäftsprozesse[1]

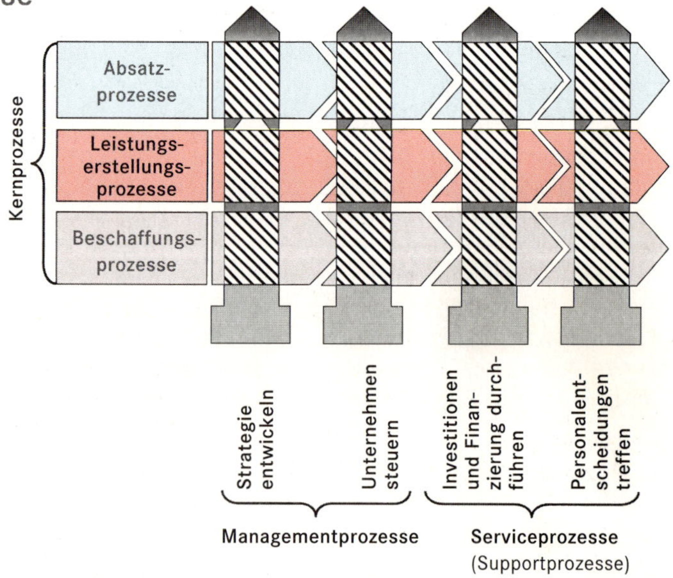

Die nebenstehende Abbildung dient der Standortbestimmung des Kapitels **Leistungserstellungsprozesse planen, steuern und kontrollieren.** Sie hebt die Einordnung des Kernprozesses „Leistungserstellung“ in das Schaubild als einer der drei Kernprozesse besonders hervor. Dieser Kernprozess ist gekennzeichnet durch ein hohes Maß an betrieblicher Wertschöpfung.

Isoliert man den Leistungserstellungsprozess aus obigem Schaubild heraus und gliedert ihn stufenweise zunächst in **Planungsprozesse, Steuerungsprozesse** und **Controllingprozesse** und diese wiederum in feinnervigere Subprozesse (Teilprozesse), dann erhält man die nebenstehende Übersicht, mit deren Hilfe zugleich eine Zuordnung zwischen den einzelnen Subprozessen und deren betriebswirtschaftlichen Inhalten möglich ist.

1 Zum Gesamtkonzept betrieblicher Geschäftsprozesse vgl. Lernfeld 1, Kapitel 2, Seite 27 ff.

	Sub-Prozesse	Betriebswirtschaftliche Inhalte

Planungsprozesse

Produktentstehung

- Prozesse zur Entwicklung eines neuen Produkts
- Forschung und Entwicklung
- Prozesse der Produktgestaltung und Produktentwicklung
- Produktdokumente: Konstruktionszeichnung, Grafischer Baum, Basisstückliste, Teileverwendungsnachweis, Basisarbeitsplan.
- Planung des Produktprogramms

Produkt schützen

- Rechtsschutz der Erzeugnisse
  - Patent, Gebrauchs- und Geschmacksmuster, Marken- und sonstige Kennzeichen, Gütezeichen

Planung des Fertigungsverfahrens

- Fertigungsverfahren
  - nach dem Einsatz menschlicher Arbeitskraft
  - nach der Menge gleichartiger Erzeugnisse
  - nach der Fertigungsorganisation

Steuerungsprozesse

Produktionprozessplanung

- Bestandsarten
- Bedarfsarten
- Verfahren der Bedarfsermittlung
- Bruttobedarfsrechnung
- Nettobedarfsrechnung
- Grobterminierung (Vorlaufverschiebung)
- Bündelung der Bedarfe zu Losen und die Feinterminierung
- Kapazitätsbelegungsplan/Kapazitätsausgleich

Produktionsprozesssteuerung

- Auftragsveranlassung
- Fertigungsdokumente
- Auftragsüberwachung mit Hilfe der Betriebsdatenerfassung

Controllingprozesse

Produktionscontrolling

- Zusammenhänge zwischen Kosten und Beschäftigungsgrad
- Betriebliche Kennzahlen
  - Produktivität und Wirtschaftlichkeit
  - Rentabilität
  - Kennzahlen zur Beurteilung der Prozessqualität
- Rationalisierung
  - Einzelmaßnahmen der Rationalisierung
  - Ganzheitliche Rationalisierungsansätze
- Umweltschutz
- Qualitätsmanagement

3 Produktentstehung

3.1 Überblick

Im Folgenden gehen wir von einem weit gefassten Produktbegriff aus.

Merke:

Unter **Produkte** werden sowohl **Sachgüter** als auch **Dienstleistungen** verstanden. Entwicklung, Produktion und Absatz der Produkte stellen einerseits das **Sachziel der Unternehmung** dar und andererseits sind die Produkte die **Erfolgsträger der Unternehmenspolitik.**

Der Planungsprozess der Produktentstehung umfasst fünf Schritte. Zunächst gilt es die Planung zur Entwicklung neuer Produkte aufzunehmen (vgl. Kapitel 3.2.1), durch die Abteilung Forschung und Entwicklung abzusichern (vgl. Kapitel 3.2.2) und „Probeprodukte" zu erstellen (vgl. Kapitel 3.2.3). Entscheidet sich die Unternehmensleitung zur Aufnahme der neuen Produkte in das bestehende Produktprogramm, werden in einem weiteren Schritt die für die Planung des Produktionsprozesses erforderlichen Produktdokumente erstellt (vgl. Kapitel 3.2.4). Im letzten Schritt der Produktentstehung werden die neuen Produkte in das bestehende Produktprogramm eingegliedert (vgl. Kapitel 3.2.5).

3.2 Prozesse zur Entwicklung eines neuen Produkts

3.2.1 Ablauf der Produktplanung

Die **Produktplanung** ist zunächst ein **strategischer Prozess** und kann grundsätzlich in vier Teilschritte aufgegliedert werden: (1) Anstoß zur Produktplanung, (2) Suche nach Produktideen und Auswahl von Produktvorschlägen, (3) Auswahl von Entwicklungsaufträgen und (4) Produktauswahl und Produktionsfreigabe. Die Vergabe von Entwicklungsaufträgen (z.B. an die F&E-Abteilung) führt zu einer **Projektplanung** und **Projektrealisierung** und ist damit **operativ** ausgerichtet.

(1) Anstöße zur Produktplanung

Eine ergebnisorientierte Unternehmensführung achtet ständig auf den Lebenszyklus[1] der einzelnen Produkte und ermittelt zukünftige Wachstumslücken. Für einzelne Produktkategorien musste in den letzten Jahren eine wesentlich kürzere Lebensdauer als früher üblich festgestellt werden, sodass eine entsprechende Verkürzung der Forschungs- und Entwicklungsphase für neue Produkte (Innovationszeit) notwendig wird. Daraus leitet sich ein ständiger Zwang ab, neue Produktideen zu generieren (entwickeln).

(2) Suche nach Produktideen und Auswahl von Produktvorschlägen

Die Suche nach neuen Produkten ist die gedankliche Vorwegnahme möglicher Problemlösungen durch neue Produkte oder die Imitation[2] bereits vorhandener Produkte. Bei der Entwicklung von Produktideen kann die Unternehmung grundsätzlich zwei Wege einschla-

1 Vgl. Band „Betriebswirtschaft – Fachstufe", Lernfeld 4, Kapitel 2.3.2.

2 Imitation (lat.): Nachahmung.

gen: entweder sie sammelt systematisch Produktideen, die mehr oder weniger zufällig entstanden sind oder sie beauftragt eine Institution (z. B. F&E-Abteilung, wissenschaftliches Institut einer Universität) mit der gezielten „Produktion“ von Ideen.

Die gesammelten Produktideen werden systematisch aufbereitet und bewertet, um daraus anschließend einen detaillierten **Produktvorschlag** abzuleiten. Der Produktvorschlag enthält z. B. den möglichen Einsatzbereich des Produkts, die technischen Daten für die Produktion, das voraussichtliche Marktvolumen sowie eine grobe Kosten-/Erlös-Prognose.

(3) Auswahl von Entwicklungsaufträgen

Die Produktvorschläge werden in der dritten Stufe der Produktplanung bewertet. Häufig werden so genannte **Produktbewertungsprofile** erstellt, die einen Überblick über Stärken und Schwächen der einzelnen Produktvorschläge geben.

Beispiel:[1]

	sehr gut (6)	gut (4)	durchschnittl. (2)	schlecht (0)	sehr schlecht (- 2)	Punktzahlen	Gewichtungsfaktoren	Gewichtete Punktzahlen
Absatzeignung:								
Markteignung	●					6	2	12
Vertriebseignung	●					6	2	12
Produktionseignung:								
Verfahrensbeherrschung			●			2	2	4
Kapazitätsbeanspr.		●				4	1,5	6
Beschaffungseignung:								
Rohstoffverfügbarkeit		●				4	1,5	6
Lieferantenabhängigkeit			●			2	1	2
FuE-Eignung:								
Know-how d. Mitarbeiter			●			2	1	2
techn. Ausstattung					●	- 2	1	- 2
Kapitalbindung:								
Anlagevermögen			●			2	0,5	1
Umlaufvermögen		●				4	0,5	2
Ergebnisbeiträge nach produktspezifischen fixen Kosten (ggf. incl. Lizenzk.)	●					6	2	12
GESAMTEIGNUNG								57

Produktbewertungsprofil

1 Nach: Hahn, D./Laßmann, G.: Produktionswirtschaft, 3. Aufl. Heidelberg 1999, S. 220. Beim Produktbewertungsprofil handelt es sich um einen Mehrfaktorenvergleich (Scoring-Modell).

Die ausgewählten Produktvorschläge werden sodann als Entwicklungsaufträge dem Bereich Forschung und Entwicklung zugeleitet, der den Produktvorschlag zu realisieren hat. Die Produktrealisierung ist beendet, wenn das neue Produkt nach Prototyp und Tests als marktreif zu bezeichnen ist.

(4) Produktauswahl und Produktionsfreigabe

In dieser vierten Stufe der Produktplanung wird das Produkt nochmals anhand von monetären und nichtmonetären Kriterien überprüft. Anschließend erfolgt dann im Rahmen der Programmplanung und -entscheidung die Freigabe zur Produktion.

3.2.2 Forschung und Entwicklung

3.2.2.1 Grundsätzliches

Im Rahmen der Produktplanung ist die **Forschung und Entwicklung (F&E)** eine wesentliche Grundlage für Produkt- und Verfahrensinnovationen. In Anlehnung zum Begriff der industriellen Produktion kann F&E als **Produktion neuen Wissens** definiert werden.

Große Unternehmen besitzen meistens eigene Forschungs- und Entwicklungsabteilungen. Kleinere Unternehmen beauftragen oft außerbetriebliche Institutionen wie z. B. Universitäten und private Forschungs- und Entwicklungsunternehmen.

Forschung und Entwicklung sind teuer und mit Risiken behaftet. So ist es z. B. möglich, dass sich eine Produktidee technisch (noch) nicht realisieren lässt, kein ausreichendes Marktinteresse vorliegt, oder dass die Herstellung des neuen Produkts zu teuer ist. Um die Forschungs- und Entwicklungskosten in Grenzen zu halten, schließen sich häufig mehrere Unternehmen zu Forschungsgemeinschaften zusammen.

3.2.2.2 Forschung

(1) Begriff

Merke:

Unter **Forschung** versteht man das Herausfinden, Bestimmen und Festlegen von Wirkungszusammenhängen mit Hilfe naturwissenschaftlicher Methoden mit dem Ziel, das Wissen zu erweitern.

(2) Arten

- **Grundlagenforschung**

Die Grundlagenforschung dient der Erweiterung des Wissens. Sie will Erkenntnisse **grundlegender** Art gewinnen. Trotz der nicht zweckbezogenen Aufgabe der Grundlagenforschung erhofft man sich von ihr – vor allem wenn es sich um die **betriebliche** Grundlagenforschung handelt – Ergebnisse, die auch wirtschaftlich genutzt werden können.

- **Angewandte Forschung**

Im Gegensatz zur Grundlagenforschung ist die angewandte Forschung auf die wirtschaftliche Verwertbarkeit ihrer Ergebnisse gerichtet. Die angewandte Forschung wird vor allem von Industrieunternehmen getragen. Die Ergebnisse der angewandten Forschung können rechtlich geschützt werden.

3.2.2.3 Entwicklung

Merke:

Entwicklung ist die zweckgerichtete Auswertung und Anwendung von Forschungsergebnissen in technischer und wirtschaftlicher Hinsicht.

Die Entwicklung ist ein Teilbereich der Produktpolitik Sie besteht aus der Weiterentwicklung bereits eingeführter Produkte, der Entwicklung neuer Produkte und der Entwicklung der erforderlichen Fertigungsverfahren.

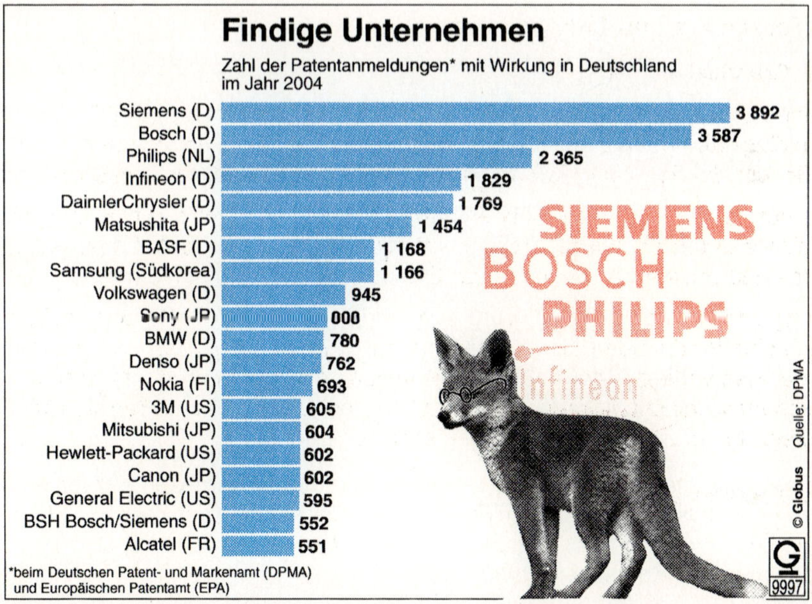

Die Liste der großen Patentschmieden liest sich wie ein „Who's who" der deutschen Wirtschaft. Sie wird angeführt von Siemens: Im Jahr 2004 meldete der Münchner Elektro- und Elektronik-Riese 3 892 Patente mit Wirkung in Deutschland an – durchschnittlich rund 14 pro Arbeitstag. Registriert werden die Erfindungen beim Deutschen Patent- und Markenamt sowie beim Europäischen Patentamt. Platz zwei belegte Bosch mit 3 587 Patenten. Infineon lag mit 1 829 Anmeldungen hinter Philips an vierter Stelle. Insgesamt tauchen unter den 20 größten Patentmeldern des vergangenen Jahres acht deutsche Namen auf; fünf Unternehmen stammen aus Japan, drei aus den USA, je eines hat seinen Sitz in den Niederlanden, in Südkorea, in Finnland und in Frankreich.

3.2.3 Prozesse der Produktgestaltung und Produktentwicklung

(1) Produktgestaltung und Kostenentwicklung

Bei der Gestaltung eines neuen Erzeugnisses ist der gesamte Produktlebenszyklus in den Gestaltungsprozess einzubeziehen, da die späteren Phasen des Lebenszyklus bereits im Entwurf des Erzeugnisses berücksichtigt werden müssen. Dies ist insbesondere deshalb wichtig, weil Änderungen an der Konzeption des Erzeugnisses immer teurer werden, je später sie in der Produktentwicklung eingeleitet werden. Änderungen an der Produktidee sind nahezu gratis, während Änderungen in einer angelaufenen Serienproduktion unter Umständen mit teuren und rufschädigenden Rückrufaktionen verbunden sein können.

Die nachfolgende Grafik zeigt den Zusammenhang zwischen Gestaltungsspielraum und Kosten einer Konzeptänderung in Abhängigkeit von der Phase der Produktentwicklung.

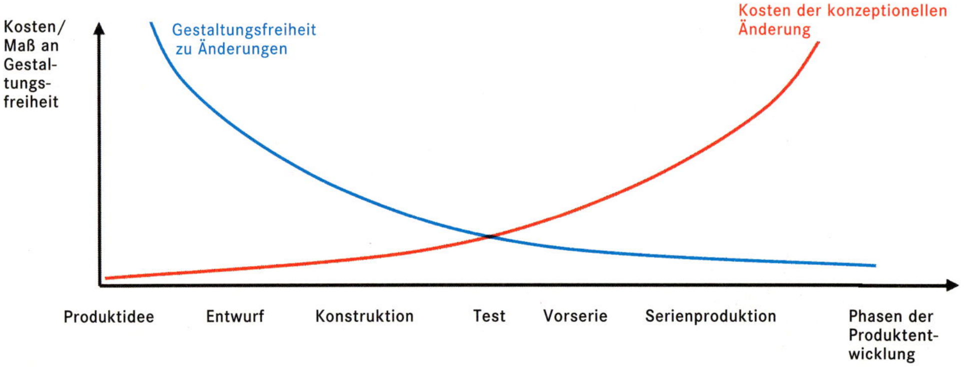

Man erkennt, dass in der Phase der „Produktidee“ Änderungen kaum Kosten verursachen, da sie noch „im Kopf“ stattfinden. Der Entwickler hat also noch ein hohes Maß an Gestaltungsfreiheit. Mit zunehmendem Reifegrad der Produktentwicklung gewinnt der Konstrukteur dann Erkenntnisse über die Machbarkeit seiner Idee, ob er der richtigen Idee oder einem Irrweg gefolgt ist. Gleichzeitig wird der Entwickler jedoch in seinen Freiheitsgraden mehr und mehr eingeschränkt, denn notwendige Änderungen werden immer teurer. Darüber hinaus entscheiden die Festlegungen im Rahmen der Konstruktion darüber, inwieweit das Erzeugnis fertigungsgerecht ist. Der Konstrukteur trägt somit ein besonders hohes Maß an Kostenverantwortung.

(2) Produktentwicklung

■ Überblick

Die Produktentwicklung lässt sich in weitere Subprozesse untergliedern. Im Mittelpunkt dieses Prozesses steht die **Konstruktion.** In dieser Entwicklungsphase müssen bereits die Einflussfaktoren berücksichtigt werden, die erst in den späteren Phasen des Lebenszyklus wirksam werden. Die nachfolgende Funktionskette zeigt, auf welche Weise die Entwicklungs- und Lebensphasen eines Erzeugnisses bereits im Voraus im Rahmen der Konstruktion berücksichtigt werden müssen.

In der senkrechten Anordnung zeigt das Schaubild auf S. 143 die Phasen des Produktlebenszyklus, wobei der Prozess der Produktentwicklung besonders hervorgehoben ist. Diese Wirkungsrichtung ist durch die rückführenden Pfeile dargestellt.

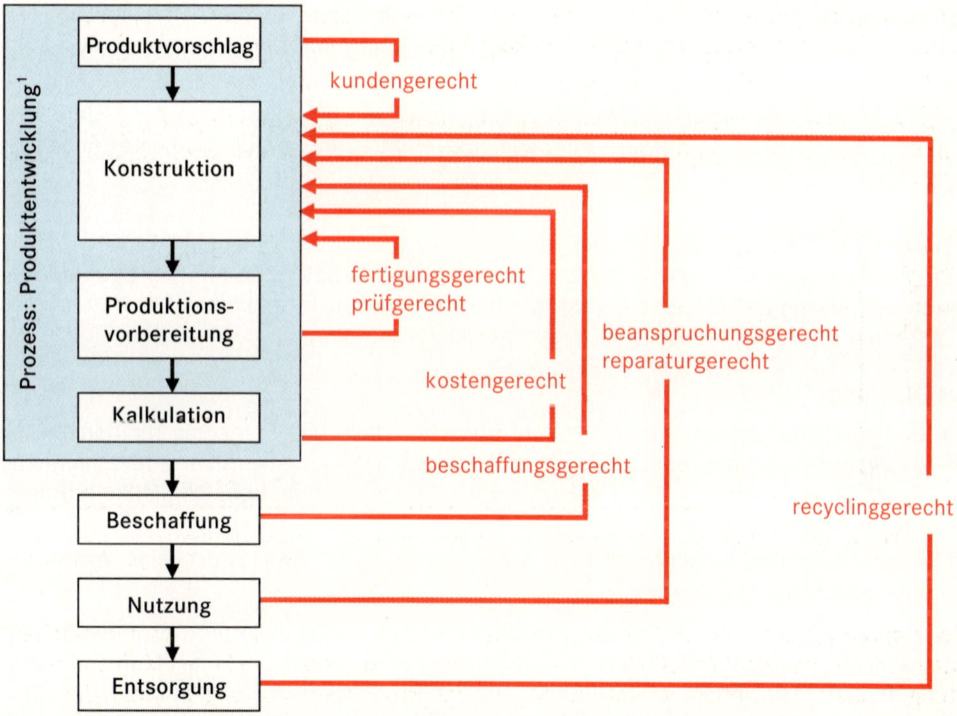

Im Einzelnen lassen sich folgende **Wirkungen** auf die **Konstruktion** erkennen:

- **Produktionsvorbereitung:**

Hier sind eine Fülle von Faktoren zu berücksichtigen. Nachfolgend werden beispielhaft einige wichtige Faktoren vorgestellt:

- **Normierte Passstellen.** Bei einem Pkw, der mit unterschiedlichen Motorvarianten geliefert werden kann, müssen alle Motorblöcke an jener Stelle einheitlich konstruiert sein, an denen der Motor in der Karosserie aufgehängt wird.
- **Fertigungsgerechte Materialien.** Montageroboter können z. B. weiche Teile (Membran) nicht greifen. Hier müssen Materialien verwendet werden, welche die gewünschte Funktion erfüllen und gleichzeitig „robotergerecht" sind.
- **Rückgriff auf bereits konstruierte Komponenten.**[2] Dies erspart sowohl erheblichen Konstruktions- und Entwicklungsaufwand als auch Fertigungskosten. Bereits die Bildung von Teilefamilien[3] trägt zur Kostensenkung bei.
- **Berücksichtigung von Toleranzgrenzen.** Sinnvoll ist es, nur jene Toleranzgrenze zu fordern, die für die Funktion des Erzeugnisses notwendig ist. Exaktere Toleranzen werden in der Regel nur mit teureren Maschinen erreicht. Damit steigen die Fertigungskosten.

1 Vgl. Scheer, A. W.: Wirtschaftsinformatik, 2. Aufl., Berlin 1997, S. 533.
2 Komponente: Teil.
3 Das sind Teile, die in Bezug auf eine oder mehrere Eigenschaften untereinander gleich sind.

Kalkulation

Die Herstellkosten des Erzeugnisses werden in starkem Maße beeinflusst durch die Art des verwendeten Materials und die damit verbundenen Herstellungsverfahren. So lassen sich z. B. Tanks aus Kunststoff kostengünstig durch ein Blaseverfahren herstellen. Darüber hinaus sind Kunststofftanks eher geeignet, Hohlräume im Unterbau eines Auto auszunutzen.

Beschaffung

Die Anforderungen an das Vormaterial (Roh-, Hilfs- und Betriebsstoffe, Fertigteile, Baugruppen) lassen sich in einem **Lastenheft** (siehe unten) formulieren. Mit Hilfe dieses Lastenheftes erfolgt die Auswahl möglicher Lieferanten.

Nutzung

- **Beanspruchungsgerecht.** Der Kunde erwartet, dass das Erzeugnis für den Zweck geeignet ist, für den er es gekauft hat. Je nach Erzeugnis werden unterschiedliche Erwartungen gestellt wie z. B. Robustheit, vielfältige Kombinationsmöglichkeit, Stabilität, Leichtigkeit usw.
- **Reparaturgerecht.** Hier fördert z. B. die konsequente Modulbauweise eine rasche und kostengünstige Reparatur.

Entsorgung

Die Verwendung weniger, sortenreiner Materialien und eine demontagegerechte Konstruktion (schrauben statt schweißen, zerstörungsfreie Demontage) unterstützen eine kostengünstige Entsorgung. Allerdings befindet sich der Konstrukteur hier unter Umständen in einem Dilemma[1]. So wird z. B. bei einem Autounfall von der Karosserie ein hohes Maß an Verformbarkeit zur Energieverzehrung erwartet, ohne dass sich allerdings die Struktur des Autos auflöst. Gerade Letzteres wird aber bei der Entsorgung gewünscht.

Einen wertvollen Beitrag zu einer rationellen Produktentwicklung leistet das **Lastenheft.** Es beinhaltet aus der **Sicht des Anwenders** bzw. **des Kunden** alle Anforderungen, die das Erzeugnis erfüllen soll. Das Lastenheft ist Basis für Ausschreibungen und Verhandlungen mit den Zulieferern. Es klärt, **WAS** verlangt wird und **WOFÜR** etwas verlangt wird.

Aus dem Lastenheft entwickelt sich das **Pflichtenheft.** Es wird vom Auftragnehmer erstellt und beschreibt, **WIE** und **WOMIT** die im Lastenheft formulierten Anforderungen gelöst werden. Es ist Basis für die vertragliche Vereinbarung zwischen Auftraggeber und Auftragnehmer.

Lastenheft und Pflichtenheft stehen am Beginn der Produktentwicklung.

Zusammenfassung

- Unter **Produkten** werden sowohl Sachgüter als auch Dienstleistungen verstanden.

1 Dilemma: Wahl zwischen zwei (unangenehmen) Dingen; Zwangslage.

- Der Ablauf der Produktplanung und der Produktentwicklung sind aus der nachfolgenden Tabelle zu entnehmen.[1]

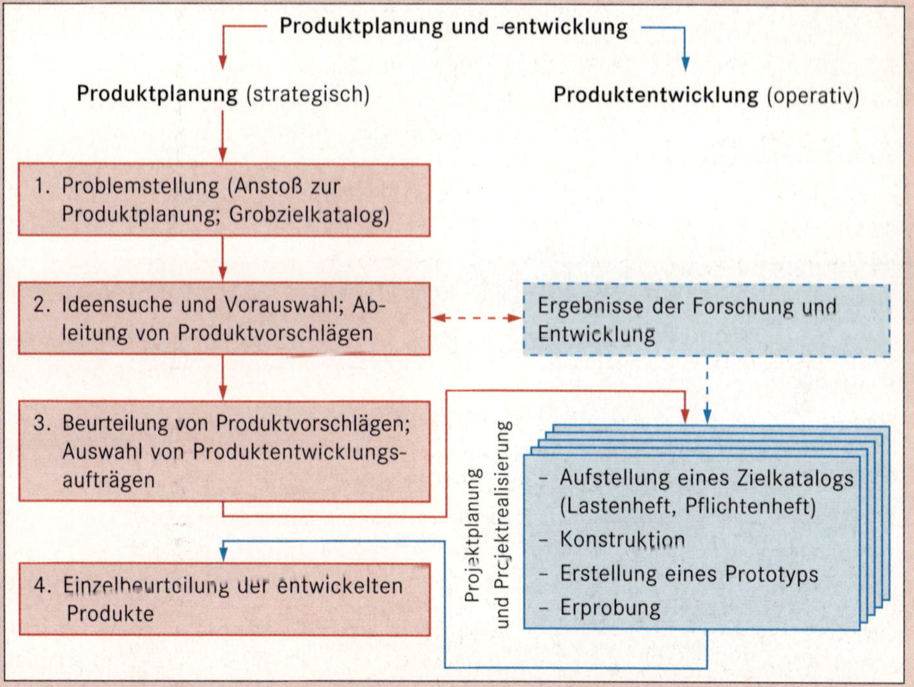

- Die **Aufgabe** von **Forschung** und **Entwicklung** ist es, systematisch nach neuem Wissen und nach neuen Erkenntnissen zu suchen. In einem Industriebetrieb bedeutet dies, neue Produkte zu entwickeln bzw. bestehende kontinuierlich zu verbessern.
  - **Grundlagenforschung** hat das Ziel, das Grundwissen auf einem bestimmten Gebiet zu mehren. Sie richtet sich nicht auf eine konkrete wirtschaftliche Verwertungsmöglichkeit aus. Häufig ist die Grundlagenforschung an den Universitäten angesiedelt, um sicherzustellen, dass das Wissen der gesamten Volkswirtschaft zur Verfügung steht.
  - **Angewandte Forschung** richtet sich auf die wirtschaftliche Verwertbarkeit von Erzeugnissen aus und ist typisch für betriebliche Forschungsaktivitäten.
  - **Entwicklung** ist die zielgerichtete Auswertung und Anwendung von Forschungsergebnissen zum Nutzen des eigenen Unternehmens.

- Am **Beginn der Produktentwicklung** steht oftmals ein Lasten- und Pflichtenheft.
  - Das **Lastenheft** beschreibt die Anforderungen aus der **Sicht des Kunden** und klärt, **was** und **wofür** etwas verlangt wird.
  - Im **Pflichtenheft** beschreibt der **Auftragnehmer, wie** und **womit** er die im Lastenheft formulierten Anforderungen erfüllen will.

---

1 Nach: Hahn, D./Laßmann, G: Produktionswirtschaft, 2. Aufl., Heidelberg 1999, S. 213.

10 Speth u.a. – ISBN 978-3-8120-0555-5

- Im Mittelpunkt der **Produktentwicklung** steht die **Konstruktion.**
- Mit zunehmendem Fortschritt in der Produktentwicklung
  - steigen die Kosten für Konstruktionsänderungen,
  - sinkt die Gestaltungsfreiheit des Konstrukteurs.
- Festlegungen im Rahmen der Konstruktion haben auf die nachfolgenden Phasen des Lebenszyklus der Produkte erhebliche **Konsequenzen in Bezug auf die Kosten,** insbesondere auf die Kosten der Herstellung, der Reparatur und der Entsorgung.

Übungsaufgaben

29 1. Betrachten Sie die Abbildung auf Seite 136 und zeigen Sie anhand von zwei eigenen Beispielen zwei Schnittstellen zwischen dem Kernprozess „Leistung erstellen" und den anderen Prozessen!

2. Beschreiben Sie den Ablauf der Produktplanung und zeigen Sie den Zusammenhang mit der Produktentwicklung auf!

3. Für Forschung und Entwicklung werden erhebliche Mittel aufgewendet.

   Aufgaben:

   3.1 Begründen Sie die Notwendigkeit von Forschung und Entwicklung aus der Sicht eines Industriebetriebs!

   3.2 Worin unterscheiden sich die Begriffe Forschung und Entwicklung?

30 1. Beschreiben Sie, weshalb der Konstruktion ein besonderes Maß an Kostenverantwortung zukommt!

2. Veranschaulichen Sie grafisch das Problem des Konstrukteurs mit fortschreitender Produktentwicklung zwischen steigenden Kosten und sinkender Gestaltungsfreiheit!

3. Zeigen Sie auf, in welcher Weise nachfolgende Phasen des Produktlebenszyklus bereits im Rahmen der Konstruktion berücksichtigt werden müssen!

3.2.4 Produktdokumente

3.2.4.1 Überblick

Die Schaffung der Produktdokumente hat das Ziel, das Erzeugnis in seinem **strukturellen Aufbau** (seinen Komponenten) darzustellen. Die Darstellung erfolgt entweder grafisch oder in Tabellen.

(1) Erfassung des strukturellen Aufbaus

Die Fragestellung heißt: Aus welchen Komponenten (Einzelteilen, Baugruppen) besteht das Erzeugnis und wie lässt sich der Aufbau des Erzeugnisses stufenweise gliedern? Über jedes Erzeugnis wird zunächst eine **Konstruktionszeichnung** angefertigt, die das Erzeugnis grafisch darstellt (Kapitel 3.2.4.2). Aus der Konstruktionszeichnung wird anschließend ein **grafischer Baum** erstellt, der den logischen Aufbau der Erzeugnisse aus Baugruppen und Einzelteilen ausweist (Kapitel 3.2.4.3). Auf der Basis der Kontruktionszeichnung erstellt der Konstrukteur **Stücklisten.** Stücklisten sind Verzeichnisse der in den Zeichnungen enthaltenen Teile (Kapitel 3.2.4.4). Da die Stücklisten keine Auskunft darüber geben, auf welche Weise das Erzeugnis zusammengesetzt wird, ist noch ein **Arbeitsplan** (Kapitel 3.2.4.6) zu erstellen. Der **Teileverwendungsnachweis** stellt eine Umkehrung der Denkrichtung aus der Stückliste dar und beantwortet die Frage, in welchen übergeordneten Komponenten ein bestimmtes Teil verwendet wird (vgl. Kapitel 3.2.4.5).

(2) Bildhafte Darstellung des Erzeugnisses bzw. der Komponenten

Je nachdem, welche Aufgabenstellung die Arbeitskraft zu erledigen hat, rücken bei der Darstellung unterschiedliche Anforderungen in den Vordergrund.

Funktion:	In den Bereichen Konstruktion und Produktion ist es besonders wichtig, eine Vorstellung über die Funktionsweise eines Erzeugnisses zu erhalten. Dafür eignen sich vorrangig die Darstellungsarten der Gesamt- und Einzelteilzeichnungen und der Erzeugnisstruktur.
Montage:	Im Rahmen der Endmontage ist es für die Arbeitskraft hilfreich zu wissen, wie und in welcher Reihenfolge der Zusammenbau der Einzelteile/Baugruppen zu erfolgen hat. Hierfür dienen so genannte Montagezeichnungen.
Disposition:	Die Materialwirtschaft und die Lagerhaltung benötigen Informationen über den mengenmäßigen Bedarf von nachgeordneten Baugruppen und Teilen sowie über deren Verwendungsmöglichkeit. Daher finden dort Stücklisten und Teileverwendungsnachweise ihren Einsatz.

3.2.4.2 Konstruktionszeichnung

(1) Grundsätzliches

Die Konstruktionszeichnung ist eine grafische Darstellung des Erzeugnisses. Sie zeigt die Lage der Teile zueinander, ihre Funktion, die Maße, evtl. Leistungen, Toleranzen in der Oberflächenbeschaffenheit und Normen. Dargestellt wird in der Regel eine Vorder-, Seiten- und Draufsicht. Damit erhält der Benutzer eine Vorstellung über die räumliche Gestalt des Produkts. Weiterentwicklungen im CAD-Bereich[1] erlauben 3-D-Darstellungen, Farbe, Licht- und Schatteneffekte, Zoom-Einstellungen, Drehungen um jede beliebige Achse. Mit Hilfe spezieller Verfahren können Berechnungen durchgeführt werden, z. B. das Biegeverhalten von Trägern, das Crash-Verhalten von Karosserien. Auf diese Weise lässt sich durch Simulation am Computer das Verhalten des Endprodukts vorausberechnen. Das erspart kostspielige Versuche mit Testmodellen und verkürzt die Entwicklungszeit.

1 Vgl. hierzu Band „Betriebswirtschaft – Fachstufe", Lernfeld 2, Kapitel 7.5.3.2.

In der Phase der Konstruktion werden die Herstellkosten des Produkts weitestgehend bestimmt, d. h., durch die konstruktionsbedingte Festlegung des Erzeugnisses entscheidet der Konstrukteur auch über die Materialart, den logischen Aufbau des Erzeugnisses, seine Kombinationsfähigkeit mit anderen Produkten im Rahmen eines Baukastensystems.

Um dem hohen Maß an Kostenverantwortung Rechnung zu tragen, hat der Verein deutscher Ingenieure eine Richtlinie erlassen, welche die Konstruktion technischer Systeme und Produkte in einen Vorgehensplan einbettet. Dieser umfasst die vier Phasen Planen, Konzipieren, Entwerfen und Ausarbeiten.

Beispiel:

Im Folgenden stellen wir ein Erzeugnis der Weber Metallbau GmbH vor. Die Weber Metallbau GmbH hat sich auf den Bereich der Bautechnik spezialisiert, insbesondere auf die Herstellung von Brandschutztüren, Fassadenbau, Geländer- und Treppenbau. Sie führt in einem Nebenprogramm auch Arbeitstische. Die nachfolgenden Konstruktionszeichnungen sind Beispiele für Gesamtzeichnung, Baugruppenzeichnung und Einzelteilzeichnung zum Arbeitstisch T160 (Grafischer Baum siehe S. 149 f.).

(2) Gesamtzeichnung des Arbeitstisches T160

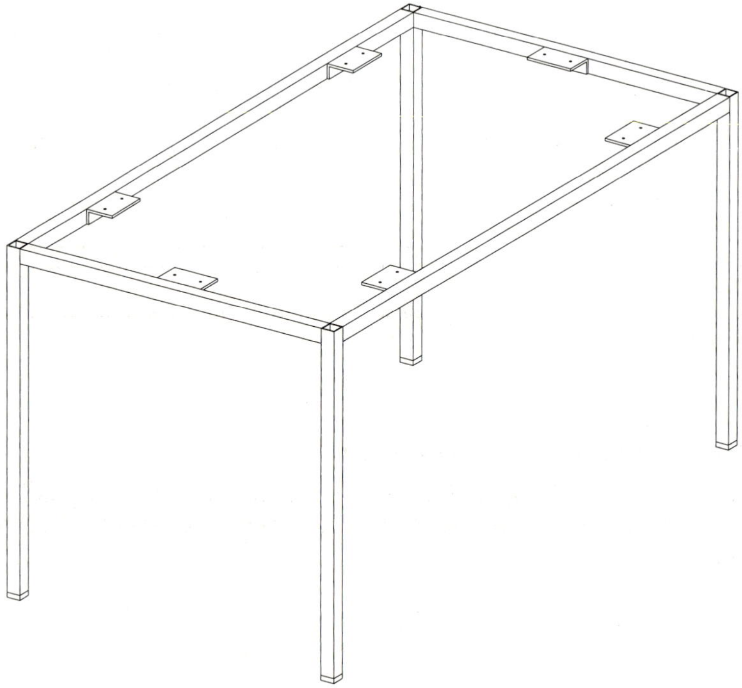

(3) Baugruppenzeichnung für Seitenkomponente 210 104

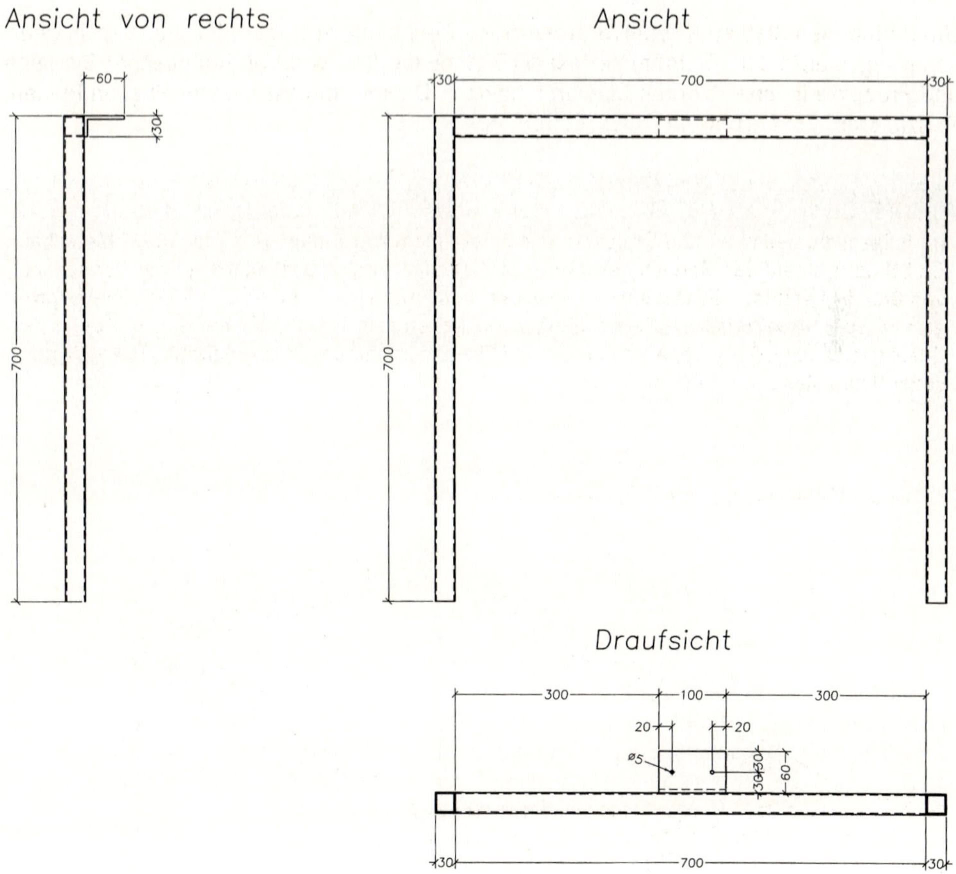

3.2.4.3 Grafischer Baum (Erzeugnisstruktur)

Er ist eine grafische Darstellung des Erzeugnisses, wobei nicht die Form des Erzeugnisses im Vordergrund steht, sondern der logische Aufbau des Erzeugnisses aus Baugruppen und Einzelteilen.

Für den Arbeitstisch T160 wurde vom Konstrukteur folgender **struktureller Aufbau** festgelegt:

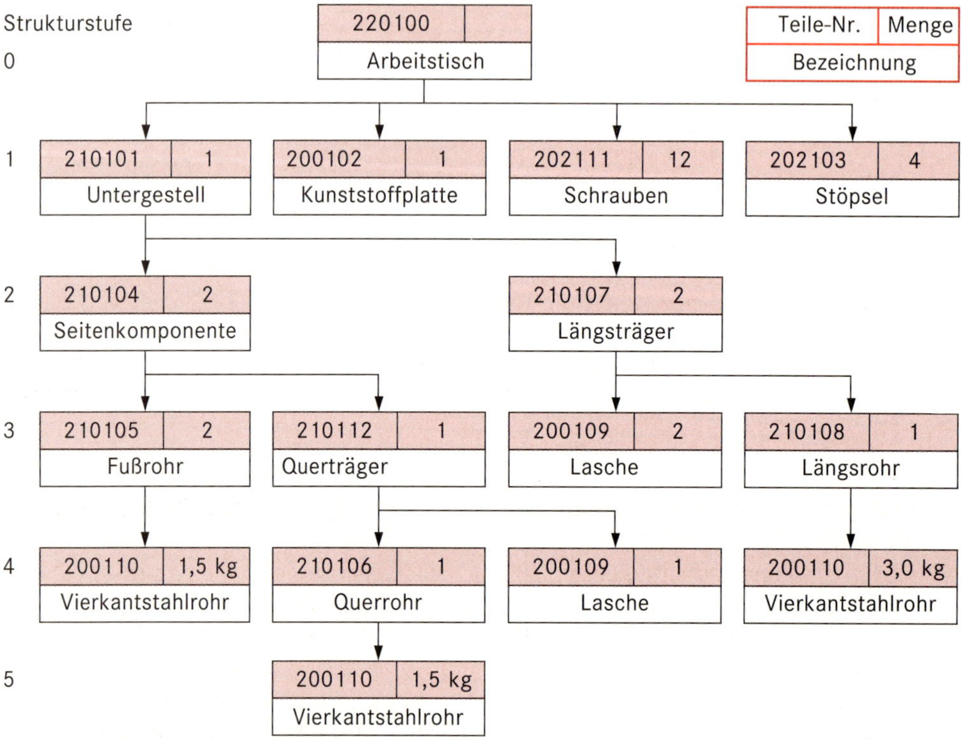

Beschreibung der Erzeugnisstruktur:

In der Endmontage auf der Strukturstufe 1 werden für den Zusammenbau des Arbeitstischs ein Untergestell, eine Kunststoffplatte, 12 Schrauben und 4 Stöpsel benötigt. Das Untergestell wiederum setzt sich aus jeweils 2 Seitenkomponenten und 2 Längsträgern zusammen. Denkbar ist auch die Bildung von anderen Baugruppen, z. B. die Verbindung von 2 Längsträgern (in diesem Fall bestehend aus 2 Fußrohren und dem Längsrohr) und einem Querträger. Die jetzige Strategie erlaubt es jedoch, mehrere Varianten dieses Grunderzeugnisses kostengünstiger herzustellen, z. B. quadratische Tische oder Tische in Trapezform. Die Mengenangaben beziehen sich auf jeweils **eine Einheit** der übergeordneten Komponente, dies bedeutet z. B., **ein Untergestell** (übergeordnete Komponente) besteht aus zwei Seitenkomponenten und jeweils **eine Seitenkomponente** (als übergeordnete Komponente) besteht wiederum aus zwei Fußrohren.

3.2.4.4 Stücklisten

(1) Begriff, Aufbau und Arten

■ **Begriff**

Auf Basis der Konstruktionszeichnung erstellt der Konstrukteur Stücklisten.

> **Merke:**
>
> **Stücklisten** sind Verzeichnisse der in den Zeichnungen enthaltenen Teile.

Aufbau

Eine Stückliste hat folgenden grundsätzlichen Aufbau:

Teile-Nummer	*210104*	
Bezeichnung	*Seitenkomponente*	
Teile-Nummer	**Bezeichnung**	**Menge**
210112	Querträger	1
210105	Fußrohr	2

Kopfteil mit Angaben zu dem Erzeugnis, das zergliedert wird.

Tabellenteil mit Angaben zu den Komponenten, die im Erzeugnis des Kopfteils enthalten sind.

Die Zusammenstellung aller Baugruppen, Einzelteile und Werkstoffe eines Produkts bezeichnet man als **Konstruktionsstückliste** (Basisstückliste, Gesamtstückliste). Bei ihrer Erstellung berücksichtigt der Konstrukteur sowohl fertigungstechnische als auch absatzwirtschaftliche Fragestellungen, z. B.: „Welche Art der Baugruppenbildung erlaubt die kostengünstigste und vielseitigste Art der Bildung von Produktvarianten?" Aus der Konstruktionsstückliste werden je nach Aufgabenstellung verschiedene andere Stücklistentypen abgeleitet.

Arten

- Nach dem **Aufbau der Stückliste** untergliedert man in Mengenübersichtsstücklisten und in Strukturstücklisten.
  - **Mengenübersichtsstücklisten** weisen alle Baugruppen und Einzelteile auf, die direkt oder indirekt in das Produkt eingehen. Sie sind nicht auf Fertigungsstufen ausgerichtet und sind deshalb nicht dafür geeignet, einzelne Produktionsaufträge zu planen.[1]
  - **Strukturstücklisten**[2] richten sich an den konstruktiv zusammengehörenden Baugruppen aus. Eine wichtige Strukturstückliste ist die Baukastenstückliste.

  Mengenübersichts- bzw. Strukturstücklisten bezeichnet man auch als **Aufbaustücklisten.**

- Stücklisten können auch nach dem **Verwendungszweck** untergliedert werden. Die nachfolgende Übersicht zeigt beispielhaft auf, wie Stücklisten eingesetzt werden können.

Wer verwendet Stücklisten?	Wofür werden Stücklisten verwendet?
Materialdisposition	Kundenaufträge beziehen sich in ihren Mengenangaben auf Enderzeugnisse. Um den Bedarf nachgeordneter Komponenten zu berechnen, muss die Auftragsmenge über alle Stücklistenstufen heruntergerechnet werden. (Siehe Bedarfsermittlung, Kapitel 5.2.3, S. 188 ff.)
Lager	Bereitstellung des Materials für die Produktion.
Einkauf	Bedarfsermittlung der Fremdteile.
Ersatzteilwesen	Grundlage für Ersatzteilhaltung.
Kalkulation	Vorkalkulation.

1 Siehe S. 155.
2 Siehe S. 154.

Aus der Beantwortung der Frage, wofür Stücklisten von den jeweiligen Stellen verwendet werden, ergeben sich mehrere Formen von Stücklisten. Diese unterscheiden sich im Wesentlichen dadurch, dass sie unterschiedliche Zusatzinformationen aus der Teilestammdatei enthalten. So enthält z. B. die **Dispositionsstückliste** die Lagerorte, die **Kalkulationsstückliste** zusätzlich die Preise. Stücklisten, die sich am Verwendungszweck ausrichten, bezeichnet man auch als **Arbeitsstücklisten.**

(2) Baukastenstückliste als Datenbasis aller Stücklisten und Verwendungsnachweise

Baukastenstücklisten sind die Grundlage der Datenspeicherung über Stücklisten. Die Datenbanktabelle enthält je Datensatz folgende Attribute:[1] Oberkomponente, Unterkomponente, Menge. Bezogen auf das Beispiel Seitenkomponente Nr. 210104 (vgl. Seite 149f.) könnte der betreffende Auszug aus der Datenbank wie folgt aussehen:

Oberkomponente **WAS?**	Unterkomponente **WORAUS?**	Menge **WIE VIEL?**
...	...	...
210104	210112	1
210104	210105	2
...	...	...

Alle anderen Stücklistenarten und Teileverwendungsnachweise werden im Moment ihres Bedarfes aus der Baukastenstückliste erstellt und für den Benutzer am Bildschirm angezeigt bzw. gedruckt. Es werden aber in der Regel **keine weiteren eigenständigen Listen** verwaltet.

(3) Baukastenstückliste aus der Sicht des Benutzers

Bei der Baukastenstückliste wird die Gesamtstruktur zerlegt in lauter einstufige Strukturen. Die Baukastenstückliste bezieht sich jeweils nur auf eine Mengeneinheit des übergeordneten Erzeugnisses und zeigt deren Auflösung auf die nächsttiefere Ebene. Wiederholbaugruppen werden nur einmal als Stückliste hergestellt und gespeichert.

Beispiel:

Die Abbildung auf S. 153 zeigt einen Auszug aus dem grafischen Baum des Arbeitstisches. Die Gesamtstruktur wird in lauter einstufige Strukturen zerlegt, die aus der übergeordneten Komponente und den Komponenten der jeweils unmittelbar tiefer liegenden Ebene bestehen.

1 Attribut (l.): Beifügung, Eigenschaft, Kennzeichen.

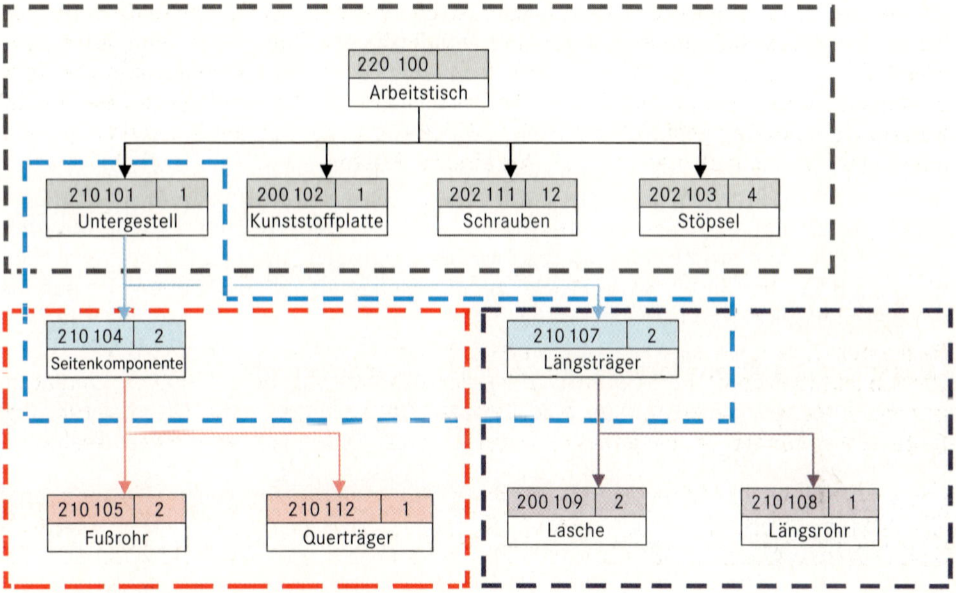

Damit leiten sich die nachfolgenden Baukastenstücklisten ab:

Baukastenstückliste		
Teile-Nr.	220 100	
Bezeichnung	Arbeitstisch	
Teile-Nr.	**Bezeichnung**	**Menge**
210 101	Untergestell	1
200 102	Kunststoffplatte	1
202 111	Schrauben	12
202 103	Stöpsel	4

Baukastenstückliste		
Teile-Nr.	210 101	
Bezeichnung	Untergestell	
Teile-Nr.	**Bezeichnung**	**Menge**
210 104	Seitenkomponente	2
210 107	Längsträger	2

Baukastenstückliste		
Teile-Nr.	210 104	
Bezeichnung	Seitenkomponente	
Teile-Nr.	**Bezeichnung**	**Menge**
210 105	Fußrohr	2
210 112	Querträger	1

Baukastenstückliste		
Teile-Nr.	210 107	
Bezeichnung	Längsträger	
Teile-Nr.	**Bezeichnung**	**Menge**
200 109	Lasche	2
210 108	Längsrohr	1

Der **Vorteil** von Baukastenstücklisten besteht darin, dass die Zusammensetzung von mehrfach verwendeten Baugruppen nur einmal dargestellt werden muss und dass der Änderungsaufwand minimiert wird. **Nachteilig** an Baukastenstücklisten ist, dass der Gesamtaufbau des Produkts nicht unmittelbar ersichtlich ist, sondern erst durch das Zusammenfügen aller Baukastenstücklisten erkennbar wird. Allerdings ist dieser Nachteil in heutiger Zeit unerheblich, da das Zusammenfügen zu einer Gesamtstruktur unter Verwaltung eines Produktionsplanungs- und -steuerungssystems direkt am Bildschirm geschieht.

(4) Strukturstücklisten

Strukturstücklisten zeigen die Aufgliederung von Produkten nach konstruktiv zusammengehörenden Baugruppen. Sie verbinden damit den Vorteil der Erzeugnisstruktur, Auskunft zu geben über den strukturellen Aufbau des Gesamterzeugnisses mit dem Vorteil der tabellenartigen Darstellung einer Stückliste. Alle Mengenangaben beziehen sich auf das im Kopfteil angegebene Erzeugnis.

Bezogen auf den Arbeitstisch ergibt sich damit folgende Strukturstückliste:

Strukturstückliste							
Teile-Nr. 220100 **Bezeichnung** Arbeitstisch							
Dispositionsstufe					**Teile-Nr.**	**Bezeichnung**	**Menge**
1	2	3	4	5			
x					210101	Untergestell	1
	x				210104	Seitenkomponente	2
		x			210105	Fußrohr	4
			x		200110	Vierkantstahlrohr	6
		x			210112	Querträger	2
			x		210106	Querrohr	2
				x	200110	Vierkantstahlrohr	3
			x		200109	Lasche	2
	x				210107	Längsträger	2
		x			200109	Lasche	4
		x			210108	Längsrohr	2
			x		200110	Vierkantstahlrohr	6
x					200102	Kunststoffplatte	1
x					202111	Schrauben	12
x					202103	Stöpsel	4

Bei der Umsetzung der Erzeugnisstruktur in die Strukturstückliste empfiehlt es sich dringend, eine bestimmte Ablaufstrategie einzuhalten. Die Arbeitsanweisung könnte wie folgt lauten:

1. Gehe in der Erzeugnisstruktur in die nächsttiefere Ebene.
2. Trage die Strukturstufe in die Stückliste ein, hier durch ein „x“. Trage Teilenummer und Teilebezeichnung ein. Ermittle die Menge durch Multiplikation der Strukturmengen aller übergeordneten Positionen mit der Mengenangabe der aktuellen Position (am Beispiel Fußrohr also: 1 x 2 x 2 = 4).

3 Hat diese Position eine tiefere Ebene? Wenn ja, gehe weiter bei 1. Wenn nein, dann:
4 hat diese Position einen Nachbarn auf derselben Ebene? Wenn ja, dann gehe zu 2. Wenn nein, dann gehe so weit nach oben, bis ein noch **nicht** abgearbeiteter Nachbar kommt, dann weiter mit 2.

(5) Mengenübersichtsstückliste

Innerhalb einer Erzeugnisstruktur kann eine Komponente mehrfach an unterschiedlichen Positionen vorkommen. In der Mengenübersichtsstückliste wird jedoch jede Komponente nur ein Mal mit ihrer kumulierten Menge aufgeführt. Sie ist daher sinnvoll bei Erzeugnissen mit einfacher Struktur, zur Vorkalkulation oder zur Materialbereitstellung, sie gibt aber keine Auskunft über den logischen Aufbau des Erzeugnisses.

Beispiel:

Mengenübersichtsstückliste		
Teile-Nr. Bezeichnung	220 100 Arbeitstisch	
Teile-Nr.	**Bezeichnung**	**Menge**
210 101	Untergestell	1
200 102	Kunststoffplatte	1
202 103	Stöpsel	4
210 104	Seitenkomponente	2
210 105	Fußrohr	4
210 106	Querrohr	2
210 107	Längsträger	2
210 108	Längsrohr	2
200 109	Lasche	6
200 110	Vierkantstahlrohr	15
202 111	Schrauben	12
210 112	Querträger	2

3.2.4.5 Teileverwendungsnachweis

Während die Betrachtungsweise der Stückliste analytischen Charakter hat, von oben nach unten gerichtet ist und die Frage klärt *„Aus welchen Komponenten und in welcher Menge besteht das betrachtete Erzeugnis?“*, dreht sich die Betrachtungsweise beim Teileverwendungsnachweis um **(Bottom-Up)**. Die Fragestellung lautet: *„In welchen Teilen, Baugruppen oder Erzeugnissen wird die gerade betrachtete Komponente eingebaut?“* Diese Information ist zum Beispiel in folgender betrieblichen Situation sehr nützlich: Die Zulieferung für ein Fremdteil gerät ins Stocken. Wenn wir wissen wollen, welche Aufträge davon betroffen sind, müssen wir klären, in welche Komponente dasjenige Teil eingebaut ist, mit dem wir gerade Beschaffungsprobleme haben. Genau darüber gibt der Teileverwendungsnachweis Auskunft.

Analog zu den Stücklisten unterscheidet man **Baukastenteileverwendungsnachweis, Strukturteileverwendungsnachweis** und **Mengenübersichtsteileverwendungsnachweis.**

Der Strukturteileverwendungsnachweis für die **Lasche** (siehe Seite 150) sieht wie folgt aus:

Strukturteileverwendungsnachweis							
Teile-Nr. 200109 Bezeichnung Lasche							
Dispositionsstufe					Teile-Nr.	Bezeichnung	Menge
1	2	3	4	5			
x					210112	Querträger	1
	x				210104	Seitenkomponente	1
		x			210101	Untergestell	2
			x		220100	Arbeitstisch	2
x					210107	Längsträger	2
	x				210101	Untergestell	4
		x			220100	Arbeitstisch	4

Erläuterung:

Alle Mengenangaben der letzten Spalte beziehen sich immer auf die Lasche. Sie geht unmittelbar (Dispositionsstufe 1) mit der Menge 1 in den Querträger ein. Diesem ist wiederum direkt die Seitenkomponente übergeordnet. Da die Seitenkomponente einen Querträger beinhaltet, ist auch die Lasche (1 x 1 = 1) nur mit der Menge 1 in der Seitenkomponente enthalten. Das Untergestell wiederum besteht aus 2 Seitenkomponenten, damit ist die Lasche (1 x 1 x 2 = 2) mit der Menge 2 im Untergestell enthalten. Entsprechendes gilt für den Arbeitstisch.

Andererseits ist die Lasche aber auch unmittelbar (Dispositionsstufe 1) in dem Längsträger mit der Menge 2 enthalten, diese wiederum mit der Menge 2 im Untergestell. Also ist die Lasche im Untergestell mit der Menge 4 enthalten.

3.2.4.6 Basisarbeitsplan

Aus der Stückliste ist lediglich zu erkennen, aus welchen Komponenten sich ein Erzeugnis zusammensetzt. Sie gibt aber keine Auskunft darüber, **wie** das Erzeugnis zusammengebaut wird. Diesen Mangel überwindet der **Arbeitsplan.** Der Basisarbeitsplan ist die auftragsneutrale Version des Arbeitsplans, da sich seine Daten auf die fiktive (angenommene) Herstellung von **einem Erzeugnis** beziehen.

Liegt ein Kundenauftrag vor, werden die dort angegebenen Ausführungszeiten mit den Auftragsmengen multipliziert. Auf diese Weise entsteht der **Auftrags-Arbeitsplan.**

Die Konstruktionszeichnung und die Stückliste liefern dabei die Ausgangsdaten für den Arbeitsplan. Aus der Konstruktionszeichnung entnimmt der Planer die Angaben über die geometrische Form des Teils, über dessen Maß- und Toleranzangaben sowie über Oberflächeneigenschaften. Aus der Stückliste gewinnt er Aussagen darüber, welche Teile und Baugruppen für den Zusammenbau benötigt werden. Darüber hinaus sind bei der Arbeitsplanerstellung noch zusätzliche Betriebsdaten heranzuziehen, z. B. Informationen über

- die einzusetzenden Maschinen,
- die Werkzeuge, Vorrichtungen, Messwerkzeuge, Prüfmittel,
- Vorgabezeiten.

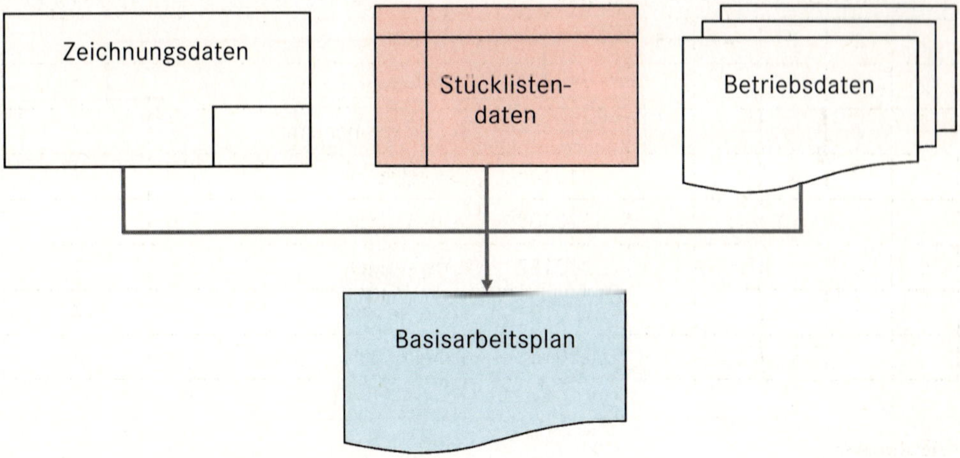

An jenen Stellen in der Erzeugnisstruktur, in denen eine Komponente höherer Ebene hergestellt wird, müssen zwei Fragen beantwortet werden:

- Welche Teile werden hierfür benötigt?
- An welchem Platz, in welcher Arbeitsgangfolge und in welcher Zeit ist diese Arbeit durchzuführen?

Die Antwort hierauf findet sich in der Stückliste und im Arbeitsplan.

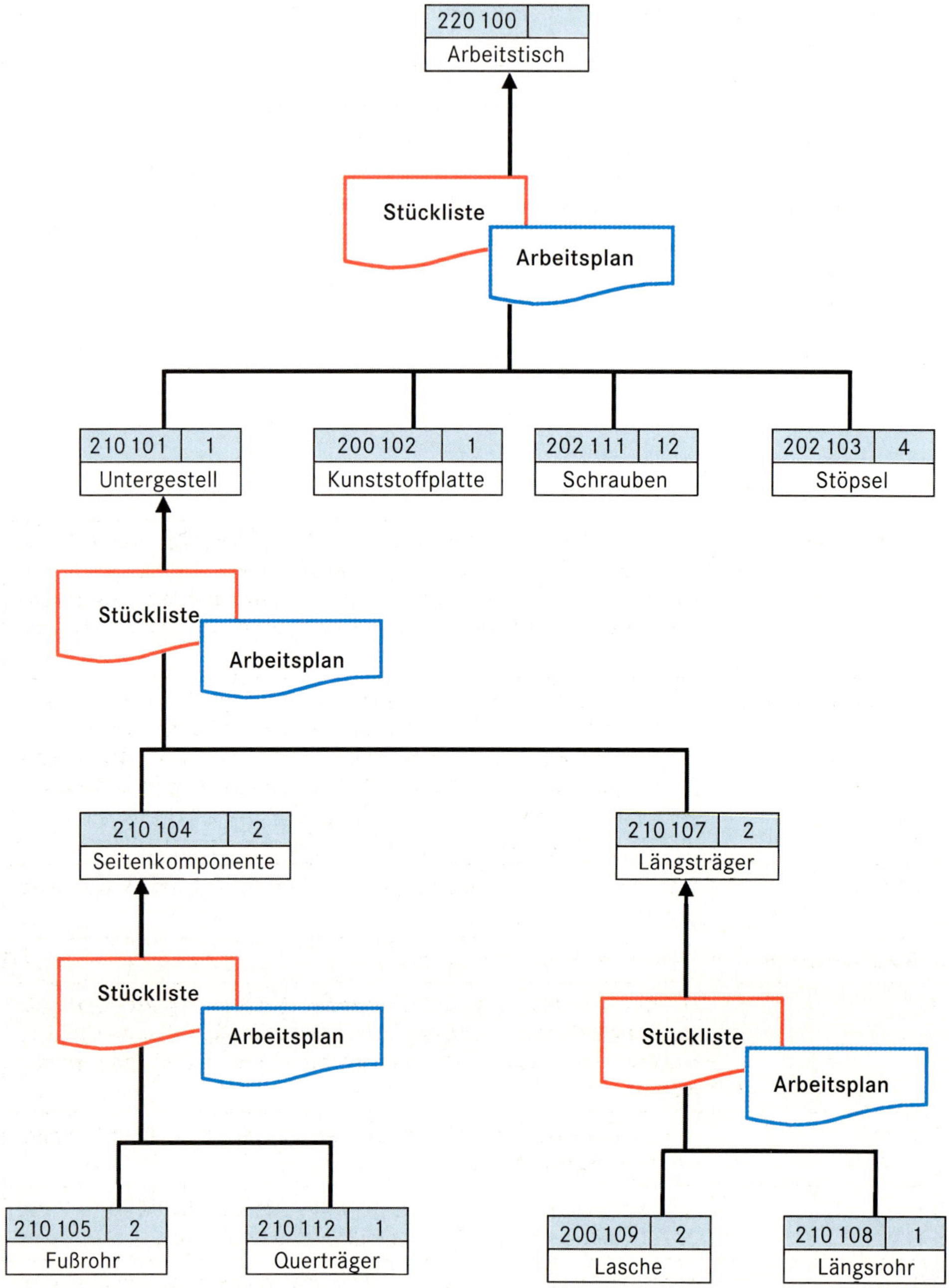
220 100
Arbeitstisch
Stückliste
Arbeitsplan
210 101
1
Untergestell
200 102
1
Kunststoffplatte
202 111
12
Schrauben
202 103
4
Stöpsel
Stückliste
Arbeitsplan
210 104
2
Seitenkomponente
210 107
2
Längsträger
Stückliste
Arbeitsplan
Stückliste
Arbeitsplan
210 105
2
Fußrohr
210 112
1
Querträger
200 109
2
Lasche
210 108
1
Längsrohr

Ein Basisarbeitplan am Muster des Untergestells hat folgenden grundsätzlichen Aufbau:

Basisarbeitsplan								
Arbeitsplan-Nr.	210101			**Arbeitsplanvariante:**		1/25		
Bezeichnung	Untergestell			**Gültig ab:**		140		
				Stückzahlbereich:		1 - 100		
AVO	**A-Platz**	**Text**	**LA**	**LG**	**Rüst-zeit**	**Stück-zeit**	**Belegungs-zeit**	**Übergangs-zeit**
10	Schweißerei	Schweißen	EA	7	10	6	16	960
20	Oberflächen-behandlung	Sandstrahlen	EA	7	5	5	10	960
30	Oberflächen-behandlung	Pulver-beschichten	EA	7	15	2	17	960

Erklärung für die einzelnen Inhalte:

Arbeitsplan-Nr.	Es macht Sinn, die Teilenummer für das konstruierte Teil auch als Nummer des zugehörigen Arbeitsplanes und der zugehörigen Stückliste zu verwenden. Die Nummer 210101 identifiziert also sowohl das Untergestell als auch die daran geknüpfte Stückliste und den Arbeitsplan.
Arbeitsplanvariante	Der oben abgebildete Basisarbeitsplan hat Gültigkeit für einen Stückzahlbereich zwischen 1 und 100, also für kleinere Serien. Werden mittlere oder größere Serien aufgelegt, ist damit u. U. eine andere Fertigungsorganisation verbunden, z. B. durch Verwendung von Maschinen mit einem höheren Automatisierungsgrad. In diesem Fall kommt eine andere Variante des Arbeitsplans zum Zug.
Gültig ab	Gibt den Fabrikkalendertag an, ab welchem der Arbeitsplan Gültigkeit hat.
Stückzahlbereich	Siehe unter Arbeitsplanvariante.
AVO	Nr. des **A**rbeits**vo**rgangs. Die einzelnen Schritte des Arbeitsablaufs werden nummeriert, in diesem Fall durch 10er-Schritte, damit nachträglich noch weitere Arbeitsgänge dazwischen geschoben werden können.
A-Platz	Der **A**rbeitsplatz innerhalb des Betriebs, an welchem dieser Arbeitsgang durchgeführt wird.
LA	**L**ohn**a**rt, die an diesem Arbeitsplatz bezahlt wird, hier Einzelakkord. Andere Formen sind z. B. Gruppenakkord oder Zeitlohn.
LG	**L**ohn**g**ruppe, nach welcher der betreffende Arbeitsgang vergütet wird.

Rüstzeit	Zeitbedarf zur Vorbereitung des Arbeitsganges. Sie ist unabhängig von der Losgröße und fällt in der Regel einmal an.
Stückzeit	Zeitbedarf für die Herstellung des Werkstücks. Beim Basisarbeitsplan ist es die fiktive Zeit zur Herstellung **eines Stücks.** Beim Auftragsarbeitsplan wird die Stückzeit mit der Anzahl der herzustellenden Erzeugnisse multipliziert.
Belegungszeit	Summe aus Rüstzeit und Stückzeit.
Übergangszeit	Das ist die durchschnittliche Zeit, die zwischen zwei aufeinander folgenden Arbeitsgängen vergeht. Sie ist die Summe aus folgenden Zeiten: - Liegen **nach** der Bearbeitung, - Transportzeit **zwischen** den Bearbeitungsstationen und - Zeit für das Liegen **vor** der nächsten Bearbeitung.

Für einen Sachbearbeiter kann die grafische Benutzeroberfläche eines Arbeitsplanes für ein anderes Untergestell eines Tisches in einer integrierten Unternehmenssoftware (hier: „Microsoft Business Solutions-Navision®") zum Beispiel wie folgt aussehen:

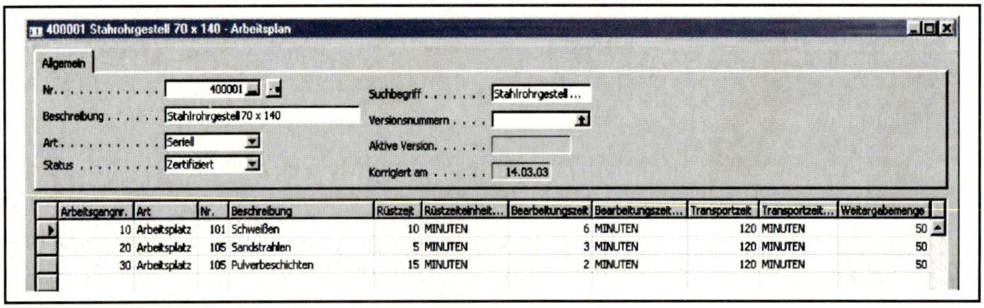
400001 Stahrohrgestell 70 x 140 - Arbeitsplan

Allgemein

Nr. 400001
Beschreibung Stahlrohrgestell 70 x 140
Art Seriell
Status Zertifiziert
Suchbegriff Stahlrohrgestell ...
Versionsnummern
Aktive Version.
Korrigiert am 14.03.03

Arbeitsgangnr.	Art	Nr.	Beschreibung	Rüstzeit	Rüstzeiteinheit...	Bearbeitungszeit	Bearbeitungszeit...	Transportzeit	Transportzeit...	Weitergabemenge
10	Arbeitsplatz	101	Schweißen	10	MINUTEN	6	MINUTEN	120	MINUTEN	50
20	Arbeitsplatz	105	Sandstrahlen	5	MINUTEN	3	MINUTEN	120	MINUTEN	50
30	Arbeitsplatz	105	Pulverbeschichten	15	MINUTEN	2	MINUTEN	120	MINUTEN	50

Zusammenfassung

- Zu den **Dokumenten** im Rahmen der **Produktentstehung** gehören die **Konstruktionszeichnung,** der **grafische Baum,** die **Stückliste,** der **Teileverwendungsnachweis,** der **Arbeitsplan** und die **NC-Programme.**[1]
- Die **Konstruktionszeichnung** ist eine **grafische Darstellung** des Erzeugnisses. Sie zeigt die Lage der Teile zueinander, ihre Funktion, die Maße, evtl. Leistungen, Toleranzen in der Oberflächenbeschaffenheit und Normen. Dargestellt wird in der Regel eine Vorder-, Seiten- und Draufsicht.
- Der **grafische Baum** (Erzeugnisstruktur) ist eine **grafische Darstellung** des Erzeugnisses, wobei nicht die Form des Erzeugnisses im Vordergrund steht, sondern der **logische Aufbau** des Erzeugnisses aus Baugruppen und Einzelteilen.

1 Vgl. hierzu Band „Betriebswirtschaft – Fachstufe", Kapitel 7.5.3.2.

- Die **Stückliste** ist die **tabellarische Darstellung** und beantwortet die Frage: *„Aus welchen Komponenten besteht das Erzeugnis?“* Die Blickrichtung ist also analytisch.[1]
- Bei der **Baukastenstückliste** wird die Gesamtstruktur in **lauter einstufige Strukturen** zerlegt. Die Mengenangaben beziehen sich jeweils nur auf eine Mengeneinheit des übergeordneten Erzeugnisses. Von Wiederholbaugruppen wird nur eine Stückliste erzeugt.
- Die **Strukturstückliste** gibt Auskunft über den strukturellen Aufbau des Erzeugnisses. Alle Mengenangaben beziehen sich auf das im Kopfteil angegebene Erzeugnis.
- In der **Mengenübersichtsstückliste** wird jede Komponente nur ein Mal mit ihrer **kumulierten Menge** aufgeführt.
- Beim **Teileverwendungsnachweis** wird die analytische Betrachtungsweise der Stückliste umgekehrt. Die Frage heißt nicht mehr: *„Aus welchen Komponenten und in welcher Menge besteht das betrachtete Erzeugnis?“*, sondern: *“In welchen Teilen, Baugruppen oder Erzeugnissen wird die gerade betrachtete Komponente eingebaut?“*
- Der **Basisarbeitsplan** ist die auftragsneutrale Version des Arbeitsplanes. Seine Daten beziehen sich auf die fiktive Herstellung einer Einheit eines Erzeugnisses. Er gibt darüber Auskunft
  - in welcher Reihenfolge,
  - an welchem Ort,
  - welche Tätigkeit,
  - bei welcher Vergütung (Lohngruppe) und
  - in welcher Zeit

  durchgeführt wird.

Übungsaufgabe

31 Zum Produktionsprogramm der Weber Metallbau GmbH gehört auch ein höhenverstellbarer Montagebock, wie er in nebenstehender Abbildung zu erkennen ist. Vom zuständigen Konstrukteur wurde die nachfolgende Erzeugnisstruktur gefertigt.

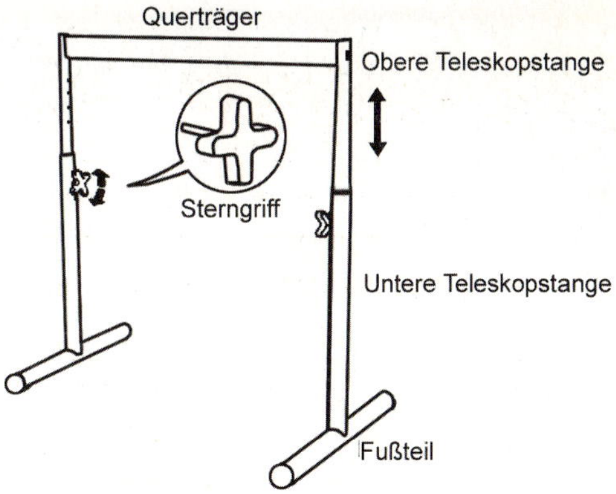

1 Analytik: Zerlegungslehre. Analytisch: zerlegend, entwickelnd.

11 Speth u.a. – ISBN 978-3-8120-0555-5

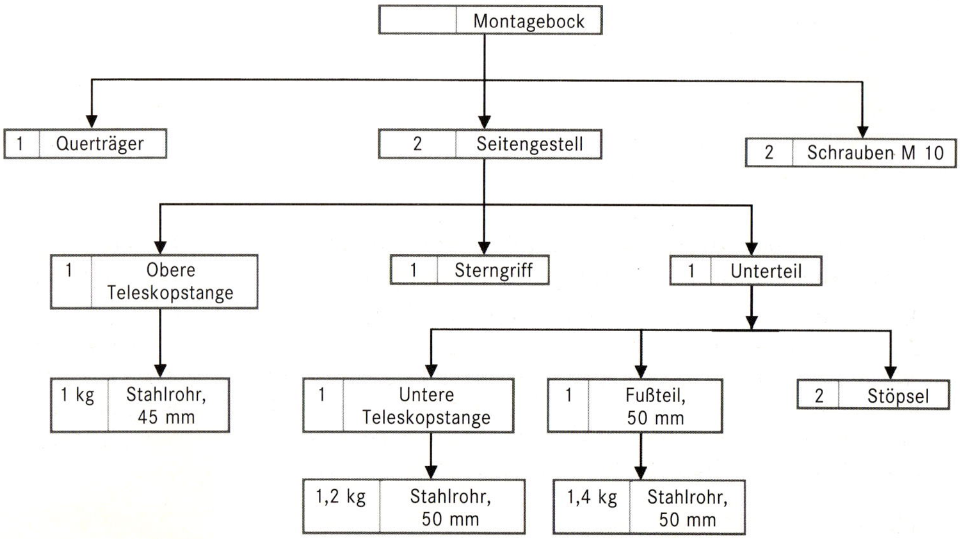

Aufgaben:

1. Worüber gibt eine Erzeugnisstruktur Auskunft?
2. Erstellen Sie
   2.1 alle Baukastenstücklisten,
   2.2 die Strukturstückliste für den Montagebock und
   2.3 die Mengenübersichtsstückliste für den Montagebock!
3. Wodurch unterscheidet sich die Mengenübersichtsstückliste von der Strukturstückliste?
4. Der Lieferant für Stahlrohr hat Kapazitätsengpässe. Wir möchten wissen, in welchen Komponenten das Stahlrohr 50 mm verwendet wird. Erstellen Sie hierfür den Struktur-Teileverwendungsnachweis!
5. Um das Unterteil zu fertigen, muss ein Fußteil mit einer unteren Teleskopstange verschweißt werden. Hierfür sind mehrere Arbeitsgänge erforderlich, deren Arbeitsgangdaten in einem Arbeitsplan festgehalten sind.
   5.1 Entwerfen Sie skizzenhaft das Muster für einen Arbeitsplan!
   5.2 Nennen Sie die wichtigsten Arbeitsgangdaten, die in einem solchen Arbeitsplan enthalten sind!
   5.3 Woher stammen die Daten, die in einem Arbeitsplan zusammengetragen werden?

3.2.5 Planung des Produktprogramms

(1) Begriff

Am Ende des Subprozesses Produktentstehung hat die Unternehmensführung über die Zusammensetzung des Produktprogramms zu entscheiden. Die Gestaltung des Produktprogramms kann unter strategischen oder operativen Gesichtspunkten betrachtet werden.

- Im Rahmen der **strategischen Produktprogrammplanung** wird der Produktprogrammrahmen hinsichtlich Art und Menge der herzustellenden Produkte festgelegt.
- Die **operative Produktprogrammplanung** baut hierauf auf und legt konkret die Art und Menge der in den nächsten kurzfristigen Perioden zu produzierenden Produkte fest. Die operative Produktprogrammplanung wird in der Praxis meist als Jahres-, Quartals- und Monatsplanung durchgeführt. Häufig erfolgt die Monatsprogrammplanung zusammen mit dem Planungsprozess für die Leistungserstellung (vgl. Kapitel 5), der die Grundlage für die Produktionsprozesssteuerung ist (vgl. Kapitel 6).

Merke:

Durch das **Produktprogramm** werden Art und Menge der anzubietenden Produkte bestimmt. Die **strategische Produktprogrammplanung** schafft den Produktprogrammrahmen, die **operative Produktprogrammplanung** übernimmt anschließend die konkrete Planung für das in den nächsten kurzfristigen Perioden zu produzierende Produktionsprogramm.

(2) Arten

Unter dem *Gesichtspunkt der Programmbreite* kann zwischen einem breiten und einem schmalen Produktprogramm unterschieden werden.

- **Breites Produktprogramm**

Es werden viele Produktarten, Sorten und Qualitäten hergestellt.

Beispiel:

Eine Möbelfabrik stellt Küchenmöbel, Arbeits-, Wohn- und Schlafzimmer her.

- **Schmales Produktprogramm**

Es wird nur ein Produkt oder nur wenige Produktarten hergestellt. Die Verringerung der Produktbreite bezeichnet man auch als Spezialisierung.

Beispiel:

Eine Möbelfabrik spezialisiert sich auf die Herstellung von Einbauküchen.

(3) Bestimmungsfaktoren zur Planung des Produktprogramms

Bestimmungsfaktoren für die Planung des Produktprogramms sind zum einen absatzwirtschaftliche und zum anderen produktionswirtschaftliche Überlegungen.

■ **Absatzwirtschaftliche Bestimmungsfaktoren**

Bei dem derzeit vorherrschenden Käufermarkt verhalten sich die Kunden in aller Regel passiv, d. h. sie warten auf die Angebote der Verkäufer. Die Hersteller sind daher gezwungen, festzustellen, woran Bedarf herrscht und inwieweit unbewusst vorhandene Bedürfnisse vorliegen und geweckt werden können.

■ **Produktionswirtschaftliche Bestimmungsfaktoren**

Ein Betrieb, der sehr viele Produktarten herstellt, arbeitet in der Regel mit hohen Kosten, vor allem mit hohen **Umstellungskosten.** Sie entstehen durch die Umrüstung und Neueinrichtung der Maschinen. Hinzu treten unter Umständen Kosten für Probedurchläufe. Je weniger Produktarten - bei gleich bleibender Kapazität - hergestellt werden, desto niedriger sind die Rüstkosten.[1] Darüber hinaus macht sich der Betrieb das „Gesetz der Massenproduktion“[2] zunutze, das besagt, dass bei steigender Produktmenge die Stückkosten sinken.

Weitere Bestimmungsfaktoren sind die Beschaffungsmärkte, die angetroffenen Marktbedingungen, die Gesetzgebung sowie die persönlichen Ansichten der Geschäftsleitung.

(4) Planung des Produktprogramms

Aus Sicht der Leistungserstellung ist aus Kostengründen ein möglichst schmales Produktprogramm wünschenswert, während aus absatzwirtschaftlicher Sicht ein breites Produktprogramm wünschenswert ist.

Dieser Wunsch der „Verkaufsstrategen“ des Betriebs bietet die Möglichkeit, unterschiedliche Kundenbedürfnisse zu befriedigen, streut das Risiko bei einem Nachfrageausfall für ein Produkt und erleichtert die Kapazitätsanpassungen bei saisonalen Nachfrageschwankungen. Die technische Betriebsleitung strebt dagegen die Verminderung der Erzeugnisarten auf wenige Typen an, um Kosten einzusparen (z. B. geringere Differenzierung bei den Materialbeständen, verringerte Rüstkosten, vereinfachte Arbeitsvorbereitung, Stärkung der Automatisierung, geringere Loswechselkosten). Die Festlegung des Produktprogramms ist deswegen regelmäßig ein Kompromiss.

Um das Spannungsverhältnis zwischen Leistungserstellung und Absatz zu mildern, geht die Entwicklung der Fertigungstechnik dahin, die Fertigungssysteme zu flexibilisieren.[3] Unter **flexiblen Fertigungssystemen** versteht man mehrere Bearbeitungszentren (z. B. Industrieroboter), die über ein elektronisch gesteuertes Transportsystem miteinander verbunden sind und von einem übergeordneten Informations- und Steuerungssystem gelenkt werden. Flexible Fertigungssysteme sind in der Lage, unterschiedliche Aufträge (z. B. verschiedene Gerätetypen) automatisch zu fertigen.

---

1 Vgl. hierzu S. 169.

2 Vgl. hierzu Band „Betriebswirtschaft - Fachstufe“, Kapitel 7.3.

3 Flexibel: beweglich, anpassungsfähig.

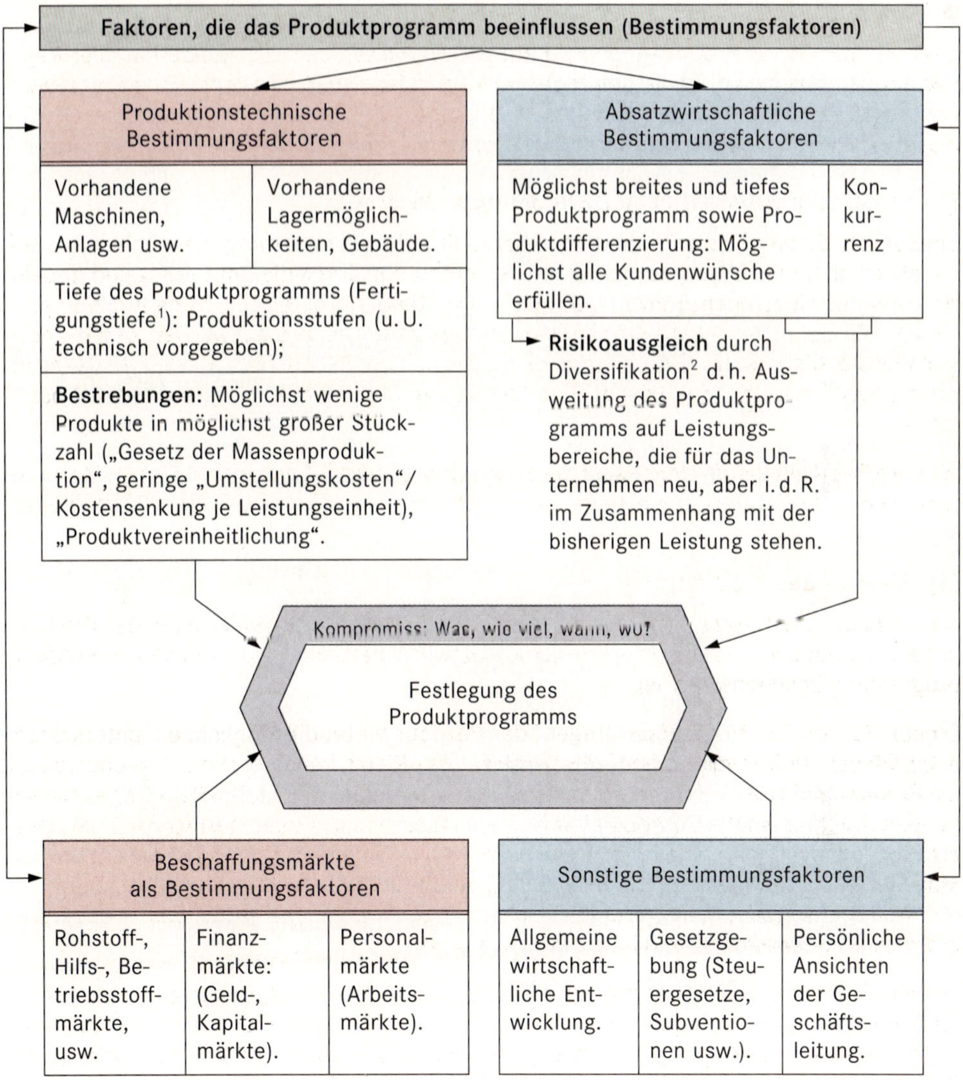

Zusammenfassung

- Unter dem **Produktprogramm** versteht man die Anzahl der verschiedenen Produkte und ihre Ausführungen, die ein Industrieunternehmen anbietet.
- Nach dem **Gesichtspunkt der Programmbreite** kann zwischen einem **breiten** und einem **schmalen Produktprogramm** unterschieden werden.
- Die **Planung des Produktprogramms** hängt insbesondere von **absatz-** und **produktionswirtschaftlichen Bestimmungsfaktoren** ab.
- Die **Festlegung des Produktprogramms** ist immer ein **Kompromiss.**

1 Die Fertigungstiefe beinhaltet die Anzahl der Fertigungsstufen, die ein Produkt durchläuft.

2 Diversifikation (lat): Abwechslung, Veränderung.

Übungsaufgabe

32 1. Formulieren Sie jeweils drei Argumente, die für bzw. gegen ein breites Produktprogramm sprechen.

2. Welche Bestimmungsfaktoren beeinflussen das Produktprogramm Ihres Ausbildungsbetriebs? Erfragen Sie die Bestimmungsfaktoren in Ihrem Betrieb und berichten Sie darüber, nach Rücksprache mit Ihrem Vorgesetzten, in der Klasse!

4 Planung des Fertigungsverfahrens

4.1 Bestimmungsgründe für die Wahl des Fertigungsverfahrens

Die Verfahrensweisen industrieller Fertigung sind in der Wirklichkeit äußerst vielfältig und im Grunde in jedem Industriebetrieb anders. Die Theorie kann daher nur versuchen, das Typische herauszuarbeiten, um zu Erkenntnissen zu gelangen.

Die Gestaltung der Fertigungsverfahren, also die technisch-organisatorische Durchführung der Produktion, hängt u. a. vom **Produktionsprogramm** eines Betriebs ab. So ist z. B. bei der Baustellenfertigung verhältnismäßig viel, bei der Massenfertigung verhältnismäßig wenig Handarbeit erforderlich. In der chemischen Industrie unterscheiden sich die Fertigungsverfahren völlig von denen der Textilindustrie und die wiederum von denen des Maschinenbaus.

Auch die Höhe der **Lohnkosten** beeinflusst die Gestaltung der Fertigungsverfahren. In Regionen mit niedrigem Lohnniveau sind in der Regel in der Produktion mehr Menschen beschäftigt als in Regionen mit hohen Lohnkosten.

Kapitalintensive Fertigungsverfahren wie z. B. die Massenfertigung mit „Automaten" erfordern einen viel höheren **Kapitaleinsatz** als arbeitsintensive Verfahren. Sie verursachen deshalb auch höhere Kapitalkosten (Abschreibungs- und Zinskosten). Die erforderlichen hohen Finanzmittel müssen auf dem Kapitalmarkt beschafft werden. Je höher die Zinskosten in einem Land sind, desto geringer wird die Neigung sein, in kapitalintensive Fertigungsverfahren zu investieren.

Schließlich nehmen auch die Regierungen in den verschiedenen Ländern mit unterschiedlichen **Vorschriften** (z. B. Umweltauflagen, Verbot der Kinderarbeit, Arbeitsschutz) Einfluss auf die **Wahl der Fertigungsverfahren.**

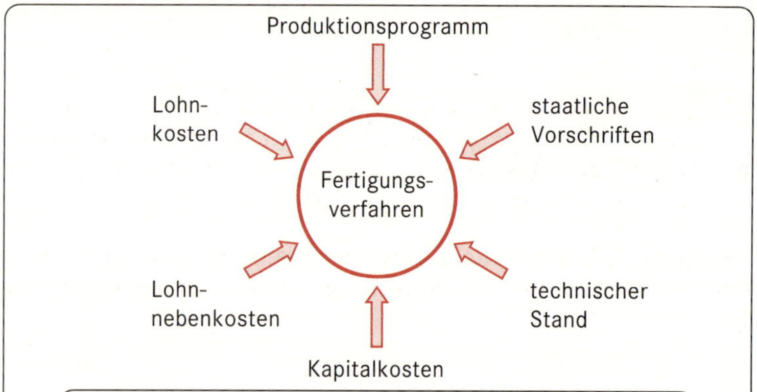

Bestimmungsgründe für die Wahl der Fertigungsverfahren

4.2 Fertigungsverfahren

4.2.1 Fertigungsverfahren nach dem Einsatz menschlicher Arbeitskraft

(1) Handarbeit

Unter Handarbeit wird sowohl die vorwiegend körperliche Arbeit als auch die handwerkliche oder künstlerische manuelle Fertigung (Produktion) verstanden. Die Handarbeit ist die älteste Form der Fertigung. Hilfsmittel ist das Werkzeug, aber nicht die Maschine. Die schwere körperliche Arbeit wird in den hochindustrialisierten Ländern immer seltener, weil aufgrund der hohen Löhne der Einsatz kapitalintensiverer Fertigungsverfahren (d.h. die Substitution[1] der Handarbeit durch Maschinenarbeit) rentabel wird. Arbeiten mit gestalterischem Inhalt (z.B. Anfertigen von Entwürfen, Modellen, Mustern) werden auch in der Industrie ihre Bedeutung behalten.

(2) Maschinenarbeit

Von Maschinenarbeit wird gesprochen, wenn dem Arbeitenden ein wesentlicher Teil der Arbeitsvorgänge – vor allem schwere körperliche Tätigkeiten – durch Maschinen abgenommen wird. Wird dem Arbeitenden lediglich die Energie für den Antrieb der Maschine abgenommen, so spricht man von **Kraftmaschinen.**

Beispiel:

Die Drehbewegungen einer Drehbank werden nicht mehr durch den Menschen, sondern mit Hilfe eines Elektromotors erzeugt. Das Herausarbeiten des Profils bleibt der Geschicklichkeit des Arbeitenden überlassen.

Kraftmaschinen bedürfen gut ausgebildeter Arbeitskräfte, weil das Werkzeug manuell geführt werden muss.

Ist die Maschine so konstruiert, dass sie selbst die Führung des Werkzeugs übernehmen kann, handelt es sich um eine **Arbeitsmaschine.**

Beispiel:

Eine Drehbank kann, nachdem der Arbeitende die erforderlichen Einstellungen vorgenommen hat, den Abdrehstahl selbst an dem zu drehenden Material entlangführen und das vorgeschriebene Profil herausarbeiten.

(3) Automatische Fertigung

Merke:

Unter **Automation** versteht man die vollständige mechanisierte Durchführung von Arbeiten mit Hilfe von Maschinen, die in der Lage sind, **selbsttätig** einen oder mehrere Arbeitsgänge ohne menschliches Zutun durchzuführen.

Die in der Fertigung (z.T. auch in der Verwaltung) eingesetzten Automaten verrichten nicht nur eine bestimmte Arbeit, sondern sie kontrollieren und korrigieren sich selbst.

1 Substitution: Gegenseitiger Austausch von Produktionsfaktoren (Leistungsfaktoren).

Beispiel:

Eine Maschine in einer Zwirnerei ist so konstruiert, dass die gewünschte Stärke des Wollfadens vollkommen gleichmäßig und selbsttätig hergestellt wird. Da das Material der Maschine in unterschiedlichen Mengen zugeführt wird, kann eine gleich bleibende Stärke des Fadens nur erreicht werden, indem die Maschine langsamer läuft (weniger Material ansaugt), wenn die Materialmenge zu groß ist. Dagegen wird bei zu knapper Materialzufuhr ein Ausgleich durch erhöhte Geschwindigkeit (größere Ansaugmenge) herbeigeführt.

Die Automation stellt an den arbeitenden Menschen andere Anforderungen als die Maschinenarbeit:

- Die Kontrollen (z. B. Ablesen der Instrumente, Proben) können in unregelmäßigen Abständen erfolgen. Der Arbeitstakt wird von der Maschine vorgegeben.
- Die Kontrollaufgaben erfordern Konzentration und Wachsamkeit, um bei Störungen sofort eingreifen zu können.
- Die Verantwortung für Mensch und Maschine ist größer als bei manueller oder maschineller Fertigung.

4.2.2 Fertigungsverfahren nach der Häufigkeit der Prozesswiederholung (Fertigungsarten)

Die Unterscheidung in Fertigungsarten richtet sich danach, inwieweit ein Betrieb das **Prinzip der Massenfertigung** verwirklicht hat bzw. verwirklichen kann.

4.2.2.1 Einzelfertigung

Hier wird ein bestelltes Produkt nur einmal in seiner Art gefertigt. Die Einzelfertigung findet man heute vor allem noch im handwerklichen Bereich, weil nur die Einzelfertigung in der Lage ist, individuelle Wünsche zu berücksichtigen (z. B. Maßschneiderei).

Auch in der Industrie findet sich noch die Einzelfertigung. So wird beispielsweise der Bau von Häusern, Fabriken, Schiffen, Straßen, Brücken oder Turbinen in Form der Einzelfertigung durchgeführt.

4.2.2.2 Mehrfachfertigung

(1) Serienfertigung

Begriff und Ablauf

Werden bei der industriellen Fertigung von einem Produkt größere Stückzahlen in begrenzten Mengen erzeugt (z. B. Werkzeugmaschinen oder Autos), spricht man von Serienfertigung. Durch den Übergang von der Einzel- zur Serienfertigung sinken die Stückkosten: Einerseits muss die Vorplanung und Arbeitsvorbereitung nicht mehr für jedes einzelne Produkt gesondert, sondern nur einmal für die ganze Serie durchgeführt werden, andererseits kann infolge der Arbeitsteilung der Einsatz der Betriebsmittel rationalisiert werden.

Bei der Serienfertigung mit **kontinuierlicher (ununterbrochener) Fertigung** werden die Fertigungsanlagen einmal für die Produktion der Serie vorbereitet, sodass nur ein bestimmtes Produkt während des geplanten Zeitraums gefertigt werden kann. Verlangt der Markt ein verbessertes Produkt, wird die Produktion der bisherigen Serie eingestellt und die neue Serie aufgelegt (z. B. Motorräder, Automobile). Der Übergang dieser so genannten **Großserienfertigung** zur Massenfertigung ist fließend.

Werden die einzelnen Serien nicht kontinuierlich, sondern **mit Unterbrechungen** hergestellt, handelt es sich um **Intervallfertigung.** Während der „Intervalle“ werden mit den gleichen Fertigungsanlagen andere Erzeugnisse (in der Regel ebenfalls in Serienfertigung) produziert. Die Intervallfertigung ist häufig eine Kleinserienfertigung. Auch bei der Sortenfertigung[1] findet sich die Intervallfertigung.

Begriff und Bestimmungsfaktoren der optimalen Losgröße (Seriengröße)

Ein wichtiges Problem der Intervallfertigung ist die Bestimmung der optimalen Losgröße (Seriengröße, Auflagengröße).[2]

Merke:

Unter einer **Losgröße (Seriengröße)** versteht man die Menge einer Serienart, die – ohne Unterbrechung durch die Produktion anderer Serienarten – hintereinander in einer Produktionsstufe erzeugt wird.

Die Losgröße wird von der Kostenseite her von den Rüstkosten und den Lagerhaltungskosten beeinflusst.

- **Rüstkosten** entstehen durch das Einrichten der Produktionsanlagen auf die Herstellung einer anderen Serienart.

  Rüstkosten treten je Serie nur einmal auf und entstehen unabhängig von der Stückzahl der in einer Serie gefertigten Produkte. Man bezeichnet sie daher auch als **auflagefixe Kosten.** Durch die Verminderung der Anzahl der durchgeführten Rüstvorgänge bzw. Erhöhung der in einer Serie gefertigten Güter werden die Umrüstkosten insgesamt abgesenkt und damit auch die Serienstückkosten.

Beispiel:

Zinskosten, Abschreibungen, Wagniskosten oder Miete für die ruhenden maschinellen Anlagen und Räume; Heiz-, Strom-, Be- und Entlüftungskosten; Personalkosten während der Umrüstungszeit.

- **Lagerhaltungskosten** sind mengenabhängige Kosten. Sie steigen mit wachsender Seriengröße an und sinken mit fallender Auflagenhöhe. Die Lagerhaltungskosten bezeichnet man auch als **auflagenvariable Kosten.**

Beispiel:

Versicherungskosten für die Lagervorräte, Zinskosten für das im Lager gebundene Kapital, Wagniskosten für Lagerschwund durch Güterverderb, Diebstahl, Personalkosten, Abschreibung der Lagereinrichtung, Mietkosten.

Rüstkosten und Lagerhaltungskosten verlaufen daher, bezogen auf die Losgröße, entgegengerichtet, d.h., eine hohe Auflage (geringe Anzahl von Serien) führt zu niedrigen Rüstkosten, aber zu höheren Lagerkosten und umgekehrt.

Merke:

Die **optimale Losgröße[3] (Seriengröße, Auflagengröße)** ist gegeben, wenn die Summe aus Rüst- und Lagerkosten in einem bestimmten Planungszeitraum ein Minimum bildet.

---

1 Zur Sortenfertigung siehe S. 172.

2 Serie, Los, Auflage (z.B. 10000 Exemplare eines Buchs).

3 Siehe auch Kapitel 5.4, S. 202ff.

Berechnung der optimalen Losgröße

Ermittlung der auflagevariablen Lagerhaltungskosten

Die Ermittlung der **auflagevariablen Lagerhaltungskosten** (K_e) ist in der Praxis sehr schwierig. An einem sehr vereinfachenden Beispiel wird gezeigt, warum die variablen Lagerhaltungskosten auch **je Stück** steigen.

Beispiel:

Ein Juwelier verkauft monatlich (vereinfachende Annahme: am Ende jedes Monats) ein selbst gefertigtes Schmuckstück, dessen Selbstkosten 1 000,00 EUR betragen. Die Lagerzinsen betragen 12 % p. a., d. h. 1 % je Monat. Die Zinskosten stehen stellvertretend für die auflagevariablen Kosten.

Aufgaben:

1. Wie entwickeln sich die Zinskosten für die Lagerung je Stück, wenn z. B. 1 Stück monatlich, 2 Stück in zwei Monaten, 3 Stück vierteljährlich, 4 Stück alle vier Monate, 6 Stück halbjährlich oder 12 Stück jährlich gefertigt werden? (Vereinfachende Annahme: Die Fertigung erfolgt jeweils zu Beginn der Periode.)
2. Stellen Sie den Sachverhalt grafisch dar!

Lösungen:

Zu 1. Entwicklung der Zinskosten:

Losgröße (Stückzahl)	Durchschnittliche Lagerdauer in Monaten	Zinskosten insgesamt	Zinskosten je Stück (auflagevariable K_e)
1	1	10,00 EUR	10,00 EUR
2	1,5[1]	30,00 EUR[3]	15,00 EUR
3	2[2]	60,00 EUR[4]	20,00 EUR
4	2,5	100,00 EUR	25,00 EUR
6	3,5	210,00 EUR	35,00 EUR
12	6,5	780,00 EUR	65,00 EUR

1 $\frac{1\text{ M.} + 2\text{ M.}}{2} = 1{,}5$ Monate.

2 $\frac{1\text{ M.} + 2\text{ M.} + 3\text{ M.}}{3} = 2$ Monate.

3 2 Stück liegen durchschnittlich 1,5 Monate auf Lager. 1,5 % aus 2 000,00 EUR = 30,00 EUR.

4 3 Stück liegen durchschnittlich 2 Monate auf Lager. 2 % aus 3 000,00 EUR = 60,00 EUR.

Zu 2. Grafische Darstellung:

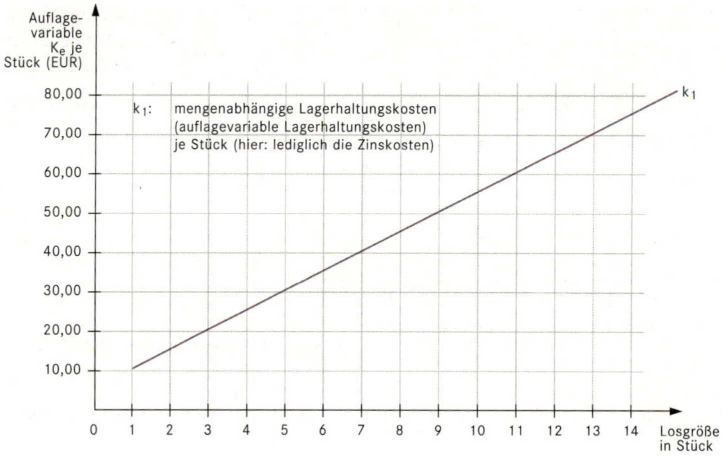

Ermittlung der optimalen Losgröße (Seriengröße)

Beispiel für die Ermittlung der optimalen Losgröße:[1]

Die auflagefixen Kosten betragen 8000,00 EUR, die auflagevariablen Lagerhaltungskosten 0,50 EUR je Werkstück. Sie steigen proportional zur Losgröße.

Aufgaben:

1. Berechnen Sie die optimale Losgröße!
2. Stellen Sie die optimale Losgröße grafisch dar!

Lösungen:

Zu 1. Rechnerische Ermittlung der optimalen Losgröße:

Losgröße in Stück	Auflagefixe Kosten je Werkstück	Auflagevariable Lagerhaltungskosten je Werkstück	Auflagekosten je Stück
1000	8,00 EUR	0,50 EUR	8,50 EUR
2000	4,00 EUR	1,00 EUR	5,00 EUR
3000	2,67 EUR	1,50 EUR	4,17 EUR
4000	2,00 EUR	2,00 EUR	4,00 EUR
5000	1,60 EUR	2,50 EUR	4,10 EUR
6000	1,33 EUR	3,00 EUR	4,33 EUR
7000	1,14 EUR	3,50 EUR	4,64 EUR
8000	1,00 EUR	4,00 EUR	5,00 EUR
9000	0,89 EUR	4,50 EUR	5,39 EUR
10000	0,80 EUR	5,00 EUR	5,80 EUR

optimale Losgröße (umrandet: Zeile 4000)

Zu 2. Grafische Ermittlung der optimalen Losgröße:

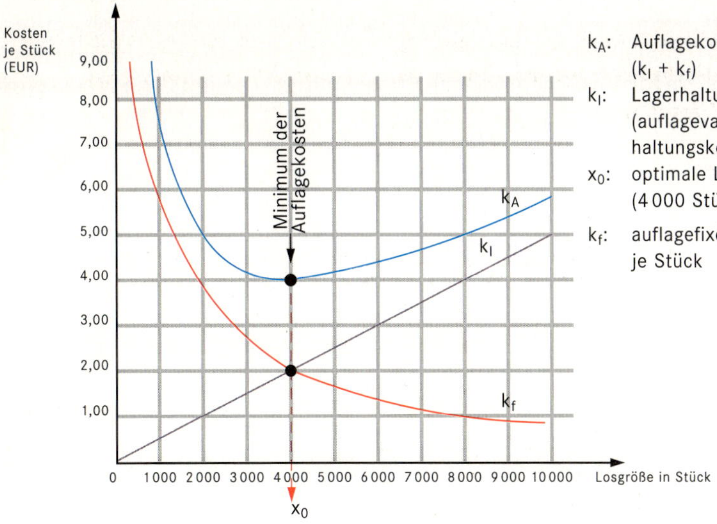

k_A: Auflagekosten je Stück ($k_l + k_f$)

k_l: Lagerhaltungskosten (auflagevariable Lagerhaltungskosten) je Stück

x_0: optimale Losgröße (4000 Stück)

k_f: auflagefixe Kosten je Stück

1 Vom Prinzip her liegt der Ermittlung der optimalen Losgröße (Seriengröße) das Gesetz der Massenproduktion zugrunde. Vgl. Band „Betriebswirtschaft – Fachstufe“, Kapitel 7.3.3.

(2) Sortenfertigung

Hier weisen die Endprodukte bestimmte Größen-, Formen- und Beschaffenheitsunterschiede auf, die mit der gleichen, allerdings zumeist *verstellbaren* Produktionseinrichtung und dem gleichen Rohmaterial mit gewissen *Zusatzstoffen* erreicht werden. So bietet die Bekleidungsindustrie konfektionierte[1] Herren- und Knabenanzüge, Damen- und Herrenmäntel in den verschiedensten Größen, in anderen Musterungen und mit unterschiedlichen Qualitäten an. Schokoladenfabriken bringen verschiedene Sorten mit z. B. spezifisch bitterem oder zartbitterem oder anderem Geschmack auf den Markt.

(3) Partiefertigung

Im Gegensatz zur Sortenfertigung ergibt sich die Partiefertigung unterschiedlicher Endprodukte *zwangsläufig* aus dem Verwenden verschiedener Rohstoffe, die zumeist vom Rohstoffhandel in gleichmäßig geordneten Packungen (Partien) geliefert werden. So weist die echte „Brasil-Zigarre", hergestellt aus Rohtabak, der aus Brasilien stammt, andere Qualitäten auf als die „Deutsche Zigarre" aus inländischem Tabak.

(4) Chargenfertigung

Eine Chargenfertigung (charge: Ladung, Beschickung) liegt dann vor, wenn das zu be- oder verarbeitende Material in einem Behälter be- oder verarbeitet wird. Die unterschiedlichen Sorten kommen dadurch zustande, dass die Produktionsprozesse nicht vollständig beherrschbar sind. Die Chargenfertigung findet sich z. B. beim Schmelzprozess im Hochofen oder bei der Käseherstellung in Molkereien.

Sorten-, Partie- und Chargenfertigung kommen gleichermaßen bei der Massenfertigung vor.

(5) Massenfertigung

Erstellt ein Unternehmen ein ausgereiftes Produkt und sieht es sich einem praktisch unbegrenzt aufnahmefähigen Markt gegenüber, wird es zur **Massenfertigung** übergehen (z. B. Zigaretten, Ziegelsteine, Stahlbleche, Waschmittel, Zement). Die Massenfertigung kann als *Einproduktfertigung, Sortenfertigung* oder *Mehrproduktfertigung* vorkommen. Während das reine Einproduktunternehmen in Wirklichkeit verhältnismäßig selten anzutreffen ist (z. B. Elektrizitätswerk), tritt die Sortenfertigung häufig in Erscheinung (z. B. Walzwerke, Brauereien, Ziegeleien, Baustoffwerke).

Die Mehrproduktfertigung ist in ihren Erscheinungsformen außerordentlich vielfältig, sei es als *verbundene Produktion* (analytische oder zerlegende Produktion: *Kuppelproduktion,* bei der mehrere Produkte, z. B. Gas, Koks und Teer aus einem Grundstoff [Kohle] in einem Produktionsprozess gewonnen werden) oder als *Parallelproduktion.* Von Parallelproduktion wird gesprochen, wenn verschiedene Produkte in verschiedenen Betriebsteilen gefertigt werden (z. B. verschiedene Sorten Kunststoffe in getrennten Betriebsteilen).

Sowohl die verbundene als auch die Parallelproduktion können bei der Serienfertigung ebenfalls vorkommen.

---

1 Konfektioniert: Serienmäßig hergestellt, verkaufsfertig.

Die nachfolgende Grafik gibt einen Überblick über die angesprochenen Fertigungsverfahren.

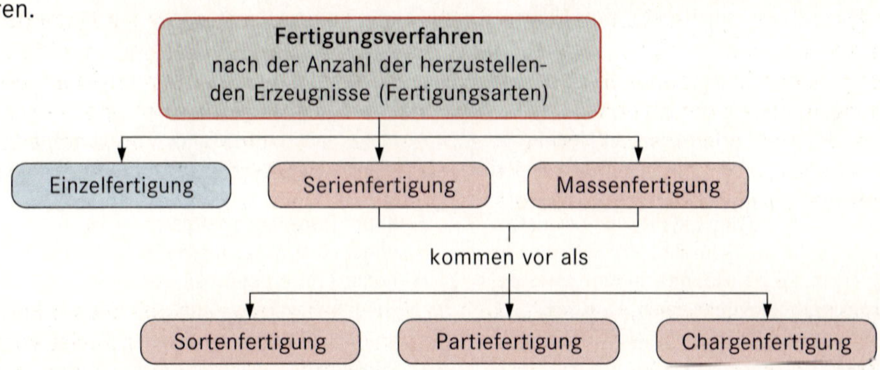

4.2.3 Fertigungsverfahren nach der Anordnung der Betriebsmittel im Produktionsprozess (Fertigungsverfahren i. e. S.)

Zwischen der **Fertigungsart** (die das Ergebnis unterschiedlicher Fertigungsprogramme ist) und dem **Fertigungsverfahren** i. e. S. besteht ein – wenn auch nicht immer zwingender – Zusammenhang. So ist in der Industrie der Übergang von der Einzelfertigung über die Serienfertigung bis zur Massenfertigung meist durch eine Änderung der Organisationsform der Fertigung, eben des Fertigungsverfahrens, gekennzeichnet, nämlich von der *Werkbankfertigung* (z. B. Kunstschlosserei, die nur auf Bestellung arbeitet) über die *Werkstattfertigung* (z. B. Schlosserei, die für Eisenwarenhändler arbeitet) bis hin zur automatisch gesteuerten *Fließfertigung.*

4.2.3.1 Werkstättenfertigung

Werkstättenfertigung bedeutet die Zusammenfassung aller artgleichen Fertigungsmaschinen und Fertigungseinrichtungen in besonderen Abteilungen, z. B. Drehbänke in der Dreherei, Fräsmaschinen in der Fräserei usw. Das Werkstück wandert von Abteilung zu Abteilung, wobei es wiederholt in die gleiche Abteilung zurückkommen kann.

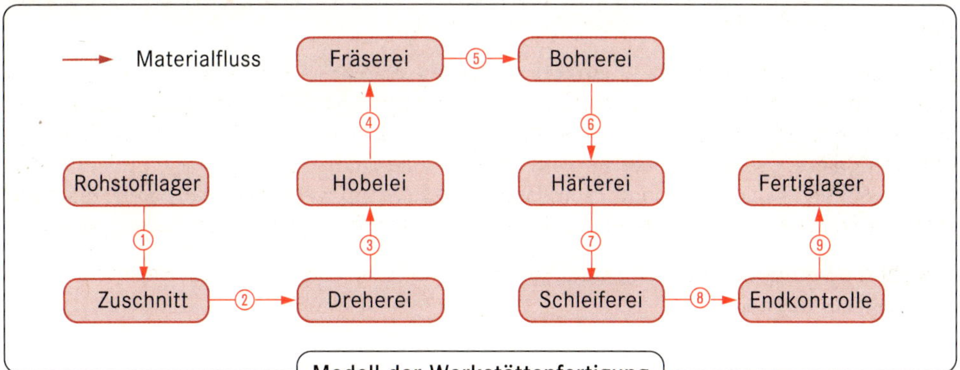

Modell der Werkstättenfertigung

Vor- und Nachteile der Werkstättenfertigung aus Sicht des Unternehmers	
Vorteile	**Nachteile**
■ Geeignetes Fertigungsverfahren für Einzel- und Kleinserienfertigung. ■ Große Anpassungsfähigkeit an Nachfrageänderungen, da der häufige Wechsel der Kundenaufträge hinsichtlich Art und Qualität der Produkte den Einsatz von umrüstbaren Maschinen (Universalmaschinen im Gegensatz zu Spezialmaschinen) verlangt. ■ Guter Überblick über Kapazitätsauslastung.	■ Hohe Fertigungskosten im Vergleich zur Fließfertigung aufgrund ▪ langer innerbetrieblicher Transportwege, ▪ ungleicher Kapazitätsauslastung der Werkstätten, ▪ hoher Zwischenlagerkosten, ▪ hoher Lohnkosten (Facharbeiterlöhne) und ▪ hoher Kosten der Arbeitsvorbereitung (z. B. Bereitstellung der Arbeitsunterlagen, Reihenfolgeplanung, Terminplanung, Maschinenbelegungsplanung).

4.2.3.2 Reihenfertigung

Gelingt es, innerhalb der einzelnen Werkstätten die Maschinen und damit die Arbeitsplätze nach dem Fertigungsablauf anzuordnen, spricht man von **Reihenfertigung.** Hier wird also der Produktionsprozess in kleine und kleinste Arbeitsgänge zerlegt, die entsprechend dem Produktionsfortschritt miteinander verbunden sind.

Das folgende Organisationsschema zeigt das Prinzip der Reihenfertigung.

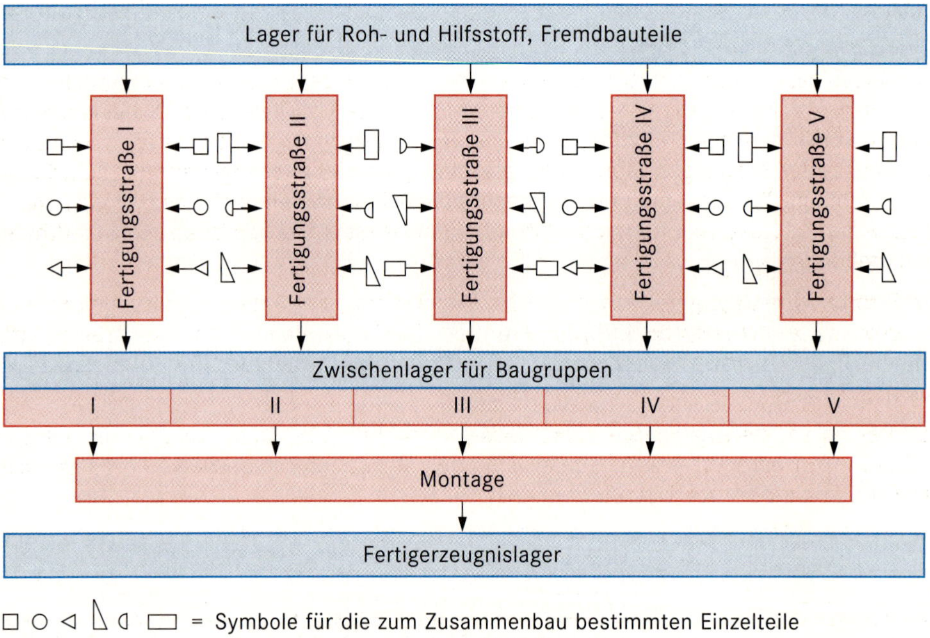

Modell der Reihenfertigung

Vor- und Nachteile der Reihenfertigung aus Sicht des Unternehmers	
Vorteile	**Nachteile**

■ Geeignetes Fertigungsverfahren für größere Serien.
■ Niedrigere Fertigungskosten gegenüber der Werkstättenfertigung aufgrund
  ▪ kurzer innerbetrieblicher Transportwege,
  ▪ gleichmäßiger Kapazitätsauslastung in allen Werkstätten (Fertigungsstraßen),
  ▪ niedrigerer Lohnkosten (an Spezialmaschinen ist der Einsatz angelernter Arbeitskräfte möglich),
  ▪ niedriger Kosten für die Arbeitsvorbereitung.
	■ Hohes Unternehmerwagnis (steigende Stückkosten bei zurückgehender Nachfrage aufgrund hoher fixer Kosten).
	■ Mangelnde Anpassungsfähigkeit an Nachfrageänderungen. (Spezialmaschinen können entweder überhaupt nicht oder nur mit hohen Kosten umgerüstet werden, falls andere Erzeugnisse hergestellt werden sollen.)

4.2.3.3 Fließfertigung

Die Fließfertigung ist eine Weiterentwicklung der Reihenfertigung. Wie bei der Reihenfertigung sind die Betriebsmittel bzw. Arbeitsplätze in einer zwingenden Reihe nach der Arbeitsfolge angeordnet. Der Unterschied zur Reihenfertigung[1] besteht darin, dass die Arbeitsgänge zeitlich vorbestimmt sind. Der Arbeitende muss den vorgeschriebenen „Takt“ einhalten. Höchste Ausprägungsformen der Fließfertigung ist die Fließbandfertigung.

Das Wesen der **Fließbandfertigung** besteht im Erledigen der zeitlich bestimmten, lückenlosen Folge der Arbeitsgänge bei gleichmäßigem Arbeitsfluss. Die Bearbeitungsgänge von unterschiedlicher Dauer sind daher aufeinander abzustimmen, „auszutakten“, damit das Werkstück alle Fertigungsstufen mit der gleichen, planmäßig vorgegebenen Geschwindigkeit durchläuft. Bei diesem Taktverfahren ist die Arbeit an dem sich bewegenden Werkstück in der festgesetzten Zeit auszuführen. Die Arbeitsausführung ist an den Takt (Rhythmus) gebunden.

Die **Fließbandfertigung** galt lange Zeit als das bestmögliche Produktionsverfahren, weil sie eine *hohe Arbeitsproduktivität* garantiert (geringer Raumbedarf je Arbeitsplatz, schnelle Durchlaufzeiten des Materials, höchstmögliche Ausnutzung der Arbeitskapazität des Arbeitenden).

Seit Beginn der siebziger Jahre haben Gewerkschafter, Arbeitspsychologen, Soziologen und Techniker erkannt, dass – vom arbeitenden Menschen her gesehen – die Nachteile der Fließbandarbeit überwiegen können.

1 Die Reihenfertigung wird auch als nicht taktgebundene Fließfertigung bezeichnet. Man unterscheidet hier die manuell-fortschreitende Fließfertigung und die gleitend-fortschreitende Fließfertigung. Bei der manuell-fortschreitenden Fließfertigung gibt es kein Fördermittel. Bei der gleitend-fortschreitenden Fließfertigung ist der Arbeitstakt ebenfalls nicht vorgegeben („loser Takt“), aber die Werkstücke gleiten auf Rutschen oder Rollen von Arbeitsplatz zu Arbeitsplatz.

Die **Nachteile der Fließbandfertigung** aus Sicht des arbeitenden Menschen sind vor allem:

- Der Mitarbeiter kann sich nicht mehr mit dem Produkt identifizieren. Er weiß häufig gar nicht mehr, welchen Anteil er am Gesamtprodukt hat. Die Arbeitsfreude kann dadurch verloren gehen.
- Die ständige Wiederholung von gleichartigen Arbeitsgängen führt zur Monotonie. Die einseitige Beanspruchung bei der Arbeit führt möglicherweise zu physischen (körperlichen) und psychischen (seelischen) Belastungen.
- Für viele Tätigkeiten am Fließband ist keine umfassende Berufsausbildung mehr notwendig. Ungelernte oder angelernte Arbeit genügt. Damit entsteht eine neue, wenig angesehene Bevölkerungsschicht.

Dies ist ein Grund dafür, dass viele große Industriebetriebe entweder das Fließband „humanisieren“ (menschlicher gestalten) oder abschaffen.

Das **folgende Organisationsschema** zeigt eine Kombination von Reihen- und Fließbandfertigung, wie sie häufig bei der synthetischen Produktion vorkommt.

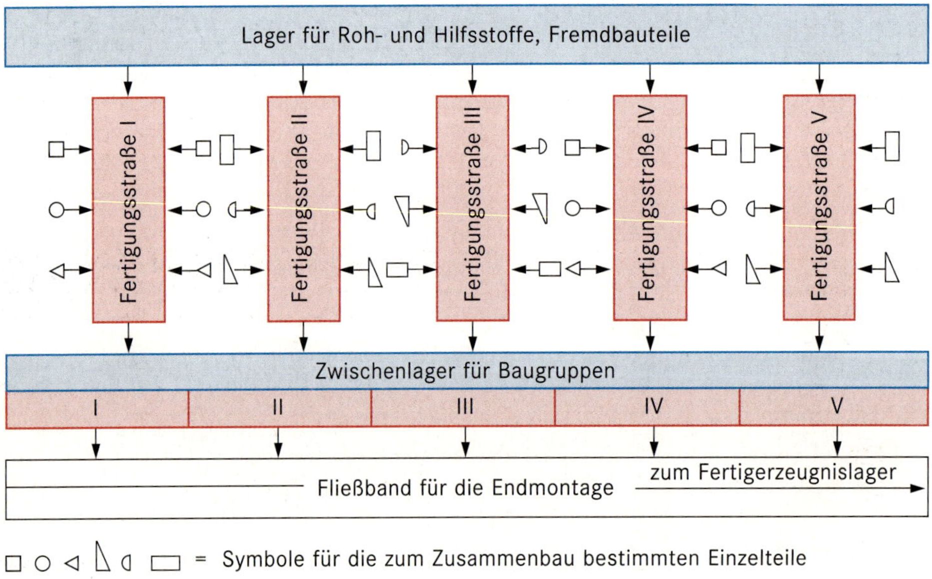

Modell der Fließband- und Reihenfertigung

Vor- und Nachteile der Fließbandfertigung aus Sicht des Unternehmers	
Vorteile	**Nachteile**

■ Geeignetes Fertigungsverfahren für die Großserien- und Massenproduktion,
■ niedrige Fertigungskosten, weil
  ▪ die Zwischenlagerung der Werkstücke verringert wird,
  ▪ die Fertigungszeiten verkürzt werden,
  ▪ der Ausschuss abnimmt (die Spezialisierung der Arbeitenden auf wenige Handgriffe erhöht die Geschicklichkeit),
  ▪ die Lohnkosten verhältnismäßig niedrig sind (angelernte statt gelernte Arbeitskräfte).
	■ Hohes Unternehmerwagnis (steigende Stückkosten bei zurückgehender Nachfrage aufgrund hoher fixer Kosten),
	■ mangelnde Anpassungsfähigkeit an Nachfrageänderungen (geringe Flexibilität),
	■ Probleme beim „Austakten“ (Abstimmen) der einzelnen Fertigungsbereiche (z. B. Fertigungsstraßen),
	■ hohe Störanfälligkeit, denn beim Ausfall eines Arbeitsplatzes muss die Fertigung gestoppt werden, falls keine Zwischenlager vorhanden sind,
	■ starke einseitige Beanspruchung des arbeitenden Menschen.

4.2.3.4 Inselfertigung

Die Nachteile der Fließbandarbeit (z. B. einseitige Belastung und geringe Motivation der Arbeitskräfte) führen dazu, dass immer mehr Betriebe dazu übergehen, die Fließbandfertigung durch Inselfertigung (auch Gruppenfertigung genannt) zu ersetzen.

Bei der Inselfertigung werden Elemente der Werkstättenfertigung mit der Fließfertigung kombiniert, indem der Montageablauf in genau definierbare Arbeitsabschnitte gegliedert wird. Wie die Arbeit im einzelnen Abschnitt erledigt wird, regelt kein Einzelner, sondern die Gruppe. Auf diese Weise sind die Gruppenmitglieder in der Lage, ihre Arbeitsaufgaben autonom (selbstständig) zu planen und zu wechseln (Jobrotation).[1]

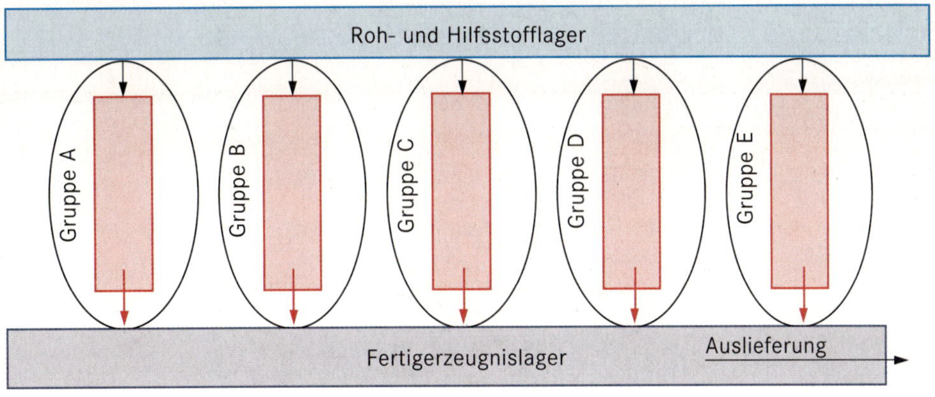

Modell der Inselfertigung

○ „Fertigungsinseln“, „Fertigungsplattformen“

1 Jobrotation: (wörtl.) umlaufende, wechselnde Arbeit. Die Arbeitskräfte werden also mit wechselnden Arbeitsaufgaben betraut. Vgl. auch Band „Betriebswirtschaft – Fachstufe“, Lernfeld 5.

12 Speth u. a. – ISBN 978-3-8120-0555-5

Nachteile der Inselfertigung sind z. B. die schwierigere Entgeltfestsetzung für die einzelnen Arbeitskräfte und der zwischen den Arbeitskräften bestehende Gruppenzwang.

Vorteile der Inselfertigung gegenüber der Werkstättenfertigung	Vorteile der Inselfertigung gegenüber der Fließbandfertigung
■ Kürzere Transportwege, ■ schnellere Fertigungsdurchlaufzeiten, ■ niedrigere Kosten für die Zwischenlagerung, ■ übersichtlicherer Produktionsablauf.	■ Höhere Anpassungsfähigkeit an Nachfrageänderungen (höhere Flexibilität), ■ abwechslungsreichere Tätigkeiten der Arbeitskräfte, ■ bessere Motivation der Arbeitskräfte durch Übertragung von Eigenverantwortlichkeiten, ■ geringere Störanfälligkeit des Produktionsablaufs.

Zusammenfassung

- Nach dem **Einsatz menschlicher Arbeitskraft** unterscheidet man folgende Fertigungsverfahren: **Handarbeit, Maschinenarbeit** und **automatische Fertigung.**
- Nach der **Häufigkeit der Prozesswiederholung** unterscheidet man: **Einzelfertigung, Serienfertigung, Sortenfertigung, Partiefertigung, Chargenfertigung, Massenfertigung.**

Fertigungsverfahren	Merkmale
Einzelfertigung	- Für ein Erzeugnis wird nur eine Einheit geplant und hergestellt; - Reine Auftragsfertigung; - Berücksichtigung von individuellen Kundenwünschen; - Häufig mit Finanzierungsfragen verbunden; - Hoher Planungsaufwand je Auftrag; - Anpassungsfähiger Produktionsapparat erforderlich; - Tendenz zum Einsatz von Universalmaschinen; - Qualifizierte Arbeitskräfte notwendig, daher hohes Lohnniveau; - Kostenungünstige Produktion; Beispiele: Werften, Großbehälterbau, Sonderfahrzeuge

Serienfertigung	- Begrenzte Anzahl eines einheitlichen Erzeugnisses;
	- Starke Abweichung unter den Serien;
	- Problem: Bildung der Losgröße;
	- Übergangsformen:
	  - Kleinserien: Vergleichbar mit der Einzelfertigung.
	  - Großserien: Siehe Massenfertigung.
	Beispiele: Automobilbau, Möbel, Elektrogeräte.

Sortenfertigung	- Eng verwandt mit Serienfertigung; - Geringe Abweichungen unter den Sorten (z. B. Farbe); - In der Regel auf derselben Fertigungsapparatur herzustellen; - Varianten eines Grunderzeugnisses; - Geringerer Umrüstaufwand als bei der Serienfertigung; Beispiele: Schokolade, Stoffe.

Partiefertigung	Sonderfall der Sortenfertigung. Die unterschiedlichen Sorten kommen zustande durch die unterschiedlichen Ausgangsmaterialien. z. B. Tabake.
Chargenfertigung	Ebenfalls Sonderfall der Sortenfertigung. Die unterschiedlichen Sorten kommen dadurch zustande, dass die Produktionsprozesse nicht vollständig beherrschbar sind. Beispiele: Schmelzprozesse im Hochofen, Herstellung von Käse.
Massenfertigung	- Einheitliches Erzeugnis; - Für den anonymen Markt. - Längerer Zeitraum; Beispiele: Zigaretten, Flaschen, Zement.

- Nach der Anordnung der Betriebsmittel im Produktionsprozess unterscheidet man: **Werkstättenfertigung, Reihenfertigung, Fließfertigung, Inselfertigung.**

Fertigungsverfahren	Merkmale

Werkstattfertigung	- Verrichtungszentralisation, d. h., gleichartige Maschinen werden in gesonderten Abteilungen zusammengefasst (Drehbänke in der Dreherei);
	- Hohes Maß an Flexibilität gegenüber Änderung der Kundenwünsche;
	- Ein flexibles Transportsystem (z. B. Gabelstapler) befördert die Werkstücke von einer Abteilung in die andere;
	- Ein hoher Bestand in den jeweiligen Zwischenlagern sichert die Kapazitätsauslastung;
	- Qualifizierte Arbeitskräfte;
	- Hohes Lohnniveau;
	- Hoher Planungsaufwand in der Arbeitsvorbereitung für:
	  - Losgrößenbestimmung; - Terminplanung;
	  - Reihenfolgeplanung; - Maschinenbelegung;
	- Guter Überblick über die Auslastung der Maschinen.
	Anwendung: In der Einzel- und Kleinserienfertigung, Teilefertigung bei Großserien und Massenfertigung.

Reihenfertigung	- Anordnung der Arbeitsplätze nach dem Flussprinzip; - Keine Taktzeit; Arbeitskräfte können Arbeitstempo weitgehend selbst bestimmen; - Zwischenlager zwischen den einzelnen Arbeitsstationen; - Einfaches Transportsystem (z. B. Schwenkkräne); - Erheblicher Grad der Spezialisierung von Mensch und Maschine; - Hoher Umrüstaufwand; - Tendenz zu angelernten und ungelernten Arbeitskräften, damit günstigeres Lohnniveau.
Fließfertigung	- Konsequente Fortführung der Reihenfertigung; - Aufwendiges, starres Transportsystem zwischen den einzelnen Bearbeitungsstationen (Fließband); - Arbeitsabläufe sind zeitlich exakt aufeinander abgestimmt (Taktzeit); - Keine Zwischenlager; - Hohes Maß an Arbeitszerlegung und damit Spezialisierung von Mensch und Maschine.

Insel-fertigung	- Räumliche und organisatorische Zusammenfassung aller Betriebsmittel, die zur möglichst vollständigen Herstellung einer Gruppe ähnlicher Werkstücke erforderlich sind;
	- Weitgehende Selbstverantwortung der Mitglieder einer Fertigungsinsel (teilautonome Gruppe), indem sie auch organisatorische, planerische und kontrollierende Funktionen übernehmen;
	- Erhebliche Verkürzung der Durchlaufzeit durch
	  - Einsparung von Transportzeiten aufgrund der räumlichen Konzentration und
	  - Aufhebung der strengen Arbeitsteilung zwischen Planung, Ausführung und Kontrolle.

Übungsaufgaben

33

1. Unterscheiden Sie Fertigungsverfahren nach dem Einsatz menschlicher Arbeitskraft!
2. Welche Vor- und Nachteile bringt die Automation für den Betrieb, die Belegschaftsmitglieder und die Verbraucher?
3. Unterscheiden Sie die Fertigungsverfahren nach der Menge gleichartiger Erzeugnisse (Fertigungsarten)!
4. Bei der Serienfertigung tritt u. a. das Problem der optimalen Losgröße (Seriengröße, Auflagengröße) auf.

   Aufgaben:

   4.1 Erklären Sie, was unter optimaler Losgröße zu verstehen ist!

   4.2 Berechnen Sie die optimale Losgröße unter folgenden Bedingungen:
   - Die auflagefixen Lagerhaltungskosten betragen 10 000,00 EUR je Periode.
   - Die auflagevariablen Lagerhaltungskosten belaufen sich auf 0,40 EUR je Erzeugnis und steigen proportional mit der Losgröße.
   - Die Losgröße soll mindestens 1 000 Stück oder ein Mehrfaches betragen.
5. Sowohl bei der Serien- als auch bei der Massenfertigung kommen Sortenfertigung, Partiefertigung und Chargenfertigung vor.

   Aufgabe:

   Erklären Sie die Begriffe an je einem Beispiel!

34

1. Erläutern Sie den Begriff Werkstättenfertigung!
2. Welche Vor- und Nachteile hat die Werkstättenfertigung aus Sicht des Betriebs (Unternehmens)?
3. Erklären Sie den Begriff Reihenfertigung!
4. Welche Vor- und Nachteile hat die Reihenfertigung aus Sicht des Betriebs (Unternehmens)?
5. Inwiefern ist die Fließfertigung (einschließlich Fließbandfertigung) eine Weiterentwicklung der Reihenfertigung?
6. Worin besteht der Unterschied zwischen Fließfertigung (einschließlich Fließbandfertigung) und Reihenfertigung?
7. Nennen Sie Vor- und Nachteile der Fließbandfertigung aus Sicht des Betriebs (Unternehmens)!

35 Lesen Sie zunächst sorgfältig nachstehenden Textauszug:

> Peter Holzer ist ein gestandener Mann. Sechs Jahre lang hat der 43-jährige Kfz-Elektriker im Lastwagenwerk geschuftet, zuletzt in der Nachbearbeitung und Endkontrolle. Peter Holzer weiß aber auch, was es heißt, monatelang nichts anderes zu tun, als Kotflügel zu montieren. Kotflügel, Kotflügel, nichts als Kotflügel - acht Stunden am Tag, fünf Tage die Woche, mitunter auch nachts, je nach Schicht. Alles ein geschlossener Kreislauf, monoton und ermüdend. Auch Willi Bayer mit seinen 19 Jahren weiß schon gut, was das bedeutet. Er hat Kfz-Elektriker gelernt und dann in einer Automobilfabrik Kabelsätze montiert. Nichts als Kabelsätze, Tag für Tag - jeder für sich, keiner für alle.
>
> Doch jetzt ist alles anders. Hightech, die den Mitarbeiter zum Handlanger macht, sucht man vergebens. Spektakuläre Automation gibt es nicht, lediglich das induktionsgesteuerte Transportsystem, das die Karossen wie von Geisterhand über den hellgrauen Betonboden schweben lässt, mutet futuristisch an. „Verrenken" muss sich keiner mehr: Über-Kopf-Arbeit ist vorbei, so genannte Hub-Schwenk-Plattformen und Hänge-Dreh-Plätze ermöglichen ergonomisches Arbeiten und halten die Körperbelastung deutlich geringer. Auch die Endkontrolle entfällt. Der Arbeiter ist der Letzte vor dem Kunden und zeichnet mit einem Stempel für sorgfältig erledigte Arbeit.
>
> Im neuen Werk arbeiten auf einer Fertigungsinsel acht bis maximal zwölf Mitarbeiter, die ihre Arbeit im Wesentlichen selbst organisieren und für ihren Arbeitsabschnitt die volle Verantwortung übernehmen. Das soll für die Motivation sorgen. Nicht umsonst erwarten die Verantwortlichen, dass statistisch gesehen pro Mann und Jahr ein Verbesserungsvorschlag kommt. Zum Vergleich: In anderen Werken liegt die Quote zehnmal niedriger.

Aufgaben:

1. Von welcher Fertigungsart in Bezug auf die Organisation ist im ersten Abschnitt des obigen Textes die Rede? Begründen Sie Ihre Aussage!
2. Welche Fertigungsart in Bezug auf die hergestellte Menge liegt vor? Begründen Sie Ihre Antwort!
3. Nehmen Sie ein Lexikon zu Hilfe und erklären Sie folgende im zweiten Textabschnitt erwähnten Begriffe:
   3.1 Hightech,
   3.2 Automation,
   3.3 ergonomisch,
   3.4 futuristisch,
   3.5 Motivation und
   3.6 statistisch.
4. Welche Fertigungsart in Bezug auf die Organisation des Fertigungsablaufs wird im zweiten Abschnitt beschrieben?

5 Produktionsprozessplanung

5.1 Prozesse der Produktionsplanung und Produktionssteuerung

Aufbauend auf dem vorab festgelegten Produktprogramm legt die **Produktionsprozessplanung** den Materialeinsatz, die Kapazitätsbelegung sowie die zeitliche und örtliche Reihenfolge der Produktionsaufträge fest. Im Rahmen der **Produktionsprozesssteuerung** erfolgt dann die endgültige Kapazitätsbelegung bzw. Arbeitsverteilung nach vorheriger Kontrolle der Materialverfügbarkeit.

Die Produktionsprozessplanung und -steuerung lassen sich in die folgenden **Subprozesse** unterglieder.

Reihenfolge der Subprozesse

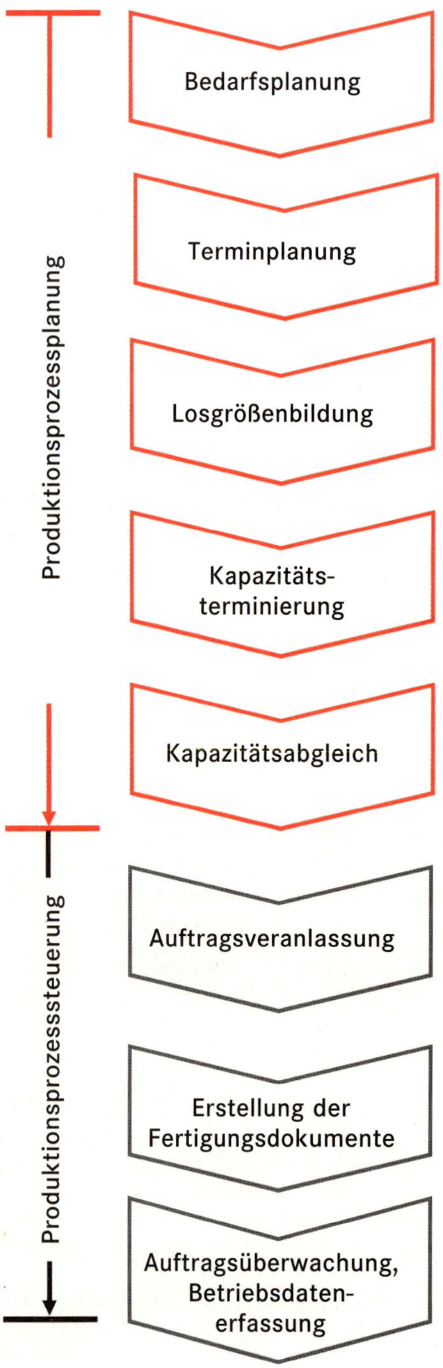

Kurzbeschreibung

Basis für die **Bedarfsplanung** sind die Primärbedarfe aufgrund der vorliegenden Kundenaufträge bzw. der Absatzprognosen. Für diese Bedarfe an verkaufsfähigen Einheiten müssen über die Stücklistenauflösung die Bedarfe an nachgeordneten Baugruppen bzw. Einzelteilen ermittelt werden. Je tiefer in der Erzeugnisstruktur eine Komponente positioniert[1] ist, desto früher muss mit deren Produktion begonnen werden, um den gewünschten Kundentermin einhalten zu können. Zur Mengenplanung gehört also auch eine **Terminplanung,** welche die erforderlichen Vorlaufverschiebungen berechnet.

Die dadurch gewonnenen Informationen, wann was in welcher Menge herzustellen ist, basieren noch auf den Mengen- und Zeitvorgaben der Kundenaufträge. Es ist aber unter Umständen sinnvoll, gleichartige Komponenten aus verschiedenen Kundenaufträgen zu einem Los zu bündeln, wenn dadurch Umrüstkosten eingespart werden können. Aus den Bedarfsreihen (Basis: Kundenaufträge) entstehen durch **Losgrößenbildung** also Losreihen (Fertigungsaufträge).

Im Rahmen der **Kapazitätsterminierung**[2] werden die vorhandenen Fertigungslose zeitlich präzise auf die verfügbaren Fertigungskapazitäten übertragen. Bei Engpasssituationen ist ein **Kapazitätsabgleich** (z. B. Verlagerung auf andere Maschinen) durchzuführen.

Mit der **Veranlassung des Fertigungsauftrags** beginnt die Phase der Produktionssteuerung. **Fertigungsdokumente** (Auftragsarbeitsplan, Auftragsstückliste usw.) begleiten den Fertigungsauftrag. Im Rahmen der **Auftragsüberwachung** werden die **Betriebsdaten erfasst** (z. B. Arbeitszeit) und damit der Fertigungsfortschritt kontrolliert.

1 Position: Stellung, Lage.

2 Dargestellt wird nur die mittelfristige Terminplanung.

5.2 Bedarfsplanung

5.2.1 Bestandsarten

(1) Gliederung der Lagerbestände nach ihrer Verfügbarkeit

Eine wirkungsvolle Lagerbestandsführung beschränkt sich nicht darauf, nur jene Bestände zu führen, die tatsächlich auf Lager sind. Vielmehr bezieht sie in ihre Betrachtung auch künftige **Erwartungsdaten** (bestellte, aber noch nicht gelieferte Teile) und **Verpflichtungsdaten** (reservierte, aber noch nicht entnommene Teile) ein. Es gilt daher, zwischen folgenden Bestandsarten zu unterscheiden:

- **Effektiver Lagerbestand (ELB)**

Das ist jene Menge, die tatsächlich körperlich am Lager vorhanden ist.

- **Sicherheitsbestand (SB)**

Er steht für die normale Disposition nicht zur Verfügung, sondern dient dem Ausgleich von Unsicherheiten auf der Beschaffungsseite, z. B. bei Lieferungsverzug, Transportschaden, der Lösung von Problemen im eigenen Unternehmen, z. B. bei Ausschuss wegen falsch eingestellter Maschine und/oder auf der Absatzseite, z. B. wegen unerwarteter Nachfrage.

- **Reservierter Bestand (RB)**

Das ist jener Bestand, der sich zwar tatsächlich am Lager befindet, aber bereits aufgrund von eingeplanten Kundenaufträgen reserviert ist und für weitere Aufträge nicht mehr berücksichtigt werden darf.

- **Verfügbarer Lagerbestand (VLB)**

Es handelt sich um denjenigen Lagerbestand, der **mit Sicherheit** für die Produktion verwendet werden kann, da er nach dem Prinzip der Vorsicht die zukünftigen Zugänge aufgrund von Bestellungen noch unberücksichtigt lässt. Er wird rechnerisch wie folgt ermittelt:

$$VLB = ELB - SB - RB$$

- **Bestellbestand (BB)**

Das ist jener Bestand, der (für Fremdteile) beim Lieferanten oder (für Eigenteile) aufgrund eingeplanter Fertigungsaufträge im eigenen Unternehmen bereits geordert wurde, aber noch nicht tatsächlich am Lager ist. Er steht jedoch für die künftige Disposition bereits jetzt zur Verfügung.

- **Disponierbarer[1] Lagerbestand (DLB)**

Es handelt sich um denjenigen Lagerbestand, der mit **hoher Wahrscheinlichkeit** für die Produktion verwendet werden kann. Er geht aus von der sicheren Basis des verfügbaren

---

1 Disponieren: verfügen.

Lagerbestandes und bezieht die derzeitigen Bestellbestände, also die künftigen Zugänge aufgrund von Lieferbestellungen, mit ein. Der disponierbare Lagerbestand wird rechnerisch wie folgt ermittelt:

$$DLB = ELB - SB - RB + BB$$

oder

$$DLB = VLB + BB$$

(2) Verfeinerungsstufen der Lagerbestandsführung

Die Berechnung von Lagerbeständen wird im Folgenden anhand von drei Situationen dargestellt. Dabei wird so vorgegangen, dass die Situationen durch die Vorgabe von jeweils einer weiteren Lagerbestandsangabe immer komplexer werden.

Situation I

Beispiel:

Von der Komponente 210112 Querträger sind folgende Bestandswerte gegeben:

Effektiver Lagerbestand:	50 Stück
Sicherheitsbestand:	10 Stück

Aufgaben:

1. Berechnen Sie den verfügbaren und den disponierbaren Lagerbestand!
2. Stellen Sie den Sachverhalt grafisch dar!

Lösungen:

Zu 1. Berechnung des disponierbaren Lagerbestands:

Da keine Reservierungs- und Bestellbestände vorhanden sind, gilt:

$$VLB = ELB - SB - RB$$
$$VLB = 50 - 10 - 0 = 40$$
$$DLB = VLB + BB$$
$$DLB = 40 + 0 = \underline{\underline{40}}$$

Ergebnis: Der verfügbare und der disponierbare Lagerbestand betragen jeweils 40 Stück.

Zu 2. Grafische Darstellung:

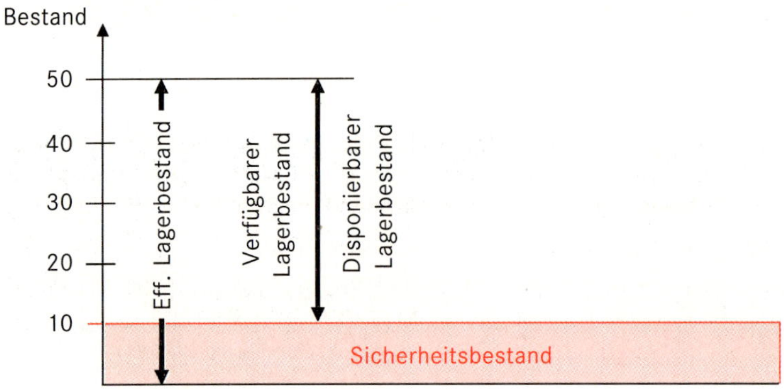

Situation II

Beispiel:

Neben dem effektiven Lagerbestand von 50 Stück und einem Sicherheitsbestand von 10 Stück ist noch ein reservierter Bestand von 20 Stück zu berücksichtigen.

Aufgaben:

1. Berechnen Sie den verfügbaren und den disponierbaren Lagerbestand!
2. Stellen Sie den Sachverhalt grafisch dar!

Lösungen:

Zu 1. Berechnung des disponierbaren Lagerbestands:

Es sind nur Reservierungs-, aber keine Bestellbestände vorhanden. Daher gilt:

VLB = ELB - SB - RB
VLB = 50 - 10 - 20 = 20
DLB = VLB + BB
DLB = 20 + 0 = $\underline{\underline{20}}$

Ergebnis: Der verfügbare und der disponierbare Lagerbestand betragen jeweils 20 Stück.

Zu 2. Grafische Darstellung:

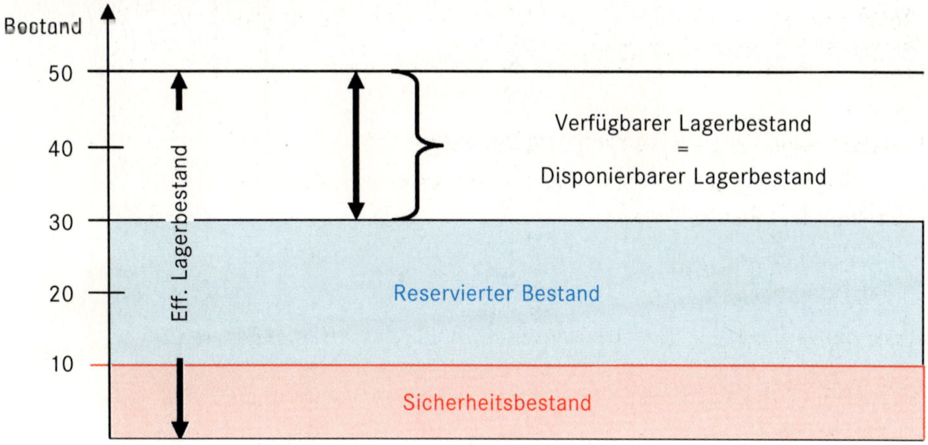

Situation III

Beispiel:

Zusätzlich zu den Daten von Situation I und II ist ein Bestellbestand von 30 Stück zu berücksichtigen.

Aufgaben:

1. Berechnen Sie den verfügbaren und den disponierbaren Lagerbestand!
2. Stellen Sie den Sachverhalt grafisch dar!

Lösungen:

Zu 1. Berechnung des disponierbaren Lagerbestands:

VLB	= ELB - SB - RB	
VLB	= 50 - 10 - 20	= 20
DLB	= VLB + BB	
DLB	= 20 + 30	= <u>50</u>

Ergebnis: Der verfügbare Lagerbestand beträgt 20 Stück, der disponierbare Lagerbestand beträgt 50 Stück.

Zu 2. Grafische Darstellung:

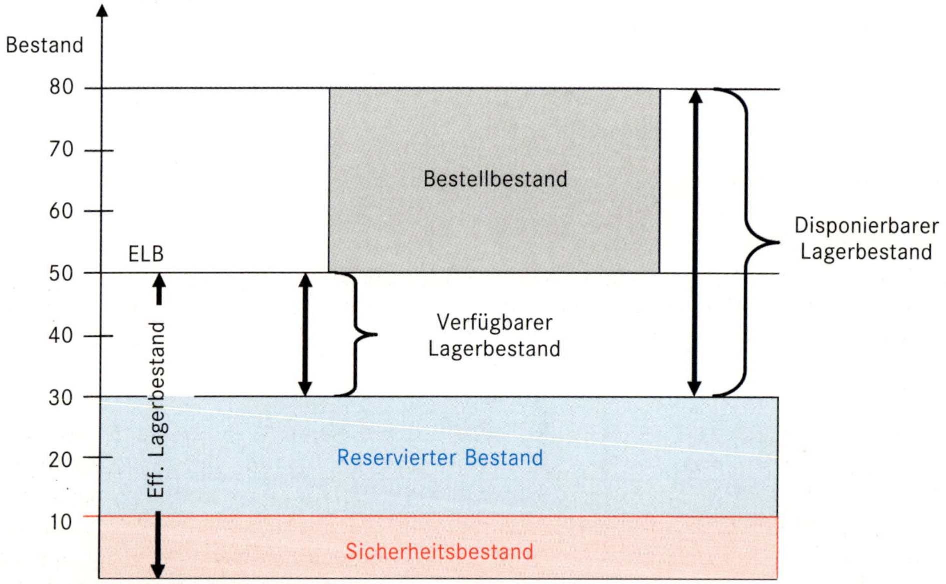

Bitte beachten Sie: Es sind keine 80 Stück, sondern nach wie vor nur 50 Stück auf Lager.

Werden also zusätzlich zum effektiven Lagerbestand noch künftige Erwartungsbestände (Bestellbestand) und Verpflichtungsbestände (Reservierungen) berücksichtigt, dann ergeben sich für das Unternehmen massive Vorteile. Würden nämlich nur effektive Lagerbestände geführt, dann wäre dem Unternehmen der Blick in die Zukunft verschlossen. Der Disponent könnte bei einer Zusage an einen Kunden nur über jene Bestände verfügen, die tatsächlich vorhanden sind. Um dennoch einen hohen Servicegrad und Kundenfreundlichkeit zu erreichen, müssten erhebliche Bestände vorgehalten werden.

Kann der Disponent jedoch Liefererbestellungen, die noch nicht am Lager sind, in seine Überlegungen einbeziehen, dann kann er bereits über jene Bestellbestände durch Reservierung verfügen. Hat z. B. ein Betrieb durch entsprechende Rahmenvereinbarungen mit seinen Lieferanten sehr kurzfristige Lieferfristen ausgehandelt (kürzer jedenfalls als die

Lieferfristen an die eigenen Kunden), dann führt dies im günstigsten Fall dazu, dass das Unternehmen nur noch effektive Bestände in Höhe der Sicherheitsbestände auf Lager haben muss. Für jede neue Kundenanforderung können nämlich die benötigten Fremdteile rechtzeitig zum Produktionsbeginn beschafft werden. Eine Unterdeckung im Bestand kann im Regelfall nicht auftreten.

Fazit:

Eine schlechte Informationsbasis und die damit einhergehende Unsicherheit muss immer durch einen „See von Beständen" ausgeglichen werden, was zwangsläufig zu einer höheren Kapitalbindung des Materials und zu höheren Investitionen in notwendige Lagerräume führt. Verbessert sich die Information und erlaubt sie gar einen Blick in die Zukunft, dann wird die Unsicherheit verringert. Der Unternehmer verfügt über ein präziseres Informationssystem und kann jene Bestände, die er zum Ausgleich der Unsicherheiten führte, einschränken.

5.2.2 Bedarfsarten

(1) Primärbedarf, Sekundärbedarf, Tertiärbedarf

Im Rahmen der Bedarfsplanung werden die Materialbedarfsmengen, die zur Auftragsabwicklung erforderlich sind, ermittelt. Nach dem *Ursprung des Bedarfs* und *der Erzeugnisebene* unterscheidet man in Primärbedarf, Sekundärbedarf und Tertiärbedarf.

■ Primärbedarf

Ausgangspunkt aller Mengenplanungen ist die Ermittlung des **Primärbedarfs.** Unter Primärbedarf versteht man die Menge an verkaufsfähigen Gütern und Dienstleistungen (Marktbedarf). Bei Ersatzteilaufträgen kann ein Primärbedarf auch für Baugruppen oder Einzelteile bestehen. (Beispiel: Ein Nutzfahrzeughersteller liefert an einen Wohnmobilhersteller das Grundfahrzeug ohne Aufbauten mit Kabine und Fahrwerk, auf welches dann das Wohnmobil montiert wird.) Datenbasis zur Ermittlung des Primärbedarfs sind vorliegende Kundenaufträge und/oder Vorgaben aus der Absatzplanung. Die Vorgaben aus der Absatzplanung betreffen in der Regel Standardprodukte. Die ausreichende Produktion von Standardprodukten versetzt das Unternehmen in die Lage, auftretende Kundenwünsche nach einem Erzeugnis „von der Stange" direkt aus dem Lagervorrat zu bedienen.

■ Sekundärbedarf

In der Regel besteht ein Enderzeugnis aus Komponenten (Baugruppen, Einzelteilen, Rohstoffen). Die zur Fertigung des Primärbedarf erforderlichen Komponenten bezeichnet man als **Sekundärbedarf.** Der Sekundärbedarf wird aus den Stücklisten entnommen.

■ Tertiärbedarf

Dies ist der Bedarf an Betriebsstoffen, der zwar zur Herstellung der Erzeugnisse benötigt wird, dessen Mengen aber nicht über die Stücklistenauflösung ermittelt werden können.

(2) Bruttobedarf, Nettobedarf

In aller Regel müssen nicht jeweils alle ermittelten Erzeugnisse und Komponenten hergestellt bzw. bezogen werden, da ein Teil von ihnen sich in aller Regel am Lager befinden. Gliedert man den Güterbedarf unter *Berücksichtigung der Lagerbestände* so spricht man von Bruttobedarf und Nettobedarf.

- **Bruttobedarf**

Dies ist der Bedarf einer Periode, der aufgrund der unterschiedlichen Verfahren der Bedarfsermittlung (siehe das nachfolgende Kapitel 5.2.3.1) als Primär-, Sekundär- und Tertiärbedarf berechnet wurde. Vorhandene Lagerbestände werden dabei nicht berücksichtigt. Der Bruttobedarf gibt an, wie viel von einer Komponente für die Herstellung der nächst höheren Komponente zur Verfügung gestellt werden muss.

- **Nettobedarf**

Er wird dadurch ermittelt, indem vom Bruttobedarf der disponierbare Lagerbestand abgezogen wird. Der Nettobedarf ist der Bedarf, der bei Eigenteilen durch entsprechende Fertigungsaufträge abgedeckt werden muss bzw. bei Fremdteilen zu Beschaffungsaufträgen führt.

5.2.3 Bedarfsermittlung

5.2.3.1 Verfahren der Bedarfsermittlung

Für einen Betrieb ist es wichtig, möglichst früh exakte Informationen darüber zu erhalten, welche Mengen er bei gegebener Kapazität produzieren muss.

Bei der Bedarfsermittlung unterscheidet man drei Verfahren:

(1) Deterministische[1] (oder bedarfsgesteuerte) Bedarfsermittlung

Bei dieser Form der Bedarfsermittlung liefern die vorliegenden Kundenaufträge und die lt. Absatzplan vorgesehenen Vorratsaufträge die Mengenvorgaben. Der so festgelegte Primärbedarf wird in einem weiteren Verfahren anhand von Stücklisten über alle Stufen aufgelöst. Dadurch sind auch die Sekundärbedarfe deterministisch ermittelt. Die bedarfsgesteuerte Bedarfsermittlung setzt in ihrer Planung somit die Kenntnis über die künftige Leistungserstellung voraus. Sie richtet folglich den Blick in die Zukunft.

(2) Stochastische[2] (oder verbrauchsgesteuerte) Bedarfsermittlung

Die verbrauchsgesteuerte Bedarfsermittlung hingegen richtet den Blick in die Vergangenheit. Datenbasis zur Bedarfsermittlung sind die Verbrauchswerte aus den früheren Perioden und keine konkreten Einzelaufträge. Mit Hilfe statistischer Verfahren werden aus den Vergangenheitswerten zukünftige Bedarfe vorhergesagt. Dieses Verfahren wird insbesondere angewandt beim Tertiärbedarf, da dieser ohne Bezug zum Produktionsprogramm ermittelt wird. Unsicherheiten, die mit diesem Verfahren verbunden sind, werden dadurch aufgefangen, dass entsprechende Sicherheitsbestände im Lager eingeplant werden.

---

1 Determinieren: bestimmen.

2 Stochastik: Ein Verfahren, das auf der Anwendung statistischer Methoden beruht.

(3) Heuristische[1] Bedarfsermittlung (durch Schätzung)

Liegen keine Erfahrungswerte aus der Vergangenheit vor – insbesondere bei Neuentwicklungen –, dann muss der künftige Bedarf geschätzt werden. Dies geschieht jedoch nicht willkürlich. Entweder werden über Analogschätzungen die Verbrauchswerte für vergleichbare Erzeugnisse auf andere übertragen oder – im Fall der Intuitivschätzung – greift der Disponent[2] auf seine langjährige Erfahrung zurück.

Die deterministische Bedarfsermittlung ist im Vergleich zu den anderen Verfahren sehr aufwändig. Es werden daher nur solche Komponenten in die bedarfsgesteuerte Bedarfsermittlung einbezogen, die wertvoll sind. Der Zukunftsbedarf von Schrauben und anderen Kleinteilen lässt sich leicht aus den Vergangenheitswerten, also stochastisch, ermitteln.

Treten dennoch Vorhersagefehler ein, dann wird relativ wenig Kapital gebunden. Die **ABC-Analyse**[3] ist ein besonders bewährtes Verfahren, um jene Materialkomponenten zu erkennen, bei denen eine exakte Bedarfsermittlung über deterministische Verfahren empfehlenswert ist.

5.2.3.2 Bruttobedarfsrechnung

Bei der Bruttobedarfsermittlung wird der Primärbedarf über alle Stücklistenpositionen auf die nachgeordneten Komponenten (Sekundärbedarf) heruntergerechnet. Die jeweils ermittelten Mengen ergeben, wie viel Stück jeweils zum Einbau in die nächsthöhere Komponente bereitgestellt werden müssen. Da bei der Bruttobedarfsrechnung keine Lagerbestände berücksichtigt werden, schlagen die Bedarfsmengen in voller Höhe nach unten durch. Der Bruttobedarf der nächsttieferen Komponente ergibt sich jeweils aus dem Bruttobedarf der übergeordneten Komponente multipliziert mit der Menge lt. Stückliste.

Beispiel:

Aufgrund eines vorliegenden Kundenauftrages (A 1005) über 200 Arbeitstische soll der Bruttobedarf über alle Stücklistenstufen hinweg ermittelt werden. Der Bruttobedarf an Schrauben (Teilenummer 202111) von 2400 Stück ermittelt sich aus dem Bruttobedarf der Arbeitstische (200 Stück lt. Kundenauftrag) multipliziert mit der Menge lt. Stückliste, mit denen die Schrauben im Tisch enthalten sind (12).

Aufgabe:

Berechnen Sie den Bruttobedarf für alle Komponenten des Arbeitstisches!

1 Heuristisch: erfinderisch.

2 Disponent: Verwalter. Es handelt sich um einen Mitarbeiter, der den Mengenbedarf (z. B. an Rohstoffen) festlegt.

3 Die ABC-Analyse wird im Band „Betriebswirtschaft – Fachstufe“, Lernfeld 3, Kapitel 4.1.2 behandelt.

Lösung:

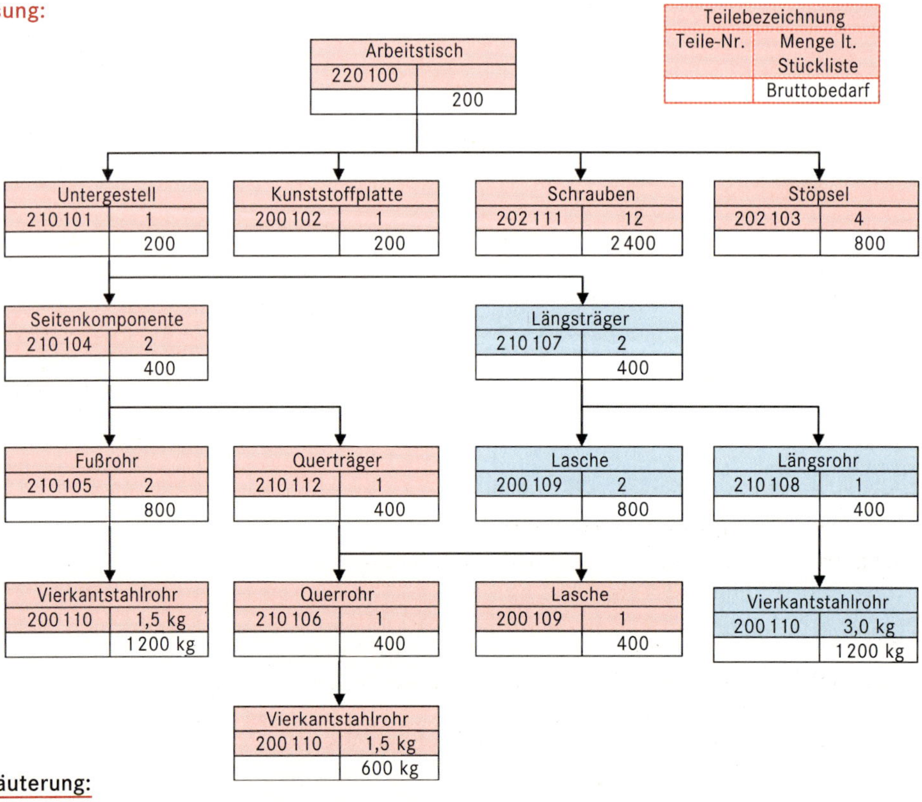

Erläuterung:

Aus der Grafik ist die Erzeugnisstruktur zu erkennen. Je Komponente werden die Teilebezeichnung, die Teilenummer und die Bedarfsmenge für eine Einheit der übergeordneten Komponente aufgeführt. Damit kann dann stufenweise der Bruttobedarf für jede Position ermittelt werden.

5.2.3.3 Nettobedarfsrechnung

(1) Beispiel für eine Nettobedarfsrechnung (Arbeitstisch, Schrauben, Stöpsel)

Da das Unternehmen in der Regel über Bestände an Halb- und Fertigerzeugnissen verfügt, muss nicht jeweils die volle Bruttomenge, die bereitgestellt werden muss, auch erzeugt werden. Der Nettobedarf wird ermittelt aus

Bruttobedarf = Nettobedarf der übergeordneten Komponente · Stücklistenmenge
Nettobedarf = Bruttobedarf – disponierbarer Lagerbestand

Beispiel:

Ausgehend vom Beispiel auf Seite 189 mit einem Kundenauftrag über 200 Stück wird unterstellt, dass bei den Arbeitstischen noch ein disponierbarer Lagerbestand von 50 Stück vorhanden ist. Bei den Schrauben sind noch 10 000 Stück und bei den Stöpseln noch 200 Stück vorhanden.

Aufgabe:

Berechnen Sie den Nettobedarf aller Komponenten des Arbeitstisches!

Lösung am Beispiel Schrauben und Stöpsel:

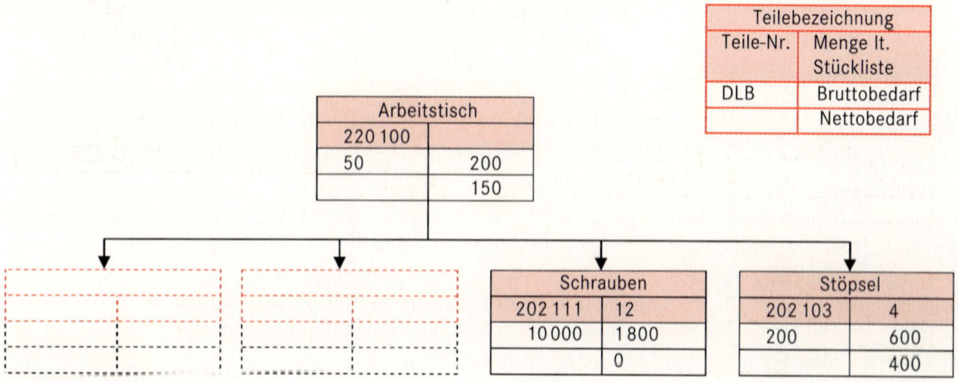

Erläuterungen:

Für den Arbeitstisch gilt folgende Berechnung:

Bruttobedarf: gegeben lt. Kundenauftrag

Nettobedarf: Bruttobedarf – disponierbarer Lagerbestand

200 – 50 = 150

Berechnung für die Stöpsel:

Bruttobedarf: Nettobedarf des Tisches · Stücklistenmenge

150 · 4 = 600

Nettobedarf: Bruttobedarf – disponierbarer Lagerbestand

600 – 200 = 400

Berechnung für die Schrauben:

Bruttobedarf: Nettobedarf des Tisches · Stücklistenmenge

150 · 12 = 1 800

Nettobedarf: Da der disponierbare Lagerbestand (10 000 Stück) größer ist als der Bruttobedarf, entsteht kein Nettobedarf, der produziert bzw. gekauft werden müsste.

Merke:

Der **Nettobedarf** ist kein vorhandener Bestand, sondern im Grunde ein Fehlbestand, der durch Fertigungsaufträge oder Lieferantenbestellungen auszugleichen ist.

(2) Nettobedarfsrechnung für den vollständigen Arbeitstisch

Um den Nettobedarf für den Arbeitstisch (die vollständige Struktur) zu ermitteln, muss der disponierbare Lagerbestand für alle Positionen gegeben sein. Der Tabelle auf S. 192 kann für alle Komponenten der disponierbare Lagerbestand (rechte Spalte) entnommen werden.

ELB:	Effektiver Lagerbestand	SB:	Sicherheitsbestand
RB:	Reservierter Bestand	VLB:	Verfügbarer Lagerbestand
BB:	Bestellbestand	DLB:	Disponierbarer Lagerbestand

Anmerkung (am Beispiel des Längsträgers):

Teile-Nr.	Bezeichnung	ELB	RB	BB	SB	VLB	DLB
220 100	Arbeitstisch	200	100	0	50	50	50
210 101	Untergestell	100	50	20	20	30	50
200 102	Kunststoffplatte	50	40	70	10	0	70
202 103	Stöpsel	500	300	50	50	150	200
210 104	Seitenkomponente	50	50	110	10	- 10	100
210 105	Fußrohr	500	300	0	50	150	150
210 106	Querrohr	10	0	0	10	0	0
210 107	Längsträger	200	250	250	50	- 100	150
210 108	Längsrohr	100	390	350	50	- 340	10
200 109	Lasche	400	700	350	20	- 320	30
200 110	Vierkantstahlrohr	1 000	1 250	550	100	- 350	200
202 111	Schrauben	12 000	8 000	7 000	1 000	3 000	10 000
210 112	Querträger	100	150	80	10	- 60	20

Obwohl nur 200 Stück tatsächlich auf Lager sind und der Sicherheitsbestand auf 50 Stück festgelegt ist, sind für die Ausführung von Kundenaufträgen 250 Stück reserviert worden, daher beträgt der verfügbare Lagerbestand: 200 - 50 - 250 = - 100 Stück. Würde sich nichts ändern, dann könnten diese Aufträge nicht ausgeführt werden. Jedoch wurden bereits 250 Stück bestellt. Daher beträgt unter Einbeziehung dieses Erwartungsbestandes der disponierbare Lagerbestand 150 Stück.

Lösung:

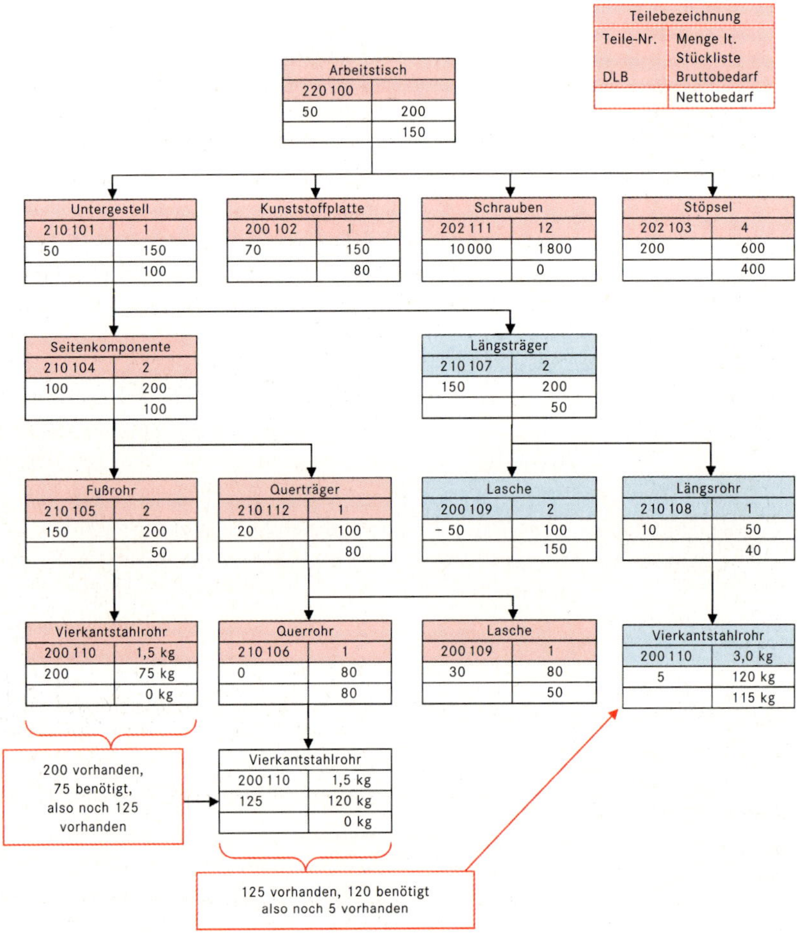

Anmerkung zur Lasche:

Kommt man über die Querträger zum ersten Mal zur Lasche, dann entsteht ein Nettobedarf von 50 Stück. Dies bedeutet, dass ein Fehlbestand von 50 Stück besteht. Berührt man dann (über die Längsträger) zum zweiten Mal die Lasche, dann ermittelt sich dort ein Bruttobedarf von 100 Stück. Da aber aus der vorigen Laschenposition bereits ein Bedarf (Fehlbestand) von 50 Stück besteht, ist es sinnvoll, diesen Dispositionsbestand als negativen Wert auszuweisen. Damit ergibt sich dort ein Bedarf von 100 - (- 50) = 150 Stück.

Zusammenfassung

- Zu den **Sub-Prozessen** der **Produktionsplanung** gehören
  - die Bedarfsplanung,
  - die Terminplanung,
  - die Losgrößenbildung,
  - die Kapazitätsterminierung und
  - der Kapazitätsausgleich.

- Zu den **Sub-Prozessen** der **Produktionssteuerung** gehören
  - die Auftragsveranlassung,
  - die Erstellung der Fertigungsdokumente und
  - die Betriebsdatenerfassung zum Zweck der Auftragsüberwachung.

- Man unterscheidet folgende **Bedarfsarten:**
  - Nach dem **Ursprung des Bedarfs** und der **Erzeugnisebene**
    - **Primärbedarf:** Menge an verkaufsfähigen Einheiten. Basis hierfür sind die vorliegenden Kundenaufträge und die Vorgaben aus der Absatzplanung.
    - **Sekundärbedarf:** Bedarf an nachrangigen Komponenten. Er wird ermittelt durch die Stücklistenauflösung.
    - **Tertiärbedarf:** Bedarf an Hilfs- und Betriebsstoffen.
  - Gliederung des Bedarfs unter **Berücksichtigung der Lagerbestände**
    - **Bruttobedarf:** Gesamter Primär-, Sekundär- und Teritärbedarf, der auf der jeweiligen Dispositionsstufe zur Verfügung gestellt werden muss.
    - **Nettobedarf:** Bruttobedarf abzüglich Lagerbestand. Er muss durch Fertigungsaufträge (oder Beschaffungsaufträge) abgedeckt werden.

- Um die **Bedarfe** zu ermitteln, unterscheidet man folgende Verfahren:
  - **Deterministische (bedarfsgesteuerte) Bedarfsermittlung**

    Dieses Verfahren geht von fest bestimmten (determinierten) Mengen aufgrund von Kundenaufträgen oder Vorratsaufträgen aus. Der Blick ist in die Zukunft gerichtet.

13 Speth u.a. – ISBN 978-3-8120-0555-5

- **Stochastische (verbrauchsgesteuerte) Bedarfsermittlung**

  Der Blick richtet sich in die Vergangenheit und ermittelt mit statistischen Methoden auf der Basis früherer Verbrauchsmengen den voraussichtlichen Bedarf in der Zukunft.

- **Heuristische Bedarfsermittlung (durch Schätzung)**

  Bei fehlenden Erfahrungswerten wird der künftige Bedarf geschätzt.

- Die **Lagerbestandsführung** unterscheidet folgende Bestandsarten:
  - **Effektiver Lagerbestand:** Menge, die tatsächlich körperlich am Lager ist.
  - **Sicherheitsbestand:** Er steht für die normale Disposition nicht zur Verfügung und dient dem Ausgleich von Unsicherheiten.
  - **Reservierter Bestand:** Er befindet sich zwar am Lager, ist aber bereits für Kundenaufträge reserviert.
  - **Verfügbarer Bestand:** Effektiver Bestand − Sicherheitsbestand − Reservierter Bestand
  - **Bestellbestand:** Er befindet sich noch nicht am Lager, ist aber bereits beim Lieferanten (Fremdteile) oder im eigenen Betrieb (Eigenteile) geordert. Er kann in die Disposition einbezogen werden.
  - **Disponierbarer Bestand:** Verfügbarer Bestand + Bestellbestand

- Die **Bruttobedarfsermittlung** ermittelt – ausgehend vom Primärbedarf – über alle Stücklistenpositionen hinweg den Sekundärbedarf der nachgeordneten Komponenten. Er gibt an, wie viel Stück jeweils zum Einbau in die nächsthöhere Komponente bereitgestellt werden müssen. Lagerbestände werden nicht berücksichtigt.

- Die **Nettobedarfsermittlung** durchläuft je Stücklistenposition 2 Rechenschritte:

  (1) Bruttobedarf = Nettobedarf der übergeordneten Komponente · Stücklistenmenge

  (2) Nettobedarf = Bruttobedarf − disponierbarer Lagerbestand

  Der Nettobedarf ist im Grunde ein Fehlbestand, der durch Fertigungsaufträge oder Lieferantenbestellungen ausgeglichen werden muss.

- Die Grafik auf S. 195 zeigt schematisch den Ablauf der Brutto-Netto-Bedarfsermittlung. Datenbasis ist hierbei der Primärbedarf aufgrund vorliegender Kunden- bzw. aufgrund innerbetrieblich festgelegter Vorratsaufträge. Dies ergibt in der Ausgangssituation den Bruttobedarf an verkaufsfähigen Einheiten. Werden die disponierbaren Lagerbestände berücksichtigt, errechnen sich die Nettobedarfe. Multipliziert man die Nettobedarfe mit der Stücklistenmenge der nächsttieferen Stufe, erhält man den Bruttobedarf der Folgestufe. Der Zyklus der Brutto-Netto-Bedarfsermittlung wird so lange fortgesetzt, bis die unterste Ebene der Stückliste erreicht und abgearbeitet ist.

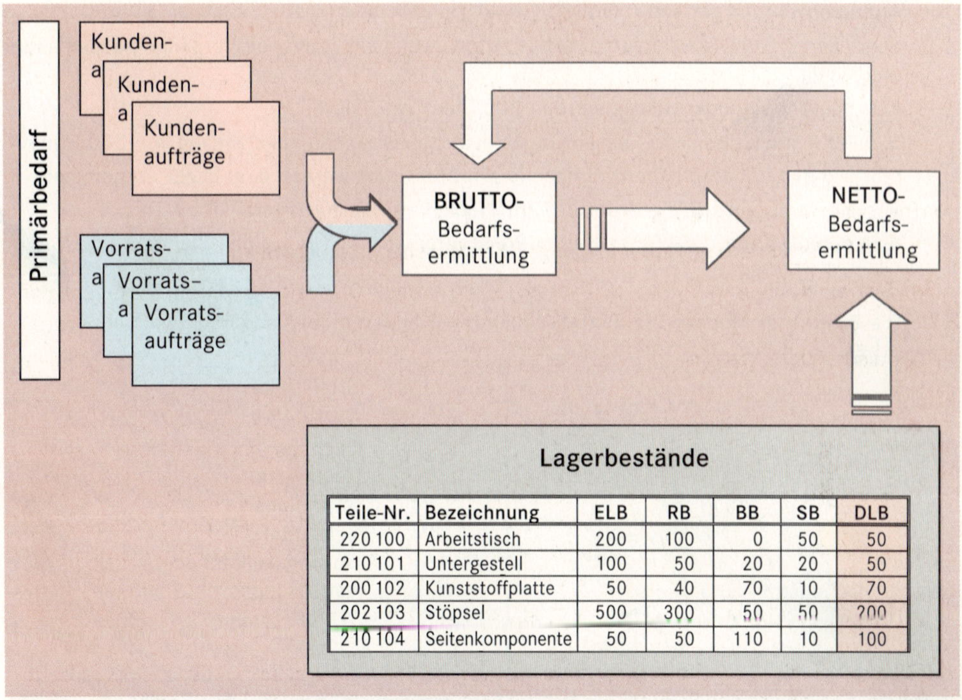

Teile-Nr.	Bezeichnung	ELB	RB	BB	SB	DLB
220 100	Arbeitstisch	200	100	0	50	50
210 101	Untergestell	100	50	20	20	50
200 102	Kunststoffplatte	50	40	70	10	70
202 103	Stöpsel	500	300	50	50	200
210 104	Seitenkomponente	50	50	110	10	100

Übungsaufgaben

36 1. Erläutern Sie kurz die Begriffe Primärbedarf, Sekundärbedarf, Tertiärbedarf, Bruttobedarf, Nettobedarf!

2. Ordnen Sie die Verfahren der Bedarfsvorhersage nach der Verlässlichkeit der Vorhersagewerte! Begründen Sie kurz Ihre Entscheidung!

3. Erläutern Sie kurz die Begriffe effektiver Lagerbestand, Sicherheitsbestand, reservierter Bestand, Bestellbestand, verfügbarer Lagerbestand und disponierbarer Lagerbestand!

4. Ermitteln Sie für das Querrohr (Teilenummer 210106) die jeweils fehlenden Werte!

	Effektiver Lagerbestand	Sicherheitsbestand	Reservierter Bestand	Verfügbarer Lagerbestand	Bestellbestand	Disponierbarer Lagerbestand
4.1	1000	100	200		400	
4.2	500	200	100		100	
4.3	800	100	400	300		600

5. Gegeben ist für das Querrohr die nachfolgende Ausgangssituation (oberste Datenzeile).

	Effektiver Lagerbestand	Sicherheitsbestand	Reservierter Bestand	Verfügbarer Lagerbestand	Bestellbestand	Disponierbarer Lagerbestand
	1000	100	200	700	400	1 100
5.1						
5.2						
5.3						
5.4						
5.5						

Aufgaben:

Schreiben Sie die Tabelle von 5. (S. 195) fort, wenn sich folgende Vorgänge nacheinander ereignen!

5.1 Für einen Kundenauftrag werden 200 Stück reserviert.

5.2 Aufgrund eines Fertigungsauftrages erwarten wir einen Lagerzugang von 300 Stück.

5.3 Die bereits in Aufgabe 5.1 reservierten 200 Stück werden dem Lager entnommen.

5.4 Die in Aufgabe 5.2 georderten 300 Stück werden eingelagert.

5.5 Aufgrund von Unsicherheiten im Rohstoffmarkt erhöhen wir den Sicherheitsbestand auf 300 Stück.

37 Die Biberacher Möbelwerke GmbH stellen unter anderem folgenden Gartenstuhl her:

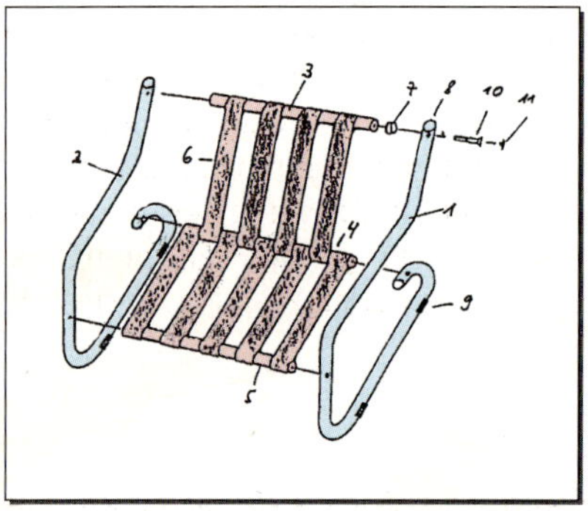

1, 2	Standrohre
3,4,5	Sitzrohre
6	Sitzband aus Kunststoff
7	Abstandhalter
8	Rohrkappe
9	Schutzkufe
10	Gewindeschraube
11	Abdeckkappe für Schraube

Ein Auftrag von Möbel Fritz Ungerer e. Kfm. über 300 Gartenstühle liegt vor.

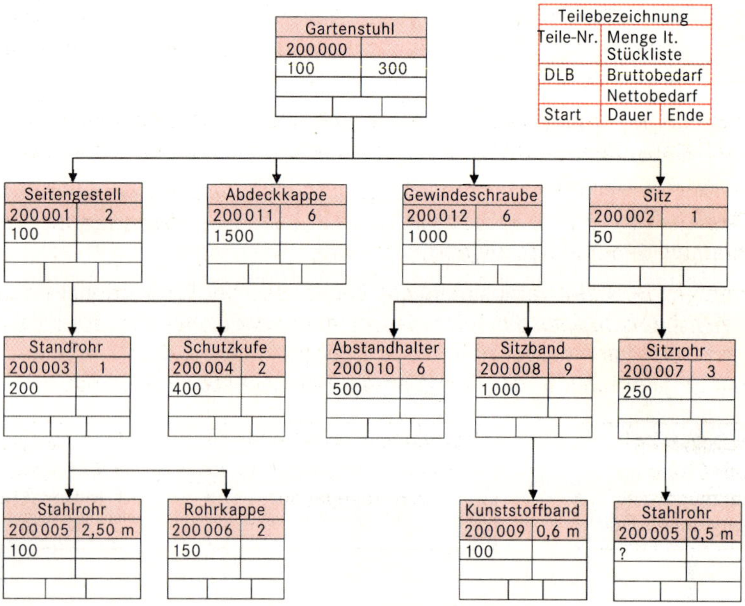

Aufgabe:

Führen Sie die Nettobedarfsrechnung unter Berücksichtigung der angegebenen disponierbaren Lagerbestände durch! (Zeiten sind nicht zu berücksichtigen.)

5.3 Produktionsterminplanung (Ermittlung der Vorlaufzeiten)

5.3.1 Vorbemerkungen

(1) Problemsituation

Die **Aufgabe** für die **Produktionsterminplanung** besteht darin,

- einen gegebenen Bestand an Aufträgen,
- dessen Mengen und Endtermine bekannt sind,
- auf die vorhandenen Fertigungseinrichtungen

einzuplanen.

Der verantwortliche Sachbearbeiter hat das Problem, dass Aussagen über die verfügbaren Kapazitäten auf der einen Seite und über deren Inanspruchnahme aufgrund der möglichen Aufträge auf der anderen Seite immer unsicherer werden, je weiter der Planungshorizont in die Zukunft reicht. Daher hat es sich bewährt, die Terminplanung in mehreren Stufen (Grob-, Mittel- und Feinplanung) mit jeweils zunehmendem Genauigkeitsgrad zu durchlaufen. Vergleichbar einem Autoscheinwerfer, der ein Objekt in der Ferne zunächst nur diffus[1] und dann mit zunehmender Fahrstrecke immer präziser erkennen lässt, so werden mit fortschreitendem Zeitablauf, d.h. mit jedem neuen Planungszyklus, die Terminfestlegungen immer konkreter.

(2) Planungshorizonte

In der **Grobplanung** werden vorhandene Kundenaufträge grob auf die Fertigungskapazitäten abgestimmt. Da in dieser Phase der Planungsaufwand möglichst gering gehalten werden soll und die Daten über Mengen und Termine noch unvollständig sind, erfolgt eine Terminfestlegung nur auf der Ebene der Enderzeugnisse, aber noch nicht für die nachgeordneten Komponenten.

Die **mittelfristige Planung** bezieht die Terminierung der Unterkomponenten mit ein. Sie setzt also voraus, dass Durchlaufzeiten für die Baugruppen und Teile bekannt sind.

In der dritten Phase, der **Feinterminierung,** werden die einzelnen Arbeitsvorgänge mit der Dauer ihrer Belegung laut Auftragsarbeitsplan (siehe S. 156f.) auf die verschiedenen Maschinen und Arbeitplätze zugeordnet.

Die nachfolgende Grafik veranschaulicht die Phasen der Produktionsterminplanung. Es ist auch zu erkennen, dass die Terminierung einen zyklischen Prozess darstellt, d.h., die Festlegungen im Rahmen der Feinplanung bedeuten auch, dass dies Konsequenzen für die Planungsspielräume in der Grobplanung des nächsten Zyklus hat.

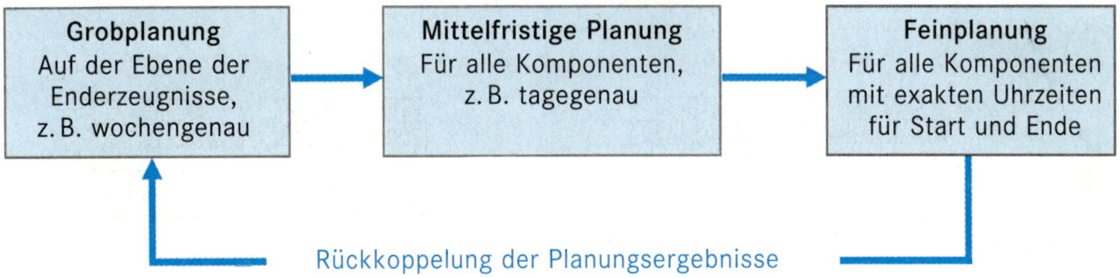

1 Diffus: zerstreut, ungenau.

Endergebnis der Terminierung ist die Ermittlung der voraussichtlichen Durchlaufzeit. Konkurrierende Aufträge sind dabei noch nicht berücksichtigt. Stehen zwei oder mehrere Aufträge an einer bestimmten Maschine zueinander in Konkurrenz, dann muss im Rahmen des Kapazitätsabgleiches eine Lösung gefunden werden (siehe S. 205 f.).

5.3.2 Mittelfristige Terminplanung

(1) Grundsätzliches

Die Problematik der Terminierung wird exemplarisch an der mittelfristigen Terminplanung aufgezeigt.

Bei der mittelfristigen Terminplanung werden den einzelnen Komponenten des Erzeugnisses bestimmte Durchlaufzeiten zugeordnet. Diese Zeiten beruhen auf Durchschnittswerten und sind tagegenau festgelegt. Im Falle von Eigenteilen bezeichnen sie die Fertigungszeit, bei Fremdteilen die Wiederbeschaffungszeit.

(2) Strategie der Berechnung für das Beispiel Arbeitstisch

Teile-Nr.	Bezeichnung	Herstell- bzw. Wiederbeschaffungszeit (Tage)
220 100	Arbeitstisch	3
210 101	Untergestell	5
200 102	Kunststoffplatte	15
202 103	Stöpsel	9
210 104	Seitenkomponente	5
210 105	Fußrohr	7
210 106	Querrohr	6
210 107	Längsträger	8
210 108	Längsrohr	5
200 109	Lasche	10
200 110	Vierkantstahlrohr	12
202 111	Schrauben	10
210 112	Querträger	8

Um die Terminplanung in das bereits bekannte Schema der Brutto-Netto-Bedarfsrechnung integrieren zu können, wird für jede Position der Erzeugnisstruktur eine Datenzeile zur Verwaltung der Termine hinzugefügt.

In diesen Kästchen steht jeweils der Betriebskalendertag für den **Beginn,** die **Dauer** der **Fertigungs-** bzw. der **Wiederbeschaffungszeit** und das **Ende** dieser Tätigkeit. Hierbei handelt es sich um eine retrograde (rückwärts gerichtete) Terminbestimmung. Ausgehend vom Kundenwunschtermin für das Endprodukt wird Position für Position die Struktur vollständig durchgerechnet. Der Beginn für die Bearbeitung der übergeordneten Komponente entspricht jeweils dem spätest zulässigen Ende für die unmittelbar untergeordneten Komponenten.

Beispiel:

Wir erweitern unsere Betrachtung aus der Nettobedarfsrechnung und nehmen an, dass der Kundenauftrag A1005 über 200 Arbeitstische zum Betriebskalendertag 300 fertig gestellt sein muss (vgl. S. 189 f.).

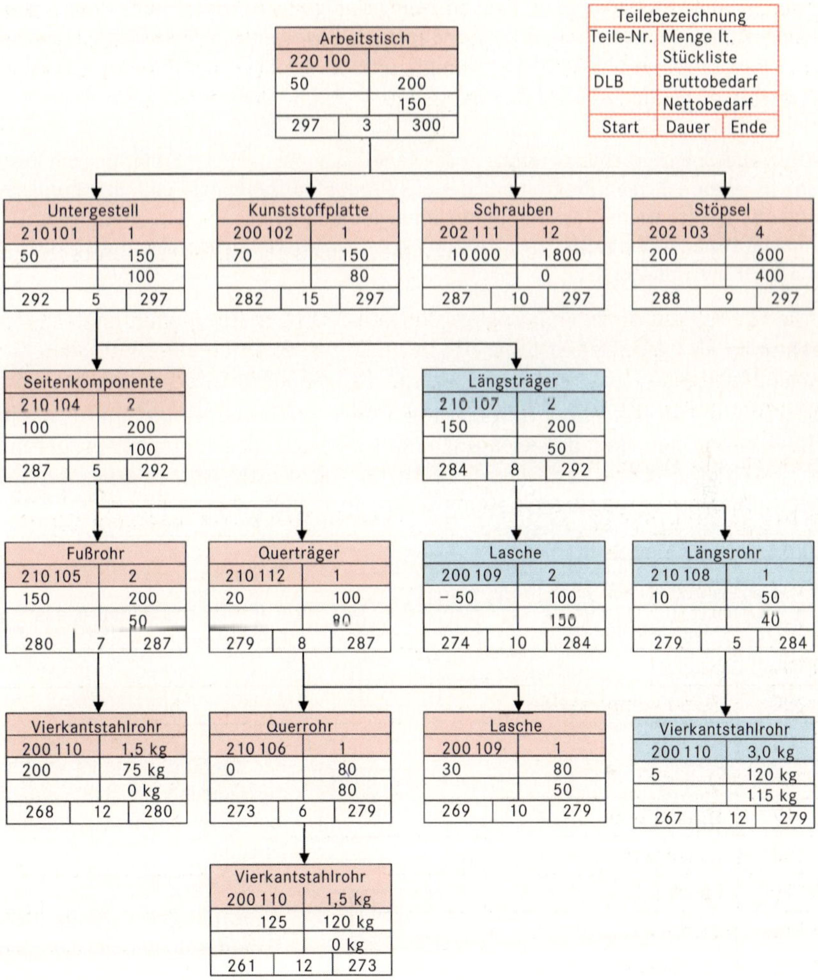

Erläuterung:

Die Terminplanung ergibt, dass mit der Endmontage des Arbeitstisches am Betriebskalendertag 297 begonnen werden muss, damit der Auftrag am Tag 300 fertig gestellt ist. Dies wiederum setzt voraus, dass alle unmittelbar nachgeordneten Komponenten (Untergestell, Kunststoffplatte, Schrauben und Stöpsel) ihrerseits am Tag 297 hergestellt bzw. beschafft sein müssen. Zieht man von diesem Endtermin (überall Tag 297) die jeweilige Dauer ab, dann erhält man die Anfangstermine für diese Tätigkeiten.

Bei den über die Rückwärtsrechnung gewonnenen Terminen handelt es sich um **spätest zulässige Termine.** Dies hat sowohl positive als auch negative Konsequenzen:

- Nach Fertigstellung einer Komponente ist keine Zwischenlagerung erforderlich. An die Fertigstellung der Komponente schließt sich unmittelbar deren weitere Verarbeitung an. Diese Terminierung unterstützt somit wirkungsvoll das Bestreben nach minimalen Beständen und geringen Kapitalbindungskosten.

- Verzögerungen im Fertigungsablauf haben zwangsläufig Auswirkungen auf die nachgeordneten Fertigungsstufen. Da keine Zeitpuffer vorhanden sind, wirken sich diese letztlich auch auf den Endtermin aus. Eine solche Terminierung und Verzicht auf Puffer setzen also voraus, dass ein hohes Niveau an Fertigungsqualität im Rahmen eines Total Quality Managements (TQM)[1] sichergestellt ist.

Die Brutto-Netto-Bedarfsrechnung erfolgt in der Regel zusammen mit der Ermittlung der Vorlaufverschiebung in einem einzigen Programmlauf eines Produktionsplanungs- und -steuerungssystems (PPS-System).[2] Dieses wiederum kann Teilmodul einer umfangreichen integrierten Unternehmenssoftware sein. Die ermittelten Nettobedarfe und Termine beruhen jedoch noch ursächlich auf den Vorgaben der Kundenaufträge.

(3) Brutto-Netto-Bedarfsrechnung und die Produktionsterminplanung als Geschäftsprozess

Den Programmen zur Nettobedarfsrechnung und Produktionsterminplanung, die ja einer Ablauflogik gehorchen, liegt das Referenzmodell eines Geschäftsprozesses zugrunde. Ein solcher Geschäftsprozess kann (vereinfacht) für die Brutto-Netto-Bedarfsrechnung in Verbindung mit der Vorlaufverschiebung folgendermaßen aussehen:

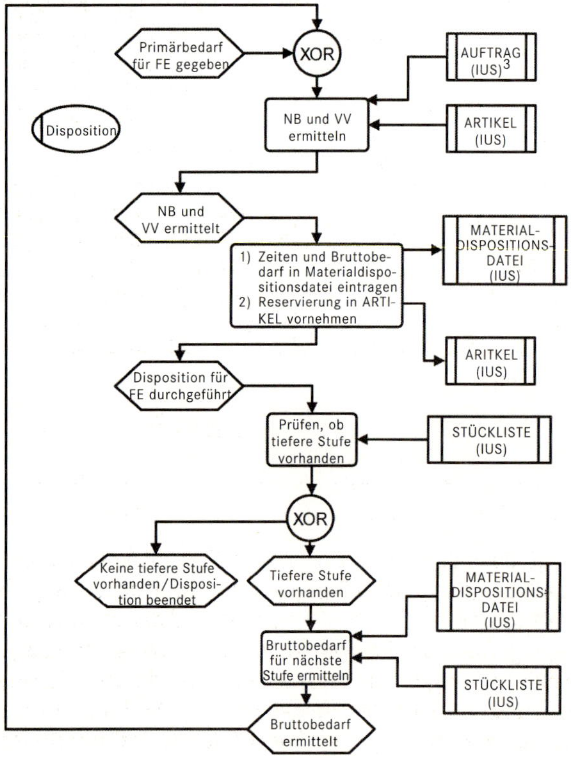

Erläuterungen:

Der Dispositionsprozess beginnt z. B. dadurch, dass für einen gegebenen Primärbedarf eines Fertigerzeugnisses **(FE)** der Dispositionslauf gestartet wird.

Für das Enderzeugnis werden dann der Nettobedarf **(NB)** und die Vorlaufverschiebung **(VV)** ermittelt. Die gewonnenen Ergebnisse müssen festgehalten werden:

- Bruttobedarf und Termine werden in der Materialdispositionsdatei notiert.
- In der Tabelle ARTIKEL muss der Bruttobedarf reserviert werden, da dieser für die nächsthöhere Stufe (bzw. für den Kunden) bereitgestellt werden muss.

Über die Stückliste wird dann geprüft, ob diese Struktur noch eine tiefere Stufe hat. Falls nein, dann ist der Dispositionsprozess beendet. Im anderen Fall wird der Bruttobedarf für die nächsttiefere Stufe ermittelt.

Damit beginnt der Prozess von vorn.

1 Vgl. hierzu Band „Betriebswirtschaft - Fachstufe“, Lernfeld 2, Kapitel 7.6.8.
2 Vgl. hierzu Band „Betriebswirtschaft - Fachstufe“, Lernfeld 2, Kapitel 7.5.3.
3 IUS: Integrierte Unternehmenssoftware.

Die **Materialdispositionsdatei** ist Teil der Datenbank und nimmt im Rahmen der Brutto-Netto-Bedarfsauflösung je Stücklistenposition folgende Daten auf:

- Termin (als Betriebskalendertag), zu welchem Zeitpunkt der Bedarf besteht,
- Höhe des Bedarfs,
- Verwendungszweck des Bedarfs (Nr. des Kundenauftrags).

Werden von mehreren Kundenaufträgen Primärbedarfe ausgelöst, erhält man für jede Strukturposition eine entsprechende Menge von Eintragungen. Diese lassen sich entlang der Zeitachse darstellen. Zu berücksichtigen ist noch, dass die Betriebskalendertage in ein Kalenderdatum umgesetzt werden müssen.

(4) Übergang von Bedarfen zu Losen (vom Kundenauftrag zum Fertigungsauftrag)

Der nachfolgende Kalender zeigt den Zusammenhang zwischen Betriebskalendertag (BKT) und Kalenderdatum.

Betrachten wir in der Grafik von Seite 199 die Bedarfe an Laschen, so stellen wir fest, dass zum Betriebskalendertag 269 (11. Mai) ein Nettobedarf von 50 und zum Betriebskalendertag 274 (18. Mai) ein Nettobedarf von 150 Stück besteht.

	April						Mai						Juni					
Mo			12	248	26	258			10	268	24	278			7	288	21	298
Di			13	249	27	259			11	269	25	279			8	289	22	299
Mi			14	250	28	260			12	270	26	200			9	290	23	300
Do	1	241	15	251	29	261			13	271	27	281			10	291	24	301
Fr	2	242	16	252	30	262			14	272	28	282			11	292	25	302
Sa	3	-	17	-			1	-	15	-	29	-			12	-	26	-
So	4	-	18	-			2	-	16	-	30	-			13	-	27	-
Mo	5	243	19	253			3	263	17	273	31	283			14	293	28	303
Di	6	244	20	254			4	264	18	274			1	284	15	294	29	304
Mi	7	245	21	255			5	265	19	275			2	285	16	295	30	305
Do	8	246	22	256			6	266	20	276			3	286	17	296		
Fr	9	247	23	257			7	267	21	277			4	287	18	297		
Sa	10	-	24	-			8	-	22	-			5	-	19	-		
So	11	-	25	-			9	-	23	-			6	-	20	-		

Daraus ergibt sich folgende Bedarfsreihe:

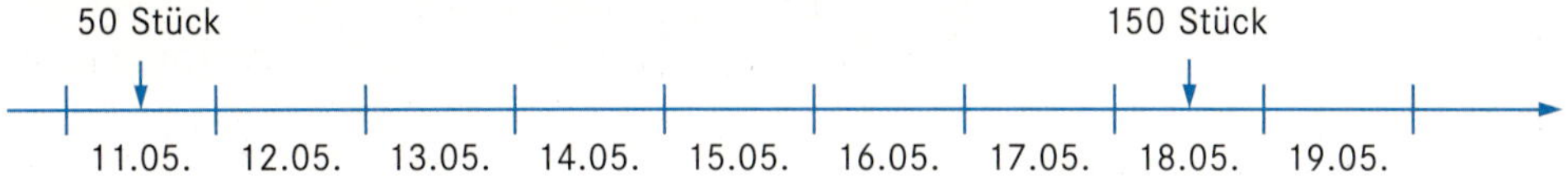

Die Auswertung der Bedarfsreihe zeigt, dass das Unternehmen vor einem Dilemma steht. Die **getrennte, termingenaue Herstellung** der beiden Bedarfe führt zwar dazu, dass sie unmittelbar nach ihrer Fertigstellung auch weiterverarbeitet werden und damit die Lagerkosten entfallen. Jedoch fallen die auflagefixen Umrüstkosten zweimal an. Legt man dagegen die beiden Bedarfe zu einem einzigen Fertigungslos zusammen, dann muss die Herstellung dieses Loses von 200 Stück auf den 11.05. festgelegt werden. Die 50 Stück aus dem ersten Bedarf würden sofort zur Herstellung der Querträger weiterverarbeitet werden, während die 150 Stück des zweiten Bedarfs zwischengelagert werden müssten, und zwar vom 11.05. bis zum 18.05.

Es ist also zwischen der Einsparung von auflagefixen Umrüstkosten einerseits und zusätzlichen Lagerkosten andererseits abzuwägen.

5.4 Bündelung der Bedarfe zu Losen (optimale Losgröße)[1]

(1) Grundsätzliches

Die **Planung** der herzustellenden Produktarten und die damit verbundene Produktionsplanung ist **zunächst auftragsorientiert** ausgerichtet. Daher ist es möglich, dass z. B. zwei Aufträge für dasselbe Erzeugnis vorliegen, die von der Auftragszeit her an zwei getrennten Terminen herzustellen sind. Es ist also zu überlegen, ob diese beiden Aufträge nicht zu einem Los zusammengefasst werden sollten. Es tritt deshalb innerhalb der Produktionsplanung die Aufgabe auf, die **kostenoptimale Los-** bzw. **Auflagengröße** zu ermitteln.

Merke:

Unter der **Los-** bzw. **Auflagengröße** versteht man die Menge einer Produktart, die – ohne Unterbrechung durch die Produktion anderer Produktarten – hintereinander in einer Produktionsstufe erzeugt wird.

Die Los- bzw. Auflagengröße wird dabei so geplant, das die **Gesamtkosten,** d. h. die Summe aus **Rüstkosten** und **Lagerhaltungskosten,** ein **Minimum bilden.**

Merke:

Die **optimale Losgröße** ist gegeben, wenn die Summe aus Rüst- und Lagerkosten in einem bestimmten Planungszeitraum ein Minimum bildet.

(2) Berechnung der optimalen Losgröße

Zur rechnerischen Lösung dieses Problems verwenden wir im Folgenden den Wagner-Whitin-Algorithmus.[2]

Beispiel:

Wir nehmen an, dass drei Kundenaufträge über Arbeitstische (A 1007, A 1009, A 1010) aufgelöst werden. Bezogen auf das Teil Querrohr ergibt sich jetzt folgende Bedarfsreihe.

Auftrag	A 1007	A 1009	A 1010
BKT	251	271	282
Kalenderdatum	15.04.	13.05.	28.05.
Bedarf	200	500	300

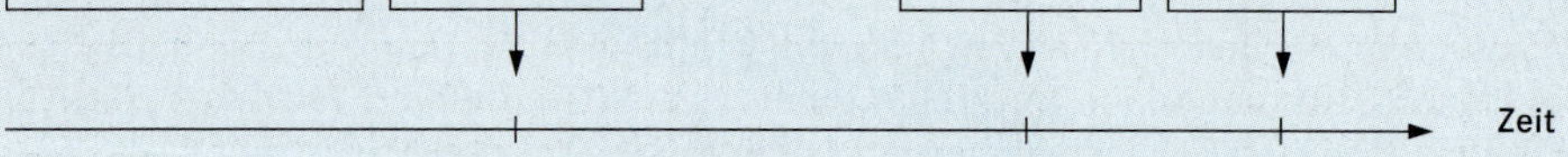

Der Verrechnungspreis für ein Stück beträgt 20,00 EUR.

Der Lagerkostensatz wurde mit 36 % ermittelt.

Die auflagefixen Kosten betragen 100,00 EUR.

Aufgabe:

Ermitteln Sie aus der obigen Bedarfsreihe die kostengünstigste Reihe von Fertigungslosen!

1 Das Grundkonzept dieser Problematik wurde bereits in Kapitel 4.2.2.2, S. 170 ff. behandelt.

2 Algorithmus: Rechenvorgang, der nach einem bestimmten, sich wiederholenden Schema abläuft.

Lösung (auf der Basis des Wagner-Whitin-Algorithmus):

Die Lagerung von 1 Stück für 1 Jahr verursacht folgende Lagerkosten: 36 % von 20,00 EUR = 7,20 EUR. Dies bedeutet: Die Lagerkosten pro Tag und Stück betragen 0,02 EUR.

Alternative 1: Aus den drei Bedarfen werden drei Lose gebildet, die genau zu dem Zeitpunkt gefertigt werden, zu dem sie auch benötigt werden. Es entstehen keine Lagerkosten, dafür aber dreimal die Auflagekosten.

Alternative 2: Die ersten beiden Bedarfe werden zu einem Los gebündelt. Die auflagefixen Kosten verringern sich um 100,00 EUR. Dafür müssen jedoch die 500 Stück des 2. Bedarfs für 28 Tage (vom 15.04. – 13.05.) gelagert werden. Damit entstehen Lagerkosten in Höhe von

0,02 EUR pro Stück · 28 Tage · 500 Stück = 280,00 EUR

Alternative 3: Die zweiten beiden Bedarfe werden zu einem Los gebündelt. Die auflagefixen Kosten betragen 200,00 EUR. Dafür müssen jedoch die 300 Stück des 3. Bedarfs für 15 Tage (vom 13.05. – 28.05.) gelagert werden. Damit entstehen Lagerkosten in Höhe von

0,02 EUR pro Stück · 15 Tage · 300 Stück = 90,00 EUR

Alternative 4: Alle drei Bedarfe werden zu einem Los gebündelt. Die auflagefixen Kosten betragen 100,00 EUR. Dafür müssen jedoch die 300 Stück des 3. Bedarfs für 43 Tage (vom 15.04. – 28.05.) und die 500 Stück des 2. Bedarfs für 28 Tage gelagert werden. Damit entstehen Lagerkosten in Höhe von

0,02 EUR pro Stück · 28 Tage · 500 Stück = 280,00 EUR (Bedarf 1)

0,02 EUR pro Stück · 43 Tage · 300 Stück = 258,00 EUR (Bedarf 3)

Damit sind alle Kombinationsmöglichkeiten ausgeschöpft und es kann die Summe aus Auflagekosten und Lagerkosten ermittelt werden. Es ist zu erkennen, dass die Alternative 3 die kostengünstigste Variante darstellt. Die Gesamtaufstellung der Kosten ist in der nachfolgenden Tabelle enthalten.

	Bedarf 1	Bedarf 2	Bedarf 3			
Menge	200	500	300			
BKT	251	271	282			
Datum	15.04.	13.05.	28.05.			
Tage		28	15	Auflagekosten	Lagerkosten	Summe
Alt. 1	200	500	300	300,00 EUR	0,00 EUR	300,00 EUR
Alt. 2	200 + 500	–	300	200,00 EUR	280,00 EUR	480,00 EUR
Alt. 3	200	500 + 300	–	200,00 EUR	90,00 EUR	290,00 EUR
Alt. 4	200 + 500 + 300	–	–	100,00 EUR	280,00 EUR + 258,00 EUR	638,00 EUR

Zusammenstellung der Kosten					
	Los L1	Los L2	Los L3	Auflagekosten	200,00 EUR
Menge	200	800	-	Lagerkosten	90,00 EUR
BKT	251	271			
Datum	15.04.	13.05.			
				Gesamtkosten	290,00 EUR

Ziel der Losgrößenrechnung ist die Umwandlung der Bedarfsreihe, die ihr Zeit- und Mengengerüst noch aus den Vorgaben des Kundenauftrags bezieht, in eine Losreihe. Die optimale Losreihe ist dann erreicht, wenn durch sie die Summe aus Lager- und Umrüstkosten minimiert wird.

Die nachfolgende Grafik zeigt schematisch die Aufgabe der Losgrößenrechnung. Die Bedarfe (B1 bis B7) aufgrund verschiedener Kundenaufträge werden unter Verwendung von Lösungsalgorithmen zu Fertigungslosen gebündelt.

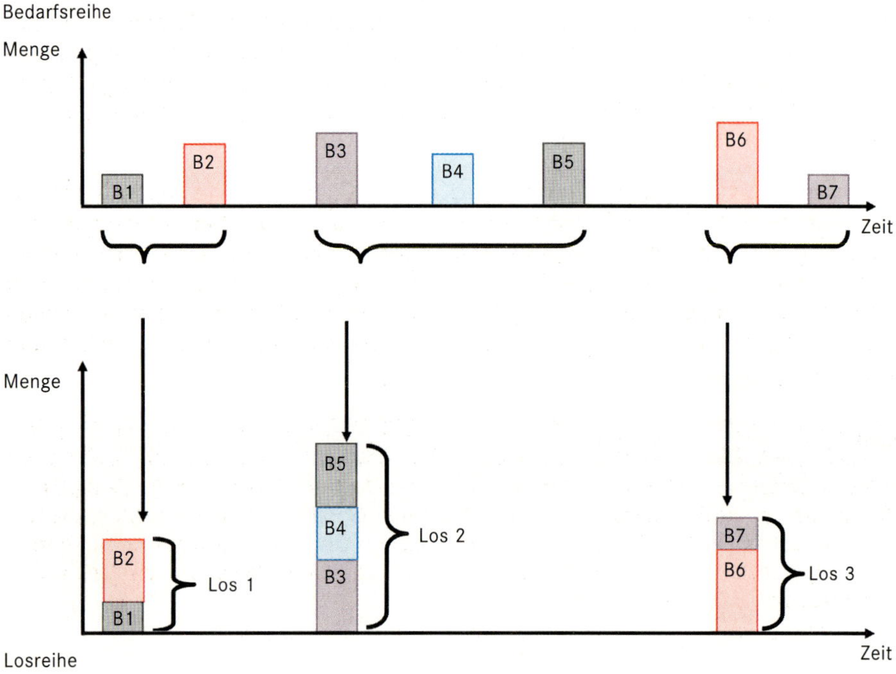

Für diese Fertigungslose werden Fertigungsaufträge erstellt. Hierzu gehören auch **Auftragsarbeitspläne**[1]. Diese Auftragsarbeitspläne enthalten die auftragsbezogenen Vorgabezeiten für das Rüsten und Ausführen dieses Loses und geben somit Auskunft darüber, wie lange eine Arbeitsstation mit der Durchführung dieses Auftrags belegt ist. Auf der Basis dieser Auftragsarbeitspläne erfolgt die **Feinterminierung**[2] **(Kapazitätsterminierung)** der Fertigungsaufträge. Dabei wird exakt der Beginn und das Ende für die einzelnen Arbeitsgänge festgelegt. Da eine exakte Festlegung der Fertigungstermine sehr aufwändig ist, die Fertigungssteuerung in ein starres Zeitkorsett zwingt und ihr die Möglichkeit zur flexiblen Umstellungen raubt, verzichten insbesondere kleinere und mittelgroße Unternehmen auf die letzte Stufe der Auftragsterminierung.

5.5 Kapazitätsbelegungsplanung und Kapazitätsabgleich

(1) Vorgehensweise zum Kapazitätsabgleich

Die Kapazitätsbelegungsplanung führt die für die Auftragsabwicklung erforderliche Belegung der maschinellen Anlagen durch. Ausgangspunkt für die Kapazitätsbelegungsplanung sind die Kapazitätsbedarfsdaten je Auftrag.[3] Werden diese addiert, so ergibt sich hieraus der gesamte Kapazitätsbedarf je Arbeitssystem und Kapazitätsträgern (z. B. Maschine, Zahl der Mitarbeiter) für einen bestimmten Zeitraum. Damit entsteht ein Belastungsprofil für die einzelnen Kapazitätsträger.

In der Kapazitätsbelegungsplanung werden anschließend der ermittelte Kapazitätsbedarf für alle Aufträge dem Kapazitätsangebot gegenübergestellt, um Kapazitätsüber- und -unterdeckungen zu ermitteln und gegebenenfalls auszugleichen. Es handelt sich hier um den so genannten **Kapazitätsabgleich.** Ein Kapazitätsabgleich kann prinzipiell dadurch erreicht werden, dass das Kapazitätsangebot angepasst wird (d. h., die Kapazität erweitert oder verringert wird) oder aber dass die Auftragserstellung zeitlich, räumlich und technisch verlagert wird.

Beispiel:

In der Weber Metallbau GmbH wird aufgrund der Mengen- und Terminvorgaben der Fertigungslose für eine bestimmte Arbeitsstation, z. B. eine Drehbank, ein Belastungsprofil ermittelt, das für kurze Planungsperioden (z. B. Tage) deren Inanspruchnahme zeigt. In der nachfolgenden Grafik ist zu erkennen, dass die maschinenbedingte, starre Kapazitätsgrenze sowohl über- als auch unterschritten wird.

1 Siehe Kapitel 6.2, S. 211.

2 Die Darstellung der Auftragsterminierung wird hier auf die mittelfristige Terminplanung beschränkt.

3 Die in Kapitel 5.3 und 5.4 dargestellte Terminierung und Losgrößenbildung berücksichtigt nicht, dass verschiedene Fertigungsaufträge zur gleichen Zeit an einem Arbeitsplatz zueinander in Konkurrenz stehen können. Die vereinfachende Strategie, nicht kapazitäts-, sondern rein auftragsbezogen zu planen, erleichtert erheblich die mittelfristige Terminplanung.

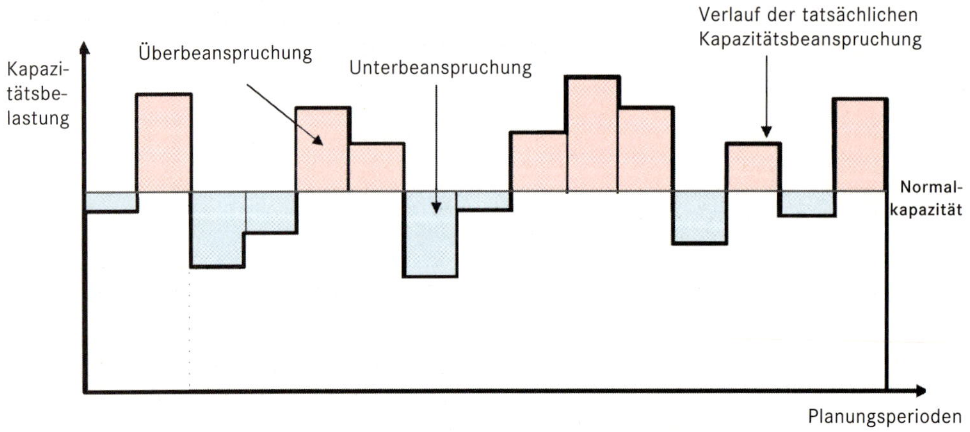

Langfristig ist es möglich, die Kapazitätsgrenze durch Erweiterungsinvestitionen dauerhaft zu erhöhen. Mittelfristige Anpassungen der Kapazität an Über- oder Unterbeanspruchung sind z. B. möglich durch Überstunden, zusätzliche Schichten oder durch Kurzarbeit. Im Normalfall muss aber die Diskrepanz zwischen Beanspruchung und verfügbarer Kapazität durch Anpassung der Belastung an die Normalkapazität ausgeglichen werden. Ziel ist es also, den Kapazitätsbedarf der tatsächlichen Maschinenbelastung so einzupassen, dass die Kapazitätsgrenze nicht überschritten wird.

Hierfür bieten sich kurzfristig insbesondere folgende Möglichkeiten an:

- **Kurzfristige Auswärtsvergabe.** Dies bedeutet, dass einzelne Arbeitsgänge an Fremdbetriebe vergeben werden. Die Belastung wird also aus dem Kapazitätsgebirge entfernt.
- **Zeitliche Verlagerung.** Dies hat zur Folge, dass Arbeitsgänge zur späteren Bearbeitung auf derselben Maschine zeitlich nach hinten verlegt werden.
- **Technische Verlagerung.** In diesem Fall wird der Arbeitsgang auf eine Maschine vergleichbaren Typs mit gerade freien Kapazitäten verlagert.

Unter Umständen werden auch Kombinationen aus zeitlicher und technischer Verlagerung vorgenommen. Allerdings gilt es zu bedenken, dass der Verlagerung unter Umständen Grenzen gesetzt sind. So muss z. B. bei der technischen Verlagerung die Ersatzmaschine auch in der Lage sein, mit der geforderten Präzision zu arbeiten. Die Auswärtsvergabe setzt voraus, dass die dort vorhandenen Arbeitskräfte auch die Arbeitsabläufe beherrschen. Bei der zeitlichen Verlagerung muss z. B. sichergestellt sein, dass der Kundenwunschtermin nicht gefährdet wird.

(2) Prioritätsregeln[1] zum Abbau von Warteschlangen

Auch wenn die Kapazitätsbelastung nach dem Abgleich innerhalb der Normalkapazität liegt, ist es sehr wohl möglich, dass z. B. an einem Arbeitstag mehrere Fertigungsaufträge aus der Warteschlange abgearbeitet werden müssen. In diesem Fall stellt sich die Frage, in welcher Reihenfolge die wartenden Aufträge abgearbeitet werden sollen. Hilfreich ist

1 Priorität: Vorrang, Vorzugsrecht.

hier die Berücksichtigung von Prioritätsregeln. So könnte z. B. folgende Regel gelten: Vorrang hat jener Fertigungsauftrag aus der Warteschlange

mit den geringsten Umrüstkosten.	In der Regel sind damit auch geringe Stillstandszeiten und eine bessere Kapazitätsauslastung verbunden.
mit der kürzesten Fertigungsdauer an dieser Station.	Dies sorgt dafür, dass der Folgeauftrag möglichst rasch zum Zuge kommt.
mit der längsten Wartezeit.	Diese Regel – first come, first served – ist am leichtesten zu handhaben.
mit der kürzesten Restlaufzeit bis zur Fertigstellung.	In diesem Fall werden Aufträge bevorzugt, deren Auslieferungsdatum an den Kunden und damit der Zufluss an Liquidität möglichst nahe liegt.
mit der längsten Restlaufzeit bis zur Fertigstellung.	Diese Regel unterstützt das Streben nach Terminsicherheit, da sie von der Annahme ausgeht, dass die Risiken größer werden, je weiter der Auslieferungstermin in der Zukunft liegt.
mit dem höchsten Wert des End- oder Zwischenproduktes.	In diesem Fall erhält der Auftrag mit dem höchsten Wert nach Fertigstellung die höchste Priorität oder der Auftrag mit dem bis zum Entscheidungszeitpunkt bereits angefallenen höchsten Kosten wird bevorzugt, um möglichst rasch die Kosten vom Kunden ersetzt zu bekommen.

Zusammenfassung

- Aufgabe der **Produktionsterminplanung** ist es, für den vorhandenen Bestand an Aufträgen die **Start-** und **Endtermine** an den vorhandenen Fertigungseinrichtungen zu planen.
- Man unterscheidet:
  - **Grobplanung:** Grobe Termine auf der Ebene der Enderzeugnisse.
  - **Mittelfristige Terminplanung:** Tagegenaue Planung auch für die nachgeordneten Komponenten.
  - **Feinplanung (Kapazitätsterminierung):** Präzise Terminierung je Arbeitsgang an den einzelnen Arbeitsstationen.
- Im Rahmen der **retrograden Terminbestimmung** werden – ausgehend vom Kundenwunschtermin – die spätest zulässigen Termine ermittelt.
- Im Rahmen der **Losgrößenrechnung** werden die Bedarfe, von denen die Mengen und die Termine bekannt sind, in Fertigungslose umgewandelt. Ziel ist es hierbei, jene Lose zu ermitteln, bei welchen die **Summe aus Umrüstkosten und Lagerkosten minimal** ist.
- Die **Kapazitätsbelegungsplanung** führt die für die Auftragsabwicklung erforderliche Belegung der maschinellen Anlagen mit den dazugehörigen Mitarbeitern durch.

- Die tatsächliche Inanspruchnahme an den einzelnen Stationen führt häufig zu einer Unter- oder Überbelastung der Fertigungskapazitäten. Im Rahmen des **Kapazitätsabgleiches** müssen die Spitzen der Überbelastung abgebaut werden, z. B. durch **kurzfristige Auswärtsvergabe, zeitliche Verlagerung, technische Verlagerung** oder durch **Kombinationen** der genannten Maßnahmen.
- Warten mehrere Aufträge vor einer Arbeitsstation, dann unterstützen **Prioritätsregeln** einen systematischen Abbau der Warteschlange.

Übungsaufgabe

38 1. In der nachstehenden Tabelle finden Sie für einen Gartenstuhl (siehe Aufgabe 37, S. 196) die Herstell- bzw. Wiederbeschaffungszeiten der einzelnen einzusetzenden Komponenten. Die Stühle sollen am Betriebskalendertag 280 fertig gestellt sein.

Aufgabe:

Ergänzen Sie die Nettobedarfsrechnung im Rahmen einer mittelfristigen Terminplanung um die Vorlaufverschiebung!

Komponente	Herstell- bzw. Wiederbeschaffungszeit	Komponente	Herstell- bzw. Wiederbeschaffungszeit
Gartenstuhl	5	Abstandhalter	15
Seitengestell	3	Sitzband	3
Abdeckkappe	12	Sitzrohr	4
Gewindeschraube	14	Stahlrohr	10
Sitz	5	Rohrkappe	14
Standrohr	5	Kunststoffband	14
Schutzkufe	8		

2. Für den Sitz (Teile-Nr. 200002) und das Seitengestell (Teile-Nr. 200001) ergeben sich aufgrund verschiedener Kundenaufträge folgende Bedarfe:

Sitz	
Betriebskalendertag	Bedarf
248	400
263	500
278	300

Seitengestell	
Betriebskalendertag	Bedarf
242	500
260	700
281	400

Die übrigen Daten betragen:

	Sitz	Seitengestell
Verrechnungspreis	4,00 EUR	7,00 EUR
Lagerkostensatz	30 %	30 %
Auflagefixe Kosten	40,00 EUR	50,00 EUR

Zur Umsetzung der Betriebskalendertage in ein Kalenderdatum benutzen Sie bitte die Tabelle auf Seite 201.

Aufgaben:

2.1 Ermitteln Sie aus den auf S. 208 genannten Bedarfen die kostenminimalen Lose für den Sitz und das Seitengestell! Verwenden Sie die nachfolgenden Tabellen!

Sitz

	B1	B2	B3			
Menge						
BKT						
Datum						
Tage				Auflage-kosten	Lagerkosten	Summe
Alt. 1						
Alt. 2						
Alt. 3						
Alt. 4						

Zusammenstellung der Kosten					
	L1	L2	L3	Auflagekosten	
Menge				Lagerkosten	
BKT					
Datum					
				Gesamtkosten	

Seitengestell

	B1	B2	B3			
Menge						
BKT						
Datum						
Tage				Auflage-kosten	Lagerkosten	Summe
Alt. 1						
Alt. 2						
Alt. 3						
Alt. 4						

14 Speth u.a. – ISBN 978-3-8120-0555-5

Zusammenstellung der Kosten					
	L1	L2	L3	Auflagekosten	
Menge				Lagerkosten	
BKT					
Datum					
				Gesamtkosten	

2.2. Überlegen Sie anhand der ausgefüllten Tabelle:

2.2.1 Mit welcher Tendenz verändert sich das Ergebnis, wenn die auflagefixen Kosten zunehmen?

2.2.2 Mit welcher Tendenz verändert sich das Ergebnis, wenn der Lagerkostensatz steigt?

6 Produktionsprozesssteuerung[1]

6.1 Überblick

Die Produktionsprozesssteuerung setzt die Vorgaben der Produktionsprozessplanung um, indem sie den **Ablauf der Produktionsprozesse festlegt** (z. B. endgültige Kapazitätsbelegung bzw. Arbeitsverteilung) und die **Durchführung der Produktion** veranlasst. Die Produktionsprozesssteuerung erfolgt dabei in engster Verzahnung mit der **Produktionsprozesskontrolle.** Die Kontrolle ist wichtig, da es bei der Realisierung der Planungsvorgaben zu Abweichungen durch Störungen kommen kann (z. B. Maschinenausfall, Krankheit von Mitarbeitern, Lieferungsverzögerungen beim Material).

Die Produktionssteuerung setzt also grundsätzlich voraus, dass Verfahren existieren, mit denen der Ist-Zustand des Fertigungsfortschritts zurückgemeldet wird. Dies ist auch notwendig, weil nur durch Rückmeldungen dem DV-System bekannt ist, ob und gegebenenfalls seit wann die einzelnen Arbeitsschritte erledigt worden sind und zu welchem Zeitpunkt demzufolge der nächste Arbeitsgang veranlasst werden kann.

In kleinen Unternehmen, z. B. in einem Handwerksbetrieb, hat der Unternehmer selbst einen Überblick über den Arbeitsfortschritt seiner Aufträge. Aber mit zunehmender Größe und damit zunehmender Arbeitsteilung ist eine Weitergabe der Information und damit Kommunikation erforderlich. Die Erfassung dieser Betriebsdaten unterstützt nicht nur die Auftragsüberwachung, sondern sie dient auch der Erfassung der Verbrauchsdaten zum Zweck der Nachkalkulation (vgl. Prozessabbildung S. 215 ff.).

Zu den wichtigsten **Aufgaben der Produktionsprozesssteuerung** zählen:

- Arbeitsverteilung, Kapazitätsbelegung (Bestimmung der Auftrags- bzw. Arbeitsgangfolge),
- Materialdisposition,
- Auftragsveranlassung,
- Erstellung von Arbeitsinformationen für die Produktion (Fertigungsdokumente),
- Auftragsüberwachung,
- Zuteilung der Erzeugnisse zum Kundenauftrag.

1 Ein Projekt zur Abwicklung eines Leistungserstellungsprozesses auf der Basis eines Kundenauftrags mit einer integrierten Unternehmenssoftware finden Sie im Band „Betriebswirtschaft – Fachstufe“.

6.2 Aufgaben der Produktionsprozesssteuerung

(1) Arbeitsverteilung, Kapazitätsbelegung, Materialdisposition

Am Rahmen der Steuerung wird die Abwicklung des Produktionsprozesses nach den Richtlinien des Produktionsprozessplans detailliert festgelegt. Die Festlegung betrifft die genaue Terminplanung, die Belegungsintensität der Kapazitätsträger, die Disposition des benötigten Materials sowie die Abfolge der Auftragsabwicklungen.

(2) Auftragsveranlassung

Im Rahmen der Auftragsveranlassung werden die bisher geplanten und terminierten Fertigungsaufträge in die Produktion eingeschleust. Dies setzt voraus, dass rechtzeitig alle für die Fertigung erforderlichen Dokumente erstellt, das erforderliche Material, Werkzeuge, Vorrichtungen usw. bereitgestellt werden.

(3) Fertigungsdokumente

In einem traditionellen, mit Belegen arbeitenden Unternehmen werden für die Fertigung eine Reihe von Dokumenten zur Verfügung gestellt. Hierzu gehören:

■ **Auftragsstückliste**

Die Auftragsstückliste leitet sich aus der Basisstückliste ab und multipliziert deren Positionen mit der Fertigungsmenge.

■ **Auftragsarbeitsplan**

Er baut auf dem Basisarbeitsplan auf. Die Ausführungszeiten werden mit der Anzahl der herzustellenden Erzeugnisse multipliziert. Somit ist dem Auftragsarbeitsplan zu entnehmen, wie lange die Arbeitsplätze für die Durchführung der einzelnen Arbeitsgänge belegt sind.

■ **Lohnschein**

Er bezieht seine Daten jeweils aus den Positionszeilen eines Arbeitsplans. Da bei dessen Erstellung noch nicht geklärt ist, welche Arbeitskraft die im Arbeitsplan vorgesehene Arbeit ausführen wird, sind auf dem Lohnschein Felder vorgesehen, auf dem die Personalnummer des Mitarbeiters, seine tatsächliche Arbeitszeit, Gut-Stückzahl (fehlerfreie Stückzahl), Datum, Uhrzeit und die Unterschrift des Meisters einzutragen sind.

```
                              Lohnschein
FertAuftrNr  Auftr.Menge Zugeh. Kunden/BetrAuftr      B:Tag/Zeit   E:Tag/Zeit
F10000               257,00 Teile-Sonderfertigung      254/07:00    256/13:35
Tisch Modell 325
Teile-Nr:F10000 Klassifikation:1*****                            TA:E
                     Tisch Modell 325

AVO Platz   U.Menge SP LA LG  ZE     RüstZt   StückZt  BelegZt  ÜbergZt KU St
 10 P10000     0,00  1 ZL  7 MIN     10,00       5,00 1.295,00    60,00 9  GP
          Tischplatte auf Gestell montieren

 Datum | Werker Name | Personal-Nr | LG | LA | Arbeits-Aus.    | Material-Aus. |
 Bez.M | Meister/Kost| Zeit             |   Ist-Menge         | Ist-ArbPlatz  |
  Code |
```

Materialliste

Sie dient der Lagerverwaltung, um die erforderlichen Komponenten zur Durchführung eines Fertigungsauftrags rechtzeitig bereitzustellen.

```
                                Materialliste
FertAuftrNr  Auftr.Menge Zugeh. Kunden/BetrAuftr      B:Tag/Zeit   E:Tag/Zeit
F10000           257,00 Teile-Sonderfertigung          254/07:00    256/13:35
Tisch Modell 325
Teile-Nr:F10000                                                 TA:E
                 Tisch Modell 325

Pos Baustufe Teile-Nummer Benennung                  TA BA ME        Menge  St
 10          T09         Tischplatte Modell 325       T  F ST       257,00  A
 20          T11         Anschraublasche              T  F ST     1.028,00  A
 30          T12         Flachrundschraube            T  F ST     1.028,00  A
 40          T13         Spanplattenschraube          T  F ST     2.056,00  A
 50          T20         Komplettes Gestell           G  E ST       257,00  A
 60          T14         Unterlegscheibe              T  F ST     1.028,00  A
 70          T15         Flügelmutter                 T  F ST     1.028,00  A
 Datum | Werker Name | Personal-Nr | LG | LA | Arbeits-Aus. | Material-Aus. |
       |             |             |    |    |              |               |
 Bez.M | Meister/Kost| Zeit             | Ist-Menge         | Ist-ArbPlatz  |
       |             |                  |                   |               |
  Code |                                                                    |
```

Material(entnahme)schein

Er belegt die Entnahme des Materials aus dem Lager. Als Rücklaufdatenträger dient er zur Erfassung der Lagerabgänge und zur Buchung des Materialverbrauchs.

```
                                Materialschein
FertAuftrNr  Auftr.Menge Zugeh. Kunden/BetrAuftr      B:Tag/Zeit   E:Tag/Zeit
F10000           257,00 Teile-Sonderfertigung          254/07:00    256/13:35
Tisch Modell 325
Teile-Nr:F10000 Klassifikation:1*****                           TA:E
                 Tisch Modell 325

Pos Baustufe Teile-Nummer Benennung                  TA BA ME        Menge  St
 10          T09         Tischplatte Modell 325       T  F ST       257,00  A

 Datum | Werker Name | Personal-Nr | LG | LA | Arbeits-Aus. | Material-Aus. |
       |             |             |    |    |              |               |
 Bez.M | Meister/Kost| Zeit             | Ist-Menge         | Ist-ArbPlatz  |
       |             |                  |                   |               |
  Code |                                                                    |
```

Werkzeugentnahmeschein

Vergleichbar dem Materialentnahmeschein belegt er die Entnahme der Werkzeuge aus dem Werkzeuglager.

Arbeitsanweisung

Sie beschreibt exakt den Ablauf komplizierterer Arbeitsvorgänge.

Prüfanweisung

Sie gibt vor, nach welchen Verfahren und mit welchem Maß an Toleranz die hergestellten Erzeugnisse zu prüfen sind.

Einstellplan

Aus dem Einstellplan ist zu entnehmen, wie die Fertigungsmaschinen zur Durchführung eines bestimmten Auftrags einzurichten sind. Er legt z. B. fest, mit welchen Drehzahlen und welcher Vorschubgeschwindigkeit ein Werkstück von bestimmter Materialart und -stärke zu bohren ist.

Werkzeugwechselplan

Werkzeuge unterliegen bei Gebrauch einer Abnutzung. Nach einer bestimmten Laufzeit sind sie zu wechseln, damit sichergestellt ist, dass sie mit der erforderlichen Präzision genutzt werden können.

(4) Auftragsüberwachung mit Hilfe der Betriebsdatenerfassung

Die Auftragsüberwachung beinhaltet die Überwachung und Kontrolle des Produktionsprozesses im Hinblick auf Qualitätsmerkmale, Input- und Outputmengen, Zeitverbrauch, Kapazitätsbeanspruchung und Termineinhaltung. Um jederzeit aktuelle Informationen über den Produktionsfortschritt zu erhalten, wird in der Praxis für die Produktionsfortschrittkontrolle meistens eine Aufteilung in personenbezogene Leistungsdaten und in auftragsbezogene Fertigmeldungen vorgenommen.

Die **personenbezogenen Leistungsdaten** werden anhand der ausgefüllten Lohnscheine erfasst. So eignet sich ein ausgefüllter Lohnschein z. B. zur

- Erfassung der tatsächlichen Beanspruchung eines Arbeitsplatzes.
- Feststellung des Belastungszuflusses an die nachfolgenden Arbeitsplätze, da der ausgefüllte Lohnschein den Status „fertig" für einen Arbeitsgang signalisiert.
- Ermittlung der gesamten Durchlaufzeit für den Auftrag. Sie errechnet sich aus der Summe aller Zeiten auf den Lohnscheinen.

Weitere Auswertungen erlauben es z. B., Informationen über Produktionsstörungen und personenbezogene Leistungsdaten zu gewinnen. Diese lassen sich nutzen, um über eine systematische Wartungs- und Instandhaltungsplanung einen störungsfreien Ablauf sicherzustellen bzw. die Mitarbeiter leistungsgerecht zu entlohnen.

Für die **auftragsbezogenen Fertigmeldungen** werden insbesondere die Material(entnahme)scheine, die Werkzeugentnahmescheine und die Werkzeugwechselprotokolle herangezogen. Daneben ist in diesem Bereich der Einsatz von Betriebsdatenerfassungssystemen für die laufende Erfassung und frühzeitige Verarbeitung von Informationen, zur zeitgerechten Rückmeldung der Istdaten und für den jederzeitigen Datenzugriff auf den Ist-Zustand des Produktionsprozesses, unverzichtbar.

Organisatorisch lässt sich die Betriebsdatenerfassung und Auftragsüberwachung mittels eines **elektronischen Fertigungsleitstandes** durchführen. Er erlaubt es nicht nur, Beginn und Ende der Arbeitsgänge zu protokollieren, die kurzfristige Termin- und Kapazitätsplanung (z. B. Maschinenbelegung) zu kontrollieren, den Material- und Werkzeugeinsatz zu erkennen, die Auftragsfreigabe und Auftragssteuerung einschließlich der Überwachung des Fertigungsfortschritts zu überblicken, vielmehr werden die gewonnenen Daten aus der aktuellen Situation auch mit den Planungsdaten für die nahe Zukunft verknüpft. Auf diese Weise lassen sich z. B. bevorstehende Engpasssituationen rechtzeitig erkennen und durch entsprechende Planungsmaßnahmen mildern. Mit Hilfe der DV-technischen Unterstützung des Leitstandes ist es möglich, die Fülle der eingeschleusten Daten zu verdichten und tabellarisch bzw. grafisch aufzubereiten. Die Aufbereitung kann z. B. erfolgen nach

- **Aufträgen** mit Beginn und Ende der Maschinenbelegung und dem derzeitigen Bearbeitungsstatus,
- **Arbeitsschichten** mit tatsächlichen Produktionszeiten, Fehlzeiten und Störgründen oder nach
- **Maschinenreporten** mit Nutzungsgraden, Stör- und Stillstandszeiten.

(5) Zuteilung der Erzeugnisse zum Kundenauftrag

Durch die Bündelung der Bedarfe zu fertigungsgerechten, wirtschaftlich günstigen Losen (siehe S. 202 f.) ist eine unmittelbare Zuordnung der hergestellten Erzeugnisse mit dem Kundenauftrag verloren gegangen. Diese Anonymität zwischen Fertigerzeugnissen und Kundenauftrag muss wieder beseitigt werden. Im einfachen Fall von Standardprodukten geschieht dies dadurch, dass die Kundenaufträge aus den zunehmenden Lagerbeständen an Fertigerzeugnissen bedient werden. Handelt es sich jedoch um eine kundenindividuelle Auftragsfertigung, ist ein aufwändigeres Zuteilungsverfahren vom hergestellten Erzeugnis zum Kundenauftrag erforderlich.

Zusammenfassung

- Im Rahmen der **Produktionsprozesssteuerung** wird die **Ausführung des Auftrags** veranlasst und die hierfür erforderlichen **Dokumente** erstellt. Zu diesen gehören u. a. die **Auftragsstückliste, Auftragsarbeitsplan, Lohnschein, Materialliste, Materialentnahmeschein, Werkzeugentnahmeschein, Prüfanweisung** und **Einstellplan.**
- Die **Auftragsüberwachung** geschieht – im Fall traditioneller Belegorganisation – über **Rücklaufdatenträger,** wie z. B. die **Lohn-** und **Materialentnahmescheine** oder über einen **elektronischen Fertigungsleitstand.**
- Durch die Zuteilung wird die verloren gegangene **Verknüpfung zwischen Kundenauftrag** und **Fertigungsauftrag** wieder hergestellt.

- Die **Prozesskette,** die im Rahmen der Fertigungsplanung und -steuerung durchlaufen wird, ist äußerst komplex. Daher wird sie hier in der verdichteten Form eines **Vorgangskettendiagramms** dargestellt. Dabei beschränkt sich diese Sichtweise
  - **formal** auf die Darstellung der **Funktionen** und der zugehörigen **Informationseinheiten** und
  - **inhaltlich** auf jene Funktionen, die im Rahmen der **Produktionsplanung** und **-steuerung bedeutsam sind.**

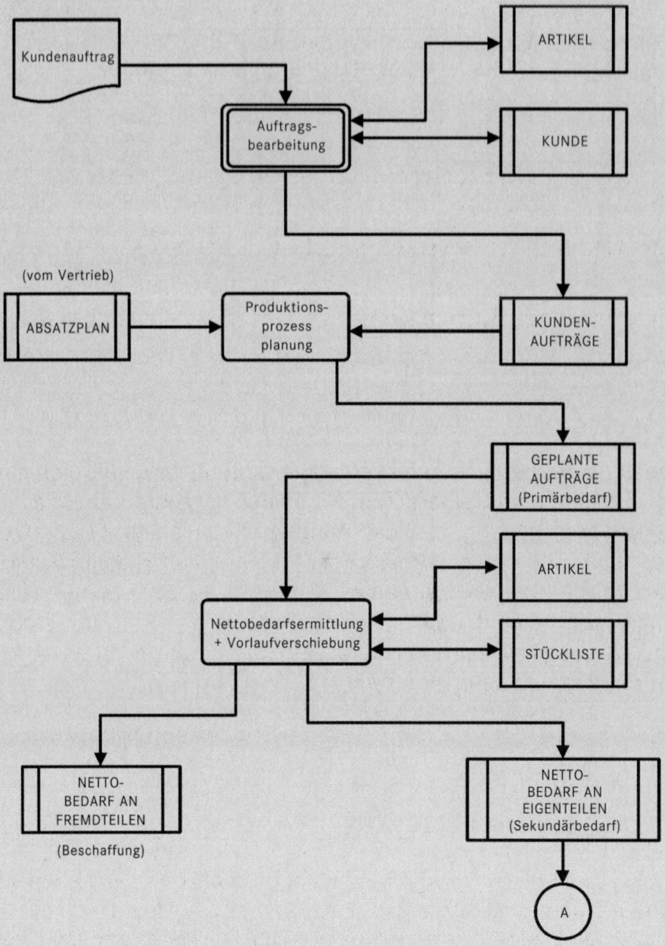

Hinter dem hier gezeigten Unterprozess **Auftragsbearbeitung** verbirgt sich ein umfangreicher Kerngeschäftsprozess. Ergebnis dieser Funktion sind Primärbedarfe in Form von festen Kundenaufträgen. Der (deterministisch bestimmte) Bedarf an Kundenaufträgen wird zu dem (stochastisch ermittelten) Bedarf an Standardprodukten addiert und ergibt die Gesamtmenge der herzustellenden Erzeugnisse (Primärbedarf an verkaufsfähigen Einheiten). Die **Nettobedarfsermittlung** in Verbindung mit der **Vorlaufverschiebung** ermittelt den Sekundärbedarf der nachgeordneten Komponenten. Handelt es sich um Fremdteile, dann erfolgt deren weitere Bearbeitung im Rahmen der Beschaffung (siehe Lernfeld 3). Eigenteile müssen hingegen als Fertigungsaufträge in die Produktion eingeschleust werden.

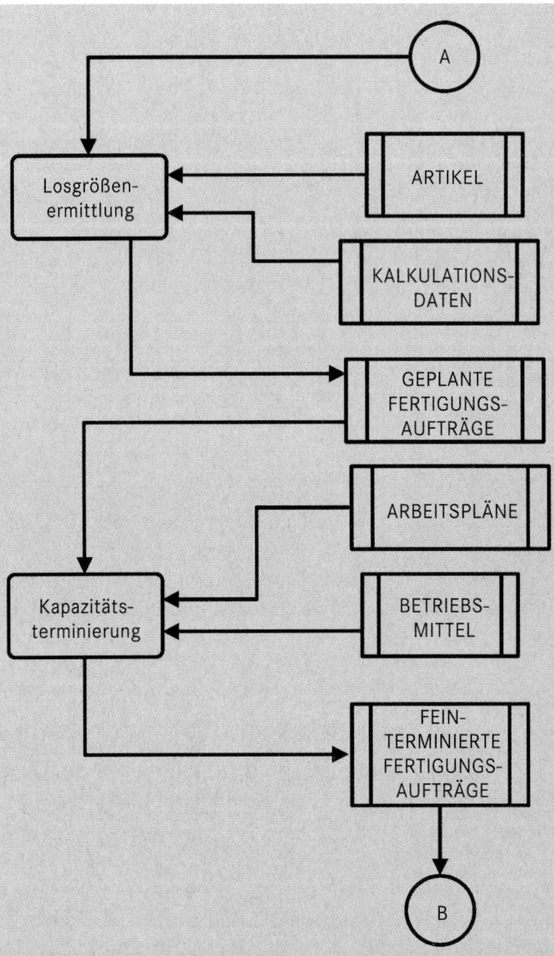

Die Mengen- und Terminangaben, die mit den Nettobedarfen an Eigenteilen verknüpft sind, gehen noch zurück auf die Vorgaben des Absatzplanes bzw. auf jene der Kundenaufträge.

Die **Losgrößenermittlung** wandelt diese Bedarfsreihe in eine Losreihe (Reihe von Fertigungsaufträgen) um. Dabei rücken die betrieblichen Interessen einer kostengünstigen Produktion in den Vordergrund. Es gilt, einen kostenminimalen Ausgleich zwischen den Umrüstkosten und den Lagerkosten zu finden. Große Lose verteilen die Umrüstkosten auf eine große Stückzahl und führen daher zu sinkenden Umrüstkosten. Sie sind jedoch zwangsläufig mit steigenden Lagerkosten verbunden, die in den Losen vorgezogener Kundenaufträge zwischengelagert werden müssen. Wird hingegen für jeden Kundenauftrag ein eigenes Los erstellt, dann entfallen zwar Lagerkosten, aber es muss jedes Mal erneut umgerüstet werden.

- Im Rahmen der **Kapazitätsterminierung** erfolgt eine terminlich exakte Zuordnung auf vorhandene Betriebsmittel.

  (An dieser Stelle wurde auf die Darstellung der Tatsache verzichtet, dass Informationen aus der Betriebsdatenerfassung zurückfließen über
  - den Fertigungsfortschritt der sich in Bearbeitung befindlichen Fertigungsaufträge,
  - die Ausfallzeiten bzw. Störungen von Betriebsmitteln und
  - die frei gewordenen Betriebsmittel.)

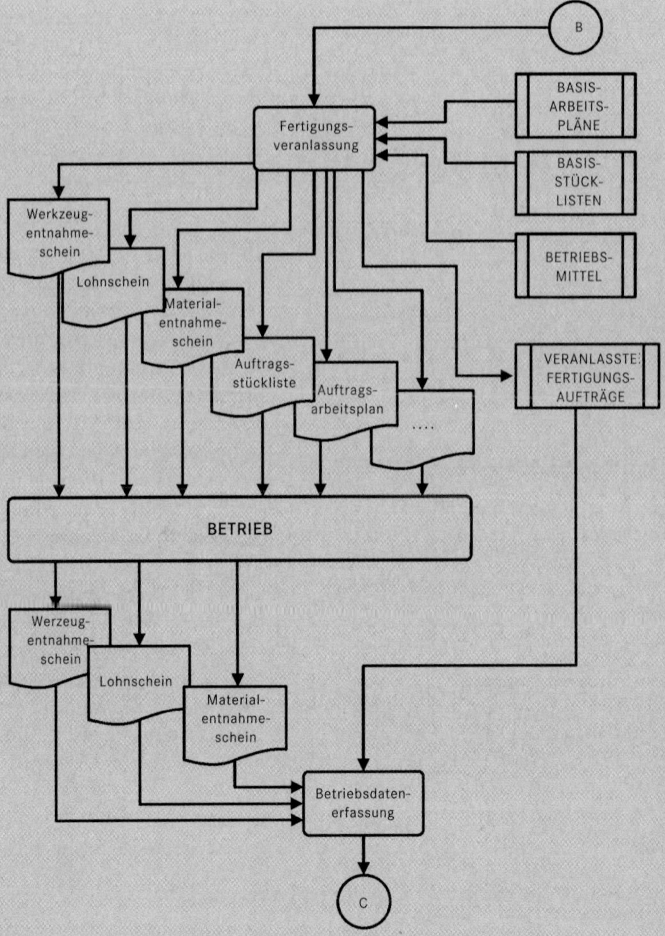

Die **Fertigungsveranlassung** verknüpft die Mengenangaben aus den feinterminierten Fertigungsaufträgen mit den Informationen z. B. aus den Basisstücklisten, den Basisarbeitsplänen, den Leistungsdaten der Betriebsmittel und den Prüfvorschriften. Sie erstellt – eine traditionelle Belegorganisation vorausgesetzt – die für die Fertigung erforderlichen Dokumente.

Diese Dokumente werden teilweise im Rahmen des Produktionsprozesses um die aktuellen Ist-Daten ergänzt (z. B. fehlerfreie Stückzahlen, Ist-Laufzeit der Maschine, Personalnummer der Arbeitskraft). Im Rahmen der **Betriebsdatenerfassung** werden diese Daten gesammelt und für die Auftragsüberwachung (Fertigungsfortschrittskontrolle) genutzt.

Moderne Konzeptionen verwirklichen diesen Teil des Prozesses über einen **elektronischen Fertigungsleitstand,** der eine Direkteingabe der fertigungsbezogenen Daten erlaubt (unter Umständen unmittelbar mit der Maschine verknüpft ist), eine flexible Steuerung des Fertigungsprozesses unterstützt und darüber hinaus auch vielfältige visuelle Darstellungsmöglichkeiten erlaubt.

(Von der Betriebsdatenerfassung erfolgt auch eine Rückkoppelung zur Kapazitätsterminierung, damit diese bei der nächsten Feinterminierung über den tatsächlichen Belegungsstatus der Betriebsmittel informiert ist.)

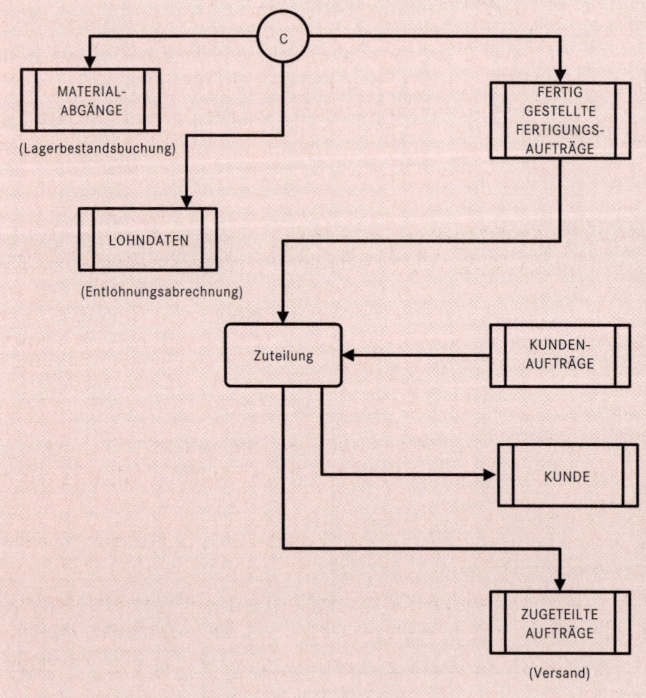

Die im Rahmen der Betriebsdatenerfassung gewonnenen Informationen werden sowohl für die Lagerbestandsführung als auch für die Lohnabrechnung und in beiden Fällen im Weiteren für die Kostenrechnung benötigt.

Da durch die Losgrößenbildung die Verbindung von Kundenauftrag zum Fertigungsauftrag verloren ging, müssen nunmehr die fertig gestellten Aufträge den vorliegenden Kundenaufträgen zugeordnet werden. Dies erfolgt im Rahmen der **Zuteilung.** Gegebenenfalls wird der Kunde über die bevorstehende Auslieferung informiert. Es ist Aufgabe des Versandes, die zugeteilten Aufträge versandfertig zu machen und dem Kunden zuzusenden.

Übungsaufgabe

39

1. Im Rahmen der Auftragsveranlassung werden auftragsbezogene Dokumente in die Fertigung eingeschleust.

   Aufgabe:
   Nennen Sie 5 dieser Dokumente und beschreiben Sie kurz deren Inhalt!

2. Einige dieser Dokumente haben (in einer traditionellen Belegorganisation) die Eigenschaft eines Rücklaufdatenträgers.

   Aufgabe:
   An welchen Informationen ist der Betrieb besonders interessiert und wofür werden diese Informationen genutzt?

3. Betrachten Sie das Vorgangskettendiagramm zur Produktionsplanung und -steuerung auf Seite 215 ff.

   Aufgabe:
   Nennen Sie die groben Funktionsschritte, die im Rahmen der Produktionsplanung und -steuerung durchlaufen werden!

4. Welche Funktionen müssen durchlaufen werden, um
   4.1 aus dem Primärbedarf den Sekundärbedarf zu ermitteln,
   4.2 aus den Bedarfen aufgrund der Kundenaufträge die Fertigungsaufträge zu gewinnen und
   4.3 die Fertigungsaufträge mit exakten Terminen auf vorhandene Betriebsmittel zuzuordnen?

6.3 Ermittlung und Buchung des Materialverbrauchs

Die Ermittlung und Buchung des Materialverbrauchs (Werkstoffverbrauchs) wird im Abschnitt B „Steuerung und Kontrolle", Kapitel 8, S. 286 ff. behandelt, um die Systematik des Buchführungslehrganges aufzuzeigen. Im Folgenden werden diese Lerninhalte anhand zweier Übungsaufgaben wiederholt.

Übungsaufgabe

40 Für die Betriebsstoffe liegen am 01.12.20.. folgende Nettobeträge vor: Anfangsbestand 78 000,00 EUR, Einkäufe 780 000,00 EUR, Rücksendungen 23 400,00 EUR, Nachlässe 42 800,00 EUR, Bezugskosten 82 600,00 EUR.

Aufgaben:

1. Bilden Sie die Buchungssätze zu den nachfolgenden Geschäftsvorfällen!
   1.1 Am 15.12.20..: Kauf von Betriebsstoffen im Wert von 34 150,00 EUR zuzüglich 19 % USt gegen Rechnungsstellung.
   1.2 Die Frachtkosten für die Betriebsstoffsendung beträgt 1 249,50 EUR einschließlich 19 % USt. Die Frachtkosten werden bar beglichen.
   1.3 Aufgrund einer Reklamation wegen Qualitätsmängeln erhalten wir vom Lieferer einen Nachlass in Form einer Gutschrift in Höhe von 2 200,00 EUR zuzüglich 19 % USt.
   1.4 Am 19.12.20..: Begleichung der Eingangsrechnung unter Abzug von 2 % Skonto durch Banküberweisung.
2. Der Schlussbestand an Betriebsstoffen zum 31.12.20.. beträgt 84 900,00 EUR.

   Ermitteln Sie buchhalterisch den Verbrauch an Rohstoffen und bilden Sie alle Buchungssätze für den Vorabschluss!

41 In der Johann Schäfer KG ist die Finanzbuchführung zu vervollständigen.

1. Der Bestand an Hilfsstoffen betrug am 31.12. des Vorjahres lt. Inventur 195 000,00 EUR. Im laufenden Geschäftsjahr beträgt der Bestand an Hilfsstoffen am 31.12. lt. Inventur 295 000,00 EUR. Während des laufenden Geschäftsjahres wurden bereits gebucht:

– Zugänge an Hilfsstoffen	645 000,00 EUR	– Preisnachlässe	39 500,00 EUR
– Bezugskosten für Hilfsstoffe	12 000,00 EUR	– Rücksendungen	29 400,00 EUR

   Aufgaben:

   1.1 Berechnen Sie den Verbrauch an Hilfsstoffen im laufenden Geschäftsjahr!
   1.2 Bilden Sie die Buchungssätze, die für das Konto 2020 zum 31.12. des laufenden Geschäftsjahres erforderlich sind!
2. Der Schlussbestand an Betriebsstoffen betrug am 31.12. des Vorjahres lt. Inventur 14 700,00 EUR. Im laufenden Geschäftsjahr wurden insgesamt Betriebsstoffe im Wert von 94 000,00 EUR eingekauft. Der Verbrauch an Betriebsstoffen beläuft sich für den gleichen Zeitraum auf 97 800,00 EUR.

   Aufgabe:

   Ermitteln Sie buchhalterisch den Schlussbestand an Betriebsstoffen zum 31.12. des laufenden Geschäftsjahres!

Abschnitt B: Schwerpunkt Steuerung und Kontrolle

Lernfeld 7: Geschäftsvorfälle erfassen und buchen

1 Buchführung (Finanzbuchführung) als grundlegender Teil des Rechnungswesens

1.1 Wesen der Buchführung

Wer eine Übersicht über die Verwendung seines verfügbaren Geldes behalten möchte, greift zu Papier und Schreibstift, um sich alles aufzuschreiben. Das gilt für den Auszubildenden ebenso wie für die Hausfrau. Beide betreiben also Buchführung in einfachster Form.

Die Notwendigkeit des Festhaltens solcher Vorgänge wird umso wichtiger, je höher und zahlreicher solche Geldbewegungen sind. Daher sind die staatlichen „Haushaltungen" (Bund, Länder und Gemeinden) verpflichtet, alle Ausgaben und Einnahmen in ihren so genannten **Haushaltsplänen** zu erfassen.

In den **privaten Unternehmen** fällt täglich ebenfalls eine Vielzahl solcher barer, aber auch unbarer Vorgänge an, die Wertveränderungen des Vermögens und/oder der Schulden hervorrufen. Wir nennen sie **Geschäftsvorfälle**. Um die Übersicht über diese Wertveränderungen zu behalten, muss der Kaufmann sie im eigenen Interesse in seiner **Buchführung** (man spricht auch von **Finanzbuchführung**) erfassen. Darüber hinaus ist er auch im öffentlichen Interesse zur Buchführung verpflichtet. Diese kaufmännische Buchführung ist der Gegenstand unserer weiteren Betrachtung.

Merke:

- Unter **kaufmännischer Buchführung** versteht man das Festhalten der Anfangsbestände an Vermögen und Schulden sowie deren Veränderungen.
- Die Vorgänge, durch die solche Veränderungen ausgelöst werden, nennen wir **Geschäftsvorfälle.** Sie werden in der Buchführung erfasst.
- **Geschäftsvorfälle** sind Tätigkeiten, die **Vermögenswerte** und **Schulden** der Unternehmung verändern, die zu **Geldeinnahmen** oder **Geldausgaben** führen, einen Werteverzehr **(Aufwand)** oder einen Wertezuwachs **(Ertrag)** darstellen.

1.2 Aufgaben der Buchführung

Die kaufmännische Buchführung erfüllt eine Vielzahl von Aufgaben, die einerseits der Unternehmensleitung dienen **(interne Aufgaben)** und andererseits für außerhalb des Unternehmens stehende Personen bzw. Institutionen gedacht sind **(externe Aufgaben)**.

(1) Aufgaben aus der Sicht der Unternehmensleitung

■ Buchführung als Gedächtnisstütze

Ursprünglich diente die Buchführung als Gedächtnisstütze. Sobald das Geschäftsvolumen einen bestimmten Umfang überschreitet, ist es dem Kaufmann nicht mehr möglich, alles im Kopf zu behalten. Das gilt besonders für die noch nicht vollständig abgewickelten Geschäfte (Zielgeschäfte, Ratengeschäfte). Diese Aufgabe der Gedächtnisstütze übernimmt die Buchführung auch heute noch.

■ Buchführung als Instrument der Erfolgsermittlung (Ergebnisermittlung)

Jeder Kaufmann möchte sich nach einer gewissen Zeit (Monat, Vierteljahr, Halbjahr), spätestens nach einem Jahr, Rechenschaft über seine Geschäftstätigkeit ablegen. Er möchte wissen, wie erfolgreich er innerhalb der Geschäftsperiode gewesen ist. Der **Erfolg** der Geschäftstätigkeit kann ein **Gewinn**, im ungünstigen Fall aber auch ein **Verlust** sein. Der Begriff Erfolg ist also als eine **neutrale Größe** anzusehen. Er darf nicht mit dem Gewinnbegriff gleichgesetzt werden.

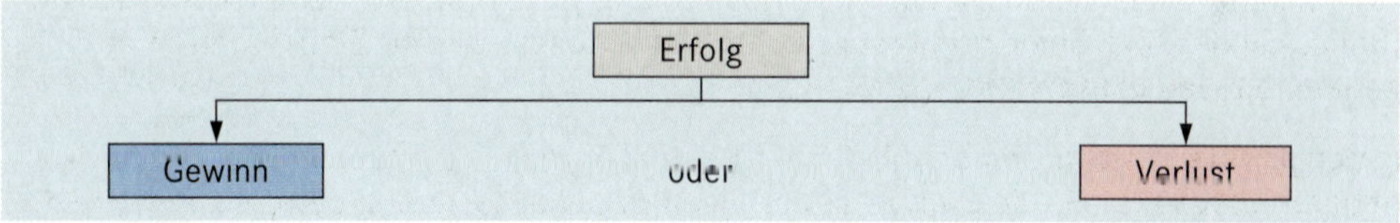

■ Buchführung als Instrument der Vermögens- und Schuldenermittlung

Ein Kaufmann will nicht nur wissen, welchen Erfolg er innerhalb eines bestimmten Zeitraumes erzielt hat, sondern er will sich auch zu jeder Zeit über den Stand seines Vermögens und der Schulden informieren können. Das kann er aber nur mit Hilfe der Buchführung, da sie alle Wertveränderungen erfasst.

Obwohl enge Beziehungen zwischen der Erfolgsermittlung und der Vermögens- und Schuldenermittlung bestehen, sehen wir, dass die Blickrichtung hier eine andere ist als zuvor. Eine **Vermögens- und Schuldenrechnung** bezieht sich auf einen bestimmten **Zeitpunkt,** während bei der **Ergebnisermittlung** der ganze **Zeitraum** ins Auge gefasst werden muss.

■ Buchführung als Grundlage der Kosten- und Leistungsrechnung (Kalkulation)

Die Kalkulation ermittelt die Selbstkosten und die Verkaufspreise für die Produkte. Voraussetzung hierfür ist, dass alle Kosten des Unternehmens vorliegen. Da die Buchführung alle Werteveränderungen des Betriebs einschließlich der Kosten erfasst, kann die Kostenrechnung hierauf zurückgreifen. Die Buchführung bildet somit auch die Grundlage für die Kosten- und Leistungsrechnung.

■ Buchführung als Instrument der Betriebskontrolle

Sobald ein Unternehmen eine bestimmte Größe übersteigt, ist es der Geschäftsleitung nicht mehr möglich, alle Auswirkungen der Geschäftsvorfälle am Ort des Geschehens zu kontrollieren. Mit Hilfe der Buchführung können die erforderlichen Kontrollen jedoch vom Schreibtisch aus erfolgen. Die Geschäftsleitung braucht sich nur die gewünschten Zahlen aus der Buchführung vorlegen zu lassen. Dabei kann sie erkennen, ob z. B. irgendwelche Aufwendungen gestiegen sind oder die Umsätze in einer Abteilung oder bei einem bestimmten Artikel nicht den Erwartungen entsprechen. Dann kann sie den Ursachen auf den Grund gehen und gegebenenfalls die erforderlichen Maßnahmen ergreifen. Insoweit ist die Buchführung auch ein Instrument der Betriebskontrolle. Mit Recht bezeichnet man die **Buchführung** als das **Spiegelbild der Geschäftstätigkeit**.

Die Buchführung bildet die Grundlage des gesamten Rechnungswesens. Bevor weitere Teilbereiche des Rechnungswesens wie die Kostenrechnung, die Planungsrechnung oder die Statistik tätig werden können, müssen die Ausgangsdaten sowie die durch die Geschäftstätigkeiten hervorgerufenen Wertveränderungen durch die Buchführung festgehalten werden.

Neben den genannten Aufgaben hat die Buchführung im Zusammenwirken mit den übrigen Teilbereichen des Rechnungswesens noch folgende Aufgaben (Funktionen) zu erfüllen:

- alle wertverändernden Prozesse zu erfassen und darüber zu informieren **(Dokumentationsfunktion, Informationsfunktion)**,
- diese für die anstehenden Entscheidungen aufzubereiten **(Dispositionsfunktion)**,
- das benötigte Material für eine Entscheidungsfindung bereitzustellen **(Steuerungsfunktion)**,
- die getroffenen Entscheidungen sowie alle sich abzeichnenden Entwicklungen zu überwachen **(Kontrollfunktion)**.

(2) Aufgaben aus der Sicht von außenstehenden Personen bzw. Institutionen

Die Buchführung ist eine unentbehrliche Informationsquelle für die Geschäftsleitung. Neben diesem hohen Eigeninteresse der Geschäftsleitung an der Buchführung gibt es Kreise, die außerhalb des Unternehmens stehen und dennoch ein berechtigtes Interesse an der Buchführung eines Unternehmens, insbesondere an deren Ergebnissen in Form der Bilanz und der Gewinn- und Verlustrechnung, nachweisen können. Wir wollen nur die Wichtigsten nennen:

- Die **Steuerbehörde**, weil für die Berechnung bestimmter Steuern (z. B. Einkommensteuer, Umsatzsteuer, Gewerbesteuer) das Zahlenmaterial der Buchführung zugrunde gelegt wird. Die Buchführung liefert die Unterlagen zur Steuerveranlagung.
- Die **Banken**, da sie bei Kreditgewährungen durch die Vorlage bestimmter Zahlen der Buchführung ihr Risiko besser abschätzen können.
- Die **Kapitalgeber** (z. B. Mitinhaber, Gläubiger), die ihr Geld eingebracht haben, besitzen ein Recht auf Information. Dieses Recht kann mit Hilfe der Buchführungsergebnisse befriedigt werden.
- Die **Mitarbeiter** haben ein Recht auf Unterrichtung über die wirtschaftliche und soziale Lage ihres Unternehmens [§ 43 I, II BetrVG].
- Die **Gerichte** gehen bei Vermögensstreitigkeiten im Zweifel von der Richtigkeit der Zahlen der Buchführung aus.

In zusammenfassender Betrachtung hat die Buchführung unter dem Gesichtspunkt der externen Sichtweise u. a. die Aufgabe, eine breite Öffentlichkeit über die Vermögens- und Ertragslage eines Unternehmens zu informieren (**Informationsfunktion**). Daher sind auch alle Kapitalgesellschaften – und beim Überschreiten einer bestimmten Größenordnung auch alle anderen Unternehmen – zur Veröffentlichung ihrer Buchführungsergebnisse in Form der Bilanz und der GuV-Rechnung von Gesetzes wegen verpflichtet. Darüber hinaus dient die Buchführung bei Vermögensstreitigkeiten vor Gericht als Beweismittel (**Legitimationsfunktion**).

Zusammenfassung

- Unter **kaufmännischer Buchführung** versteht man das Festhalten der Anfangsbestände an Vermögen und Schulden sowie deren Veränderungen.
- Die Vorgänge, durch die solche Veränderungen ausgelöst werden, nennen wir **Geschäftsvorfälle.**
- **Geschäftsvorfälle** sind Tätigkeiten, die **Vermögenswerte** und **Schulden** der Unternehmung verändern, die zu **Geldeinnahmen** oder **Geldausgaben** führen, einen Werteverzehr (**Aufwand**) oder einen Wertezuwachs (**Ertrag**) darstellen.
-

Aufgaben der Buchführung	
Für die **Unternehmensleitung** hat die Buchführung eine:	Für **Außenstehende** hat die Buchführung eine:
■ Dokumentationsfunktion ■ Informationsfunktion ■ Dispositionsfunktion ■ Steuerungsfunktion ■ Kontrollfunktion	■ Informationsfunktion ■ Legitimationsfunktion
Im Einzelnen dient sie als: ■ Gedächtnisstütze ■ Mittel zur Feststellung des Erfolges ■ Mittel zur Feststellung der Vermögensverhältnisse ■ Grundlage für die Kalkulation ■ Kontrollmittel	Im Einzelnen informiert sie: ■ Banken ■ Steuerbehörden ■ Kapitalgeber ■ Mitarbeiter Vor Gericht dient sie als: ■ Beweismittel

Übungsaufgabe

42
1. Nennen Sie die verschiedenen Teilbereiche eines modernen Rechnungswesens!
2. Wie nennt man die Vorgänge in der Buchführung, durch die die Wertveränderungen ausgelöst werden?
3. Worin besteht die wesentliche Aufgabe der Kosten- und Leistungsrechnung?

2 Inventur, Inventar

2.1 Gesetzliche Grundlagen und begriffliche Klarstellungen

Nach § 240 HGB ist jeder Kaufmann verpflichtet, „zu Beginn seines Handelsgewerbes" (d. h. bei der Gründung) und danach für den Schluss eines jeden Geschäftsjahres seine Vermögens- und Schuldposten mit ihren Werten anzugeben. Diese Aufstellung nennt der Gesetzgeber **Inventar**. Formelle Vorschriften zur Aufstellung des Inventars gibt der Gesetzgeber nicht.

Die Vermögens- und Schuldposten sind aufgrund einer **körperlichen Bestandsaufnahme** zu ermitteln und nach ihrer Art, mit ihrer Menge und mit ihrem Wert anzugeben. Die körperliche Bestandsaufnahme bedeutet, dass man in den Betrieb gehen und vor Ort feststellen muss, welche Vermögensgegenstände in welcher Menge tatsächlich vorhanden sind. In einem zweiten Vorgang erfolgt die Feststellung der Vermögenswerte. Entsprechendes gilt für die Ermittlung der Schulden. Diese Ermittlungsvorgänge (diese Ermittlungstätigkeit) nennt man **Inventur**. Die ermittelten Einzelergebnisse werden in **Inventurlisten** erfasst.

Typische Tätigkeiten im Rahmen der Mengenermittlung sind: zählen, messen, wiegen, notfalls auch schätzen. Anschließend erfolgt die Ermittlung des Wertes für jeden einzelnen Erfassungsgegenstand. Durch die Multiplikation von Menge und Wert je Einheit erhält man den Gesamtwert eines Vermögenspostens. Auf die besondere Problematik der Ermittlung der Einzelwerte soll hier nicht näher eingegangen werden.

2.2 Bedeutung und Zielsetzung der Inventur

Die vom Gesetzgeber geforderte Inventur ist wesentlicher Bestandteil einer ordnungsmäßigen Buchführung. Die Inventur dient in erster Linie dem Schutz der Gläubiger. Durch eine körperliche Bestandsaufnahme soll überprüft werden, ob die in der Buchführung ausgewiesenen Bestände (Sollbestände) mit den tatsächlichen Beständen (Istbestände) übereinstimmen. Treten Differenzen zwischen Soll- und Istbeständen auf, muss man die Ursachen aufdecken und entsprechende Korrekturen in der Buchführung vornehmen, damit solche Differenzen nicht noch weitergeschleppt werden. Insofern übt die **Inventur** gegenüber der Buchführung eine **Kontrollfunktion** aus.

2.3 Form, Inhalt und Aufbau des Inventars

(1) Form des Inventars

Die im Inventar zusammengestellten Ergebnisse der Inventur bedürfen einer möglichst übersichtlichen und schnell lesbaren Form. Die in den Inventurlisten enthaltene Vielzahl von Einzelergebnissen genügt diesem Anspruch nicht.

Obschon es **keine gesetzlichen Vorschriften** für die **formale Darstellung eines Inventars** gibt, hat es sich in der Praxis allgemein durchgesetzt, dass die Ergebnisse der Inventur in einer überschaubaren Form zusammengefasst werden und bei einzelnen Posten auf die Inventurliste verwiesen wird.

Wegen des engen Zusammenhanges zur Bilanz, worauf wir später zurückkommen, wird in der Praxis bei der Aufstellung des verdichteten Inventars im Wesentlichen das für die Bilanz gesetzlich vorgegebene Begriffssystem übernommen.

Da wir in der Schule immer nur beispielhaft arbeiten können, wollen wir hier ein Inventar aufstellen, in dem einerseits die erforderlichen Einzelangaben enthalten sind und andererseits bei Vorliegen eines weiteren Informationsbedürfnisses auf die entsprechenden Einzelverzeichnisse verwiesen wird.

Das Beispiel auf Seite 226 soll Ihnen als Muster für den Aufbau eines Inventarverzeichnisses und für die darin verwendeten Begriffe dienen.

Erläuterungen zum Aufbau des Inventars von Seite 226

Wie wir sehen, besteht das Inventar aus drei Teilen: **dem Vermögen, den Schulden** und **dem Reinvermögen.**

- Das **Vermögen** gibt Aufschluss darüber, welche Gegenstände in einem Unternehmen vorhanden sind. Man unterscheidet zwischen Anlagevermögen und Umlaufvermögen.
  - Zum **Anlagevermögen** gehören alle Vermögensposten, die dazu bestimmt sind, dem Unternehmen langfristig zu dienen. Sie bilden die Grundlage für die Betriebsbereitschaft.

    Beispiele:

    Gebäude, Grundstücke, Maschinen, Betriebs- und Geschäftsausstattung ...

  - Zum **Umlaufvermögen** zählen alle Vermögensposten, die dadurch charakterisiert sind, dass sie sich durch die Geschäftstätigkeit laufend verändern.

    Beispiele:

    Kassenbestand, Bankguthaben, Werkstoffe, Fertigerzeugnisse, Waren, Forderungen aus Lieferungen und Leistungen.

- Die **Schulden** (Verbindlichkeiten) gliedert man nach der Art der Schuld.

  Beispiel:

  - Verbindlichkeiten gegenüber Kreditinstituten
  - Verbindlichkeiten aus Lieferungen und Leistungen

- Ziehen wir vom Gesamtwert des Vermögens (Rohvermögens) den Gesamtwert der Schulden ab, erhalten wir das **Reinvermögen,** das auch als Eigenkapital bezeichnet wird.

(Roh-)Vermögen – Schulden = Reinvermögen (Eigenkapital)

15 Speth u.a. - ISBN 978-3-8120-0555-5

(2) Beispiel für den Inhalt und Aufbau eines Inventars

Inventar zum 31. Dezember 20...
der Möbelfabrik Franz Merkurius e. Kfm., Humpisstraße 15, 88212 Ravensburg

A. Vermögen		
I. Anlagevermögen:		
1. Grundstücke		
- Humpisstraße 15	175 000,00 EUR	
- Georgstraße 21	125 000,00 EUR	300 000,00 EUR
2. Bauten auf eigenen Grundstücken		
- Fabrikgebäude Humpisstraße 15	429 450,00 EUR	
- Verwaltungsgebäude Georgstraße 21	675 000,00 EUR	1 104 450,00 EUR
3. Maschinen lt. Inventurliste 1		749 800,00 EUR
4. Fuhrpark		
- Pkw: RV - BE 44	45 800,00 EUR	
- Lkw: RV - LU 855	98 750,00 EUR	144 550,00 EUR
5. Betriebs- und Geschäftsausstattung		
- Lagereinrichtung lt. Inventurliste 2	45 600,00 EUR	
- Verwaltungseinrichtung lt. Inventurliste 3	29 275,00 EUR	
- EDV-Anlagen lt. Inventurliste 4	20 725,00 EUR	95 600,00 EUR
II. Umlaufvermögen:		
1. Rohstofffe lt. Inventurliste 5		350 750,00 EUR
2. Hilfsstoffe lt. Inventurliste 6		118 450,00 EUR
3. Betriebsstoffe lt. Inventurliste 7		147 620,00 EUR
4. Fertigerzeugnisse		
360 Schränke V 17/2	203 400,00 EUR	
210 Schreibtische S 22/4	193 200,00 EUR	
Diverse Kleinmöbel lt. Inventurliste 8	310 400,00 EUR	707 000,00 EUR
5. Unfertige Erzeugnisse lt. Inventurliste 9		70 200,00 EUR
6. Forderungen aus Lieferungen und Leistungen		
Möbelhaus Schmid e. Kfm., Karlsruhe	12 125,00 EUR	
Möbel Meierhofer KG, Stuttgart	11 900,00 EUR	
Möbel Discount Dresden GmbH	9 550,00 EUR	33 575,00 EUR
7. Kasse lt. Inventurliste 10		1 250,00 EUR
8. Guthaben bei Banken		
Guthaben Volksbank Lindau	28 780,00 EUR	
Guthaben Kreissparkasse Ravensburg	5 900,00 EUR	34 680,00 EUR
Summe des Vermögens (Rohvermögens)		3 857 925,00 EUR
B. Schulden		
1. Verbindlichkeiten gegenüber Kreditinstituten		
- Darlehen bei der Volksbank Lindau		890 600,00 EUR
- Kontokorrentkredit bei der Kreissparkasse Ravensburg		50 145,00 EUR
2. Verbindlichkeiten aus Lieferungen und Leistungen		
- Metall- u. Kunststoffwerke Leipzig AG	55 150,00 EUR	
- Großhandelshaus Stark GmbH Freiburg	47 350,00 EUR	102 500,00 EUR
3. Liefererdarlehen bei der Rado GmbH		73 000,00 EUR
Summe der Schulden		1 116 245,00 EUR
C. Ermittlung des Reinvermögens (Eigenkapitals)		
Summe des Vermögens		3 857 925,00 EUR
- Summe der Schulden		1 116 245,00 EUR
= Reinvermögen (Eigenkapital)		2 741 680,00 EUR

Zusammenfassung

- Unter **Inventur** versteht man die mengen- und wertmäßige Erfassung aller Vermögens- und Schuldenwerte eines Kaufmanns zu einem bestimmten Zeitpunkt. Die Inventur ist also eine **Tätigkeit.** Sie ist regelmäßig zum Bilanzstichtag, bei Gründung, Übernahme oder Auflösung des Unternehmens durchzuführen. Die Inventur schafft **gesicherte Ausgangsdaten** für den Jahresabschluss.
- Das **Inventar** ist das übersichtlich zusammengestellte wertmäßige Ergebnis der Inventur. Das Inventar ist also ein **Verzeichnis** über die tatsächlich vorhandenen Vermögens- und Schuldenwerte (Istwerte) an einem bestimmten Tag (Stichtag).
- Die **Inventur** übt gegenüber der Buchführung eine **Kontrollfunktion** aus.
- Bei auftretenden Differenzen zwischen den Werten der Buchführung (Buchbeständen) und den durch die Inventur ermittelten Istbeständen müssen die **Werte der Buchführung** an die **Werte der Inventur angepasst werden.**

Übungsaufgaben

43
1. Welche Gesetzesvorschrift verpflichtet den Kaufmann zur Aufstellung eines Inventars?
2. Zu welchen Zeitpunkten muss jeweils ein Inventar aufgestellt werden?
3. Erläutern Sie die Begriffe Inventar und Inventur!
4. Welche praktische Bedeutung hat die Inventur im Zusammenhang mit der Buchführung?
5. Welche Werte müssen beim Auftreten von Differenzen zwischen Soll- und Istwerten berichtigt werden? Begründen Sie Ihre Entscheidung!

44 Stellen Sie aufgrund der angegebenen Inventurergebnisse ein Inventar auf!

Grundstücke			478 790,00 EUR
Fabrikgebäude			2 121 180,00 EUR
Verwaltungsgebäude			535 925,00 EUR
Büroeinrichtung lt. Inventurliste 1			148 500,00 EUR
Maschinen lt. Inventurliste 2			2 470 100,00 EUR
Werkzeuge lt. Inventurliste 3			272 800,00 EUR
Fuhrpark:	2 Lkw	205 000,00 EUR	
	3 Pkw	64 300,00 EUR	269 300,00 EUR
Betriebs- und Geschäftsausstattung lt. Inventurliste 4			330 000,00 EUR
Rohstoffe lt. Inventurliste 5			1 420 000,00 EUR
Betriebsstoffe lt. Inventurliste 6			87 200,00 EUR
Hilfsstoffe lt. Inventurliste 7			54 750,00 EUR
Unfertige Erzeugnisse lt. Inventurliste 8			321 800,00 EUR
Fertige Erzeugnisse lt. Inventurliste 9			1 790 000,00 EUR
Kundenforderungen lt. Inventurliste			222 400,00 EUR
Kassenbestand lt. Inventurliste 10			15 100,00 EUR

Guthaben bei Kreditinstituten		
- Guthaben auf dem Kontokorrentkonto bei der A-Bank		29 900,00 EUR
Verbindlichkeiten gegenüber Kreditinstituten		
- Darlehen bei der B-Bank		3 755 500,00 EUR
Verbindlichkeiten aus Lieferungen und Leistungen:		
- Maschinen-Technik Lenz AG	820 000,00 EUR	
- Technik & Service Ludwig GmbH	152 600,00 EUR	972 600,00 EUR

3 Bilanz

3.1 Gesetzliche Grundlagen zur Aufstellung der Bilanz

(1) Aufstellungspflicht

Nach § 242 HGB hat der Kaufmann zu Beginn seines Handelsgewerbes und danach für den Schluss eines jeden Geschäftsjahres eine Bilanz aufzustellen, aus der das Verhältnis zwischen seinem Vermögen und seinen Schulden erkennbar ist.

Obschon es bei der Bilanz - wie beim Inventar - auch um eine Aufstellung des Vermögens und der Schulden geht, dient die Bilanz, wie wir später noch sehen werden, völlig anderen Zwecken. Das hat den Gesetzgeber auch veranlasst, unterschiedliche Begriffe einzuführen, obwohl die Endergebnisse in beiden Abschlussformen gleich sind.

(2) Form und Gliederung der Bilanz

Nach § 266 I, S. 1 HGB ist die Bilanz in **Kontoform**[1] aufzustellen. Das heißt allerdings nicht, dass die Bilanz ein Konto ist. Die Bilanz ist lediglich in der Form eines Kontos aufzustellen. Sie hat also - wie ein Konto - zwei Seiten. Die **linke Seite der Bilanz** ist die Aktivseite. Auf ihr stehen die **Aktiva (Vermögensposten)**. Die **rechte Seite der Bilanz** ist die Passivseite. Auf ihr stehen die **Passiva (Schulden und das Eigenkapital)**. Auch wenn uns das sprachlich zunächst noch ungewohnt erscheint, können wir sagen: Auf der Passivseite der Bilanz steht das Kapital, getrennt nach Kapitalgebern (Eigenkapital und Verbindlichkeiten [Fremdkapital]).

Da wird uns in der Schule, namentlich im Anfangsunterricht, nur mit einfachen Bilanzen beschäftigen können, schlagen wir für unsere vorläufige Arbeit mit Bilanzen folgendes, an der Praxis orientiertes, vereinfachtes Bilanzschema vor, wobei wir uns bezüglich der Begriffsbildung weitgehend nach den Vorgaben des § 266 HGB richten. Weil die Untergliederung in Hauptgruppen entfällt, beginnen wir die Gliederung mit den römischen Ziffern I., II., III.

1 Ein Konto ist ein zweiseitiges Verrechnungsschema, das sich in der Praxis der kaufmännischen Buchführung bewährt hat. Es wird im schulischen Bereich in der so genannten T-Form geführt. Näheres siehe Seite 242 f.

Aktiva	Bilanz zum 31. Dezember 20..	Passiva
I. Anlagevermögen		**I. Eigenkapital**
1. Grundstücke und Bauten		**II. Verbindlichkeiten**
2. techn. Anlagen u. Maschinen		1. Verbindlichkeiten gegenüber Kreditinstituten
3. and. Anl., Betr.- u. G.-Ausstattung[1]		2. Verbindlichkeiten aus Lieferungen und Leistungen
II. Umlaufvermögen		3. sonstige Verbindlichkeiten[3]
1. Roh-, Hilfs- und Betriebsstoffe		
2. unfertige Erzeugnisse		
3. fertige Erzeugnisse und Waren[2]		
4. Ford. a. Lieferungen u. Leistungen		
5. Kassenbestand		
6. Guthaben bei Kreditinstituten		

Beispiel:

Stellen Sie zu dem Inventar auf Seite 226 die entsprechende Bilanz auf!

Lösung:

Aktiva — Bilanz der Möbelfabrik Franz Merkurius e. Kfm. zum 31. Dez. 20.. — Passiva

Aktiva		Passiva	
I. Anlagevermögen		**I. Eigenkapital**	2741680,00
1. Grundstücke u. Bauten	1404450,00	**II. Verbindlichkeiten**	
2. techn. Anl. u. Maschinen	749800,00	1. Verbindlichkeiten gegenüber Kreditinstituten	940745,00
3. andere Anlagen, Betriebs- und Geschäftsausstattung	240150,00	2. Verbindlichkeiten aus Lieferungen und Leistungen	102500,00
II. Umlaufvermögen		3. sonstige Verbindlichkeiten	73000,00
1. Roh-, Hilfs- u. Betriebsstoffe	616820,00		
2. unfertige Erzeugnisse	70200,00		
3. fert. Erzeugnisse u. Waren	707000,00		
4. Ford. a. Lief. u. Leist.	33575,00		
5. Kassenbestand	1250,00		
6. Guthaben b. Kreditinstituten	34680,00		
	3857925,00		3857925,00

Ravensburg, den 31. Dez. 20..

Franz Merkurius

1 Zu diesem Bilanzposten zählt auch der Fuhrpark.

2 Es handelt sich um fertige Waren (so genannte Handelswaren), die der Industriebetrieb einkauft und unverändert weiterverkauft, z. B. eine Möbelfabrik kauft Bilder, Wäsche und Teppiche ein, die sie an interessierte Kunden weiterverkauft.

3 Zu diesem Bilanzposten zählen z. B. ein Liefererdarlehen, Sonstige Verbindlichkeiten gegenüber dem Finanzamt und Verbindlichkeiten gegenüber Sozialversicherungsträgern.

3.2 Deutungsmöglichkeiten der Bilanz

Das Wort **Bilanz** stammt aus dem Italienischen. Dort heißt es so viel wie Gleichgewicht bzw. Waage. Das bedeutet, dass beide Seiten der Bilanz wertmäßig stets gleich sein müssen. Für jede Bilanz gilt daher die Grundgleichung:

Aktiva ≙ Passiva

Dabei gilt:

Aktiva ≙ Vermögen
Passiva ≙ Eigenkapital + Fremdkapital[1]

Hieraus lassen sich folgende weitere **Bilanzgleichungen** ableiten:

(1) **Für die Berechnung des Vermögens**

Vermögen ≙ Eigenkapital + Fremdkapital

(2) **Für die Berechnung des Kapitals**

Eigenkapital ≙ Vermögen − Fremdkapital
Fremdkapital ≙ Vermögen − Eigenkapital

Für unsere weitere Deutung der Bilanz fassen wir die Bilanz von Seite 229 so zusammen, dass nur noch die beiden Hauptgruppen auf beiden Seiten übrig bleiben:

Die Bilanz lässt dann auf einen Blick erkennen, wer das Kapital aufgebracht hat (Passivseite) und wie es verwendet wurde (Aktivseite). Die Passivseite wird daher auch als Kapitalseite bezeichnet.

Aktiva — Bilanz — Passiva

Aktiva		Passiva	
Wie wurde das Kapital verwendet?		**Wer** hat das Kapital aufgebracht?	
I. Anlagevermögen:	2 394 400,00	**I. Eigenkapital:**	2 741 680,00
II. Umlaufvermögen:	1 463 525,00	**II. Verbindlichkeiten:**	1 116 245,00
Vermögen	3 857 925,00	**Kapital**	3 857 925,00
↑		↑	
Verwendung finanzieller Mittel (Investierung)		**Beschaffung** finanzieller Mittel (Finanzierung)	

Wie im obigen Bilanzschema angedeutet, gibt die **Aktivseite** an, wohin das Kapital floss bzw. wie das verfügbare Kapital verwendet wurde. Sie kann also als **Mittelverwendungsseite** bezeichnet werden.

Dagegen gibt die **Passivseite** an, woher das Kapital kam bzw. wer das Kapital aufgebracht hat. Sie kann daher als **Mittelbeschaffungsseite** bezeichnet werden.

Unter Verwendung anderer Begriffe kann man auch sagen: Die **Passivseite** gibt die **Finanzierung** des Unternehmens wieder, die **Aktivseite** die **Investierung.**

1 Unter dieser mehr betriebswirtschaftlichen Betrachtungsweise benutzen wir den Begriff **Fremdkapital** (statt Verbindlichkeiten).

3.3 Vertiefende Darstellung des Zusammenhangs zwischen Inventur, Inventar, Buchführung und Bilanz

Um den Zusammenhang aufzudecken, der zwischen Inventar, Bilanz und der Buchführung besteht, ist zunächst festzuhalten, dass beide Verzeichnisse **außerhalb** der Buchführung stehen.

Zwischen der Buchführung und der Bilanz besteht ein enger Zusammenhang, denn jede Bilanz - mit Ausnahme der Eröffnungsbilanz - baut auf den Zahlengrundlagen der Buchführung auf. Bevor jedoch diese Ergebnisse der Buchführung über die Bilanz der Öffentlichkeit präsentiert werden, soll sichergestellt sein, dass diese Werte auch tatsächlich vorhanden sind. Es könnten ja Unregelmäßigkeiten (z. B. Rechenfehler, Buchungsfehler, Diebstahl usw.) aufgetreten sein. Diese Sicherstellung erfolgt über die Inventur, bei der - völlig unabhängig von der Buchführung - vor Ort festgestellt wird, was vorhanden ist. Ohne die Inventur ist ein ordnungsmäßiger Jahresabschluss nicht möglich. Man unterscheidet daher **Inventurbestand (Istbestand)** und **Buchbestand (Sollbestand).**

Liegen Abweichungen zwischen Soll- und Istbeständen vor, müssen die Gründe dafür aufgedeckt und entsprechende Korrekturen in der Buchführung vorgenommen werden, damit die Werte der Buchführung auch mit den tatsächlich vorhandenen übereinstimmen. Die Inventur - mit dem Inventar als Ergebnis - hat also gegenüber der Buchführung eine **Kontrollfunktion.**

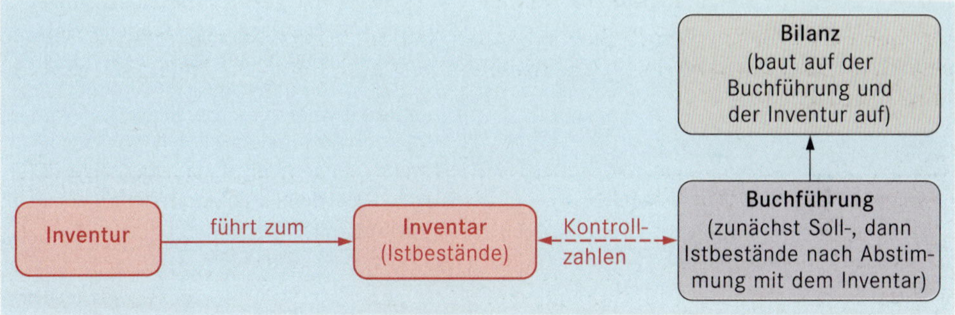

Zusammenfassung

- Der Kaufmann hat zu **Beginn seines Handelsgewerbes** und danach am **Schluss eines jeden Geschäftsjahres** eine **Bilanz aufzustellen,** in der das Verhältnis von Vermögen und Schulden dargestellt wird.
- In der **Bilanz** erscheinen **nur Werte,** keine Mengen.
- In der Bilanz werden verschiedene Arten von Wirtschaftsgütern zu einem **Bilanzposten** zusammengefasst.
- Auf der **Aktivseite** der Bilanz stehen die **Vermögensposten,** auf der **Passivseite** die **Kapitalposten (Eigenkapital und Verbindlichkeiten).**

- Die Bilanz ist in Kontoform aufzustellen.
- **Gegenüberstellung von Inventar und Bilanz:**

Inventar	Bilanz
- Das Inventar ist eine **ausführliche wert- und mengenmäßige** Gegenüberstellung der Vermögens- und Schuldposten.	- Die Bilanz ist eine **gedrängte wertmäßige** Gegenüberstellung aller Vermögens- und Schuldposten.
- Im Inventar werden alle selbstständig bewertbaren Gegenstände eines Postens erfasst. Es ist **sehr ausführlich** und dadurch **unübersichtlich.**	- Die Bilanz weist jeden Posten nur mit einer Summe aus. Sie ist **weniger ausführlich,** dadurch aber **übersichtlich.**
- Im Inventar stehen Vermögen und Schulden **untereinander.**	- In der Bilanz stehen Vermögen und Schulden **nebeneinander.**
- Die Differenz zwischen Vermögen und Schulden heißt **Reinvermögen.**	- Die Differenz zwischen Vermögen und Schulden heißt **Eigenkapital.**
- Das Inventar bzw. die Inventur übt gegenüber den Ergebnissen der Buchführung eine **Kontrollfunktion** aus.	- Die Bilanz **baut auf den Zahlenunterlagen der Buchführung und denen der Inventur auf.**
- Das Inventar (die Inventur) dient **innerbetrieblichen Zwecken** (Soll-Istvergleich).	- Die Bilanz informiert die **Außenwelt.**
- Gesetzliche **Gliederungsvorschriften** für das Inventar **bestehen nicht.**	- Es **bestehen gesetzliche Gliederungsvorschriften.** Nach dem Handelsgesetzbuch ist eine Bilanz nach bestimmten Vorschriften zu gliedern. Den Einzelkaufleuten und Personengesellschaften wird hierbei ein relativ großer Freiheitsspielraum eingeräumt. Für Kapitalgesellschaften bestehen dagegen sehr genaue Festlegungen.

Übungsaufgaben

45 Erstellen Sie unter Beachtung der handelsrechtlichen Gliederungsvorschriften aufgrund folgender Angaben eine Bilanz:

Fertige Erzeugnisse	620 400,00 EUR	Kassenbestand	17 000,00 EUR
Handelswaren	68 200,00 EUR	Verbindlichkeiten gegenüber Kreditinstituten	810 000,00 EUR
Grundstücke u. Bauten	1 070 800,00 EUR	Roh-, Hilfs- und Betriebsstoffe	490 500,00 EUR
Ford. a. Lief. u. Leist.	115 000,00 EUR	Guthaben bei Kreditinst.	48 400,00 EUR
Verbindl. a. Lief. u. Leist.	975 000,00 EUR	Liefererdarlehen	97 700,00 EUR
Techn. Anl. u. Maschinen	1 200 400,00 EUR		
Büroausstattung	75 150,00 EUR		
Fuhrpark	82 200,00 EUR		

46

Grundstücke		500 000,00 EUR
Fabrikgebäude		1 220 000,00 EUR
Verwaltungsgebäude		840 000,00 EUR
Rohstoffe lt. Inventurliste 1		972 700,00 EUR
Hilfs- und Betriebsstoffe lt. Inventurliste 2		140 500,00 EUR
Unfertige Erzeugnisse lt. Inventurliste 3		78 700,00 EUR
Fertige Erzeugnisse lt. Inventurliste 4		354 800,00 EUR
Maschinen lt. Inventurliste 5		2 120 000,00 EUR
Werkzeuge lt. Inventurliste 6		477 000,00 EUR
Forderungen aus Lieferungen und Leistungen:		
- Fritz Krause OHG	98 800,00 EUR	
- Otto Selmig KG	105 500,00 EUR	204 300,00 EUR
Fuhrpark lt. Inventurliste 7		191 400,00 EUR
Betriebs- und Geschäftsausstattung lt. Inventurliste 8		69 700,00 EUR
Verbindlichkeiten aus Lieferungen und Leistungen:		
- Otto Süß GmbH	1 189 300,00 EUR	
- Friedrich Sauer AG	1 201 600,00 EUR	2 390 900,00 EUR
Kassenbestand lt. Inventurliste 9		13 150,00 EUR
Guthaben bei Kreditinstituten		
- Guthaben auf dem Kontokorrentkonto bei der C-Bank		132 100,00 EUR
Verbindlichkeiten gegenüber Kreditinstituten		1 460 500,00 EUR

Aufgaben:

1. Stellen Sie aufgrund der angegebenen Inventurergebnisse ein Inventar auf!
2. Stellen Sie unter Beachtung des einfachen Bilanzgliederungsschemas auf Seite 229 aus dem Inventar die entsprechende Bilanz auf!

47

1. Geben Sie einige wichtige Unterscheidungsmerkmale zwischen Inventar und Bilanz an!
2. Nennen Sie die beiden Hauptgruppen auf der Aktivseite der Bilanz!
3. 3.1 Erläutern Sie den Begriff Anlagevermögen!
   3.2 Nennen Sie drei Posten, die zum Anlagevermögen gehören!
4. 4.1 Erläutern Sie den Begriff Umlaufvermögen!
   4.2 Nennen Sie vier Posten, die zum Umlaufvermögen zählen!
5. Wie ist das Eigenkapital rechnerisch zu ermitteln?
6. Deuten Sie die beiden Bilanzseiten unter verschiedenen Gesichtspunkten!
7. Erläutern Sie den Zusammenhang zwischen Buchführung, Inventar (Inventur) und Bilanz!

48 Entscheiden Sie außerhalb des Buches, welche der folgenden Aussagen falsch (f) und welche richtig sind (r)!

1. Inventur und Bilanz erfüllen den gleichen Zweck.
2. Die Bilanz ist ein Konto der Buchführung.
3. Die Bilanz ist in Kontoform aufzustellen.
4. Die Inventur übt gegenüber der Buchführung eine Kontrollfunktion aus.
5. Stimmen Inventurwerte (Istwerte) und Buchwerte (Sollwerte) nicht überein, dann müssen die Istwerte an die Sollwerte angepasst werden.

4 Bestandskonten

4.1 Wertveränderungen in der Bilanz durch Geschäftsvorfälle (vier Grundfälle)

Die Bilanz stellt die Werte des Vermögens und der Schulden für einen ganz bestimmten Zeitpunkt dar, und zwar im Allgemeinen für den Schluss eines jeden Geschäftsjahres. Durch Gegenüberstellung der Werte am Schluss des laufenden Geschäftsjahres mit den Werten am Schluss des vorangegangenen Geschäftsjahres können dann die Wertveränderungen im Einzelnen sowie in ihrem Endergebnis in Form der Veränderung des Eigenkapitals festgestellt werden. Ursache für diese Wertveränderungen sind die Geschäftsvorfälle. Will man diese Wertveränderungen in der übersichtlichen Form einer Bilanz verfolgen, müssten Bilanzen in kürzeren Zeitabständen aufgestellt werden, aus theoretischer Sicht nach jedem Geschäftsvorfall. Dies ist zu umständlich. Wir können daher jetzt schon festhalten, dass die durch die Geschäftsvorfälle hervorgerufenen Veränderungen der Bilanzwerte außerhalb der Bilanz, nämlich in der Buchführung, festgehalten werden.

Merke:

- Bilanzen gelten immer nur für einen ganz bestimmten Zeitpunkt.
- Die in der Bilanz dargestellten Werte werden durch jeden danach erfolgten Geschäftsvorfall verändert.
- Diese Veränderungen aufgrund der Geschäftsvorfälle werden in der Buchführung festgehalten.

Beispiel:

Ausgangsbilanz

Aktiva		Passiva	
Techn. Anlagen u. Maschinen	37 000,00	Eigenkapital	42 000,00
Roh-, Hilfs- u. Betriebsstoffe	2 000,00	Verb. a. Lief. und Leistungen	16 000,00
Fertige Erzeugnisse	3 000,00		
Kassenbestand	4 000,00		
Guthaben bei Kreditinstituten	12 000,00		
	58 000,00		58 000,00

Anmerkung: Wegen der geringen Anzahl von Posten wird auf die Gliederung in Anlagevermögen und Umlaufvermögen bzw. Eigenkapital und Verbindlichkeiten verzichtet.

Aufgaben:

Stellen Sie nach jedem Geschäftsvorfall die Bilanz neu auf, geben Sie an, in welche Richtung (+ oder –) sich die einzelnen Bilanzposten geändert haben und charakterisieren Sie diese Bilanzveränderung jeweils!

Lösungen:

1. Geschäftsvorfall: Wir kaufen Rohstoffe gegen Barzahlung für 1 800,00 EUR.

Auswirkungen auf die Bilanz

Aktiva	1. veränderte Bilanz		Passiva
Techn. Anlagen u. Maschinen	37 000,00	Eigenkapital	42 000,00
Roh-, Hilfs- u. Betriebsstoffe	3 800,00	Verb. a. Lief. und Leistungen	16 000,00
Fertige Erzeugnisse	3 000,00		
Kassenbestand	2 200,00		
Guthaben bei Kreditinstituten	12 000,00		
	58 000,00		58 000,00

Roh-, Hilfs- u. Betriebsstoffe (Aktivposten)	+
Kassenbestand (Aktivposten)	–

Charakterisierung: AKTIVTAUSCH
Die Bilanzsumme bleibt unverändert

Erläuterungen:

Es werden zwei Aktivposten verändert. Die Roh-, Hilfs- u. Betriebsstoffe nehmen um 1 800,00 EUR zu, der Kassenbestand nimmt um den gleichen Betrag ab.

2. Geschäftsvorfall: Eine Verbindlichkeit aus Lieferungen und Leistungen von 5 000,00 EUR wird in ein Liefererdarlehen (Bilanzposition „Sonstige Verbindlichkeiten") umgewandelt.

Auswirkungen auf die Bilanz

Aktiva	2. veränderte Bilanz		Passiva
Techn. Anlagen u. Maschinen	37 000,00	Eigenkapital	42 000,00
Roh-, Hilfs- u. Betriebsstoffe	3 800,00	Verb. a. Lief. und Leistungen	11 000,00
Fertige Erzeugnisse	3 000,00	Sonstige Verbindlichkeiten	5 000,00
Kassenbestand	2 200,00		
Guthaben bei Kreditinstituten	12 000,00		
	58 000,00		58 000,00

Sonstige Verbindlichkeiten	(Passivposten)	+
Verb. a. Lief. und Leistungen	(Passivposten)	–

Charakterisierung: PASSIVTAUSCH
Die Bilanzsumme bleibt unverändert

Erläuterungen:

Die Veränderungen erfolgen auf der Passivseite. Die Verbindlichkeiten aus Lieferungen und Leistungen nehmen um 5 000,00 EUR ab. In Höhe des gleichen Betrages kommt ein neuer Passivposten hinzu.

3. Geschäftsvorfall: Eine Verbindlichkeit aus Lieferungen und Leistungen in Höhe von 3 000,00 EUR wird durch eine Banküberweisung getilgt.

Auswirkungen auf die Bilanz

Aktiva	3. veränderte Bilanz		Passiva
Techn. Anlagen u. Maschinen	37 000,00	Eigenkapital	42 000,00
Roh-, Hilfs- u. Betriebsstoffe	3 800,00	Verb. a. Lief. und Leistungen	8 000,00
Fertige Erzeugnisse	3 000,00	Sonstige Verbindlichkeiten	5 000,00
Kassenbestand	2 200,00		
Guthaben bei Kreditinstituten	9 000,00		
	55 000,00		55 000,00

Verb. a. Lief. u. Leist. (Passivposten) –
Guth. bei Kreditinstituten (Aktivposten) –

Charakterisierung:
AKTIV-PASSIVMINDERUNG
Die Bilanzsumme vermindert sich

Erläuterungen:

Es werden ein Aktivposten und ein Passivposten berührt. Die Verbindlichkeiten aus Lieferungen und Leistungen nehmen um 3 000,00 EUR ab, das Guthaben bei Kreditinstituten nimmt ebenfalls um den gleichen Betrag ab.

4. Geschäftsvorfall: Wir kaufen eine Maschine auf Ziel (auf Kredit) für 6 000,00 EUR.

Auswirkungen auf die Bilanz

Aktiva	4. veränderte Bilanz		Passiva
Techn. Anlagen u. Maschinen	43 000,00	Eigenkapital	42 000,00
Roh-, Hilfs- u. Betriebsstoffe	3 800,00	Verb. aus Lief. und Leistungen	14 000,00
Fertige Erzeugnisse	3 000,00	Sonstige Verbindlichkeiten	5 000,00
Kassenbestand	2 200,00		
Guthaben bei Kreditinstituten	9 000,00		
	61 000,00		61 000,00

Techn. Anl., u. Maschinen (Aktivposten) +
Verb. a. Lief. u. Leist. (Passivposten) +

Charakterisierung:
AKTIV-PASSIVMEHRUNG
Die Bilanzsumme erhöht sich

Erläuterungen:

Es werden ein Aktivposten und ein Passivposten berührt. Der Posten Technische Anlagen und Maschinen nimmt um 6 000,00 EUR zu, die Verbindlichkeiten aus Lieferungen und Leistungen nehmen ebenfalls um diesen Betrag zu.

Ein Blick auf das **Eigenkapital** zeigt, dass bei allen vier Geschäftsvorfällen das Eigenkapital **unverändert** blieb. Es handelte sich also um **erfolgsunwirksame (erfolgsneutrale) Geschäftsvorfälle.**

Zusammenfassung

- Jeder Geschäftsvorfall verändert die Bilanz.
- Bezüglich der Auswirkungen von Geschäftsvorfällen auf die Bilanz sind nur vier Grundfälle denkbar:
  - **Aktivtausch:** Ein Aktivposten nimmt im gleichen Maße ab, wie ein anderer Aktivposten zunimmt. Die Bilanzsumme bleibt unverändert.
    Beispiel: Wir kaufen Büroschränke gegen Barzahlung.
  - **Passivtausch:** Ein Passivposten nimmt im gleichen Maße ab, wie ein anderer Passivposten zunimmt. Die Bilanzsumme bleibt unverändert.
    Beispiel: Eine Verbindlichkeit aus Lieferungen und Leistungen wird in ein Liefererdarlehen umgewandelt.
  - **Aktiv-Passivminderung:** Auf der Aktiv- und der Passivseite nimmt jeweils ein Posten ab. Die Bilanzsumme wird verringert.
    Beispiel: Wir zahlen eine Lieferantenrechnung durch Banküberweisung, (wobei wir davon ausgehen, dass das Bankkonto ein Guthaben aufweist).
  - **Aktiv-Passivmehrung:** Auf der Aktiv- und der Passivseite nimmt jeweils ein Posten zu. Die Bilanzsumme wird dadurch erhöht.
    Beispiel: Wir kaufen eine Maschine auf Ziel.
- Geschäftsvorfälle, die das Eigenkapital nicht verändern, nennt man **erfolgsunwirksame (erfolgsneutrale) Geschäftsvorfälle.**

Übungsaufgaben

49 **I. Geschäftsvorfälle:**

1.	Wir zahlen eine Lieferantenrechnung durch Banküberweisung	4500,00 EUR
2.	Wir kaufen einen Schreibtisch bar	1020,00 EUR
3.	Wir kaufen einen Aktenvernichter bar	921,00 EUR
4.	Wir zahlen ein Liefererdarlehen[1] durch Banküberweisung zurück	9500,00 EUR
5.	Ein Kunde zahlt einen Rechnungsbetrag durch Banküberweisung	1100,00 EUR
6.	Wir kaufen einen PC bar	845,00 EUR
7.	Wir heben von unserem Bankkonto bar ab und legen das Geld in die Geschäftskasse	3000,00 EUR
8.	Eine Verbindlichkeit aus Lieferungen und Leistungen wird in ein Liefererdarlehen umgewandelt	12000,00 EUR
9.	Aufnahme eines Bankdarlehens. Die Gutschrift erfolgt auf dem Bankkonto	65000,00 EUR

II. Aufgaben:

1. Geben Sie bei den Geschäftsvorfällen jeweils die Änderungen der Bilanzposten (Bilanzpositionen) an!
2. Zeigen Sie auf, um welchen der vier Grundfälle es sich jeweils handelt!

1 Liefererdarlehen gehören zur Bilanzposition „Sonstige Verbindlichkeiten“.

Bearbeitungshinweis:
Zur Lösung der Aufgabe verwenden Sie bitte das folgende Schema:

Nr.	Bilanzposten		Art des Grundfalles
1.	Verb. aus Lief. u. Leistungen	– 4 500,00	Aktiv-Passivminderung
	Guthaben bei Kreditinstituten	– 4 500,00	

50 **I. Angaben zur Eröffnungsbilanz:**

Technische Anlagen und Maschinen 1 270 000,00 EUR, Andere Anlagen, Betriebs- und Geschäftsausstattung 345 000,00 EUR; Roh-, Hilfs- und Betriebsstoffe 265 800,00 EUR; Fertige Erzeugnisse und Waren 180 900,00 EUR; Forderungen aus Lieferungen und Leistungen 98 500,00 EUR; Kassenbestand 12 200,00 EUR; Guthaben bei Kreditinstituten 32 000,00 EUR; Verbindlichkeiten aus Lieferungen und Leistungen 140 100,00 EUR; Verbindlichkeiten gegenüber Kreditinstituten 370 000,00 EUR; Eigenkapital 1 694 300,00 EUR.

II. Geschäftsvorfälle:

1.	Zahlung einer Lieferantenrechnung mit Bankscheck	2 450,00 EUR
2.	Eine Liefererverbindlichkeit wird in ein Liefererdarlehen umgewandelt	3 100,00 EUR
3.	Kauf von Rohstoffen auf Ziel	2 000,00 EUR
4.	Ein Kunde bezahlt einen Rechnungsbetrag bar	1 650,00 EUR

III. Aufgaben:

1. Erstellen Sie die Eröffnungsbilanz!
2. Geben Sie für jeden Geschäftsvorfall die Veränderungen der Bilanzposten an und stellen Sie nach jedem Geschäftsvorfall die Bilanz neu auf!
3. Vergleichen Sie das Eigenkapital der Eröffnungsbilanz mit dem Eigenkapital der Schlussbilanz und ziehen Sie die Schlussfolgerungen aus diesem Vergleich!

4.2 Von der Bilanz zu den Konten

In der Praxis ist es nicht möglich, nach jedem Geschäftsvorfall eine Bilanz neu zu erstellen. Das ist auch gar nicht notwendig, da wir die Wertveränderungen, die durch Geschäftsvorfälle hervorgerufen werden, auch **außerhalb der Bilanz** auf besonderen **Konten in der Buchführung** erfassen können. Wir müssen also nur für jeden Vermögens- und Schuldposten – einschließlich für den Posten Eigenkapital – entsprechende Konten einrichten und den vorhandenen Anfangsbestand darauf vortragen. Die **Summe dieser benötigten Konten** bezeichnen wir als unsere **Buchführung**.

Da auf diesen Konten Bestände und deren Veränderungen erfasst werden, nennt man diese Konten **Bestandskonten** (bzw. **Bilanzkonten**).

Merke:

- In der **Buchführung** werden alle **Veränderungen der Bestände** auf Konten erfasst. Ursache für diese Veränderungen sind die **Geschäftsvorfälle**.
- In unserer Buchführung führen wir **Vermögenskonten (Aktivkonten)** und **Schuldkonten (Passivkonten)**. Zu den Schuldkonten gehört auch das **Eigenkapitalkonto**.
- Die **Vermögens- und Schuldkonten** bilden die Gruppe der **Bestandskonten (Bilanzkonten)**.

Beispiel:

Die Anfangsbestände zu Beginn der Geschäftsperiode sind in folgender Bilanz zusammengefasst.

Aufgaben:

Richten Sie für die einzelnen Bilanzposten Konten ein und tragen Sie die Bilanzwerte als Anfangsbestände darauf vor! Dabei vereinbaren wir, dass wir die **Anfangsbestände** bei den **Aktivkonten** auf der **Sollseite** und die **Anfangsbestände** bei den **Passivkonten** auf der **Habenseite** eintragen.

Lösungen:

Ausgangsbilanz

Aktiva		Passiva	
① Roh-, Hilfs- u. Betriebsstoffe[1]	25 000,00	Eigenkapital ①	32 000,00
② Ford. a. Lief. u. Leistungen	5 000,00	Verb. gegen. Kreditinstituten ②	3 000,00
③ Kassenbestand[2]	2 500,00	Verb. aus Lief. u. Leistungen ③	5 000,00
④ Guthaben bei Kreditinstituten[3]	7 500,00		
	40 000,00		40 000,00

In unserer Buchführung haben wir Bilanzkonten (Bestandskonten) in Form von Aktivkonten und Passivkonten.

Aktivkonten

Soll	Rohstoffe[1]	Haben
① AB	14 000,00	

Soll	Hilfsstoffe[1]	Haben
① AB	6 000,00	

Soll	Betriebsstoffe[1]	Haben
① AB	3 000,00	

Soll	Sonstiges Material[1]	Haben
① AB	2 000,00	

Soll	Ford. a. Lief. u. Leistungen	Haben
② AB	5 000,00	

Soll	Kasse[2]	Haben
③ AB	2 500,00	

Soll	Bank[3]	Haben
④ AB	7 500,00	

Passivkonten

Soll	Eigenkapital	Haben
	AB	32 000,00 ①

Soll	Verb. gegen. Kreditinstituten	Haben
	AB	3 000,00 ②

Soll	Verb. a. Lief. u. Leistungen	Haben
	AB	5 000,00 ③

---

1 Der Bilanzposten „Roh-, Hilfs- und Betriebsstoffe“ wird in die vier Konten „Rohstoffe“, „Hilfsstoffe“, „Betriebsstoffe“ und „Sonstiges Material“ aufgegliedert. Zu beachten ist, dass die Bezeichnung des Kontos nicht mit der Bezeichnung der Bilanzposten übereinstimmen muss und dass für bestimmte Bilanzposten eventuell auch mehrere Konten einzurichten sind.
Das Konto „Rohstoffe und Fremdbauteile“ wird im Folgenden verkürzt mit „Rohstoffe“ bezeichnet.

2 Für den Bilanzposten „Kassenbestand“ bezeichnen wir das einzurichtende Konto mit **Kasse**.

3 Für den Bilanzposten „Guthaben bei Kreditinstituten“ bezeichnen wir das einzurichtende Konto kurz mit **Bank**.

4.3 Aktivkonten (Vermögenskonten)

4.3.1 Begriffserklärungen

Die Hauptaufgabe der Industriebetriebe besteht darin, die zu verkaufenden Produkte selbst herzustellen. Sie kaufen hierfür **Werkstoffe** (Roh-, Hilfs- und Betriebsstoffe sowie Fremdbauteile) ein und verarbeiten diese im Produktionsprozess zu neuen Produkten (Erzeugnissen), die sie am Markt absetzen. Häufig kaufen Industriebetriebe noch **Handelswaren** hinzu, die sie dann unverändert weiterverkaufen.

Werkstoffe / Handelswaren	Beispiele:
■ **Rohstoffe (Fertigungsmaterial)** Unter Rohstoffen versteht man die Stoffe, die Hauptbestandteile des Fertigprodukts darstellen.	Holz in einer Möbelfabrik, Bleche in der Autoindustrie, Leder in einer Schuhfabrik.
■ **Vorprodukte (Fremdbauteile)** Es handelt sich um Teile oder Baugruppen (zusammengesetzte Teile) von Vorlieferern, die zur Erstellung eigener Produkte benötigt werden.	Schlösser in einer Möbelfabrik, Autositze für die Automobilindustrie, Elektromotoren in der Maschinenindustrie.
■ **Hilfsstoffe** Hilfsstoffe gehen zwar auch in das Fertigprodukt ein, sie bilden aber nur Nebenbestandteile der Erzeugnisse.	Nägel, Schrauben, Leim in einer Möbelfabrik oder Lacke, Dichtungsringe, Schrauben in der Autoindustrie.
■ **Betriebsstoffe** Sie gehen nicht in das fertige Produkt ein, werden aber im Fertigungsprozess verbraucht.	Öl, Brennstoffe, Strom, um die Maschinen zu betreiben, oder Schleifstoffe, um das Erzeugnis glatter und optisch freundlicher zu gestalten.
■ **Handelswaren** Es handelt sich um fertige Waren, die die Industriebetriebe zur Ergänzung der Produktpalette einkaufen. Handelswaren werden unverändert weiterverkauft.	Eine Möbelfabrik kauft Bilder, Wäsche und Teppiche ein, die sie an interessierte Kunden weiterverkauft.

Für Handelswaren sowie für jede Art von Werkstoffen ist ein besonderes Konto einzurichten. Da wir auf diesen Konten die Bestände ausweisen, gehören sie zu den **Bestandskonten (Bilanzkonten)**. Es handelt sich um **Aktivkonten.**

4.3.2 Buchungen auf den Aktivkonten (Vermögenskonten)

(1) Buchungsregeln für die Buchungen auf den Aktivkonten (Vermögenskonten)

Merke:

Bei den **Aktivkonten (Vermögenskonten)** gehören

- der **Anfangsbestand** und die **Zugänge** auf die **Sollseite**,
- die **Abgänge** und der **Schlussbestand** (Saldo) auf die **Habenseite**.

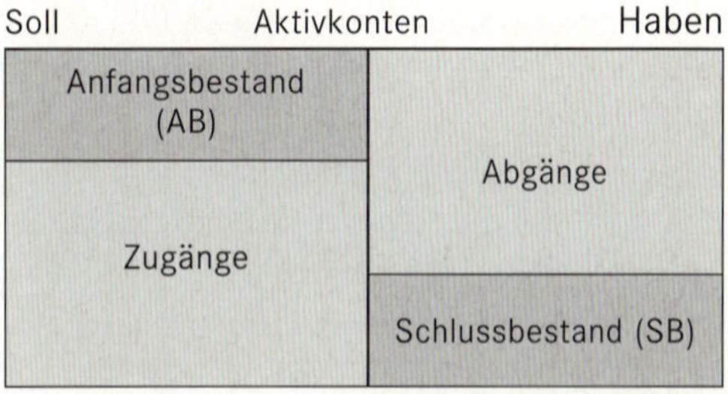

(2) Einseitige Buchungen auf den Aktivkonten

Vorbemerkungen

Bei einem Geschäftsvorfall stehen sich in der Regel zwei Parteien (z. B. zwei Personen, zwei Unternehmen) gegenüber.

Beispiel:

Einkauf von Rohstoffen bar

Auf der einen Seite haben wir den Käufer, auf der anderen Seite den Verkäufer. Es taucht daher die Frage auf, ob der Geschäftsvorfall aus der Sicht des Käufers oder aus der Sicht des Verkäufers erfasst werden soll.

Um keine Missverständnisse aufkommen zu lassen und um nicht ständig umdenken zu müssen, werden alle Geschäftsvorfälle nur von **einem** Standpunkt aus betrachtet und erfasst. Dabei versetzen wir uns in die Rolle eines Kaufmanns, der seine Bücher führt. Alle Geschäftsvorfälle sind als Ereignisse **unseres** Betriebes anzusehen. Wie der Geschäftsvorfall bei unserem Geschäftspartner zu buchen ist, interessiert uns daher aufgrund dieser Vereinbarung im Allgemeinen nicht.

Da wir als Betrieb jede Rolle einnehmen können, ist es nur eine Frage der Formulierung, welcher Geschäftsvorfall gebucht werden soll. Um diesen Standpunkt der Betrachtung ausdrücklich hervorzuheben, heißt es demnächst bei der Formulierung von Geschäftsvorfällen häufig „**wir**" bzw. „**uns**".

Beispiele:

„**Wir**" beliefern einen Kunden mit Erzeugnissen gegen Barscheck.

„**Wir**" erhalten von einem Kunden eine Banküberweisung.

„**Wir**" kaufen bei einem Lieferanten Rohstoffe gegen Barzahlung.

Ein Kunde zahlt an „**uns**" durch Bankscheck.

Aber auch die Fälle, bei denen der „Wir-Standpunkt" nicht ausdrücklich in die Formulierung aufgenommen ist, sind so zu verstehen.

Beispiele:

Rohstoffeinkauf bar

Banküberweisung eines Kunden

Kauf eines Bürotisches gegen Barscheck

Zahlung einer Liefererrechnung durch Banküberweisung

16 Speth u. a. – ISBN 3-8120-0555-5

Einseitige Buchungen

Bei den folgenden Aufgaben sollen die Auswirkungen von Geschäftsvorfällen zunächst nur im Hinblick auf **ein** Konto betrachtet werden. Dieses Konto soll jeweils ein Vermögenskonto sein. Auf diese Weise werden die Auswirkungen eines Geschäftsvorfalles zunächst nur einseitig beurteilt, nämlich im Hinblick auf das vorgegebene Vermögenskonto.

Beispiel:

I. Sachverhalt:

Wir betreiben eine kleine Lampenfabrik mit einem Werksverkauf. Es sollen die Einnahmen und Ausgaben der Geschäftskasse in unserem Unternehmen auf einem Kassenkonto festgehalten werden. Vorgänge, die Einnahmen oder Ausgaben der Kasse hervorrufen, bezeichnet man als Bargeschäfte.

Es ereignen sich folgende Bargeschäfte:

1. Karl Kunde e. Kfm. kauft 5 Bürolampen zum Gesamtpreis von 1 750,00 EUR.
2. Fritz Müller OHG kauft bei uns 50 Strahler für 6 500,00 EUR.
3. Wir zahlen für einen Auszubildenden die Ausbildungsvergütung in Höhe von 620,00 EUR.
4. Wir erhalten eine Lieferung Ersatzteile per Nachnahme. Wir lösen die Nachnahme über 1 480,00 EUR ein.
5. Die Klaus Abel KG zahlt für die erhaltene Werksbeleuchtung 1 980,00 EUR.
6. Die Anton Beyer GmbH kauft diverse Lampen für insgesamt 1 460,00 EUR.

II. Aufgabe:

Führen Sie das Kassenkonto!

Lösung:

Aus den Buchungsregeln für die Vermögenskonten ist abzuleiten, dass alle Einnahmen aus Bargeschäften auf der Sollseite[1] des Kassenkontos und demnach alle Barausgaben auf der Habenseite[1] zu buchen sind.

Soll		Kasse	Haben
Karl Kunde	1 750,00	Ausbildungsvergütung	620,00
Fritz Müller	6 500,00	Nachnahme	1 480,00
Klaus Abel	1 980,00		
Anton Beyer	1 460,00		

Kontoabschluss und Saldovortrag

Wollen wir den Schlussbestand ermitteln, muss das Konto **abgeschlossen** werden. Den ermittelten Schlussbestand nennt man **Saldo,** den Vorgang des Kontoabschlusses bezeichnet man als Saldieren. Eine frei bleibende Textstelle ist durch einen Querstrich (Buchhalternase) zu entwerten.

1 Die Seitenbezeichnungen „Soll" und „Haben" hängen mit der Entwicklungsgeschichte der Buchführung zusammen. Es sind Restbestände aus der Führung der ersten Konten, bei denen es sich um Personenkonten handelte (Kunden **„sollen"** zahlen [Warenlieferungen] und sie **„haben"** gezahlt [Zahlungen]). Diese für **alle** Konten geltenden Seitenbezeichnungen können bei anderen Konten nicht mehr zum Konteninhalt in Beziehung gebracht werden.

Um **nach dem Abschluss** weitere Eintragungen vornehmen zu können, muss ein bereits abgeschlossenes Konto wieder **neu eröffnet** werden. Dabei wird der Wert des Schlussbestandes (Saldos) beim Abschluss auf dem neu zu eröffnenden Konto als Anfangsbestand (Saldovortrag) übernommen. Dies ergibt folgende Darstellung:

Abschluss des Kontos:

Soll		Kasse	Haben
Karl Kunde	1 750,00	Ausbildungsvergütung	620,00
Fritz Müller	6 500,00	Nachnahme	1 480,00
Klaus Abel	1 980,00	Schlussbest. (Saldo)	9 590,00
Anton Beyer	1 460,00		
	11 690,00		11 690,00

Neueröffnung des Kontos:

Soll		Kasse	Haben
Anfangsbestand (Saldovortrag)	9 590,00		

Schematische Darstellung:

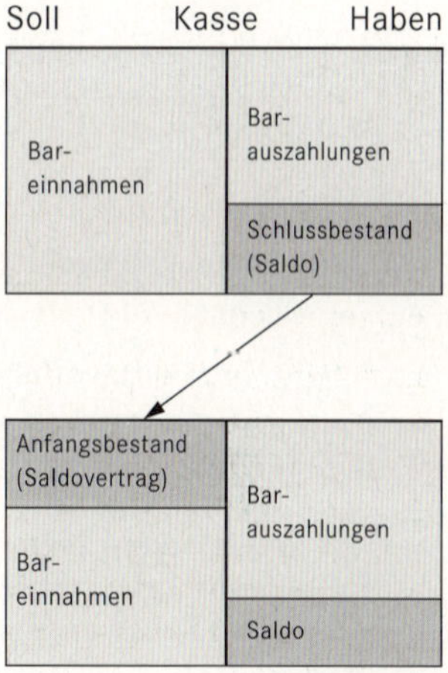

Erläuterungen:

Der ermittelte Restbetrag (Saldo) auf einem Konto heißt Schlussbestand. Dieser steht immer auf der wertmäßig kleineren Seite. Das ist bei einem Kassenkonto die Habenseite (niemand kann mehr Geld aus der Kasse entnehmen als vorher hineingelegt wurde).

Der Anfangsbestand (Saldovortrag) auf dem neu eröffneten Konto steht immer auf der entgegengesetzten Seite wie der Schlussbestand (Saldo). Da auf dem Kassenkonto der Schlussbestand auf der Habenseite steht, muss der Anfangsbestand auf der Sollseite erscheinen.

Der Abschluss eines Kontos vollzieht sich in fünf Schritten:

1. Schritt: Das Wort Schlussbestand (Saldo) wird auf der wertmäßig kleineren Seite eingetragen.
2. Schritt: Die wertmäßig größere Seite wird addiert.
3. Schritt: Die errechnete Summe wird auf die wertmäßig kleinere Seite übertragen.
4. Schritt: Der Schlussbestand (Saldo) wird ermittelt und zum Ausgleich der Seiten auf der wertmäßig kleineren Seite eingetragen.
5. Schritt: Die Abschlussstriche sind zu ziehen und der freie Raum ist zu entwerten.

Übungsaufgaben

51 1. Führen Sie das Konto **Kasse** und schließen Sie es nach Buchung der Geschäftsvorfälle ab!

Bearbeitungshinweis: Denken Sie daran, dass alle Geschäftsvorfälle jeweils nur nach ihrer Auswirkung auf den Kassenbestand befragt werden müssen. Für die Beantwortung gibt es nur zwei Möglichkeiten: Entweder der Kassenbestand nimmt durch den Geschäftsvorfall zu oder er nimmt ab. Zugänge gehören bei der Kasse auf die Sollseite, Abgänge auf die Habenseite.

I. Anfangsbestand:

Die Kasse weist einen Anfangsbestand (Saldovortrag) von 2 160,00 EUR aus.

II. Geschäftsvorfälle:

Es ereignen sich folgende Geschäftsvorfälle, die den Kassenbestand verändern:

1.	Barverkauf von Erzeugnissen	3070,00 EUR
2.	Zeitungsinserat bar bezahlt	190,00 EUR
3.	Kauf von Briefmarken	45,00 EUR
4.	Barzahlung eines Kunden	910,00 EUR
5.	Mietzahlung unseres Mieters bar	300,00 EUR
6.	Barzahlung einer Lieferantenrechnung	1940,00 EUR
7.	Barverkauf von Handelswaren	180,00 EUR
8.	Provisionszahlung bar	2700,00 EUR

2. Führen Sie das Konto **Bank**[1] und schließen Sie es nach Buchung der Geschäftsvorfälle ab!

I. Anfangsbestand:

Die Bank weist einen Anfangsbestand von 2500,00 EUR aus.

II. Geschäftsvorfälle:

1.	Wir überweisen an einen Rohstofflieferanten	280,00 EUR
2.	Wir heben vom Bankkonto ab und legen das Geld in die Geschäftskasse	350,00 EUR
3.	Ein Kunde überweist einen Rechnungsbetrag auf unser Bankkonto	420,00 EUR
4.	Wir begleichen betriebliche Steuern durch Banküberweisung	750,00 EUR
5.	Ein Kunde zahlt einen Rechnungsbetrag durch Banküberweisung	365,00 EUR

52 Führen Sie die folgenden Vermögenskonten und stellen Sie jeweils durch Abschluss der Konten den Schlussbestand fest!

Forderungen aus Lieferungen und Leistungen

	Anfangsbestand	4150,00 EUR
1.	Ein Kunde zahlt einen Rechnungsbetrag bar	2000,00 EUR
2.	Ein Kunde überweist einen Rechnungsbetrag auf unser Bankkonto	1500,00 EUR

Geschäftsausstattung

	Anfangsbestand	3750,00 EUR
3.	Wir kaufen einen PC bar	1350,00 EUR
4.	Wir verkaufen ein ausgedientes Faxgerät bar zum Buchwert	50,00 EUR

Bank

	Anfangsbestand	5150,00 EUR
5.	Wir heben Bargeld vom Bankkonto ab und legen das Geld in die Geschäftskasse	1200,00 EUR
6.	Ein Kunde überweist einen Rechnungsbetrag auf unser Bankkonto	1500,00 EUR

Kasse

	Anfangsbestand	560,00 EUR
7.	Ein Kunde zahlt einen Rechnungsbetrag bar	2000,00 EUR
8.	Wir heben Bargeld vom Bankkonto ab und legen das Geld in die Geschäftskasse	1200,00 EUR
9.	Wir kaufen einen PC bar	1350,00 EUR
10.	Wir verkaufen ein ausgedientes Faxgerät bar zum Buchwert	50,00 EUR

1 In diesem Lehrbuch gehen wir davon aus, dass das Bankkonto immer ein Guthaben aufweist.

4.3.3 Überleitung zum System der doppelten Buchführung

(1) Erfassung der doppelseitigen Auswirkungen von Geschäftsvorfällen mit Hilfe eines Überlegungsschemas

Anstatt die Auswirkungen eines Geschäftsvorfalles nur einseitig von einem bestimmten Konto ausgehend zu betrachten, wählen wir jetzt nicht mehr ein bestimmtes Konto zum Ausgangspunkt unserer Betrachtung, sondern den Geschäftsvorfall selbst. Wir fragen daher nicht mehr: Wie wird dieses Konto durch einen bestimmten Geschäftsvorfall verändert, sondern wir fragen jetzt: Welche Konten werden durch diesen Geschäftsvorfall verändert und erst danach: Wie verändert sich jeweils der Bestand auf den einzelnen Konten?

Beispiel:

Geschäftsvorfall: Ein **Kunde** zahlt **bar** 2000,00 EUR.

Konto Kasse → Bestand nimmt zu —daher→ Sollseite

Konto Forderungen a. Lief. u. Leist. → Bestand nimmt ab —daher→ Habenseite

Um die Auswirkungen von mehreren Geschäftsvorfällen übersichtlich darstellen zu können, schlagen wir das folgende **Überlegungsschema** vor.

Geschäftsvorfälle	I. Welche Konten werden berührt?	II. Wie verändert sich jeweils der Bestand auf den Konten?	III. Auf welcher Kontoseite ist zu buchen? Soll	Haben
1. Ein Kunde zahlt einen Rechnungsbetrag bar 2000,00 EUR usw.	Kasse → Ford.a.Lief.u.Leist. →	Zugang → Abgang →	2000,00	 2000,00

Übungsaufgabe

53 Stellen Sie anhand des obigen Überlegungsschemas fest, welche Konten durch die folgenden Geschäftsvorfälle berührt werden, welche Veränderung sich auf dem jeweiligen Konto ergibt und auf welcher Seite jeweils zu buchen ist!

1. Wir heben vom Bankkonto ab und legen das Geld in die Kasse 10000,00 EUR
2. Wir kaufen einen Kombiwagen bar 42000,00 EUR
3. Ein Kunde zahlt einen Rechnungsbetrag bar 1200,00 EUR
4. Wir zahlen auf das Bankkonto bar ein 500,00 EUR
5. Wir verkaufen einen nicht mehr benötigten Schreibtisch zum Buchwert gegen Bankscheck 1750,00 EUR
6. Wir richten bei einer Bank ein Konto ein und zahlen darauf bar ein 500,00 EUR
7. Ein Kunde überweist einen Rechnungsbetrag auf unser Bankkonto 3200,00 EUR
8. Die Forderung gegenüber dem Kunden (vgl. Nr. 7) beträgt nur 2300,00 EUR. Wir zahlen daher dem Kunden den irrtümlich zu viel gezahlten Betrag durch Banküberweisung zurück 900,00 EUR

(2) Buchung von Geschäftsvorfällen im System der doppelten Buchführung (im Überlegungsschema und auf Konten)

Um die Vorteile der neuen Sichtweise, bei der als Ausgangspunkt nicht ein bestimmtes Konto, sondern der Geschäftsvorfall gewählt wird, besser verstehen zu können, greifen wir auf die Übungsaufgabe Nr. 52 auf der Seite 244 zurück. Bei der alten Sichtweise, bei der wir von einem bestimmten Konto ausgingen, musste jeder Geschäftsvorfall zweimal erscheinen, da jeder Geschäftsvorfall zwei Konten berührt (vgl. in Aufgabe 52 z. B. Nr. 1 und Nr. 7, Nr. 2 und Nr. 6 usw.). Bei der neuen Vorgehensweise, bei der wir den Geschäftsvorfall als Ausgangspunkt unserer Bearbeitung wählen, kommen wir bei der gleichen Aufgabe mit der Hälfte der Geschäftsvorfälle aus. Wir wählen dabei nur eine andere Form der Aufgabenstellung und kommen zu den gleichen Ergebnissen auf den Konten.

Beispiel mit Lösung (Rückgriff auf Aufgabe 52):

I. Anfangsbestände:

Forderungen aus Lieferungen und Leistungen 4 150,00 EUR; Geschäftsausstattung 3750,00 EUR; Bank 5 150,00 EUR; Kasse 560,00 EUR.

II. Aufgaben:

1. Stellen Sie mit Hilfe der drei Fragen unseres eingeführten Überlegungsschemas jeweils fest, wie sich die folgenden Geschäftsvorfälle auf die Kontenbestände auswirken!
2. Übertragen Sie die Ergebnisse Ihrer Überlegungen jeweils auf die Konten und ermitteln Sie den Schlussbestand!

Lösungen:

Zu 1. Feststellung der Auswirkung der Geschäftsvorfälle mit Hilfe des eingeführten Überlegungsschemas:

III. Geschäftsvorfälle:	I. Welche Konten werden berührt?	II. Wie verändert sich jeweils der Bestand auf den Konten	III. Auf welcher Kontoseite ist zu buchen? Soll	Haben
1. Ein Kunde zahlt einen Rechnungsbetrag bar 2 000,00 EUR	Kasse Ford. a. Lief. u. Leist.	Zugang[1] Abgang[1]	2 000,00	 2 000,00
2. Ein Kunde überweist einen Rechnungsbetrag auf unser Bankkonto 1 500,00 EUR	Bank Ford. a. Lief. u. Leist.	Zugang Abgang	1 500,00	 1 500,00
3. Wir kaufen einen PC bar 1 350,00 EUR	Geschäftsausst. Kasse	Zugang Abgang	1 350,00	 1 350,00
4. Wir verkaufen ein ausgedientes Faxgerät bar zum Buchwert 50,00 EUR	Kasse Geschäftsausst.	Zugang Abgang	50,00	 50,00
5. Wir heben Bargeld vom Bankkonto ab und legen das Geld in die Geschäftskasse 1 200,00 EUR	Kasse Bank	Zugang Abgang	1 200,00	 1 200,00
			6 100,00	6 100,00

1 **Hinweis:** Die scheinbare Gesetzmäßigkeit in Spalte II (Zugang einerseits, Abgang andererseits) haben wir bewusst nicht angesprochen. Dieses Wechselspiel gilt nur im Bereich der Aktivkonten. Nach Einbeziehung der Schuldkonten (Passivkonten) werden wir sehen, dass durchaus auf beiden Konten ein Zugang bzw. Abgang möglich ist, ohne dass dabei das aus Spalte III ableitbare Grundprinzip des Systems der doppelten Buchführung (Sollbuchung entspricht der Habenbuchung), auf das wir noch zurückkommen, durchbrochen wird.

Außerdem haben wir die Reihenfolge der Konten so gewählt, dass das Konto, auf dem auf der Sollseite zu buchen ist, immer an erster Stelle steht. An diese Ordnung sind Sie vorläufig nicht gebunden.

Zu 2. Übertragung der festgestellten Auswirkungen auf die Konten:

Soll	Forderungen a. Lief. u. Leist.		Haben
AB	4 150,00	Ka	2 000,00
		Ba	1 500,00
		SB	650,00
	4 150,00		4 150,00

Soll	Geschäftsausstattung		Haben
AB	3 750,00	Ka	50,00
Ka	1 350,00	SB	5 050,00
	5 100,00		5 100,00

Soll	Kasse		Haben
AB	560,00	G.-Ausst.	1 350,00
Ford.a.L.u.L.	2 000,00	SB	2 460,00
G.-Ausst.	50,00		
Ba	1 200,00		
	3 810,00		3 810,00

Soll	Bank		Haben
AB	5 150,00	Ka	1 200,00
Ford.a.L.u.L.	1 500,00	SB	5 450,00
	6 650,00		6 650,00

Erläuterungen zu den Buchungen auf den Konten:

1. Die erforderlichen Buchungen auf den Konten sind jeweils aus dem Überlegungsschema abzulesen. Bei dem Geschäftsvorfall Nr. 1 ist z. B. ablesbar, dass auf dem Kassenkonto auf der Sollseite 2 000,00 EUR einzutragen sind und auf dem Konto Forderungen aus Lieferungen und Leistungen ebenfalls 2 000,00 EUR, allerdings auf der Habenseite.
2. Um feststellen zu können, wie es zu diesem Betrag auf dem betreffenden Konto gekommen ist, trägt man in Höhe des gebuchten Betrages jeweils das andere Konto (das so genannte Gegenkonto) ein. Aus praktischen Gründen (Platzmangel, Zeit) kann der Kontoname abgekürzt werden.

Merke:

- Jeder Geschäftsvorfall wird doppelt gebucht und berührt (mindestens) zwei Konten.
- Bei jedem Geschäftsvorfall wird der Betrag auf einem Konto auf der Sollseite und auf einem anderen Konto auf der Habenseite gebucht.
- Für jeden Geschäftsvorfall gilt:

  gebuchter Sollbetrag ≙ gebuchter Habenbetrag

  Das ist das **Grundprinzip** des Systems der doppelten Buchführung.[1]

Übungsaufgabe

54 **I. Anfangsbestände:**

Grundstücke und Bauten 420 000,00 EUR; Geschäftsausstattung 20 000,00 EUR; Rohstoffe 35 900,00 EUR; Forderungen aus Lieferungen und Leistungen 16 450,00 EUR; Kasse 3 500,00 EUR; Bank 39 100,00 EUR.

II. Geschäftsvorfälle:

1. Wir kaufen ein Kopiergerät bar — 3 000,00 EUR
2. Wir heben vom Bankkonto bar ab und legen das Geld in die Geschäftskasse — 2 500,00 EUR

1 Das System der doppelten Buchführung war bereits im Mittelalter bekannt. Es ist von dem Grundgedanken her so genial, dass es sich bis in unsere heutigen Tage bewährt hat.

3. Wir kaufen einen Aktenschrank und zahlen mit Bankscheck — 1750,00 EUR
4. Ein Kunde überweist einen Rechnungsbetrag auf unser Bankkonto — 2000,00 EUR
5. Wir kaufen ein Grundstück für die Errichtung eines Parkplatzes gegen Banküberweisung — 15000,00 EUR
6. Ein nicht mehr benötigter Schreibtisch wird zum Buchwert bar verkauft — 250,00 EUR

III. Aufgaben:

1. Richten Sie für die angegebenen Anfangsbestände die Konten ein und tragen Sie die Anfangsbestände vor!
2. Erfassen Sie die Veränderungen durch die Geschäftsvorfälle zunächst in dem eingeführten Überlegungsschema und übertragen Sie diese anschließend auf die Konten!
3. Schließen Sie die Konten ordnungsmäßig ab!

4.4 Passivkonten (Schuldkonten)

4.4.1 Buchungsregeln für die Buchungen auf den Passivkonten (Schuldkonten)

Der gegensätzliche Charakter von Vermögen und Schulden führt zwangsläufig dazu, dass auf den Schuldkonten **anders** zu buchen ist als auf den Vermögenskonten. Auf einem Konto, das durch die zweiseitige Verrechnungsmöglichkeit charakterisiert ist (Soll- oder Habenseite), kann das Wort „anders" nur bedeuten: „auf der **anderen Kontoseite**". Das führt zu der Konsequenz, dass auf den Schuldkonten der Anfangsbestand und die Zugänge auf der Habenseite, die Abgänge und der Schlussbestand auf der Sollseite zu buchen sind. In der Gegenüberstellung zu den Aktivkonten ergeben sich daher für die Passivkonten, zu denen auch das Eigenkapitalkonto gehört, folgende Buchungsregeln:

Buchungsregeln:	
Bei den **Aktivkonten** (Vermögenskonten) **erscheinen** der **Anfangsbestand** und die **Zugänge** auf der **Sollseite,** die **Abgänge** und der **Schlussbestand** auf der **Habenseite.**	Bei den **Passivkonten** (Schuldkonten und Eigenkapitalkonto) **erscheinen** der **Anfangsbestand** und die **Zugänge** auf der **Habenseite,** die **Abgänge** und der **Schlussbestand** auf der **Sollseite.**

Beispiel:

Wir kaufen bei der Karl Sende OHG einen PC auf Ziel (Zahlung später) für 5000,00 EUR.

Aufgabe:

Buchen Sie den Geschäftsvorfall auf den entsprechenden Konten!

Lösung:

Der Geschäftsvorfall besagt, dass wir bei der Karl Sende OHG zunächst Schulden machen, weil wir nicht bar zahlen. Die Karl Sende OHG ist unser Lieferant. Schulden bei Lieferanten buchen wir auf dem Schuldkonto „Verbindlichkeiten aus Lieferungen und Leistungen". Der Geschäftsvorfall berührt also die beiden Konten **Geschäftsausstattung** und **Verbindl. a. Lieferungen u. Leistungen.**

Betrachtungspunkt: Konto Geschäftsausstattung	Betrachtungspunkt: Konto Verbindlichkeiten aus Lieferungen und Leistungen
Durch den Kauf der Büromöbel nimmt der Bestand auf dem Konto Geschäftsausstattung **zu.** Das Konto Geschäftsausstattung ist ein Vermögenskonto. Der **Zugang** auf einem **Vermögenskonto** wird nach den festgelegten Buchungsregeln auf der **Sollseite** erfasst.	Durch den Einkauf der Büromöbel auf Ziel nehmen die Verbindlichkeiten aus Lieferungen und Leistungen **zu.** Das Konto Verbindlichkeiten aus Lieferungen und Leistungen ist ein Schuldkonto. Der **Zugang** bei **Schuldkonten** wird nach den geltenden Buchungsregeln auf der **Habenseite** erfasst.

Soll	Geschäftsausstattung	Haben
Verb. a. L. u. L.	5 000,00	

Soll	Verbindlichkeiten a. Lief. u. Leist.	Haben
	G.-Ausst.	5 000,00

Erläuterungen:

Wir stellen fest, dass auf beiden Konten ein Zugang zu verzeichnen ist. Damit wird klargestellt, dass das Prinzip der doppelten Buchführung nicht in einem Wechsel von Zugang und Abgang besteht. Das ist, wie dieser Fall zeigt, eben nicht so. Dagegen bleibt das Grundprinzip der doppelten Buchführung (Sollbuchung auf dem einen Konto, Habenbuchung auf dem anderen Konto) selbstverständlich erhalten. Um nachvollziehen zu können, wie es jeweils zu dem Betrag auf dem Konto gekommen ist, tragen wir vor dem Betrag jeweils das andere Konto (Gegenkonto) ein.

4.4.2 Einordnung des Eigenkapitalkontos in die Gruppe der Passivkonten

Die **Schuldkonten** und das **Eigenkapitalkonto** gehören zu derselben Kontogruppe, nämlich zu den **Passivkonten**. Für das Eigenkapitalkonto gelten also dieselben Buchungsregeln wie für die Schuldkonten. Hier treten oft Verständnisschwierigkeiten auf.

Aus rein formaler Sicht gehört das Eigenkapitalkonto schon deshalb zu den Passivkonten, weil das Eigenkapital auf der Passivseite der Bilanz steht. Eine tiefergehende, sachliche Begründung erhalten wir dann, wenn wir uns zwischen dem Unternehmen und den Kapitalgebern eine Trennungslinie denken. Stellen wir uns das Unternehmen als eine Person vor, eine Vorstellung, die bei Kapitalgesellschaften unter dem Begriff der juristischen Person durchaus üblich ist, dann sind die Kapitalgeber die Gläubiger des Unternehmens und das Unternehmen ist der Schuldner gegenüber den Kapitalgebern.

Aus dieser Sicht ist es gleichgültig, wer dem Unternehmen das Kapital zur Verfügung stellt. Das kann der **Unternehmer selbst sein (Eigenkapital)** oder es können auch **fremde Personen** bzw. **Institutionen wie Lieferanten oder Banken** sein **(Fremdkapital** bzw. **Verbindlichkeiten)**. Das als selbstständige Einheit gedachte Unternehmen wird in jedem Fall Schuldner gegenüber den Kapitalgebern. Jeder Kapitalgeber erwartet von dem Unternehmen eine Vergütung für das zur Verfügung gestellte Kapital, die für den Eigenkapitalgeber in Form eines erwarteten Gewinnes und für die Fremdkapitalgeber im Allgemeinen in Form von Zinszahlungen besteht.

Zusammenfassung

- Um die durch die Geschäftsvorfälle hervorgerufenen Wertveränderungen an den Vermögens- und Schuldkonten auf praktische Weise buchen zu können, sind entsprechende Konten einzurichten. Diese Konten nennen wir **Bestandskonten.**
- Da die Vermögens- und Kapitalbestände dieser Konten als Anfangsbestände aus der letzten Bilanz übernommen werden und die Schlussbestände wieder in die nächste Bilanz einmünden, spricht man auch von **Bilanzkonten,** die entsprechend der beiden Bilanzseiten in Aktivkonten und Passivkonten unterteilt werden.
- Da in den **Bilanzposten** gelegentlich verschiedene Wirtschaftsgüter zusammengefasst sind, werden innerhalb der kontenmäßigen Buchführung diese Posten der Übersicht wegen aufgefächert und auf verschiedene Konten verteilt. Insofern decken sich die Anzahl und die Bezeichnung der einzelnen Konten nicht mit der Anzahl und der Bezeichnung der einzelnen Bilanzposten.
- Um auf den Bilanzkonten (Aktiv- und Passivkonten) systemgerecht buchen zu können, muss man die **Buchungsregeln** kennen, die schematisch dargestellt wie folgt lauten:

Soll	**Aktivkonto** Haben
Anfangsbestand	Abgänge
Zugänge	Schlussbestand

Bei den Aktivkonten (Vermögenskonten) erscheinen

der **Anfangsbestand** und die **Zugänge** auf der **Sollseite,**

die **Abgänge** und der **Schlussbestand** auf der **Habenseite.**

Soll	**Passivkonto** Haben
Abgänge	Anfangsbestand
Schlussbestand	Zugänge

Bei den Passivkonten (Schuldkonten und Eigenkapitalkonto) erscheinen

der **Anfangsbestand** und die **Zugänge** auf der **Habenseite,**

die **Abgänge** und der **Schlussbestand** auf der **Sollseite.**

Übungsaufgaben

55 Stellen Sie mit Hilfe des auf S. 246 vorgegebenen Überlegungsschemas dar, wie die nachfolgenden Geschäftsvorfälle zu buchen sind!

1.	Wir kaufen ein Notebook auf Ziel	2400,00 EUR
2.	Wir bezahlen eine Liefererrechnung mit Bankscheck[1]	1210,00 EUR
3.	Wir kaufen ein Lagerregal auf Ziel	980,00 EUR
4.	Wir tilgen einen Teil des Bankdarlehens durch Banküberweisung	600,00 EUR
5.	Ein Kunde zahlt einen Rechnungsbetrag bar[1]	55,00 EUR

1 Bei Zahlungen an Lieferanten bzw. Zahlungseingängen von Kunden ist stets davon auszugehen, dass die entsprechenden Eingangs- bzw. Ausgangsrechnungen bereits gebucht wurden, auch wenn nicht ausdrücklich darauf hingewiesen wird.

6. Kauf eines PCs auf Ziel 3 980,00 EUR
7. Barabhebung vom Bankkonto 500,00 EUR
8. Kauf eines Kopiergerätes auf Ziel 598,00 EUR

Bearbeitungshinweise:

Um Fehler soweit wie möglich zu vermeiden, verwenden Sie bitte das nachfolgende **Überlegungsschema**. Da wir es jetzt mit zwei unterschiedlichen Kontoarten zu tun haben, müssen wir das bereits auf Seite 246 eingeführte Überlegungsschema um eine weitere Spalte erweitern.

Geschäftsvorfälle	I. Welche Konten werden berührt?	II. Um welche Kontoart handelt es sich?	III. Wie verändert sich jeweils der Bestand auf den Konten?	IV. Auf welcher Kontoseite wird gebucht?	
				Soll	Haben
1. Wir kaufen ein Notebook auf Ziel für 2 400,00 EUR	Geschäftsausstattung Verb.a.Lief.u.Leist.	Aktivkonto Passivkonto	Zugang Zugang	2 400,00	 2 400,00

56 **I. Anfangsbestände:**

Maschinen 125 420,00 EUR; Geschäftsausstattung 45 700,00 EUR; Fuhrpark 95 810,00 EUR; Kasse 1 950,00 EUR; Bank 35 610,00 EUR; Forderungen aus Lieferungen und Leistungen 12 160,00 EUR; Rohstoffe 150 600,00 EUR; Verbindlichkeiten aus Lieferungen und Leistungen 20 625,00 EUR. Das Eigenkapital muss noch ermittelt werden.

II. Geschäftsvorfälle:

1. Barverkauf einer nicht mehr benötigten Maschine zum Buchwert von 450,00 EUR
2. Ein Kunde überweist einen Rechnungsbetrag auf unser Bankkonto 3 470,00 EUR
3. Einkauf von Büromöbeln auf Ziel 1 760,00 EUR
4. Einen Teil der Büromöbel senden wir wegen Falschlieferung zurück 500,00 EUR
5. Zahlung einer Liefererrechnung durch Banküberweisung 2 543,00 EUR
6. Barabhebung vom Bankkonto zur Auffüllung der Geschäftskasse 2 000,00 EUR
7. Barkauf eines Schreibtisches für das Chefbüro 1 780,00 EUR
8. Ein Geschäftsfahrzeug wird zum Buchwert gegen Barzahlung verkauft 8 000,00 EUR

III. Aufgaben:

1. Nach Festlegung der erforderlichen Buchungen der Geschäftsvorfälle mit Hilfe des Überlegungsschemas und den entsprechenden Buchungen auf den Konten sind die Konten ordnungsmäßig abzuschließen!
2. Stellen Sie anschließend unter Verwendung des vereinbarten Gliederungsschemas eine Schlussbilanz auf!

5 Buchungssatz

5.1 Einfacher Buchungssatz

(1) Theoretische Grundlagen

Das bisher benutzte „Überlegungsschema" (vgl. Seite 251) zur Festlegung der erforderlichen Buchungen auf den Konten ist recht aufwendig. Es genügt, wenn wir uns in Zukunft auf zwei Angaben beschränken:

- die **Konten,** auf denen zu buchen ist,
- die Angabe der **Kontoseite,** auf der jeweils auf dem Konto zu buchen ist.

Diese beiden Angaben sind in den Spalten I und IV unseres Überlegungsschemas enthalten. Die übrigen Spalten (II und III) sind daher entbehrlich. Eine solche auf das Mindestmaß beschränkte Buchungsanweisung nennen wir **Buchungssatz.**

Beispiel:

Geschäftsvorfall	Konten	Soll	Haben
Wir kaufen ein Kopiergerät auf Ziel für 1500,00 EUR	Geschäftsausstattung an Verbindlichkeiten a. L. u. L.	1500,00	 1500,00

Buchungssatz

Erläuterungen:

- Da bezüglich der Kontoseite immer nur zwei Möglichkeiten in Frage kommen können (Soll- oder Habenseite), hat man die Vereinbarung getroffen, dass das Konto, auf dem auf der **Sollseite** zu buchen ist, immer **zuerst** genannt wird. Des Weiteren hat man vereinbart, **vor** das Konto, auf dem auf der Habenseite zu buchen ist, das Wörtchen „an" zu setzen. Unter Beachtung dieser Vereinbarung kann ein Buchungssatz daher immer nur lauten:

  Konto mit der **Sollbuchung**
  an Konto mit der **Habenbuchung.**

- Zur Vereinheitlichung der Schreibweise legen wir fest, dass beim Bilden von Buchungssätzen für jedes Konto eine Zeile benutzt wird. Es sollen auch immer die drei Spalten des oben dargestellten Schemas eingerichtet werden. Nur so ist eine eindeutige Zuordnung von Konto und Betrag möglich.

Zur Bildung des richtigen Buchungssatzes müssen selbstverständlich auch weiterhin die Denkschritte 1. bis 5. vollzogen werden.

Beispiel:

Geschäftsvorfall: Wir kaufen ein Kopiergerät auf Ziel für 1500,00 EUR.

Aufgabe:

Bilden Sie zu dem Geschäftsvorfall den Buchungssatz!

Lösung:

<table>
<tr><th>Wir fragen:</th><th colspan="3">Wir antworten:</th></tr>
<tr><td>1. Welche Konten werden berührt?</td><td colspan="3">Das Konto Geschäftsausstattung und das Konto Verbindlichkeiten aus Lieferungen und Leistungen.</td></tr>
<tr><td>2. Um welche Kontoart handelt es sich jeweils?</td><td colspan="3">Das Konto G.-Ausstattung ist ein Vermögenskonto. Das Konto Verb. a. Lief. u. Leist. ist ein Schuldkonto.</td></tr>
<tr><td>3. Welche Veränderungen ergeben sich jeweils auf den Konten?</td><td colspan="3">Der Bestand an G.Ausst. nimmt durch den Kauf des Kopiergerätes zu, die Verb. a. L. u. L. nehmen ebenfalls zu.</td></tr>
<tr><td>4. Welche Buchungsregeln sind jeweils anzuwenden?</td><td colspan="3">Zugänge auf dem Konto G.-Ausstattung (Aktivkonto) erscheinen auf der Sollseite.
Zugänge auf dem Konto Verb. a. Lief. u. Leist. (Passivkonto) gehören auf die Habenseite.</td></tr>
<tr><td></td><td>Konten</td><td>Soll</td><td>Haben</td></tr>
<tr><td>5. Wie lautet der Buchungssatz? (zuerst das Konto mit der Sollbuchung angeben!)</td><td>Geschäftsausstattung
an Verbindl. a. L. u. L.</td><td>1 500,00</td><td>
1 500,00</td></tr>
</table>

Zusammenfassung

- Der **Buchungssatz (Buchungsanweisung, Kontierung)** ist das Verständigungsmittel unter Fachleuten. Er gibt mit kurzen und eindeutigen Hinweisen an, wie ein Geschäftsvorfall (ein Beleg) auf den Konten zu buchen ist.
- Dabei wird das Konto, auf dem auf der **Sollseite** zu buchen ist, **zuerst genannt. Danach** folgt das Konto, auf dem auf der **Habenseite** zu buchen ist.
- Vor dem Konto mit der Habenbuchung sollte das Verbindungswort **„an"** stehen. Zur Vermeidung von Missverständnissen sollte der Übersicht halber für die Eintragung der erforderlichen Daten beim Buchungssatz das folgende Drei-Spalten-Schema benutzt werden:

Konten	Soll	Haben
Konto x an Konto y	...	 ...

- Ein solches Schema, das auf die Belege gestempelt wird, dient auch zur Vermeidung von Buchungsfehlern.

Übungsaufgabe

57 Bilden Sie zu folgenden Geschäftsvorfällen die Buchungssätze bzw. ermitteln Sie die Geschäftsvorfälle:

1.	Wir zahlen auf unser Bankkonto bar ein	1 400,00 EUR
2.	Wir zahlen eine Lieferantenrechnung durch Banküberweisung	375,00 EUR
3.	Ein Kunde zahlt einen Rechnungsbetrag bar	570,00 EUR
4.	Wir nehmen bei unserer Bank ein Darlehen auf. Der Darlehensbetrag wird auf unserem Kontokorrentkonto gutgeschrieben	25 000,00 EUR

5. Wir kaufen ein Kopiergerät bar 1 320,00 EUR
6. Wir zahlen die Tilgungsrate für ein Bankdarlehen bar 2 000,00 EUR
7. Ein Kunde zahlt einen Rechnungsbetrag durch Banküberweisung 650,00 EUR
8. Wir heben vom Bankkonto bar ab und legen das Geld in die Kasse 750,00 EUR
9. Welche Geschäftsvorfälle lagen folgenden Buchungssätzen zugrunde?

Nr.	Konten	Soll	Haben
9.1	Verbindlichkeiten a. Lief. u. Leist.	900,00	
	an Bank		900,00
9.2	Kasse	500,00	
	an Bank		500,00
9.3	Fuhrpark	18 600,00	
	an Kasse		18 600,00

10. Barverkauf eines nicht mehr benötigten Computers zum Buchwert 1 050,00 EUR
11. Kauf einer Stanzmaschine auf Ziel 22 400,00 EUR
12. Kauf eines Baugrundstücks gegen Bankscheck 105 900,00 EUR

(2) Praktische Anwendung (Buchung nach Belegen)

Grundsätzliches

In der Praxis existiert über jeden Geschäftsvorfall ein Beleg. Die Buchungssätze werden somit dort immer nur aufgrund von Belegen (Überweisungen, Rechnungen, Quittungen, Lohnlisten usw.) gebildet. In der Praxis gilt daher der Grundsatz: **Keine Buchung ohne Beleg!** Denn nur durch ihn kann die Richtigkeit bzw. Vollständigkeit der Buchführung nachgewiesen werden. Belege sind daher die Grundvoraussetzung für eine ordnungsmäßige Buchführung. Nach der Rechtsprechung ist eine Buchführung aus steuerlicher Sicht nur in Verbindung mit den Belegen beweiskräftig und ordnungsmäßig (BFH[1]-Urteil vom 17. Februar 1961).

Bei Prüfungen der Buchführung durch die steuerliche Betriebsprüfung oder bei betriebsinterner Revision gibt oft erst der Rückgriff auf den Buchungsbeleg Aufschluss über den zugrunde liegenden Geschäftsvorfall.

Belegarten

Nach dem **Inhalt der Belege** unterscheidet man:

- **Fremdbelege.** Darunter versteht man Belege, die von **fremden Unternehmen** erstellt werden. Dazu gehören z. B. Liefererrechnungen (Eingangsrechnungen), Bankbelege, Quittungen, Frachtbriefe.
- **Eigenbelege.** Darunter versteht man Belege, die das **Unternehmen selbst** erstellt hat. Dazu zählen z. B. Kopien der Ausgangsrechnungen, Entnahmescheine, Lohnlisten, Buchungsanweisungen für Abschlussarbeiten usw.

1 BFH: Bundesfinanzhof mit Sitz in München.

Bearbeitung der Buchungsbelege

Die Bearbeitung der Belege erfolgt in drei Schritten: **Buchungsvorbereitung – Buchung der Belege – Ablage und Aufbewahrung der Belege.**

Erster Schritt: Buchungsvorbereitung

Sie umfasst im Allgemeinen drei Arbeitsstufen:

Prüfung der Belege: Hierdurch wird festgestellt, ob der Beleg überhaupt für die Buchführung von Bedeutung ist. Wird diese Frage bejaht, dann muss nachgeprüft werden, ob der ausgewiesene Betrag **rechnerisch** richtig ist. Außerdem muss der Beleg daraufhin überprüft werden, ob der Vorgang **sachlich** richtig dargestellt worden ist.

Belegsortierung: Bei diesem Arbeitsvorgang werden die Belege nach ihrem Inhalt geordnet, z. B. Eingangsrechnungen, Bankbelege, Kassenbelege, Ausgangsrechnungen usw. Dabei wird aus Kostengründen versucht, gleichartige Belege soweit wie möglich zu **Sammelbelegen** zusammenzufassen. Anschließend werden die Belege nummeriert.

Buchungsanweisung (Buchungssatz, Kontierung): In der dritten Arbeitsstufe wird der Buchungssatz auf dem Beleg festgehalten. Zu diesem Zweck benutzt man in der Regel einen so genannten Kontierungsstempel, mit dem man die benötigten Spalten auf den Beleg aufdruckt, sodass diese nur noch mit den erforderlichen Daten versehen werden müssen. Da später so gebucht wird wie kontiert wurde, ist die Kontierungsarbeit von grundlegender Bedeutung.

Zweiter Schritt: Buchung der Belege

An die Vorkontierung schließt sich dann der eigentliche Buchungsvorgang an. Hierbei wird bei jeder Buchung im Grundbuch[1] die Belegnummer vermerkt (z. B. ER 9 bedeutet Eingangsrechnungsnummer 9), um jederzeit von der Buchung auf den Beleg schließen zu können. Da der Buchhalter auch den Beleg mit einem Buchungsvermerk versieht (Buchungsnummer, Seitennummer, Datum, Zeichen des Buchhalters), kann umgekehrt vom Beleg auf die Buchung geschlossen werden.

Dritter Schritt: Ablage und Aufbewahrung der Belege

Nach dem Buchungsvorgang werden die Belege abgelegt und aufbewahrt. Die Belege sind sowohl nach Handelsrecht [§ 257 HGB] als auch nach Steuerrecht [§ 147 AO] geordnet aufzubewahren. In der Art der Belegaufbewahrung ist das Unternehmen völlig frei (z. B. chronologisch, alphabetisch, laufende Belegnummerierung, Gliederung nach Sachgebieten u. Ä.). Die Aufbewahrungsfrist für Belege beträgt nach dem Handels- und Steuerrecht zehn Jahre. Jahresabschlüsse, die Eröffnungsbilanz, Inventare, Handelsbücher und Aufzeichnungen sowie die hierzu notwendigen Arbeitsanweisungen und sonstigen Organisationsunterlagen sind ebenfalls 10 Jahre aufzubewahren. Die Aufbewahrungsfrist beginnt mit dem Schluss des Kalenderjahres [§ 257 V HGB, § 147 IV AO].

---

1 Im **Grundbuch** werden die Geschäftsvorfälle in der zeitlichen Reihenfolge ihres Anfalls (chronologisch) gebucht. Die Übertragung der Buchungen vom Grundbuch auf die Sachkonten erfolgt im **Hauptbuch**.

Beispiel:

Beleg-Nummerierung

ER 9

WILHELM KRALLE OHG
Inh. Heinz Kralle

Bürogroßhandlung
Fürth

Wilhelm Kralle OHG, Biberstr. 10, 90766 Fürth

Möbelfabrik
Franz Merkurius e. Kfm.[1]
Humpisstr. 15
88212 Ravensburg

Fürth, Telefon 0911 2371

Bankkonten:
Deutsche Bank Fürth 3101011 BLZ 76270012
Dresdner Bank Fürth 117460 BLZ 76080040

EINGEGANGEN
1. AUG. 20..
Erl. ....

RECHNUNG NR. 679

Bei Bezahlung bitte Rechnungs-Nr. angeben!

Rechnungsdatum: 28. Juli 20..

Liefer-Datum	Lieferschein Nr.	Artikel	Einzel-preis	Gesamt-preis
27. Juli	17/411	5 A&B PC 145/22	2459,71	12298,55*

Konten	Soll	Haben
BGA an Verb.	12298,55	12298,55
Gebucht:	J VIII/7 08-02/Hu	

Vorkontierung

Bei Barzahlung innerhalb 8 Tagen 2% Skonto. Die Ware bleibt bis zur völligen Bezahlung mein Eigentum.

Sitz der Gesellschaft: Fürth; Registergericht: Amtsgericht Fürth, HRA 2785[1]

Steuer-Nr.: 91479/17040[1]

* Da die Umsatzsteuer noch nicht behandelt wurde, bleibt sie hier unberücksichtigt.

Abkürzungen:

J ≙ Journal
VIII ≙ August
7 ≙ Journalseite 7
08-02 ≙ Buchungsdatum
Hu ≙ Buchhalter Huchler

1 Bei allen Kaufleuten ist auf den Geschäftsbriefen die Firma, die Bezeichnung als Kaufmann (z. B. e. Kfm. GmbH, GmbH & Co. KG), der Ort der Handelsniederlassung, das Registergericht (HRA → für Einzelunternehmen und Personengesellschaften, HRB → für Kapitalgesellschaften) und die Nummer, unter der die Firma in das Handelsregister eingetragen ist, anzugeben. Zudem muss die Steuernummer oder die Umsatzsteuer-Identifikationsnummer des Bundesamtes für Finanzen ausgewiesen werden [§ 14 IV a, S. 1 Nr. 2 UStG]. Vgl. auch S. 323 f.

Übungsaufgabe

58 1. Formulieren Sie aufgrund der Belege den jeweils zugrunde liegenden Geschäftsvorfall!

2. Bilden Sie die Buchungssätze für die Druckerei Schön & Dörfer OHG, Mozartstr. 15, 71640 Ludwigsburg!

Beleg 1[1]

Maschinenfabrik Friedrich Pappe KG, Karlsruhe

Friedrich Pappe KG, Seegasse 4, 76228 Karlsruhe

Druckerei
Schön & Dörfer OHG
Mozartstr. 15
71640 Ludwigsburg

Lieferdatum: 20..-03-20
Rechnungsdatum: 20..-03-27

Rechnung Nr. 65017

Menge	Artikel-Nr.	Artikelbezeichnung	Preis je Artikel	Gesamtbetrag
5	234176	Lagerregale 2000 Stahl	3070,00 EUR	15350,00 EUR

Es gelten unsere umseitigen Lieferungs- und Zahlungsbedingungen.
Sitz der Gesellschaft: Karlsruhe, Registergericht Karlsruhe, HRA 748
Steuer-Nr.: 77411/95013

Beleg 2

Kontonummer: 610003 — KREISSPARKASSE LUDWIGSBURG — Bankleitzahl: 60450050

Buchungstag	Tag der Wertstellung	Verwendungszweck/Buchungstext	Buchungsnummer	alter Kontostand 4158,70 +
27.03.	27.03.	Frieda Freund e. Kfr. Erlangen Rechnung 20..-03-26	3528	1450,50 +

Schön & Dörfer OHG
Mozartstr. 15
71640 Ludwigsburg

5609,20 + neuer Kontostand

Kontoauszug vom	Auszug	Blatt
28.03.20..	10	1

Bitte beachten Sie die Hinweise auf der Rückseite

© BOG, Osnabrück

1 Bei den Belegen in dieser Aufgabe wird auf den Ausweis der Umsatzsteuer verzichtet, weil diese noch nicht behandelt wurde.

17 Speth u. a. - ISBN 978-3-8120-0555-5

Beleg 3

F & P
COMPUTERTECHNIK GMBH

F & P Computertechnik · Reinoldistr. 17-19 · 44135 Dortmund

Druckerei
Schön & Dörfer OHG
Mozartstr. 15
71640 Ludwigsburg

Ihre Zeichen/Ihre Nachricht vom | Unsere Zeichen/Unsere Nachricht vom | ☎ 02 31/52 35 35 | 44135 Dortmund 27. März 20..

RECHNUNG Nr. 65090

Menge	Bezeichnung	Einzelpreis in EUR	Gesamtpreis in EUR
2	F & P PC	1 300,00	2 600,00
2	Monitor	654,50	1 309,00
			3 909,00

Der Rechnungsbetrag ist sofort ohne Abzug zahlbar.
Die Ware bleibt bis zur vollständigen Bezahlung unser Eigentum.

Registergericht Dortmund, HRB 8382
Geschäftsführer: Gerhard Fraßa
Steuer-Nr.: 41712/54819
Bankverbindung:
Stadtsparkasse Dortmund 001 071 750 (BLZ 440 501 99)

Beleg 4

Empfangsbescheinigung
über Bareinzahlung
auf eigenes Girokonto

Kontonummer	Name des Kontoinhabers
610 003	Schön & Dörfer OHG Ludwigsburg

Name des Einzahlers, falls erforderlich

EUR
4 100,00

20..-03-27
Datum

Schön
Unterschrift

Marx
Kassierer

185 015

Beleg 5

Beleg für Kontoinhaber/Einzahler-Quittung

Kreissparkasse Ludwigsburg
Name und Sitz des Kreditinstituts des Überweisenden

604 500 50
Bankleitzahl

Begünstigter: Name, Vorname/Firma (max. 27 Stellen)
Maschinenfabrik Pappe KG, Karlsruhe

Konto-Nr. des Begünstigten
481931700

Bankleitzahl
666 200 20

Kreditinstitut des Begünstigten
Baden-Württemberg Bank Pforzheim

EUR

Betrag: Euro, Cent
15350,00 -----------------

Kunden-Referenznummer - Verwendungszweck, ggf. Name und Anschrift des Überweisenden - (nur für Begünstigten)
Rechnung vom 20.. – 03-27

noch Verwendungszweck (insgesamt max. 2 Zeilen à 27 Stellen)

Kontoinhaber/Einzahler: Name, Vorname/Firma, Ort (max. 27 Stellen, keine Straßen- oder Postfachangaben)
Schön & Dörfer OHG, Ludwigsburg

Konto-Nr. des Kontoinhabers
610 003

II

5.2 Zusammengesetzter Buchungssatz

Sind für einen Buchungssatz **mehr als zwei Konten** erforderlich, spricht man von einem **zusammengesetzten Buchungssatz**. Auch für den zusammengesetzten Buchungssatz gilt, dass bei jedem Buchungssatz die Summe der gebuchten Sollbeträge mit der Summe der gebuchten Habenbeträge übereinstimmen muss.

Beispiel:

I. Anfangsbestände:
Verbindlichkeiten aus Lieferungen und Leistungen 10000,00 EUR; Bank 7000,00 EUR; Kasse 5000,00 EUR.

II. Geschäftsvorfall:
Wir zahlen eine bereits gebuchte Eingangsrechnung über 3700,00 EUR, und zwar durch Banküberweisung 3000,00 EUR, bar 700,00 EUR.

III. Aufgaben:
1. Buchen Sie den Geschäftsvorfall auf den Konten!
2. Bilden Sie den Buchungssatz!

Lösungen:

Zu 1.: Buchung auf den Konten

Soll	Bank		Haben
AB	7000,00	Vb.a.L.u.L.	3000,00

Soll	Verbindl. a. Lief. u. Leist.		Haben
Ba/Ka	3700,00	AB	10000,00

Soll	Kasse		Haben
AB	5000,00	Vb.a.L.u.L.	700,00

Zu 2.: Buchungssatz

Geschäftsvorfall	Konten	Soll	Haben
Wir zahlen eine bereits gebuchte Eingangsrechnung über 3700,00 EUR durch Banküberweisung 3000,00 EUR und Barzahlung 700,00 EUR	Verbindlichk. a. Lief. u. Leist. an Bank an Kasse	3700,00	 3000,00 700,00

Merke:

Für den **einfachen Buchungssatz** wie für den **zusammengesetzten Buchungssatz** gilt:
Summe der gebuchten Sollbeträge ≙ Summe der gebuchten Habenbeträge

Übungsaufgaben

59 Bilden Sie zu den folgenden Geschäftsvorfällen die Buchungssätze!

1. Ein Kunde zahlt einen Rechnungsbetrag über 725,00 EUR in bar 225,00 EUR
   durch Banküberweisung 500,00 EUR
2. Wir kaufen Lagerregale für insgesamt 3500,00 EUR
   gegen Barzahlung 1500,00 EUR
   auf Ziel 2000,00 EUR

3. Wir verkaufen einen nicht mehr benötigten Lieferwagen in Höhe des Buchwertes von 3 800,00 EUR gegen Barzahlung — 800,00 EUR
   Restforderung — 3 000,00 EUR
4. Ein Kunde zahlt einen Rechnungsbetrag über 1 750,00 EUR
   durch Banküberweisung — 1 000,00 EUR
   bar — 750,00 EUR
5. Wir bezahlen eine Liefererrechnung über 2 550,00 EUR
   bar — 550,00 EUR
   durch Banküberweisung — 2 000,00 EUR
6. Wir kaufen einen Kombiwagen zum Preise von 25 000,00 EUR
   gegen Barzahlung — 5 500,00 EUR
   durch Banküberweisung — 10 000,00 EUR
   Restverbindlichkeit — 9 500,00 EUR

60 Bilden Sie zu den folgenden Geschäftsvorfällen die Buchungssätze bzw. ermitteln Sie die Geschäftsvorfälle!

1. Wir tilgen eine Darlehensschuld bei der Bank über 5 000,00 EUR
   bar — 1 500,00 EUR
   durch Banküberweisung — 3 500,00 EUR
2. Wir kaufen neue Lagerregale für 20 000,00 EUR
   Finanzierung: Barzahlung — 5 000,00 EUR
   Banküberweisung — 10 000,00 EUR
   Restverbindlichkeit — 5 000,00 EUR
3. Gutschriftanzeigen der Bank:
   für Bareinzahlung — 1 500,00 EUR
   für Überweisung eines Kunden — 750,00 EUR
4. Welche Geschäftsvorfälle liegen folgenden Buchungssätzen zugrunde?

Nr.	Konten	Soll	Haben
4.1	Betriebs- und Geschäftsausstattung	3 750,00	
	an Bank		3 000,00
	an Kasse		750,00
4.2	Verbindlichkeiten a. Lief. u. Leist.	2 350,00	
	an Bank		2 000,00
	an Kasse		350,00
4.3	Bank	750,00	
	Kasse	250,00	
	an Forderungen a. Lief. u. Leist.		1 000,00
4.4	Unbebaute Grundstücke	400 000,00	
	an Bank		370 000,00
	an Kasse		30 000,00

61 **I. Anfangsbestände:**

Betriebs- u. Geschäftsausstattung 41 355,00 EUR; Kasse 1 670,00 EUR; Bank 33 975,00 EUR; Forderungen aus Lieferungen und Leistungen 12 150,00 EUR; Rohstoffe 24 570,00 EUR; Verbindlichkeiten aus Lieferungen und Leistungen 13 220,00 EUR; Langfristige Bankverbindlichkeiten 5 000,00 EUR; Eigenkapital 95 500,00 EUR.

II. Geschäftsvorfälle:

1. Wir verkaufen nicht mehr benötigte Lagerschränke bar zum Buchwert — 2 500,00 EUR

2. Neuanschaffung einer Büroeinrichtung gegen Banküberweisung 30 000,00 EUR
3. Ein Kunde überweist einen Rechnungsbetrag auf das Bankkonto 2 120,00 EUR
4. Zur Auffüllung des Kassenbestandes heben wir vom Bankkonto bar ab 500,00 EUR
5. Wir zahlen eine Lieferantenrechnung bar 1 200,00 EUR
6. Teilweise Tilgung des Bankdarlehens bar 1 000,00 EUR

III. **Aufgaben:**

1. Richten Sie für die angegebenen Anfangsbestände die Bilanzkonten ein und tragen Sie die Anfangsbestände vor!
2. Bilden Sie die Buchungssätze!
3. Buchen Sie die Geschäftsvorfälle auf den Konten und schließen Sie die Konten ordnungsmäßig ab!

6 Eröffnung und Abschluss der Bestandskonten (Bilanzkonten) im System der doppelten Buchführung (Eröffnungsbilanzkonto und Schlussbilanzkonto)

6.1 Problemdarstellung mit Beispiel und Lösung

Das Prinzip der doppelten Buchführung wurde bisher nur bei den Buchungen der Geschäftsvorfälle angewandt. Die Anfangs- und Schlussbestände auf den Konten wurden dagegen nicht doppelt gebucht, sondern nur eingetragen. Das **Prinzip der doppelten Buchführung** ist jedoch ein **generelles Prinzip** und gilt folglich auch für die Anfangs- und Schlussbestände auf den Konten.

Wenn bei der Eröffnung der Konten mit den Anfangsbeständen und beim Abschluss der Konten mit den Schlussbeständen jeweils eine Gegenbuchung erfolgen soll, benötigen wir dafür entsprechende Gegenkonten. Die systemgerechte Buchung der Anfangsbestände erfolgt mit Hilfe des Eröffnungsbilanzkontos (EBK) und die systemgerechte Buchung der Schlussbestände erfolgt über das Schlussbilanzkonto (SBK).

Merke:

- Das Eröffnungsbilanzkonto und das Schlussbilanzkonto bringen die Geschlossenheit des Systems der doppelten Buchführung zum Ausdruck.
- Die beiden Konten bieten die Gewähr, dass sowohl bei der Erfassung der Anfangsbestände als auch bei der Erfassung der Schlussbestände jeder Betrag systemgerecht **doppelt** gebucht wird.

Beispiel:

Als Demonstrationsbeispiel für die systemgerechte doppelte Buchung der Anfangs- und Schlussbestände greifen wir auf die Aufgabe 61 zurück.

Aufgaben:

1. Eröffnen Sie die Konten mit den angegebenen Anfangsbeständen systemgerecht mit Hilfe des Eröffnungsbilanzkontos!
2. Buchen Sie die Geschäftsvorfälle auf den entsprechenden Konten!
3. Schließen Sie die Konten über das Schlussbilanzkonto ab!

Lösung:

Soll	Eröffnungsbilanzkonto		Haben
Eigenkapital	95 500,00	BGA	41 355,00
Verb.a.L.u.L.	13 220,00	Kasse	1 670,00
Lfr.Bankverb.	5 000,00	Bank	33 975,00
		Ford.a.L.u.L.	12 150,00
		Rohstoffe	24 570,00
	113 720,00		113 720,00

Soll	Betr.- u. Geschäftsausstattung		Haben
EBK	41 355,00	Ka	2 500,00
Ba	30 000,00	SBK	68 855,00
	71 355,00		71 355,00

Soll	Eigenkapital		Haben
SBK	95 500,00	EBK	95 500,00

Soll	Kasse		Haben
EBK	1 670,00	V.a.L.u.L.	1 200,00
BGA	2 500,00	L.Bankv.	1 000,00
Ba	500,00	SBK	2 470,00
	4 670,00		4 670,00

Soll	Verbindlichkeiten a. L. u. L.		Haben
Ka	1 200,00	EBK	13 220,00
SBK	12 020,00		
	13 220,00		13 220,00

Soll	Bank		Haben
EBK	33 975,00	BGA	30 000,00
F.a.L.u.L.	2 120,00	Ka	500,00
		SBK	5 595,00
	36 095,00		36 095,00

Soll	Langfr. Bankverbindlichkeiten		Haben
Ka	1 000,00	EBK	5 000,00
SBK	4 000,00		
	5 000,00		5 000,00

Soll	Forderungen a. L. u. L.		Haben
EBK	12 150,00	Ba	2 120,00
		SBK	10 030,00
	12 150,00		12 150,00

Soll	Rohstoffe		Haben
EBK	24 570,00	SBK	24 570,00

Soll	Schlussbilanzkonto		Haben
BGA	68 855,00	Eigenkapital	95 500,00
Kasse	2 470,00	Verb.a.L.u.L.	12 020,00
Bank	5 595,00	Lfr. Bankverb.	4 000,00
Ford.a.L.u.L.	10 030,00		
Rohstoffe	24 570,00		
	111 520,00		111 520,00

Erläuterungen:

Die konsequente, systemgerechte Buchung der Anfangsbestände führt dazu, dass die Anfangsbestände der Aktivkonten auf der Habenseite des Eröffnungsbilanzkontos und die Anfangsbestände der Passivkonten auf der Sollseite des Eröffnungsbilanzkontos erscheinen. Im Vergleich zum Schlussbilanzkonto sind die Seiten vertauscht. Das zeigt, dass das Eröffnungsbilanzkonto lediglich ein Hilfskonto ist, um das System der doppelten Buchung nicht zu durchbrechen. Gleichzeitig aber wird damit auch die Gleichheit der Soll- und Habenbeträge zu Beginn der Geschäftsperiode dokumentiert. Das ist ein Grundprinzip des Systems der doppelten Buchführung, das zu jeder Zeit als Kontrollmechanismus in diesem System eingebaut ist, denn auch bei der Eröffnung der Konten muss sichergestellt sein, dass die Summe der gebuchten Sollbeträge mit der Summe der gebuchten Habenbeträge übereinstimmt, wie das durch die Seitengleichheit im Eröffnungsbilanzkonto bewiesen wird.

Zusammenfassung

- Sollen die Anfangsbestände und die Schlussbestände auf den Bilanzkonten im System der doppelten Buchführung gebucht werden, benötigt man für die Gegenbuchungen ein entsprechendes Gegenkonto. Für die Gegenbuchungen der Anfangsbestände ist das **Eröffnungsbilanzkonto** zuständig, für die Gegenbuchungen der Schlussbestände benötigen wir das **Schlussbilanzkonto.**
- Da nach den unumstößlichen Buchungsregeln die **Anfangsbestände** bei den **Vermögenskonten** auf der **Sollseite** erscheinen müssen, erfolgen die **Gegenbuchungen** auf dem EBK jeweils auf der **Habenseite.**

  Buchungssätze: jeweiliges Vermögenskonto
an EBK

- Weil die **Anfangsbestände** bei den **Kapitalkonten** (Schuldkonten und Eigenkapitalkonto) auf der **Habenseite** stehen müssen, kann auf dem EBK die **Gegenbuchung** nur auf der **Sollseite** erscheinen.

  Buchungssätze: EBK
an jeweiliges Kapitalkonto

- Eine entsprechende Logik ergibt sich für die Buchung der **Schlussbestände.**
  - Buchungssätze für die **Schlussbestände auf den Vermögenskonten:**

    Buchungssätze: SBK
an jeweiliges Vermögenskonto

  - Buchungssätze für die **Schlussbestände auf den Kapitalkonten:**

    Buchungssätze: jeweiliges Kapitalkonto
an SBK

- Das Eröffnungsbilanzkonto und das Schlussbilanzkonto gehören zum **Kontensystem der doppelten Buchführung.**
- **Eröffnungsbilanz** und **Schlussbilanz** stehen **außerhalb der Buchführung.**

Anmerkung:

Das Eröffnungsbilanzkonto und das Schlussbilanzkonto wurden hier aus methodischen und systematischen Überlegungen dargestellt. Ob in den nachfolgenden Übungsaufgaben das Eröffnungsbilanzkonto geführt werden soll, bleibt der individuellen Entscheidung der Lehrenden vorbehalten. In elektronischen Finanzbuchhaltungssystemen ist es allerdings aus abstimmungstechnischen Gesichtspunkten unverzichtbar. Demgegenüber wird ein Schlussbilanzkonto in der elektronischen Finanzbuchhaltung nicht geführt. Hier geht man beim Abschluss von den Konten der Buchführung direkt auf die Schlussbilanz über, was in der schulischen Buchführung jedoch nicht sinnvoll ist.

Übungsaufgaben

62 **I. Anfangsbestände:**

Unbebaute Grundstücke 965 000,00 EUR; Maschinen 470 500,00 EUR; Betriebs- und Geschäftsausstattung 84 900,00 EUR; Rohstoffe 54 800,00 EUR; Ford. a. Lief. u. Leist. 105 450,00 EUR; Bank 17 770,00 EUR; Kasse 25 100,00 EUR; Eigenkapital 892 320,00 EUR; Langfristige Bankverbindlichkeiten 450 000,00 EUR; Verb. a. Lief. u. Leist. 381 200,00 EUR.

II. Geschäftsvorfälle:

1. Eingangsrechnung für Büromöbel	27 500,00 EUR
2. Von der bereits gebuchten Büromöbellieferung schicken wir einen nicht bestellten Posten zurück	4 000,00 EUR
3. Ein Kunde zahlt einen Rechnungsbetrag durch Banküberweisung	32 000,00 EUR
4. Wir tilgen teilweise die Darlehensschuld bei der Bank durch Bankzahlschein[1]	7 200,00 EUR
5. Wir kaufen eine Abfüllmaschine auf Ziel	87 700,00 EUR
6. Wir zahlen eine Lieferantenrechnung über 28 570,00 EUR bar	6 570,00 EUR
durch Bankscheck	22 000,00 EUR
7. Barkauf eines Schreibtisches für das Büro	2 600,00 EUR
8. Kauf eines Grundstücks für einen Parkplatz auf Ziel	67 000,00 EUR

III. Aufgaben:

1. Eröffnen Sie die Konten mit Hilfe des Eröffnungsbilanzkontos!
2. Bilden Sie die Buchungssätze und buchen Sie auf den Konten!
3. Schließen Sie die Konten über das Schlussbilanzkonto ab!

63 **I. Anfangsbestände:**

Bebaute Grundstücke 200 000,00 EUR; Betriebsgebäude 335 850,00 EUR; Betriebs- und Geschäftsausstattung 228 710,00 EUR; Kasse 7 350,00 EUR; Bank 62 550,00 EUR; Ford. a. Lief. u. Leist. 98 720,00 EUR; Rohstoffe 165 750,00 EUR; Verb. a. Lief. u. Leist. 154 820,00 EUR; Langfristige Bankverbindlichkeiten 200 000,00 EUR; Eigenkapital 744 110,00 EUR.

II. Geschäftsvorfälle:

1. Einkauf einer Maschine 23 500,00 EUR:	
gegen Banküberweisung	12 000,00 EUR
auf Ziel	11 500,00 EUR
2. Ein Kunde bezahlt einen Rechnungsbetrag über 1 250,00 EUR:	
bar	750,00 EUR
durch Banküberweisung	500,00 EUR
3. Barkauf eines gebrauchten PCs	950,00 EUR
4. Teilrückzahlung eines Bankdarlehens durch Banküberweisung	4 500,00 EUR
5. Barverkauf eines nicht mehr benötigten Büroschrankes zum Buchwert	650,00 EUR
6. Begleichung einer Eingangsrechnung in Höhe von 7 820,00 EUR, bar	2 350,00 EUR
durch Banküberweisung	5 470,00 EUR

III. Aufgaben:

1. Eröffnen Sie die Konten mit Hilfe des Eröffnungsbilanzkontos!
2. Bilden Sie die Buchungssätze und buchen Sie auf den Konten!
3. Schließen Sie die Konten über das Schlussbilanzkonto ab!

1 Absender zahlt bar, Empfänger hat ein Konto.

64 **I. Anfangsbestände:**

Grundstücke und Bauten 950 000,00 EUR; Maschinen 255 800,00 EUR; Geschäftsausstattung 72 800,00 EUR; Rohstoffe 470 700,00 EUR; Forderungen aus Lieferungen und Leistungen 55 100,00 EUR; Bank 125 800,00 EUR; Kasse 52 000,00 EUR; Eigenkapital 1 241 300,00 EUR; Verbindlichkeiten aus Lieferungen und Leistungen 740 900,00 EUR.

II. Geschäftsvorfälle:

1.	Bareinzahlung auf das Bankkonto	15 000,00 EUR
2.	Ein Kunde zahlt einen Rechnungsbetrag über 25 000,00 EUR	
	bar	5 000,00 EUR
	durch Banküberweisung	20 000,00 EUR
3.	Barkauf einer Stanzmaschine	12 750,00 EUR
4.	Barabhebung vom Bankkonto zur Auffüllung der Geschäftskasse	5 000,00 EUR
5.	Kauf einer Maschine in Höhe von 22 500,00 EUR	
	gegen Banküberweisung	5 000,00 EUR
	auf Ziel	17 500,00 EUR
6.	Aufnahme eines Bankdarlehens. Der Betrag wird auf dem Geschäftskonto gutgeschrieben	50 000,00 EUR
7.	Kauf eines Baugrundstücks für 100 000,00 EUR	
	Finanzierung: Bankscheck	30 000,00 EUR
	Barzahlung	20 000,00 EUR
	Restverbindlichkeit	50 000,00 EUR

III. Aufgaben:

Eröffnen Sie die Konten mit Hilfe des Eröffnungsbilanzkontos, buchen Sie die Geschäftsvorfälle und schließen Sie die Konten über das Schlussbilanzkonto ab!

6.2 Zusammenhang zwischen Bilanz, Bilanzkonten, Inventur und Inventar

Die Konten der Buchführung (Bilanzkonten) - unter Einbeziehung des Schlussbilanzkontos und des Eröffnungsbilanzkontos - bilden jetzt eine in sich geschlossene Einheit: **Das Kontensystem der doppelten Buchführung.** Die Zahlen auf diesen Konten stellen für die Geschäftsleitung eine unentbehrliche Informationsquelle dar.

Neben der Geschäftsleitung sind auch außerhalb des Industrieunternehmens stehende Kreise (Steuerbehörden, Banken, Gesellschafter, Mitarbeiter) an den Ergebnissen der Buchführung interessiert. Die berechtigten Informationsansprüche dieser Gruppen werden unter anderem durch die **Bilanz** erfüllt.

Die Bilanz baut auf den Zahlen der Buchführung auf, wobei diese Zahlen jedoch vor ihrer Übernahme in die Bilanz durch die Inventur auf ihre Richtigkeit hin überprüft werden. Vom buchtechnischen Standpunkt aus und auch von der Tatsache ausgehend, dass die Bilanz für die Öffentlichkeit entsprechend aufbereitet werden muss [§§ 247, 266 HGB], stehen **Inventur** (bzw. **Inventar**) und **Bilanz außerhalb der Buchführung.**

Die grafische Darstellung auf der Seite 267 soll den Zusammenhang zwischen dem Kontensystem der Buchführung und der Bilanz sowie der Inventur (bzw. dem Inventar) veranschaulichen.

Innerhalb der Buchführung haben wir Konten:

(Kontensystem der doppelten Buchführung)

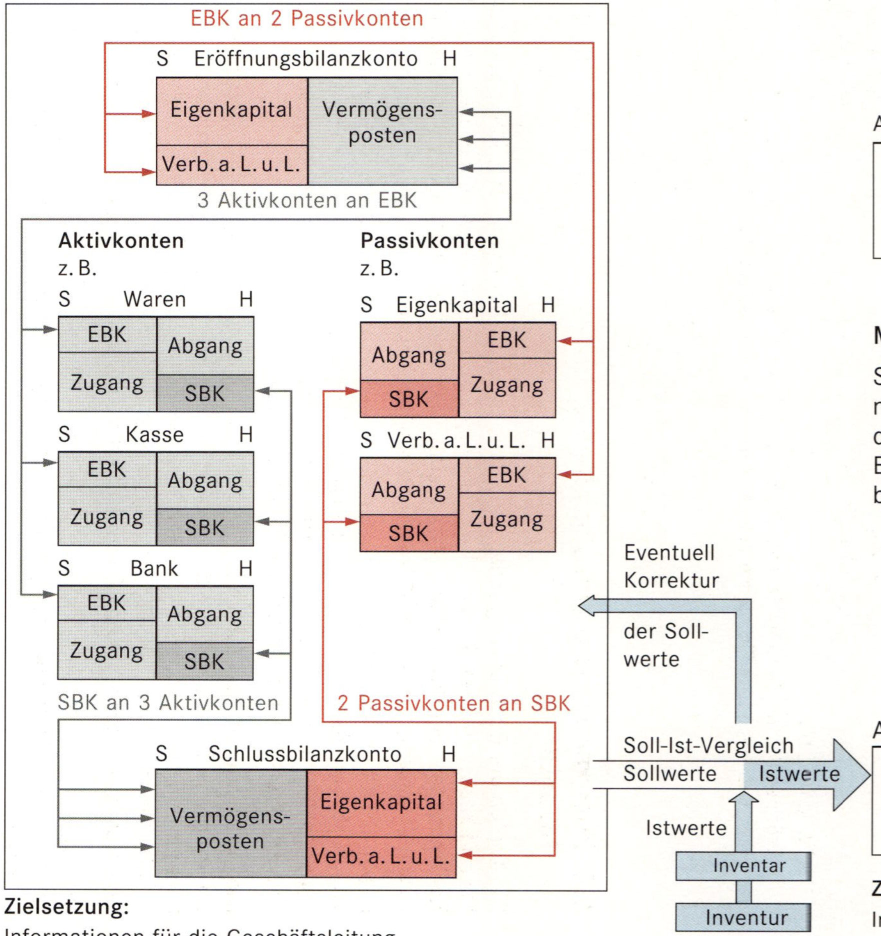

Zielsetzung:
Informationen für die Geschäftsleitung

Außerhalb der Buchführung haben wir Bilanzen:

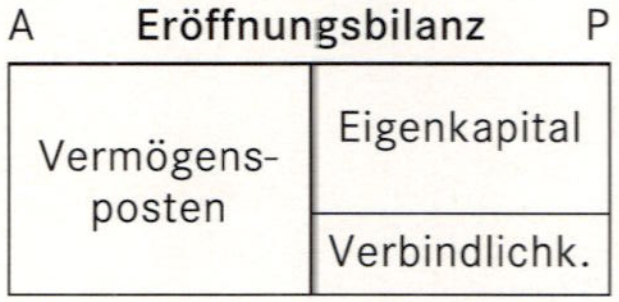

Merke:

Streng genommen gibt es im Leben eines Unternehmens nur eine Eröffnungsbilanz, nämlich die bei der Gründung. Jede Schlussbilanz kann jedoch als Eröffnungsbilanz für die neue Geschäftsperiode betrachtet werden.

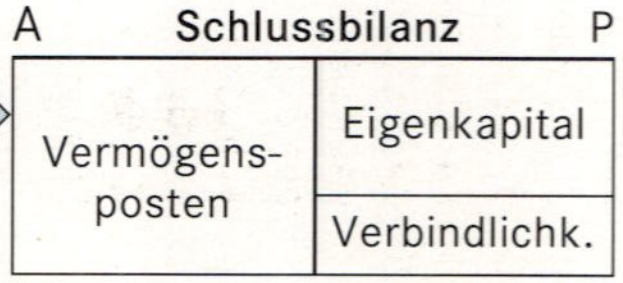

Zielsetzung:
Informationsinstrument für Außenstehende

Übungsaufgabe

65 **I. Bestände der Eröffnungsbilanz:**

Grundstücke und Bauten 300 000,00 EUR; Andere Anlagen, Betriebs- und Geschäftsausstattung 115 000,00 EUR; Kassenbestand 12 800,00 EUR; Guthaben bei Kreditinstituten 14 320,00 EUR; Forderungen aus Lieferungen und Leistungen 160 780,00 EUR; Roh-, Hilfs- und Betriebsstoffe 114 890,00 EUR; Verbindlichkeiten gegenüber Kreditinstituten 200 000,00 EUR; Verbindlichkeiten aus Lieferungen und Leistungen 98 270,00 EUR. Das Eigenkapital muss noch ermittelt werden.

Hinweise für die einzurichtenden Konten

- Der Bilanzposten „Grundstücke und Bauten" betrifft ein bebautes Grundstück im Wert von 300 000,00 EUR. Wir richten daher das Konto Grundstücke und Bauten ein.
- Der Bilanzposten „andere Anlagen, Betriebs- und Geschäftsausstattung" betrifft Werkzeuge im Werte von 40 000,00 EUR und Geschäftsausstattung in Höhe von 75 000,00 EUR. Wir richten daher die Konten Werkzeuge und Geschäftsausstattung ein.
- Der Bilanzposten „Roh-, Hilfs- und Betriebsstoffe" beinhaltet nur Rohstoffe. Das einzurichtende Konto erhält die Bezeichnung Rohstoffe.
- Der Bilanzposten „Verbindlichkeiten gegenüber Kreditinstituten" erfassen wir auf dem Konto: „Verbindlichkeiten gegenüber Kreditinstituten".

II. Geschäftsvorfälle:

1. Kauf eines Kopiergerätes bar	1 800,00 EUR
2. Wir zahlen eine bereits gebuchte Eingangsrechnung durch Banküberweisung	7 500,00 EUR
3. Ein Kunde zahlt einen Rechnungsbetrag bar	4 100,00 EUR
4. Wir kaufen einen Büroschrank bar	1 840,00 EUR
5. Barverkauf nicht mehr benötigter Werkzeuge zum Buchwert in Höhe von	3 500,00 EUR
6. Teilweise Tilgung des Bankdarlehens durch Banküberweisung	6 000,00 EUR
7. Wir zahlen auf unser Bankkonto bar ein	7 100,00 EUR

III. Aufgaben:

1. Stellen Sie unter Beachtung der handelsrechtlichen Gliederungsvorschriften und Positionsbezeichnungen aufgrund der Angaben eine Eröffnungsbilanz auf!
2. Richten Sie unter Beachtung der gegebenen Hinweise entsprechende Konten ein und tragen Sie die Bilanzwerte aus der Eröffnungsbilanz als Anfangsbestände auf den entsprechenden Konten vor!
3. Bilden Sie zu den Geschäftsvorfällen die Buchungssätze und buchen Sie die Vorgänge anschließend auf den eröffneten Konten!
4. Schließen Sie die Konten über das Schlussbilanzkonto ab!
5. Stellen Sie anschließend aufgrund der Abschlusswerte unter Beachtung der handelsrechtlichen Gliederungsvorschriften eine Schlussbilanz auf!

7 Erfolgskonten (Ergebniskonten)[1]

7.1 Begriffe Aufwendungen und Erträge

7.1.1 Vorbemerkungen

Bisher haben sich in unserer Buchführung noch keine Erfolge (weder Gewinne noch Verluste) ergeben. Wir konnten das daran erkennen, dass sich das Eigenkapital innerhalb der Geschäftsperiode nicht verändert hat. Ursache für diese Erfolgsneutralität war die Art der Geschäftsvorfälle. Wir haben bisher nur mit Geschäftsvorfällen gearbeitet, durch die das Eigenkapital **nicht** verändert wurde. Solche Geschäftsvorfälle nennt man **erfolgsunwirksame (erfolgsneutrale) Geschäftsvorfälle**. Sie zeichnen sich dadurch aus, dass bei ihrer Buchung das Eigenkapital ausgeschlossen ist und nur die übrigen Bilanzkonten in Frage kommen können. Soll sich das Eigenkapital verändern, müssen wir eine andere Art von Geschäftsvorfällen wählen, nämlich **erfolgswirksame Geschäftsvorfälle**. Sie zeichnen sich dadurch aus, dass sich neben einem anderen Bilanzkonto auch das Eigenkapitalkonto verändert.

Merke:

- **Erfolgsunwirksame Geschäftsvorfälle** verändern das Eigenkapital nicht. Es werden daher immer nur die übrigen Bilanzkonten angesprochen.
- **Erfolgswirksame Geschäftsvorfälle** verändern das Eigenkapital. Neben dem Bestand auf einem anderen Bilanzkonto verändert sich auch immer der Bestand auf dem Eigenkapitalkonto.

7.1.2 Einführung der Begriffe Aufwendungen und Erträge

Wir haben bereits festgestellt, dass sich durch erfolgswirksame Geschäftsvorfälle das Eigenkapital verändern muss. Nun kann sich das Eigenkapital nach zwei Richtungen hin verändern, es kann zunehmen oder abnehmen. Dementsprechend sind auch zwei Arten von erfolgswirksamen Geschäftsvorfällen zu unterscheiden. Nimmt durch einen erfolgswirksamen Geschäftsvorfall das **Eigenkapital zu,** sprechen wir von **Erträgen**, nimmt durch einen erfolgswirksamen Geschäftsvorfall das **Eigenkapital ab,** sprechen wir von **Aufwendungen.**

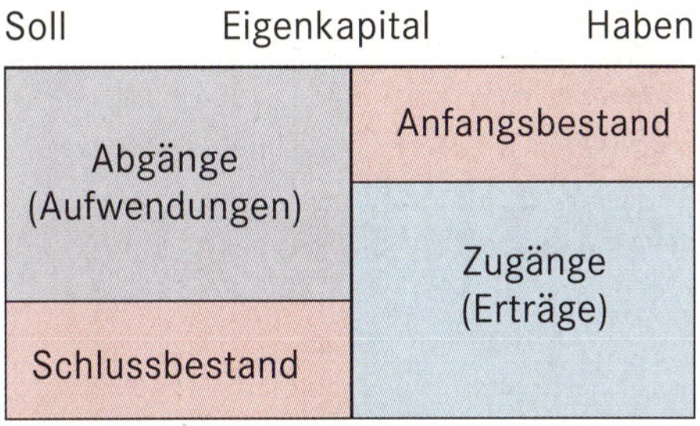

1 Die Begriffe Erfolgskonten und Ergebniskonten sind identisch (gleichwertig). Sie werden daher in den folgenden Texten entsprechend verwandt.

Merke:

- **Zugänge beim Eigenkapital** nennen wir **Erträge.**
- **Abgänge beim Eigenkapital** nennen wir **Aufwendungen.**

Vorläufige Beispiele für Aufwendungen und Erträge:

Aufwendungen, durch die sich das Eigenkapital vermindert	**Erträge,** durch die sich das Eigenkapital erhöht
▪ Personalkosten ▪ Mieten, Pachten, Leasing ▪ Steuern, Beiträge, Versicherungen ▪ Werbe- und Reisekosten ▪ Betriebskosten, Instandhaltung ▪ Aufwendungen für Roh-, Hilfs- und Betriebsstoffe sowie Aufwendungen für Handelswaren	▪ Vermietungen ▪ Provisionen ▪ Zinsen ▪ Umsatzerlöse für Erzeugnisse und Leistungen ▪ Umsatzerlöse für Handelswaren

Anmerkung: Die Erträge durch den Verkauf von Handelswaren und die dazugehörigen Aufwendungen für den Einkauf der Handelwaren werden erst im Kapitel 9, S. 293ff. behandelt.

7.2 Buchungen von Aufwendungen und Erträgen auf dem Eigenkapitalkonto

Beispiel:

I. Anfangsbestand:

Eigenkapital 25 000,00 EUR.

II. Aufgabe:

Stellen Sie für die folgenden erfolgswirksamen Geschäftsvorfälle die Auswirkungen auf dem Eigenkapitalkonto dar!

Lösung:

Geschäftsvorfälle

1. Wir zahlen Miete für die Geschäftsräume bar 1 500,00 EUR. → Ka (Soll)
2. Wir zahlen Aushilfslöhne bar 850,00 EUR. → Ka (Soll)
3. Wir erhalten eine Vermittlungsprovision auf unser Bankkonto überwiesen 18 000,00 EUR. → Bank (Haben)
4. Die Bank schreibt uns Zinsen auf unserem Bankkonto gut 7 850,00 EUR. → Bank (Haben)

Soll	Eigenkapital		Haben
Ka	1 500,00	AB	25 000,00
Ka	850,00	Bank	18 000,00
		Bank	7 850,00

Merke:

Erfolgswirksame Geschäftsvorfälle verändern das Eigenkapital.

- erfolgswirksame Zahlungs**ausgänge** (**Aufwendungen**) vermindern das Eigenkapital.
- erfolgswirksame Zahlungs**eingänge** (**Erträge**) erhöhen das Eigenkapital.

Übungsaufgaben

66 1. Welcher Geschäftsvorfall führt zu einer Eigenkapitalminderung?

[1] Eine kurzfristige Bankschuld wird in ein langfristiges Bankdarlehen umgewandelt.
[2] Einkauf eines PCs auf Ziel.
[3] Barkauf von Büromaterial.
[4] Barabhebung vom Bankkonto.

Übertragen Sie die entsprechende Ziffer als Lösung in Ihr Hausheft!

2. Welcher Geschäftsvorfall führt zu einer Eigenkapitalerhöhung?

[1] Bareinzahlung auf das Bankkonto.
[2] Ein Kunde zahlt eine Forderung bar.
[3] Wir erhalten Provision vom Lieferer.
[4] Wir kaufen einen Büroschrank mit Bankscheck.

Übertragen Sie die entsprechende Ziffer als Lösung in Ihr Hausheft!

67 **I. Anfangsbestand:**

Eigenkapital 58 800,00 EUR.

II. Geschäftsvorfälle:

1.	Wir kaufen Büromaterial bar	180,00 EUR
2.	Wir erhalten Provision auf unser Bankkonto überwiesen	2 350,00 EUR
3.	Die Stromrechnung wird vom Bankkonto abgebucht	910,00 EUR
4.	Wir erhalten die Miete für den laufenden Monat durch Banküberweisung	3 100,00 EUR
5.	Die Kfz-Versicherung für den Geschäftswagen wird mit Bankscheck beglichen	580,00 EUR
6.	Die Bank schreibt uns Zinsen gut	720,00 EUR

III. Aufgaben:

1. Stellen Sie die Auswirkungen obiger Geschäftsvorfälle auf dem Konto Eigenkapital dar! Die Gegenkonten sind nicht zu führen!
2. Schließen Sie das Eigenkapitalkonto ab und ermitteln Sie das neue Eigenkapital!

68 **I. Anfangsbestände:**

Kasse 9 200,00 EUR; Bank 25 800,00 EUR; Geschäftsausstattung 10 000,00 EUR; Eigenkapital 45 000,00 EUR.

II. Geschäftsvorfälle:

1.	Wir kaufen Büromöbel gegen Banküberweisung	3 700,00 EUR
2.	Wir erhalten eine Bankgutschrift für Zinsen	3 280,00 EUR
3.	Wir kaufen Bürobedarf bar	150,00 EUR
4.	Wir zahlen auf unser Bankkonto bar ein	2 500,00 EUR
5.	Wir zahlen die Geschäftsmiete durch Banküberweisung	1 200,00 EUR
6.	Wir zahlen die Ausbildungsvergütung bar	850,00 EUR
7.	Wir erhalten eine Vermittlungsprovision auf unser Bankkonto überwiesen	5 850,00 EUR

III. Aufgaben:

1. Buchen Sie die Geschäftsvorfälle auf den vorgegebenen Konten und bilden Sie dazu die Buchungssätze!
2. Die Konten sind über das Schlussbilanzkonto abzuschließen!
3. Vergleichen Sie das Eigenkapital am Schluss der Geschäftsperiode mit dem Eigenkapital am Anfang der Geschäftsperiode und ziehen Sie daraus eine Schlussfolgerung hinsichtlich des Erfolges!

Kritische Anmerkungen zur vorangestellten Darstellung:

Diese zwar sachlich richtige Darstellung kann aus folgenden Gründen für die Buchführungspraxis nicht zufrieden stellen:

- Wenn die unterschiedlichen Aufwendungen und Erträge, die zu unterschiedlichen Zeitpunkten wiederholt auftreten, jeweils auf dem Eigenkapitalkonto erfasst werden, würde dieses Konto unverhältnismäßig umfangreich und unübersichtlich.
- Die einzelnen Aufwands- und Ertragsarten sowie deren Summen, für die sich der Kaufmann von Zeit zu Zeit aus Kontrollgründen interessiert, würden nicht bzw. nur mit erheblichem Suchaufwand festgestellt werden können.

7.3 Buchungen auf den Erfolgskonten

7.3.1 Einführung der Erfolgskonten (Ergebniskonten)[1]

Um die einzelnen Aufwands- und Ertragsarten übersichtlich und jederzeit verfügbar zu haben, geht man in der Praxis der Buchführung den nahe liegenden Weg, die Eigenkapitalveränderungen nicht direkt auf dem Eigenkapitalkonto zu erfassen, sondern sie zunächst auf besonderen Konten auszulagern. Da auf diesen Konten die Quellen des Erfolgs erfasst werden, nennt man diese Konten Erfolgskonten. Je nach der Art der Auswirkung eines erfolgswirksamen Geschäftsvorfalles auf das Eigenkapital (Zugang oder Abgang) müssen wir auch **zwei Arten von Erfolgskonten (Ergebniskonten)** unterscheiden:

- die **Aufwandskonten:** sie erfassen die Minderungen (Abgänge) beim Eigenkapital,
- die **Ertragskonten:** sie erfassen die Mehrungen (Zugänge) beim Eigenkapital.

Die Erfolgskonten stellen sich somit als Unterkonten des Eigenkapitals dar, da sie nichts anderes erfassen als Eigenkapitalminderungen, die wir Aufwendungen nennen, und Eigenkapitalmehrungen, die wir als Erträge bezeichnen.

Damit der Kaufmann eine gute Übersicht über die einzelnen Arten von Aufwendungen und Erträgen behält und er die bis dahin jeweils aufgelaufene Summe jederzeit abrufen kann, wird für jede Art von Aufwand bzw. Ertrag ein eigenes Konto geführt. Lediglich für sehr geringfügige Aufwendungen, wie z. B. für den üblichen Bürobedarf wie Schreibpapier, Schreibstifte, Radiergummi, Toner usw., wird ein Sammelkonto mit der Bezeichnung „Büromaterial" geführt. Die Bezeichnung der einzelnen Erfolgskonten ergibt sich im Allgemeinen schon aus dem Geschäftsvorfall.

Anmerkungen zu den Kontobezeichnungen:

Um die Lernenden schon jetzt an die in der Prüfung zu erwartenden Begriffe zu gewöhnen, werden auch bei den Erfolgskonten die offiziellen Bezeichnungen des für uns gültigen Schulkontenrahmen zugrunde gelegt.[2]

1 **Zur Erinnerung:** Die Begriffe Erfolgskonten und Ergebniskonten sind identisch (gleichwertig). Sie werden daher in den folgenden Texten entsprechend verwandt.

2 Zum Schulkontenrahmen siehe S. 318.

In schematischer Zusammenfassung ergibt sich die folgende Darstellung:

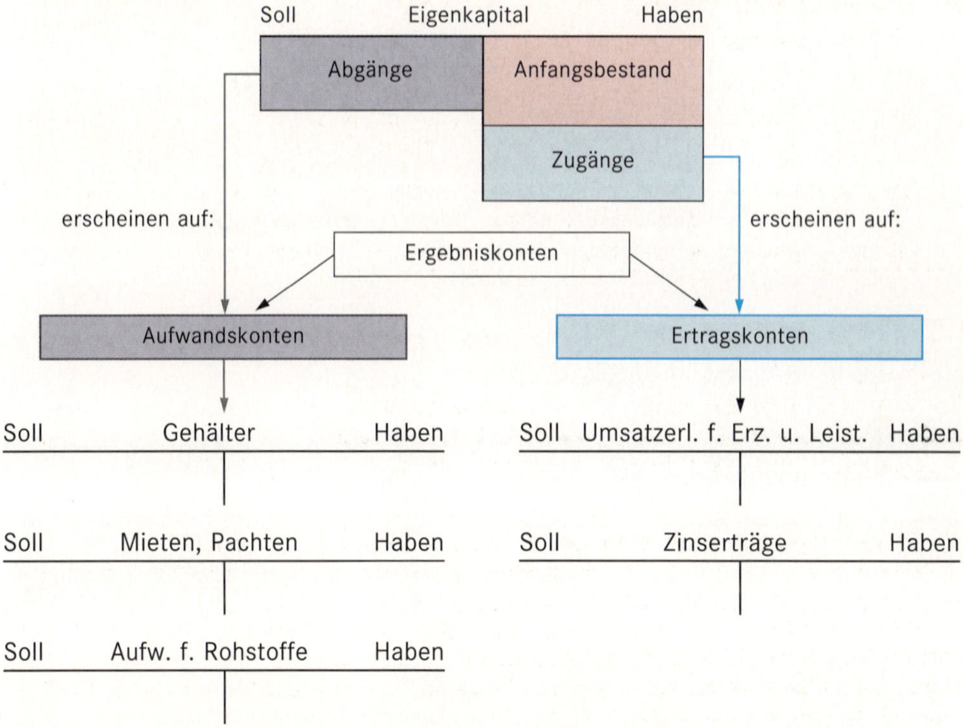

Merke:

- Die Aufwands- und Ertragskonten sind **Unterkonten des Eigenkapitalkontos.**
- Da die Aufwands- und Ertragskonten Auskunft darüber geben, wodurch der Erfolg (Gewinn oder Verlust) zustande gekommen ist, nennen wir sie **Erfolgskonten (Ergebniskonten)**.

Zusammenfassung

- Aufwendungen und Erträge verändern das **Eigenkapital.**
- Durch **Aufwendungen** nimmt das **Eigenkapital** auf der **Sollseite ab.**
- Durch **Erträge** nimmt das **Eigenkapital** auf der **Habenseite zu.**
- **Aufwendungen** sind die in Geld ausgedrückten Wertabgänge beim Eigenkapital innerhalb einer Abrechnungsperiode. Dazu zählen:

  Werkstoffaufwendungen, Aufwendungen für Handelswaren, Aufwendungen für Arbeitsleistungen, Aufwendungen für die Erfassung der Wertminderungen beim abnutzbaren Anlagevermögen durch Abschreibungen, sonstige Aufwendungen (Mieten, Steuern, Versicherungen usw.).

- **Erträge** sind die in Geld ausgedrückten Wertzugänge beim Eigenkapital innerhalb einer Rechnungsperiode. Dazu zählen:

  Verkaufserlöse, Provisionserträge, Erträge aus Vermietungen und Verpachtungen, Erträge aus Wertpapieren, Erträge aus Kursgewinnen, Zins- und Diskonterträge usw.

- Um das Eigenkapitalkonto nicht über Gebühr zu belasten und um die einzelnen Aufwands- und Ertragsarten jeweils in einer Summe verfügbar zu haben, werden in der Praxis diese Kapitalveränderungen zunächst außerhalb des Eigenkapitalkontos auf besonderen **Aufwands- und Ertragskonten** erfasst. Selbstverständlich müssen diese ausgelagerten Eigenkapitalveränderungen im Rahmen des Abschlusses wieder auf das Eigenkapital zurückgeführt werden, um die gesamten Eigenkapitalveränderungen innerhalb der Geschäftsperiode sowie das neue Eigenkapital am Ende der Geschäftsperiode feststellen zu können.

Übungsaufgabe

69 1. 1.1 Erläutern Sie den Zusammenhang zwischen den Erfolgskonten und dem Eigenkapitalkonto!

1.2 Würde das System der doppelten Buchführung auch ohne die Einrichtung von Erfolgskonten funktionieren? Begründen Sie Ihre Entscheidung!

1.3 Aus welchen Gründen werden Erfolgskonten eingerichtet?

1.4 Warum kann es auf den Erfolgskonten keine Anfangsbestände geben?

1.5 Wie können Aufwendungen in Bezug auf das Eigenkapital bezeichnet werden?

1.6 Wie können Erträge in Bezug auf das Eigenkapital bezeichnet werden?

2. Beurteilen Sie folgende Geschäftsvorfälle hinsichtlich ihrer Erfolgswirksamkeit. Sofern Sie nicht Eigentümer des Buches sind, übertragen Sie die Tabelle in Ihr Hausheft und kreuzen Sie die entsprechende Spalte in dem vorgesehenen Schema an!

Geschäftsvorfälle	erfolgs-unwirksam	erfolgs-wirksam	Aufwand	Ertrag
1. Wir zahlen eine Liefererrechnung durch Banküberweisung				
2. Wir verkaufen Handelswaren auf Ziel				
3. Wir kaufen Büromaterial bar				
4. Verbrauch von Rohstoffen				
5. Ein Kunde zahlt durch Banküberweisung				
6. Wir verkaufen Fertigerzeugnisse bar				
7. Die Bank belastet uns mit Zinsen				
8. Barzahlung für ein Werbeinserat				
9. Banküberweisung für Gewerbesteuer				
10. Barkauf eines Büroschrankes				
11. Barkauf von Hilfsstoffen zum sofortigen Verbrauch				

7.3.2 Buchungsregeln für die Buchungen auf den Erfolgskonten

Obschon uns das Buchen auf Erfolgskonten keine Schwierigkeiten bereiten dürfte, möchten wir – vor allem auch, um einem begrifflichen Missbrauch zu begegnen – kurz auf die Buchungsregeln und die begriffliche Deutung des Inhaltes auf den Erfolgskonten eingehen.

Auch wenn es richtig bleibt, dass die Erfolgskonten nichts anderes aufnehmen als Zu- und Abgänge des Eigenkapitals, so dürfen wir diese Begriffe als Inhaltsangabe bei den Erfolgskonten nicht mehr verwenden. Die Begriffe Zu- und Abgänge setzen logischerweise einen Anfangsbestand voraus und können daher nur in Bezug zum Eigenkapitalkonto oder einem anderen Bilanzkonto, nicht dagegen in Verbindung mit einem Ergebniskonto verwendet werden. Auf den Ergebniskonten gibt es nur Aufwendungen bzw. Erträge, wobei die Aufwendungen des entsprechenden Aufwandskontos auf der gleichen Seite zu erfassen sind, auf die der Abgang auf dem Eigenkapitalkonto gehören würde, nämlich auf der Sollseite. Entsprechendes gilt für die Erträge. Daher kommen wir zu folgenden Buchungsregeln und Begriffsfestlegungen:

Soll	Aufwandskonto	Haben
Aufwendungen		

Bei den Aufwandskonten erscheinen die **Aufwendungen** immer auf der **Soll**seite.

Soll	Ertragskonto	Haben
		Erträge

Bei den Ertragskonten erscheinen die **Erträge** immer auf der **Habenseite.**

Merke:

- Auf den **Erfolgskonten** gibt es **keinen Anfangsbestand, keine Zugänge, keine Abgänge** und **keinen Schlussbestand.** Diese Begriffe bleiben den Bilanzkonten (Bestandskonten) vorbehalten.
- Bei den **Erfolgskonten** gibt es **nur Aufwendungen** und **Erträge.** Beim Abschluss dieser Konten wird der auf der jeweils anderen Seite erscheinende Betrag als Saldo bezeichnet.

7.3.3 Beispiele für die Buchungen von Aufwendungen und Erträgen auf den Erfolgskonten

1. Geschäftsvorfall: Einkauf von Rohstoffen auf Ziel zum sofortigen Verbrauch 65 000,00 EUR.[1]

Soll	Verb. a. Lief. u. Leist.	Haben
	A. f. Rohst.	65 000,00

Soll	Aufw. f. Rohstoffe	Haben
V. a. L. u. L.	65 000,00	

Buchungssatz:

Konten	Soll	Haben
Aufwendungen für Rohstoffe an Verbindlichkeiten a. Lief. u. Leist.	65 000,00	 65 000,00

1 Im Folgenden gehen wir davon aus, dass die eingekauften Werkstoffe jeweils verbraucht werden. Der Einkauf von Werkstoffen wird somit nach dem **Just-in-time-Verfahren** gebucht.

2. Geschäftsvorfall: Einkauf von Hilfsstoffen bar zum sofortigen Verbrauch 1 200,00 EUR.

Soll	Kasse		Haben
AB	4 000,00	A. f. Hilfsst.	1 200,00

Soll	Aufw. f. Hilfsstoffe		Haben
Kasse	1 200,00		

Buchungssatz:

Konten	Soll	Haben
Aufwendungen für Hilfsstoffe an Kasse	1 200,00	 1 200,00

3. Geschäftsvorfall: Für eine Werbeaktion in einer Fachzeitschrift zahlen wir die Rechnung über 1 250,00 EUR durch Banküberweisung.

Soll	Bank		Haben
AB	3 000,00	Werbung	1 250,00

Soll	Werbung		Haben
Bank	1 250,00		

Buchungssatz:

Konten	Soll	Haben
Werbung an Bank	1 250,00	 1 250,00

4. Geschäftsvorfall: Wir zahlen die Kraftfahrzeugsteuer für die Geschäftswagen in Höhe von 1 750,00 EUR durch Banküberweisung.

Soll	Bank		Haben
AB	3 000,00	Kfz.-St.	1 750,00

Soll	Kraftfahrzeugsteuer		Haben
Bank	1 750,00		

Buchungssatz:

Konten	Soll	Haben
Kraftfahrzeugsteuer an Bank	1 750,00	 1 750,00

5. Geschäftsvorfall: Die Bank schreibt uns Zinsen in Höhe von 950,00 EUR gut.

Soll	Bank		Haben
Zinserträge	950,00		

Soll	Zinserträge		Haben
		Bank	950,00

Buchungssatz:

Konten	Soll	Haben
Bank an Zinserträge	950,00	 950,00

6. Geschäftsvorfall: Verkauf von Erzeugnissen im Wert von 2 460,00 EUR gegen Banküberweisung.

Soll	Bank	Haben
UErl. E.u.L. 2 460,00		

Soll	Umsatzerl. f. Erz. u. Leist.	Haben
		Bank 2 460,00

Buchungssatz:

Konten	Soll	Haben
Bank an Umsatzerlöse f. Erz. u. Leist.	2 460,00	 2 460,00

Übungsaufgaben

70 Bilden Sie zu den folgenden Geschäftsvorfällen die Buchungssätze!

1.	Wir zahlen Miete für die Geschäftsräume durch Banküberweisung	4 000,00 EUR
2.	Die Bank schreibt uns Zinsen gut	210,00 EUR
3.	Verkauf von Erzeugnissen bar	800,00 EUR
4.	An unsere Verkäufer im Außendienst zahlen wir Provisionen	
	bar	6 100,00 EUR
	per Bankscheck	2 345,00 EUR
5.	Zinslastschrift der Bank	651,00 EUR
6.	Einkauf von Rohstoffen auf Ziel zum sofortigen Verbrauch	745,00 EUR
7.	Zahlung der Gewerbesteuer durch die Bank	2 380,00 EUR
8.	Für Büromaterialien wurden bar bezahlt	123,00 EUR
9.	Banküberweisung der Kfz-Steuer für die Betriebsfahrzeuge	630,00 EUR
10.	Einkauf von Betriebsstoffen bar zum sofortigen Verbrauch	2 200,00 EUR

71 Bilden Sie für die folgenden Geschäftsvorfälle die Buchungssätze! Geben Sie in einer besonderen Spalte an, ob der Geschäftsvorfall erfolgswirksam oder erfolgsneutral ist!

1.	Verkauf von Erzeugnissen auf Ziel	6 000,00 EUR
2.	Wir zahlen die Ausbildungsvergütung durch die Bank	620,00 EUR
3.	Wir kaufen ein Faxgerät bar	500,00 EUR
4.	Wir kaufen Hilfsstoffe auf Ziel zum sofortigen Verbrauch	8 750,00 EUR
5.	Wir kaufen einen Büroschrank bar	850,00 EUR
6.	Wir zahlen Heizöl für eine Lagerhalle durch Banküberweisung	5 300,00 EUR
7.	Ein Kunde zahlt einen Rechnungsbetrag durch Banküberweisung	450,00 EUR
8.	Wir kaufen Büromöbel bar	1 500,00 EUR
9.	Wir bringen Geld zur Bank	500,00 EUR
10.	Einkauf von Betriebsstoffen gegen Banküberweisung	4 000,00 EUR
11.	Ein Kunde überweist einen Rechnungsbetrag auf unser Bankkonto	250,00 EUR
12.	Verkauf von Erzeugnissen auf Ziel	5 200,00 EUR
13.	Wir bezahlen die Paketgebühren bar	20,40 EUR

1 Sofern es sich um Zahlungen handelt, die als Aufwand zu erfassen sind, ist davon auszugehen, dass die zugrunde liegende Rechnung noch **nicht** gebucht wurde.

72 Buchen Sie die folgenden Belege im Grundbuch der Möbelfabrik F.Merkurius e.Kfm.!

Beleg 1

Kontonummer			Bankleitzahl
13597	Kreissparkasse Ravensburg		65050110

Buchungstag	Tag der Wertstellung	Verwendungszweck/Buchungstext	Buchungsnummer	alter Kontostand 2 007,00 +
30.06.	30.06.	Abrechnungszeitraum 30.03.20.. bis 30.06.20..		
		Zinsen für Kredit: 9,25 v.H. Soll-Zins		732,00 –
		Entgelt / Auslagen		64,50 –

Möbelfabrik
Franz Merkurius e. Kfm.
Humpisstr. 15
88212 Ravensburg

1 210,50 +
neuer Kontostand

Kontoauszug vom	Auszug	Blatt
30.06.20..	14	1

Bitte beachten Sie die Hinweise auf der Rückseite

Beleg 2

Josef Sigg e. Kfm.
Buch- und Offsetdruck · Blumenweg 17 · 87700 Memmingen

Möbelfabrik
Franz Merkurius e. Kfm.
Humpisstr. 15
88212 Ravensburg

Lieferdatum: 20..-06-25
Rechnungsdatum: 20..-06-30

Rechnung Nr. 1572

Auftrags-Nr.		Preis in EUR
519	5000 Vordrucke für Ausgangsrechnungen[1]	295,00
	– Lieferschein Nr. 1010 –	

Sitz der Gesellschaft: Memmingen, Registergericht Memmingen HRA 560
Steuer-Nr.: 81792/54777

1 Auf die Buchung der Umsatzsteuer wird hier verzichtet, weil die Umsatzsteuer lt. Lehrplan erst später behandelt wird. Vgl. S. 321ff.

Beleg 3

Kontonummer				Bankleitzahl
13597	Kreissparkasse Ravensburg			65050110

Buchungstag	Tag der Wertstellung	Verwendungszweck/Buchungstext	Buchungsnummer	alter Kontostand
				1210,50 +
01.07.	01.07.	Grunsteuer Firmengebäude Steuernummer 1050/274 Stadt Ravensburg	1719	2810,20 -

Möbelfabrik
Franz Merkurius e. Kfm.
Humpisstr. 15
88212 Ravensburg

Bitte beachten Sie die Hinweise auf der Rückseite

© BOG, Osnabrück

1599,70 -		
neuer Kontostand		
01.07.20..	15	1
Kontoauszug vom	Auszug	Blatt

Beleg 4

Beleg für Kontoinhaber/Einzahler-Quittung

Name und Sitz des Kreditinstituts des Überweisenden: Kreissparkasse Ravensburg

Bankleitzahl: 650 501 10

Begünstigter: Name, Vorname/Firma (max. 27 Stellen): Allgemeine Versicherungs-AG Fulda

Konto-Nr. des Begünstigten: 201 050 90

Bankleitzahl: 530 501 80

Kreditinstitut des Begünstigten: Kreissparkasse Fulda

EUR

Betrag: Euro, Cent: 1490,20-----------------

Kunden-Referenznummer - Verwendungszweck, ggf. Name und Anschrift des Überweisenden - (nur für Begünstigten): Betriebshaftpflicht

noch Verwendungszweck (insgesamt max. 2 Zeilen à 27 Stellen): Versicherungs-Nr. 5941230

Kontoinhaber/Einzahler: Name, Vorname/Firma, Ort (max. 27 Stellen, keine Straßen- oder Postfachangaben): Möbelfabrik Franz Merkurius e. Kfm., Ravensburg

Konto-Nr. des Kontoinhabers: 13597

II

7.4 Abschluss der Aufwands- und Ertragskonten und die doppelte Erfolgsermittlung

7.4.1 Abschluss der Aufwands- und Ertragskonten über das Gewinn- und Verlustkonto

Als Unterkonten des Eigenkapitals müssten die Erfolgskonten direkt über das Eigenkapitalkonto abgeschlossen werden. Aus Gründen der Übersichtlichkeit wird auf dem Konto Eigenkapital jedoch nur das **Gesamtergebnis** d. h. die Differenz zwischen der Summe der Aufwendungen und der Summe der Erträge in einer Summe (Reingewinn bzw. Reinverlust) ausgewiesen. Das bedeutet, dass die einzelnen Aufwendungen und Erträge auf einem Zwischenkonto einander gegenübergestellt werden müssen.

Da aus der Gegenüberstellung aller Erträge mit allen Aufwendungen der Reingewinn oder Reinverlust des Unternehmens errechnet wird, heißt dieses Zwischenkonto **Gewinn- und Verlustkonto (GuV-Konto)**. Der auf dem GuV-Konto ermittelte Reingewinn oder Reinverlust wird anschließend auf das Konto Eigenkapital umgebucht. Das GuV-Konto ist daher ein Unterkonto des Eigenkapitalkontos. Dabei erhöht ein Reingewinn das Eigenkapital, ein Verlust vermindert es.

Erträge > Aufwendungen = Gewinn
Erträge < Aufwendungen = Verlust

Das folgende Beispiel beschränkt die kontenmäßige Darstellung auf die Erfolgskonten. Die Bilanzkonten werden bewusst ausgeklammert, um den Abschluss der Erfolgskonten deutlich herauszustellen.

Beispiel:

I. Anfangsbestand auf dem Eigenkapitalkonto: 30 000,00 EUR

II. Geschäftsvorfälle:

1. Wir zahlen Aushilfslöhne durch Banküberweisung — 800,00 EUR
2. Kauf von Hilfsstoffen bar — 80,00 EUR
3. Abbuchung der Stromkosten vom Bankkonto — 150,00 EUR
4. Wir verkaufen Erzeugnisse gegen Banküberweisung — 2 000,00 EUR
5. Gutschrift der Bank für Zinsen — 140,00 EUR

Buchungssätze:

Konten	Soll	Haben
1. Löhne	800,00	
an Bank		800,00
2. Aufw. f. Hilfsstoffe	80,00	
an Kasse		80,00
3. Aufw.f.En.u.Treibst.	150,00	
an Bank		150,00
4. Bank	2 000,00	
an UErl. f. Erz. u. Leist.		2 000,00
5. Bank	140,00	
an Zinserträge		140,00
	3 170,00	3 170,00

III. Aufgabe:

Führen Sie den Abschluss der Erfolgskonten bis zum Schlussbilanzkonto durch!

Lösung:

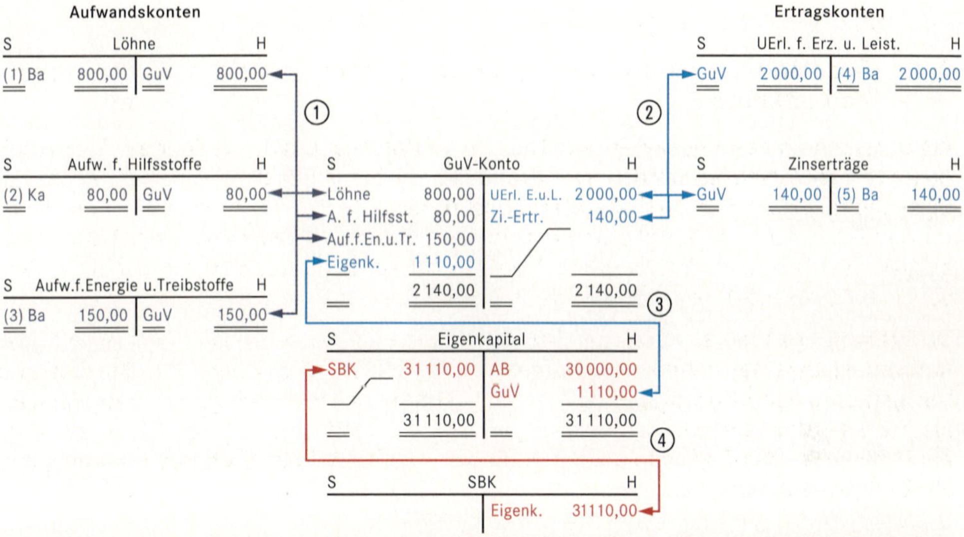

Merke:

Schritte beim Abschluss der Erfolgskonten:

1. Schritt: Abschluss der Aufwandskonten über das GuV-Konto.

2. Schritt: Abschluss der Ertragskonten über das GuV-Konto.

3. Schritt: Abschluss des GuV-Kontos über das Eigenkapitalkonto.

4. Schritt: Abschluss des Eigenkapitalkontos über das Schlussbilanzkonto.

Übungsaufgabe

73 **I. Anfangsbestand:**

Bank 150 000,00 EUR; Eigenkapital 150 000,00 EUR

II. Geschäftsvorfälle:

1.	Banküberweisung für den Beitrag zur Industrie- u. Handelskammer	2 800,00 EUR
2.	Zinsgutschrift der Bank	490,00 EUR
3.	Die Reparaturkosten für ein Kopiergerät werden mit Bankscheck bezahlt	512,00 EUR
4.	Kauf von Rohstoffen gegen Banküberweisung	1 290,00 EUR
5.	Banküberweisung der Kfz-Steuer für die Betriebsfahrzeuge	950,00 EUR
6.	Mieteinnahmen per Bankscheck	4 650,00 EUR
7.	Banküberweisung für die Feuerversicherung des Lagers	460,00 EUR
8.	Büromaterial wird gegen Bankscheck gekauft	370,00 EUR
9.	Wir verkaufen Erzeugnisse gegen Banküberweisung	9 980,00 EUR
10.	Ein Zeitungsinserat wird durch Banküberweisung beglichen	290,00 EUR

III. Aufgaben:

1. Eröffnen Sie die Konten Bank und Eigenkapital!
2. Bilden Sie die Buchungssätze und buchen Sie die Geschäftsvorfälle auf den Konten!
3. Führen Sie den Abschluss durch!

7.4.2 Geschäftsgang mit Bestands- und Erfolgskonten

Beispiel:

I. Anfangsbestände:

Geschäftsausstattung 120 000,00 EUR; Kasse 3 150,00 EUR; Bank 4 800,00 EUR; Verbindlichkeiten aus Lieferungen und Leistungen 26 000,00 EUR; Verbindlichkeiten gegenüber Kreditinstituten 20 000,00 EUR; Eigenkapital 81 950,00 EUR.

II. Geschäftsvorfälle:

1.	Kauf von Rohstoffen zum sofortigen Verbrauch gegen Banküberweisung	2 100,00 EUR
2.	Wir verkaufen Erzeugnisse gegen Banküberweisung	15 400,00 EUR
3.	Barzahlung eines Zeitungsinserates	160,00 EUR
4.	Die Bank schreibt uns Zinsen gut	580,00 EUR
5.	Barzahlung der Miete für das Geschäft	1 800,00 EUR
6.	Wir begleichen eine Lieferantenrechnung durch Bankscheck	750,00 EUR

III. Aufgaben:

1. Führen Sie das Eröffnungsbilanzkonto!
2. Bilden Sie die Buchungssätze für die Geschäftsvorfälle!
3. Buchen Sie auf den Konten!
4. Schließen Sie die Konten über das Schlussbilanzkonto ab!

Lösungen:

Zu 2. Bildung der Buchungssätze für die Geschäftsvorfälle:

Nr.	Konten	Soll	Haben
1.	Aufwendungen von Rohstoffen	2 100,00	
	an Bank		2 100,00
2.	Bank	15 400,00	
	an Umsatzerl. f. Erz. u. Leist.		15 400,00
3.	Werbung	160,00	
	an Kasse		160,00
4.	Bank	580,00	
	an Zinserträge		580,00
5.	Mieten, Pachten	1 800,00	
	an Kasse		1 800,00
6.	Verbindlichkeiten a. L. u. L.	750,00	
	an Bank		750,00
		20 790,00	20 790,00

Zu 1., 3. und 4. Buchungen auf den Konten mit Abschluss der Konten:

Soll	EBK		Haben
Eigenkapital	81 950,00	Geschäftsausstattung	120 000,00
Verb.geg.Kreditinstituten	20 000,00	Kasse	3 150,00
Verbindl.a.Lief.u.Leist.	26 000,00	Bank	4 800,00
	127 950,00		127 950,00

Soll	Geschäftsausstattung		Haben
EBK	120 000,00	SBK	120 000,00

Soll	Kasse		Haben
EBK	3 150,00	Werbung	160,00
		Miet.,P.	1 800,00
		SBK	1 190,00
	3 150,00		3 150,00

Soll	Bank		Haben
EBK	4 800,00	A.f.Rohst.	2 100,00
UErl.	15 400,00	Vb.a.L.u.L.	750,00
ZiErtr.	580,00	SBK	17 930,00
	20 780,00		20 780,00

Soll	Eigenkapital		Haben
SBK	93 870,00	EBK	81 950,00
		GuV	11 920,00
	93 870,00		93 870,00

Soll	Verb. g. Kreditinstitut		Haben
SBK	20 000,00	EBK	20 000,00

Soll	Verbindl.a.Lief.u.Leist.		Haben
Bank	750,00	EBK	26 000,00
SBK	25 250,00		
	26 000,00		26 000,00

Soll	Aufw. f. Rohstoffe		Haben
Bank	2 100,00	GuV	2 100,00

Soll	Werbung		Haben
Kasse	160,00	GuV	160,00

Soll	Mieten, Pachten		Haben
Kasse	1 800,00	GuV	1 800,00

Soll	UErl. f. Erz. u. Leist.		Haben
GuV	15 400,00	Bank	15 400,00

Soll	Zinserträge		Haben
GuV	580,00	Bank	580,00

Soll	GuV-Konto		Haben
Aufw. f. Rohstoffe	2 100,00	UErl. f. Erz. u. Leist.	15 400,00
Werbung	160,00	Zinserträge	580,00
Mieten, Pachten	1 800,00		
Eigenkapital	11 920,00		
	15 980,00		15 980,00

Soll	SBK		Haben
G.-Ausstattung	120 000,00	Eigenkapital	93 870,00
Kasse	1 190,00	Verb. g. Kreditinst.	20 000,00
Bank	17 930,00	Verb.a.Lief.u.Leist.	25 250,00
	139 120,00		139 120,00

7.4.3 Doppelte Erfolgsermittlung (Ergebnisermittlung)

Aus dem vorhergehenden Geschäftsgang ersehen wir, dass in der doppelten Buchführung auch eine **doppelte Möglichkeit der Ergebnisermittlung** besteht:

1. **Im Erfolgskontenbereich:**
   Hier wird das Ergebnis (Gewinn oder Verlust) durch die Gegenüberstellung der Aufwendungen mit den Erträgen auf dem GuV-Konto ermittelt. Aus dem GuV-Konto sind auch die einzelnen Ertrags- und Aufwandsarten ersichtlich.

Summe der Erträge	15 980,00 EUR
– Summe der Aufw.	4 060,00 EUR
= Erfolg (Gewinn)	11 920,00 EUR

Soll	GuV		Haben
A. f. Rohst.	2 100,00	UErl. f. E.u.L.	15 400,00
Werbung	160,00	Zi.-Ertr.	580,00
Miet., Pacht.	1 800,00		
Reingewinn	11 920,00		
	15 980,00		15 980,00

2. **Im Bilanzkontenbereich:**
   Hier wird das Ergebnis (Gewinn oder Verlust) durch den Vergleich des Eigenkapitals am Ende des Geschäftsjahres mit dem Eigenkapital am Anfang des Geschäftsjahres ermittelt.

Eigenkapital am Ende des Geschäftsjahres	–	Eigenkapital am Anfang des Geschäftsjahres	=	Reingewinn bzw. Reinverlust
93 870,00 EUR		81 950,00 EUR		11 920,00 EUR

Soll	Eigenkapital		Haben
SBK	93 870,00	EBK	81 950,00
		Reingewinn	11 920,00
	93 870,00		93 870,00

Zusammenfassung

- Bezüglich der Geschäftsvorfälle sind zwei Gruppen zu unterscheiden:
  (1) **erfolgsunwirksame** Geschäftsvorfälle, bei denen **nur Bilanzkonten** angesprochen werden, wobei das Eigenkapitalkonto ausgeschlossen bleibt;
  (2) **erfolgswirksame** Geschäftsvorfälle, bei denen statt des Eigenkapitals immer **ein Erfolgskonto** angesprochen wird. Das Gegenkonto dazu ist immer **ein Bilanzkonto.**
- Um das Ergebnis der Erfolgsvorgänge (Gewinn oder Verlust) in einer Zahl darstellen zu können, werden die Salden der Erfolgskonten nicht direkt über das Eigenkapitalkonto, sondern über ein besonderes Abschlusskonto abgeschlossen. Da sich auf diesem Konto als Saldo der Gewinn oder der Verlust der Geschäftsperiode ergibt, nennt man dieses Konto **Gewinn- und Verlustkonto.**
- Die **Gegenbuchung zu dem Saldo auf dem Gewinn- und Verlustkonto** erscheint **auf dem Eigenkapitalkonto.** Auf diese Weise werden die Auswirkungen einer Vielzahl von Eigenkapitalveränderungen aufgrund der erfolgswirksamen Geschäftsvorfälle in einer Summe auf dem Eigenkapitalkonto erfasst.

- Nach Einführung der Erfolgskonten können wir jetzt auch unser Kontensystem der doppelten Buchführung vervollständigen. Wir haben einerseits die **Bilanzkonten** und andererseits die **Erfolgskonten.** Jede Kontengruppe hat ihr eigenes Abschlusskonto. Die Gegenbuchungen zu den **Salden** auf den **Bilanzkonten** erscheinen auf dem **Schlussbilanzkonto,** und die Gegenbuchungen zu den **Salden** auf den **Erfolgskonten** erscheinen auf dem **Gewinn- und Verlustkonto.**

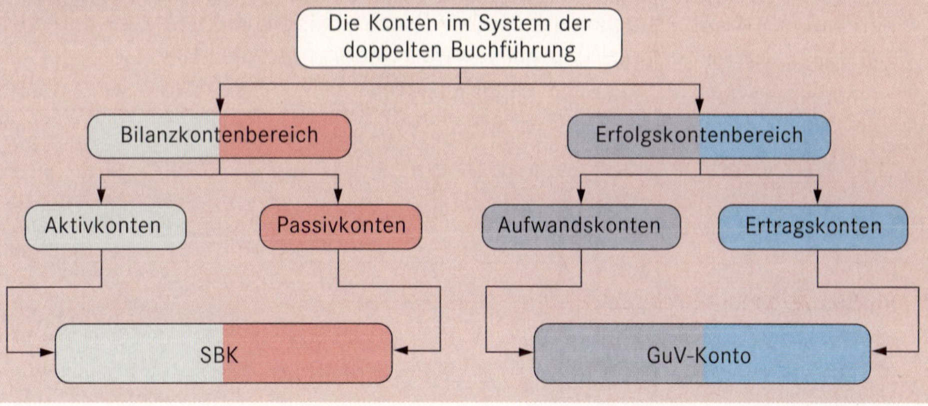

Übungsaufgaben

74 **I. Anfangsbestände:**

Grundstücke und Bauten 205 000,00 EUR; Geschäftsausstattung 15 000,00 EUR; Bank 16 200,00 EUR; Kasse 5 400,00 EUR; Verbindlichkeiten aus Lieferungen und Leistungen 25 000,00 EUR; Eigenkapital 216 600,00 EUR.

II. Geschäftsvorfälle:

1. Wir kaufen Rohstoffe gegen Banküberweisung	5 300,00 EUR
2. Kauf von Schreibwaren für das Büro bar	120,00 EUR
3. Zinsgutschrift der Bank	350,00 EUR
4. Verkauf von Erzeugnissen gegen Banküberweisung	11 350,00 EUR
5. Zahlung der Geschäftsmiete durch Banküberweisung	1 100,00 EUR
6. Die Telefongebühren werden vom Bankkonto abgebucht	215,00 EUR

III. Aufgaben:

1. Erstellen Sie die Eröffnungsbilanz!
2. Eröffnen Sie die Konten und buchen Sie die Anfangsbestände!
3. Bilden Sie die Buchungssätze und buchen Sie auf den Konten!
4. Schließen Sie die Konten ab und geben Sie das neue Eigenkapital an!

75 Entscheiden Sie außerhalb des Buches, welche der folgenden Aussagen richtig sind:

1. Der Begriff Erfolg beinhaltet immer einen Gewinn.
2. Ist das Reinvermögen am Ende der Geschäftsperiode höher als am Anfang, wurde in der Geschäftsperiode ein Gewinn erzielt.
3. Vermögen - Schulden = Erfolg.
4. Ein Verlust liegt vor, wenn das Eigenkapital am Anfang der Geschäftsperiode größer ist als am Ende.
5. Die Formel für die Erfolgsermittlung lautet:

	Eigenkapital am Anfang der Geschäftsperiode
–	Eigenkapital am Ende der Geschäftsperiode
=	Erfolg

8 Ermittlung und Buchung des Werkstoffverbrauchs (Materialverbrauchs)

8.1 Werkstoffbestände

Bisher haben wir unterstellt, dass die benötigten Werkstoffe fertigungssynchron angeliefert und in der gleichen Periode vollständig verbraucht werden. Es wurde also davon ausgegangen, dass das Unternehmen kein Werkstofflager unterhält. Dies entspricht nicht der Realität, denn die Just-in-time-Konzeption bedeutet keineswegs, dass generell keine Vorratshaltung betrieben wird. Vielmehr ist es üblich, von jedem Werkstoff einen **Sicherheitsbestand** (Mindestbestand; Eiserner Bestand) am Lager zu halten, um die Produktion bei verzögerter Anlieferung eines Werkstoffes aufrechterhalten zu können.

Die gelagerten Werkstoffe zählen zum Vermögensgegenstand des Unternehmens und sind daher auf **Aktivkonten** zu buchen. Es stehen folgende Konten zur Verfügung:

- **Rohstoffe**
- **Vorprodukte**
- **Hilfsstoffe**
- **Betriebsstoffe**

Die Konten nehmen jeweils nur den **Anfangsbestand,** den **Schlussbestand** und gegebenenfalls die Veränderung dieser Bestände **(Bestandsveränderungen)** auf, weil die Zugänge ja auf den entsprechenden Aufwandskonten erfasst werden.

Die Werkstoffbestände können sich in zwei Richtungen verändern: Sie können anwachsen **(Bestandsmehrung)** oder abgebaut werden **(Bestandsminderung).** Beide Fälle wirken sich auf die Höhe des Werkstoffverbrauchs aus.

8.2 Bestandsveränderungen bei Werkstoffen

8.2.1 Bestandsmehrungen bei Werkstoffen

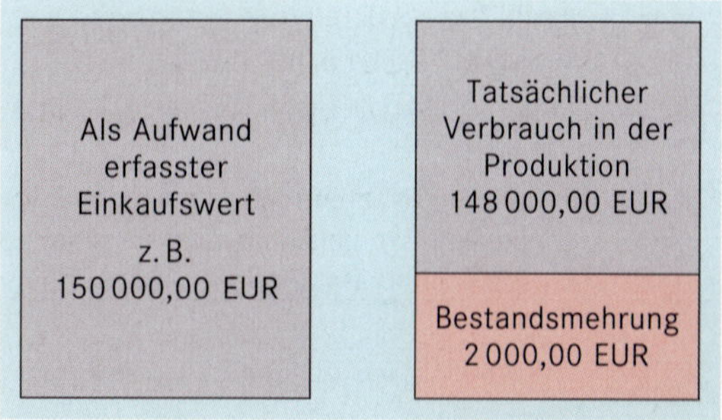

In Bezug auf den Verbrauch von **Roh-, Hilfs- und Betriebsstoffen** bedeutet „periodengerechter" Aufwand nichts anderes als den tatsächlichen Verbrauch einer Abrechnungsperiode zu erfassen. Eine **Bestandsmehrung** liegt vor, wenn der Schlussbestand einer Werkstoffart höher ist als der Bestand am Anfang einer Abrechnungsperiode. Dies bedeutet, dass innerhalb dieser Periode mehr eingekauft als in der Produktion verbraucht wurde. Die nicht verbrauchte Menge wurde auf Lager genommen, daher die Bestandsmehrung. Die unmittelbar gebuchten Werkstoffaufwendungen geben daher den periodengerechten Aufwand nicht wieder. Der Einkaufswert ist höher als der zu ermittelnde, periodenbezogene Verbrauch, und zwar um den Betrag der Bestandsmehrung.

Werden in einem Unternehmen die eingekauften Werkstoffe direkt als Aufwand erfasst und stellt sich bei der Inventur eine Bestandsmehrung heraus, dann ergibt sich der tatsächliche Verbrauch dadurch, dass von den direkt gebuchten Werkstoffaufwendungen der Wert der Bestandsmehrung wieder abgezogen wird. Buchhalterisch erfolgt dies in der Weise, dass die Bestandsmehrung auf dem Werkstoffkonto auf das entsprechende Aufwandskonto umgebucht wird.

Beispiel:

I. Bestand an Werkstoffen:

	Rohstoffe
Anfangsbestand:	125 750,00 EUR
Schlussbestand lt. Inventur:	175 750,00 EUR

II. Geschäftsvorfälle:

1. Einkauf von Rohstoffen auf Ziel 150 000,00 EUR
2. Verkauf von Fertigerzeugnissen auf Ziel 280 000,00 EUR

III. Aufgaben:

1. Ermitteln Sie rechnerisch
   1.1 den Verbrauch von Rohstoffen,
   1.2 den Rohgewinn!
2. Stellen Sie die Angaben des Beispiels auf Konten dar, wobei bei den Geschäftsvorfällen die Gegenkonten anzugeben, aber nicht zu führen sind.[1]
3. Bilden Sie jeweils die Buchungssätze
   3.1 für die Geschäftsvorfälle,
   3.2 für den Abschluss der Konten!

1 Der Übersicht wegen werden nur die Vorgänge auf den hier interessierenden Konten (Rohstoffe, Umsatzerlöse für Erzeugnisse und Leistungen, Aufwendungen für Rohstoffe) dargestellt.

Lösungen:

Zu 1. Rechnerische Ermittlungen:

1.1 Verbrauch von Rohstoffen:

	Einkauf von Rohstoffen in der Geschäftsperiode	150 000,00 EUR
–	Bestandsmehrung	50 000,00 EUR
=	Verbrauch innerhalb der Geschäftsperiode	100 000,00 EUR

1.2 Ermittlung des Rohgewinns:

	Umsatzerlöse für Erzeugnisse und Leistungen	280 000,00 EUR
–	Verbrauch von Rohstoffen	100 000,00 EUR
=	Rohgewinn	180 000,00 EUR

Erläuterungen:

Wie Sie aus dem Beispiel ersehen, haben wir bei den Rohstoffen eine Bestandsmehrung. Bei der Buchung nach dem Just-in-time-Verfahren muss daher für eine periodengerechte Verbrauchsermittlung die **Bestandsmehrung** bei den Rohstoffen **vom Einkaufswert abgezogen werden** (es wurde weniger verbraucht, als an Aufwand gebucht wurde).

Zu 2. Buchungen auf den Konten:

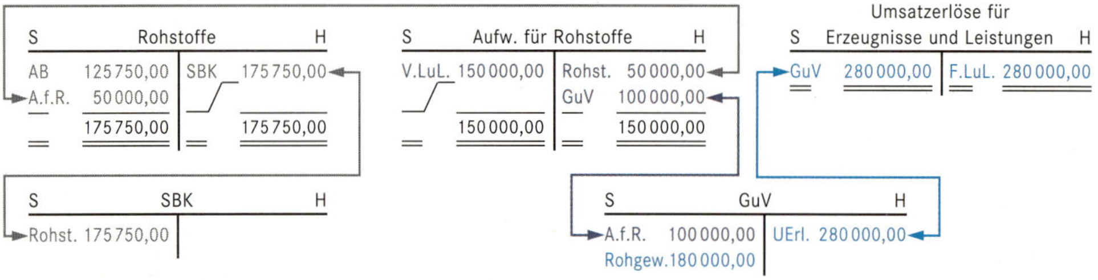

Zu 3. Bildung der Buchungssätze:

3.1 Für die Geschäftsvorfälle	Konten	Soll	Haben
1. Einkauf von Rohstoffen auf Ziel 150 000,00 EUR	Aufw. für Rohstoffe an Verb. a. Lief. u. Leist.	150 000,00	 150 000,00
2. Verkauf von Fertigerzeugnissen auf Ziel 280 000,00 EUR	Ford. a. Lief. u. Leist. an UErl. f. Erz. u. Leist.	280 000,00	 280 000,00
3.2 Für den Abschluss der Werkstoffkonten			
1. Abschluss des Kontos Rohstoffe 175 750,00 EUR	SBK an Rohstoffe	175 750,00	 175 750,00
2. Umbuchung der Betriebsmehrung von 50 000,00 EUR	Rohstoffe an Aufw. f. Rohstoffe	50 000,00	 50 000,00
3. Abschluss des Kontos Aufwendungen für Rohstoffe	GuV an Aufw. f. Rohstoffe	100 000,00	 100 000,00
4. Abschluss des Kontos Umsatzerlöse für Erzeugnisse und Leistungen	UErl. f. Erz. u. Leist. an GuV	280 000,00	 280 000,00

Nach Abschluss des Kontos Umsatzerlöse für Erzeugnisse und Leistungen und des Kontos Aufwendungen für Rohstoffe stehen sich auf dem GuV-Konto die Erträge aus dem Verkauf der Erzeugnisse und der bei der Produktion der Erzeugnisse angefallene Verbrauch an Rohstoffen gegenüber. Der Saldo aus diesen Beträgen ergibt den Rohgewinn in Höhe von 180000,00 EUR.

8.2.2 Bestandsminderungen bei Werkstoffen

Hier ergeben sich die gleichen Gedankengänge wie unter 8.2.1. Sie bewegen sich jeweils nur in entgegengesetzter Richtung. Daher können wir ihren Ablauf hier kürzer fassen.

Ist innerhalb einer Geschäftsperiode der Schlussbestand bei den Werkstoffen niedriger als am Anfang **(Bestandsminderung)**, dann muss innerhalb der Geschäftsperiode mehr verbraucht worden sein als eingekauft wurde. Um den periodengerechten Aufwand erfassen zu können, muss daher der bereits als Aufwand gebuchte Einkauf von Werkstoffen um die Bestandsminderung erhöht werden.

Beispiel:

I. Bestand an Werkstoffen:

	Rohstoffe
Anfangsbestand:	125750,00 EUR
Schlussbestand lt. Inventur:	120000,00 EUR

II. Geschäftsvorfälle:

1. Einkauf von Rohstoffen auf Ziel 150000,00 EUR
2. Verkauf von Fertigerzeugnissen auf Ziel 280000,00 EUR

III. Aufgaben:

1. Ermitteln Sie rechnerisch
   1.1 den Verbrauch von Rohstoffen,
   1.2 den Rohgewinn!
2. Stellen Sie die Angaben des Beispiels auf Konten dar, wobei bei den Geschäftsvorfällen die Gegenkonten anzugeben, aber nicht zu führen sind.[1]
3. Bilden Sie jeweils die Buchungssätze
   3.1 für die Geschäftsvorfälle,
   3.2 für den Abschluss der Konten!

Lösungen:

Zu 1. Rechnerische Ermittlungen:

1.1 Verbrauch von Rohstoffen:

	Einkauf von Rohstoffen in der Geschäftsperiode	150000,00 EUR
+	Bestandsminderung	5750,00 EUR
=	Verbrauch innerhalb der Geschäftsperiode	155750,00 EUR

1 Der Übersicht wegen werden nur die Vorgänge auf den hier interessierenden Konten (Rohstoffe, Umsatzerlöse für Erzeugnisse und Leistungen, Aufwendungen für Rohstoffe) dargestellt.

19 Speth u.a. - ISBN 978-3-8120-0555-5

1.2 Ermittlung des Rohgewinns:

	Umsatzerlöse für Erzeugnisse und Leistungen	280 000,00 EUR
–	Verbrauch von Rohstoffen	155 750,00 EUR
=	Rohgewinn	124 250,00 EUR

Erläuterungen:

Wie Sie aus dem Beispiel ersehen, haben wir bei den Rohstoffen eine Bestandsminderung. Bei der Buchung nach dem Just-in-time-Verfahren muss daher für eine periodengerechte Verbrauchsermittlung die **Bestandsminderung** bei den Rohstoffen **zum Einkaufswert hinzuaddiert werden** (es wurde mehr verbraucht, als an Aufwand gebucht wurde).

Zu 2. Buchungen auf den Konten:

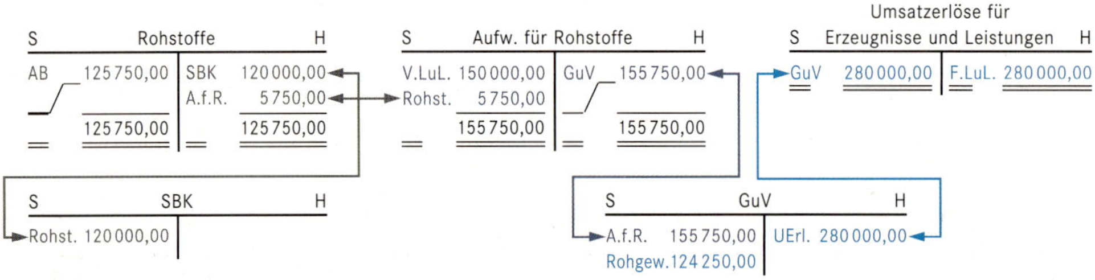

Zu 3. Bildung der Buchungssätze:

3.1 Für die Geschäftsvorfälle	Konten	Soll	Haben
1. Einkauf von Rohstoffen auf Ziel 150 000,00 EUR	Aufw. für Rohstoffe an Verb. a. Lief. u. Leist.	150 000,00	 150 000,00
2. Verkauf von Fertigerzeugnissen auf Ziel 280 000,00 EUR	Ford. a. Lief. u. Leist. an UErl. f. Erz. u. Leist.	280 000,00	 280 000,00
3.2 Für den Abschluss der Werkstoffkonten			
1. Abschluss des Kontos Rohstoffe 120 000,00 EUR	SBK an Rohstoffe	120 000,00	 120 000,00
2. Umbuchung der Betriebsminderung von 5 750,00 EUR	Aufw. f. Rohstoffe an Rohstoffe	5 750,00	 5 750,00
3. Abschluss des Kontos Aufwendungen für Rohstoffe	GuV an Aufw. f. Rohstoffe	155 750,00	 155 750,00
4. Abschluss des Kontos Umsatzerlöse für Erzeugnisse und Leistungen	UErl. f. Erz. u. Leist. an GuV	280 000,00	 280 000,00

Nach Abschluss des Kontos Umsatzerlöse für Erzeugnisse und Leistungen und des Kontos Aufwendungen für Rohstoffe stehen sich auf dem GuV-Konto die Erträge aus dem Verkauf der Erzeugnisse und der bei der Produktion der Ezeugnisse angefallene Verbrauch von Rohstoffen gegenüber. Der Saldo aus diesen Beträgen ergibt den Rohgewinn in Höhe von 124 250,00 EUR.

Zusammenfassung

- Beim **Just-in-time-Verfahren** werden die Einkäufe an Werkstoffen, Vorprodukten und Handelswaren direkt auf den **entsprechenden Aufwandskonten** gebucht. Auf den jeweiligen Bestandskonten erscheinen nur der Anfangsbestand und der Schlussbestand.
- **Bestandsdifferenzen (Bestandsveränderungen),** die sich als Saldo auf dem jeweiligen Bestandskonto niederschlagen, sind auf das entsprechende **Aufwandskonto umzubuchen.**
  - **Bestandsmehrungen** bedeuten: Es wurde weniger verbraucht als eingekauft wurde. Daher muss der als Aufwand **gebuchte Einkaufswert** um die **Bestandsmehrung vermindert werden.**

    Buchungssatz: Bestandskonto an Aufwandskonto
  - **Bestandsminderungen** bedeuten: Es wurde mehr verbraucht als eingekauft wurde. Daher muss der als Aufwand **gebuchte Einkaufswert** um die **Bestandsminderung erhöht werden.**

    Buchungssatz: Aufwandskonto an Bestandskonto
- **Schematische Darstellung des Just-in-time-Verfahrens am Beispiel der Werkstoffe:**

  1. Bei Bestandsmehrung

  2. Bei Bestandsminderung

- Die Ermittlung der Aufwendungen für Vorprodukte und Handelswaren erfolgt in der gleichen Weise.

Übungsaufgabe

76 Einzelne Konten in einem Industriebetrieb weisen die folgenden Werte auf:

S	Rohstoffe	H
AB	85 910,00	

S	Aufwend. für Rohstoffe	H
V.a.L.u.L.	92 500,00	

S	Betriebsstoffe	H
AB	22 425,00	

S	Aufwend. für Betriebsstoffe	H
V.a.L.u.L.	7 835,00	

S	Hilfsstoffe	H
AB	48 650,00	

S	Aufwend. für Hilfsstoffe	H
V.a.L.u.L.	36 280,00	

Schlussbestände lt. Inventur:

Rohstoffe	92 400,00 EUR
Betriebsstoffe	12 950,00 EUR
Hilfsstoffe	50 730,00 EUR

Aufgabe:
Schließen Sie die Konten über die entsprechenden Abschlusskonten ab!

77 **I. Werkstoffbestände:**

	Anfangsbestände	Schlussbestände
Rohstoffe	310 000,00 EUR	315 000,00 EUR
Sonstiges Material	85 000,00 EUR	91 200,00 EUR
Hilfsstoffe	47 700,00 EUR	45 000,00 EUR
Betriebsstoffe	64 400,00 EUR	59 800,00 EUR

II. Geschäftsvorfälle:

1.	Kauf von Rohstoffen auf Ziel	112 700,00 EUR
2.	Kauf von sonstigem Material (Verpackungsmaterial) auf Ziel	21 100,00 EUR
3.	Kauf von Hilfsstoffen mit Bankscheck	33 300,00 EUR
4.	Kauf von Betriebsstoffen auf Ziel	42 100,00 EUR
5.	Verkauf von eigenen Erzeugnissen auf Ziel	480 000,00 EUR

III. Aufgaben:

1. Ermitteln Sie rechnerisch den jeweiligen Werkstoffaufwand!
2. Ermitteln Sie rechnerisch den Rohgewinn!
3. Stellen Sie den Sachverhalt auf Konten dar und bilden Sie für die Geschäftsvorfälle und den Abschluss die Buchungssätze!

Hinweis für die Darstellung auf den Konten: Die Konten Bank, Forderungen aus Lieferungen und Leistungen und Verbindlichkeiten aus Lieferungen und Leistungen sind nicht zu führen.

78 Bilden Sie für die Möbelfabrik Heine AG zu den folgenden Geschäftsvorfällen die Buchungssätze!

1.	Kauf von Maschinenöl auf Ziel	7 100,00 EUR
2.	Kauf von Türzargen bar	1 950,00 EUR
3.	Kauf von Nägeln und Schrauben gegen Bankscheck	14 200,00 EUR
4.	Kauf von Eichenholz auf Ziel	3 720,00 EUR
5.	Kauf von Leim gegen Banküberweisung	6 220,00 EUR
6.	Banküberweisung zum Ausgleich einer Liefererrechnung	8 236,00 EUR
7.	Banküberweisung Kunden zum Ausgleich einer Rechnung	4 315,20 EUR
8.	Kauf von Türschlössern. Die Zahlung erfolgt durch Bankzahlschein	461,80 EUR
9.	Kauf von Spanplatten auf Ziel	6 694,00 EUR
10.	Kauf von Schleifmitteln für die Schleifmaschine gegen Banküberweisung	580,50 EUR

9 Beschaffung und Verbrauch von Handelswaren

9.1 Einführung der drei Handelswarenkonten

Der Zweck des Verkaufs von Handelswaren besteht darin, einen Gewinn zu erzielen. Der Gewinn entsteht dadurch, dass das Unternehmen die Handelswaren teurer verkauft als es sie einkauft. Diesen Gewinn nennen wir **Rohgewinn** bzw. **Warengewinn.**

Verkaufspreis – Einstandspreis[1] = Rohgewinn (Warengewinn)

Dadurch, dass wir die Ware zu einem höheren Preis verkaufen als wir sie einkaufen, muss für die **Warenverkäufe** ein **Ertragskonto** eingerichtet werden **(Konto: Umsatzerlöse für Handelswaren).**

Um den Gewinn aus den Warengeschäften ermitteln zu können, müssen den Verkaufserlösen die dazugehörigen **Einkaufswerte** als **Aufwand** gegenübergestellt werden. Insofern benötigen wir auch ein **Warenaufwandskonto,** auf dem der Einkaufswert der verkauften Ware erfasst wird **(Konto: Aufwendungen für Handelswaren).**

Außerdem wird noch ein drittes Konto benötigt, auf dem der Bestand an Waren erfasst wird **(Konto: Handelswaren).** Auf diesem Konto erscheinen nur der Anfangsbestand und der Schlussbestand an Waren. Das Konto ist also ein reines Bestandskonto (Aktivkonto).

1 Der Einstandspreis ergibt sich, wenn man vom Einkaufspreis die gewährten Nachlässe abzieht und eventuell anfallende Bezugskosten zu der Zwischensumme hinzuaddiert.

9.2 Buchungen auf den Handelswarenkonten und Abschluss der Handelswarenkonten

Den Buchungen beim Einkauf und der Ermittlung und Buchung des Wareneinsatzes von Handelswaren nach dem Just-in-time-Verfahren liegen im Prinzip die gleichen Gedanken zugrunde wie bei der Beschaffung und dem Verbrauch von Werkstoffen.

Der wesentliche Unterschied zur buchmäßigen Erfassung der Vorgänge bei den Werkstoffen, aus denen ja im Kombinationsprozess der Produktion neue Produkte entstehen, besteht darin, dass die eingekaufte Ware unverändert weiterveräußert wird. Dabei wird unterstellt, dass es sich um Ware handelt, die auch in der gleichen Geschäftsperiode eingekauft und daher nach dem Prinzip des Just-in-time-Verfahrens direkt auf dem entsprechenden Aufwandskonto gebucht wurde.

Die periodengerechte Aufwandserfassung bei den Handelswaren zielt also darauf ab, dass den Erlösen aus der Menge der verkauften Waren der Wareneinstandspreis der gleichen Menge gegenübergestellt wird.

Ist das nicht der Fall, drückt sich das in den Bestandsveränderungen aus. Um diese Bestandsveränderungen muss dann der als Aufwand gebuchte Wareneinsatz durch eine entsprechende Umbuchung korrigiert werden.

- **Bestandsmehrung bedeutet:** Es wurde weniger verkauft als eingekauft. Daher muss die Bestandsmehrung von dem als Aufwand gebuchten Einkaufswert (bzw. Einstandswert) abgezogen werden. Buchtechnisch erfolgt das durch den

Buchungssatz: Handelswaren an Aufwendungen für Handelswaren

- **Bestandsminderung bedeutet:** Es wurde mehr verkauft als eingekauft wurde. Daher muss die Bestandsminderung zu dem als Aufwand gebuchten Einkaufswert (Einstandswert) hinzuaddiert werden. Buchtechnisch erfolgt das durch den

Buchungssatz: Aufwendungen für Handelswaren an Handelswaren

Beispiel 1: Bestandsmehrung

I. Bestände an Handelswaren:

Anfangsbestand: 200 Stück à 100,00 EUR = 20 000,00 EUR
Schlussbestand: 350 Stück à 100,00 EUR = 35 000,00 EUR

II. Geschäftsvorfälle:

1. Einkauf von Handelswaren bar 250 Stück à 100,00 EUR = 25 000,00 EUR
2. Verkauf von Handelswaren bar 100 Stück à 150,00 EUR = 15 000,00 EUR

III. Aufgaben:

1. Ermitteln Sie rechnerisch die Aufwendungen für Handelswaren (verkaufte Ware zum Einstandspreis)!
2. Ermitteln Sie rechnerisch den Rohgewinn!
3. Stellen Sie den Sachverhalt auf Konten dar![1]
4. Bilden Sie jeweils die Buchungssätze!

1 Der Übersicht wegen werden nur die Vorgänge auf den Handelswarenkonten dargestellt.

Lösungen:

Zu 1. Ermittlung der Aufwendungen für Handelswaren:

	Einkäufe in der Geschäftsperiode	250 Stück à 100,00 EUR	=	25 000,00 EUR
–	Bestandsmehrung	150 Stück à 100,00 EUR	=	15 000,00 EUR
=	Warenaufwand in der Geschäftsperiode	(100 Stück à 100,00 EUR)	=	10 000,00 EUR

Zu 2. Ermittlung des Rohgewinns:

	Erlöse aus dem Verkauf von	100 Stück à 150,00 EUR	=	15 000,00 EUR
–	Aufwendungen für Waren von	100 Stück à 100,00 EUR	=	10 000,00 EUR
=	Rohgewinn (Verkauf von 100 Stück mit Stückgewinn 50,00 EUR)		=	5 000,00 EUR

Zu 3. Buchungen auf den Konten mit Abschluss der Warenkonten:

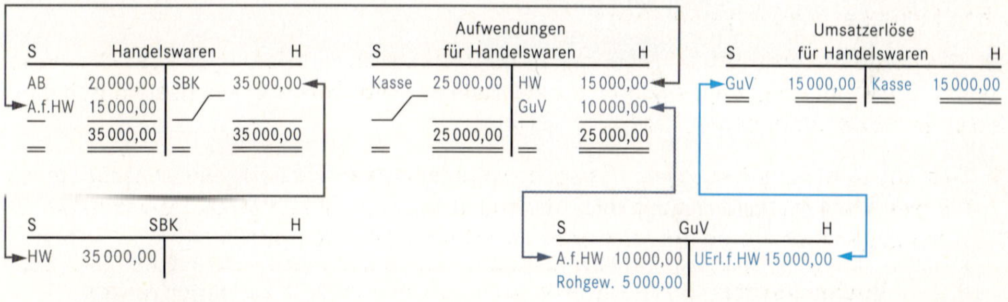

Zu 4. Buchungssätze:

I. Für die Geschäftsvorfälle	Konten	Soll	Haben
1. Wareneinkauf bar 250 Stück à 100,00 EUR = 25 000,00 EUR	Aufwend. für Handelswaren	25 000,00	
	an Kasse		25 000,00
2. Warenverkauf bar 100 Stück à 150,00 EUR = 15 000,00 EUR	Kasse	15 000,00	
	an UErl. für Handelswaren		15 000,00
II. Für den Abschluss der Warenkonten			
1. Abschluss des Kontos Handelswaren 35 000,00 EUR	SBK	35 000,00	
	an Handelswaren		35 000,00
2. Umbuchung der Bestandsmehrung von 15 000,00 EUR	Handelswaren	15 000,00	
	an Aufwend. f. Handelswaren		15 000,00
3. Abschluss des Kontos Aufwendungen für Handelswaren	GuV	10 000,00	
	an Aufwend. f. Handelswaren		10 000,00
4. Abschluss des Kontos Umsaterlöse für Handelswaren	UErl. für Handelswaren	15 000,00	
	an GuV		15 000,00

Nach Abschluss der Warenkonten stehen auf dem GuV-Konto den Umsatzerlösen von 100 Stück auf der Habenseite die entsprechenden Aufwendungen von 100 Stück auf der Sollseite gegenüber. Als Saldo ergibt sich ein Rohgewinn von 5 000,00 EUR.

Beispiel 2: Bestandsminderung

I. Bestände an Handelswaren:

Anfangsbestand: 200 Stück à 100,00 EUR = 20 000,00 EUR
Schlussbestand: 150 Stück à 100,00 EUR = 15 000,00 EUR

II. Geschäftsvorfälle:

1. Einkauf von Handelswaren bar 400 Stück à 100,00 EUR = 40 000,00 EUR
2. Verkauf von Handelswaren bar 450 Stück à 150,00 EUR = 67 500,00 EUR

III. Aufgaben:

1. Ermitteln Sie rechnerisch die Aufwendungen für Handelswaren (verkaufte Ware zum Einstandspreis)!
2. Ermitteln Sie rechnerisch den Rohgewinn!
3. Stellen Sie den Sachverhalt auf Konten dar![1]
4. Bilden Sie jeweils die Buchungssätze!

Lösungen:

Zu 1. Ermittlung der Aufwendungen für Handelswaren:

	Einkäufe in der Geschäftsperiode	400 Stück à 100,00 EUR	=	40 000,00 EUR
+	Bestandsminderung	50 Stück à 100,00 EUR	=	5 000,00 EUR
=	Warenaufwand in der Geschäftsperiode	(450 Stück à 100,00 EUR)	=	45 000,00 EUR

Zu 2. Ermittlung des Rohgewinns:

	Erlöse aus dem Verkauf von	450 Stück à 150,00 EUR	=	67 500,00 EUR
–	Aufwendungen für Waren von	450 Stück à 100,00 EUR	=	45 000,00 EUR
=	Rohgewinn (Verkauf von 450 Stück mit Stückgewinn 50,00 EUR)		=	22 500,00 EUR

Zu 3. Buchungen auf den Konten mit Abschluss der Warenkonten:

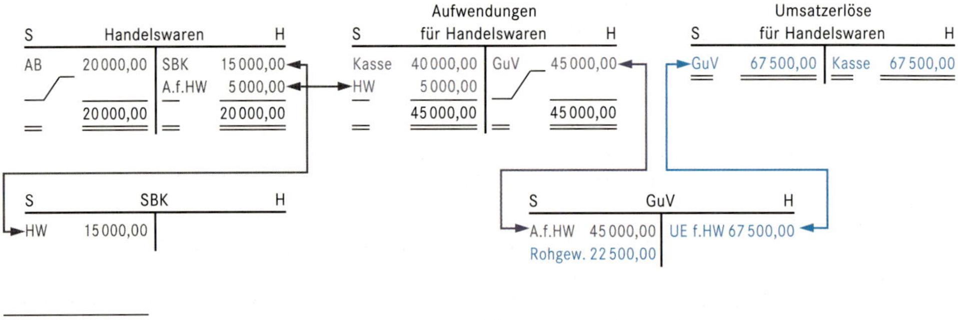

1 Der Übersicht wegen werden nur die Vorgänge auf den Handelswarenkonten dargestellt.

Zu 4. **Buchungssätze:**

I. Für die Geschäftsvorfälle	Konten	Soll	Haben
1. Wareneinkauf bar 400 Stück à 100,00 EUR = 40 000,00 EUR	Aufwend. für Handelswaren	40 000,00	
	an Kasse		40 000,00
2. Warenverkauf bar 450 Stück à 150,00 EUR = 67 500,00 EUR	Kasse	67 500,00	
	an UErl. f. Handelswaren		67 500,00
II. Für den Abschluss der Warenkonten			
1. Abschluss des Kontos Handelswaren 15 000,00 EUR	SBK	15 000,00	
	an Handelswaren		15 000,00
2. Umbuchung der Bestandsminderung von 5 000,00 EUR	Aufwend. f. Handelswaren	5 000,00	
	an Handelswaren		5 000,00
3. Abschluss des Kontos Aufwendungen für Handelswaren	GuV	45 000,00	
	an Aufwend. f. Handelswaren		45 000,00
4. Abschluss des Kontos Umsatzerlöse für Handelswaren	UErl. f. Handelswaren	67 500,00	
	an GuV		67 500,00

Nach Abschluss der Warenkonten stehen auf dem GuV-Konto dem Wert der Umsatzerlöse von 450 Stück auf der Habenseite der Wert der Aufwendungen von 450 Stück auf der Sollseite gegenüber. Als Saldo ergibt sich ein Rohgewinn von 22 500,00 EUR.

Übungsaufgaben

79 I. **Bestände an Handelswaren:**

Anfangsbestand auf dem Konto Handelswaren	45 750,00 EUR
Schlussbestand an Handelswaren lt. Inventur	60 120,00 EUR

II. **Geschäftsvorfälle:**

1. Einkauf von Handelswaren bar 16 520,00 EUR
2. Einkauf von Handelswaren auf Ziel 36 780,00 EUR
3. Verkauf von Handelswaren auf Ziel 72 360,00 EUR

III. **Aufgaben:**

1. Ermitteln Sie rechnerisch die Aufwendungen für Handelswaren!
2. Ermitteln Sie rechnerisch den Rohgewinn!
3. Stellen Sie die Vorgänge auf den Warenkonten dar und bilden Sie für die Geschäftsvorfälle und den Abschluss die Buchungssätze!

80 I. **Bestände an Handelswaren:**

Anfangsbestand auf dem Konto Handelswaren	120 500,00 EUR
Schlussbestand an Handelswaren lt. Inventur	90 500,00 EUR

II. **Geschäftsvorfälle:**

1. Einkauf von Handelswaren bar 20 350,00 EUR
2. Verkauf von Handelswaren auf Ziel 120 580,00 EUR
3. Einkauf von Handelswaren auf Ziel 65 710,00 EUR
4. Verkauf von Handelswaren bar 35 910,00 EUR

III. **Aufgaben:**

1. Ermitteln Sie rechnerisch den Wareneinsatz (Aufwendungen für Handelswaren)!
2. Ermitteln Sie rechnerisch den Rohgewinn!
3. Stellen Sie die Vorgänge auf den Warenkonten dar und bilden Sie für die Geschäftsvorfälle und den Abschluss die Buchungssätze!

81 Bilden Sie zu den folgenden Geschäftsvorfällen die Buchungssätze!

1. Einkauf von Rohstoffen auf Ziel 25 750,00 EUR.
2. Einkauf von Handelswaren bar 7 500,00 EUR.
3. Verkauf von Erzeugnissen auf Ziel 25 820,00 EUR.
4. Verkauf von Handelswaren auf Ziel 13 950,00 EUR.
5. Einkauf von Betriebsstoffen bar 3 520,00 EUR.
6. Ein Industriebetrieb stellt einem Kunden für erbrachte Reparaturleistungen einen Nettowert von 12 850,00 EUR in Rechnung.

82 Erläutern Sie folgende Sachverhalte:

1. Der Bestand an Handelswaren ist um 20 000,00 EUR gestiegen.
2. Der Bestand an Rohstoffen ist um 40 000,00 EUR gesunken.
3. Der Einkauf von Hilfsstoffen ist um 10 000,00 EUR höher als der Verbrauch.
4. Der Verkauf von Handelswaren ist innerhalb der Geschäftsperiode um 150 Stück höher als der Einkauf bei diesem Artikel.

83 Bilden Sie die Buchungssätze zu folgenden Bestandsveränderungen!

1. Bestandsminderung bei Rohstoffen um 30 510,00 EUR.
2. Bestandsmehrung bei Hilfsstoffen um 7 850,00 EUR.
3. Bestandsminderung bei Handelswaren um 18 150,00 EUR.
4. Bestandsmehrung bei Betriebsstoffen um 8 570,00 EUR.

84

Bilderrahmen Harald Franke e. Kfm.
Simonstraße 14 - 20, 33106 Paderborn

Harald Franke, Simonstraße 14 - 20, 33106 Paderborn

Möbelwerke Leipzig AG
Gärtnerstr. 40 - 60
04209 Leipzig

Eingegangen am
14. April 20. .
Möbelwerke AG

33106 Paderborn, 20. .-04-13
Ihre Zeichen: 15 - 142/MH
Unsere Zeichen: BZ - HJ/1420

Rechnung Nr. 417292

Wir lieferten Ihre Bestellung Nr. 1490 vom 20. .-04-12

Stück	Gegenstand/Leistung	Gesamtpreis
400	Rahmen verschiedener Größen	8920,00 EUR

Sitz der Gesellschaft: Paderborn;
RG Paderborn HRA 711

Steuer-Nr.: 34119/72420

Die Möbelwerke Leipzig AG verkaufen die Bilderrahmen als Handelswaren.

Aufgabe:

Buchen Sie die Eingangsrechnung bei den Möbelwerken Leipzig AG im Grundbuch!

Anmerkung: Bei dem Beleg wird auf den Ausweis der Umsatzsteuer verzichtet, weil diese noch nicht behandelt wurde.

10 Inventurdifferenzen

10.1 Allgemeines

Merke:

Unter **Inventurdifferenzen** versteht man die **Differenz** zwischen dem **Buchbestand (Sollbestand)** und dem durch den tatsächlich vor Ort ermittelten **Inventurbestand (Istbestand).**

Naturgemäß können solche Differenzen nur bei inventurfähigen Beständen auftreten. Das betrifft einerseits Kassenbestände und andererseits Lagerbestände. Bei den Lagerbeständen handelt es sich um Werkstoffe und sonstige Materialien, die für die Produktion benötigt werden und um die im Rahmen des Produktionsprozesses entstandenen fertigen und unfertigen Erzeugnisse.[1]

10.2 Ursachen der Inventurdifferenzen

(1) Ursachen aufgrund von Buchungsfehlern

Als Buchungsfehler kommen infrage:

- unterlassene Eingangsbuchungen,
- unterlassene Ausgangsbuchungen,
- doppelte Eingangsbuchungen,
- doppelte Ausgangsbuchungen,
- Buchungen auf falschen Konten.

Solche Differenzen lassen sich normalerweise aufklären und können durch entsprechende Stornobuchungen korrigiert werden. Es sind daher keine Inventurdifferenzen im eigentlichen Sinne.

(2) Ursachen durch unkontrollierte Kassenführung und unkontrollierte und unsachgemäße Lagerhaltung

Kassendifferenzen

Da Bargeschäfte in Industrieunternehmen eine geringe Rolle spielen, und zudem eine Kassenabrechnung nach dem Steuerrecht täglich zu erfolgen hat, können Kassendifferenzen normalerweise nicht auftreten. Wo Bargeschäfte in größerem Umfang auftreten, erhält die Kassiererin häufig ein so genanntes Mankogeld, mit dem sie kleine Differenzen bei der täglichen Kassenabrechnung ausgleichen muss.

Lagerbestandsdifferenzen bei Werkstoffen (Inventurdifferenzen bei Werkstoffen und sonstigem Materialeinsatz bei der Produktion)

Die Bedeutung von Lagerbestandsdifferenzen hängt einerseits von der Länge der Zeitabstände, in denen regelmäßig eine Inventur vorgenommen wird, und andererseits auch von der Vielzahl und der Höhe der Lagerbestände ab. Je kürzer die Zeitabstände zwischen den

1 Der Lehrplan sieht die Behandlung der Inventurdifferenzen bei fertigen und unfertigen Erzeugnissen nicht vor.

durchgeführten Inventuren sind, je stärker sind die Fehlerquellen eingekreist, sodass sie entdeckt und in Zukunft vermieden werden können. Inventurdifferenzen treten umso häufiger auf, je höher die Lagerbestände sind.

Das folgende Beispiel setzt voraus, dass nach dem Just-in-time-Verfahren gebucht wurde und eine eigenständige, aber **nicht integrierte Lagerbuchführung** als Nebenbuchhaltung geführt wird.

Beispiel:

In einer Autofabrik beträgt der Anfangsbestand an Batterien 500 Stück zum Einkaufswert von 150,00 EUR. Im Laufe der Geschäftsperiode wurden 2 100 Stück auf Ziel eingekauft und sofort als Aufwand gebucht. Es wurden aber nur 1 850 Stück für die Produktion benötigt, sodass 250 Stück an das Reservelager gingen.

Laut Lagerbuchführung ergibt das einen Schlussbestand von 750 Stück.
Laut Inventur sind aber nur 740 Stück vorhanden.

Aufgaben:

Ermitteln Sie in einer Gegenüberstellung den Materialverbrauch

1. ohne die Differenz
   1.1 rechnerisch,
   1.2 durch Darstellung auf den Konten;
2. mit der Inventurdifferenz
   2.1 rechnerisch,
   2.2 durch Darstellung auf den Konten!

Lösungen:

Zu 1. Ermittlung des Materialverbrauchs ohne die Inventurdifferenz:

1.1 rechnerische Lösung:

Einkauf 2 100 Stück zu je 150,00 EUR =	315 000,00 EUR
– Bestandsmehrung 250 Stück zu je 150,00 EUR =	37 500,00 EUR
= Verbrauch	277 500,00 EUR

1.2 Darstellung auf den Konten:

S	2010 Vorprodukte		H
AB	75 000,00	8010	112 500,00
6010	37 500,00		
	112 500,00		112 500,00

S	6010 Aufw. f. Vorprodukte		H
4400	315 000,00	2010	37 500,00
		8020	277 500,00
	315 000,00		315 000,00

S	8010 SBK		H
2010	112 500,00		

S	8020 GuV		H
6010	277 500,00		

Zu 2. Ermittlung des Materialverbrauchs mit der Inventurdifferenz:

2.1 rechnerische Lösung:

Einkauf 2 100 Stück zu je 150,00 EUR =	315 000,00 EUR
– Bestandsmehrung 240 Stück zu je 150,00 EUR =	36 000,00 EUR
= Verbrauch	279 000,00 EUR

2.2 Darstellung auf den Konten:

S	2010 Vorprodukte		H
AB	75 000,00	8010	111 000,00
6010	36 000,00		
	111 000,00		111 000,00

S	6010 Aufw. f. Vorprodukte		H
4400	315 000,00	2010	36 000,00
		8020	279 000,00
	315 000,00		315 000,00

S	8010 SBK		H
2010	111 000,00		

S	8020 GuV		H
6010	279 000,00		

Erläuterungen.

Bei der Darstellung ohne die Inventurdifferenz beträgt der Verbrauch 277 500,00 EUR. Bei der Darstellung mit der Inventurdifferenz wird zunächst die Lagerbuchhaltung um die fehlenden 10 Stück korrigiert. In der Hauptbuchhaltung wird dieser korrigierte Inventurbestand von 740 Stück zu je 150,00 EUR als Schlussbestand gebucht. Dadurch ergibt sich gegenüber dem Anfangsbestand ein Mehrbestand im Werte von 36 000,00 EUR (gegenüber von 37 500,00 EUR ohne die Inventurdifferenz), um den der ursprünglich als Aufwand gebuchte Einkaufswert korrigiert werden muss.

Da der Korrekturwert (die Bestandsmehrung) wegen der Inventurdifferenz um 1 500,00 EUR niedriger ist, erhöht sich der Verbrauchswert um diesen Betrag auf 279 000,00 EUR (gegenüber 277 500,00 EUR ohne die Inventurdifferenz).

Merke:

- Ist bei den Werkstoffen, den Vorprodukten oder anderen Materialien, die für die Produktion verwendet werden, der Inventurbestand niedriger als der Buchbestand, dann erhöht sich um den Wert dieser Differenz der Verbrauchswert.
- Ein Minderbestand wird also als Aufwand verrechnet.

Übungsaufgabe

85 **I. Bestände:**

In einer Maschinenfabrik beträgt der Reservevorrat an Vorprodukten zu Beginn der Geschäftsperiode 1 000 Stück zu je 15,00 EUR.

Am Ende der Geschäftsperiode beträgt der Bestand lt. Lagerbuchhaltung 1 400 Stück zu je 15,00 EUR. Tatsächlich aber sind lt. Inventur nur 1 350 Stück vorhanden.

II. Geschäftsvorfälle:

1. Einkauf von Vorprodukten auf Ziel 2 000 Stück zum Durchschnittspreis von 15,00 EUR.
2. Verkauf von Erzeugnissen auf Ziel zum Nettopreis von 35 000,00 EUR.

III. Aufgaben:

1. Ermitteln Sie rechnerisch den Verbrauch an Vorprodukten!
2. Stellen Sie die Angaben des Beispiels auf den entsprechenden Konten dar!

   Hinweis: Bei den Geschäftsvorfällen sind die Gegenkonten anzugeben, aber nicht zu führen.
3. Schließen Sie die Konten ab!
4. Erläutern Sie, wie sich die Inventurdifferenz in der Buchführung auswirkt!

11 Abschreibungen

11.1 Zweck der Abschreibungen

Anlagegüter wie z. B. ein Gebäude, einen Aktenschrank, eine Maschine, einen Gabelstapler oder einen Lkw nutzt das Unternehmen langfristig. Durch den täglichen Gebrauch verlieren diese Güter an Wert (abnutzbare Güter[1]). Um ihren Wert auf dem Schlussbilanzkonto richtig darstellen zu können, ist ein bestimmter Betrag als **Wertminderung von den Anschaffungskosten** abzuschreiben (Abgang auf der Habenseite des betreffenden Anlagegutes). Die Gegenbuchung zu dieser Wertminderung erfolgt auf dem Aufwandskonto **Abschreibungen auf Sachanlagen**. Da die Wertminderung immer nur geschätzt werden kann (lediglich beim Verkauf des Anlagegutes könnte der Wertverlust genau festgestellt werden), ist der auf dem Schlussbilanzkonto ausgewiesene Rest-Vermögenswert ebenfalls nur ein Schätzwert.

Merke:

Durch die **Abschreibung** werden die Anschaffungskosten (aufgrund der geschätzten jährlichen Wertminderung) auf die Jahre der Nutzung als Aufwand verteilt.[2]

Für die Bemessung der **Höhe der Abschreibung** können folgende **Gründe** eine Rolle spielen:

- **Der Gebrauch**

Jeder Gebrauchsgegenstand hat eine begrenzte Lebensdauer, die u. a. von der Häufigkeit der Nutzung abhängt. Je häufiger ein Gegenstand genutzt wird, desto schneller verschleißt er und desto mehr verliert er an Wert. Ein Auto, das 100 000 km gefahren wurde, ist weniger wert als das sonst gleiche Auto, das nur 50 000 km gefahren wurde.

- **Der technische Fortschritt**

In unserer durch hohe Technisierung und starken Konkurrenzdruck gekennzeichneten Wirtschaft werden die Produkte immer weiter verbessert. Sobald ein verbessertes Produkt auf den Markt kommt, verliert das alte Produkt schlagartig an Wert.

- **Die wirtschaftliche Überholung**

Geht die Nachfrage nach einem Gut aufgrund neuer Erfindungen oder aufgrund des Modewechsels zurück, so hat das wertmindernde Rückwirkungen sowohl auf die Güter selbst als auch auf die zu ihrer Herstellung benötigten Maschinen.

- **Der natürliche Verschleiß**

Selbst wenn ein Gegenstand überhaupt nicht genutzt würde und auch die übrigen Ursachen der Abschreibung nicht in Frage kämen, würde z. B. durch Witterungseinflüsse (Wechsel von Wärme und Kälte, Nässe und Trockenheit) eine wertmindernde Veränderung des Gegenstandes eintreten.

1 Nicht abnutzbare Gegenstände des Anlagevermögens sind zum Beispiel Beteiligungen, unbebaute Grundstücke und der Wert des Grund und Bodens bebauter Grundstücke. Da unbebaute Grundstücke im Allgemeinen im Wert nicht sinken, ist eine Abschreibung darauf normalerweise nicht möglich. Bei bebauten Grundstücken ist daher immer nur vom Gebäudewert abzuschreiben.

2 Die Abschreibungen werden bei der Kalkulation der Erzeugnisse als Kosten in den Verkaufspreis eingerechnet. Beim Verkauf der Erzeugnisse kommt damit die Abschreibung wieder in Form von Geldmitteln zurück. Sofern die Geldmittel nicht für andere Zwecke verwendet werden, stehen sie dem Unternehmen für den Kauf von Anlagegütern zur Verfügung. Anlagegüter können unter diesen Bedingungen teilweise über Abschreibungsrückflüsse finanziert.

Infolge der Abschreibung vermindern sich die Anschaffungskosten jährlich um die mit der Abschreibung erfassten Wertminderung, sodass sich der Buchwert von Jahr zu Jahr verringert.

Anschaffungskosten – Abschreibung = Buchwert

11.2 Wichtige Berechnungsmethoden der Abschreibung

Eine genaue Berechnung der Höhe der Abschreibung ist angesichts der verschiedenen Ursachen der Wertminderung kaum möglich. Man ist dabei immer auf Schätzungen angewiesen. Da aber die Berechnung der Höhe der Abschreibung Auswirkungen auf die Vermögens- und Ertragslage eines Unternehmens hat, machen Handels- und Steuerrecht aufgrund ihrer verschiedenen Interessenlage unterschiedliche Vorgaben. Im Folgenden beschränken wir uns auf die Darstellung der Abschreibungen nach Handelsrecht.

11.2.1 Berechnung der Abschreibung nach der linearen Methode

Bei der linearen Abschreibung wird ein jährlich gleichbleibender Betrag von den **Anschaffungskosten** des Anlagegutes abgeschrieben. Auf diese Weise werden die gesamten Anschaffungskosten gleichmäßig auf die Nutzungsdauer verteilt. Nach Ablauf der Nutzungsdauer ist der Buchwert gleich null.

Beispiel:

Die Anschaffungskosten eines Kombiwagens zu Beginn der Geschäftsperiode betragen 30 000,00 EUR. Es wird eine Nutzungsdauer von sechs Jahren angenommen. In diesem Fall beträgt der jährliche Abschreibungsbetrag 5 000,00 EUR und der Abschreibungssatz 16 ⅔ %.

Aufgabe:

Führen Sie rechnerisch die Abschreibung über die gesamte Laufzeit durch!

Lösung:

	Anschaffungskosten		30 000,00 EUR
–	Abschreibung 1. Jahr	16 ⅔ %	5 000,00 EUR
	Buchwert Ende 1. Jahr		25 000,00 EUR
–	Abschreibung 2. Jahr	16 ⅔ %	5 000,00 EUR
	Buchwert Ende 2. Jahr		20 000,00 EUR
–	Abschreibung 3. Jahr	16 ⅔ %	5 000,00 EUR
	Buchwert Ende 3. Jahr		15 000,00 EUR
–	Abschreibung 4. Jahr	16 ⅔ %	5 000,00 EUR
	Buchwert Ende 4. Jahr		10 000,00 EUR
–	Abschreibung 5. Jahr	16 ⅔ %	5 000,00 EUR
	Buchwert Ende 5. Jahr		5 000,00 EUR
–	Abschreibung 6. Jahr	16 ⅔ %	5 000,00 EUR
	Buchwert Ende 6. Jahr		0,00 EUR

$$\text{Jährlicher Abschreibungsbetrag} = \frac{\text{Anschaffungskosten}}{\text{Nutzungsdauer}}$$

$$\text{Jährlicher Abschreibungssatz} = \frac{100\,\%}{\text{Nutzungsdauer}}$$

Bei der linearen Abschreibung geht man davon aus, dass sich das Wirtschaftsgut gleichmäßig abnutzt. Ein eventuell höherer Wertverlust durch technische oder wirtschaftliche Überholung oder infolge eines unterschiedlich hohen Verschleißes durch unterschiedliche Nutzung in den verschiedenen Nutzungsjahren wird nicht berücksichtigt.

Die lineare Abschreibungsmethode hat insbesondere folgende Vorteile:

- einfache und nur einmalige Berechnung des Abschreibungsbetrags;
- gute Vergleichbarkeit der aufeinander folgenden Erfolgsrechnungen;
- gleichmäßige Aufwandsbelastung bzw. Belastung der Kostenrechnung mit Abschreibungen.

Übungsaufgabe

86 1. Die Anschaffungskosten eines Warenautomaten zu Beginn der Geschäftsperiode betragen 6550,00 EUR.

Aufgabe:

Berechnen Sie den jährlichen Abschreibungsbetrag bei linearer Abschreibung und einer angenommenen Nutzungsdauer von fünf Jahren!

2. Eine Frankiermaschine wird am Ende des 3. Nutzungsjahres linear mit 930,00 EUR abgeschrieben, Abschreibungssatz: $12\,\frac{1}{2}\,\%$.

Aufgabe:

Berechnen Sie die Anschaffungskosten für die Frankiermaschine!

3.

Anlagegüter	Buchwert am 31. Dez. 20..	Anschaffungskosten zu Beginn des Geschäftsjahres	Nutzungsdauer
Ladeneinrichtung für Fabrikverkauf	52500,00 EUR	84000,00 EUR	8 Jahre
Fuhrpark (Kombiwagen)	38000,00 EUR	57000,00 EUR	6 Jahre

Aufgaben:

3.1 Wie viel Prozent beträgt bei linearer Abschreibung der jeweilige Abschreibungssatz?

3.2 Wie viel Jahre sind die beiden Anlagegüter bisher abgeschrieben worden?

4. Ein Bauunternehmer erwirbt zu Beginn des Geschäftsjahres einen Betonmischer. Die Anschaffungskosten betragen 6 726,00 EUR. Die geschätzte Nutzungsdauer beträgt sechs Jahre.

Aufgabe:

Erstellen Sie die Abschreibungstabelle für die gesamte Nutzungsdauer bei linearer Abschreibung!

11.2.2 Berechnung der Abschreibung nach der degressiven Methode

Bei der degressiven Abschreibung wird die Abschreibung durch einen gleichbleibenden Prozentsatz auf den jeweiligen Buchwert (Restbuchwert) ermittelt. Da der Buchwert von Jahr zu Jahr geringer wird, werden bei einem gleichbleibenden Prozentsatz auch die Abschreibungsbeträge von Jahr zu Jahr geringer.

Beispiel:

Die Anschaffungskosten eines Kombiwagens zu Beginn der Geschäftsperiode betragen 30 000,00 EUR. Die betriebsgewöhnliche Nutzungsdauer beträgt sechs Jahre.

Aufgabe:

Wie viel EUR betragen bei degressiver Abschreibung die jährlichen Abschreibungsbeträge im Laufe der Nutzungsdauer?

Lösung:

	degressive Abschreibung	Übergang zur linearen Abschreibung
Anschaffungskosten	30 000,00 EUR	
– 20 % Abschreibung 1. Jahr	6 000,00 EUR	
Buchwert Ende 1. Jahr	24 000,00 EUR	
– 20 % Abschreibung 2. Jahr	4 800,00 EUR	
Buchwert Ende 2. Jahr	19 200,00 EUR	
– 20 % Abschreibung 3. Jahr	3 840,00 EUR	
Buchwert Ende 3. Jahr	15 360,00 EUR →	15 360,00 EUR
– 20 % Abschreibung 4. Jahr	3 072,00 EUR	5 120,00 EUR
Buchwert Ende 4. Jahr	12 288,00 EUR	10 240,00 EUR
– 20 % Abschreibung 5. Jahr	2 457,60 EUR	5 120,00 EUR
Buchwert Ende 5. Jahr	9 830,40 EUR	5 120,00 EUR
– Abschreibung 6. Jahr (Restwert)	9 830,40 EUR	5 120,00 EUR
Buchwert Ende 6. Jahr	0,00 EUR	0,00 EUR

20 Speth u. a. – ISBN 978-3-8120-0555-5

Wie man an der Lösung des Beispiels erkennt, verbleibt im letzten Jahr der Nutzungsdauer noch ein relativ hoher Abschreibungsbetrag, mit dem die Erfolgsrechnung belastet wird. Um diesen Nachteil zu vermeiden, kann zu einem **beliebigen Zeitpunkt** ein **Wechsel zur linearen Abschreibung** vorgenommen werden.

Dadurch wird dann der vorhandene Restwert gleichmäßig auf die noch verbleibende Nutzungsdauer verteilt. Angenommen, der Wechsel findet am Ende des vierten Jahres (also nach der dritten Abschreibung) statt, ergibt sich für die Restlaufzeit der drei Jahre folgende Berechnung für die jährlichen Abschreibungsbeträge: 15 360,00 EUR : 3 = 5 120,00 EUR (siehe Tabelle S. 305).

Für die degressive Abschreibungsmethode sprechen folgende Argumente:

- Die degressive Abschreibung geht von der Überlegung aus, dass der Wertverlust eines Wirtschaftsgutes in den ersten Nutzungsjahren wesentlich höher ist als in den Folgejahren.
- Dem Risiko, dass durch den technischen Fortschritt das Wirtschaftsgut schnell an Wert verlieren kann, wird durch die anfangs hohe Abschreibung entsprochen.
- Durch die Addition der jährlich abnehmenden Abschreibungsbeträge mit den jährlich ansteigenden Wartungs- und Reparaturaufwendungen (durch die Abnutzung des Wirtschaftsgutes) wird eine etwa gleichmäßige *Gesamtbelastung* der Erfolgs- und Kostenrechnung in den einzelnen Jahren erreicht.

11.2.3 Berechnung der Abschreibung nach erbrachten Leistungseinheiten

Wenn es praktisch möglich ist, kann bei beweglichen Wirtschaftsgütern des Anlagevermögens die Abschreibung auch aufgrund der im Geschäftsjahr erbrachten Leistungseinheiten (z. B. Stückzahl, Maschinenlaufstunden, gefahrene Kilometer) berechnet werden. Voraussetzung dafür ist, dass

- der Umfang der insgesamt möglichen Leistungseinheiten (LE) geschätzt werden kann und
- die auf den Abschreibungszeitraum entfallenden Leistungseinheiten nachgewiesen werden können.

Dabei ergeben sich folgende Berechnungen:

$$\text{Abschreibungsbetrag je Leistungseinheit} = \frac{\text{Anschaffungskosten}}{\text{mögliche Gesamtleistungseinheiten}}$$

$$\text{Jährlicher Abschreibungsbetrag} = \text{Menge der jährlichen LE} \cdot \text{Abschreibungsbetrag je LE}$$

Merke:

- Bei degressiver Abschreibung werden die Abschreibungsbeträge von Jahr zu Jahr niedriger. Relativ hohen Abschreibungsbeträgen in den ersten Jahren stehen relativ niedrige Abschreibungsbeträge in den späteren Jahren gegenüber.

- Zur Vermeidung eines relativ hohen Abschreibungsbetrages im letzten Jahr ist ein Wechsel von der degressiven zur linearen Abschreibung erlaubt. Der Wechsel kann zu einem beliebigen Zeitpunkt vorgenommen werden. Der günstigste Zeitpunkt für diesen Wechsel ist dann gegeben, wenn die Abschreibungsbeträge bei linearer Abschreibung - bezogen auf die Restnutzungsdauer - höher sind als bei fortgesetzter degressiver Abschreibung.

11.3 Beginn der Abschreibungen bei der Anschaffung von Anlagegütern

Die Abschreibung beginnt mit der **Anschaffung des Anlagegutes.** Wird ein Anlagegut im Laufe des Geschäftsjahres angeschafft, wird in diesem Jahr die Abschreibung in der Regel **zeitanteilig** verrechnet, wobei in der Praxis monatsgenau gerechnet wird und der Monat der Anschaffung mitgezählt wird.

Beispiel:

Kauf von Lagerregalen am 30. September im Wert von 20 000,00 EUR. Nutzungsdauer: 14 Jahre. Abschreibungssatz von 7,14 %. Die Abschreibung auf die Lagerregale erfolgt zeitanteilig.[1]

$$\text{Abschreibung} = \frac{20\,000 \cdot 7{,}14 \cdot 4}{100 \cdot 12} = \underline{\underline{476{,}00 \text{ EUR}}}$$

Übungsaufgaben

87 Die Anschaffungskosten für einen Traktor zu Beginn der Geschäftsperiode betragen 35 000,00 EUR. Nutzungsdauer acht Jahre.

Aufgaben:

1. Führen Sie rechnerisch die degressive Abschreibung mit einem Abschreibungssatz von 20 % ohne Übergang zur linearen Abschreibung über die gesamte Laufzeit durch!
2. Führen Sie rechnerisch die degressive Abschreibung mit einem Abschreibungssatz von 20 % und einem Übergang zur linearen Abschreibung im 5. Jahr über die gesamte Laufzeit durch!

88 Ein Gabelstapler wird mit 15 % degressiv abgeschrieben. Sein Buchwert beträgt am Ende des 2. Jahres (nach der Abschreibung) 16 545,25 EUR.

Aufgabe:

Wie viel EUR betragen die Anschaffungskosten?

1 Nach Ablauf von 14 Jahren fehlen noch 8 Monate an Abschreibungen. Diese Abschreibungszeit wird im 15. Jahr nachgeholt. Die Abschreibungszeit für die Lagerregale läuft somit vom September 2000 bis einschließlich August 2015.

89 1. Die Anschaffungskosten für einen am 15. Juli 20.. gekauften neuen Großrechner betragen 42 000,00 EUR. Die Nutzungsdauer wird auf sieben Jahre geschätzt.

Aufgaben:

1.1 Erstellen Sie die Abschreibungstabelle für die gesamte Nutzungsdauer bei linearer Abschreibung!

1.2 Warum ist die lineare Abschreibung für den Kaufmann sinnvoll?

2. Am 9. Juni 01 wurde eine computergesteuerte Wasserenthärtungsanlage im Werk installiert. Die Anschaffungskosten betrugen 24 624,00 EUR. Die Nutzungsdauer beträgt zwölf Jahre. Der Abschreibungssatz beträgt $16\,^2/_3$ %. Im Jahr 01 wird zeitanteilig abgeschrieben.

Aufgabe:

Ermitteln Sie den Restbuchwert am 31. Dezember 08!

3. Die Anschaffungskosten einer Stanzmaschine zu Beginn der Geschäftsperiode betragen 180 180,00 EUR. Die Gesamtleistung wird während der Nutzungsdauer von 14 Jahren vom Hersteller mit 234 000 Stanzteilen angegeben.

Aufgaben:

3.1 Ermitteln Sie die Abschreibung in den ersten vier Jahren bei folgenden Jahresleistungen: 1. Nutzungsjahr: 16 000 Stück, 2. Nutzungsjahr: 18 400 Stück, 3. Nutzungsjahr 21 900 Stück, 4. Nutzungsjahr 11 500 Stück.

3.2 Was spricht betriebswirtschaftlich für eine Abschreibung nach Leistungseinheiten?

90 1. Die Anschaffungskosten für einen am 15. September 20.. gekauften Personalcomputer betragen 3 528,00 EUR.

Aufgabe:

Ermitteln Sie den Bilanzwert des Computers per 31. Dezember 20.., bei einer Nutzungsdauer von drei Jahren! Im Anschaffungsjahr wird zeitanteilig abgeschrieben.

2. Wodurch unterscheiden sich die lineare und degressive Abschreibung?

91 Ein Kopiergerät hat eine Nutzungsdauer von sieben Jahren. Es ist mit einem Abschreibungssatz von 20 % degressiv abgeschrieben worden. Nach der zweiten Abschreibung beträgt der Restbuchwert 8 820,00 EUR. Am Ende des vierten Nutzungsjahres wird geprüft, ob auf die lineare Abschreibung umgestellt werden soll.

Aufgaben:

1. Ermitteln Sie die Anschaffungskosten des Kopiergeräts!
2. Berechnen Sie den Abschreibungsbetrag für das vierte Nutzungsjahr bei fortgesetzter degressiver Abschreibung!
3. Wie viel EUR beträgt der Abschreibungsbetrag für das vierte Nutzungsjahr bei einem Wechsel zur linearen Abschreibung?

92 Eine Werkzeugfabrik kauft zu Beginn des Geschäftsjahres einen neuen Lkw. Der Lkw mit einer Nutzungsdauer von neun Jahren wird nach dreimaliger linearer Abschreibung in der Buchführung mit den fortgeführten Anschaffungskosten in Höhe von 52 800,00 EUR ausgewiesen.

Aufgaben:

1. Wie viel EUR beträgt die jährliche Abschreibung?
2. Wie viel EUR betrugen die Anschaffungskosten?

11.4 Buchung der Abschreibung

Die Wertminderung des Anlagevermögens stellt einen **betrieblichen Aufwand** dar. Er wird buchhalterisch auf dem Konto **Abschreibungen auf Sachanlagen** erfasst.

Beispiel:

Die Anschaffungskosten zu Beginn der Geschäftsperiode für eine EDV-Anlage betragen 21 000,00 EUR. Am Ende der Geschäftsperiode werden 7 000,00 EUR abgeschrieben.

Aufgaben:

1. Buchen Sie die Abschreibung auf Konten und schließen Sie die Konten ab!
2. Bilden Sie die Buchungssätze!

Lösungen:

Zu 1. Buchung auf den Konten:

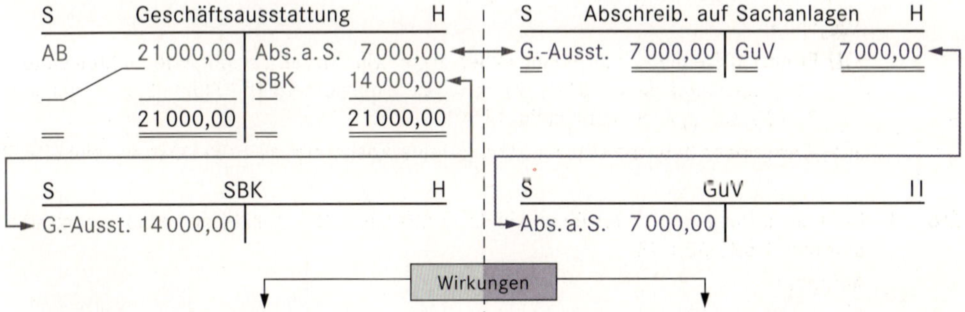

1. Erfassung der Wertminderung bei den Vermögensgegenständen.
2. Dadurch richtiger Ausweis der Vermögenswerte in der Bilanz.

1. Erfassung der Vermögensminderung als Aufwand.
2. Dadurch Verringerung des Gewinns.

Zu 2. Buchungssätze:

Geschäftsvorfälle	Konten	Soll	Haben
Buchung der Abschreibung:	Abschreib. a. Sachanlagen	7 000,00	
	an Geschäftsausstattung		7 000,00
Buchungen beim Abschluss:	SBK	14 000,00	
	an Geschäftsausstattung		14 000,00
	GuV	7 000,00	
	an Abschreib. a. Sachanlagen		7 000,00

Erläuterungen:

Für die ergebniswirksame Erfassung der jährlichen Abschreibungen auf das abnutzbare Anlagevermögen richten wir das Aufwandskonto **Abschreibungen auf Sachanlagen** ein. Das Abschreibungskonto erfasst am Jahresende den festgestellten Abnutzungsbetrag als Aufwand. Dieser erscheint auf der **Sollseite**.

Die **Gegenbuchung** erfolgt direkt auf dem entsprechenden **Anlagekonto auf der Habenseite**, in unserem Fall auf dem Konto Geschäftsausstattung. Dort bewirkt sie, dass der entsprechende Anlageposten auf den jeweils gültigen **Zeitwert** fortgeschrieben wird.

Zusammenfassung

- Die Erfassung der **Wertminderung** beim abnutzbaren Anlagevermögen erfolgt über angemessene **Abschreibungen.**
- Die **Abschreibungen** werden auf einem **Aufwandskonto** gebucht. Die **Gegenbuchung** erfolgt auf dem **abzuschreibenden Anlagekonto,** wo sie die Wertminderung bewirkt.
- Durch **die jährliche Abschreibung** wird die **erfolgsneutrale Anschaffung** über die Jahre der Nutzung **erfolgswirksam als Aufwand erfasst.**

  Buchungssatz: Abschreibungen auf Sachanlagen an Anlagekonto
- Als **Ursachen für eine Wertminderung** (Abschreibung) kommen infrage:
  - der Gebrauch des Gegenstandes,
  - der technische Fortschritt,
  - die wirtschaftliche Überholung,
  - der natürliche Verschleiß.
- Die wichtigsten **Methoden für die Berechnung der Abschreibung** sind:
  - die **lineare Abschreibung,** bei der die Anschaffungskosten gleichmäßig auf die Jahre der geschätzten Nutzungsdauer verteilt werden,
  - die **degressive Abschreibung,** bei der die Abschreibungsbeträge durch Anwendung eines gleichbleibenden Prozentsatzes auf die Restwerte ermittelt werden, wodurch die Abschreibungsbeträge von Jahr zu Jahr fallen.
- Ein Wechsel von der degressiven Abschreibung zur linearen Abschreibung ist möglich, nicht jedoch umgekehrt. Ein solcher Wechsel kann zu jedem beliebigen Zeitpunkt vorgenommen werden.

Übungsaufgaben

93 Richten Sie folgende Konten ein: Maschinen 580 000,00 EUR; Betriebsausstattung 371 400,00 EUR; Geschäftsausstattung 115 600,00 EUR; Lager- und Transporteinrichtungen 220 000,00 EUR; Fuhrpark 92 000,00 EUR. Führen Sie außerdem noch die Konten Abschreibungen auf Sachanlagen, SBK und GuV!

Aufgaben:

1. Buchen Sie die folgenden Abschreibungsbeträge: auf Maschinen 145 000,00 EUR; auf Betriebsausstattung 37 140,00 EUR; auf Geschäftsausstattung 11 560,00 EUR; auf Lager- und Transporteinrichtungen 20 000,00 EUR; auf Fuhrpark 18 400,00 EUR.
2. Schließen Sie die Konten ab!

94 Wir kaufen zu Beginn des Geschäftsjahres einen Pkw zum Preis von 48 500,00 EUR gegen Bankscheck. Der Autohändler gewährt uns einen Rabatt von 8 % sowie 2 % Skonto. Die Überführungskosten betragen 410,00 EUR, die Kosten für die Zulassung 118,40 EUR.

Aufgaben:

1. Berechnen Sie die Anschaffungskosten!
2. Buchen Sie den Sachverhalt auf Konten und bilden Sie den Buchungssatz!
   Hinweis: Der Anfangsbestand auf dem Konto Bank beträgt 60 000,00 EUR.
3. Aufgrund der AfA-Tabelle beträgt die Nutzungsdauer des Pkws 6 Jahre.
   3.1 Wie viel EUR beträgt die jährliche Abschreibung für den gekauften Pkw?
   3.2 Buchen Sie die Abschreibung auf den Konten und schließen Sie die Konten ab!
   Hinweis: Die Konten SBK und GuV sind nicht zu führen.
   3.3 Bilden Sie die Buchungssätze für die Abschreibung und für den Abschluss der Konten!

95 1. Wie wirkt sich der Buchungssatz „Abschreibungen auf Sachanlagen an Fuhrpark“ aus? (Lösung bitte unter Verwendung der entsprechenden Ziffern im Hausheft vornehmen!)

[1] Die Handlungskosten werden niedriger.
[2] Das Eigenkapital erhöht sich.
[3] Die Aufwendungen verringern sich.
[4] Der Gewinn wird niedriger.

2. Welche Wirkungen hat die Abschreibung
   2.1 im Bereich der Bilanzkonten,
   2.2 im Bereich der Erfolgskonten?

96 Für die Anschaffung einer Verpackungsmaschine erhalten wir am 25. Januar folgende Rechnung:

Listeneinkaufspreis 70 000,00 EUR. Auf den Listeneinkaufspreis erhalten wir 8 % Rabatt. Für den Transport und die Montage werden 1 094,00 EUR in Rechnung gestellt.

Aufgaben:

Berechnen Sie den jährlichen Abschreibungsbetrag bei linearer Abschreibung und einer angenommenen Nutzungsdauer von dreizehn Jahren!

12 Geschäftsgang mit Bestands- und Erfolgskonten, Bestandsveränderungen und Inventurdifferenzen bei den Werkstoffen

Beispiel:

I. Anfangsbestände:

Grundstücke und Bauten 500 000,00 EUR, Rohstoffe 320 000,00 EUR, Hilfsstoffe 80 000,00 EUR, Forderungen aus Lieferungen und Leistungen 145 320,00 EUR, Bank 137 850,00 EUR, Eigenkapital 663 720,00 EUR, Verbindlichkeiten gegenüber Kreditinstituten 400 000,00 EUR, Verbindlichkeiten aus Lieferungen und Leistungen 119 450,00 EUR.

II. Geschäftsvorfälle:

1. Einkauf von Rohstoffen auf Ziel 75 000,00 EUR
2. Einkauf von Hilfsstoffen auf Ziel 12 500,00 EUR
3. Verkauf von Erzeugnissen auf Ziel 185 300,00 EUR
4. Banküberweisung der Miete für das Verwaltungsgebäude 12 000,00 EUR
5. Die Bank belastet unser Kontokorrentkonto mit den Halbjahreszinsen für das aufgenommene Bankdarlehen 16 000,00 EUR
6. Banküberweisung für die Gewerbesteuervorauszahlung 4 000,00 EUR
7. Bankgutschrift für Zinsen 1 750,00 EUR

III. Abschlussangaben:

1. Der Schlussbestand an Rohstoffen beträgt nach der Lagerbuchführung 315 000,00 EUR. Die Inventur ergibt einen Schlussbestand von 310 000,00 EUR.
2. Der Schlussbestand der Hilfsstoffe beträgt nach der Lagerbuchführung 73 400,00 EUR. Die Inventur ergibt einen Schlussbestand von 75 000,00 EUR.
3. Abschreibung auf Grundstücke und Bauten 7 000,00 EUR.

IV. Aufgaben:

1. Bilden Sie im Grundbuch die Buchungssätze!
2. Übertragen Sie anschließend die Vorgänge auf die Konten des Hauptbuches!
3. Schließen Sie die Konten ab!

Lösungen:

Zu 1. Buchungssätze für die Geschäftsvorfälle:

Konten	Soll	Haben
1. Aufwendungen für Rohstoffe	75 000,00	
an Verbindlichkeiten aus Lieferungen und Leistungen		75 000,00
2. Aufwendungen für Hilfsstoffe	12 500,00	
an Verbindlichkeiten aus Lieferungen und Leistungen		12 500,00
3. Forderungen aus Lieferungen und Leistungen	185 300,00	
an Umsatzerlöse für Erzeugnisse und Leistungen		185 300,00
4. Mieten, Pachten	12 000,00	
an Bank		12 000,00
5. Zinsaufwendungen	16 000,00	
an Bank		16 000,00
6. Gewerbesteuer	4 000,00	
an Bank		4 000,00
7. Bank	1 750,00	
an Zinserträge		1 750,00
	306 550,00	306 550,00

Zu 2. und 3. Darstellung auf den Konten des Hauptbuches:

Bilanzkonten-Bereich

Aktivkonten

S Grundstücke u. Bauten H

EBK	500 000,00	Abs.a.S.	7 000,00
		SBK	493 000,00
	500 000,00		500 000,00

S Rohstoffe H

EBK	320 000,00	SBK	310 000,00
		Afu.f.R	10 000,00
	320 000,00		320 000,00

S Hilfsstoffe H

EBK	80 000,00	SBK	75 000,00
		Auf.f.H.	5 000,00
	80 000,00		80 000,00

S Ford. a. Lief. u. Leist. H

EBK	145 320,00	SBK	330 620,00
UErl.	185 300,00		
	330 620,00		330 620,00

S Bank H

EBK	137 850,00	Mi.,Pa.	12 000,00
ZiErtr	1 750,00	ZiA	16 000,00
		GewSt	4 000,00
		SBK	107 600,00
	139 600,00		139 600,00

S EBK H

EK	663 720,00	Gr.Bt.	500 000,00
V.g.Kr.	400 000,00	Roh.	320 000,00
Verb.	119 450,00	Hilfs.	80 000,00
		Ford.	145 320,00
		Ba	137 850,00
	1 183 170,00		1 183 170,00

S SBK H

Gr.Bt.	493 000,00	EK	709 270,00
Roh.	310 000,00	V.g.Kr.	400 000,00
Hilf.	75 000,00	Verb.	206 950,00
Ford.	330 620,00		
Ba	107 600,00		
	1 316 220,00		1 316 220,00

Passivkonten

S Eigenkapital H

SBK	709 270,00	EBK	663 720,00
		GuV	45 550,00
	709 270,00		709 270,00

S Verb. g. Kreditinst. H

SBK	400 000,00	EBK	400 000,00

S Verb. a. Lief. u. Leist. H

SBK	206 950,00	EBK	119 450,00
		A.f.R	75 000,00
		A.f.H	12 500,00
	206 950,00		206 950,00

Erfolgskonten-Bereich

Aufwandskonten

S Aufw. f. Rohstoffe H

Verb.	75 000,00	GuV	85 000,00
Roh.	10 000,00		
	85 000,00		85 000,00

S Aufw. f. Hilfsstoffe H

Verb.	12 500,00	GuV	17 500,00
Hilf.	5 000,00		
	17 500,00		17 500,00

S Mieten/Pachten H

Ba	12 000,00	GuV	12 000,00

S Zinsaufwendungen H

Ba	16 000,00	GuV	16 000,00

S Gewerbesteuer H

Ba	4 000,00	GuV	4 000,00

S Abschr.a.Sachanlagen H

Gr.Bt.	7 000,00	GuV	7 000,00

Ertragskonten

S UErl. f. Erz. u. Leist. H

GuV	185 300,00	Ford.	185 300,00

S Zinserträge H

GuV	1 750,00	Ba	1 750,00

S GuV H

A.f.R.	85 000,00	UErl.	185 300,00
A.f.H.	17 500,00	ZiErtr.	1 750,00
Mi.,P.	12 000,00		
ZiAuf.	16 000,00		
Gew.	4 000,00		
Ab.a.S.	7 000,00		
EK	45 550,00		
	187 050,00		187 050,00

Übungsaufgaben

97 **I. Anfangsbestände:**

Grundstücke und Bauten 1 128 000,00 EUR, Anlagen und Maschinen 300 000,00 EUR, Fuhrpark 210 500,00 EUR, Geschäftsausstattung 196 450,00 EUR, Rohstoffe 486 000,00 EUR, Hilfsstoffe 80 400,00 EUR, Betriebsstoffe 25 300,00 EUR, Forderungen aus Lieferungen und Leistungen 135 910,00 EUR, Bank 210 700,00 EUR, Kasse 45 680,00 EUR, Eigenkapital 2 138 940,00 EUR, Verbindlichkeiten gegenüber Kreditinstituten 500 000,00 EUR, Verbindlichkeiten aus Lieferungen und Leistungen 180 000,00 EUR.

II. Geschäftsvorfälle:

1. Kauf von Rohstoffen auf Ziel	55 000,00 EUR
2. Kauf von Betriebsstoffen gegen Banküberweisung	15 500,00 EUR
3. Lohnzahlung durch Banküberweisung	40 000,00 EUR
4. Verkauf von Erzeugnissen auf Ziel	200 000,00 EUR
5. Einkauf von Hilfsstoffen gegen Bankscheck	8 400,00 EUR
6. Bankgutschrift für Zinsen	1 250,00 EUR
7. Barverkauf von Erzeugnissen	23 480,00 EUR
8. Banküberweisung für die Anschaffung eines Computers für die Lagerbuchhaltung	8 500,00 EUR
9. Banküberweisung für Kraftfahrzeugsteuer	1 480,00 EUR

III. Abschlussangaben:

1. Schlussbestände:

Hilfsstoffe lt. Inventur	76 750,00 EUR
Betriebsstoffe lt. Lagerbuchführung	24 400,00 EUR
Betriebsstoffe lt. Inventur	20 100,00 EUR
Rohstoffe lt. Lagerbuchführung	489 800,00 EUR
Rohstoffe lt. Inventur	494 500,00 EUR

2. Abschreibungen auf

- Anlagen und Maschinen	16 200,00 EUR
- Geschäftsausstattung	9 400,00 EUR
- Grundstücke und Bauten	12 560,00 EUR
- Fuhrpark	11 000,00 EUR

3. Die Buchbestände stimmen mit den Inventurbeständen überein.

IV. Aufgaben:

1. Eröffnen Sie die Konten mit den angegebenen Anfangsbeständen!
2. Bilden Sie zu den Geschäftsvorfällen die Buchungssätze und buchen Sie diese anschließend auf den eröffneten Konten!
3. Schließen Sie die Konten über die entsprechenden Abschlusskonten ab!

98 **I. Anfangsbestände:**

Grundstücke und Bauten 475 000,00 EUR, Anlagen und Maschinen 185 000,00 EUR, Fuhrpark 135 800,00 EUR, Geschäftsausstattung 75 820,00 EUR, Rohstoffe 155 700,00 EUR, Hilfsstoffe 48 900,00 EUR, Betriebsstoffe 25 400,00 EUR, Forderungen aus Lieferungen und Leistungen 75 910,00 EUR, Bank 120 400,00 EUR, Kasse 25 100,00 EUR, Eigenkapital 884 110,00 EUR, Verbindlichkeiten gegenüber Kreditinstituten 350 000,00 EUR, Verbindlichkeiten aus Lieferungen und Leistungen 88 920,00 EUR

II. Geschäftsvorfälle:

1.	Barverkauf von Erzeugnissen	20 000,00 EUR
2.	Kauf von Rohstoffen auf Ziel	45 810,00 EUR
3.	Einkauf von Hilfsstoffen auf Ziel	5 500,00 EUR
4.	Barzahlung für Löhne	25 000,00 EUR
5.	Verkauf von Erzeugnissen auf Ziel	85 500,00 EUR
6.	Banküberweisung der Miete für das Verwaltungsgebäude	4 500,00 EUR
7.	Verkauf von Erzeugnissen gegen Bankscheck	65 000,00 EUR
8.	Barkauf von Büromaterial	300,00 EUR
9.	Bankgutschrift für Zinsen	1 840,00 EUR
10.	Einkauf von Betriebsstoffen mit Bankscheck	1 800,00 EUR
11.	Bareinzahlung auf das Bankkonto	15 000,00 EUR
12.	Teilrückzahlung des Bankdarlehens durch Banküberweisung	20 000,00 EUR
13.	Bankbelastung für Darlehenszinsen IV. Quartal	7 000,00 EUR

III. Abschlussangaben:

1. Schlussbestände lt. Inventur:

Hilfsstoffe	40 400,00 EUR
Betriebsstoffe	21 200,00 EUR
Rohstoffe	168 400,00 EUR

2. Abschreibungen auf

- Grundstücke und Bauten	7 000,00 EUR
- Anlagen und Maschinen	5 900,00 EUR
- Fuhrpark	8 800,00 EUR
- Geschäftsausstattung	6 100,00 EUR

3. Die Buchbestände stimmen mit den Inventurbeständen überein.

IV. Aufgaben:

1. Eröffnen Sie die Konten mit den angegebenen Anfangsbeständen!
2. Bilden Sie zu den Geschäftsvorfällen die Buchungssätze und buchen Sie diese anschließend auf den eröffneten Konten!
3. Schließen Sie die Konten über die entsprechenden Abschlusskonten ab!

13 Kontenrahmen

13.1 Allgemeines zum Kontenrahmen

Die Buchführung eines Kaufmanns besteht aus einer Vielzahl von Konten. Um hierüber die wünschenswerte Übersicht zu behalten, bedarf es einer bestimmten Ordnung. Sie wird mit Hilfe des **Kontenrahmens** erreicht. Dieses bewährte Ordnungsmittel wurde bereits 1937 in der deutschen Wirtschaft eingeführt. Neben dem genannten **Zweck der Übersichtlichkeit** sollte mit der Einführung des Kontenrahmens auch die **Vergleichbarkeit und Kontrolle der Betriebe** besser ermöglicht werden. Die Einführung eines bestimmten Kontenrahmens kann nur als Empfehlung an die Betriebe angesehen werden, eine gesetzliche Verpflichtung dazu besteht nicht.

Um den individuellen Bedürfnissen optimal zu entsprechen, hat jeder Wirtschaftszweig seinen eigenen Kontenrahmen entwickelt. Daneben haben bekannte Softwarefirmen spezielle EDV-Kontenrahmen herausgebracht. Das dabei zugrunde gelegte Ordnungsprinzip ist einheitlich. Die Gesamtmenge der Konten wird mit Hilfe der zehn Ziffern unseres Zahlensystems nach bestimmten Gesichtspunkten in Klassen und Gruppen gegliedert.

13.2 Bedeutung des Kontenrahmens

Dadurch, dass nicht mehr jeder Unternehmer seine Buchführung nach eigenem Ermessen und Gutdünken aufbaut, werden insbesondere folgende Vorteile erzielt:

- Der Inhalt der einzelnen Konten ist genau bestimmt. Dadurch können die verschiedenen Inhalte scharf gegeneinander abgegrenzt werden. Verschiedene Unternehmen buchen daher unter der gleichen Kontenbezeichnung den gleichen Inhalt. Dadurch wird die **Organisation** der Buchführung **einheitlicher** und **übersichtlicher**.
- Durch die Vereinheitlichung der Buchführung von der Grundkonzeption her ist es dem Unternehmer möglich, Vergleiche vorzunehmen, und zwar
  - **innerhalb des Unternehmens**: Vergleich der Entwicklung der Konteninhalte von Rechnungsjahr zu Rechnungsjahr (**Zeitvergleich**), aber auch
  - **außerhalb des Unternehmens**: z.B. Vergleich der eigenen Buchführungsergebnisse mit denen anderer Unternehmen (**Betriebsvergleich**).

13.3 Vom Kontenrahmen zum Kontenplan

Innerhalb des Kontenrahmens, dessen Anwendung allen Unternehmen des betreffenden Wirtschaftszweiges empfohlen wird, stellt jeder Betrieb seinen individuellen Bedürfnissen entsprechend seinen eigenen **Kontenplan** auf. In diesem werden jene Konten ausgelassen, die für den betreffenden Betrieb keine Bedeutung haben.

Merke:

- Der **Kontenrahmen** bezieht sich auf eine bestimmte **Wirtschaftsbranche.**
- Der **Kontenplan** bezieht sich auf einen bestimmten **Betrieb.**

13.4 Aufbauprinzip eines Kontenrahmens am Beispiel des Industriekontenrahmens (IKR)

Mit Hilfe der zehn Ziffern unseres Zahlensystems (0 bis 9) wird die Gesamtmenge der Konten nach sachlichen Gesichtspunkten (z. B. alle Finanzanlagen, alle Ertragskonten usw.) zunächst in 10 **Kontenklassen** gegliedert.

Beispiel:

Kontenklasse 0	Kontenklasse 1	Kontenklasse 2	usw.
AKTIVA			
Anlagevermögen		Umlaufvermögen und aktive Rechnungsabgrenzung	

Da es in jeder Kontenklasse mehrere Konten gibt, muss man zur eindeutigen Unterscheidung eine zweite Ziffer hinzufügen. Dabei beginnt man ebenfalls wieder mit der Ziffer 0. Diese zweistellige Kontenkennzeichnung bildet jeweils eine **Kontengruppe**.

Beispiel:

Kontenklasse 0	Kontenklasse 1	usw.
AKTIVA		
Anlagevermogen		
. . . **07 Technische Anlagen und Maschinen** **08 Andere Anlagen, Betriebs- und Geschäftsausstattung**		

Da auch innerhalb einer Kontengruppe im Allgemeinen unterschiedliche Konten vorkommen, muss jede Kontengruppe wieder nach dem gleichen Verfahren unterteilt werden. Man spricht dann von einer bestimmten **Kontenart**. Notfalls müssen zu einer Kontenart auch **Kontenunterarten** gebildet werden.

Beispiel:

Klasse 0	
AKTIVA	
Anlagevermögen	
. . . **07 Technische Anlagen und Maschinen** 070 Technische Anlagen 071 Maschinen **08 Andere Anlagen usw.**	**Erläuterungen:** 070 **Konto** Technische Anlagen → Kontenklasse 0 Anlagevermögen → Kontengruppe 07 Technische Anlagen und Maschinen → Kontenart 070 Technische Anlagen Wir sagen auch: Das Konto Technische Anlagen hat die **Kontonummer 070.**[1]

1 Finanzbuchhaltungsprogramme verwenden für jede Kontoart des Hauptbuchs eine vierstellige Kontonummer. Personenkonten (Lieferer- und Kundenkonten) haben dann fünfstellige Kontonummern. Dieser vierstelligen bzw. fünfstelligen Kontobezifferung wollen wir uns im Hinblick auf den Einsatz eines Finanzbuchhaltungsprogramms anschließen.

13.5 Aufbau des Schulkontenrahmens Industrie für Baden-Württemberg

Der „Schulkontenrahmen Industrie" für Baden-Württemberg, der in Industrieklassen zugrunde gelegt werden soll, orientiert sich streng an dem vom Bundesverband der Deutschen Industrie e. V. herausgegebenen Industriekontenrahmen.

Der Industriekontenrahmen in der Neufassung von 1986 ist ein abschlussorientierter Kontenrahmen, wodurch der Jahresabschluss besonders auch bei dem heute üblichen Einsatz eines Finanzbuchhaltungsprogramms wesentlich erleichtert wird.

Der Industriekontenrahmen (kurz: IKR) ist ein branchenübergreifender Kontenrahmen, der sowohl für Industriebetriebe als auch für Handelsbetriebe anwendbar ist. Ohne das Aufbauprinzip und die Kontenbezeichnungen des IKR zu ändern, sind aus dem sehr umfangreich gegliederten Kontenrahmen nur die für schulische Zwecke wichtigen Konten aufgeführt.

In seiner Grobstruktur weist der angesprochene Schulkontenrahmen in den einzelnen Kontenklassen folgende Posten aus:

Klasse 0:	Immaterielle Vermögensgegenstände und Sachanlagen	← Bestandskonten
Klasse 1:	Finanzanlagen	← Bestandskonten
Klasse 2:	Umlaufvermögen und aktive Rechnungsabgrenzung	← Bestandskonten
Klasse 3:	Eigenkapital, Wertberichtigungen und Rückstellungen	← Bestandskonten
Klasse 4:	Verbindlichkeiten und passive Rechnungsabgrenzung	← Bestandskonten
Klasse 5:	Erträge	← Erfolgskonten
Klasse 6:	Betriebliche Aufwendungen	← Erfolgskonten
Klasse 7:	Weitere Aufwendungen	← Erfolgskonten
Klasse 8:	Ergebnisrechnungen	← Abschlusskonten
Klasse 9:	Kosten- und Leistungsrechnung (KLR)[1]	

In den folgenden Kapiteln werden wir die Buchungssätze nur noch unter Zuhilfenahme des Schulkontenrahmens Industrie bilden, d.h., bei der Bildung der Buchungssätze (Buchungen im Grundbuch) setzen wir vor den Kontonamen die entsprechende Kontonummer und bei den Buchungen auf Konten (Buchungen im Hauptbuch) werden die Gegenkonten nur mit den Kontonummern angegeben.

Beispiel:

Wir zahlen eine bereits gebuchte Eingangsrechnung für Rohstoffe über 3850,00 EUR, durch Banküberweisung 3000,00 EUR, in bar 850,00 EUR.

Aufgaben:

1. Buchen Sie den Geschäftsvorfall auf Konten (Hauptbuch)!
2. Bilden Sie den Buchungssatz (Grundbuch)!

1 In der Praxis wird die Kosten- und Leistungsrechnung tabellarisch durchgeführt (vgl. S. 367 ff.).

Lösungen:

Zu 1. Buchung auf den Konten:

S	2800 Bank[1]		H
AB	5 000,00	4400	3 000,00

S	4400 Verbindl. a. Lief. u. Leist.		H
2800/2820	3 850,00	AB	10 000,00

S	2820 Kasse		H
AB	3 140,00	4400	850,00

Zu 2. Buchungssatz:

Geschäftsvorfall	Konten	Soll	Haben
Wir bezahlen eine bereits gebuchte Eingangsrechnung über 3 850,00 EUR durch Banküberweisung 3 000,00 EUR in bar 850,00 EUR	4400 Verbindl. a. L. u. L. an 2800 Bank an 2820 Kasse	3 850,00	 3 000,00 850,00

Übungsaufgaben

99 Nehmen Sie zur Bearbeitung der folgenden Aufgaben den als Anlage beigefügten Schulkontenrahmen zur Hand!

1. In welchen Kontenklassen erscheinen die Aufwendungen des Betriebes?
2. Nennen Sie 5 Aufwandsarten und geben Sie die entsprechende Ziffernfolge der Kontonummern an!
3. 3.1 Mit welchem Begriff fasst der Schulkontenrahmen die Konten der Klasse 0 und 1 zusammen?
   3.2 Nehmen Sie zu dieser Begriffsbildung Stellung! Wie ist sie begründbar?
4. Ordnen Sie den folgenden Konten die richtige Kontonummer zu:
   Geschäftsausstattung — Büromaterial
   Umsatzerlöse für Erzeugnisse u. Leistungen[2] — Fuhrpark
   Kasse — Aufwendungen für Rohstoffe
5. Welche Informationen erhalten Sie durch die Kontobezeichnung 0830? Was bedeutet die Ziffer 0? Was besagt die Ziffernfolge 08? Was drückt die Ziffernfolge 0830 aus?
6. 6.1 Nennen Sie die Ihnen bekannten Abschlusskonten und ordnen Sie ihnen die richtige Kontenziffernfolge zu! (Name des Kontos, Konto-Nr.)
   6.2 Wie heißt das Konto mit der Ziffernfolge 6750?
7. Bilden Sie unter Angabe der Kontonummern und der Kontonamen für folgende Geschäftsvorfälle die Buchungssätze:
   7.1 Kauf eines PCs bar — 1 450,00 EUR
   7.2 Ein Kunde überweist einen Rechnungsbetrag auf unser Bankkonto — 896,00 EUR
   7.3 Wir verkaufen Erzeugnisse auf Ziel — 8 000,00 EUR
   7.4 Wir zahlen eine Liefererrechnung durch Banküberweisung — 560,00 EUR

1 Im Schulkontenrahmen wird das Konto 2800 mit „Guthaben bei Kreditinstituten (Bank)“ bezeichnet. Der Einfachheit halber bezeichnen wir das Konto weiterhin kurz mit **Bank**.

2 Der Verkauf der hergestellten Erzeugnisse stellt einen Ertrag dar. Buchtechnisch werden die Umsatzerlöse aus eigenen Erzeugnissen und die Umsatzerlöse für Handelswaren auf getrennten Konten ausgewiesen. Wir führen somit die Konten **5000 Umsatzerlöse für Erzeugnisse und Leistungen** und **5010 Umsatzerlöse für Handelswaren**.

100 Bilden Sie für die Franz Schneider KG unter Angabe der Kontonummern und der Kontonamen für den nachfolgenden Beleg den Buchungssatz![1]

Autohaus Kurz GmbH · VERTRAGSHÄNDLER

Einbrennlackierung · ATE-Bremsendienst · TÜV-Prüfstelle · Reparaturen aller Fabrikate

Wagenbrunn 13 · **79244 Münstertal**

BELEG 3002

Autohaus Kurz GmbH · Wogenbrunn 13 · 79244 Münstertal

Franz Schneider KG
Staufener Straße 45
79189 Bad Krozingen

Rechnung Nr. 0290
Rechnungsdatum: 10. Jan. 20..

Telefon	km-Stand	Leitzahl
Kennzeichen FR-M 869		
Typ Starlet 1.0	Termin verb./unverb.	KD-Berater
Fahrgest.-Nr.		
Motor-Nr.		
Zul.-Datum	Ann.-Datum	Tank R ½ V
Kunden-Nr.		

Pos.	Arbeitscode	Arbeitstext	Zeit/AW	EUR
		XX Inspektion bei 1 000 km		
		○ Schnellservice bei ______ km		
		Inspektion mit Öl- und Filterwechsel durchgeführt. o. B.		
		Schmutzfänger (hinten) montiert.		
		Knopfabdeckung erneuert. o. B.		
		Ersatzteile		
	1	Satz Schmutzfänger		29,00
	1	Ölfilter		8,41
	3,25 l	Öl		34,13

Bei Zahlungen und Rückfragen bitte Rechnungsnummer angeben.

Der Auftrag wurde unter Anerkennung der Bedingungen für die Ausführung von Arbeiten an Kraftfahrzeugen, Anhängern, Aggregaten und deren Teilen für Kostenvoranschläge durchgeführt.

Bitte Barzahlung bei Abholung!
Betrag dankend erhalten:

10. Jan. 20.. i. A. Barth
Datum Unterschrift

ET-Teile*	71,54
Zubehör*	
AT-Teile*	
Fremdteile/Zubehör*	
Reifen*	
eigene Schmierstoffe*	
Kleinmaterial	
Zwischensumme	71,54
Mehrwertsteuer % auf Altteil	
...... % Mehrwertsteuer	
Agenturschmierstoffe** inkl. Mehrwertsteuer	
Gesamtbetrag	71,54

* siehe Materialschein
** Diese Lieferung erfolgt im Namen und für Rechnung der Mineralölgesellschaft

Sitz der Gesellschaft: Münstertal · Steuernummer: 170/64/511 · RG: Bad Krozingen HRB 102040

1 Da die Umsatzsteuer noch nicht behandelt wurde, bleibt sie unberücksichtigt!

14 Umsatzsteuer (Mehrwertsteuer)

14.1 Betriebswirtschaftliche und rechtliche Grundlagen

Bis die Waren zum Verkauf im Einzelhandel angeboten werden, durchlaufen sie häufig mehrere Unternehmen.

Beispiel:

Bis der Kunde in einem Lebensmittelgeschäft eine Ecke Schmelzkäse kaufen kann, hat das Produkt in der Regel folgende Unternehmen durchlaufen:

Milcherzeugung im **landwirtschaftlichen Betrieb** → Verarbeitung zu Käse im **Milchwerk** → Fertigung im **Schmelzkäsewerk** → Vertrieb über den **Großhandel** zum → **Einzelhandel.**

Durch **Kosten** und **Gewinn** erhöht sich in jedem Unternehmen jeweils der **Wert** des Produktes. Diesen **Mehrwert** (Unterschied zwischen Verkaufswert und Einstandswert) besteuert der Staat, d.h. jeder **Unternehmer** hat von dem Mehrwert, der von seinem Unternehmen geschaffen wird, Umsatzsteuern zu entrichten. Aus diesem Grunde wird die **Umsatzsteuer [USt]** häufig auch als **Mehrwertsteuer** bezeichnet.

In vereinfachter und verkürzter Form dargestellt beantwortet das Umsatzsteuergesetz folgende Fragen:

(1) Wer ist umsatzsteuerpflichtig?

Grundsätzlich wird der **Unternehmer,** der die Leistung ausgeführt hat, zur Umsatzsteuer herangezogen. Insoweit ist er auch Steuerschuldner.

(2) Welche Umsätze sind nicht steuerbar und welche Umsätze sind steuerbar?

Hier gilt es zunächst zwischen steuerbaren und nicht steuerbaren Umsätzen zu unterscheiden.

- **Nicht steuerbare Umsätze.** Sie fallen nicht unter das Umsatzsteuergesetz. Deshalb fällt bei diesen Umsätzen keine Umsatzsteuer an.

Beispiel:

Ein Autohändler liefert als **Privatmann** seinen gebrauchten Fernseher an einen Interessenten gegen Barzahlung.

- **Steuerbare Umsätze.** Sie sind entweder steuerpflichtig oder steuerfrei.
  - **Steuerpflichtige Umsätze.** Folgende Umsätze unterliegen der Umsatzsteuer:
    1. Lieferungen, die ein Unternehmer im Inland gegen Entgelt im Rahmen seines Unternehmens ausführt.
    2. Leistungen, die ein Unternehmer im Inland gegen Entgelt im Rahmen seines Unternehmens ausführt (z.B. Reparaturen, Transport von Waren, Errichtung neuer Anlagen usw.).

21 Speth u.a. – ISBN 978-3-8120-0555-5

3. Einfuhr von Gegenständen aus einem Drittlandsgebiet[1] in das Inland (Einfuhrumsatzsteuer).
4. Innergemeinschaftlicher[2] Erwerb im Inland gegen Entgelt.

- **Steuerfreie Umsätze.** Hierbei handelt es sich um Umsätze, die dem Umsatzsteuergesetz unterliegen, für die aber keine Umsatzsteuer entsteht, da diese Umsätze vom Gesetzgeber für steuerfrei erklärt werden. Die steuerfreien Umsätze sind im Wesentlichen in § 4 Nr. 1 bis Nr. 28 UStG aufgeführt.

Beispiele:

Ausfuhrlieferungen in ein Drittland (Staaten, die nicht zur Europäischen Union gehören); innergemeinschaftliche Lieferungen (Lieferungen in das Gebiet der Mitgliedstaaten der Europäischen Gemeinschaft); Umsätze im Geld- und Kapitalverkehr (z. B. die Gewährung und die Vermittlung von Krediten, die Umsätze von Wertpapieren); Vermietung und Verpachtung von Grundstücken; Umsätze aus der Tätigkeit als Arzt, Zahnarzt; Zahlung von Versicherungsbeiträgen.

(3) Wie viel Prozent beträgt der Steuersatz?

Im Normalfall beträgt der Steuersatz 19 %. Der **ermäßigte Steuersatz** beträgt 7 %.

(4) Von welchem Betrag wird die Umsatzsteuer berechnet (Bemessungsgrundlage)?

Die Umsatzsteuer wird vom **Entgelt** berechnet. Das ist der vom Empfänger der Leistung zu **entrichtende Nettopreis**. Die Umsatzsteuer fällt im Allgemeinen bereits dann an, wenn eine Lieferung bzw. Leistung erbracht wird, also die Forderung entsteht **(Sollbesteuerung)**. Erlösminderungen (Skonti, Rabatte, Preisnachlässe usw.) vermindern die Berechnungsgrundlage für die Umsatzsteuer, in Rechnung gestellte Nebenkosten erhöhen das Entgelt.

(5) Welchen Betrag erhält das Finanzamt?

Bei der Berechnung der Umsatzsteuer wird zunächst vom **gesamten Umsatzwert** ausgegangen: 19% vom Verkaufserlös ergibt die (vorläufige) Umsatzsteuerschuld. Von dieser so berechneten Steuerschuld können die auf den **Eingangsrechnungen ausgewiesenen Umsatzsteuerbeträge** als so genannte **Vorsteuer** abgezogen werden. Die Vorsteuer stellt somit für den Kaufmann eine **Forderung** an das Finanzamt dar. Die Differenz zwischen Umsatzsteuer und Vorsteuer ist dann die tatsächlich zu zahlende Steuerschuld. Wir nennen sie **Zahllast**.

Damit die Unternehmer und ihre Leistungsempfänger den Vorsteuerabzug erhalten, müssen die **Rechnungen** folgende **Angaben** enthalten:

---

1 Drittlandsstaaten sind Staaten, die nicht zur Europäischen Union gehören.

2 Gemeinschaftsgebiet umfasst das Gebiet der Europäischen Staaten, die der Europäischen Union angehören. EU-Länder sind: Belgien, Bulgarien, Dänemark, Deutschland, Estland, Finnland, Frankreich, Griechenland, Großbritannien, Irland, Italien, Lettland, Litauen, Luxemburg, Malta, Niederlande, Österreich, Polen, Portugal, Rumänien, Schweden, Slowakei, Slowenien, Spanien, Tschechien, Ungarn und Zypern (griechischer Landesteil).

- Vollständiger Name und vollständige Anschrift des leistenden Unternehmers und des Leistungsempfängers,
- die Steuernummer oder die Umsatzsteuer-Identifikationsnummer,
- das Ausstellungsdatum,
- eine fortlaufende Nummer mit einer oder mehreren Zahlenreihe(n), die zur Identifizierung der Rechnung vom Rechnungssteller einmal vergeben wird (Rechnungsnummer),
- die Menge und die handelsübliche Bezeichnung des Gegenstands der Lieferung oder die Art und den Umfang der sonstigen Leistung,
- den Zeitpunkt der Lieferung oder sonstigen Leistung,
- das nach Steuersätzen und einzelnen Steuerbefreiungen aufgeschlüsselte Entgelt für die Lieferung oder sonstige Leistung sowie jede im Voraus vereinbarte Minderung des Entgelts,
- der anzuwendende Steuersatz sowie der auf das Entgelt entfallende Steuerbetrag oder im Falle einer Steuerbefreiung der Hinweis darauf, dass für die Lieferung oder sonstige Leistung eine Steuerbefreiung gilt.

Bei **Rechnungen** über **Kleinbeträge** von bis zu 150,00 Euro muss lediglich angegeben werden: Name und Anschrift, Ausstellungsdatum, Menge und Art der gelieferten Gegenstände oder Umfang und Art der sonstigen Leistung, das Entgelt und der darauf entfallende Steuerbetrag in einer Summe sowie der anzuwendende Steuersatz [§ 33 Umsatzsteuer-Durchführungsverordnung UStDV].

Dargestellt am Beispiel einer Handelsware, bei der die Zusammenhänge am einfachsten dargestellt werden können, ergibt sich die folgende Abrechnung mit dem Finanzamt:

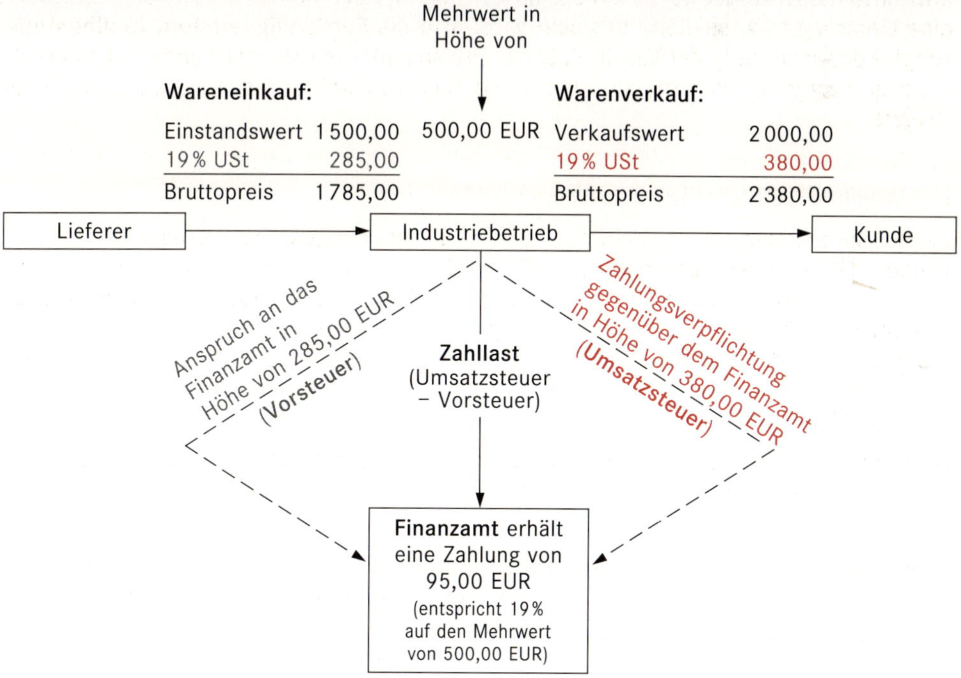

- **Abrechnung mit dem Finanzamt:**

	19 % v. Nettoverkaufspreis	2 000,00 EUR	380,00 EUR	→	Umsatzsteuer	→	Verbindlichkeiten
–	19 % v. Nettoeinkaufspreis	1 500,00 EUR	285,00 EUR	→	Vorsteuer	→	Forderungen
=	Mehrwert	500,00 EUR	95,00 EUR	→	Zahllast	→	Restschuld

- **Auswirkungen der Umsatzsteuer auf den Erfolg am Beispiel eines Handelswarengeschäftes:**

Industriebetrieb **zahlt USt**		Industriebetrieb **erhält USt**	
■ an den Lieferer lt. ER	285,00 EUR	vom Kunden lt. AR	380,00 EUR
■ an das Finanzamt	95,00 EUR		
	380,00 EUR ←		↑

Erkenntnis: Durch die USt entstehen dem Industriebetrieb **keine** Aufwendungen. Die USt ist daher ergebnisunwirksam. Was das Unternehmen auf der einen Seite einnimmt, gibt es auf der anderen Seite aus. Die USt ist ein **durchlaufender Posten.**

(6) Zu welchem Zeitpunkt muss die Umsatzsteuer gezahlt werden?

Die Umsatzsteuer ist eine Jahressteuer. Der Unternehmer muss aber bis zum 10. des lfd. Monats für den vorangegangenen Monat eine Umsatzsteuervoranmeldung beim Finanzamt einreichen. Gleichzeitig ist für die darin zu ermittelnde Zahllast eine entsprechende Vorauszahlung auf die Jahressteuer zu leisten [§ 18 UStG][1]. Am Jahresende erfolgt die Endabrechnung mit Hilfe der Jahressteuererklärung und des Jahressteuerbescheides. Nachzahlungen bzw. Rückerstattungen sind nicht ausgeschlossen, da sich die **Bemessungsgrundlage** durch nachträgliche Skonti, Rabatte, Preisnachlässe oder aufgrund von Forderungsausfällen ändern kann.

Merke:

- Die **Umsatzsteuer** stellt für den Unternehmer keinen Aufwand, sondern einen **durchlaufenden Posten** dar. (Was der Unternehmer auf der einen Seite an Steuerbeträgen einnimmt, gibt er auf der anderen Seite in gleicher Höhe wieder aus.)
- Die **Umsatzsteuer** trägt allein der **Verbraucher**.

14.2 Buchhalterische Erfassung der Umsatzsteuer

14.2.1 Buchhalterische Erfassung der Umsatzsteuer bei den Grundfällen (Einkauf von Werkstoffen und Handelswaren sowie Verkauf von Erzeugnissen und Handelswaren)

Da dem Unternehmen durch die Umsatzsteuer **keine Kosten** (Aufwendungen) entstehen, kann für die buchhalterische Erfassung nur der Bereich der **Bilanzkonten** in Frage kommen.

1 Für Unternehmen mit niedrigen Umsätzen ist das Kalendervierteljahr Voranmeldezeitraum (siehe § 18 II UStG). Zur Befreiung von Kleinunternehmen von der Umsatzsteuer siehe § 19 UStG.

Beispiel:

Buchung der Vorsteuer

Geschäftsvorfall:

Kauf von Rohstoffen auf Ziel nach folgender Eingangsrechnung:

Rohstoffe, netto	3 000,00 EUR
+ 19 % USt	570,00 EUR
Rechnungsbetrag (ER)	3 570,00 EUR

Buchung der Umsatzsteuer

Geschäftsvorfall:

Verkauf von Erzeugnissen auf Ziel nach folgender Ausgangsrechnung:

Erzeugnisse, netto	4 000,00 EUR
+ 19 % USt	760,00 EUR
Rechnungsbetrag (AR)	4 760,00 EUR

Aufgabe:

Buchen Sie die beiden Geschäftsvorfälle auf Konten und bilden Sie anschließend die Buchungssätze!

Lösungen:

S 6000 Aufwend. f. Rohstoffe H

S		H	
4400	3 000,00		

S 2600 Vorsteuer H

S		H	
4400	570,00		

S 4400 Verbindlichkeiten a. Lief. u. Leist. H

S		H	
		6000/2600	3 570,00

Buchungssatz:

Konten	Soll	Haben
6000 Aufw. f. Rohstoffe	3 000,00	
2600 Vorsteuer	570,00	
4400 an Verb. a. L. u. L.		3 570,00

S 2400 Forderungen a. Lief. u. Leist. H

S		H	
5000/4800	4 760,00		

S 5000 Umsatzerlöse f. Erzeugnisse u. Leistungen H

S		H	
		2400	4 000,00

S 4800 Umsatzsteuer H

S		H	
		2400	760,00

Buchungssatz:

Konten	Soll	Haben
2400 Ford. a. L. u. L.	4 760,00	
an 5000 Umsatzerl. f. Erz. u. Leist.		4 000,00
an 4800 Umsatzsteuer		760,00

Merke:

- Die USt auf Eingangsrechnungen stellt eine **Forderung** des Unternehmers gegenüber dem Finanzamt dar. Sie wird auf einem Forderungskonto, genannt **Vorsteuer,** gebucht.
- Das Konto **2600 Vorsteuer** ist ein **Aktivkonto.**

Merke:

- Die USt auf Ausgangsrechnungen stellt eine **Verbindlichkeit** des Unternehmers gegenüber dem Finanzamt dar. Sie wird auf einem entsprechenden Schuldkonto, genannt **Umsatzsteuer,** gebucht.
- Das Konto **4800 Umsatzsteuer** ist ein **Passivkonto.**

Übungsaufgabe

101 Bilden Sie zu den nachfolgenden Geschäftsvorfällen die Buchungssätze!

1. Wir kaufen Fremdbauteile auf Ziel netto	1 350,00 EUR
+ 19% USt	256,50 EUR
	1 606,50 EUR
2. Kauf von Rohstoffen gegen Bankscheck netto	3 198,00 EUR
+ 19% USt	607,62 EUR
	3 805,62 EUR
3. Kauf von Betriebsstoffen bar netto	7 479,00 EUR
+ 19% USt	1 421,01 EUR
	8 900,01 EUR
4. Wir verkaufen Erzeugnisse bar netto	10 391,20 EUR
+ 19% USt	1 974,33 EUR
	12 365,53 EUR
5. Verkauf von Erzeugnissen auf Ziel netto	6 220,00 EUR
+ 19% USt	1 181,80 EUR
	7 401,80 EUR
6. Banküberweisung des Kunden zum Ausgleich der Rechnung (vgl. Fall 5)	7 401,80 EUR
7. Kauf von Hilfsstoffen gegen Rechnung netto	917,00 EUR
+ 19% USt	174,23 EUR
	1 091,23 EUR
8. Banküberweisung an einen Lieferer zum Ausgleich der Rechnung (vgl. Fall 7)	1 091,23 EUR
9. Verkauf von Erzeugnissen gegen Bankscheck	778,00 EUR
+ 19% USt	147,82 EUR
	925,82 EUR

14.2.2 Buchhalterische Erfassung der Umsatzsteuer bei weiteren Fällen

Die Umsatzsteuer erscheint nicht nur auf den Rechnungen der beiden vorgestellten Grundfälle, sondern ebenfalls bei einer Reihe weiterer Fälle.

(1) Auf der Eingangsseite

Neben den Eingangsrechnungen für den Einkauf von Werkstoffen erhalten wir z. B. Rechnungen für den Kauf von Anlagegegenständen (Fahrzeuge, Teile, die zur Betriebs- und Geschäftsausstattung zählen), Rechnungen von Handwerkern für Reparaturleistungen, für den Einkauf von Büromaterial usw. Die Umsatzsteuer dieser Rechnungen erscheint ebenfalls auf dem Aktivkonto Vorsteuer.

(2) Auf der Ausgangsseite

Neben dem Verkauf von Erzeugnissen können gebrauchte Fahrzeuge oder Teile der Betriebs- und Geschäftsausstattung verkauft werden. Auch solche so genannten Hilfsgeschäfte sind umsatzsteuerpflichtig. Beim Verkauf müssen wir Umsatzsteuer in Rechnung stellen. Sie erscheint auf dem Passivkonto Umsatzsteuer.

Übungsaufgabe

102 Buchen Sie im Grundbuch (Buchungssätze) der Möbelfabrik Bruno Bernhardt GmbH folgende Geschäftsvorfälle:

1. Wir kaufen 100 Zeituhren zum Einbau in Küchenmöbel auf Ziel netto 1 430,00 EUR zuzüglich 19 % USt.
2. Wir bezahlen die bereits gebuchte Liefererrechnung Nr. 21 über 1 700,00 EUR bar.
3. Einkauf von Spanplatten lt. Eingangsrechnung Nr. 56 2 737,00 EUR einschließlich 19 % USt gegen Bankscheck.
4. Ein Kunde bezahlt die Ausgangsrechnung Nr. 45 durch Überweisung auf unser Bankkonto 2 464,45 EUR.
5. Barzahlung einer noch nicht gebuchten Handwerkerrechnung für Malerarbeiten im Büro netto 300,00 EUR zuzüglich 19 % USt.
6. Wir kaufen einen PC gegen Barzahlung netto 1 300,00 EUR zuzüglich 19 % USt.
7. Verkauf von Bürotischen auf Ziel. Rechnungsbetrag einschließlich 19 % USt 10 055,50 EUR.
8. Kauf von Schreibwaren für das Büro bar 685,00 EUR zuzüglich 19 % USt.
9. Bankabbuchung für Telefongebühren einschl. 19 % Umsatzsteuer 1 195,95 EUR.
10. Banküberweisung für Stromverbrauch lt. vorliegender Rechnung: Nettowert 2 210,00 EUR zuzüglich 19 % USt.
11. Einkauf von Leim für die Fertigung 890,00 EUR zuzüglich 19 % USt gegen Bankscheck.
12. Einkauf von Schmieröl 1 420,00 EUR zuzüglich 19 % USt auf Ziel.
13. Bareinkauf von Schrauben und Nägeln in Höhe von 275,00 EUR zuzüglich 19 % USt.

103 Buchen Sie im Grundbuch der Papierfabrik Siegbert Schlor KG die folgenden Geschäftsvorfälle:

1. Barzahlung der Leasingrate für das Geschäftsfahrzeug	370,00 EUR	
+ 19 % USt	70,30 EUR	440,30 EUR
2. Wir zahlen Miete für die Geschäftsräume durch Banküberweisung		3 720,00 EUR
3. Banklastschrift zum Ausgleich der Stromrechnung für das Geschäft	745,00 EUR	
+ 19 % USt	141,55 EUR	886,55 EUR
4. Wir kaufen einen Büroschrank und zahlen mit Bankscheck	900,00 EUR	
+ 19 % USt	171,00 EUR	1 071,00 EUR
5. Einkauf einer Werkbank auf Ziel	1 560,00 EUR	
+ 19 % USt	296,40 EUR	1 856,40 EUR
6. Wir zahlen Gewerbesteuer durch Banküberweisung		2 769,40 EUR
7. Wir zahlen die Ausbildungsvergütungen für unsere kaufmännischen Auszubildenden durch Banküberweisung		4 950,00 EUR
8. Barzahlung der Rechnung des Kundendienst-Monteurs für die Reparatur einer Maschine	275,00 EUR	
+ 19 % USt	52,25 EUR	327,25 EUR

104 Buchen Sie im Grundbuch der Papierfabrik Siegbert Schlor KG die folgenden Geschäftsvorfälle:

1. Wir verkaufen 100 000 Bogen Papier IDEM-CB-100 gegen Ratenzahlung.
   Anzahlung einschließlich 19 % USt bar: 38 675,00 EUR.
   Restzahlung in 5 Raten
   (12 500,00 EUR + 800,00 EUR Zinsen* + 19 % USt) zu je 15 675,00 EUR.
   Bilden Sie die Buchungssätze am Verkaufstag!

   * **Hinweis:** Die Zinsen sind umsatzsteuerfrei, da ein Kreditvertrag vorliegt!

2. Die Papierfabrik zahlt für folgenden Beleg bar aus der Kasse:

> 196,35 EUR einschließlich 19 % USt für Reparatur
> des Kopiergeräts erhalten.
>
> Wangen, den 2. April 20 . .   Ferner

3.	Bankgutschrift für Zinsen		720,00 EUR
4.	Barzahlung für Reparaturen am Maschinenpark, netto	874,00 EUR	
	+ 19 % USt	166,06 EUR	1 040,06 EUR
5.	Verkauf von leinengeprägtem Karton frei Haus		
	lt. AR 143 netto	42 765,00 EUR	
	+ 19 % USt	8 125,35 EUR	50 890,35 EUR

14.3 Ermittlung und Buchung der Zahllast

14.3.1 Erstellung der Umsatzsteuer-Voranmeldung und der Umsatzsteuererklärung

Der Unternehmer hat grundsätzlich innerhalb von 10 Tagen nach Ablauf jedes Kalendermonats (Voranmeldezeitraum) eine elektronische **Umsatzsteuer-Voranmeldung** beim Finanzamt abzugeben [§ 18 I UStG], aus welcher die vereinbarten Entgelte (Nettoumsätze) sowie die Vorsteuer ersichtlich sind [§ 16 I, II UStG]. Der Unternehmer hat gleichzeitig die in der Voranmeldung berechnete **Vorauszahlung** zu entrichten. Ergibt sich jedoch aufgrund höherer Vorsteuerabzüge ein Überschuss, so wird dieser vom Finanzamt zurückerstattet.

Nach Ablauf eines Jahres hat der Unternehmer bis zum 31. Mai des folgenden Jahres eine **Umsatzsteuererklärung (Jahressteuererklärung)** beim Finanzamt abzugeben. Steuernachzahlungen bzw. Steuerrückerstattungen sind dabei nicht ausgeschlossen, weil sich die Bemessungsgrundlagen aufgrund nachträglich gewährter Skonti, Rabatte, Preisnachlässe oder aufgrund von Forderungsausfällen ändern können.

Der Unternehmer hat die Steuer für den Voranmeldezeitraum **(Umsatzsteuer-Vorauszahlung)** in der Voranmeldung und die Steuer bzw. den Erstattungsanspruch für den Besteuerungszeitraum in der Jahreserklärung **selbst zu berechnen.**

Beispiel:

Die Schuhfabrik Franz Schulz OHG verkauft ausschließlich an Schuhfachgeschäfte. Der Jahresumsatz („vereinbarte Entgelte") beträgt 423 000,00 EUR. Darin sind 4 300,00 EUR Exporte sowie 12 000,00 EUR Mieteinnahmen für Wohnungen im Geschäftshaus (an Betriebsangehörige vermietet) enthalten. Die noch nicht gebuchten privaten Warenentnahmen betragen 600,00 EUR netto. Die anrechenbare Vorsteuer in Höhe von 47 752,00 EUR wurde buchhalterisch korrekt erfasst. Die monatlichen Vorauszahlungen während des Geschäftsjahrs betrugen insgesamt 28 800,00 EUR.

Aufgabe:

Erstellen Sie die Umsatzsteuererklärung!

Lösung:

Umsatz

	Gesamtbetrag der vereinbarten Entgelte		423 000,00 EUR
+	Private Warenentnahme [§ 3 1b, 1 UStG]		600,00 EUR
	steuerbarer Umsatz		423 600,00 EUR
	davon sind steuerfrei		
	Ausfuhrlieferungen [§ 4 1.a) UStG]	4 300,00 EUR	
	Mieteinnahmen [§ 4 12.a) UStG]	12 000,00 EUR	16 300,00 EUR
	steuerpflichtiger Umsatz		407 300,00 EUR

Umsatzsteuer

	19 % USt aus 407 300,00 EUR	77 387,00 EUR

Vorsteuer

	Vorsteuer lt. Buchhaltung	47 752,00 EUR

Zahllast

	Umsatzsteuer	77 387,00 EUR
./.	Vorsteuer	47 752,00 EUR
	zu entrichtende Umsatzsteuer (Zahllast)	29 635,00 EUR
./.	monatliche Vorauszahlungen Januar - Dezember	28 800,00 EUR
	noch an das Finanzamt abzuführen (Nachzahlung)	835,00 EUR

14.3.2 Buchung der Umsatzsteuerzahlung aufgrund der Umsatzsteuer-Voranmeldung

Buchhalterisch wird der abzuführende monatliche Umsatzsteuerbetrag (die Zahllast) in der Weise ermittelt, dass das Vorsteuerkonto über das Umsatzsteuerkonto abgeschlossen wird. Der Saldo, der sich danach auf dem Umsatzsteuerkonto ergibt, stellt die monatliche Zahllast dar. Um anschließend die Umsatzsteuer des nachfolgenden Monats zu erfassen, ist es in der Praxis üblich, das Konto Umsatzsteuer auf Null zu stellen. Das Konto Umsatzsteuer wird deshalb am Ende des Monats über das Konto **4830 Sonstige Verbindlichkeiten gegenüber Finanzbehörden** abgeschlossen. Die Zahllast ist innerhalb von 10 Tagen nach Ablauf des Kalendermonats an das Finanzamt abzuführen.

In der Schlussbilanz erscheint die Zahllast des Monats Dezember unter dem Bilanzposten **Sonstige Verbindlichkeiten** auf der Passivseite.

Beispiel für den Monat Januar:

Vorsteuer: Summe 1 800,00 EUR; Umsatzsteuer: Summe 6 000,00 EUR.
Die Zahllast von 4 200,00 EUR wird an das Finanzamt durch die Bank überwiesen.

Aufgaben:

1. Stellen Sie die Vorgänge auf den Konten dar!
2. Bilden Sie die Buchungssätze!

Lösungen:

Zu 1. Buchung auf den Konten:

S	2600 Vorsteuer		H
Summe	1 800,00	4800	1 800,00

S	4800 Umsatzsteuer		H
2600	1 800,00	Summe	6 000,00
4830	4 200,00		
	6 000,00		6 000,00

S	2800 Bank		H
AB	5 000,00	4830	4 200,00

S	4830 Sonst. Verbindl. geg. Finanzbeh.		H
2800	4 200,00	4800	4 200,00

Zu 2. Buchungssätze:

Geschäftsvorfälle	Konten	Soll	Haben
Umbuchung zur Ermittlung der Zahllast	4800 Umsatzsteuer an 2600 Vorsteuer	1 800,00	1 800,00
Abschluss des Kontos Umsatzsteuer	4800 Umsatzsteuer an 4830 Sonst. Verb. g. Finanzb.	4 200,00	4 200,00
Banküberweisung der Zahllast	4830 Sonst. Verbindl. g. Finanzb. an 2800 Bank	4 200,00	4 200,00

Hinweis zum Buchungsvorgang bei einem Vorsteuerüberhang:

Ist innerhalb eines Abrechnungszeitraumes (Monats) die Vorsteuer höher als die Umsatzsteuer, was z. B. aufgrund von saisonbedingten Einkäufen durchaus vorkommen kann, entsteht ein so genannter **Vorsteuerüberhang.** In diesem Fall ist die Forderung gegenüber dem Finanzamt höher als die Verbindlichkeit. Diesen Vorsteuerüberhang muss das Finanzamt auszahlen bzw. verrechnen.

Logischerweise erscheint der Saldo dann nicht auf dem Passivkonto „Umsatzsteuer", sondern auf dem Aktivkonto „Vorsteuer". Das Vorsteuerkonto wird dann über das Konto **2630 Sonstige Forderungen an Finanzbehörden** abgeschlossen.

Zusammenfassung

- Die **Umsatzsteuer** gehört zur Gruppe der Verkehrsteuern, weil Umsätze (Verkehrsvorgänge) der Unternehmen besteuert werden. Wirtschaftlich gesehen ist sie eine Verbrauchsteuer, weil allein der Endverbraucher die Umsatzsteuer zu tragen hat. Für den Unternehmer ist die Umsatzsteuer erfolgsunwirksam.

- Häufig wird die Umsatzsteuer auch als Mehrwertsteuer bezeichnet, weil der Unternehmer nur den Betrag an das Finanzamt abzuführen hat, der auf den von ihm geschaffenen Mehrwert entfällt. Diese so genannte **Zahllast** errechnet sich wie folgt:

	Umsatzsteuer der Ausgangsrechnungen
–	Umsatzsteuer der Eingangsrechnungen (Vorsteuer)
=	Zahllast

- Die **Umsatzsteuer** auf den **Ausgangsrechnungen** hat den Charakter einer **Verbindlichkeit.** Daher erscheint sie auch bis zur Abrechnung mit dem Finanzamt auf einem entsprechenden Verbindlichkeitskonto (das **Konto 4800 Umsatzsteuer** ist ein **Passivkonto**).
- Die **Umsatzsteuer** auf den **Eingangsrechnungen** hat den Charakter einer **Forderung.** Daher ist das **Konto 2600 Vorsteuer** ein Aktivkonto.
- Bei der Abrechnung mit dem Finanzamt wird im Fall einer **Zahllast** (Normalfall) das Vorsteuerkonto über das Umsatzsteuerkonto abgeschlossen. Auf dem Umsatzsteuerkonto ergibt sich dann als Saldo die Zahllast, für die im Fall der Zahlung die Gegenbuchung auf dem entsprechenden Zahlungskonto erscheint. Für den Fall, dass beim Abschluss der Konten die **Zahllast noch nicht beglichen ist,** wird sie **passiviert,** d.h., die Gegenbuchung erscheint auf der Habenseite des Schlussbilanzkontos bzw. auf der Passivseite der Bilanz.
- Übersteigt ausnahmsweise innerhalb eines Monats (Voranmeldungszeitraum) der gebuchte Vorsteuerbetrag den gebuchten Umsatzsteuerbetrag, tritt ein **Vorsteuerüberhang** auf. In diesem Fall muss das Umsatzsteuerkonto über das Vorsteuerkonto abgeschlossen werden. Der Saldo erscheint dann auf dem Vorsteuerkonto. Das Finanzamt muss ihn auszahlen. Ist die Auszahlung beim Abschluss der Konten noch nicht erfolgt, ist sie zu aktivieren, d.h., die Gegenbuchung zu diesem Saldo auf der Habenseite des Vorsteuerkontos erscheint auf der Sollseite des Schlussbilanzkontos bzw. auf der Aktivseite der Bilanz.

Übungsaufgaben

105 Aus der Buchführung der Werkzeugfabrik Fritz Klein e.Kfm. ergeben sich für den Monat Juli folgende Angaben:

Umsatzentgelte netto 875 600,00 EUR zuzüglich 19 % Umsatzsteuer

Verkauf einer ausrangierten Verpackungsmaschine 1 250,00 EUR zuzügl. 19 % USt

Werkstoffeinkäufe 345 700,00 EUR zuzüglich 19 % Umsatzsteuer

Einkauf einer neuen Verpackungsmaschine einschließlich 19 % Umsatzsteuer 15 208,20 EUR Kauf eines Kombifahrzeugs, das ausschließlich betrieblich genutzt wird, 46 800,00 EUR zuzügl. 19 % Umsatzsteuer; Bareinkauf für Bürobedarf einschl. 19 % Umsatzsteuer 535,50 EUR Banküberweisung für Reparaturen am Privathaus einschl. 19 % Umsatzsteuer 4 641,00 EUR (Rechnungsdatum 15. Mai). Die entsprechenden Rechnungen liegen vor.

Aufgabe:

Erstellen Sie für den Monat Juli die Umsatzsteuervoranmeldung!

106

S	2600 Vorsteuer	H
2800	991,80	
4400	3 431,40	

S	4800 Umsatzsteuer	H
	2880	4 870,00
	2800	12 130,70

Aufgaben:

1. Übertragen Sie die Konten in Ihr Hausheft und ermitteln Sie buchhalterisch die Zahllast!
2. Die Zahllast ist zu passivieren.
3. Bilden Sie zu 1. und 2. die Buchungssätze!

107

S	2600 Vorsteuer	H
Su	12 900,00	

S	4800 Umsatzsteuer	H
	Su	8 300,00

Aufgaben:

1. Übertragen Sie die Konten in Ihr Hausheft und ermitteln Sie buchhalterisch den Vorsteuerüberhang!
2. Der Vorsteuerüberhang wird vom Finanzamt auf unser Bankkonto überwiesen.
3. Bilden Sie zu 1. und 2. die Buchungssätze!

108 Formulieren Sie den Geschäftsvorfall und buchen Sie den Buchungssatz aus Sicht der Maschinenfabrik Wachter GmbH für den folgenden Beleg!

Einzahlungs/Überweisungsauftrag an
Bayerische
Hypo- und Vereinsbank

HypoVereinsbank

Begünstigter: Finanzamt Celle

Konto.Nr. des Begünstigten: 0814720 — Bankleitzahl: 25740061

bei (Kreditinstitut): Commerzbank Celle

EUR — Betrag: 16330,00--------

Kunden-Referenznummer - noch Verwendungszweck, ggf. Name und Anschrift des Auftraggebers - (nur für Empfänger): USt. VI/20.. St.Nr. 571/8054

Kontoinhaber: Maschinenfabrik Wachter GmbH

Konto-Nr. des Kontoinhabers: 1473972

10. Juli 20.. i. A. Wecker

Datum — Unterschrift

109 1. 1.1 Die Umsatzsteuer zahlt letztlich der Endverbraucher.

1.2 Die Umsatzsteuer ist ein „durchlaufender Posten“ und deshalb erfolgsneutral.

Aufgabe:

Erklären Sie die Richtigkeit dieser Aussagen!

2. Worin besteht der Unterschied zwischen Umsatzsteuervoranmeldung und Umsatzsteuererklärung?
3. Wenn die Umsatzsteuer ein „durchlaufender Posten“ und deshalb erfolgsneutral ist – kann der Unternehmer einer Erhöhung der Umsatzsteuer gelassen entgegensehen oder nicht?

110 Einem Unternehmer liegen am 31. Mai 20.. folgende Daten vor: Summe der Vorsteuer 145 000,00 EUR; Summe der Umsatzsteuer 310 400,00 EUR; Guthaben auf dem Konto Bank 180 000,00 EUR. Die Zahllast wird am 9. Juni 20.. an das Finanzamt durch die Bank überwiesen.

Aufgaben:
1. Stellen Sie die Vorgänge auf den Konten dar!
2. Bilden Sie die Buchungssätze!

15 Einfacher Jahresabschluss mit Bestandsveränderungen, Inventurdifferenzen und mit Berücksichtigung der Umsatzsteuer

15.1 Gesetzliche Regelungen zum Jahresabschluss

Die gesetzlichen Vorschriften zum Jahresabschluss sind je nach Rechtsform des Unternehmens unterschiedlich. Wir beziehen uns hier auf die allgemeinen Bestimmungen, die für **Einzelkaufleute und Personengesellschaften** gelten, die eine bestimmte Größenordnung nicht überschreiten.

(1) Inhalt des Jahresabschlusses [§ 242, II HGB]

Bei Einzelkaufleuten und Personengesellschaften besteht der Jahresabschluss aus der Bilanz und der Gewinn- und Verlustrechnung.

(2) Aufstellungsgrundsätze [§ 243 HGB]

„Der Jahresabschluss ist nach den Grundsätzen ordnungsmäßiger Buchführung aufzustellen. Er muss klar und übersichtlich sein. Der Jahresabschluss ist innerhalb der einem ordnungsmäßigen Geschäftsgang entsprechenden Zeit aufzustellen.“

Aus diesen allgemeinen Formulierungen des Gesetzgebers geht hervor, dass **keine bestimmte Form** für die Aufstellung der Bilanz und der Gewinn- und Verlustrechnung vorgeschrieben ist. Da jedoch für die Bilanz einer Kapitalgesellschaft der Gesetzgeber [§ 266 HGB] die Kontoform zwingend vorschreibt, ist sie auch bei anderen Unternehmen üblich. Abweichend von der gesetzlichen Vorschrift für die Aufstellung der Gewinn- und Verlustrechnung bei Kapitalgesellschaften wird auch die Gewinn- und Verlustrechnung bei Einzelkaufleuten und Personengesellschaften üblicherweise in der Kontoform erstellt.

Wie ebenfalls aus der Gesetzesformulierung hervorgeht, hat der Gesetzgeber für den einfachen Jahresabschluss keine bestimmte Frist, bis zu der die Aufstellung erfolgt sein muss, vorgegeben.

(3) Sprache und Währungseinheit [§ 244 HGB]

„Der Jahresabschluss ist in deutscher Sprache und in Euro aufzustellen."

Wurden die Bücher in einer anderen lebenden Sprache geführt, was nach § 239 HGB möglich ist, muss jedoch für den Jahresabschluss eine Übersetzung stattfinden. Forderungen und Verpflichtungen in fremder Währung sind in Euro umzurechnen.

(4) Unterzeichnung [§ 245 HGB]

„Der Jahresabschluss ist vom Kaufmann unter Angabe des Datums zu unterzeichnen. Sind mehrere persönlich haftende Gesellschafter vorhanden, so haben sie alle zu unterzeichnen."

Die Unterschrift muss am Ende des Jahresabschlusses erfolgen, also nach der Gewinn- und Verlustrechnung.

(5) Vollständigkeit, Verrechnungsverbot [§ 246 HGB]

Weitere Vorschriften betreffen die Vollständigkeit und das Verrechnungsverbot, wonach der Jahresabschluss alle Vermögensgegenstände, Schulden, Rechnungsabgrenzungsposten, Aufwendungen und Erträge zu enthalten hat. Nach dem Verrechnungsverbot dürfen Aktiva nicht mit Posten der Passivseite und Aufwendungen nicht mit Erträgen verrechnet werden.

(6) Inhalt und Gliederung [§ 247 HGB]

Zum Inhalt der Bilanz wird im § 247 HGB lediglich festgestellt, dass in der Bilanz das Anlagevermögen, das Umlaufvermögen, das Eigenkapital, die Schulden und die Abgrenzungsposten in hinreichender Aufgliederung gesondert auszuweisen sind. Wie diese Untergliederungen vorzunehmen und wie sie zu bezeichnen sind, hat der Gesetzgeber im Gegensatz zu den für Kapitalgesellschaften geltenden Vorschriften nicht im Einzelnen festgelegt. Eine Orientierung an den Bilanzvorschriften für Kapitalgesellschaften ist jedoch in der Praxis der Bilanzierung üblich.

15.2 Beispiel eines einfachen Jahresabschlusses

Beispiel:

0500 Grundstücke und Bauten 200 000,00 EUR, 0710 Maschinen 350 000,00 EUR, 2000 Rohstoffe 180 000,00 EUR, 2400 Forderungen aus Lieferungen und Leistungen 145 320,00 EUR, 2600 Vorsteuer 15 000,00 EUR, 2800 Bank 137 850,00 EUR, 3000 Eigenkapital 440 000,00 EUR, 4200 Verbindlichkeiten gegenüber Kreditinstituten 400 000,00 EUR, 4400 Verbindlichkeiten aus Lieferungen und Leistungen 119 450,00 EUR, 4800 Umsatzsteuer 68 720,00 EUR.

II. Geschäftsvorfälle:

1. Kauf von Rohstoffen auf Ziel	85 000,00 EUR	
+ 19 % USt	16 150,00 EUR	101 150,00 EUR
2. Eingangsrechnung für die Renovierung der Büroräume	17 500,00 EUR	
+ 19 % Umsatzsteuer	3 325,00 EUR	20 825,00 EUR

3. Verkauf von Erzeugnissen auf Ziel 185 300,00 EUR
+ 19 % Umsatzsteuer 35 207,00 EUR 220 507,00 EUR
4. Banküberweisung für das gemietete Verwaltungsgebäude 12 000,00 EUR
5. Die Bank belastet unser Kontokorrentkonto mit den Halbjahreszinsen für das aufgenommene Bankdarlehen 16 000,00 EUR
6. Banküberweisung für die Gewerbesteuervorauszahlung 4 000,00 EUR
7. Bankgutschrift für Zinsen 1 750,00 EUR

III. Abschlussangaben:

1. Der Rohstoffbestand beträgt nach der Lagerbuchführung 179 500,00 EUR
Der Rohstoffschlussbestand beträgt lt. Inventur 175 000,00 EUR
2. Die Abschreibungen betragen auf
- Grundstücke und Bauten 15 000,00 EUR
- Maschinen 12 000,00 EUR

IV. Aufgaben:

1. Bilden Sie im Grundbuch die Buchungssätze!
2. Übertragen Sie anschließend die Vorgänge auf die Konten des Hauptbuches!
3. Schließen Sie die Konten ab und bilden Sie dafür die Buchungssätze!
4. Stellen Sie aufgrund der Zahlen der Buchführung einen Jahresabschluss in Form der Bilanz und der Gewinn- und Verlustrechnung auf!

Lösungen:

Zu 1. Buchungssätze für die Geschäftsvorfälle:

Konten	Soll	Haben
1. 6000 Aufwendungen für Rohstoffe	85 000,00	
2600 Vorsteuer	16 150,00	
an 4400 Verbindlichkeiten aus Lieferungen und Leistungen		101 150,00
2. 6130 Instandhaltung und Reparaturen	17 500,00	
2600 Vorsteuer	3 325,00	
an 4400 Verbindlichkeiten aus Lieferungen und Leistungen		20 825,00
3. 2400 Forderungen aus Lieferungen und Leistungen	220 507,00	
an 5000 Umsatzerlöse für Erzeugnisse und Leistungen		185 300,00
an 4800 Umsatzsteuer		35 207,00
4. 6700 Mieten, Pachten	12 000,00	
an 2800 Bank		12 000,00
5. 7510 Zinsaufwendungen	16 000,00	
an 2800 Bank		16 000,00
6. 7700 Gewerbesteuer	4 000,00	
an 2800 Bank		4 000,00
7. 2800 Bank	1 750,00	
an 5710 Zinserträge		1 750,00
	376 232,00	376 232,00

Zu 2., 3. und 4. Buchungen auf den Konten des Hauptbuches und Abschluss der Konten:

Bilanzkonten-Bereich

Aktivkonten

S 0500 Grundst. u. Bauten H

8000	200 000,00	6500	15 000,00
		8010	185 000,00
	200 000,00		200 000,00

S 0710 Maschinen H

8000	350 000,00	6500	12 000,00
		8010	338 000,00
	350 000,00		350 000,00

S 2000 Rohstoffe H

8000	180 000,00	8010	175 000,00
		6000	5 000,00
	180 000,00		180 000,00

S 2400 Ford. a. L. u. L. H

8000	145 320,00	8010	365 827,00
5000/4800	220 507,00		
	365 827,00		365 827,00

S 2600 Vorsteuer H

8000	15 000,00	4800	34 475,00
4400	16 150,00		
4400	3 325,00		
	34 475,00		34 475,00

S 2800 Bank H

8000	137 850,00	6700	12 000,00
5710	1 750,00	7510	16 000,00
		7700	4 000,00
		8010	107 600,00
	139 600,00		139 600,00

S 8000 EBK H

3000	440 000,00	0500	200 000,00
4200	400 000,00	0710	350 000,00
4400	119 450,00	2000	180 000,00
4800	68 720,00	2400	145 320,00
		2600	15 000,00
		2800	137 850,00
	1 028 170,00		1 028 170,00

S 8010 SBK H

0500	185 000,00	3000	460 550,00
0710	338 000,00	4200	400 000,00
2000	175 000,00	4400	241 425,00
2400	365 827,00	4830	69 452,00
2800	107 600,00		
	1 171 427,00		1 171 427,00

Passivkonten

S 3000 Eigenkapital H

8010	460 550,00	8000	440 000,00
		8020	20 550,00
	460 550,00		460 550,00

S 4200 Verb. g. Kreditinstit. H

8010	400 000,00	8000	400 000,00

S 4400 Verb. a. L. u. L. H

8010	241 425,00	8000	119 450,00
		6000/	
		2600	101 150,00
		6130/	
		2600	20 825,00
	241 425,00		241 425,00

S 4800 Umsatzsteuer H

2600	34 475,00	8000	68 720,00
4830	69 452,00	2400	35 207,00
	103 927,00		103 927,00

S 4830 So. Verb. g. Finanzb. H

8010	69 452,00	4800	69 452,00

Erfolgskonten-Bereich

Aufwandskonten

S 6000 Aufw. f. Rohstoffe H

4400	85 000,00	8020	90 000,00
2000	5 000,00		
	90 000,00		90 000,00

S 6130 Inst. u. Reparat. H

4400	17 500,00	8020	17 500,00

S 6500 Abschr. a. Sachanl. H

0500	15 000,00	8020	27 000,00
0710	12 000,00		
	27 000,00		27 000,00

S 6700 Mieten/Pachten H

2800	12 000,00	8020	12 000,00

S 7510 Zinsaufwendungen H

2800	16 000,00	8020	16 000,00

S 7700 Gewerbesteuer H

2800	4 000,00	8020	4 000,00

Ertragskonten

S 5000 UE f. Erz. u. Leist. H

8020	185 300,00	2400	185 300,00

S 5710 Zinserträge H

8020	1 750,00	2800	1 750,00

S 8020 GuV H

6000	90 000,00	5000	185 300,00
6130	17 500,00	5710	1 750,00
6520	27 000,00		
6700	12 000,00		
7510	16 000,00		
7700	4 000,00		
3000	20 550,00		
	187 050,00		187 050,00

Zu 4. Jahresabschluss:

Schlussbilanz

Aktiva		Passiva	
I. Anlagevermögen		**I. Eigenkapital**	460 550,00
1. Grundstücke und Bauten	185 000,00	**II. Verbindlichkeiten**	
2. Technische Anlagen und Maschinen	338 000,00	1. Verbindlichkeiten gegenüber Kreditinstituten	400 000,00
II. Umlaufvermögen		2. Verb. a. Lief. u. Leist.	241 425,00
1. Roh-, Hilfs- und Betriebsstoffe	175 000,00	3. Sonstige Verbindlichk.	69 452,00
2. Forderungen aus Lief. u. Leist.	365 827,00		
3. Guthaben bei Kreditinstituten	107 600,00		
	1 171 427,00		1 171 427,00

Gewinn- und Verlustrechnung

Aufwendungen		Erträge	
Aufwendungen für Rohstoffe	90 000,00	Umsatzerlöse	185 300,00
Instandhaltung und Reparaturen	17 500,00	Zinserträge	1 750,00
Abschreibungen auf Sachanlagen	27 000,00		
Aufwendungen für Miete	12 000,00		
Zinsaufwendungen	16 000,00		
Steuern	4 000,00		
Gewinn	20 550,00		
	187 050,00		187 050,00

Übungsaufgaben

111 I. Anfangsbestände:

0500 Grundstücke und Bauten 950 000,00 EUR, 0710 Maschinen 298 000,00 EUR, 0840 Fuhrpark 210 500,00 EUR, 0870 Geschäftsausstattung 110 750,00 EUR, 2000 Rohstoffe 120 000,00 EUR, 2020 Hilfsstoffe 60 000,00 EUR, 2030 Betriebsstoffe 85 700,00 EUR, 2400 Forderungen aus Lieferungen und Leistungen 138 410,00 EUR, 2800 Bank 210 700,00 EUR, 2820 Kasse 45 680,00 EUR, 3000 Eigenkapital 1 537 340,00 EUR, 4200 Verbindlichkeiten gebenüber Kreditinstituten 500 000,00 EUR, 4400 Verbindlichkeiten aus Lieferungen und Leistungen 180 000,00 EUR, 4800 Umsatzsteuer 12 400,00 EUR.

22 Speth u. a. – ISBN 978-3-8120-0555-5

II. Kontenplan:

0500, 0710, 0840, 0870, 2000, 2020, 2030, 2400, 2600, 2800, 2820, 3000, 4200, 4400, 4800, 4830, 5000, 5710, 6000, 6020, 6030, 6200, 6500, 7030, 8010, 8020.

III. Geschäftsvorfälle:

1.	Kauf von Rohstoffen auf Ziel		
	Nettowert	55 000,00 EUR	
	zuzüglich 19 % USt	10 450,00 EUR	65 450,00 EUR
2.	Kauf von Betriebsstoffen gegen Banküberweisung		
	Nettowert	15 500,00 EUR	
	zuzüglich 19 % USt	2 945,00 EUR	18 445,00 EUR
3.	Lohnzahlung durch Banküberweisung		40 000,00 EUR
4.	Verkauf von Erzeugnissen auf Ziel einschl. 19 % Umsatzsteuer		238 000,00 EUR
5.	Einkauf von Hilfsstoffen gegen Bankscheck		
	Nettowert	20 050,00 EUR	
	zuzüglich 19 % Umsatzsteuer	3 809,50 EUR	23 859,50 EUR
6.	Bankgutschrift für Zinsen		1 250,00 EUR
7.	Barverkauf von Erzeugnissen einschl. 19 % Umsatzsteuer		4 142,20 EUR
8.	Banküberweisung für die Anschaffung eines Computers für die Lagerbuchhaltung einschl. 19 % Umsatzsteuer		10 115,00 EUR
9.	Banküberweisung für Kraftfahrzeugsteuer		1 480,00 EUR

IV. Abschlussangaben:

1.	Schlussbestände lt. Inventur	
	2000 Rohstoffe	142 000,00 EUR
	2020 Hilfsstoffe	67 000,00 EUR
	2030 Betriebsstoffe	81 200,00 EUR
2.	Abschreibungen auf	
	0500 Grundstücke und Bauten	19 000,00 EUR
	0710 Maschinen	13 800,00 EUR
	0840 Fuhrpark	9 800,00 EUR
	0870 Geschäftsausstattung	10 200,00 EUR
3.	Die Buchbestände stimmen mit den Inventurbeständen überein.	

V. Aufgaben:

1. Eröffnen Sie die Konten mit den angegebenen Anfangsbeständen!
2. Bilden Sie zu den Geschäftsvorfällen die Buchungssätze und buchen Sie diese anschließend auf den eröffneten Konten!
3. Schließen Sie die Konten über die entsprechenden Abschlusskonten ab!
4. Stellen Sie die Schlussbilanz und die Gewinn- und Verlustrechnung auf!

112 I. **Sachverhalt:**

Die Belege sind dem Geschäftsleben von Rudolf Walterbeck e. Kfm., Papierherstellung, Dortmund, entnommen. Bei Rudolf Walterbeck e. Kfm., Papierherstellung, Brügmannstr. 101, 44135 Dortmund, handelt es sich um eine kleine Papierfabrik mit den Erzeugnisgruppen: Druckpapiere, Korrespondenzpapiere, Kunststoffpapiere/Folien und Recyclingpapiere.

Die Sachkonten weisen zum 25. März die folgenden Salden aus:

II. **Saldenliste Sachkonten zum 25. März**

Konto	Bezeichnung	Soll	Haben
0500	Grundstücke	450 700,00	
0700	Technische Anlagen	1 256 000,00	
0710	Maschinen	345 600,00	
0840	Fuhrpark	95 600,00	
0870	Geschäftsausstattung	144 550,00	
2000	Rohstoffe	84 717,48	
2400	Forderungen a. Lief. u. Leist.	47 778,50	
2600	Vorsteuer	6 225,00	
2800	Bank	35 848,70	
2820	Kasse	1 250,00	
3000	Eigenkapital		2 023 853,00
4200	Verbindl. gegenüber Kreditinstituten		50 145,00
4400	Verbindlichkeiten a. Lief. u. Leist.		103 173,00
4800	Umsatzsteuer		13 347,00
4830	So. Verb. gegenüber den Finanzbehörden		6 730,00
5000	Umsatzerlöse für Erzeugnisse u. Leistungen		499 800,00
6000	Aufwendungen für Rohstoffe	187 382,52	
6050	Aufwend. für Energie und Treibstoffe	2 685,80	
6300	Gehälter	28 620,00	
6500	Abschreibungen auf Sachanlagen		
6700	Mieten, Pachten	4 200,00	
6750	Kosten des Geldverkehrs	150,00	
6800	Büromaterial	1 580,00	
6820	Postdienstleistungen		
6830	Telefongebühren	2 460,00	
6870	Werbung	1 700,00	
7030	Kraftfahrzeugsteuer		

III. Aufgaben:

1. Übernehmen Sie die Saldovorträge zum 25. März 20..!
2. Bilden Sie zu den Belegen die Buchungssätze!
3. Buchen Sie die Belege in der Finanzbuchhaltung!
4. Bereiten Sie den Periodenabschluss zum 31. März 20.. unter Berücksichtigung folgender Abschlussangaben vor:

4.1 Schlussbestand an Rohstoffen lt. Inventur	45 800,00 EUR
4.2 Abschreibungen auf	
– 0700 Technische Anlagen	29 120,00 EUR
– 0710 Maschinen	34 560,00 EUR
– 0840 Fuhrpark	19 050,00 EUR
– 0870 Geschäftsausstattung	14 455,00 EUR
4.3 Abschluss der Vor- und Umsatzsteuer	

5. Führen Sie den Abschluss zum 31. März 20.. durch!
6. Erstellen Sie die Schlussbilanz!

IV. Belege: Belegkreis 1 (Eingangsrechnungen)

1.1

Karl Ranzauer
e. Kfm.
Lüdenscheid

Forstbetrieb, Sägewerk

RANZAUER SÄGEWERK E. KFM. • HAMBURGER STR. 124 • 58583 LÜDENSCHEID

Papierfabrik
Rudolf Walterbeck e. Kfm.
Brügmannstr. 101
44135 Dortmund

Rechnung

Kunden Nr.:	12017
Rechnungs Nr:	02923
Ihre Auftrags Nr:	19123
Lieferdatum:	15.03.20..
Rechnungsdatum:	25.03.20..

Wir lieferten Ihnen

100 Festmeter Bruchholz, Fichte und Kiefer

Netto-Warenwert:	2 582,52 EURO
19% Umsatzsteuer:	490,68 EURO
Rechnungsbetrag:	3 073,20 EURO

Zahlbar innerhalb von 30 Tagen netto Kasse.
Bei Zahlung innerhalb von 10 Tagen 3% Skonto.

Sitz der Unternehmung: Lüdenscheid;
Karl Ranzauer e. Kfm.
Hamburger Str. 124
58583 Lüdenscheid
☎ 02351 518910

Registergericht: Lüdenscheid,HRA 6589
Bankverbindung: Deutsche Bank
Niederlassung Lüdenscheid
Konto Nr.: 6 789 000
Bankleitzahl: 450 700 02

Steuer-Nr.: 360/3460/1001

BLATT 1

ANZEIGENRECHNUNG

ZEITUNGS GRUPPE WAZ

Westdeutsche Allgemeine
Neue Ruhr Zeitung / Neue Rhein Zeitung
Westfälische Rundschau · Westfalenpost

WAZ, 45123 Essen, Tel. 0201 / 8040

Papierfabrik
Rudolf Walterbeck e. Kfm.
Brügmannstraße 101
44135 Dortmund

Ersch.-Datum Tag	M.	J.	Aus-gabe	Manuskript Nr.	Rubrik	Sp.	Höhe	Größe	Preis EUR	Preis Cent	Rechn.-Brutto-Betrag EUR	Rechn.-Brutto-Betrag Cent	Ausgaben- u. Kunden-Rabatt %	%	EUR	Cent	%	EUR	Cent	Off.-Geb. EUR	Off.-Geb. Cent	Rechn.-Netto-Betrag EUR	Rechn.-Netto-Betrag Cent
19	02	..	125	40 53616	007	20	78	156	4	40	686	40										343	20
	–			Sonder-Rabatt										50 00	343	20							

Ges. Rech. Netto	343 20
Mehrwertsteuer	65 21
Gesamtbetrag	408 41

Bankverbindungen:
Westfalenbank AG Bochum
(BLZ 430 200 00), Kto.-Nr. 62 556 6
Sparkasse Essen
(BLZ 360 501 05), Kto.-Nr. 269 373

Postbank:
Essen (BLZ 360 100 43), Kto.-Nr. 184 22-430

Rechnungs-Datum 25.02.20..

Ber. W.	Ihre Auftrags-Nummer	Kunden-Nr.	Rechnungs-Nr.
311		25350000	4155138

Bitte bei Zahlungen unbedingt angeben

Zahlungsbedingungen:
Zahlbar 14 Tage nach Rechnungsdatum ohne Abzug. 2% Skonto bei Vorauszahlung und Zahlungseingang innerhalb von 10 Tagen nach Rechnungsdatum auf Einzelrechnungsbeträge über EUR500,00 sowie bei Bankeinzugsverfahren.

Bei Insolvenzen, Vergleichen oder im Falle einer Klage entfällt jeglicher Nachlass. Ausgabe und Rubrik sind auf der Rückseite angegeben.

WIRTSCHAFTLICH IM WESTEN WERBEN

F & P
COMPUTERTECHNIK GMBH

F & P Computertechnik · Reinoldistr. 17-19 · 44135 Dortmund

Papierfabrik
Rudolf Walterbeck e. Kfm.
Brügmannstraße 101
44135 Dortmund

Ihre Zeichen/Ihre Nachricht vom | Unsere Zeichen/Unsere Nachricht vom | ☎ 02 31 / 52 35 35 | 44135 Dortmund

25. März 20..

RECHNUNG Nr. 65090

Lieferdatum: 18. 03. 20..

Menge	Bezeichnung	Einzelpreis	Gesamtpreis
2	F & P PC	1 300,00	2 600,00
2	Monitor	490,00	980,00
2	Streamer Archive	164,00	329,00
			3 909,00
		+ 19 % USt	742,71
			4 651,71

Registergericht Dortmund, HRB 8382
Geschäftsführer: Gerhard Fraßa

Bankverbindung:
Stadtsparkasse Dortmund 001 071 750 (BLZ 440 501 99)

Steuer-Nr.: 381/2340/4680

Belegkreis 2 (Ausgangsrechnungen)

2.1

Papierfabrik

Rudolf Walterbeck e. Kfm., Dortmund

RUDOLF WALTERBECK e. Kfm. · BRÜGMANNSTR. 101 · 44135 DORTMUND

Merkur Verlag GmbH & Co. KG
Ritterstr. 24
31737 Rinteln

Rechnungsdatum: 25. März 20..

Lieferdatum: 20. März 20..

Rechnung Nr. 23081

Pos.	Menge	Bezeichnung	Einzelpreis in EUR	Gesamtbetrag in EUR
1	10.000 Bogen	IDEM-CB-80 Black Copy weiß 43,0 x 61,0	14,45 %Bogen	1 445,00
2	10.000 Bogen	IDEM-CFB-53 Black Copy weiß 43,0 x 61	12,19 %Bogen	1 219,00
3	10.000 Bogen	IDEM-CB-90 Black Copy weiß 43,0 x 61,0	15,83 %Bogen	1 583,00
				4 247,00
		19% Umsatzsteuer		806,93
		Rechnungsbetrag		**5 053,93**

Sitz der Gesellschaft:
44135 Dortmund
Brügmannstr. 101
Telefon: 0231 593535
Telefax: 0231 593539

RG Dortmund:
HRA 2020
Steuer-Nr.:
340/3142/4610

Dortmunder Volksbank e.G.
Kto-Nr.: 100108800
BLZ: 44160014

Postbank Dortmund
Kto-Nr.: 134383-464
BLZ: 44010046

Papierfabrik

Rudolf Walterbeck e. Kfm., Dortmund

RUDOLF WALTERBECK e. Kfm. · BRÜGMANNSTR. 101 · 44135 DORTMUND

Unternehmensberatung
Wolfgang Döhmann e. Kfm.
Herbeder Str. 54
58455 Witten

Rechnungsdatum: 25. März 20..

Lieferdatum: 20. März 20..

Rechnung Nr. 23082

Pos.	Menge	Bezeichnung	Einzelpreis in EUR	Gesamtbetrag in EUR
1	1.000 Bogen	Salamander holzfrei ledergeprägt Umschlagkarton silbergrau 70,0 x 100,0	155,30 % Bogen	1 553,00
2	5.000 Bogen	100 RC Script satiniert aus 100% Altpapier altweiß 43,0 x 61	5,69 % Bogen	284,50
3	500 Bogen	Senator leinengeprägt Porzellankarton weiß 61,0 x 86,0	85,40 % Bogen	427,00
				2 264,50
			19% Umsatzsteuer	430,26
			Rechnungsbetrag	**2 694,76**

Sitz der Gesellschaft:
44135 Dortmund
Brügmannstr. 101
Telefon: 0231 593535
Telefax: 0231 593539

RG Dortmund:
HRA 2020
Steuer-Nr.:
340/3142/4610

Dortmunder Volksbank e. G.
Kto-Nr.: 100108800
BLZ: 44160014

Postbank Dortmund
Kto-Nr.: 134383-464
BLZ: 44010046

Papierfabrik

Rudolf Walterbeck e. Kfm., Dortmund

RUDOLF WALTERBECK e. Kfm. · BRÜGMANNSTR. 101 · 44135 DORTMUND

EDV-Systembetreuung
Ralf Weybeck e. Kfm.
Seydlitzstr. 42
44263 Dortmund

Rechnungsdatum: 25. März 20..

Lieferdatum: 20. März 20..

Rechnung Nr. 23083

Pos.	Menge	Bezeichnung	Einzelpreis in EUR	Gesamtbetrag in EUR
1	30.000 Blatt	Primatcolor matt Offset chlorfrei gebleicht grün 61,0 x 86,0	20,00	6 000,00
				6 000,00
		19% Umsatzsteuer		**1 140,00**
		Rechnungsbetrag		**7 140,00**

Sitz der Gesellschaft:
44135 Dortmund
Brügmannstr. 101
Telefon: 0231 593535
Telefax: 0231 593539

RG Dortmund:
HRA 2020
Steuer-Nr.:
340/3142/4610

Dortmunder Volksbank e. G.
Kto-Nr.: 100108800
BLZ: 44160014

Postbank Dortmund
Kto-Nr.: 134383-464
BLZ: 44010046

Belegkreis 3 (Kasse)

Kassenbuchblatt Nr. 12

Monat: März 20. . 12. Kalenderwoche

Beleg Nr.	Beleg Datum	Text	Einnahmen	Ausgaben
111	26. März 20. .	Tanken DO-BE 44		73,50
112	28. März 20. .	Postwertzeichen		130,00
113	28. März 20. .	Barabhebung Bank	1 500,00	
114	28. März 20. .	Barverkauf	446,25	
115	30. März 20. .	Miete		700,00
116	31. März 20. .	Bareinzahlung Bank		1 000,00
Datum: 31. März 20. .		Summen	1 946,25	1 903,50
		Anfangsbestand	1 250,00	
Unterschrift Treu		Endbestand		1 292,75
		Kontrollsummen	3 196,25	3 196,25

3.1

Quittung

Für Fa Walter Beck

Menge	Produkt	EUR	Cent
	SUPER PLUS bleifrei		
	SUPER bleifrei	73	50
	BENZIN bleifrei		
	SUPER		
	SUPER DIESEL		
	EXXON MIX		
	ESSO ULTRA Synthetic Oil		
	ESSO ULTRA Oil		
	ESSO ULTRA Diesel Oil		
	ESSO SUPER Oil X		
	ESSO SUPER Diesel Oil		
	Bruttoverkaufspreis	73	50
	Umsatzsteuer 19%		
	Nettoverkaufspreis		

Betrag erhalten

Beck

26. März 20. .

Datum, Stempel, Unterschrift

3.2

Deutsche Post AG
44135 Dortmund
82571613 3655 28. März 28..

130,00 EUR

Postwertzeichen ohne Zuschlag
Vielen Dank für Ihren Besuch.
Ihre Deutsche Post AG

3.3

QUITTUNG

Konto-Nr. 100108800 EUR 1500,00

Name des Kontoinhabers Rudolf Dalterbeck e. Kfm

Von der DORTMUNDER VOLKSBANK eG empfing ich heute den Betrag von

eintausendfünfhundert

was ich hiermit bescheinige.

Dortmund, den 28. März R. Dalterbeck

Unterschrift

10/92ZV87-22.

Eingerahmtes Feld bitte nicht beschriften

Papierfabrik

Rudolf Walterbeck e. Kfm., Dortmund

RUDOLF WALTERBECK e. Kfm. · BRÜGMANNSTR. 101 · 44135 DORTMUND

EDV-Systembetreuung
Ralf Weybeck e. Kfm.
Seydlitzstr. 42
44263 Dortmund

44135 Dortmund, 28. März 20..

Lieferdatum: 28. März 20..

Barverkauf Nr. 192

Pos.	Menge	Bezeichnung	Einzelpreis in EUR	Gesamtbetrag in EUR
1	50.000 Blatt	Kompass Copy Offset chlorfrei gebleicht holzfrei weiß 21,0 x 29,7	0,75 % Blatt	375,00
				375,00
		19% Umsatzsteuer		71,25
				446,25

Es gelten unsere umseitigen Lieferungs- und Zahlungsbedingungen.

Betrag dankend erhalten

Seelig

Sitz der Gesellschaft:
44135 Dortmund
Brügmannstr. 101
Telefon: 0231 593535
Telefax: 0231 593539

RG Dortmund:
HRA 2020
Steuer-Nr.:
340/3142/4610

Dortmunder Volksbank e. G.
Kto-Nr.: 100108800
BLZ: 44160014

Postbank Dortmund
Kto-Nr.: 134383-464
BLZ: 44010046

3.5

EUR | **Quittung**

Betrag 700,00

Nr.

inclusive % MwSt./Betrag

Betrag in Worten: siebenhundert ----

von: Walterbeck e. Kfm.

für: Garagenmiete März

dankend erhalten

Datum/Ort: 30.03.20.. Dortmund

Buchungsvermerke

Stempel/Unterschrift des Empfängers: K. Kluge

Zweckform Quittung

3.6

DORTMUNDER VOLKSBANK eG Dortmund

Kassenbeleg

Einzahlung

auf das nebenstehende Konto

Nr. 1 0 0 1 0 8 8 0 0

Walterbeck

Name des Kontoinhabers

Anbei erhalten Sie zur Gutschrift auf das o. a. Konto

EUR	Cent
– 1 000	00

R. Walterbeck

Unterschrift des Einzahlers

Dortmund, den 20..-03-31

Name: eigene Einzahlung

10/92 ZV 87-2 1.

Eingerahmtes Feld nicht beschriften

(1)

Belegkreis 4 (Bankverkehr Volksbank Dortmund)

DerBankverkehr wird, wie es heute allgemein üblich ist, durch die unten stehenden Kontoauszüge dokumentiert.

				Kontonummer	erstellt am	Auszug	Blatt
	Dortmunder Volksbank e.G.		BLZ 441 600 14	100108800	29.03.20..	16	1
	Alter Kontostand						28780,00 +
4.1	27.03.	300007	27.03.	Re-Nr. 4155138 Empfänger: WAZ Essen	Überweisung		408,41 –
4.2	28.03.	300102	28.03.	Auszahlung	Barauszahlung		1500,00 –
4.3	29.03.	300103	29.03.	Miete März 20.. Empfänger: Immobilien Meister	Lastschrift		600,00 –
	Neuer Kontostand						26271,59 +

Papierfabrik
Rudolf Walterbeck e. Kfm.
Brügmannstr. 101
44135 Dortmund

Kontoauszug

Bitte Rückseite beachten.

				Kontonummer	erstellt am	Auszug	Blatt
	Dortmunder Volksbank e.G.		BLZ 441 600 14	100108800	31.03.20..	17	1
	Alter Kontostand						26271,59 +
4.4	30.03.	300104	30.03.	Re-Nr. 23083 vom 25. März 20.. Auftraggeber: Ralf Weybeck	Gutschrift		7140,00 +
4.5	30.03.	300105	31.03.	Eigene Einzahlung	Bareinzahlung		1000,00 +
4.6	31.03.	300108	31.03.	Re-Nr. 65090 vom 22. März 20.. Empfänger: F&P Dortmund	Lastschrift		4651,71 –
4.7	31.03.	300109	31.03.	Tilgungsrate März 20.. Kreditkonto 100 109 222	Lastschrift		5000,00 –
4.8	31.03.	300110	31.03.	Re-Nr. 23042 vom 24. März 20.. Auftraggeber: Wolfgang Döhmann	Gutschrift		5175,00 +
	Neuer Kontostand						29934,88 +

Papierfabrik
Rudolf Walterbeck e. Kfm.
Brügmannstr. 101
44135 Dortmund

Kontoauszug

Bitte Rückseite beachten.

Belegkreis 5 (Bankverkehr Postbank Dortmund[1])

Bitte beachten Sie die Hinweise auf der Rückseite.

Kontoauszug in EUR — Kontonummer 0134383464 — Datum 25.03.20.. — Auszug 3 — Blatt 1 — Postbank

	Vorgang / Buchungsinformation	PN-Nummer	Buchung	Wertstellung	Umsatz in EUR
siehe 5.1!	· Lastschrift Fernmeldekonto 237800002380	114	25.03.	25.03.	315,45 –
5.2	· Lastschrift Finanzamt Dortmund Kfz-Steuer DO-BE 44	114	25.03.	25.03.	830,00–
siehe 5.3!	· Lastschrift Anlage	117	25.03.	25.03.	847,60–
siehe 5.4!	· Entgelte usw. Anlage	117	25.03.	25.03.	22,50–

150 / 01 / 012036 / 015 1,10
403298 – 1 – 1 – T

Zahlungseingänge	0,00+
Zahlungsausgänge	2.015,55–
Alter Kontostand	7.068,70+
Neuer Kontostand	5.053,15+

Papierfabrik
Rudolf Walterbeck e. Kfm.
Brügmannstr. 101
44135 Dortmund

Zinssatz für Dispositionskredit: 9,75%
Zinssatz für geduldete Überziehung: 13,25%
Dispositionskredit in EUR: 5.000,00

Postanschrift: Postbank Dortmund 44131 Dortmund — Direkt-Service: Telefon: 0231 9050666 Erreichbarkeit: 7 x 24 Stunden — Telefax: 0231180-2482 — T-Online: *Postbank# Internet: http.//www.postbank.de — Bankleitzahl 440 100 48 — Zur Information: 1 EURO = 1,95583

5.1

Deutsche Telekom
Ihre Rechnung

Deutsche Telekom AG, Niederlassung
Postfach 1000, 44141 Dortmund

053/2A1/045652/14 | 03. 1,00

Rechnungsdatum	25.03.20..
Rechnungsmonat	MÄRZ 20..
Kundennummer	1140237192
Bitte immer angeben Buchungskonto	237800002380
Seite	1
Bei Rückfragen Telefon	0130/182785
Telefax	02331/203-2452

PAPIERFABRIK
RUDOLF WALTERBECK E.KFM.
BRUEGMANNSTR. 101
44135 DORTMUND

Artikel-/ Leistungs-Nr.	Artikel oder Leistung	Menge bzw. Einheit	Nettoeinzelbetrag EUR	Nettogesamtbetrag EUR	USt-in%
	Monatliche Beträge				
10010	TELEFONANSCHLUSS	1	10,94	10,94	19
31295	TELEFON SIGNO 1	1	1,60	1,60	19
17315	67 CITYVERBINDUNGEN	474	0,053	25,12	19
17323	18 REGION 50-VERBINDUNGEN	577	0,053	30,58	19
17325	18 REGION 200-VERBINDUNGEN	1334	0,053	70,70	19
17327	29 FERNVERBINDUNGEN	2228	0,053	118,08	19
17332	1 EURO 1-VERBINDUNG	10	0,053	0,53	19
17388	2 VERBINDUNGEN ZUM SERVICE 0190X	142	0,053	7,53	19
	Zusammenstellung der Beträge				
	ZWISCHENSUMME			265,08	
	UMSATZSTEUER 19%			50,37	
	RECHNUNGSBETRAG			315,45	

Recyclingpapier der Umwelt zuliebe

1 Die Buchungen erfolgen auf dem Konto 2800 Bank.

5.3

Kontonummer 0134383464 Anlage 1
Datum 25.03.20.. Blatt 1

Postbank

Vorgang / Buchungsinformation	PN-Nummer	Buchung	Wertstellung	Umsatz in EUR

· Buchungsbestätigung

Gemäß Ihrem Auftrag haben wir am 25.03.20.. überwiesen

Betrag	: EUR 847,60
Zahlungsempfänger	: HDI Hannover
Kontonummer	: 5405 72-305
Bankleitzahl	: 25010030
Verwendungszweck	: Kfz-Haftpflicht
Referenz-Nr.	: 122032102365

Ihre Postbank

Bitte beachten Sie die Hinweise auf der Rückseite.

Postanschrift: Postbank Dortmund 44131 Dortmund
Direkt-Service: Telefon: (0231) 9050666 Erreichbarkeit: 7 x 24 Stunden
Telefax: (0231)180-2482
T-Online: *Postbank# Internet: http.//www.postbank.de
Bankleitzahl 440 100 48
Zur Information: 1 EURO = 1,95583

5.4

Kontonummer 0134383464 Anlage 2
Datum 25.03.20.. Blatt 1

Postbank

Vorgang / Buchungsinformation	PN-Nummer	Buchung	Wertstellung	Umsatz in EUR
· Zinsen, Porto und Entgelte für das abgelaufene Quartal				
Kontoführungsentgelt				22,50–
Gesamtsumme für Konto 0134383464 per 31.03.				22,50–

Bitte beachten Sie die Hinweise auf der Rückseite.

Postanschrift: Postbank Dortmund 44131 Dortmund
Direkt-Service: Telefon: (0231) 9050666 Erreichbarkeit: 7 x 24 Stunden
Telefax: (0231)180-2482
T-Online: *Postbank# Internet: http.//www.postbank.de
Bankleitzahl 440 100 48
Zur Information: 1 EURO = 1,95583

Lernfeld 8: Kosten erfassen, verursachungsgerecht verteilen und analysieren

1 Allgemeines zur Kosten- und Leistungsrechnung (KLR)

1.1 Zusammenhang zwischen Buchführung und Kosten- und Leistungsrechnung

(1) Buchführung

Die **Buchführung (Finanzbuchführung, Geschäftsbuchführung)** bildet die Grundlage für alle Teilbereiche des Rechnungswesens. Sie erfasst unter Beachtung handels- und steuerrechtlicher Vorschriften unabhängig vom Grund ihres Anfalles alle Geschäftsvorfälle. Diese Dokumentation liefert das Zahlenmaterial für den gesetzlich vorgeschriebenen Jahresabschluss, der allen Interessenten einen Einblick in die Vermögens-, Finanz- und Ertragslage des Unternehmens verschafft. Insofern ist die Buchführung u. a. nach außen gerichtet, da sie auch Aufgaben für eine breite Öffentlichkeit (wie z. B. Steuerbehörden, Banken, Kapitalgeber, Gerichte, Arbeitnehmer) übernimmt.

(2) Kosten- und Leistungsrechnung

Die **Kosten- und Leistungsrechnung (KLR)** ist dagegen nicht an gesetzliche Vorschriften gebunden. Auf der Grundlage des Zahlenmaterials der Buchführung findet eine Neuverrechnung unter rein betriebswirtschaftlichen Gesichtspunkten statt. Ausgehend vom Hauptzweck des Unternehmens werden die erbrachten betrieblichen Leistungen (Erstellung von Gütern) und die dafür angefallenen Kosten möglichst genau ermittelt. Insofern ist die Kosten- und Leistungsrechnung auf das **innerbetriebliche Geschehen** gerichtet. Sie liefert den verantwortlichen Geschäftsführern die nötigen Orientierungshilfen, um – auf verlässlichen Zahlen basierend – zielgerichtete Entscheidungen treffen zu können. Ohne ein solches **Informations- und Kontrollinstrument** ist ein Unternehmen dem ständigen Konkurrenzdruck in unserer sozialen Marktwirtschaft auf die Dauer nicht gewachsen. Zur Durchsetzung der Unternehmensziele, die allgemein in einer möglichst umweltverträglichen Leistungserstellung und Leistungsverteilung mit Gewinnerwirtschaftung zu sehen sind, kann heute kein Unternehmen auf ein solches, auf verlässlichen Zahlen beruhendes **Steuerungsinstrument**, wie es die Kosten- und Leistungsrechnung darstellt, verzichten.

Diese unterschiedlichen Ziele beider Rechnungsbereiche erfordern trotz gegenseitiger Abhängigkeiten eine klare Abgrenzung zwischen Geschäftsbuchführung einerseits und der Kosten- und Leistungsrechnung andererseits.

1.2 Aufgaben der Kosten- und Leistungsrechnung

Der Hauptzweck der Kosten- und Leistungsrechnung besteht in der Bereitstellung von Informationen für eine zielgerichtete Steuerung und Kontrolle der Betriebsprozesse. Daneben liefert die KLR auch die notwendigen Grundlagen für die im Rahmen der Geschäftsbuchführung zu lösenden Bewertungsprobleme.

Diese Zwecke bestimmen weitgehend die einzelnen **Aufgaben** der KLR. Die wichtigsten sind:

(1) Ermittlung der Betriebsergebnisse

Um die Leistungsfähigkeit eines Unternehmens beurteilen und vergleichen zu können, reicht die Erfolgsermittlung innerhalb der Geschäftsbuchführung nicht aus. Vielmehr muss ein Ergebnis ermittelt werden, das nur die betriebsbedingten und auch vergleichbaren Ergebnisfaktoren einbezieht. Das bedingt sowohl die Ermittlung des Betriebsergebnisses der gesamten Geschäftsperiode als auch die Ermittlung von Zwischenergebnissen (kurzfristige Ergebnisermittlung) während der Geschäftsperiode.

Neben dem Gesamtergebnis möchte der Unternehmer aber auch wissen, wie die einzelnen Erzeugnisse bzw. Erzeugnisgruppen am Gesamtergebnis beteiligt sind (differenzierte Ergebnisermittlung). Eine differenzierte Ergebnisermittlung bildet eine wichtige Grundlage für unternehmerische Entscheidungen.

(2) Bereitstellung der Unterlagen für die Kalkulation

Der harte Konkurrenzkampf erfordert eine genaue, unter betriebswirtschaftlichen Gesichtspunkten durchgeführte Kosten- und darauf aufbauende Preisermittlung. Nur auf der Grundlage solcher Kalkulationen kann der Unternehmer eine sinnvolle Geschäftspolitik betreiben und gegebenenfalls entscheiden, ob ein bestimmter Auftrag angenommen werden kann oder abgelehnt werden muss. Allerdings sind solche Entscheidungen nicht ausschließlich unter kalkulatorischen Gesichtspunkten zu fällen.

(3) Bewertung[1] der Vorräte beim Jahresabschluss

Durch die Inventur werden zunächst nur die Mengen der vorhandenen Vorräte (Werkstoffe, unfertige und fertige Erzeugnisse) festgestellt. Erst in einem zweiten Schritt erfolgt unter Beachtung der gesetzlichen Vorschriften ihre Bewertung. Hierfür ist eine differenzierte Kostenrechnung mit den entsprechenden Kalkulationsverfahren unentbehrlich. Insofern besteht ein wechselseitiger Zusammenhang zwischen beiden Rechnungsbereichen.

(4) Kontrolle der Wirtschaftlichkeit des Betriebes

Eine zukunftsorientierte Unternehmenspolitik muss ständig bemüht sein, durch Erhöhung der Wirtschaftlichkeit die Marktposition zu festigen. Nur die tüchtigsten Unternehmer werden auf Dauer in diesem Leistungswettbewerb bestehen. Dazu bedarf es ständiger Kontrollen. Da die Preise im Allgemeinen vorgegebene Marktdaten darstellen, muss das Schwergewicht der Kontrollen auf den Kosten liegen. Nur dadurch kann der Unternehmer Fehlentwicklungen frühzeitig erkennen und entsprechende Maßnahmen zur Kostensenkung einleiten.

---

1 Die Fragen der Bewertung werden im Band „Steuerung und Kontrolle – Fachstufe", Lernfeld 9 behandelt.

1.3 Grundbegriffe der Kosten- und Leistungsrechnung in Abgrenzung zu den Begriffen der Geschäftsbuchführung

(1) Begriffe der Geschäftsbuchführung: Aufwand und Ertrag

In der Geschäftsbuchführung (Finanzbuchführung), die die Geschäftsvorfälle des gesamten Unternehmens erfasst, haben wir es mit Aufwendungen und Erträgen zu tun. Aus der Differenz zwischen Erträgen und Aufwendungen ergibt sich das Unternehmensergebnis als Saldo auf dem Gewinn- und Verlustkonto. Dabei spielt es keine Rolle, ob die Ursache für die angefallenen Aufwendungen und Erträge in der Verfolgung des eigentlichen Betriebszweckes zu sehen ist, oder ob es sich um Aufwendungen und Erträge handelt, die mit der Herstellung und dem Verkauf von Erzeugnissen nicht oder nur mittelbar in einem Zusammenhang stehen.

Erträge sind alle in Geld bewerteten Wertzugänge beim Eigenkapital innerhalb einer Abrechnungsperiode. Die Erträge werden in der Buchführung der Industriebetriebe in der Kontenklasse 5 erfasst.

Aufwendungen sind die in Geld gemessenen Wertminderungen des Eigenkapitals (Gesamtverbrauch von Gütern, Dienstleistungen und Abgaben) innerhalb einer Abrechnungsperiode. Die Aufwendungen werden in der Buchführung der Industriebetriebe in den Kontenklassen 6 und 7 erfasst.

Gesamte Erträge des Unternehmens	–	Gesamte Aufwendungen des Unternehmens	=	Unternehmensergebnis

(2) Begriffe der Kosten- und Leistungsrechnung: Kosten und Leistungen

In der Kosten- und Leistungsrechnung werden nur die Aufwendungen und Erträge erfasst, die ursächlich im Zusammenhang mit der Verfolgung des eigentlichen Betriebszweckes stehen, der bei Industriebetrieben in der Herstellung, der Lagerung und dem Verkauf der Güter zu sehen ist.

Diese **betriebsbedingten Aufwendungen** bezeichnet man als **Kosten**. Ihnen stehen die **betriebsbedingten Erträge** in Form der verkauften Erzeugnisse, der verkauften Handelswaren, der Bestandsmehrungen an fertigen und unfertigen Erzeugnissen und der zu aktivierenden Eigenleistungen gegenüber. Die betrieblichen Erträge insgesamt bezeichnet man als **Leistungen**.

Unter dem Begriff **Kosten** versteht man den betriebsbedingten und relativ regelmäßig anfallenden Güter- und Leistungsverzehr zur Erstellung betrieblicher Leistungen, gemessen in Geld (z. B. Löhne, Gehälter, Geschäftsmiete, Aufwendungen für Rohstoffe, Bürobedarf). Die Kosten, die **gleichzeitig einen Aufwand** darstellen, nennen wir **Grundkosten**. Statt Kosten (Grundkosten) können wir auch **betriebliche Aufwendungen** sagen.

Die Begriffsbestimmung der Kosten enthält somit drei Wesensmerkmale:

- Kosten können sich sowohl im Verbrauch von Gütern als auch in erbrachten Diensten niederschlagen.
- Kosten sind in Geldeinheiten bewertet.
- Kosten stehen in einem unmittelbaren Bezug zu den Leistungen, sie sind also leistungsbedingt.

Unter dem Begriff **Leistungen** versteht man alle betriebsbedingten und relativ regelmäßig anfallenden Wertzugänge innerhalb einer Abrechnungsperiode. Man spricht auch von **betrieblichen Erträgen.**

Zu den Leistungen eines Industriebetriebs zählen:

- Umsatzerlöse aus dem Verkauf von eigenen Erzeugnissen und Handelswaren,
- Bestandsmehrungen an fertigen und unfertigen Erzeugnissen, die noch nicht abgesetzt worden sind,
- aktivierte Eigenleistungen,[1]
- Entnahmen von Erzeugnissen und sonstigen Leistungen für private Zwecke.

Leistungen (Betriebliche Erträge)	–	Kosten (Betriebliche Aufwendungen)	=	Betriebsergebnis

Zusammenfassung

Zwischen der Buchführung (Finanzbuchführung) und der Kosten- und Leistungsrechnung bestehen folgende Zusammenhänge:

Buchführung (Finanzbuchführung)	Kosten- und Leistungsrechnung
■ Erfasst alle Geschäftsvorfälle, die durch den Verkehr mit **der Außenwelt** anfallen (Einkäufe, Verkäufe, Zahlungseingänge, Zahlungsausgänge).	■ Erfasst alle im **Betrieb** entstandenen Kosten, möglichst nach Waren- bzw. Erzeugnisarten (Waren- bzw. Erzeugnisgruppen) getrennt, sowie die daraus erzielten Leistungen.
■ Dient als **Grundlage für den Jahresabschluss,** wobei die Bewertung der Bestände an unfertigen Erzeugnissen und Fertigerzeugnissen im Zusammenhang mit der KLR erfolgt.	■ Dient als **Grundlage für die Kalkulation** und der **Kontrolle der Wirtschaftlichkeit** einzelner Erzeugnisarten (Waren- bzw. Erzeugnisgruppen).
■ Unterliegt **gesetzlichen Vorschriften** (HGB, Steuergesetze).	■ Unterliegt **keiner gesetzlichen Vorschrift.**
■ Verwendet im Erfolgsbereich die Begriffe **Aufwand** und **Ertrag.**	■ Verwendet die Begriffe **Kosten** (betriebsbedingter Aufwand) und **Leistungen** (betriebsbedingter Ertrag).

- Die wichtigsten **Aufgaben der Kosten- und Leistungsrechnung** sind:
  - Ermittlung der Betriebsergebnisse,
  - Bereitstellung der Unterlagen für die Kalkulation,
  - Bereitstellung der Unterlagen für die Bewertung der Vorräte im Rahmen des Jahresabschlusses,
  - Kontrolle der Wirtschaftlichkeit des Betriebes.

1 Unter **aktivierten Eigenleistungen** (innerbetrieblichen Leistungen) versteht man Leistungen (Güter), die nicht für den Absatzmarkt bestimmt sind, sondern im eigenen Betrieb zur eigenen Verwendung hergestellt und aktiviert werden (z. B. selbst hergestellte Werkzeuge, Regale, Maschinen).

Übungsaufgaben

113 1. Warum ist neben der Geschäftsbuchführung eine Kosten- und Leistungsrechnung erforderlich?

2. 2.1 Welchem Rechnungsbereich sind die Begriffe Aufwendungen und Erträge zuzuordnen?
   2.2 Nennen Sie das Begriffspaar der Kosten- und Leistungsrechnung!
3. Nennen Sie die wichtigsten Aufgaben der Kosten- und Leistungsrechnung!
4. Wie ermittelt man:
   4.1 das Unternehmensergebnis;
   4.2 das Betriebsergebnis?

114 1. Erklären Sie mit eigenen Worten, was unter Leistungen einerseits und Kosten andererseits zu verstehen ist! Bilden Sie je zwei Beispiele!

2. Bei welchen der genannten buchhalterischen Begriffe handelt es sich um Begriffe der Kostenrechnung?

   Abschreibungen auf Sachanlagen; Kosten für Ausgangsfrachten; Zinsaufwendungen; Umsatzsteuer auf den Verkauf von Erzeugnissen; Arbeitgeberanteil zur Sozialversicherung; Aufwendungen für Handelswaren; Aufwendungen für Roh-, Hilfs- oder Betriebsstoffe; Aufwendungen für Kommunikation.
3. Bei welchen der genannten buchhalterischen Begriffe handelt es sich um Begriffe der Leistungsrechnung?

   Umsatzerlöse für Waren; aktivierte Eigenleistungen; Rabatt beim Einkauf von Rohstoffen; Zinserträge; andere sonstige betriebliche Erträge; Umsatzerlöse für Erzeugnisse und Leistungen.

115 Welcher Geschäftsvorfall wirkt sich bei den Pforzheimer Lebensmittelwerken AG als Leistung aus?

1. Anzahlung eines Kunden auf eine Warenlieferung.
2. Mieteinnahmen für vermietete Garagen.
3. Zielverkauf von Tiefkühlkost.
4. Verkauf eines nicht mehr gebrauchten PCs über dem Buchwert.
5. Erstattung zu viel gezahlter Gewerbesteuer.

2 Ziele und Begriffe der Abgrenzungsrechnung und die tabellarische Ermittlung von Kosten und Leistungen

2.1 Problemstellung

Da die Ziele der Kosten- und Leistungsrechnung nicht mit den Zielen der Geschäftsbuchführung übereinstimmen, können auch deren Inhalte nicht übereinstimmen. Daher muss neben der Geschäftsbuchführung ein zweiter Rechnungskreis eröffnet werden, der entsprechend seiner Zielsetzung als **Kosten- und Leistungsrechnung (KLR)** bezeichnet wird. Obschon die KLR von dem Zahlenmaterial der Geschäftsbuchführung ausgeht, müssen bestimmte Werte der Geschäftsbuchführung ausgesondert, anders oder zusätzlich verrechnet werden. Das bedingt sowohl eine Klärung der inhaltlichen Abgrenzung der in beiden Rechnungskreisen unterschiedlichen Begriffe als auch eine Klärung des rechnungstechnischen Ablaufs für den Übergang von der Geschäftsbuchführung zu der Kosten- und Leistungsrechnung.

2.2 Inhaltliche Abgrenzung zwischen den Begriffen der Geschäftsbuchführung und denen der Kosten- und Leistungsrechnung

2.2.1 Inhaltliche Abgrenzung zwischen den Begriffen Aufwendungen und Kosten[1]

Die Aufwendungen der Geschäftsbuchführung können betriebsbedingt sein oder mit dem eigentlichen Betriebszweck nichts zu tun haben.

Die **betrieblichen Aufwendungen (Zweckaufwendungen)** decken sich inhaltlich mit den Kosten der Kosten- und Leistungsrechnung. Aus Sicht der Kosten- und Leistungsrechnung stellen die betrieblichen Aufwendungen **Grundkosten** dar.

Merke:

- Aufwendungen, die in keinem Zusammenhang mit dem Einkauf, der Produktion, der Lagerung und dem Absatz der Waren und Erzeugnisse stehen, die aperiodisch oder aber unregelmäßig oder in außergewöhnlicher Höhe anfallen, nennt man **neutrale Aufwendungen.**
- Die neutralen Aufwendungen werden in der **Kosten- und Leistungsrechnung** entweder **gar nicht** oder **nicht in der in der Geschäftsbuchführung ausgewiesenen Höhe** berücksichtigt.

Im Einzelnen haben wir es mit folgenden Fällen zu tun:

Art der neutralen Aufwendungen	Beispiele:
■ **Betriebsfremde Aufwendungen.** Als betriebsfremd bezeichnet man alle Aufwendungen, die mit dem eigentlichen Betriebszweck nichts zu tun haben.	Verluste aus Wertpapierverkäufen, Reparaturkosten an nicht betrieblich genutzten Gebäuden, Kursverluste bei Auslandsgeschäften, Zinsaufwendungen, Abschreibungen auf Finanzanlagen, Aufwendungen aus Beteiligungen.
■ **Periodenfremde Aufwendungen.** Das sind Aufwendungen, die zwar betriebsbedingt sind, deren Verursachung aber in einer vorangegangenen Geschäftsperiode liegt.	Steuernachzahlungen, Nachzahlungen von Gehältern, Garantieverpflichtungen für Geschäfte aus dem vorangegangenen Geschäftsjahr.
■ **Außerordentliche Aufwendungen.** Es handelt sich um Aufwendungen, die ungewöhnlich hoch oder äußerst selten sind.	Verluste aus Enteignungen, Verluste aus nicht durch Versicherungen gedeckten Katastrophenfällen.
■ Aufwendungen, die im Zusammenhang mit einer **Umstrukturierung des Vermögens** entstehen.	Verluste aus dem Abgang von Gegenständen des Sachanlagevermögens (Verkauf von Anlagegütern unter dem Buchwert).

1 Diesen Vorgang nennt man auch sachliche Abgenzung.

In schematischer Darstellung ergibt sich das folgende Bild:

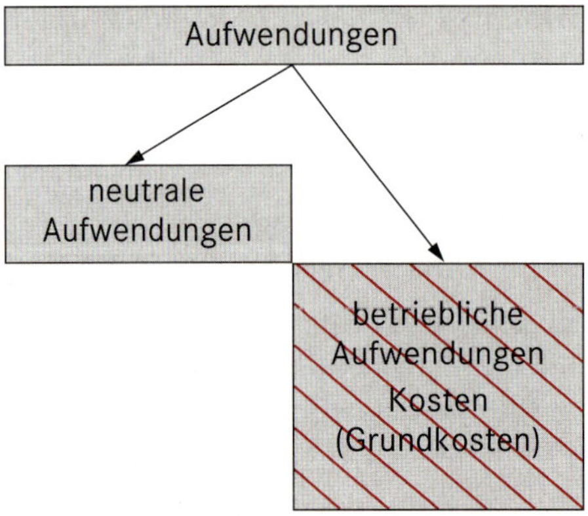

Merke:

- Ein Großteil der Aufwendungen, nämlich der Teil der betrieblichen Aufwendungen, stellt zugleich auch Kosten dar. Man nennt die **betrieblichen Aufwendungen** auch **Grundkosten.**
- **Neutrale Aufwendungen** stellen **keine Kosten** dar.

Neben der Tatsache, dass es **Aufwendungen** gibt, die **keine Kosten darstellen,** nämlich die neutralen Aufwendungen, gibt es auf der anderen Seite auch **Kosten,** die **keine Aufwendungen** sind.

Es handelt sich dabei um die **kalkulatorischen Kosten**, auf die wir im Kapitel 2.3, S. 364 ff. im Einzelnen noch eingehen werden. Von kalkulatorischen Kosten spricht man, wenn aus kalkulatorischen Gründen bestimmte Aufwendungen der Geschäftsbuchführung in der Kosten- und Leistungsrechnung anders verrechnet werden **(Anderskosten)**[1] oder wenn in der Kosten- und Leistungsrechnung zusätzlich Kosten verrechnet werden sollen, für die es in der Geschäftsbuchführung keinen Aufwand gibt **(Zusatzkosten)**[2]. Der Begriff der Zusatzkosten ist auch auf den Teil der Anderskosten anzuwenden, der die Aufwendungen der Geschäftsbuchführung übersteigt.

Merke:

- Aufwendungen, die in der Kosten- und Leistungsrechnung mit einem anderen Betrag als in der Geschäftsbuchführung angesetzt werden, bezeichnet man als **Anderskosten.**
- **Zusatzkosten** sind Kosten, für die es keine Aufwendungen innerhalb der Geschäftsbuchführung gibt.

Um ein vollständiges Bild für die Abgrenzung der beiden Begriffe Aufwendungen und Kosten zu erhalten, müssen wir unsere schematische Darstellung noch um diese Tatsache ergänzen.

---

1 Vgl. hierzu Seite 364 f.
2 Vgl. hierzu Seite 365.

Abgrenzung der Begriffe Aufwendungen und Kosten in schematischer Darstellung:

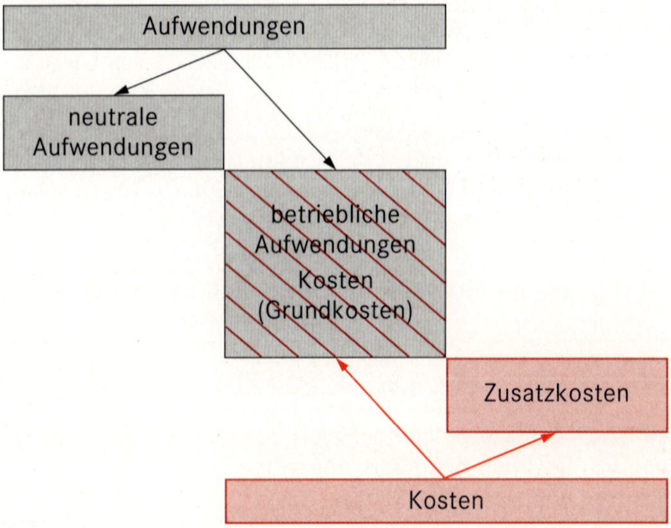

2.2.2 Inhaltliche Abgrenzung zwischen den Begriffen Erträgen und Leistungen

Die Erträge der Geschäftsbuchführung können betriebsbedingt sein oder mit dem eigentlichen Betriebszweck nichts zu tun haben.

Bei den **betrieblichen Erträgen** handelt es sich im Wesentlichen um die Umsatzerlöse. Sie stellen die Erträge dar, die sich bei der Erfüllung des Betriebszweckes ergeben haben **(Zweckerträge)** und decken sich daher mit den **Leistungen** der KLR. Zu den Leistungen eines Industrieunternehmens zählen außerdem die Bestandsmehrungen bei den unfertigen und fertigen Erzeugnissen sowie die aktivierten Eigenleistungen.

Merke:

- Erträge, die in keinem Zusammenhang mit dem Betriebszweck stehen, oder die aperiodisch, unregelmäßig oder in außergewöhnlicher Höhe anfallen, nennt man **neutrale Erträge.**
- Die neutralen Erträge werden in der **Kosten- und Leistungsrechnung** entweder **gar nicht** oder **nicht in der in der Geschäftsbuchführung ausgewiesenen Höhe** berücksichtigt.

Im Einzelnen haben wir es mit folgenden Fällen zu tun:

Art der neutralen Erträge	Beispiele:
■ **Betriebsfremde Erträge.** Als betriebsfremd bezeichnet man alle Erträge, die mit dem eigentlichen Betriebszweck nichts zu tun haben.	Erträge aus Wertpapieren, Zins- und Diskonterträge, Kursgewinne bei Auslandsgeschäften, Erträge aus Vermietung und Verpachtung, Erträge aus Beteiligungen, Erträge aus Finanzanlagen.

Art der neutralen Erträge	Beispiele:
■ **Periodenfremde Erträge.** Das sind Erträge, die zwar betriebsbedingt sind, deren Verursachung aber in einer vorangegangenen Geschäftsperiode liegt.	Steuerrückerstattungen, Eingang einer bereits abgeschriebenen Forderung.
■ **Außerordentliche Erträge.** Es handelt sich um Erträge, die ungewöhnlich hoch oder äußerst selten sind.	Erträge aus Gläubigerverzicht, Steuererlass, Erträge aus der Auflösung von Rückstellungen.
■ Erträge, die im Zusammenhang mit einer **Umstrukturierung des Vermögens** entstehen.	Erträge aus dem Abgang von Vermögensgegenständen (Verkauf von Anlagegütern über dem Buchwert).

Merke:

- Die **betrieblichen Erträge** stellen zugleich auch Leistungen dar. Man nennt die betrieblichen Erträge auch **Grundleistungen.**
- **Neutrale Erträge** stellen **keine Leistung** dar.

Mehr aus systematischen Gründen soll auch das Problem der Zusatzleistungen angesprochen werden.

Merke:

- **Zusatzleistungen** sind Leistungen, für die zwar Kosten entstanden sind, für die es aber keinen Ertrag in der Geschäftsbuchführung gibt.
- **Zusatzleistungen** entstehen z. B., wenn Verkaufsprodukte verschenkt werden.

Für eine schematische Darstellung des Zusammenhangs zwischen Erträgen und Leistungen erhalten wir somit folgendes Bild:

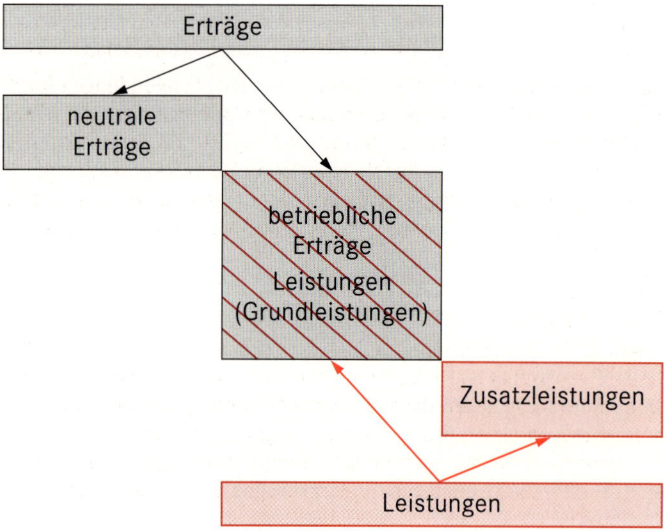

2.2.3 Zusammenhang zwischen Unternehmensergebnis, Betriebsergebnis und neutralem Ergebnis

In der Erfolgsrechnung der **Buchführung** wird aus der Differenz zwischen Erträgen und Aufwendungen das **Unternehmensergebnis** ermittelt. (Bei Kapitalgesellschaften spricht der Gesetzgeber vom Jahresüberschuss bzw. Jahresfehlbetrag.)

Ausgehend von den Erfolgskomponenten der Geschäftsbuchführung wird in der **Kosten- und Leistungsrechnung** das **Betriebsergebnis** ermittelt.

Stellt man den neutralen Erträgen die neutralen Aufwendungen gegenüber, so erhält man das **neutrale Ergebnis.**

Merke:

- Erträge – Aufwendungen = Unternehmensergebnis
  neutrale Erträge – neutrale Aufwendungen = neutrales Ergebnis
  Leistungen – Kosten = Betriebsergebnis
- Unternehmensergebnis – neutrales Ergebnis = Betriebsergebnis
- Eine Erfolgsaufspaltung in ein neutrales Ergebnis und ein Betriebsergebnis ist insbesondere aus zwei Gründen erforderlich:
  - um betriebliche Zahlenwerte besser vergleichen zu können und
  - um eine genaue Kalkulation durchführen zu können.

Übungsaufgaben

116 1. Unterscheiden Sie zwischen Aufwand und Kosten! Nennen Sie je zwei Beispiele!
2. Unterscheiden Sie zwischen Ertrag und Leistung! Nennen Sie je zwei Beispiele!

117 1. Geben Sie bei den nachfolgenden Aufwandsarten an, ob es sich um betriebliche oder neutrale Aufwendungen handelt:
Gehaltszahlungen, Diskontaufwand, Aufwendungen für Handelswaren, Verkauf eines Anlagegutes unter dem Buchwert, Abschreibungen auf Sachanlagen, Hoher Forderungsausfall durch die Zahlungsunfähigkeit eines Kunden, Aufwendungen für die Altersversorgung der Arbeitnehmer, Verluste durch Brandschäden, die nicht durch eine Versicherung gedeckt sind, Arbeitgeberanteil zur Sozialversicherung, Kursverluste aus einem Exportgeschäft, Mietzahlung für die Garage des Betriebs-Lkw, Aufwendungen für Rohstoffe, Steuernachzahlung für das vergangene Geschäftsjahr, Zahlung der Gewerbesteuer für das laufende Geschäftsjahr, Zahlung der Gebäudeversicherung für ein nicht betriebsnotwendiges Gebäude.
2. Geben Sie bei den nachfolgenden Ertragsarten an, ob es sich um betriebliche oder neutrale Erträge handelt:
Umsatzerlöse für Handelswaren, Kursgewinne aus einem Importgeschäft, Erträge aus dem Verkauf von Wertpapieren, Zinserträge, unerwarteter Eingang für eine bereits abgeschriebene Forderung, Mietertrag aus der Vermietung eines nicht betrieblich genutzten Gebäudes, Steuerrückvergütung für das vergangene Geschäftsjahr, Umsatzerlöse für Erzeugnisse und Leistungen, Bestandsmehrung an unfertigen Erzeugnissen, Verkauf eines Anlagegutes über dem Buchwert, selbst hergestellte Regale für die Verwendung im eigenen Betrieb.

118 Welche der folgenden Vorgänge stellen Leistungen dar?

1. Verkauf von Erzeugnissen gegen Bankscheck.
2. Zinsgutschrift der Bank.
3. Erhöhung des Lagerbestandes an unfertigen Erzeugnissen.
4. Reparatur der Wasserleitung im Büro durch die eigene Werkstatt.

2.3 Kalkulatorische Kosten

2.3.1 Zweck und Umfang der kalkulatorischen Kosten

Die Kosten- und Leistungsrechnung steht unter einer ganz anderen Zwecksetzung als die Geschäftsbuchführung. Sie strebt einerseits eine möglichst genaue Erfassung aller entstandenen Kosten an, und sie will andererseits alle Zufallsschwankungen, die eine innerbetriebliche und außerbetriebliche Vergleichbarkeit stören würden, von dieser Rechnung fernhalten. Dadurch ist bedingt, dass bestimmte Aufwendungen der Geschäftsbuchführung in der KLR anders verrechnet werden. Es sind dies die so genannten **Anderskosten (aufwandsungleiche Kosten)**. Darüber hinaus werden in der KLR auch Kosten erfasst, denen in der Geschäftsbuchführung kein Aufwand entspricht. Diese **aufwandslosen Kosten** werden als **Zusatzkosten** im engeren Sinne bezeichnet. Im weiteren Sinne zählt zu den Zusatzkosten auch der Teil der Anderskosten, um den diese die Aufwendungen der Geschäftsbuchführung übersteigen.

Merke:

- **Anderskosten** und **Zusatzkosten** bilden zusammen den Umfang der **kalkulatorischen Kosten.**
- **Kalkulatorische Kosten** haben den **Zweck:**
  - die **Genauigkeit der Kostenrechnung** und die darauf aufbauende Kalkulation **zu erhöhen** und
  - die Möglichkeit der **Vergleichbarkeit der Kosten- und Leistungsrechnung zu verbessern.**

2.3.2 Kalkulatorische Abschreibung und kalkulatorischer Unternehmerlohn als Beispiele für kalkulatorische Kosten

(1) Anderskosten: Beispiel kalkulatorische Abschreibung

Für die **Kosten- und Leistungsrechnung (KLR)** muss die **tatsächliche Wertminderung** angesetzt werden, da ansonsten die Kostenrechnung ungenau wird. Für die Berechnung der Abschreibungshöhe in der **Geschäftsbuchführung** sind **handels- und steuerrechtliche Vorschriften** vorgegeben. Dies bedeutet, dass die Abschreibungshöhe im Hinblick auf den tatsächlichen Werteverzehr zu hoch oder zu niedrig sein kann.[1]

1 Sind die Aufwendungen ausnahmsweise höher als die verrechneten Kosten, handelt es sich in Höhe der Differenz um neutrale Aufwendungen.

Beispiel:

Ein Kombiwagen mit Anschaffungskosten von 45 000,00 EUR wird buchhalterisch linear über 6 Jahre mit jeweils $16\frac{2}{3}$% abgeschrieben. Aufgrund der laufenden Preiserhöhungen muss in der Kostenrechnung von den Wiederbeschaffungskosten in Höhe von 51 000,00 EUR abgeschrieben werden. Die bilanzmäßige Abschreibung beträgt somit 7 500,00 EUR, die kalkulatorische Abschreibung 8 500,00 EUR, sodass zusätzliche Kosten von jährlich 1 000,00 EUR entstehen. Der bilanzielle Restwert des Kombiwagens nach dem ersten Jahr beträgt damit 37 500,00 EUR, der kalkulatorische Restwert 42 500,00 EUR.

Da die Berechnung der Abschreibungshöhe innerhalb der Erfolgsrechnung nach anderen Kriterien vorgenommen wird als in der KLR, müssen wir zwischen **kalkulatorischer** und **bilanzmäßiger Abschreibung** unterscheiden. Die bilanzmäßige Abschreibung wirkt sich in der Erfolgsrechnung, die kalkulatorische Abschreibung in der KLR aus.

Merke:

Kalkulatorische Abschreibungen sind Kosten, die – unabhängig von gesetzlichen Vorschriften – den **tatsächlichen** Werteverzehr des Anlagevermögens möglichst genau erfassen.

(2) Zusatzkosten: Beispiel kalkulatorischer Unternehmerlohn

Die Arbeit des Geschäftsführers schlägt sich nicht bei allen Rechtsformen der Unternehmungen als Aufwand in der Geschäftsbuchführung nieder. Ein Einzelunternehmer bzw. der mitarbeitende Gesellschafter einer Personengesellschaft (z. B. OHG-Gesellschafter, Komplementär) erhält für seine Arbeitsleistung kein Gehalt. Sie ist durch den Gewinn abgegolten. Demgegenüber zahlen vergleichbare Unternehmungen aufgrund ihrer Rechtsform (z. B. GmbH; GmbH & Co. KG) Geschäftsführergehälter, die sich als Aufwand niederschlagen.

Es ist daher – sowohl unter dem Gesichtspunkt einer exakten Kostenerfassung in der KLR als auch unter dem Gesichtspunkt der Vergleichbarkeit der Kostenstrukturen unterschiedlicher Unternehmen – unerlässlich, diese unternehmerische Tätigkeit in Geld zu bemessen und als Kosten zu erfassen. Die Höhe sollte dabei nach dem Leistungseinsatz des Unternehmers bestimmt werden und sich am jeweils bestehenden Lohnniveau ausrichten. Der kalkulatorische Unternehmerlohn stellt seinem Wesen nach Zusatzkosten dar, denn ihm steht kein Aufwand gegenüber.

Merke:

Der **kalkulatorische Unternehmerlohn** erfasst bei Einzelunternehmen und Personengesellschaften die Kosten für die Arbeitsleistung der mitarbeitenden Inhaber.

Dadurch, dass die Kosten für den Unternehmerlohn bei Einzelunternehmen / Personengesellschaften in die Kosten- und Leistungsrechnung eingerechnet werden, wird erreicht, dass Einzelunternehmen / Personengesellschaften in der Selbstkosten- und Betriebsergebnisrechnung gleichgestellt sind.

Übungsaufgaben

119 1. Nennen Sie zwei Arten von kalkulatorischen Kosten!

2. Nennen Sie ein Beispiel für Zusatzkosten!
3. Welches ist das besondere Merkmal für Zusatzkosten?
4. Was versteht man unter Anderskosten?
5. Warum ist es unter kostenmäßigen Gesichtspunkten berechtigt, für den Einzelunternehmer und für die mitarbeitenden Komplementäre einer KG jeweils entsprechende Kosten für deren Arbeitsleistung anzusetzen?
6. Welchem Zweck dient die Verrechnung kalkulatorischer Kosten?
7. Wodurch unterscheiden sich Anderskosten von Zusatzkosten?

120 In einem Industriebetrieb sind folgende Vorgänge zu erfassen:

1. Barkauf eines gebrauchten Lkw 14 000,00 EUR.
2. Buchung einer Eingangsrechnung für Hilfsstoffe nach dem Just-in-time-Verfahren 5 000,00 EUR.
3. Lohnzahlung durch Banküberweisung an die Mitarbeiter 36 500,00 EUR.
4. Die bilanzielle Abschreibung beträgt 17 100,00 EUR. Die kalkulatorischen Abschreibungen werden mit 20 500,00 EUR angesetzt.
5. Verbrauch von Betriebsstoffen, die in der vergangenen Rechnungsperiode beschafft und bezahlt wurden, 21 700,00 EUR.
6. Verrechnung eines kalkulatorischen Unternehmerlohns 20 400,00 EUR.

Aufgabe:

Übertragen Sie die nachfolgende Tabelle in Ihr Hausheft und tragen Sie die Beträge der Vorgänge 1 bis 6 in die zutreffende Spalte ein!

Lfd. Nr.	Geschäftsbuchführung		Kosten- u. Leistungsrechnung	
	Ausgaben	Aufwendungen	Grundkosten	Zusatzkosten
1.				

121 Am 30. Juli haben wir einen Lkw angeschafft. Die Anschaffungskosten belaufen sich auf 80 000,00 EUR. Bilanziell wird der Lkw geometrisch-degressiv bei einer Nutzungsdauer von 9 Jahren zum steuerlichen Höchstsatz von 20 % abgeschrieben.

In der KLR schreiben wir den Lkw von den Wiederbeschaffungskosten in Höhe von 102 000,00 EUR linear über die betriebsgewöhnliche Nutzungsdauer von 6 Jahren ab.

Aufgaben:

1. Berechnen Sie die bilanziellen und kalkulatorischen Abschreibungsbeträge am Ende der ersten Geschäftsperiode sowie die Buchwerte!
2. Übertragen Sie das folgende Schema in Ihr Hausheft und tragen Sie die errechneten Abschreibungsbeträge ein:

neutraler Aufwand	Zweckaufwand	Grundkosten	Zusatzkosten

122 1. In einem Unternehmen werden folgende Geschäftsvorfälle erfasst:

1.1 Wir zahlen die Nettolöhne durch Banküberweisung 23 000,00 EUR

1.2 Barverkauf eines gebrauchten Anlagegegenstandes, der noch mit 6 000,00 EUR zu Buche steht, für 4 000,00 EUR

1.3 Abschreibungen
- bilanziell 5 000,00 EUR
- kalkulatorisch 6 000,00 EUR

1.4 Barzahlung für eine bereits gebuchte Eingangsrechnung für Rohstoffe 3 000,00 EUR

Aufgabe:

Ordnen Sie die Beträge dieser Geschäftsvorfälle in das folgende Schema ein!

	Erfolgsrechnung		Kosten- u. Leistungsrech.		Finanzplanung	
Lfd. Nr.	neutraler Aufwand	Zweck-aufwand	Grund-kosten	Zusatz-kosten	Aus-gaben	Ein-nahmen

2. Welcher Vorgang stellt zugleich Ausgabe, Aufwand und Kosten dar?

2.1 Die Zahlung von Vertreterprovisionen.

2.2 Die Entnahme einer Ledertasche für Privatzwecke.

2.3 Die Buchung des kalkulatorischen Unternehmerlohns.

2.4 Der Kauf eines Produktionsautomaten.

2.5 Die Abschreibung auf den Produktionsautomaten.

2.4 Tabellarische Abgrenzungsrechnung

2.4.1 Abgrenzungsrechnung im Zweikreissystem

Die Abgrenzung der Aufwendungen der Geschäftsbuchführung in betriebliche Aufwendungen, die in die Kosten- und Leistungsrechnung einfließen, von den so genannten neutralen Aufwendungen, die nicht als Kosten verrechnet werden sollen, sowie die andersartige oder zusätzliche Verrechnung von Kosten erfolgt über die so genannte **Abgrenzungsrechnung**.

Für die Abgrenzungsrechnung hat sich als übliches Verfahren das so genannte **Zweikreissystem** durchgesetzt. Die **Geschäftsbuchführung** stellt den **Rechnungskreis I** dar, die Abgrenzungsrechnung und die **Kosten- und Leistungsrechnung** erscheinen im **Rechnungskreis II.**

Die Ermittlung des Betriebsergebnisses innerhalb des Rechnungskreises II kann in organisatorischer Hinsicht entweder innerhalb des Kontensystems oder außerhalb des Kontensystems in tabellarischer Form durchgeführt werden. In der Praxis hat sich die tabellarische Form weitgehend durchgesetzt. Daher ist nach dem Lehrplan auch nur die tabellarische Form der Abgrenzungsrechnung in Form einer Abgrenzungstabelle vorgesehen.

2.4.2 Grundstruktur einer Abgrenzungstabelle

Rechnungskreis I			**Rechnungskreis II**					
Erfolgsbereich			Abgrenzungsbereich				Kosten- und Leistungsrechnung	
Geschäftsbuchführung			unternehmensbezogene Abgrenzung		kosten- u. leistungsrechnerische Korrekturen			
Kontobezeichnung	Aufw.	Erträge	Aufw.	Erträge	Aufw.	Erträge	Kosten	Leistungen
Summen:								
Salden (Ergebnisse):								
	Unternehmensergebnis:		Ergebnis aus unternehmensbezogener Abgrenzung:		Ergebnis aus kosten- und leistungsrechnerischen Korrekturen:		**Betriebsergebnis:**	

2.4.3 Praktische Abwicklung einer Abgrenzungsrechnung in tabellarischer Form

Um das Verständnis für die schwierige und ungewohnte Abgrenzungstechnik zu erleichtern, werden die unternehmensbezogene Abgrenzungsrechnung und die Abgrenzung in Form der kosten- und leistungsrechnerischen Korrekturen zunächst nacheinander behandelt und erst danach fassen wir die beiden Stufen zusammen.

2.4.3.1 Unternehmensbezogene Abgrenzung (1. Stufe der Abgrenzung)

Wir gehen von den Zahlenwerten der Geschäftsbuchführung aus, wie sie sich auf dem GuV-Konto beim Abschluss niederschlagen. Diese Werte übernehmen wir unverändert in den **Rechnungskreis I** der Abgrenzungstabelle.

Die eigentliche Abgrenzung erfolgt im **Rechnungskreis II.** Dabei werden die Zahlen der Geschäftsbuchführung, die in den Rechnungskreis I übernommen wurden, unter dem Gesichtspunkt betrieblich oder neutral sortiert.

- Die **betrieblichen Aufwendungen (Kosten)** und die **betrieblichen Erträge (Leistungen)** werden in die **Kosten- und Leistungsrechnung** des Rechnungskreises II übertragen.
- Die **neutralen Aufwendungen und Erträge** werden innerhalb des Rechnungskreises II in die **unternehmensbezogene Abgrenzung** übernommen.

Auf diese Weise sind die **betrieblichen Erfolge** und die **Erfolge aus unternehmensbezogener Abgrenzung getrennt erfasst.**

In allen drei Bereichen der Abgrenzungstabelle wird ein Ergebnis ausgewiesen. Für die erste Stufe der Abgrenzung gilt:

Unternehmensergebnis – Ergebnis aus unternehmensbezogener Abgrenzung = Betriebsergebnis

Beispiel:

Das Industrieunternehmen Max Kluge KG weist beim Jahresabschluss auf dem GuV-Konto folgende Werte aus:

Gewinn- und Verlustkonto
Max Kluge KG

Soll			Haben
Aufwendungen für Rohstoffe	480 000,00	Umsatzerlöse f. Erz. u. Leist.	750 000,00
Löhne	135 000,00	And. periodenfremde Erträge	43 800,00
Mieten, Pachten	5 610,00	Zinserträge	17 950,00
Büromaterial	48 950,00		
Reisekosten	9 460,00		
Verl.a.d.Abg.v.G.d.Sachanl.verm.	2 850,00		
Periodenfremde Aufwendungen	5 750,00		
Zinsaufwendungen	20 000,00		
Unternehmensergebnis	104 130,00		
	811 750,00		811 750,00

Aufgabe:

Ermitteln Sie mit Hilfe einer Abgrenzungstabelle das Unternehmensergebnis, das Ergebnis aus unternehmensbezogener Abgrenzung und das Betriebsergebnis!

24 Speth u. a. – ISBN 978-3-8120-0555-5

Lösung:

Rechnungskreis I			Rechnungskreis II					
Erfolgsbereich			Abgrenzungsbereich				Kosten- und Leistungsrechnung	
Geschäftsbuchführung			unternehmensbezogene Abgrenzung		kosten- u. leistungsrechnerische Korrekturen			
Kontobezeichnung	Aufw.	Erträge	Aufw.	Erträge	Aufw.	Erträge	Kosten	Leistungen
UErl. f. Erz. u. Leist.		750 000,00						750 000,00
And. periodenfremde Erträge		43 800,00		43 800,00				
Zinserträge		17 950,00		17 950,00				
Aufwendungen f. Rohstoffe	480 000,00						480 000,00	
Löhne	135 000,00						135 000,00	
Mieten, Pachten	5 610,00						5 610,00	
Büromaterial	48 950,00						48 950,00	
Reisekosten	9 460,00						9 460,00	
Verl. a. d. Abg. v. G. d. Sachanl.verm.	2 850,00		2 850,00					
Periodenfremde Aufwendungen	5 750,00		5 750,00					
Zinsaufwendungen	20 000,00		20 000,00					
Summen:	707 620,00	811 750,00	28 600,00	61 750,00			679 020,00	750 000,00
Salden (Ergebnisse):	104 130,00		33 150,00				70 980,00	
	811 750,00	811 750,00	61 750,00	61 750,00			750 000,00	750 000,00
	Unternehmensergebnis: 104 130,00 EUR		Ergebnis aus unternehmensbezogener Abgrenzung: 33 150,00 EUR		Ergebnis aus kosten- und leistungsrechnerischen Korrekturen:		Betriebsergebnis: 70 980,00 EUR	

Erläuterungen zur unternehmensbezogenen Abgrenzung:

- Alle Aufwendungen und Erträge der Geschäftsbuchführung, die auf den eigentlichen Betriebszweck bezogen sind (Zweckaufwendungen und Zweckerträge), werden im Rechnungskreis II als Kosten und Leistungen in die Kosten- und Leistungsrechnung übernommen. Als Saldo ergibt sich das Betriebsergebnis.
- Die neutralen Aufwendungen und Erträge der Geschäftsbuchführung werden im Rechnungskreis II in die unternehmensbezogene Abgrenzung übernommen und dadurch von der Kosten- und Leistungsrechnung ferngehalten (abgegrenzt), weil sie das Betriebsergebnis verfälschen würden. Auf das Beispiel bezogen betrifft das
  - **auf der Ertragsseite:** die anderen periodenfremden Erträge sowie die Zinserträge.
  - **auf der Aufwandsseite:** die Verluste aus dem Abgang von Gegenständen des Sachanlagevermögens und die periodenfremden Aufwendungen sowie die Zinsaufwendungen, da diese nicht die Hauptziele des Unternehmens betreffen. Als Saldo ergibt sich das Ergebnis aus unternehmensbezogener Abgrenzung.
- Die Ergebnisse aus dem Rechnungskreis II müssen mit dem Ergebnis aus dem Rechnungskreis I übereinstimmen.

Übungsaufgabe

123 1. Die Industriewerke Holzer & Wetzel OHG weisen für den Monat Juli in der Geschäftsbuchführung folgende Aufwendungen und Erträge aus:

Konten	Beträge
Umsatzerlöse für Erzeugnisse und Leistungen	1 050 000,00 EUR
Provisionserträge	3 175,00 EUR
Erträge a. d. Abg. v. Gegenständen des Sachanlagevermögens	17 500,00 EUR
Erträge a. d. Aufl. oder Herabsetzung von Rückstellungen	8 500,00 EUR
Erträge aus Beteiligungen	25 820,00 EUR
Aufwendungen für Rohstoffe	580 510,00 EUR
Löhne/Gehälter	120 750,00 EUR
Aufwendungen für Kommunikation	48 690,00 EUR
Abschreibungen auf Sachanlagen	60 510,00 EUR
Büromaterial	28 525,00 EUR
Versicherungsbeiträge	30 970,00 EUR
Abschr. a. Finanzanl. u. a. Wertpap. des Umlaufvermögens	72 980,00 EUR
Außerordentliche Aufwendungen	12 500,00 EUR

Aufgaben:

1.1 Übernehmen Sie die angegebenen Aufwendungen und Erträge in eine Abgrenzungstabelle!

1.2 Ermitteln Sie das Betriebsergebnis, das Ergebnis aus unternehmensbezogener Abgrenzung und das Unternehmensergebnis!

2. Ein Industrieunternehmen weist für das 2. Quartal in der Geschäftsbuchführung folgende Aufwendungen und Erträge aus:

Konten	Beträge
Umsatzerlöse für Erzeugnisse und Leistungen	1 215 600,00 EUR
Erträge aus Vermietung und Verpachtung	65 400,00 EUR
Provisionserträge	87 900,00 EUR
Andere sonstige betriebliche Erträge	32 700,00 EUR
Erträge a. d. Abg. v. Gegenständen des Sachanlagevermögens	21 100,00 EUR
Erträge aus anderen Finanzanlagen	50 500,00 EUR
Aufwendungen für Betriebsstoffe	651 200,00 EUR
Vertriebsprovisionen	10 500,00 EUR
Gehälter	319 900,00 EUR
Abschreibungen auf Sachanlagen[1]	56 600,00 EUR
Mieten, Pachten	8 200,00 EUR
Werbung	154 400,00 EUR
Versicherungsbeiträge	7 700,00 EUR
Verluste aus Schadensfällen	21 280,00 EUR
Periodenfremde Aufwendungen	39 100,00 EUR
Grundsteuer	15 000,00 EUR
Abschr. a. Finanzanl. u. a. Wertpap. des Umlaufvermögens	2 300,00 EUR

1 Da die kostenrechnerischen Korrekturen (u. a. kalkulatorische Abschreibungen) erst später behandelt werden, sind die Abschreibungen auf Sachanlagen vorläufig als Kosten zu übernehmen.

Aufgaben:

2.1 Übernehmen Sie die angegebenen Aufwendungen und Erträge in eine Abgrenzungstabelle!

2.2 Ermitteln Sie das Betriebsergebnis, das Ergebnis aus unternehmensbezogener Abgrenzung und das Unternehmensergebnis!

2.4.3.2 Kostenrechnerische Korrekturen (2. Stufe der Abgrenzung)

Auch die zweite Stufe der Abgrenzung wollen wir zunächst isoliert betrachten. Wir wählen daher das Beispiel so aus, dass nur kostenrechnerische Korrekturen vorzunehmen sind.

Im Rahmen der kosten- und leistungsrechnerischen Korrekturen werden alle Aufwendungen und Erträge erfasst, die aus Gründen der Stetigkeit und Vergleichbarkeit der Kosten anders verrechnet werden **(Anderskosten)**. Daneben werden hier die Kosten verrechnet, für die es in der Geschäftsbuchführung keinen Aufwandsposten gibt **(Zusatzkosten)**.

Beispiel:

Das Industrieunternehmen Max Kluge KG weist zum Jahresabschluss auf dem GuV-Konto folgende Werte aus:

Gewinn- und Verlustkonto
Max Kluge KG

Soll			Haben
Aufwend. für Rohstoffe	230 400,00	Umsatzerlöse f. Erz. u. Leist.	547 820,00
Instandhaltung u. Reparaturen	6 940,00		
Vertriebsprovisionen	20 320,00		
Löhne	85 000,00		
Abschreib. auf Sachanlagen	10 870,00		
Mieten, Pachten	21 980,00		
Büromaterial	46 810,00		
Reisekosten	14 300,00		
Unternehmensergebnis	111 200,00		
	547 820,00		547 820,00

Aufgaben:

1. Erstellen Sie in tabellarischer Form eine Abgrenzungsrechnung unter Berücksichtigung folgender kostenrechnerischer Korrekturen:
   - Statt der bilanziellen Abschreibung in Höhe von 10 870,00 EUR sollen kalkulatorische Abschreibungen in Höhe von 8 950,00 EUR angesetzt werden.

   Außerdem sollen noch folgende Kosten zusätzlich verrechnet werden:
   - Als kalkulatorischer Unternehmerlohn für die Abgeltung der Arbeitskraft des Komplementärs 50 000,00 EUR.

2. Ermitteln Sie das Unternehmensergebnis, das Ergebnis aus kosten- und leistungsrechnerischen Korrekturen sowie das Betriebsergebnis!

Lösungen:

Rechnungskreis I			Rechnungskreis II					
Erfolgsbereich			Abgrenzungsbereich				Kosten- und Leistungsrechnung	
Geschäftsbuchführung			unternehmensbezogene Abgrenzung		kosten- u. leistungsrechnerische Korrekturen			
Kontobezeichnung	Aufw.	Erträge	Aufw.	Erträge	Aufw.	Erträge	Kosten	Leistungen
Umsatzerlöse f. Erz. u. Leist.		547 820,00						547 820,00
Aufwend. f. Rohstoffe	230 400,00						230 400,00	
Instandhaltung u. Reparaturen	6 940,00						6 940,00	
Vertriebsprovisionen	20 320,00						20 320,00	
Löhne	85 000,00						85 000,00	
Abschr. a. Sachanlagen	10 870,00				10 870,00	8 950,00	8 950,00	
Mieten, Pachten	21 980,00						21 980,00	
Büromaterial	46 810,00						46 810,00	
Reisekosten	14 300,00						14 300,00	
Kalk. U.-Lohn						50 000,00	50 000,00	
Summen:	436 620,00	547 820,00			10 870,00	58 950,00	484 700,00	547 820,00
Salden (Ergebnisse):	111 200,00				48 080,00		63 120,00	
	547 820,00	547 820,00			58 950,00	58 950,00	547 820,00	547 820,00
	Unternehmensergebnis: 111 200,00 EUR		Ergebnis aus unternehmensbezogener Abgrenzung:		Ergebnis aus kosten- und leistungsrechnerischen Korrekturen: 48 080,00 EUR		Betriebsergebnis: 63 120,00 EUR	

Erläuterungen zu den kostenrechnerischen Korrekturen:[1]

■ Zu den Anderskosten

Sollen die Abschreibungen in der KLR anders verrechnet werden, als es dem Betrag von 10 870,00 EUR in der Geschäftsbuchführung entspricht, dann wird zunächst der Betrag der Geschäftsbuchführung in Höhe von 10 870,00 EUR als Aufwand in den Bereich der kostenrechnerischen Korrekturen übernommen.

1 Für die Zuordnung einzelner Beträge in die beiden Abgrenzungsstufen gibt es keine gesetzlichen Vorschriften. Aus didaktischen Gründen (klare Abgrenzung) ordnen wir alle in der KLR anders zu verrechnenden Beträge der Stufe der kostenrechnerischen Korrekturen zu.

Der Betrag, der als kalkulatorische Abschreibung in der Kostenrechnung erfasst werden soll, in unserem Fall 8 950,00 EUR, wird als Kosten in der KLR erfasst und als Ertrag bei den kosten- und leistungsrechnerischen Korrekturen (Der Ertrag entsteht, wenn die Erzeugnisse zumindest zu kostendeckenden Preisen verkauft werden können).

Im Bereich der kosten- und leistungsrechnerischen Korrekturen stehen sich dann die Aufwendungen der Geschäftsbuchführung und die zu den verrechneten Kosten als Spiegelbild erscheinenden Erträge gegenüber. In Höhe der Differenz dieser beiden Beträge wurden in der KLR die Kosten anders verrechnet als es dem Aufwand in der Geschäftsbuchführung entspricht.

Zu den Zusatzkosten

Da es für die Zusatzkosten (kalkulatorischer Unternehmerlohn) keinen Aufwandsposten in der Geschäftsbuchführung gibt, kann auch kein Aufwand in die kosten- und leistungsrechnerischen Korrekturen übernommen werden. Um die Differenz zwischen den verrechneten Kosten und den Aufwendungen der Geschäftsbuchführung ausweisen zu können, muss auch hier als Spiegelbild zu den erfassten Kosten in der KLR bei den kosten- und leistungsrechnerischen Korrekturen ein entsprechender Wert als Ertrag ausgewiesen werden. Daher erscheint der als Kosten in der KLR zu erfassende Unternehmerlohn in Höhe von 50 000,00 EUR sowohl unter den Kosten in der KLR als auch als Ertrag in der Spalte der kosten- und leistungsrechnerischen Korrekturen.

Zu dem Ergebnis aus kostenrechnerischen Korrekturen

Die Summe der einzelnen Differenzen, um die die verrechneten Kosten von den Aufwendungen der Geschäftsbuchführung abweichen, stellt das Ergebnis aus kosten- und leistungsrechnerischen Korrekturen dar. Da in unserem Beispiel die als Spiegelbild zu den verrechneten Kosten erfassten Erträge höher sind als die auf der Aufwandsseite erfassten Aufwendungen der Geschäftsbuchführung, stellt das Ergebnis aus kosten- und leistungsrechnerischen Korrekturen einen Gewinn dar, der in unserem Beispiel 48 080,00 EUR beträgt. Um diese Differenz weicht das Betriebsergebnis vom Unternehmensergebnis ab. Da in Höhe dieser Differenz in der KLR mehr Kosten verrechnet wurden, als es den erfassten Aufwendungen in der Geschäftsbuchführung entspricht, ist das Betriebsergebnis um diese Differenz kleiner als das Unternehmensergebnis.

Merke:

- Bei den **kalkulatorischen Kosten** (Anderskosten und Zusatzkosten) ist der Betrag, der als Kostenwert verrechnet werden soll, immer sowohl in der Kostenspalte der KLR als auch in der Ertragsspalte der kosten- und leistungsrechnerischen Korrekturen zu erfassen.
- Bei den **Anderskosten** ist zusätzlich der als Aufwand erfasste Wert der Geschäftsbuchführung auch unverändert als Aufwand bei den kosten- und leistungsrechnerischen Korrekturen zu übernehmen.

Übungsaufgabe

124 1. Die Geschäftsbuchführung eines Industrieunternehmens weist für den Monat April folgende Aufwendungen und Erträge auf (Auszug):

Umsatzerlöse für Erzeugnisse und Leistungen	125 000,00 EUR
Löhne, Gehälter	32 800,00 EUR
Abschreibungen auf Sachanlagen	21 500,00 EUR
Versicherungsbeiträge	8 850,00 EUR
Grundsteuer	19 100,00 EUR

I. Angaben zur Kosten- und Leistungsrechnung

1. Kalkulatorische Abschreibungen auf Sachanlagen	25 000,00 EUR
2. Kalkulatorischer Unternehmerlohn	14 500,00 EUR

II. Aufgabe:

Erstellen Sie eine Abgrenzungstabelle und ermitteln Sie das Unternehmensergebnis, das Betriebsergebnis sowie das Ergebnis aus kosten- und leistungsrechnerischen Korrekturen!

2. Die Geschäftsbuchführung eines Industriebetriebs weist für den Monat Mai folgende Aufwendungen und Erträge auf (Auszug):

Umsatzerlöse für Erzeugnisse und Leistungen	470 000,00 EUR
Aufwendungen für Rohstoffe	300 000,00 EUR
Löhne, Gehälter	100 000,00 EUR
Abschreibungen auf Sachanlagen	20 000,00 EUR
Mieten, Pachten	2 000,00 EUR
Reisekosten	4 000,00 EUR
Kfz-Steuer, Verbrauchsteuern	45 000,00 EUR

I. Angaben zur Kosten- und Leistungsrechnung

1. Kalkulatorische Abschreibungen auf Sachanlagen	35 000,00 EUR
2. Kalkulatorischer Unternehmerlohn	12 000,00 EUR

II. Aufgabe:

Erstellen Sie eine Abgrenzungstabelle und ermitteln Sie das Unternehmensergebnis, das Betriebsergebnis sowie das Ergebnis aus kosten- und leistungsrechnerischen Korrekturen!

3. In einem Industrieunternehmen sind folgende Sachverhalte gegeben:

3.1 Der Unternehmerlohn wird mit 120 000,00 EUR festgesetzt.

3.2 Auf den Fuhrpark mit Anschaffungskosten in Höhe von 200 000,00 EUR werden 20 % bilanzmäßig abgeschrieben. Die verbrauchsbedingte kalkulatorische Abschreibung beträgt 15 % von den Wiederbeschaffungskosten in Höhe von 230 000,00 EUR.

3.3 Die Umsatzerlöse für Erzeugnisse und Leistungen betragen 500 000,00 EUR.

Aufgabe:

Stellen Sie die Vorgänge in einer Abgrenzungstabelle dar!

2.4.3.3 Zusammenfassende Darstellung einer Abgrenzungsrechnung mit unternehmensbezogener Abgrenzung und kosten- und leistungsrechnerischen Korrekturen

Im folgenden Beispiel sollen die beiden zunächst getrennt dargestellten Abgrenzungsstufen zusammengefasst werden.

Beispiel:

Das Industrieunternehmen Max Kluge KG weist auf dem GuV-Konto zum Jahresabschluss die folgenden Werte aus:

Gewinn- und Verlustkonto
Max Kluge KG

Soll		Haben	
Aufwendungen für Rohstoffe	710 400,00	Umsatzerlöse f. Erz. u. Leist.	1 297 820,00
Instandhaltung u. Reparaturen	6 940,00	Andere periodenfr. Erträge	43 800,00
Vertriebsprovisionen	20 320,00	Zinserträge	17 950,00
Löhne	220 000,00		
Abschr. auf Sachanlagen	10 870,00		
Mieten, Pachten	24 560,00		
Büromaterial	95 760,00		
Reisekosten	26 790,00		
Verl.a.d.Abg.v.G.d.Sachanl.verm.	2 850,00		
Periodenfremde Aufwendungen	5 750,00		
Zinsaufwendungen	20 000,00		
Unternehmensergebnis	215 330,00		
	1 359 570,00		1 359 570,00

I. Angaben für die kostenrechnerischen Korrekturen

- Statt der bilanziellen Abschreibung in Höhe von 10 870,00 EUR sollen kalkulatorische Abschreibungen in Höhe von 8 950,00 EUR in Ansatz gebracht werden.

Außerdem sollen noch folgende Kosten zusätzlich verrechnet werden:

- Als kalkulatorischer Unternehmerlohn für die Abgeltung der Arbeitskraft des Komplementärs 50 000,00 EUR.

II. Aufgaben:

1. Erstellen Sie aufgrund des vorangestellten Gewinn- und Verlustkontos und der Angaben für die kostenrechnerischen Korrekturen eine Abgrenzungsrechnung in tabellarischer Form!
2. Ermitteln Sie das Unternehmensergebnis, das Ergebnis aus unternehmensbezogener Abgrenzung, das Ergebnis aus kosten- und leistungsrechnerischen Korrekturen sowie das Betriebsergebnis!

Lösungen:

Rechnungskreis I			Rechnungskreis II					
Erfolgsbereich			Abgrenzungsbereich				Kosten- und Leistungsrechnung	
Geschäftsbuchführung			unternehmensbezogene Abgrenzung		kosten- u. leistungsrechnerische Korrekturen			
Kontobezeichnung	Aufw.	Erträge	Aufw.	Erträge	Aufw.	Erträge	Kosten	Leistungen
Umsatzerlöse für Erz. u. Leist.		1 297 820,00						1 297 820,00
And. periodenfremde Erträge		43 800,00		43 800,00				
Zinserträge		17 950,00		17 950,00				
Aufwendungen f. Rohstoffe	710 400,00						710 400,00	
Instandhaltung u. Reparaturen	6 940,00						6 940,00	
Vertriebsprovisionen	20 320,00						20 320,00	
Löhne	220 000,00						220 000,00	
Abschr. a. Sachanlagen	10 870,00				10 870,00	8 950,00	8 950,00	
Mieten, Pachten	24 560,00						24 560,00	
Büromaterial	95 760,00						95 760,00	
Reisekosten	26 790,00						26 790,00	
Verl. a. d. Abg. v. G. d. Sachanl.verm.	2 850,00		2 850,00					
P.fremde Aufwend.	5 750,00		5 750,00					
Zinsaufwendungen	20 000,00		20 000,00					
Kalk. U.-Lohn						50 000,00	50 000,00	
Summen:	1 144 240,00	1 359 570,00	28 600,00	61 750,00	10 870,00	58 950,00	1 163 720,00	1 297 820,00
Salden (Ergebnisse):	215 330,00		33 150,00		48 080,00		134 100,00	
	1 359 570,00	1 359 570,00	61 750,00	61 750,00	58 950,00	58 950,00	1 297 820,00	1 297 820,00
	Unternehmensergebnis: 215 330,00 EUR		Ergebnis aus unternehmensbezogener Abgrenzung: 33 150,00 EUR		Ergebnis aus kosten- und leistungsrechnerischen Korrekturen: 48 080,00 EUR		Betriebsergebnis: 134 100,00 EUR	

Unternehmensergebnis	215 330,00 EUR
– Ergebnis aus unternehmensbezogener Abgrenzung	33 150,00 EUR
Zwischensumme	182 180,00 EUR
– Ergebnis aus kosten- u. leistungsrech. Korrekturen	48 080,00 EUR
= Betriebsergebnis	134 100,00 EUR

Übungsaufgabe

125 1. Die Geschäftsbuchführung eines Industriebetriebs weist folgende Quartalszahlen aus:

Konten	Beträge
Umsatzerlöse für Erzeugnisse und Leistungen	1 500 700,00 EUR
Provisionserträge	15 500,00 EUR
Andere periodenfremde Erträge	8 500,00 EUR
Erträge aus Beteiligungen	28 000,00 EUR
Zinserträge	5 100,00 EUR
Aufwendungen für Rohstoffe	767 900,00 EUR
Instandhaltung und Reparaturen	31 500,00 EUR
Löhne, Gehälter	288 770,00 EUR
Abschreibungen auf Sachanlagen	52 430,00 EUR
Leasing	28 910,00 EUR
Büromaterial	48 700,00 EUR
Versicherungsbeiträge	18 800,00 EUR
Abschreibungen a. Finanzanl. u. a. Wertpap. d. Umlaufvermögens	24 600,00 EUR
Zinsaufwendungen	12 870,00 EUR
Gewerbesteuer	32 850,00 EUR
Steuernachzahlungen	1 900,00 EUR

I. Angaben für die Kosten- und Leistungsrechnung

1. In den Löhnen ist eine Lohnnachzahlung in Höhe von 28 980,00 EUR enthalten.
2. Kalkulatorische Abschreibungen auf Sachanlagen 41 800,00 EUR
3. In dem Betrag für die Gewerbesteuer ist eine Steuernachzahlung in Höhe von 28 000,00 EUR enthalten.
4. Kalkulatorischer Unternehmerlohn 34 000,00 EUR

II. Aufgabe:

Ermitteln Sie mit Hilfe einer Abgrenzungstabelle das Unternehmensergebnis, die Abgrenzungsergebnisse und das Betriebsergebnis!

2. Die Geschäftsbuchführung eines Industriebetriebs weist folgende Quartalszahlen aus:

Konten	Beträge
Umsatzerlöse für Erzeugnisse und Leistungen	841 200,00 EUR
Erträge aus Vermietung und Verpachtung	27 300,00 EUR
Erträge a. d. Abg. v. Gegenständen des Sachanlagevermögens	14 900,00 EUR
Erträge aus anderen Finanzanlagen	21 750,00 EUR
Diskonterträge	4 800,00 EUR
Aufwendungen für Rohstoffe	391 850,00 EUR
Frachten und Fremdlager	22 400,00 EUR
Löhne, Gehälter	223 180,00 EUR
Abschreibungen auf Sachanlagen	19 540,00 EUR
Kosten des Geldverkehrs	4 700,00 EUR
Büromaterial	21 890,00 EUR
Versicherungsbeiträge	17 400,00 EUR
Verbrauchsteuern	8 890,00 EUR
Abschreibungen a. Finanzanl. u. a. Wertpap. d. Umlaufvermögens	7 380,00 EUR
Zinsaufwendungen	12 100,00 EUR

I. Angaben für die Kosten- und Leistungsrechnung

1. Die Aufwendungen für Rohstoffe werden in der KLR mit festen Verrechnungspreisen* erfasst: 370 500,00 EUR
2. Kalkulatorische Abschreibungen auf Sachanlagen 18 700,00 EUR
3. In den Kosten für Büromaterial ist eine Rechnung aus der vergangenen Rechnungsperiode in Höhe von 1 500,00 EUR enthalten.
4. In den Verbrauchsteuern ist eine Nachzahlung in Höhe von 2 000,00 EUR enthalten.
5. Kalkulatorischer Unternehmerlohn 28 700,00 EUR

II. Aufgabe:

Ermitteln Sie mit Hilfe einer Abgrenzungstabelle das Unternehmensergebnis, die Abgrenzungsergebnisse und das Betriebsergebnis!

* **Anmerkung:** Um Schwankungen in der Kalkulation, die sich durch mehr oder weniger zufallsabhängige Preisschwankungen im Einkauf ergeben, zu vermeiden, verwenden Industriebetriebe in der Kosten- und Leistungsrechnung auch feste Verrechnungspreise für die Werkstoffe. Diese werden nur dann verändert, wenn sich die Marktpreise entscheidend nach oben oder unten verändern.

3 Systeme der Kosten- und Leistungsrechnung

Die Kostenrechnung bedient sich, je nach angestrebtem Ziel, verschiedener **Abrechnungssysteme**, die sich aus den folgenden Unterscheidungsmerkmalen ergeben.

(1) Gliederung der Kostenrechnung nach der Art der Kostenverrechnung auf die Kostenträger

■ Vollkostenrechnung

Ziel der Vollkostenrechnung ist es, alle innerhalb einer Abrechnungsperiode angefallenen **Kosten** den Kostenträgern zuzurechnen. Es wird angestrebt, die Kosten über einen zumindest kostendeckenden Verkaufspreis wieder zu erwirtschaften.

■ Teilkostenrechnung (Deckungsbeitragsrechnung)

Die Teilkostenrechnung geht vom erzielbaren Marktpreis aus und zieht hiervon zunächst die Kosten ab, die direkt mit der Beschaffung und dem Absatz zusammenhängen (variable Kosten). Ein verbleibender Ertragsüberschuss (Deckungsbeitrag) dient dann dazu, die Kosten, die unabhängig von einem einzelnen Auftrag anfallen (fixe Kosten), abzudecken.

■ Prozesskostenrechnung

Die Prozesskostenrechnung basiert auf der Überlegung, dass Tätigkeiten (Aktivitäten) Gemeinkosten verursachen. Zusammengehörende Tätigkeiten werden zu Prozessen zusammengefasst. Um die Prozesse organisatorisch erfassen zu können, gehen große Unternehmen vermehrt dazu über, ihre funktionsorientierte (aufgabenorientierte) Unternehmensorganisation auf eine prozessorientierte Organisation umzustellen.[1] Die Folge

1 Vgl. hierzu Lernfeld 1, Kapitel 2.3, S. 32 ff.

hieraus ist, dass die Gemeinkosten den betrieblichen Prozessen zugerechnet werden müssen. Dies erfordert eine besondere Form der Kostenrechnung, die Prozesskostenrechnung.

(2) Gliederung der Kostenrechnung nach der zeitlichen Erfassung und Bewertung der Kosten

■ Istkostenrechnung

Die Istkostenrechnung erfasst die tatsächlichen Kosten einer Rechnungsperiode. Sie eignet sich für die **Nachkalkulation**. Eine Nachkalkulation dient folgenden Zwecken:

- genaue Erfassung der tatsächlich entstandenen Kosten,
- Kontrolle der Kosten durch Analyse der Abweichungen zwischen Vor- und Nachkalkulation,
- eventuelle Korrektur der Grundlagen für die Vorkalkulation.

■ Normalkostenrechnung

Bei der Normalkostenrechnung werden die Gemeinkosten mit Hilfe von Normalzuschlagssätzen, die aus den Istzuschlagssätzen vergangener Rechnungsperioden berechnet werden, erfasst. Die Normalkostenrechnung eignet sich für die **Angebotskalkulation (Vorkalkulation)**.

4 Vollkostenrechnung

4.1 Teilbereiche der Kostenrechnung

Um den vielfältigen Aufgaben gerecht zu werden, muss die Kostenrechnung im Wesentlichen drei Grundfragen beantworten, wofür jeweils unterschiedliche Teilbereiche der Kostenrechnung zuständig sind.

(1) Welche Kosten sind angefallen?

Diese Frage betrifft die systematische Erfassung aller Kosten, die bei der Erstellung und Verwertung betrieblicher Leistungen (Kostenträger) entstehen.

Diese Frage betrifft den Teilbereich der **Kostenartenrechnung** (Kapitel 4.2).

(2) Wo (an welchen Stellen im Betrieb) sind die Kosten angefallen?

Die Beantwortung dieser Frage fällt in den Bereich der **Kostenstellenrechnung** (Kapitel 4.3).

(3) Wer hat die Kosten zu tragen?

Bei dieser Frage geht es im Wesentlichen um das Problem der verursachungsgerechten Zurechnung der entstandenen Kosten auf die Kostenträger (Erzeugnisse bzw. Erzeugnisgruppen).

Diese Frage betrifft den Teilbereich der **Kostenträgerrechnung** (Kapitel 4.4).

4.2 Kostenartenrechnung

Die Kostenartenrechnung ist die erste Stufe der Kostenrechnung, auf der die beiden übrigen Teilbereiche der Kostenrechnung aufbauen. Ihr kommt die Aufgabe zu, alle Kosten einer Abrechnungsperiode nach Arten eindeutig, periodengerecht und vollständig zu erfassen.

Die Erfassung der Kosten kann nach einer Vielzahl von Gesichtspunkten vorgenommen werden. Im Folgenden beschränken wir uns auf drei Erfassungskriterien.

4.2.1 Gliederung der Kosten unter dem Gesichtspunkt der Zurechenbarkeit auf Kostenträger

In diesem Fall erfolgt die Aufgliederung der Kosten danach, ob sie den einzelnen Erzeugnissen (Handelswaren) bzw. Erzeugnisgruppen (Handelswarengruppen) **unmittelbar** zugerechnet werden können oder nicht. Wir unterscheiden demnach:

(1) Einzelkosten (direkte Kosten)

Alle Kostenarten, die den Erzeugnissen bzw. Handelswaren **direkt** zugerechnet werden können, bezeichnet man als **Einzelkosten (direkte Kosten).**

Beispiele:

Aufwendungen für Rohstoffe, Fertigungslöhne, Verpackungs-, Transportkosten, Zölle, Versicherungskosten, soweit sie einzeln erfassbar sind. Daneben sind zu unterscheiden:

- **Sondereinzelkosten der Fertigung:** Das sind Kosten für Sonderfertigungen oder zusätzliche Sonderwünsche der Besteller. Ferner zählen hierzu sonstige auftrags- oder serienweise erfassbare Kosten z. B. für Spezialwerkzeuge, Modelle, Stücklizenzgebühren usw.
- **Sondereinzelkosten des Vertriebs:** Das sind insbesondere Vertreterprovisionen, Spezialverpackungen, besondere Transportkosten.

Die Möglichkeit einer direkten Zurechnung setzt natürlich ein entsprechendes Organisationssystem voraus, bei dem die Zuordnung problemlos vorgenommen werden kann. So müsste z. B. auf den Belegen der entsprechende Kostenträger vermerkt werden.

(2) Gemeinkosten (indirekte Kosten)

Kosten, die gemeinsam für alle Kostenträger angefallen sind und daher auch **nicht unmittelbar** einem **einzelnen Kostenträger** zugerechnet werden können, bezeichnet man als **Gemeinkosten.**

Beispiele:

Gehälter, soziale Abgaben des Arbeitgebers, Mieten, betriebliche Steuern, Energiekosten, Werbe- und Reisekosten, Abschreibungen, Verbrauch von Betriebsstoffen, Verbrauchswerkzeuge, Instandhaltung.

Merke:

- Die **Einzelkosten** können den Erzeugnissen (Waren) direkt zugeordnet werden.
- **Gemeinkosten** fallen für alle Verkaufserzeugnisse gemeinsam an. Sie können daher nur indirekt den einzelnen Erzeugnissen zugerechnet werden.

Übungsaufgabe

126 1. 1.1 Beschreiben Sie mit eigenen Worten die Aufgaben der Kostenartenrechnung!

1.2 Nach welchem Kriterium erfolgt die Aufgliederung der Kosten in Einzel- und Gemeinkosten?

1.3 Beschreiben Sie mit eigenen Worten die Begriffe Einzel- und Gemeinkosten!

1.4 Warum versuchen die Unternehmen möglichst viele Kostenarten als Einzelkosten zu erfassen?

1.5 Ordnen Sie die folgenden Kostenarten den Einzelkosten bzw. Gemeinkosten zu!

- Miete für den Ausstellungsraum
- Aufwendungen für Handelswaren
- Gewerbesteuer
- freiwillige soziale Aufwendungen
- Gehälter
- Aufwendungen für Rohstoffe
- Abschreibungen auf Sachanlagen
- Werbeanzeigekosten für ein Sonderangebot
- Zustellentgelt für Warenlieferungen an einen Kunden
- Provisionsaufwendungen
- Aufwendungen für Betriebsstoffe
- kalkulatorische Abschreibungen

2. Erklären Sie an zwei Beispielen den Unterschied zwischen Einzel- und Gemeinkosten!

3. Für die Reparatur eines Elektromotors rechnet das Unternehmen mit folgenden Kosten: Materialkosten 140,20 EUR, Lohnkosten 77,50 EUR. Die angefallenen Gemeinkosten werden pauschal mit 80 % auf die Summe aus Material- und Lohnkosten aufgeschlagen. Für die Rücksendung des Elektromotors fallen Frachtkosten in Höhe von 19,70 EUR an. Die Reparatur wird zum Selbstkostenpreis ausgeführt.

Aufgaben:

3.1 Welchen Reparaturpreis stellt das Unternehmen seinem Kunden in Rechnung?

3.2 Berechnen Sie den Reparaturpreis, wenn das Unternehmen einen Gewinn von 12 % erwirtschaften möchte!

4.2.2 Gliederung der Kosten nach ihrem Verhalten bei Beschäftigungsänderungen

(1) Normalbeschäftigung und Beschäftigungsgrad

Jedes Unternehmen ist bezüglich seiner räumlichen, technischen und personellen Ausstattung auf eine bestimmte Leistungsmenge festgelegt. Diese Leistungsmenge je Zeiteinheit (Tag, Monat, Jahr) nennt man **Normalbeschäftigung (Kapazität)**. Von der Normalbeschäftigung ist die tatsächliche Beschäftigung zu unterscheiden, die man in einem Prozentsatz zur normalen Beschäftigung angibt. Diesen Prozentsatz nennt man **Beschäftigungsgrad (Kapazitätsausnutzungsgrad)**.

Merke:

- Unter der **Normalbeschäftigung** (Kapazität) versteht man die Beschäftigung, die unter normalen Verhältnissen bei gegebener Ausstattung erreichbar ist. Sie beträgt 100 %.

- Der **Beschäftigungsgrad** (Kapazitätsausnutzungsgrad) drückt das prozentuale Verhältnis der tatsächlichen Beschäftigung zur Normalbeschäftigung aus.

$$\text{Beschäftigungsgrad} = \frac{\text{tatsächliche Beschäftigung} \cdot 100}{\text{Normalbeschäftigung}}$$

Beispiel:

Die mögliche Leistungsmenge pro Monat soll 8 000 Stück eines Erzeugnisses betragen. Im Monat Mai betrug die Zahl der tatsächlich hergestellten Menge (erbrachte Leistung) 6 000 Stück.

Aufgabe: Wie viel Prozent beträgt der Beschäftigungsgrad?

Lösung: $\text{Beschäftigungsgrad} = \frac{6000 \cdot 100}{8000} = \underline{\underline{75\,\%}}$

(2) Abhängigkeit der Kosten von der Beschäftigung

Betrachtet man die **Kosten in ihrer Abhängigkeit zur Beschäftigung**, so stellt man fest, dass sich die Kosten unterschiedlich verhalten. Dieses Verhalten stellt sich jeweils anders dar, ob man die **Gesamtkosten** betrachtet, die innerhalb einer bestimmten Zeit (Monat, Jahr) angefallen sind, oder ob man die Kosten betrachtet, die auf eine einzelne Verkaufseinheit entfallen **(Stückkosten).**

Verhalten der Gesamtkosten

Betrachtet man die Gesamtkosten einer Geschäftsperiode, so stellt man fest, dass sich ein Teil der Kosten bei einer Veränderung der Beschäftigung nicht verändert, andere Kosten sich jedoch verändern. Wir müssen daher zwei Arten von Kosten unterscheiden, und zwar die fixen Kosten und die variablen Kosten.

Verhalten der fixen Kosten

Fixe Kosten sind die Kosten, die sich bei Veränderung der Beschäftigung **nicht verändern.** Diese Kosten fallen an, unabhängig davon, ob und wie viel Leistung das Unternehmen erstellt. Man nennt sie daher auch *Kosten der Betriebsbereitschaft.*[1]

Beispiele:

Raummiete, Gehälter der Angestellten, Löhne für die Überwachung des Betriebes, Abschreibungen, Versicherungsbeiträge, Grundsteuern.

Verhalten der variablen Kosten

Variable Kosten sind die Kosten, die sich bei Änderung des Beschäftigungsgrades **verändern.** Dabei kann die Kostenveränderung im gleichen Verhältnis wie die Beschäftigung *(proportional)*, in einem geringeren Verhältnis *(unterproportional, degressiv)* oder in einem stärkeren Verhältnis *(überproportional, progressiv)* erfolgen.

---

1 Allerdings sind die fixen Kosten keineswegs gegenüber *jeder* Beschäftigungsveränderung unveränderlich. Soll beispielsweise die Produktion so gesteigert werden, dass sie mit der vorhandenen technischen Ausstattung bzw. den eingestellten Arbeitskräften nicht mehr erhöht werden kann, müssen neue Maschinen gekauft, zusätzliche Arbeitskräfte eingestellt und/oder eine neue Fabrikhalle angemietet werden. In diesem Fall erhöhen sich die fixen Kosten sprunghaft. Die zusätzlich entstehenden Kosten nennt man **Sprungkosten.**

Beispiele:

Leistungsabhängige Löhne, Verbrauch von Werkstoffen und Verbrauch von Treibstoffen.

Wir nehmen der Einfachheit halber für unsere weiteren Überlegungen an, dass sich die variablen Kosten proportional zur Änderung der Beschäftigung verhalten.

Verhalten der Stückkosten

Verhalten der Fixkosten

Bezieht man die angefallenen Fixkosten einer Periode auf ein einzelnes Produkt, so ist festzuhalten, dass sich die auf ein Stück bezogenen Fixkosten in dem Maße verändern, wie sich die Beschäftigung (Leistungsmenge) verändert, und zwar in entgegengesetzter Richtung. Nimmt die Beschäftigung zu, nehmen die auf ein Stück bezogenen Fixkosten im gleichen Maße ab. Der Grund für dieses Verhalten ist darin zu sehen, dass sich bei einer Beschäftigungszunahme die Fixkosten auf eine größere Menge an Leistungseinheiten verteilen. Bei einem Rückgang der Beschäftigung ist es gerade umgekehrt.

$$\text{Fixkosten je Leistungseinheit} = \frac{\text{Fixkosten der Periode}}{\text{Summe der Leistungseinheiten}}$$

Beispiel:

Ein Industrieunternehmen hat eine Normalbeschäftigung von 15 000 Leistungseinheiten je Monat. Die Fixkosten pro Monat betragen 50 000,00 EUR.

Aufgaben:

Wie viel EUR betragen jeweils die Fixkosten je Stück

1. bei einer Leistung von 5 000 Einheiten,
2. bei einer Leistung von 10 000 Einheiten,
3. bei einer Leistung von 15 000 Einheiten?

Lösungen:

Zu 1.: $\frac{50\,000{,}00 \text{ EUR}}{5\,000 \text{ Stück}}$ = 10,00 EUR Fixkostenanteil je Stück

Zu 2.: $\frac{50\,000{,}00 \text{ EUR}}{10\,000 \text{ Stück}}$ = 5,00 EUR Fixkostenanteil je Stück

Zu 3.: $\frac{50\,000{,}00 \text{ EUR}}{15\,000 \text{ Stück}}$ = 3,33 EUR Fixkostenanteil je Stück

Verhalten der variablen (proportionalen) Kosten

Bezieht man die Summe der variablen Kosten einer Periode auf eine Leistungseinheit, dann muss bei einem angenommenen proportionalen Kostenverlauf und bei gleich bleibenden Preisen der Anteil, der auf eine Leistungseinheit entfällt, bei jeder Beschäftigungshöhe gleich sein.

$$\text{Variable Kosten je Leistungseinheit} = \frac{\text{Summe der variablen Kosten}}{\text{Summe der Leistungseinheiten}}$$

Beispiel:

Beim Verkauf von genormten Paletten fallen folgende Vertriebskosten an:

1. bei 5000 Stück Vertriebskosten in Höhe von 6000,00 EUR,
2. bei 10000 Stück Vertriebskosten in Höhe von 12000,00 EUR,
3. bei 15000 Stück Vertriebskosten in Höhe von 18000,00 EUR.

Aufgabe: Wie viel EUR betragen jeweils die Vertriebskosten je Stück?

Lösung:

Zu 1.: $\frac{6000{,}00 \text{ EUR}}{5000 \text{ Stück}} = 1{,}20$ EUR je Stück

Zu 2.: $\frac{12000{,}00 \text{ EUR}}{10000 \text{ Stück}} = 1{,}20$ EUR je Stück

Zu 3.: $\frac{18000{,}00 \text{ EUR}}{15000 \text{ Stück}} = 1{,}20$ EUR je Stück

Die Rechenbeispiele zeigen: Die fixen Kosten je Stück nehmen bei zunehmender Beschäftigung ab und bei abnehmender Beschäftigung zu. Die variablen Kosten je Stück bleiben (bei unterstelltem proportionalen Verlauf) konstant. Daraus folgt: Bei zunehmender Beschäftigung sinken die Stückkosten und bei abnehmender Beschäftigung steigen die Stückkosten an.

Merke:

Geht man von einem proportionalen Verlauf der variablen Kosten aus, dann gilt:

- Mit **zunehmendem Beschäftigungsgrad** (Steigerung der erzeugten Einheiten) nehmen die **Gesamtkosten je Einheit** ab. Grund: Degressionseffekt der fixen Kosten.
- Bei **abnehmendem Beschäftigungsgrad** (Rückgang der erzeugten Einheiten) nehmen die **Gesamtkosten je Einheit** zu. Grund: Die fixen Kosten verteilen sich auf weniger Einheiten und fallen daher je Einheit stärker ins Gewicht.

Übungsaufgabe

127 1. Welche der angeführten Kostenarten sind fixe Kosten?

Frachtkosten beim Verkauf von Erzeugnissen, linearer Abschreibungsbetrag für die Lagerausstattung, Bankzinsen für einen Kontokorrentkredit, Bezugskosten beim Einkauf von Betriebsstoffen, Miete für ein Großlager, Aufwendungen für Rohstoffe, Personalkosten, Vertreterprovision, Verpackungs- und Transportkosten.

2. Aus der Kostenrechnung eines Industrieunternehmens sind die folgenden typischen Kostenverläufe entnommen:

verkaufte Menge	Kostenverlauf			
	2.1.1	2.1.2	2.1.3	2.1.4
0	400	–	–	–
100	400	50	50	50
200	400	100	90	100
300	400	150	125	150
400	700	200	155	220
500	700	250	175	300
600	700	300	190	400

Aufgaben:

2.1 Erläutern Sie die angeführten Kostenverläufe! Nennen Sie zu jedem Kostenverlauf zwei praktische Beispiele!

2.2 Welchen Verlauf nehmen die beschriebenen Kostenarten je Stück?

25 Speth u.a. – ISBN 978-3-8120-0555-5

3. Die variablen Kosten für eine Erzeugnisgruppe betragen bei einem Absatz von 2 600 Stück 23 140,00 EUR. Die fixen Kosten der Erzeugnisgruppe betragen bis zu einem Umsatz von 2 800 Stück 8 500,00 EUR. Der Listenverkaufspreis beträgt je Stück 14,80 EUR. Der Verlauf der variablen Kosten ist proportional.

   Aufgaben:

   3.1 Wie viel EUR beträgt der Betriebsgewinn/Betriebsverlust bei einem Absatz von
      3.1.1 1 200 Stück bzw.
      3.1.2 2 500 Stück?

   3.2 Wie viel EUR betragen die jeweiligen Stückkosten?

4. Wie wirkt sich eine Änderung der Beschäftigung auf den Fixkostenanteil je Produkt aus?
   4.1 Steigt der Beschäftigungsgrad an, bleibt der Fixkostenanteil je Produkt konstant.
   4.2 Steigt der Beschäftigungsgrad an, steigt der Fixkostenanteil je Produkt.
   4.3 Eine Änderung des Beschäftigungsgrades wirkt sich nicht auf den Fixkostenanteil je Produkt aus.
   4.4 Fällt der Beschäftigungsgrad, steigt der Fixkostenanteil je Produkt an.
   4.5 Fällt der Beschäftigungsgrad, sinkt der Fixkostenanteil je Produkt.

   Aufgabe:

   Übertragen Sie die richtige(n) Aussage(n) in Ihr Hausheft!

4.2.3 Gliederung der Kosten unter dem Gesichtspunkt der zeitlichen Erfassung

(1) Istkosten

Istkosten sind die tatsächlich angefallenen Kosten einer Rechnungsperiode. Werden die Istkosten auf die in der gleichen Abrechnungsperiode hergestellten und abgesetzten Produkte (Kostenträger) weiterverrechnet, dann wirken sich alle Zufallsschwankungen, denen die Kosten unterliegen können (z. B. Preisschwankungen auf den Rohstoffmärkten, erhöhter Ausschuss, Großreparaturen, erhöhter Energieverbrauch, Überstunden usw.), auf die Preiskalkulation in dieser Rechnungsperiode aus. Istkosten können immer erst nach Abschluss einer Rechnungsperiode ermittelt werden.

(2) Normalkosten

Normalkosten beziehen sich auf die Gemeinkosten. Sie sind durchschnittliche Gemeinkosten, die aus Vergangenheitswerten (Istkosten) gebildet werden. Grundlage ist der normale (d. h. durchschnittliche) Verbrauch an Kostengütern. Die aus Istwerten der Vergangenheit gebildeten Durchschnittswerte enthalten auch die aus Fehlentscheidungen resultierenden Mehrwerte. Sie sind also ein Durchschnitt aus günstigen und ungünstigen Werten.

Übungsaufgabe

128 1. Definieren Sie die Begriffe Istkosten und Normalkosten mit eigenen Worten!

2. Die Verwendung der Istkosten eignet sich vor allem für die Nachkalkulation, die der Normalkosten dagegen für die Vorkalkulation.

   Aufgabe:

   Versuchen Sie diese richtige Aussage zu begründen!

4.3 Kostenstellenrechnung

4.3.1 Wesen und Aufgaben der Kostenstellenrechnung

Die Kostenstellenrechnung soll feststellen, an welchen Stellen im Betrieb die einzelnen Kostenarten entstanden sind. Nur wenn feststeht, wo die Kosten entstanden sind, ist eine wirksame Kontrolle der Kosten möglich. Eine wichtige Aufgabe der Kostenstellenrechnung besteht also in der Kontrolle der Wirtschaftlichkeit.

Darüber hinaus dient die Kostenstellenrechnung auch einer **verursachungsgerechten Weiterverrechnung der einzelnen Kosten auf die Kostenträger** (Erzeugnisse und Handelswaren sowie innerbetriebliche Leistungen). Dabei werden die angefallenen Kostenarten zunächst auf die gebildeten Kostenstellen verteilt, um sie anschließend auf die Kostenträger weiterzuverrechnen. Weil die Möglichkeiten einer verursachungsgerechten Zurechnung bei den einzelnen Kostenarten von sehr unterschiedlichem Schwierigkeitsgrad sind, bedarf es unter dem Gesichtspunkt der Kostenzurechnung der Aufteilung der Kosten in Einzelkosten und Gemeinkosten (siehe Seite 381).

Da die **Einzelkosten** bei der Zurechnung auf den Kostenträger keine Probleme bereiten und auch keiner besonderen Kontrolle bedürfen, geht es bei der Kostenstellenrechnung um die **Erfassung und Verteilung der Gemeinkosten.**

Ein großer Teil der **Gemeinkosten** kann dabei aufgrund der vorliegenden Belege, auf denen die Kostenstelle vermerkt ist, direkt auf die entsprechenden Kostenstellen verteilt werden **(Kostenstelleneinzelkosten)**. Der andere Teil wird indirekt mit Hilfe eines Umrechnungsschlüssels auf die Kostenstellen verteilt **(Kostenstellengemeinkosten)**. Die Verrechnung der Gemeinkosten auf die einzelnen Kostenträger erfolgt mit Hilfe der in den Kostenstellen ermittelten Zuschlagssätze.[1]

Merke:

Die Kostenstellenrechnung

- ermöglicht eine wirksame Kontrolle der in den einzelnen Teilbereichen des Betriebes angefallenen Kosten;
- bereitet durch die Ermittlung von Zuschlagssätzen eine angemessene Verrechnung der Gemeinkosten auf die Kostenträger vor.

4.3.2 Kriterien für die Bildung von Kostenstellen

Um die Gemeinkosten wirksam kontrollieren und auf die Kostenträger verteilen zu können, muss der Betrieb in entsprechende Teileinheiten (Abteilungen, Funktionsbereiche, Kostenbereiche), in denen Gemeinkosten anfallen, gegliedert werden. Je kleiner die Teileinheiten gebildet werden, desto genauer kann die Erfassung und Weiterverrechnung der Gemeinkosten sowie ihre Kontrolle durchgeführt werden. Insofern wäre die Ermittlung der Gemeinkosten je Arbeitsplatz die optimale Lösung für eine verursachungsgerechte Erfassung. Da aber jede Maßnahme auch dem Prinzip der Wirtschaftlichkeit entsprechen muss, würde der Aufwand den dabei erzielbaren Nutzen übersteigen. Daher orientiert man sich bei der Bildung von Kostenstellen zunächst an den Funktionsbereichen des Betriebes.

1 Vgl. hierzu S. 415ff.

Die **Leistungserstellung eines Industriebetriebes** vollzieht sich im Wesentlichen **in den folgenden Funktionsbereichen (Kostenbereichen):**

1. Materialbereich
2. Fertigungsbereich
3. Verwaltungsbereich
4. Vertriebsbereich

Jedem Funktionsbereich (Kostenbereich) können Teilbereiche zugeordnet werden. So zählen z. B. zum

Materialbereich →
- Einkauf
- Warenabnahme und -prüfung
- Materialverwaltung und Lagerung
- Materialausgabe

Entsprechend diesen **Funktionsbereichen** und ihren Untergliederungen können **Kostenstellenbereiche** und dazugehörige **Kostenstellen** gebildet werden.

Inwieweit Kostenstellenbereiche in Kostenstellen untergliedert werden, ist eine Frage der individuellen Betriebsstruktur und der Anforderung an die Genauigkeit der Zurechnung und Weiterverrechnung der Gemeinkosten sowie des Bedürfnisses nach Effektivität der Kontrolle in Verbindung mit der Beachtung des Prinzips der Wirtschaftlichkeit. Häufig genügt es, Kostenstellen **(Hauptkostenstellen)** entsprechend den **vier genannten Funktionsbereichen des Industriebetriebes zu bilden (einstufige Kostenstellenrechnung).**

Bei der Bildung der Kostenstellen ist darauf zu achten, dass sie räumlich, organisatorisch und verantwortungsmäßig abgegrenzte Teilbereiche des Betriebes darstellen.

Merke:

Eine **Kostenstelle** ist ein räumlich, organisatorisch und verantwortungsmäßig abgegrenzter Teilbereich eines Betriebes zur Erfassung der Gemeinkosten am Ort ihrer Entstehung.

Außer den **Hauptkostenstellen** (Endkostenstellen) können so genannte **Hilfskostenstellen**[1] (auch **Vorkostenstellen** genannt) gebildet werden. Vorkostenstellen bzw. Hilfskostenstellen sind Kostenstellen, deren Kosten nicht über Kostenträger, sondern über die Hauptkostenstellen verrechnet werden **(mehrstufige Kostenstellenrechnung).**

Beispiel:

Eine Werkzeugfabrik hat u. a. die Kostenstelle „Fuhrpark“ eingerichtet. Diese Kostenstelle gibt Leistungen an andere Kostenstellen ab. Mit den Fahrzeugen werden z. B. die verkauften Erzeugnisse zu den jeweiligen Käufern transportiert (Kostenstelle „Vertrieb“), Roh-, Hilfs- und Betriebsstoffe zum Lager befördert (Kostenstelle „Material“), Geschäftsreisen für Verwaltungsangestellte durchgeführt (Kostenstelle „Verwaltung“) oder unfertige Erzeugnisse von der Schlosserei zur Montage befördert (Kostenstelle „Fertigung“).

1 Vgl. hierzu Kapitel 4.3.6, Seite 407 ff.

4.3.3 Durchführung der Kostenstellenrechnung mit Hilfe des Betriebsabrechnungsbogens (BAB)

4.3.3.1 Wesen und Aufbau des Betriebsabrechnungsbogens

Technisches Mittel für die ordnungsmäßige Erfassung der angefallenen Gemeinkosten und ihre Verrechnung auf die Kostenstellen und die Kostenträger ist der Betriebsabrechnungsbogen. Es handelt sich dabei um eine **tabellarische Darstellung** der Kostenstellenrechnung.

Merke:

Der **Betriebsabrechnungsbogen (BAB)** ist eine tabellarische Form der Kostenstellenrechnung.

Der **Betriebsabrechnungsbogen** hat folgende Grundstruktur:

Auf der rechten Hälfte werden horizontal die einzelnen Kostenstellen angeordnet. Auf der linken Seite werden vertikal die von der Kostenartenrechnung übernommenen **Gemeinkosten** zeilenweise aufgelistet. Obwohl sich die Gliederung der Kostenarten in der Kostenstellenrechnung grundsätzlich an den Vorgaben der Kostenartenrechnung orientiert, kann es sinnvoll sein, in der Kostenstellenrechnung bestimmte Gemeinkostenarten zusammenzufassen. Bei der Verteilung der so gegliederten Kostenarten auf die Kostenstellen wird in einer Zwischenspalte ein Hinweis darauf gegeben, auf welcher Grundlage die Verteilung der jeweiligen Gemeinkostenart auf die verschiedenen Kostenstellen erfolgen soll. Man spricht daher auch von Verteilungsgrundlage bzw. von Verteilungsschlüssel.

Wir kommen daher zu folgender **Grundstruktur eines Betriebsabrechnungsbogens:**

Gemein-kostenarten	EUR	Verteilungs-grundlage	Kostenstellen			
			Material	Fertigung	Verwaltung	Vertrieb

4.3.3.2 Problem der Verteilung der Gemeinkosten auf die Kostenstellen – Stelleneinzelkosten und Stellengemeinkosten

In der verursachungsgerechten Verteilung der angefallenen Gemeinkosten auf die einzelnen Kostenstellen liegt das eigentliche Problem der Kostenstellenrechnung. Damit ist indirekt auch die sachgerechte Weiterverrechnung der Gemeinkosten auf die Kostenträger verbunden.

Hinsichtlich der **Verteilung der Gemeinkosten auf die Kostenstellen** ist von zwei verschiedenen Möglichkeiten auszugehen:

(1) Direkte Verrechnung (Stelleneinzelkosten)

Es gibt Gemeinkosten, die einen direkten Bezug zu den einzelnen Kostenstellen haben und sich daher auch direkt auf die einzelnen Kostenstellen verrechnen lassen. Man nennt sie auch **Stelleneinzelkosten**. Sind z. B. in den einzelnen Kostenstellen Stromzähler angebracht, so kann der in der Kostenstelle verbrauchte Strom direkt dieser Kostenstelle zugerechnet werden. Oder: Wenn Mitarbeiter nur in einer bestimmten Kostenstelle beschäftigt sind, können die dafür angefallenen Kosten direkt dieser Kostenstelle zugeordnet werden.

Organisatorisch erfolgt das in der Weise, dass auf den entsprechenden Belegen (Stromrechnung, Lohn- oder Gehaltsliste) die entsprechende Kostenstelle angegeben wird, für die die Kosten angefallen sind.

(2) Indirekte Verrechnung bzw. Umlageverrechnung (Stellengemeinkosten)

Bei einem großen Teil der Gemeinkosten wird eine direkte Verrechnung nicht möglich sein. Dann bleibt nur noch die Möglichkeit, die angefallenen Kosten mit Hilfe eines Verteilungsschlüssels auf die einzelnen Kostenstellen umzulegen. Dabei hängt die verursachungsgerechte Verteilung von der Wahl eines verursachungsgerechten Verteilungsschlüssels ab. Der Verteilungsschlüssel sollte so gewählt werden, dass ein hohes Maß an Abhängigkeit zwischen dem Verteilungsschlüssel und den zu verrechnenden Kosten besteht. Im Idealfall ist die Abhängigkeit proportional. So lassen sich z. B. die angefallenen Heizungskosten nach der Größe der je Kostenstelle beanspruchten Räume (Kubikmeter der beheizten Räume) verteilen, die freiwilligen sozialen Aufwendungen nach der Anzahl der in der Kostenstelle beschäftigten Personen und die Abschreibungen nach dem Wert der in der Kostenstelle benutzten Anlagen.

Merke:

- Der **BAB** ist ein abrechnungstechnisches Hilfsmittel für die Verteilung der **Gemeinkosten** auf die einzelnen Kostenstellen.
- Die **Verteilung der Gemeinkosten** erfolgt entweder
  - direkt aufgrund der einer Kostenstelle zurechenbaren Belege **(direkte Gemeinkosten; Stelleneinzelkosten)** oder
  - indirekt über Verteilungsschlüssel **(indirekte Gemeinkosten; Stellengemeinkosten).**
- Der **BAB baut auf der Kostenartenrechnung** auf.

Übungsaufgabe

129 1. Nennen Sie die wichtigsten Aufgaben der Kostenstellenrechnung!

2. Erläutern Sie den Begriff Kostenstelle!
3. Zeigen Sie den Unterschied zwischen den Begriffen Kostenbereich und Kostenstelle an einem Beispiel auf!
4. Nennen Sie Kriterien, die Sie bei der Bildung von Kostenstellen beachten sollten!
5. Beschreiben Sie die Grundstruktur eines Betriebsabrechnungsbogens!
6. Welche Arten von Gemeinkosten lassen sich hinsichtlich der Problematik ihrer Verteilung unterscheiden?
7. Nennen Sie beispielhaft einige Gemeinkosten und geben Sie dafür die mögliche Verteilungsgrundlage an!
8. Welcher Grundsatz muss bei der Wahl eines Verteilungsschlüssels beachtet werden?

4.3.4 Aufstellung eines einstufigen Betriebsabrechnungsbogens

4.3.4.1 Problem der Wahl der Zuschlagsgrundlagen (Bezugsgrößen)

Die Festlegung der verursachungsgerechten Zuschlagsgrundlagen ist maßgebend für die richtige Verrechnung der angefallenen Gemeinkosten auf die Kostenträger. Um Preisschwankungen bei den Zuschlagsgrundlagen auszuschalten, sind Mengen- und Zeitgrößen (Stück, Kilogramm, Arbeitsstunden, Maschinenstunden) grundsätzlich den Wertgrößen vorzuziehen. Da die Ermittlung von exakten Mengen- und Zeitgrößen häufig jedoch mit großen Schwierigkeiten verbunden oder auch gar nicht möglich ist, greift man in der Praxis im Allgemeinen auf Wertgrößen zurück.

So ist es z. B. in der Praxis üblich, die **Materialgemeinkosten** entsprechend den **Materialeinzelkosten** (Fertigungsmaterial, z.B. Rohstoffverbrauch), die **Fertigungsgemeinkosten** entsprechend den **Fertigungslohnkosten** auf die einzelnen Kostenträger zu verrechnen. Dabei werden die jeweiligen Gemeinkosten in Prozenten zu den gewählten Bezugsgrundlagen (Zuschlagsgrundlagen) ausgedrückt und mit diesen Prozentsätzen (Zuschlagssätzen) werden die einzelnen Gemeinkostenarten bei der Kalkulation erfasst.

Während zwischen Materialgemeinkosten und Materialeinzelkosten sowie zwischen Fertigungsgemeinkosten und Fertigungslöhnen ein gewisses Maß an Abhängigkeit unterstellt werden kann, ist die Wahl der Zuschlagsbasis für die **Verwaltungs- und Vertriebsgemeinkosten** wesentlich problematischer. In Ermangelung geeigneter Bezugsgrößen wählt man für diese Gemeinkosten als gemeinsame Zuschlagsgrundlage die **Herstellkosten.** Je nachdem, ob die Bestandsveränderungen an unfertigen und fertigen Erzeugnissen einbezogen werden, kann zwischen den **Herstellkosten der Rechnungsperiode (ohne Berücksichtigung der Bestandsveränderungen)** und den **Herstellkosten des Umsatzes (mit Berücksichtigung der Bestandsveränderungen)** unterschieden werden.

4.3.4.2 Ermittlung der Gemeinkostenzuschlagssätze auf der Grundlage der Istkosten ohne Berücksichtigung der Bestandsveränderungen

Beispiel:

Die Kostenartenrechnung eines Industriebetriebes weist für den Monat Januar folgende Kosten aus:

Verbrauch von Fertigungsmaterial	85 000,00 EUR	Sozialkosten	1 300,00 EUR
Hilfsstoffkosten	6 000,00 EUR	Instandhaltung	11 500,00 EUR
Betriebsstoffkosten	4 000,00 EUR	Betriebssteuern	2 500,00 EUR
Fertigungslöhne	56 600,00 EUR	Kalk. Abschreibungen	12 000,00 EUR
Gehälter	9 000,00 EUR	Energiekosten	3 000,00 EUR
		Sonstige Kosten	4 800,00 EUR

Bezugsgrößen für die Gemeinkosten:

- Die Materialgemeinkosten sind auf den Verbrauch von Fertigungsmaterial zu beziehen.
- Die Fertigungsgemeinkosten sind auf die Fertigungslöhne zu beziehen.
- Die Verwaltungs- und Vertriebsgemeinkosten werden auf die Herstellkosten der Rechnungsperiode bezogen.

Für die Erstellung des BAB ist folgender Verteilungsschlüssel zu verwenden:

Gemeinkostenarten[1]	I. Material	II. Fertigung	III. Verwaltung	IV. Vertrieb
Hilfsstoffkosten lt. Entnahmescheinen	1800,00	3000,00	-	1200,00
Betriebsstoffkosten lt. Entnahmesch.	900,00	2300,00	100,00	700,00
Gehälter lt. Gehaltsliste	400,00	1000,00	5400,00	2200,00
Sozialkosten	1	2	7	3
Instandhaltung lt. Arbeitsstunden	20	84	2	9
Betriebssteuern	-	4	1	-
Kalk. Abschreibungen	1	7	3	1
Energiekosten lt. kWh	4000	40000	10000	6000
Sonstige Kosten lt. Belegen	1	6	2	3

Aufgaben:

1. Verteilen Sie aufgrund der angegebenen Verteilungsschlüssel die Gemeinkosten auf die einzelnen Kostenstellen!
2. Ermitteln Sie für jede Kostenstelle die Zuschlagssätze für die Gemeinkosten!
3. Ermitteln Sie die Selbstkosten der Rechnungsperiode (Monat: Januar)!

Lösungen:

Zu 1. Verteilung der Gemeinkosten mit Hilfe des Betriebsabrechnungsbogen (BAB):

Gemeinkostenarten	Zahlen der KLR	Verteilungs-schlüssel	Kostenstellen I Material	II Fertigung	III Verwaltung	IV Vertrieb
Hilfsstoffkosten	6000,00	Entnahmescheine	1800,00	3000,00	-	1200,00
Betriebsstoffkosten	4000,00	Entnahmescheine	900,00	2300,00	100,00	700,00
Gehälter	9000,00	Gehaltsliste	400,00	1000,00	5400,00	2200,00
Sozialkosten	1300,00	1 : 2 : 7 : 3	100,00	200,00	700,00	300,00
Instandhaltung	11500,00	Arbeitsstunden	2000,00	8400,00	200,00	900,00
Betriebssteuern	2500,00	0 : 4 : 1 : 0	-	2000,00	500,00	-
Kalk. Abschreibungen	12000,00	1 : 7 : 3 : 1	1000,00	7000,00	3000,00	1000,00
Energiekosten	3000,00	Kilowatt-Std.	200,00	2000,00	500,00	300,00
Sonst. Kosten	4800,00	1 : 6 : 2 : 3	400,00	2400,00	800,00	1200,00
Summe der Gemeinkosten	54100,00	aufge-schlüsselt	6800,00	28300,00	11200,00	7800,00
	Zuschlagsgrundlagen:					
	Verbrauch v. Fert.-Mat.		85000,00			
	Fertigungslöhne			56600,00		
	Herstellkosten der Rechnungsperiode				176700,00	176700,00
	Zuschlagssätze[2]		8%	50%	6,34%	4,41%

1 Die Namen der Kostenarten müssen nicht identisch sein mit den Kontennamen der Geschäftsbuchführung. In den folgenden Beispielen werden aus Vereinfachungsgründen häufig verschiedene Gemeinkostenarten zusammengefasst.

2 Mit diesen Zuschlagssätzen werden im Rahmen der Kalkulation die verschiedenen Gemeinkosten anteilmäßig erfasst.

Zu 2. **Ermittlung der Zuschlagssätze:**

▪ Zuschlagssatz für die Materialgemeinkosten

Mit gewisser Berechtigung wird unterstellt, dass die Materialgemeinkosten (MGK) vom Verbrauch der Materialeinzelkosten (Verbrauch von Fertigungsmaterial) abhängen. Daher werden die MGK für ihre Verrechnung auf die Kostenträger in Prozenten zum Verbrauch von Fertigungsmaterial angegeben.

Verbrauch von Fertigungsmaterial	85 000,00 EUR	≙	100 %
MGK	6 800,00 EUR	≙	x %

$$x = \frac{100 \cdot 6\,800}{85\,000} = \underline{\underline{8\,\%}}$$

$$\text{MGK-Zuschlagssatz} = \frac{100 \cdot \text{Materialgemeinkosten}}{\text{Verbrauch von Fertigungsmaterial}}$$

▪ Zuschlagssatz für die Fertigungsgemeinkosten

Die Fertigungsgemeinkosten werden auf die aufgewendeten Fertigungslöhne bezogen. Dabei wird unterstellt, dass die anfallenden Fertigungsgemeinkosten von der Höhe der aufgewendeten Fertigungslöhne abhängen. Dies ist in der Praxis nur bedingt der Fall, und zwar insbesondere dann nicht, wenn der Betrieb maschinenintensiv ist.

Fertigungslöhne	56 600,00 EUR	≙	100 %
FGK	28 300,00 EUR	≙	x %

$$x = \frac{100 \cdot 28\,300}{56\,600} = \underline{\underline{50\,\%}}$$

$$\text{FGK-Zuschlagssatz} = \frac{100 \cdot \text{Fertigungsgemeinkosten}}{\text{Fertigungslöhne}}$$

In maschinenintensiven Betrieben werden in der Praxis in aller Regel die maschinenabhängigen Kosten gesondert erfasst und dafür Maschinenstundensätze errechnet.[1]

▪ Zuschlagssatz für die Verwaltungsgemeinkosten

Bei der Höhe der Verwaltungs- und Vertriebsgemeinkosten wird eine Abhängigkeit von der Höhe der Herstellkosten der Rechnungsperiode (bzw. der Höhe der Herstellkosten des Umsatzes) unterstellt. Der Einfachheit halber beziehen wir zunächst beide Gemeinkostenarten auf die Herstellkosten der Rechnungsperiode.[2]

Berechnung der Herstellkosten der Rechnungsperiode

	Verbrauch von Fertigungsmaterial	85 000,00 EUR
+	MGK	6 800,00 EUR
+	Fertigungslöhne	56 600,00 EUR
+	FGK	28 300,00 EUR
	Herstellkosten der Rechnungsperiode	176 700,00 EUR

Herstellkosten der Rechnungsperiode	176 700,00 EUR	≙	100 %
VerwGK	11 200,00 EUR	≙	x %

$$x = \frac{100 \cdot 11\,200}{176\,700} = \underline{\underline{6{,}34\,\%}}$$

$$\text{VerwGK-Zuschlagssatz} = \frac{100 \cdot \text{Verwaltungsgemeinkosten}}{\text{Herstellkosten der Rechnungsperiode}}$$

1 Zur Kalkulation mit Maschinenstundensätzen vgl. S. 428 ff.

2 Auf die Berechnung der Herstellkosten unter Berücksichtigung von Bestandsveränderungen wird auf S. 397 eingegangen.

- **Zuschlagssatz für die Vertriebsgemeinkosten**

Herstellkosten der Rechnungsperiode	176 700,00 EUR	≙ 100 %
VertrGK	7 800,00 EUR	≙ x %

$$x = \frac{100 \cdot 7800}{176700} = \underline{\underline{4{,}41\,\%}}$$

$$\text{VertrGK-Zuschlagssatz} = \frac{100 \cdot \text{Vertriebsgemeinkosten}}{\text{Herstellkosten der Rechnungsperiode}}$$

Erläuterungen:

Verteilung der Gemeinkosten

Die Gemeinkosten werden der Kostenartenrechnung (Abgrenzungstabelle der KLR) entnommen und **direkt** aufgrund von Belegen Entnahmescheinen, Gehaltslisten, Stromzähler, Arbeitsstunden) oder **indirekt** aufgrund bestimmter Umrechnungsschlüssel, wobei der Einfachheit halber hier teilweise Verhältniszahlen angegeben wurden, auf die Kostenstellen verrechnet.

Berechnung der Zuschlagssätze

Um eine verursachungsgerechte Weiterverrechnung der Gemeinkosten auf die Kostenträger zu gewährleisten, wird die Summe der Gemeinkosten in jeder Kostenstelle in Prozenten zu einer Bezugsgröße (Zuschlagsgrundlage) ausgedrückt, von der angenommen werden kann, dass zwischen ihr und den Gemeinkosten eine Abhängigkeit besteht. Dieser Prozentsatz dient dann als Zuschlagssatz für die anteilige Erfassung der entsprechenden Gemeinkostenart im Rahmen der Kalkulation.

Zu 3. Ermittlung der Selbstkosten der Rechnungsperiode (Monat: Januar):

Aufgrund der Zahlenangaben des Beispiels ergeben sich die Selbstkosten der Rechnungsperiode durch folgende Berechnung (Kalkulationsschema ohne Berücksichtigung von Bestandsveränderungen der unfertigen und fertigen Erzeugnisse):

Verbrauch von Fertigungsmaterial	85 000,00 EUR	
+ 8 % Materialgemeinkosten	6 800,00 EUR	
Stoffkosten (Materialkosten)		91 800,00 EUR
Fertigungslöhne	56 600,00 EUR	
+ 50 % Fertigungsgemeinkosten	28 300,00 EUR	
Fertigungskosten		84 900,00 EUR
Herstellkosten der Rechnungsperiode		176 700,00 EUR
+ 6,34 % Verwaltungsgemeinkosten		11 202,78 EUR[1]
+ 4,41 % Vertriebsgemeinkosten		7 792,47 EUR[1]
Selbstkosten der Rechnungsperiode		195 695,25 EUR

1 Die Differenz zu den Kostenstellen III und IV im BAB (vgl. S. 393) ergibt sich aufgrund der Rundung der Zuschlagssätze!

Übungsaufgaben

130 1. Wie ist die Kostenstellenrechnung im Gesamtbereich der Kosten- und Leistungsrechnung eingeordnet?

2. Beschreiben Sie den rechnungstechnischen Ablauf der Kostenstellenrechnung!

3. Worauf ist bei der Einrichtung von Kostenstellen besonders zu achten?

4. Für die Zwecke der Betriebsabrechnung ist ein Industriebetrieb in vier Kostenstellen eingeteilt: Material, Fertigung, Verwaltung und Vertrieb.

   Aus den Zahlen der Kosten- und Leistungsrechnung ergeben sich folgende Gemeinkostenbeträge:

	TEUR
Hilfslöhne	500
Gehälter	1000
Gesetzlicher Sozialaufwand	500
Stromkosten	100
Raumkosten	300
Kalk. Abschreibungen auf Anlagen	500
Kalk. Zinsen auf Anlage- und Umlaufvermögen	900

Aufgaben:

4.1 Ermitteln Sie mit Hilfe eines Betriebsabrechnungsbogens die Gemeinkosten der vier Kostenstellen unter Verwendung der nachfolgend genannten Schlüssel:

	Material	Fertigung	Verwaltung	Vertrieb
Stromverbrauch im Verhältnis	2	6	1	1
Raumkosten nach Fläche in m^2	500	1500	600	400
Hilfslöhne	40 %	40 %	12 %	8 %
Gehälter	20 %	20 %	32 %	28 %
Gesetzlicher sozialer Aufwand nach der Zahl der Mitarbeiter	160	560	152	128
Anlagevermögen TEUR	1500	3000	300	200
Umlaufvermögen TEUR (Material- und Erzeugnisbestände)	3000	2000	4000	1000

4.2 Errechnen Sie die vier Zuschlagssätze (auf- bzw. abgerundet auf volle Prozentsätze)!

Zusatzangaben hierfür:		
	Verbrauch von Fertigungsmaterial	4850 TEUR
	Fertigungslöhne	1000 TEUR

131 Die Kostenartenrechnung eines Industriebetriebes weist für den Monat November folgende Kosten aus, die wie folgt aufzuteilen sind:

Gemeinkosten	Zahlen der KLR	Material	Fertigung	Verwaltung	Vertrieb
Hilfsstoffkosten	145 700,00	2 050,00	129 450,00	3 500,00	10 700,00
Betriebsstoffkosten	22 400,00	1 700,00	14 400,00	4 100,00	2 200,00
Gehälter	130 500,00	4 100,00	98 900,00	18 600,00	8 900,00
Sozialkosten					
Mieten, Pachten	84 200,00	650 m^2	2720 m^2	330 m^2	510 m^2
Büromaterial	91 100,00	3	2	11	4
Sonst. betr. Kosten	70 560,00	3	4	2	3
Kalk. Abschreibungen		2	8	4	1
Kalk. Wagnisse	45 800,00	2	4	2	2

Verbrauch von Fertigungsmaterial: 1 046 553,80 EUR
Fertigungslöhne: 560 702,50 EUR

Weitere Angaben

- Die Sozialkosten betragen jeweils 80 % der Gehaltssumme.
- Kalkulatorische Abschreibungen je Jahr:
  auf das Betriebsgebäude
  2 % von den Anschaffungskosten 3 100 000,00 EUR
  auf die Technischen Anlagen und Maschinen
  10 % vom Buchwert 1 690 600,00 EUR
  auf den Fuhrpark
  15 % vom Wiederbeschaffungswert 600 000,00 EUR

Aufgaben:

1. Erstellen Sie den Betriebsabrechnungsbogen!
2. Berechnen Sie den Zuschlagssatz je Kostenstelle für den Monat November!
3. Kalkulieren Sie die Selbstkosten der Rechnungsperiode!

132 1. Das Verursachungsprinzip ist ein wichtiges Prinzip bei der Verteilung der Gemeinkostenarten. Welche Art der Verteilung entspricht am ehesten dem Verursachungsprinzip?

1.1 Verteilung nach Zuschlagssätzen.
1.2 Verteilung nach zuvor festgelegten Prozentsätzen.
1.3 Verteilung aufgrund von Belegen.
1.4 Gleichmäßige Verteilung aller Gemeinkosten.

2. Welche Aufgabe erfüllt die Kostenstellenrechnung?

2.1 Sie ermittelt für jede Kostenstelle das Betriebsergebnis.
2.2 Sie gliedert die Aufwendungen auf in unternehmens- und betriebsbezogene Aufwendungen.
2.3 Sie ermittelt den Verkaufspreis für ein Produkt.
2.4 Sie erfasst für die einzelnen Betriebsabteilungen die Gemeinkosten.
2.5 Sie errechnet für jede Kostenstelle die angefallenen Aufwendungen.

Aufgabe:

Übertragen Sie jeweils die richtige(n) Aussage(n) in Ihr Hausheft!

4.3.4.3 Ermittlung der Gemeinkostenzuschlagssätze auf der Grundlage der Istkosten unter Berücksichtigung der Bestandsveränderungen

(1) Grundlegendes

Die Bestandsveränderungen an fertigen und unfertigen Erzeugnissen spielen eine Rolle bei der Beantwortung der Frage nach der angemessenen Bezugsgrundlage für die Ermittlung der Zuschlagssätze für die Verwaltungs- und für die Vertriebsgemeinkosten. Bisher haben wir die Bestandsveränderungen in diesen Zusammenhang nicht einbezogen. Das war deshalb nicht erforderlich, weil wir bei der Ermittlung der Zuschlagssätze für die Verwaltungs- und Vertriebsgemeinkosten jeweils von der gleichen Bezugsgrundlage, nämlich von den in der Rechnungsperiode angefallenen Herstellkosten, ausgegangen sind. Bezüglich der Verwaltungsgemeinkosten ist diese Bezugsgrundlage auch durchaus gerechtfertigt, weil man davon ausgehen kann, dass sich die **Verwaltungsgemeinkosten** in Abhängigkeit zu den **Herstellkosten der Rechnungsperiode** verändern.

In Bezug auf die Vertriebsgemeinkosten ist diese Beziehung jedoch nur bedingt vorhanden. Will man die Kalkulation genauer durchführen, müssen die **Vertriebsgemeinkosten** auf den Umsatz bezogen werden, genauer gesagt: auf die **Herstellkosten des Umsatzes.** Der Grund ist darin zu sehen, dass Vertriebskosten in der Regel nur für die verkauften Erzeugnisse anfallen. Das bedeutet die Einbeziehung der Bestandsveränderungen an fertigen und unfertigen Erzeugnissen.

Merke:

- Als **Bezugsgrundlage** für die Ermittlung des Zuschlagssatzes für die **Verwaltungsgemeinkosten** wählen wir die **Herstellkosten der Rechnungsperiode.**
- Als **Bezugsgrundlage** für die Ermittlung des Zuschlagssatzes für die **Vertriebsgemeinkosten** wählen wir die **Herstellkosten des Umsatzes (Herstellkosten der verkauften Erzeugnisse).**

(2) Berechnung der Herstellkosten des Umsatzes

Da die Einbeziehung von fertigen und unfertigen Erzeugnissen in der gleichen Weise erfolgt, gehen wir, weil das leichter vorstellbar ist, von fertigen Erzeugnissen aus.

Einbeziehung von Bestandsmehrungen an fertigen Erzeugnissen

Eine **Bestandsmehrung** an fertigen Erzeugnissen bedeutet, dass innerhalb der Geschäftsperiode mehr Produkte hergestellt als verkauft wurden. Ein Teil der Produkte wanderte in das Lager, wodurch sich der Lagerbestand erhöht hat. Um von den Herstellkosten der Rechnungsperiode zu den Herstellkosten des Umsatzes (Herstellkosten der verkauften Erzeugnisse) zu gelangen, müssen die Bestandsmehrungen von den Herstellkosten der Rechnungsperiode abgezogen werden:

	Herstellkosten der Rechnungsperiode
–	Bestandsmehrungen bei fertigen Erzeugnissen
=	Herstellkosten des Umsatzes (Herstellkosten der verkauften Erzeugnisse)

Einbeziehung von Bestandsminderungen an fertigen Erzeugnissen

Eine **Bestandsminderung** bedeutet, dass innerhalb der Geschäftsperiode mehr Güter verkauft wurden als hergestellt worden sind. Neben den in der Periode hergestellten Produkten wurden auch Lagerbestände verkauft. Dadurch vermindert sich der Lagerbestand. Um zu den Herstellkosten des Umsatzes zu gelangen, müssen die Bestandsminderungen zu den Herstellkosten der Rechnungsperiode hinzuaddiert werden.

	Herstellkosten der Rechnungsperiode
+	Bestandsminderungen bei fertigen Erzeugnissen
=	Herstellkosten des Umsatzes (Herstellkosten der verkauften Erzeugnisse)

Da sich die Bestandsveränderungen bei fertigen Erzeugnissen in unterschiedliche Richtungen bewegen können und die Bestandsveränderungen bei den unfertigen Erzeugnissen in der gleichen Weise einbezogen werden müssen, fassen wir die Berechnung der Herstellkosten des Umsatzes in folgendem Schema zusammen:

	Herstellkosten der Rechnungsperiode
–	Bestandsmehrungen
+	Bestandsminderungen
=	Herstellkosten des Umsatzes (Herstellkosten der verkauften Erzeugnisse)

Beispiel:

Die Kostenartenrechnung eines Industriebetriebs weist für das 1. Quartal folgende Daten aus:

Verbrauch von Fertigungsmaterial	256 000,00 EUR
Materialgemeinkosten	32 000,00 EUR
Fertigungslöhne	695 825,00 EUR
Fertigungsgemeinkosten	672 300,00 EUR
Verwaltungsgemeinkosten	77 000,00 EUR
Vertriebsgemeinkosten	64 800,00 EUR

Bestandsangaben:

	UE	FE
Anfangsbestände	175 000,00 EUR	214 000,00 EUR
Schlussbestände lt. Inventur	140 000,00 EUR	236 000,00 EUR

Aufgaben:

1. Berechnen Sie für jede Kostenstelle die Zuschlagssätze für die Gemeinkosten!
2. Ermitteln Sie die Selbstkosten des Umsatzes für das 1. Quartal!

Hinweise:

Die Materialgemeinkosten sind auf die Stoffkosten, die Fertigungsgemeinkosten auf die Fertigungslöhne, die Verwaltungsgemeinkosten auf die Herstellkosten der Rechnungsperiode und die Vertriebsgemeinkosten auf die Herstellkosten des Umsatzes zu beziehen.

Lösungen:

Zu 1. Berechnung der Zuschlagssätze:

Gemeinkosten insgesamt	Kostenstellen			
	Material	Fertigung	Verwaltung	Vertrieb
846 100,00	32 000,00	672 300,00	77 000,00	64 800,00
	256 000,00 (≙ 100 %)	695 825,00 (≙ 100 %)	1 656 125,00 (≙ 100 %)	1 669 125,00 (≙ 100 %)
	12,5 %	96,62 %	4,65 %	3,88 %

Zu 2. Berechnung der Selbstkosten des Umsatzes:

	Verbrauch v. Fertigungsmaterial	256 000,00 EUR
+	MGK	3200,00 EUR
+	Fertigungslöhne	695 825,00 EUR
+	FGK	672 300,00 EUR
	Herstellkosten der Rechnungsperiode	1 656 125,00 EUR
+	Bestandsminderung UE	35 000,00 EUR
–	Bestandsmehrung FE	22 000,00 EUR
	Herstellkosten des Umsatzes	1 669 125,00 EUR
+	Verwaltungsgemeinkosten	77 000,00 EUR
+	Vertriebsgemeinkosten	64 800,00 EUR
	Selbstkosten des Umsatzes	1 810 925,00 EUR

Übungsaufgabe

133 1. In einem Industriebetrieb werden der KLR bzw. der Buchführung folgende Zahlen entnommen: Verbrauch von Fertigungsmaterial 310 700,00 EUR, MGK 24 856,00 EUR, Fertigungslöhne 205 800,00 EUR, FGK 174 930,00 EUR, SEKF 22 900,00 EUR, VerwGK 81 310,46 EUR, VertrGK 48 047,09 EUR.

	fertige Erzeugnisse (FE)	unfertige Erzeugnisse (UE)
Anfangsbestand	175 600,00 EUR	25 800,00 EUR
Schlussbestand lt. Inventur	150 100,00 EUR	46 400,00 EUR

Bezugsgrundlagen: Die VerwGK sind auf die Herstellkosten der Rechnungsperiode und die VertrGK auf die Herstellkosten des Umsatzes zu beziehen.

Aufgabe:

Berechnen Sie die Zuschlagssätze für die Gemeinkosten!

2. Im BAB eines Industrieunternehmens wurden für die Kostenstellen folgende Gemeinkosten errechnet:

Material	Fertigung	Verwaltung	Vertrieb
25 625,00	671 646,00	247 202,10	156 094,67

Für den gleichen Zeitraum wurden außerdem folgende Daten ermittelt: Verbrauch von Fertigungsmaterial 205 000,00 EUR, Fertigungslöhne 471 000,00 EUR, Bestandsmehrung an fertigen Erzeugnissen 51 000,00 EUR, Bestandsminderung an unfertigen Erzeugnissen 35 000,00 EUR.

Bezugsgrundlagen: Die VerwGK sind auf die Herstellkosten der Rechnungsperiode und die VertrGK auf die Herstellkosten des Umsatzes zu beziehen.

Aufgabe:

Berechnen Sie die Zuschlagssätze für die Gemeinkosten!

3. In einem Industriebetrieb fallen folgende Gemeinkosten an, die wie folgt aufzuteilen sind:

Gemeinkostenart	Zahlen der KLR	Verteilungsschlüssel			
		Material	Fertigung	Verwaltung	Vertrieb
Hilfs- u. Betriebsstoffkosten	67 200,00	3	12	1	–
Energie	78 300,00	2	5	1	1
Hilfslöhne	23 800,00	3	4	–	–
Gehälter	91 200,00	1	2	7	2
Sozialkosten	43 510,00	4	6	7	2
Fremdreparaturen	24 150,00	1	5	1	–
Steuern	63 000,00	1	4	1	1
Kalkulatorische Kosten	88 200,00	2	8	3	1

Verbrauch von Fertigungsmaterial: 683 416,66 EUR; Fertigungslöhne 196 795,08 EUR

Bestände an fertigen und unfertigen Erzeugnissen:

	FE	UE
Anfangsbestand	58 600,00 EUR	18 800,00 EUR
Schlussbestand lt. Inventur	45 100,00 EUR	24 400,00 EUR

Bezugsgrundlagen: Die VerwGK sind auf die Herstellkosten der Rechnungsperiode und die VertrGK auf die Herstellkosten des Umsatzes zu beziehen.

Aufgaben:

3.1 Erstellen Sie den Betriebsabrechnungsbogen!

3.2 Berechnen Sie den Zuschlagssatz je Kostenstelle!

3.3 Erstellen Sie die Gesamtkalkulation für die Selbstkosten der verkauften Erzeugnisse!

4. Ein Industriebetrieb führt als Hilfsinstrument zur Kostenartenrechnung eine Ergebnistabelle. Außerdem wird einmal im Monat ein Betriebsabrechnungsbogen erstellt.

4.1 Ergänzen Sie die Ergebnistabelle auf Seite 401 um die noch fehlenden Beträge und ermitteln Sie das Betriebsergebnis!

4.2 Der Betriebsabrechnungsbogen enthält folgende Zahlen:

Verbrauch von Fertigungsmaterial	272 000,00 EUR
Materialgemeinkosten	35 360,00 EUR
Fertigungslöhne	167 080,00 EUR
Fertigungsgemeinkosten	222 836,00 EUR
Sondereinzelkosten der Fertigung	9 874,00 EUR
Bestandsmehrung an unfertigen Erzeugnissen	60 000,00 EUR
Bestandsminderung an fertigen Erzeugnissen	50 000,00 EUR
Verwaltungsgemeinkosten	70 715,00 EUR
Vertriebsgemeinkosten	55 772,00 EUR

Aufgaben:

4.2.1 Berechnen Sie die Gemeinkostenzuschlagssätze und beziehen Sie dabei die Materialgemeinkosten auf den Verbrauch von Fertigungsmaterial, die Fertigungsgemeinkosten auf die Fertigungslöhne, die Verwaltungsgemeinkosten auf die Herstellkosten der Rechnungsperiode und die Vertriebsgemeinkosten auf die Herstellkosten des Umsatzes!

4.2.2 Erstellen Sie die Gesamtkalkulation für die Selbstkosten der verkauften Erzeugnisse!

Rechnungskreis I			Rechnungskreis II					
Geschäftsbuchführung			Abgrenzungsbereich				Kosten- und Leistungsrechnung	
			unternehmensbezogene Abgrenzung		kostenrechnerische Korrekturen			
Kontobezeichnungen	Aufwendungen	Erträge	Aufwendungen	Erträge	Aufwendungen	Erträge	Kosten	Leistungen
Umsatzerlöse für Erzeug. u. Leist.		2 288 000,00						2 278 000,00
Erträge aus Vermiet. u. Verp.		22 000,00		22 000,00				
Erträge aus Beteiligungen		11 200,00		11 200,00				
Erträge aus anderen Finanzanlagen		32 000,00		32 000,00				
Zinserträge		18 000,00		18 000,00				
Erträge aus Wertpapieren des UV		4 000,00		4 000,00				
Aufwend. Rohstoffe	1 272 000,00							
Löhne	286 500,00						286 500,00	
Beiträge z. Berufsgenossenschaft	34 600,00						34 600,00	
Abschreibungen auf Sachanlagen	122 300,00				122 300,00		84 000,00	
Sonstige Personalaufwendungen	22 000,00						22 000,00	
Aufw.f.d.Inanspruchn.v.Recht.u.Dienst.	27 700,00						27 700,00	
Aufw. für Kommunikation	65 300,00						65 300,00	
Versicherungsbeiträge	30 500,00						30 500,00	
Betriebliche Steuern	56 800,00						56 800,00	
Abschr. auf Finanzanlagen	44 200,00		44 200,00					
Kalk. Unternehmerlohn						170 000,00		
Summen	1 961 900,00	2 375 200,00	44 200,00	87 200,00	122 300,00			
Salden, Ergebnisse	413 300,00		43 000,00		131 700,00			
	2 375 200,00	2 375 200,00	87 200,00	87 200,00	254 000,00			

26 Speth u. a. – ISBN 978-3-8120-0555-5

4.3.5 Ermittlung von Kostenüberdeckungen und Kostenunterdeckungen im Betriebsabrechnungsbogen

4.3.5.1 Ermittlung der Zuschlagssätze mit Ist- und Normalkosten

Der Betriebsabrechnungsbogen wird am Ende einer jeden Rechnungsperiode (Monat, Vierteljahr, Jahr) aus den tatsächlich angefallenen Zahlen der vergangenen Rechnungsperiode (**Istkosten**) neu aufgestellt. Die aus den Gemeinkosten und den Zuschlagsgrundlagen errechneten Istkostenzuschläge sind hierbei von Jahr zu Jahr unterschiedlich, weil sich alle Zufallsschwankungen, denen Kosten unterliegen können, auswirken.

Die Verrechnung der Gemeinkosten auf die Kostenträger (z. B. für die Abgabe von Angeboten) auf der Basis von Istkosten hat im Wesentlichen drei große **Nachteile**:

1. Man muss auf die Zuschlagssätze warten, da man sie nur nachträglich ermitteln kann,
2. die Zuschlagssätze können erheblichen Schwankungen unterliegen,
3. es fehlen feste Grundlagen für Vergleiche, sodass eine aussagefähige Kostenkontrolle nicht möglich ist.

Um diesen Nachteilen zu begegnen, werden die Gemeinkosten während der Rechnungsperiode mit Hilfe von **Normalzuschlagssätzen** ermittelt. Diese ergeben sich z. B. aus den Durchschnittswerten der Istkostenzuschlagssätze vergangener Geschäftsperioden, unter Berücksichtigung der Preiserwartungen auf der Beschaffungsseite und der erwarteten Beschäftigung. Diese Durchschnittssätze haben den Vorteil der Stetigkeit und Verfügbarkeit. Eine solche Vorgehensweise ermöglicht eine genauere Vorkalkulation (z. B. bei der Abgabe von Angeboten, bei der Erstellung von Preislisten). Da die Einzelkosten auf der Grundlage vorhandener Stücklisten und Fertigungszeiten und den bekannten Preisen relativ problemlos kalkuliert werden können, geht es bei der Normalkostenrechnung nur um die „Normalisierung" der Zuschlagssätze für die Gemeinkosten.

Beispiel:

Für das erste Halbjahr liegen folgende monatliche Ist-Fertigungsgemeinkostensätze vor:

Januar:	57,8 %	März:	58,5 %	Mai:	62,7 %
Februar:	60,1 %	April:	59,8 %	Juni:	56,9 %

Aufgabe:

Berechnen Sie aus den 6 vorliegenden Istzuschlagssätzen den Normalzuschlagssatz für die Fertigungsgemeinkosten!

Lösung:

$$\text{Normalzuschlagssatz} = \frac{57{,}8\,\% + 60{,}1\,\% + 58{,}5\,\% + 59{,}8\,\% + 62{,}7\,\% + 56{,}9\,\%}{6} = \underline{\underline{59{,}3\,\%}}$$

Nach Abschluss der Geschäftsperiode werden den Normalkosten die Istkosten gegenübergestellt. Liegen die **Normalkosten über den Istkosten**, spricht man von einer **Kostenüberdeckung**, im umgekehrten Fall von einer **Kostenunterdeckung**.

Kostenabweichung = Normalkosten − Istkosten

Gründe für eine Kostenabweichung sind:

- **Preisabweichungen.** Preiserhöhungen (Preissenkungen) bei Hilfs- und Betriebsstoffen, Gehaltserhöhungen (Rückgang der Gehälter durch Entlassungen) oder Erhöhungen der Versicherungsbeiträge (Rückgang der Versicherungsbeiträge durch Absenken der Versicherungssummen) u. Ä. führen zu einer höheren (niedrigeren) Belastung der Kostenstellen mit Gemeinkosten und damit zu höheren (niedrigeren) Zuschlagssätzen.
- **Beschäftigungsabweichungen.** Eine Ausweitung der Produktion kann z. B. durch erhöhten Reparaturaufwand, Lohnzuschläge, vermehrte Ausschussprodukte zu höheren Stellengemeinkosten und damit zu höheren Zuschlagssätzen führen. Andererseits führt ein Rückgang der Beschäftigung in der Regel nicht zu einem proportionalen Absinken der Zuschlagssätze, da es nur in den seltensten Fällen gelingt, die fixen Gemeinkosten im gleichen Umfang abzubauen.
- **Verbrauchsabweichungen.** Es ist nicht immer möglich, geplante Fertigungszeiten bzw. Materialvorgaben (Stücklisten) einzuhalten. Ein Über- oder Unterschreiten der Planvorgaben führt zu steigenden oder fallenden Gemeinkosten und damit zu schwankenden Zuschlagssätzen.

Überschreiten (unterschreiten) die Istzuschlagssätze in mehreren aufeinander folgenden Rechnungsperioden die Normalzuschlagssätze unverhältnismäßig hoch, so sind die Normalzuschlagssätze entsprechend neu zu bestimmen.

Merke:

- Bei der **Istkostenrechnung** werden die Gemeinkosten mit den tatsächlich in der Rechnungsperiode angefallenen Kosten erfasst.
- Bei der **Normalkostenrechnung** werden die Gemeinkosten mit Hilfe von Normalzuschlagssätzen erfasst. Diese werden z. B. aus den durchschnittlichen Istzuschlagssätzen vergangener Rechnungsperioden unter Berücksichtigung der sich abzeichnenden Preisentwicklung berechnet.
- Bei der **Kostenunterdeckung** liegen die Normalkosten unter den Istkosten, d. h., die tatsächlich angefallenen Selbstkosten werden durch die einkalkulierten Kosten nicht mehr gedeckt.
- Bei der **Kostenüberdeckung** werden mehr Kosten eingerechnet als tatsächlich entstanden sind, d. h., die einkalkulierten Selbstkosten sind höher als die wirklich angefallenen Selbstkosten.
- Die Istkostenrechnung ist die **Grundlage für die Überprüfung und gegebenenfalls Anpassung der Normalkosten,** d. h. der im Voraus festgelegten Kosten.

Übungsaufgabe

134 1. Die verrechneten Gemeinkosten betragen 65 850,00 EUR, die angefallenen Istkosten 62 780,00 EUR.
Liegt eine Kostenüber- oder Kostenunterdeckung vor?
2. Welche Vorteile hat die Verrechnung mit Normalkosten?
3. Wodurch entstehen Kostenüberdeckungen und Kostenunterdeckungen?
4. Wie unterscheiden sich Normalkostenrechnung und Istkostenrechnung?

4.3.5.2 Rechnerischer Ablauf zur Erfassung der Kostenüberdeckung und Kostenunterdeckung im Betriebsabrechnungsbogen

Um die Kostenabweichung zwischen den Normalkosten und den Istkosten im einstufigen BAB erfassen zu können, muss der BAB lediglich um zwei Rechenvorgänge erweitert werden:

- Berechnung der Normalkosten aufgrund der gegebenen Normalzuschlagssätze,
- Gegenüberstellung von Istkosten und Normalkosten und Berechnung der Kostenabweichungen (Über- bzw. Unterdeckung).

Beispiel:

Wir greifen auf den BAB von Seite 399 zurück und stellen der Lösung mit Istkosten eine Lösung auf der Grundlage mit Normalkosten gegenüber.

Aufgaben:

Ermitteln Sie auf der Basis der unten angegebenen Normalzuschlagssätze:

1. Die Selbstkosten des Umsatzes,
2. die Kostenüber- bzw. Kostenunterdeckung je Kostenstelle und
3. die Kostenüber- bzw. Kostenunterdeckung insgesamt!

MGK: 11,5 %	FGK 92 %	VerwGK: 5 %	VertrGK: 3,5 %

Lösungen:

Zu 1. Berechnung der Normalkosten:

MGK: $$\frac{256\,000 \cdot 11{,}5}{100} = \underline{\underline{29\,440{,}00 \text{ EUR}}}$$

FGK: $$\frac{695\,825 \cdot 92}{100} = \underline{\underline{640\,159{,}00 \text{ EUR}}}$$

VerwGK: $$\frac{1\,621\,424{,}50 \cdot 5}{100} = \underline{\underline{81\,071{,}23 \text{ EUR}}}$$

VertrGK: $$\frac{1\,634\,424{,}50 \cdot 3{,}5}{100} = \underline{\underline{57\,204{,}86 \text{ EUR}}}$$

Berechnung der Selbstkosten des Umsatzes zu Normalkosten:

Verbrauch von Fertigungsmaterial	256 000,00 EUR
MGK	29 440,00 EUR
Fertigungslöhne	695 825,00 EUR
FGK	640 159,50 EUR
Herstellkosten der Rechnungsperiode	1 621 424,50 EUR
+ Bestandsminderung UE	35 000,00 EUR
– Bestandsmehrung FE	22 000,00 EUR
Herstellkosten des Umsatzes	1 634 424,50 EUR
+ Verwaltungsgemeinkosten	81 071,23 EUR
+ Vertriebsgemeinkosten	57 204,86 EUR
Selbstkosten des Umsatzes	1 772 700,59 EUR

Zu 2. **Berechnung der Kostenüber- und Kostenunterdeckung:**

Kostenstellen	Material	Fertigung	Verwaltung	Vertrieb
Summe Ist-Gemeinkosten	32 000,00	672 300,00	77 000,00	64 800,00
Ist-Zuschlagssätze	12,5 %	96,62 %	4,65 %	3,88 %
Normal-Zuschlagssätze	11,5 %	92 %	5 %	3,5 %
Normalgemeinkosten	29 440,00	640 159,00	81 071,23	57 204,86
Kostenüberdeckung			4 071,23	
Kostenunterdeckung	2 560,00	32 141,00		7 595,14

Ergebnis: Per Saldo liegt eine Kostenunterdeckung in Höhe von 38 224,91 EUR vor.

Übungsaufgaben

135 Die KLR eines Industriebetriebes weist für den zurückliegenden Abrechnungszeitraum u. a. folgende Zahlen auf:

Verbrauch von Fertigungsmaterial	1 348 148,00 EUR
Fertigungslöhne	870 120,00 EUR
Bestände an unfertigen Erzeugnissen	
– Anfangsbestand	227 800,00 EUR
– Schlussbestand	214 100,00 EUR
Bestände an fertigen Erzeugnissen:	
– Anfangsbestand	85 500,00 EUR
– Schlussbestand	96 300,00 EUR

Die Gemeinkosten sind im BAB bereits auf die vier Hauptkostenstellen verteilt:

Gemeinkostenarten	Zahlen der KLR	Material	Fertigung	Verwaltung	Vertrieb
Istgemeinkosten	2 412 068,00	182 000,00	1 435 698,00	364 417,00	429 953,00

Das Unternehmen hat im Abrechnungszeitraum mit folgenden Normalzuschlagssätzen kalkuliert:

MGK	FGK	VerwGK	VertrGK
14,3 %	178,0 %	8,1 %	9,8 %

Aufgaben:

1. Berechnen Sie die Istzuschlagssätze!

   Hinweis: Die VerwGK sind auf die Herstellkosten der Rechnungsperiode, die VertrGK auf die Herstellkosten des Umsatzes zu beziehen.

2. Ermitteln Sie im BAB die Kostenüberdeckungen und die Kostenunterdeckungen!

136 Die KLR eines Industriebetriebes liefert folgende Zahlen:

Verbrauch von Fertigungsmaterial	3 870 435,00 EUR
Fertigungslöhne Kunststoff	1 142 952,00 EUR
Fertigungslöhne Stahl	2 063 646,00 EUR
Bestandsmehrung an fertigen Erzeugnissen	43 333,00 EUR

Die Gemeinkosten sind im BAB bereits auf folgende Kostenstellen aufgeteilt:

Gemeinkostenarten	Zahlen der KLR	Material	Fertigung		Verwaltung	Vertrieb
			Kunststoffe	Stahl		
Istgemeinkosten	5 805 563,00	445 100,00	1 200 100,00	1 982 300,00	845 563,00	1 332 500,00

Das Unternehmen hat im Abrechnungszeitraum mit folgenden Normalzuschlagssätzen kalkuliert:

MGK	Fertigung		Verwaltung	Vertrieb
	Kunststoff	Stahl		
10,2 %	98 %	99 %	8,5 %	12,0 %

Aufgaben:

1. Berechnen Sie die Istzuschläge für die Hauptkostenstellen!

   Hinweis: Die VerwGK sind auf die Herstellkosten der Rechnungsperiode, die VertrGK auf die Herstellkosten des Umsatzes zu beziehen.

2. Ermitteln Sie im BAB die Kostenüberdeckungen und die Kostenunterdeckungen!
3. Erläutern Sie den Begriff „Sondereinzelkosten“!
4. Wie wirken sich Bestandsveränderungen auf das Betriebsergebnis aus? (Begründungen!)

4.3.6 Aufstellung eines mehrstufigen Betriebsabrechnungsbogens

4.3.6.1 Bildung von Hilfskostenstellen

(1) Begriff Hilfskostenstellen

Der mehrstufige BAB enthält neben den bisherigen **Hauptkostenstellen** (Material, Fertigung, Verwaltung und Vertrieb), die ihre Leistungen an die Kostenträger abgeben, noch **Hilfskostenstellen** (auch **Vorkostenstellen** genannt), die ihre Leistungen an andere Kostenstellen abgeben.

Beispiel:

Ein Elektrogerätehersteller unterhält eine Kantine, die Frühstück und einen Mittagstisch anbietet und allen Mitarbeitern offensteht. Die Hilfskostenstelle Kantine gibt ihre Leistungen somit an alle Kostenstellen ab. Die Kosten der Kantine sind daher auf alle Kostenstellen (z. B. nach der Anzahl der Mitarbeiter, die eine Mahlzeit einnehmen) aufzuteilen.

Merke:

Hilfskostenstellen geben ihre Leistungen an andere Kostenstellen ab. Die auf sie entfallenden Kosten werden daher vor der Berechnung der Gemeinkostenzuschlagssätze auf andere Kostenstellen umgelegt.

Der mehrstufige BAB differenziert die Gemeinkosten gegenüber dem einstufigen BAB und erhöht dadurch dessen Aussagekraft.

(2) Arten von Hilfskostenstellen

- **Allgemeine Hilfskostenstellen**

Die allgemeinen Hilfskostenstellen dienen dem Gesamtbetrieb, d. h., ihre Leistungen werden von allen oder fast allen Kostenstellen in Anspruch genommen. Aus diesem Grund sind die Kosten der allgemeinen Hilfskostenstellen entsprechend der Inanspruchnahme auf die übrigen Kostenstellen zu verteilen.

Beispiele für allgemeine Hilfskostenstellen:

Grundstücke und Gebäude, betriebseigene Strom- und Wasserversorgung, Werkfeuerwehr, soziale Einrichtungen (Kantine, Erholungsheim, Sportplätze).

- **Besondere Hilfskostenstellen**

Die besonderen Hilfskostenstellen geben ihre Leistungen nur an bestimmte Hauptkostenstellen weiter. Die anfallenden Kosten dieser Hilfskostenstellen sind deshalb nur auf die ihnen übergeordneten Hauptkostenstellen umzulegen. Es ist vor allem üblich, den Fertigungsstellen besondere Hilfskostenstellen (Fertigungshilfskostenstelle) vorzuschalten.

Beispiele für besondere Hilfskostenstellen:

Konstruktionsbüro, Arbeitsvorbereitung, Modellfertigung für die Fertigung, Versandabteilung, Lehrwerkstätte, Werkzeugmacherei.

4.3.6.2 Umlage der Hilfskostenstellen (Vorkostenstellen) auf die Hauptkostenstellen

Die Umlage der Hilfskostenstellen (Vorkostenstellen) kann in Abhängigkeit von den organisatorischen Gegebenheiten ebenfalls durch **direkte Verrechnung (Belege)** oder **indirekte Verrechnung (Schlüssel)** erfolgen.

Die allgemeinen Hilfskostenstellen geben in der Regel Gemeinkosten auch an die besonderen Hilfskostenstellen ab. Deshalb muss die Umlage der Werte der allgemeinen Hilfskostenstellen vor der Umlage der Werte der besonderen Hilfskostenstellen stattfinden.

Beispiel:

Ein erweiterter BAB weist vor der Umlage der Vorkostenstellen folgende Zahlen auf:

Gemeinkostenarten	Kosten lt. KLR	Kostenstellen						
		Allgem. Hilfskostenstelle	Material	Fertigung I	Fertigung II	Fertigungshilfskostenstelle	Verwaltung	Vertrieb
Summe der Gemeinkosten	244 100,00	15 000,00	31 000,00	74 000,00	50 000,00	33 000,00	31 850,00	9 250,00

Die Werte der allgemeinen Hilfskostenstelle werden in der Reihenfolge der oben genannten übrigen Kostenstellen im Verhältnis 2 : 3 : 4 : 2 : 3 : 1 umverteilt. Die Gemeinkostensumme der Fertigungshilfskostenstelle wird auf die Fertigungshauptkostenstellen I und II im Verhältnis 4 : 3 umgelegt.

Aufgabe:

Ermitteln Sie jeweils die Summen der Gemeinkosten in den einzelnen Hauptkostenstellen!

Lösung:

Gemeinkostenarten	Kosten lt. KLR	Kostenstellen						
		Allgem. Hilfskostenstelle	Material	Fertigung I	Fertigung II	Fertigungshilfskostenstelle	Verwaltung	Vertrieb
Summe der Gemeinkosten	244 100,00	15 000,00	31 000,00	74 000,00	50 000,00	33 000,00	31 850,00	9 250,00
Umlage der allgem. Hilfskostenstelle			2 000,00	3 000,00	4 000,00	2 000,00	3 000,00	1 000,00
Zwischensumme			33 000,00	77 000,00	54 000,00	35 000,00	34 850,00	10 250,00
Umlage der Fertigungshilfskostenstelle				20 000,00	15 000,00			
Summe			33 000,00	97 000,00	69 000,00		34 850,00	10 250,00

Übungsaufgaben

137 Die Chemischen Werke Heilbronn AG haben in der ersten Stufe folgende Gemeinkostensummen für die Kostenstellen ermittelt:

Gemeinkostenarten	Kosten lt. KLR	Allgem. Hilfskostenstelle Wasserwerk	Material	Fertigung I	Fertigung II	Fertigungshilfskostenstelle Labor	Verwaltung	Vertrieb
Summe der Gemeinkosten	3850000,00	345000,00	600000,00	810000,00	1250000,00	360000,00	405000,00	80000,00

Die Gemeinkosten des Wasserwerkes sollen im Verhältnis des Wasserverbrauchs umgelegt werden: Material 10 m^3, Fertigung I 1000 m^3, Fertigung II 1200 m^3, Labor 60 m^3, Verwaltung 20 m^3, Vertrieb 10 m^3. Die Kosten des Labors verteilen sich auf die Fertigungshauptstellen I und II im Verhältnis 1:3.

Aufgabe:

Ermitteln Sie jeweils die Gemeinkosten in den einzelnen Hauptkostenstellen!

138 Der erweiterte BAB der Freiburger Werkzeug GmbH weist für den Monat Oktober folgende Zahlen aus:

Gemeinkostenarten	Kosten lt. KLR	Allgem. Hilfskostenstelle Heizzentrale	Material	Fertigung I	Fertigung II	Fertigungshilfskostenstelle Arbeitsvorbereitung	Verwaltung	Vertrieb
Summe der Gemeinkosten	728000,00	48000,00	72000,00	96000,00	240000,00	72000,00	120000,00	80000,00

Die Gemeinkosten der Heizzentrale sind auf die anderen Kostenstellen im Verhältnis 2:6:9:2:8:5 umzuverteilen. Die Umverteilung der Fertigungshilfskostenstelle orientiert sich an den Fertigungsstunden: Fertigung I: 1080 Std., Fertigung II: 3920 Std.

Aufgabe:

Welche Gemeinkostensummen entfallen jeweils auf die Hauptkostenstellen?

4.3.6.3 Aufstellung eines mehrstufigen Betriebsabrechnungsbogens unter Berücksichtigung von Bestandsveränderungen mit Ermittlung der Zuschlagssätze

Beispiel:

Die Vereinigten Industriewerke GmbH stellen zwei Erzeugnisse her: Holzwaren und Metallwaren. Zur Erstellung des BAB liegen folgende Daten vor:

Gemeinkosten-arten	Zahlen der KLR	Kostenstellen							
		allgemeiner Kostenbereich		I Material	II Fertigung			III Verwaltung	IV Vertrieb
I. Verteilung der Gemeinkosten auf die Kostenstellen:		Kantine	Fuhrpark		Reparaturen Instandhaltung	Fertigung Holzwaren	Fertigung Metallwaren		
Hilfs- und Betriebsstoffe	66 000,00	1 400,00	800,00	1 100,00	700,00	24 000,00	36 000,00		2 000,00
Gehälter . . .	64 900,00	7 200,00	4 200,00	3 700,00	5 100,00	12 000,00	11 000,00	15 400,00	6 300,00
Summe der Gemeinkosten	846 100,00	32 000,00	42 800,00	24 800,00	84 000,00	240 500,00	310 400,00	63 200,00	48 400,00
II. Umlage der Kosten der allgemeinen Hilfskostenstellen									
Kantine			2,00	1,00	1,00	3,00	3,00	3,00	3,00
Fuhrpark				2,00	1,00	4,00	4,00	3,00	4,00
III. Umlage der Kosten der besonderen Hilfskostenstellen									
Reparaturen/Instandhaltung						2,00	3,00		

Einzelkosten: Verbrauch von Fertigungsmaterial 256 000,00 EUR, Fertigungslöhne Holzwaren 365 425,00 EUR, Fertigungslöhne Metallwaren 330 400,00 EUR.

Bestandsveränderungen: Bestandsminderung an unfertigen Erzeugnissen 35 000,00 EUR, Bestandsmehrungen an fertigen Erzeugnissen 22 000,00 EUR.

Hinweis: Die Materialgemeinkosten sind auf den Verbrauch von Fertigungsmaterial, die Fertigungsgemeinkosten auf die Fertigungslöhne, die Verwaltungsgemeinkosten auf die Herstellkosten der Rechnungsperiode und die Vertriebsgemeinkosten sind auf die Herstellkosten des Umsatzes zu beziehen.

Aufgaben:
1. Erstellen Sie den BAB anhand der vorgegebenen Daten und berechnen Sie die Zuschlagssätze auf zwei Stellen nach dem Komma!
2. Berechnen Sie die Selbstkosten des Umsatzes!

Lösungen:

Gemeinkostenarten	Zahlen der KLR	allgemeiner Kostenbereich		Kostenstellen I Material	II Fertigung			III Verwaltung	IV Vertrieb
		Kantine	Fuhrpark		Reparaturen Instandhaltung	Fertigung Holzwaren	Fertigung Metallwaren		
Hilfs- und Betriebsstoffe	66 000,00	1 400,00	800,00	1 100,00	700,00	24 000,00	36 000,00		2 000,00
Gehälter	64 900,00	7 200,00	4 200,00	3 700,00	5 100,00	12 000,00	11 000,00	15 400,00	6 300,00
Summe der Gemeinkosten vor der Kostenumlage	846 100,00	32 000,00	42 800,00	24 800,00	84 000,00	240 500,00	310 400,00	63 200,00	48 400,00
			4 000,00	2 000,00	2 000,00	6 000,00	6 000,00	6 000,00	6 000,00
			46 800,00						
				5 200,00	2 600,00	10 400,00	10 400,00	7 800,00	10 400,00
					88 600,00	256 900,00	326 800,00		
						35 440,00	53 160,00		
				32 000,00		292 340,00	379 960,00	77 000,00	64 800,00
			Zuschlagsgrundlagen	256 000,00 (≙ 100 %)		365 425,00 (≙ 100 %)	330 400,00 (≙ 100 %)	1 656 125,00 (≙ 100 %)	1 669 125,00 (≙ 100 %)
				12,5 %		80 %	115 %	4,65 %	3,88 %

Berechnung der Herstellkosten:

	Verbrauch von Fertigungsmat.	256 000,00 EUR
+	MGK	32 000,00 EUR
+	Fertigungslöhne Holzwaren	365 425,00 EUR
+	FGK Holzwaren	292 340,00 EUR
+	Fertigungslöhne Metallwaren	330 400,00 EUR
+	FGK Metallwaren	379 960,00 EUR
	Herstellkosten der Abrechnungsperiode	1 656 125,00 EUR
+	Bestandsminderung UE	35 000,00 EUR
	Herstellkosten der Fertigung	1 691 125,00 EUR
–	Bestandsmehrung FE	22 000,00 EUR
	Herstellkosten des Umsatzes	1 669 125,00 EUR
+	Verwaltungsgemeinkosten	77 000,00 EUR
+	Vertriebsgemeinkosten	64 800,00 EUR
	Selbstkosten des Umsatzes	1 810 925,00 EUR

Merke:

Die Erstellung eines mehrstufigen BAB erfolgt in folgenden Schritten:

1. Schritt: Verteilung der angefallenen Gemeinkosten auf die Haupt- und Hilfskostenstellen.

↓

2. Schritt: Umlegung der Kostensummen der allgemeinen Hilfskostenstellen auf die übrigen Kostenstellen.

↓

3. Schritt: Umlegung der Kostensummen der besonderen Hilfskostenstellen auf die jeweils übergeordnete Hauptkostenstelle.

↓

4. Schritt: Ermittlung der Gesamtsumme der Gemeinkosten für jede Hauptkostenstelle.

↓

5. Schritt: Ermittlung der Zuschlagssätze je Hauptkostenstelle.

Übungsaufgaben

139

Gemeinkostenarten	Kostenstellen						
	allgemeiner Kostenbereich		Materialverwaltung	Fertigung		Verwaltung	Vertrieb
	Energie	Fuhrpark		Kunststoffverarbeitung	Holzverarbeitung		
insgesamt in TEUR	5190	5404	8700	89500	107800	65800	49500
Zuschlagsgrundlagen			Verbr. von Fert. Mat. 116000	Fertigungslöhne 72764	Fertigungslöhne 126824	Herstellkosten der Rechnungsperiode	Herstellkosten des Umsatzes

Weitere Angaben

- Verteilung der Kostenstelle Energie: 1 : 2 : 4 : 5 : 1 : 2
- Verteilung der Kostenstelle Fuhrpark: 2 : 9 : 10 : 1 : 3
- Mehrbestand an Fertigerzeugnissen: 38940 TEUR.

Aufgaben:

1. Errechnen Sie in den Hauptkostenstellen jeweils die Zuschlagssätze für die Gemeinkosten!

   Bezugsgrundlagen: Die VerwGK sind auf die Herstellkosten der Rechnungsperiode und die VertrGK auf die Herstellkosten des Umsatzes zu beziehen.
2. Ermitteln Sie die Selbstkosten des Umsatzes!

140 Eine Maschinenfabrik produziert zwei Maschinengruppen. Zur Erstellung des BAB liegen folgende Daten vor:

Gemeinkostenarten	Zahlen der KLR in EUR	allgemeiner Kostenbereich		Material	Fertigung			Verwaltung	Vertrieb
		Energiezentrale	Kantine		Techn. Büro	Masch.-gruppe A	Masch.-gruppe B		
Gemeinkostenmaterial	52 000,00				12 000,00	18 000,00	22 000,00		
Energiekosten	32 000,00								
Gehälter u. Hilfslöhne	140 000,00	3	2	2	1	8	10	5	4
Sozialkosten	52 500,00	3	2	2	1	8	10	5	4
Bürokosten	30 000,00	1	1	1	2	2	2	5	1
Abschreibungen	96 000,00								
Steuern u. Abgaben	10 000,00	2	1	2	2	3	5	3	2
Umlage des allgemeinen Kostenbereichs:									
Energiezentrale			2	1	1	6	5	3	2
Kantine				1	2	7	6	3	1
Umlage der besonderen Hilfskostenstelle:									
Technisches Büro						2	3		

Verbrauch von Fertigungsmaterial: 363 302,00 EUR
Fertigungslöhne Maschinengruppe A: 105 720,00 EUR
Fertigungslöhne Maschinengruppe B: 157 399,20 EUR

	UE	FE
Anfangsbestände	105 700,00	398 510,00
Schlussbestände lt. Inventur	96 900,00	423 720,00

Die Verwaltungsgemeinkosten sind auf die Herstellkosten der Rechnungsperiode, die Vertriebsgemeinkosten auf die Herstellkosten des Umsatzes zu beziehen.

Weitere Angaben zum BAB

Die Gemeinkosten Energie sind nach kWh und die Abschreibungen sind nach den investierten Werten zu verteilen:

Kostenstellen	verbrauchte kWh	investierte Werte je EUR
Energiezentrale	1 400	40 000,00
Kantine	1 200	32 000,00
Material	800	24 000,00
Technisches Büro	500	58 000,00
Maschinengruppe A	14 200	380 000,00
Maschinengruppe B	13 100	836 000,00
Verwaltung	6 100	165 000,00
Vertrieb	2 700	65 000,00

Aufgabe:

Erstellen Sie den BAB anhand der vorgegebenen Daten und berechnen Sie die Zuschlagssätze!

141

Gemeinkostenarten	allgemeiner Bereich	Materialbereich	Fertigungsbereich				Verwaltungsbereich			Vertriebsbereich
	Reparaturabteilung		Produkt I	Produkt II	Lehrwerkstatt	Arbeitsvorbereitung	Personalabteilung	Ausbildung kfm. Angestellte	Verwaltung	
insgesamt in TEUR	44 100	12 850	134 241	157 413	8 200	5 748	21 400	32 550	79 600	66 880
Zuschlagsgrundlagen		122 381	146 400	130 750					Herstellkosten der Rechnungsperiode	Herstellkosten des Umsatzes

Weitere Angaben

1. Verteilung der Kostenstelle Reparaturabteilung: 1 : 6 : 4 : 1 : 2 : 1 : 0 : 2 : 1.
2. Verteilung der Kostenstelle Lehrwerkstatt auf die Produkte I und II: 3 : 2.
3. Verteilung der Kostenstelle Arbeitsvorbereitung auf die Produkte I und II: 3 : 1.
4. Verteilung der Kostenstelle Personalabteilung auf Ausbildung kfm. Angestellte und Verwaltung: 2 : 1.
5. Verteilung der Kostenstelle Ausbildung kfm. Angestellte auf die Kostenstelle Verwaltung.
6. Bestandsminderung an fertigen Erzeugnissen: 17 140 TEUR.

Aufgaben:

1. Errechnen Sie die Zuschlagssätze für die Gemeinkosten!

   Bezugsgrundlagen: Die VerwGK sind auf die Herstellkosten der Rechnungsperiode und die VertrGK auf die Herstellkosten des Umsatzes zu beziehen.
2. Bestimmen Sie die Selbstkosten des Umsatzes!
3. Aus welchem Grund ist die Bildung
   3.1 von allgemeinen Hilfskostenstellen und
   3.2 die Aufteilung des Fertigungsbereichs in besondere Hilfskostenstellen sinnvoll?

4.4 Kostenträgerrechnung

4.4.1 Allgemeines zur Kostenträgerrechnung

An die Kostenstellenrechnung schließt sich als dritte Stufe der Kosten- und Leistungsrechnung die Kostenträgerrechnung an. Ihr Zweck besteht darin, alle **Kosten verursachungsgerecht auf die Leistungseinheiten zu verteilen.** Die Leistungseinheiten, für die Kosten angefallen sind, nennt man **Kostenträger**, weil sie die Kosten zu tragen haben. Als Kostenträger können, je nach der Struktur des Betriebes, einzelne **Produkte** oder **Produktgruppen** dienen. Die Hauptaufgabe der Kostenträgerrechnung besteht somit darin, festzustellen, wie viel Kosten auf die einzelnen Kostenträger entfallen.

Bezieht sich diese Zurechnung der Kosten auf die einzelnen Kostenträger auf eine Abrechnungsperiode (Monat, Jahr), spricht man von einer **Kostenträgerzeitrechnung.** In ihr können dann sowohl das Betriebsergebnis insgesamt als auch die auf Kostenträger bezogenen Teilergebnisse ermittelt werden. Sollen die Kosten lediglich für einen einzelnen Auftrag (ein einzelnes Stück) berechnet werden, spricht man von der **Kostenträgerstückrechnung**, die üblicherweise auch als **Kalkulation** bezeichnet wird.

Merke:

- Leistungseinheiten, für die Kosten angefallen sind, heißen in der Kosten- und Leistungsrechnung **Kostenträger.**
- Als Kostenträger können einzelne **Produkte** oder auch die Zusammenfassung gleichartiger Produkte zu einer **Produktgruppe** dienen.
- Die **Hauptaufgabe** der Kostenträgerrechnung besteht darin, festzustellen, wie viel Kosten auf die einzelnen Kostenträger entfallen.

Im Einzelnen kann auf der Grundlage der Kostenträgerrechnung

1. durch Gegenüberstellung der Verkaufserlöse und der angefallenen Kosten die **Ertragskraft des Unternehmens insgesamt** und für **jeden einzelnen Kostenträger** festgestellt werden **(Kostenträgerzeitrechnung)**,
2. der **Angebotspreis für ein Produkt**, für das keine Marktpreise vorliegen, **ermittelt werden (Kostenträgerstückrechnung)**,
3. durch **Vergleichen der Marktpreise** mit der **eigenen Kostensituation** festgestellt werden, ob ein **bestimmter Auftrag** mit vorgegebenen Preisen **angenommen** werden kann oder **abgelehnt** werden muss,
4. die **Bewertung** der Bestände an unfertigen und fertigen Erzeugnissen erfolgen,
5. durch eine **Vergleichsrechnung** festgestellt werden, ob in bestimmten Fällen Eigenleistung oder Fremdleistung günstiger ist.

4.4.2 Kostenträgerstückrechnung (Kalkulation)

4.4.2.1 Überblick

Sollen die Kosten für ein **einzelnes Produkt (Produktgruppe)** ermittelt werden **(Kostenträgerstückrechnung)**, spricht man auch von **Kalkulation**. Je nach der Art des Fertigungsprogramms (Massenfertigung, Sortenfertigung, Serienfertigung oder Einzelfertigung) werden unterschiedliche Kalkulationsmethoden angewandt.

Es ergeben sich folgende Zuordnungen:

Fertigungsverfahren	Kalkulationsmethode
1 Massenfertigung ←→ Es wird ein einheitliches Produkt in großen Mengen hergestellt. Z. B. Zement- oder Kalkherstellung, Elektrizitätserzeugung.	**1 Divisionskalkulation** $\text{Stückkosten} = \frac{\text{Gesamtkosten}}{\text{Gesamtmenge}}$
2 Sortenfertigung ←→ Es werden mehrere Sorten eines Produktes hergestellt. Z. B. Autoindustrie, Brauereien.	**2 Äquivalenzziffernkalkulation** Da die gleichen Rohstoffe verwendet werden, ergeben sich Kostenunterschiede z. B. nur durch unterschiedliche Durchlaufzeiten. Dadurch entstehen feststehende Kostenrelationen, mit deren Hilfe Äquivalenzziffern gebildet werden, mit denen man die einzelnen Sorten in gleichartige Recheneinheiten umwandeln kann. Danach kann dann wiederum die Divisionskalkulation angewandt werden.
3 Serienfertigung ←→ Es werden unterschiedliche Produkte in verschiedenen Produktionsabläufen hergestellt, die unterschiedliche Kosten verursachen. Z. B. Werkzeugmaschinen, Autos, Motorräder.	**3 Zuschlagskalkulation** Die Einzelkosten werden den Kostenträgern direkt zugerechnet, die Gemeinkosten werden den Kostenträgern indirekt über die in den Kostenstellen ermittelten Zuschlagssätze zugeordnet.
4 Einzelfertigung Es werden jeweils nur aufgrund von Einzelaufträgen einzelne Produkte (meist Großprojekte) hergestellt. Z. B. Flugzeugherstellung, Schiffbau, Brückenbau.	**4** Den einzelnen Projekten werden alle angefallenen Kosten zugerechnet. Daher ergeben sich im Allgemeinen keine Zurechnungsprobleme.

Da die Zuschlagskalkulation die in der Praxis am häufigsten angewandte Kalkulationsmethode darstellt, ist lt. Lehrplan auch nur diese Methode für eine weitere Erörterung vorgesehen.

4.4.2.2 Zuschlagskalkulation

4.4.2.2.1 Aufbau der Zuschlagskalkulation

Die Zuschlagskalkulation kommt dann zur Anwendung, wenn unterschiedliche Produkte hergestellt werden. Hier ist eine individuelle Kostenermittlung für jede Produktart erforderlich. Das setzt allerdings eine **kostenträgerbezogene Erfassung** der **Einzelkosten** und eine **kostenstellenbezogene Erfassung** der **Gemeinkosten** voraus.

Der **Verfahrensablauf einer Zuschlagskalkulation** ist folgender:

Die **Einzelkosten** werden aus der Kostenartenrechnung unter Umgehung der Kostenstellenrechnung **direkt** den Kostenträgern zugerechnet. Das betrifft im Wesentlichen das Fertigungsmaterial und die Fertigungslöhne.

Die in der Kostenstellenrechnung erfassten **Gemeinkosten** werden den Kostenträgern **indirekt** über Verrechnungssätze oder Zuschlagssätze zugeordnet. Indem die in jeder Kostenstelle ermittelten Gemeinkosten in Prozenten zu einer passenden Bezugsgröße (Verbrauch von Fertigungsmaterial, Fertigungslöhne, Herstellkosten) ausgedrückt werden, erhält man die für die Kalkulation eines bestimmten Produktes benötigten Zuschlagssätze für die Erfassung der Gemeinkosten.

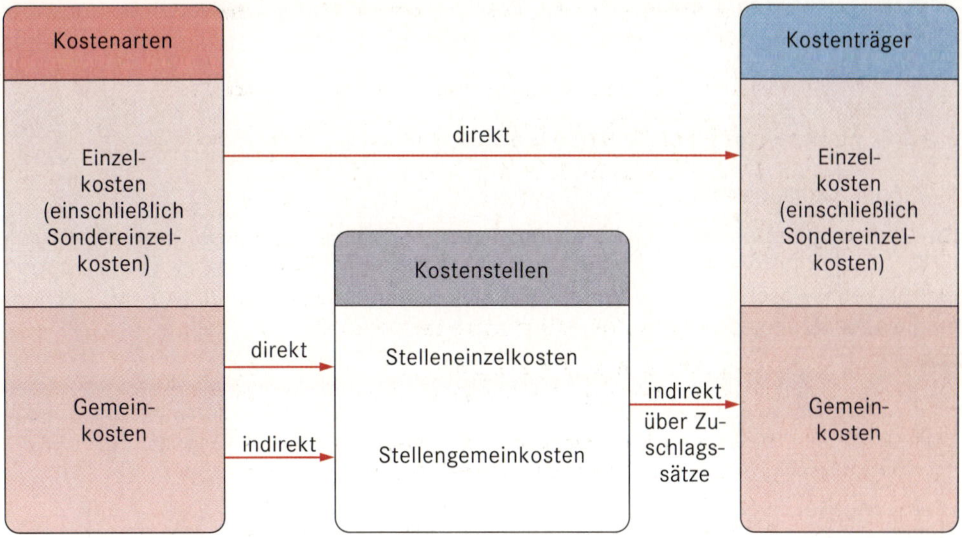

Merke:

- **Einzelkosten** werden auf der Grundlage der Kostenartenrechnung **direkt auf die Kostenträger verrechnet.**
- **Gemeinkosten** werden direkt oder indirekt den Kostenstellen zugeschlagen und mit Hilfe der dort ermittelten Zuschlagssätze **auf die Kostenträger verrechnet.**

4.4.2.2.2 Anwendung der Zuschlagskalkulation als Angebotskalkulation (Vorkalkulation)

Je nach Bedarf wird die Angebotskalkulation als Vorwärtskalkulation, als Rückwärtskalkulation oder als Differenzkalkulation eingesetzt.

(1) Vorwärtskalkulation

Um einen Verkauf tätigen zu können, ist es in der Praxis oft notwendig, ein Angebot mit einem verbindlichen Angebotspreis abzugeben. Das Unternehmen ist dann gezwungen, vor Beginn der Produktion den Preis zu kalkulieren (Angebotskalkulation bzw. Vorkalkulation).

Es liegt im Wesen der Vorkalkulation, dass mit voraussichtlichen Kosten (Normalkosten) gerechnet werden muss. Ausgehend von den Istkosten der Vergangenheit müssen daher alle bis zum Leistungsabschluss zu erwartenden Veränderungen einschließlich eines Risikozuschlags für nicht vorhersehbare Veränderungen einkalkuliert werden.

Zu den Einzelkosten:

- Bei einer Vorkalkulation kann der **Verbrauch von Fertigungsmaterial** aufgrund von Stücklisten ermittelt werden. Die benötigten Preise ergeben sich aus vorliegenden Preisen der Vergangenheit bzw. derzeitigen Angebotspreisen, wobei die zu erwartenden Preisänderungen zu berücksichtigen sind.
- Die **Lohnkosten** ergeben sich aufgrund der Fertigungszeiten, bei denen auf Erfahrungen der Vergangenheit bzw. auf vorhandene Zeitvorgaben zurückgegriffen werden kann. Zu erwartende Lohnänderungen sind auch hier zu berücksichtigen.

Zu den Gemeinkosten:

Die Gemeinkosten werden über Zuschlagssätze einkalkuliert. Diese werden bekanntlich innerhalb des Betriebsabrechnungsbogens ermittelt. Da man bei einer Vorkalkulation nicht bis zum Abschluss der laufenden Geschäftsperiode warten kann, wird mit **Normalzuschlagssätzen** gearbeitet. (Wiederholen Sie hierzu S. 402 ff.)

Beispiel:

Eine Maschinenfabrik errechnet zur Abgabe eines Angebots für eine Abfüllmaschine den Nettoverkaufspreis. Es wird mit folgenden Kosten kalkuliert:

Fertigungsmaterialverbrauch	17 200,00 EUR		SEKF	1 400,00 EUR
Fertigungslöhne	21 400,00 EUR		SEKV	890,00 EUR
Normalzuschlagssätze:	MGK	9 %		
	FGK	110 %		
	VerwGK	18 %		
	VertrGK	6 %		

Aufgabe:

Ermitteln Sie die Selbstkosten!

Lösung:

	100 %	Materialeinzelkosten	17 200,00 EUR	
	9 %	+ Materialgemeinkosten	1 548,00 EUR	
		Materialkosten		18 748,00 EUR
100 %	←	Fertigungslöhne	21 400,00 EUR	
110 %		+ Fertigungsgemeinkosten	23 540,00 EUR	
		Zwischensumme	44 940,00 EUR	
		+ Sondereinzelkosten der Fertigung (SEKF)	1 400,00 EUR	
		Fertigungskosten		46 340,00 EUR
	100 %	**Herstellkosten**		65 088,00 EUR
	18 %	+ Verwaltungsgemeinkosten	11 715,84 EUR	
	6 %	+ Vertriebsgemeinkosten	3 905,28 EUR	
		+ Sondereinzelkosten des Vertriebs (SEKVt)	890,00 EUR	16 511,12 EUR
	←	**Selbstkosten**		81 599,12 EUR

Bis zur Kalkulation der Selbstkosten war uns das Kalkulationsschema bereits bekannt. Bei einer Angebotskalkulation erwartet der Kunde jedoch die Angabe des Preises, den er zu zahlen hat. Das bedingt eine Erweiterung des Kalkulationsschemas. Es müssen noch der Gewinn, eine evtl. angefallene Vertreterprovision und die vom Kunden erwarteten Preisnachlässe (Kundenskonto und Kundenrabatt) einkalkuliert werden.

Beispiel:

Erweiterung des Beispiels von Seite 418.

Bei der Angebotskalkulation der Abfüllmaschine sollen 15 % Gewinn, 7 % Vertreterprovision (vom Zielverkaufspreis), 10 % Einführungsrabatt und 2 % Skonto einkalkuliert werden.

Aufgabe: Berechnen Sie den Listenverkaufspreis (Nettoverkaufspreis)!

Lösung:

100 %		**Selbstkosten**	81 599,12 EUR
15 %		+ Gewinn	12 239,87 EUR
→	91 %	**vorläufiger Verkaufspreis**	93 838,99 EUR
	7 %	+ Vertreterprovision	7 218,38 EUR
		Barverkaufspreis	101 057,37 EUR
	2 %	+ Kundenskonto	2 062,40 EUR
90 %	100 %	**Zielverkaufspreis**	103 119,77 EUR
10 %		+ Kundenrabatt	11 457,75 EUR
100 %		**Listenverkaufspreis (Nettoverkaufspreis)**	114 577,52 EUR

Erläuterungen zum erweiterten Kalkulationsschema:

■ Gewinnaufschlag

Nach der Berechnung der Selbstkosten geht es bei der Angebotskalkulation um den Gewinnaufschlag, der in Prozenten zu den Selbstkosten erfolgt. Da in den Zuschlagssätzen für die Fertigungsgemeinkosten die Eigenkapitalverzinsung, der Unternehmerlohn und die speziellen Risiken des

Unternehmers bereits einkalkuliert sind, muss über den Gewinn das allgemeine Unternehmerrisiko abgedeckt werden. Eine allgemeine Regel für die Festsetzung der Höhe des Gewinnaufschlags (Gewinnzuschlagssatz) kann man nicht geben. Sofern es sich um Produkte handelt, für die Marktpreise vorliegen, sind dem Unternehmer durch die Konkurrenzsituation enge Grenzen gesetzt. Bei nicht marktgängigen Produkten muss sich der Unternehmer mit Fingerspitzengefühl an den Angebotspreis herantasten, den der Markt hergibt.

- **Kundenskonto und Vertreterprovision**

Die Kunden erwarten im Allgemeinen bei Zahlung innerhalb der Skontofrist einen Preisnachlass. Soll dieser Preisnachlass nicht zu Lasten des Gewinnes gehen, muss er im Angebotspreis vorher einkalkuliert werden.

Da der Kunde den Skonto vom Zielverkaufspreis berechnet, dieser also aus der Sicht des Kunden 100 % ausmacht, entspricht der Barverkaufspreis aus der Sicht des Anbieters dem verminderten Grundwert (100 % - Prozentsatz des Skontos). Der Skonto muss also durch eine „im Hundertrechnung“ auf den Barverkaufspreis aufgeschlagen werden.

Da auch eine evtl. noch anfallende Vertreterprovision den Gewinn schmälern würde, muss auch diese vorher einkalkuliert werden. Beide Prozentsätze können zusammengefasst werden. Beträgt z. B. die Vertreterprovision 7 % und der Kundenskonto 2 %, entspricht der vorläufige Verkaufspreis 91 % (siehe Beispiel von Seite 419!).

- **Kundenrabatt**

Aus den gleichen Gründen muss auch der vom Kunden erwartete Rabatt in den Angebotspreis einkalkuliert werden. Da der Kunde den Rabatt durch eine „vom Hundertrechnung“ vom Angebotspreis (Nettoverkaufspreis, Listenverkaufspreis) abzieht, muss der Anbieter ihn durch eine „im Hundertrechnung“ aufschlagen. Soll z. B. der Kundenrabatt 10 % betragen, entspricht der Zielverkaufspreis bei der Angebotskalkulation 90 %.

Übungsaufgaben

142 Eine Fensterfabrik soll ein Angebot für die Lieferung eines Fensters bestimmter Größe abgeben. Bei günstigem Angebot wird die Bestellung einer größeren Menge in Aussicht gestellt.

Aufgrund der betrieblichen Unterlagen liegen folgende Kalkulationsdaten vor:

Verbrauch von Fertigungsmaterial 44,30 EUR, Fertigungslöhne 61,25 EUR, Sondereinzelkosten der Fertigung 157,66 EUR. Die Normalzuschlagssätze für die Gemeinkosten betragen: Materialgemeinkosten 6,7 %, Fertigungsgemeinkosten 157,4 %, Verwaltungsgemeinkosten 16,4 %, Vertriebsgemeinkosten 9,8 %. Außerdem sollen einkalkuliert werden: 12,5 % Gewinn, 5 % Kundenrabatt, 3 % Kundenskonto und 8 % Vertreterprovision.

Aufgabe:

Erstellen Sie das Angebot!

143 Für die Ermittlung des Angebotspreises für einen Kühlschrank liegen bei der Frost GmbH folgende Kalkulationsunterlagen vor:

Verbrauch von Fertigungsmaterial 275,80 EUR, Fertigungslöhne 330,40 EUR, Normalzuschlagssätze für MGK 35 %, FGK 85 %, VerwGK 20 %, VertrGK 18 %. Der Gewinnaufschlag wird mit 25 % angesetzt. Außerdem sollen noch 10 % Rabatt und 2 % Skonto einkalkuliert werden.

Aufgabe:

Ermitteln Sie den Angebotspreis!

144 Zur Herstellung einer Spezialmaschine rechnet ein Industriebetrieb mit folgenden Kosten: Verbrauch von Fertigungsmaterial 8 420,00 EUR; Fertigungslöhne 3 720,00 EUR. Aus der Kostenstellenrechnung werden die folgenden Zuschlagssätze (Normalzuschlagssätze) entnommen: Materialzuschlag (MGK) 10,5 %, Lohnzuschlag (FGK) 145 %, Verwaltungs- und Vertriebsgemeinkostenzuschlag 13,7 %. Die Sondereinzelkosten der Fertigung betragen 890,00 EUR.

Aufgaben:

1. Wie viel EUR betragen die Selbstkosten?
2. Die Maschine wird unter Einrechnung von 15 % Kundenrabatt und 2 % Kundenskonto zum Preis von 29 517,06 EUR angeboten.
   Wie viel EUR beträgt der erzielbare Gewinn in EUR und in Prozent?

145 Im BAB einer Möbelfabrik wurden für die Kostenstellen folgende Gemeinkosten errechnet:

Gemeinkostenarten	Material	Fertigung	Verwaltung	Vertrieb
Normalgemeinkosten	9 180,00 EUR	179 400,00 EUR	60 955,92 EUR	37 693,50 EUR

Für den gleichen Zeitraum wurden außerdem folgende Daten ermittelt: Fertigungslöhne 195 000,00 EUR, Verbrauch von Fertigungsmaterial 108 000,00 EUR, Bestandsmehrung an unfertigen Erzeugnissen 14 000,00 EUR, Bestandsminderung an fertigen Erzeugnissen 25 000,00 EUR.

Bezugsgrundlagen: Die VerwGK sind auf die Herstellkosten der Rechnungsperiode und die VertrGK auf die Herstellkosten des Umsatzes zu beziehen.

Aufgaben:

1. Berechnen Sie die Zuschlagssätze für die Gemeinkosten!
2. Kalkulieren Sie mit den errechneten Zuschlagssätzen eine Büroanbauwand!
   Wie viel EUR beträgt der Nettoverkaufspreis, wenn mit folgenden Daten gerechnet wird: Fertigungsmaterial 480,00 EUR, Fertigungslöhne 760,00 EUR, SEKF 120,00 EUR, Gewinnzuschlag 20 %, Kundenskonto 3 %, Vertreterprovision 9 %, Kundenrabatt 15 %?

146 Der BAB einer Lederfabrik enthält für den Monat März folgende Angaben:

Gemeinkostenarten	Material	Fertigung	Verwaltung	Vertrieb
Normalgemeinkosten	42 100,50 EUR	785 680,00 EUR	224 035,00 EUR	173 118,00 EUR

An Einzelkosten fallen an:

Verbrauch von Fertigungsmaterial 647 700,00 EUR
Fertigungslöhne 561 200,00 EUR

Aufgaben:

1. Berechnen Sie die Zuschlagssätze (Bestandsveränderungen sind nicht zu berücksichtigen)!
2. Errechnen Sie den Listenverkaufspreis eines Auftrages, für den folgende Angaben vorliegen: Fertigungsmaterial 1 040,00 EUR, Fertigungslöhne 35 Stunden zu je 78,50 EUR, Gewinnzuschlag 20 %, Vertreterprovision 5 %, Kundenskonto 2 % und Kundenrabatt 10 %!

(2) Rückwärtskalkulation (retrograde Kalkulation)

Liegt der Listenverkaufspreis aufgrund der gegebenen Markt- bzw. Konkurrenzsituation fest, so eignet sich das Kalkulationsschema in umgekehrter Richtung *von unten nach oben* zur Errechnung der aufwendbaren Materialeinzelkosten (**retrograde Kalkulation; Rückwärtskalkulation**). Dabei werden bei vorgegebenen Kalkulationsbedingungen die Materialeinzelkosten errechnet, die höchstens gezahlt werden dürfen, um den angestrebten Gewinn zu erreichen.

Beispiel:

Aufgrund der Marktsituation muss die Maschinenfabrik Ottmar Zeh OHG eine Schleifmaschine zum Listenverkaufspreis in Höhe von 127 480,00 EUR anbieten. Die Maschinenfabrik muss branchenüblich 10 % Kundenrabatt und 2 % Kundenskonto gewähren. Die einzurechnende Vertreterprovision vom Zielverkaufspreis beläuft sich auf 7 %. Es soll ein Gewinn von 15 % erzielt werden.

Es wird mit folgenden Kosten kalkuliert:
Fertigungslöhne 19 800,00 EUR, SEKF 900,00 EUR, SEKV 940,00 EUR

Zuschlagssätze lt. BAB dieser Abrechnungsperiode:
MGK 8,5 % FGK 108 % VerwGK 19 % VertrGK 6,8 %

Aufgabe:

Wie viel EUR dürfen die Materialeinzelkosten höchstens betragen?

Lösung:[1]

100 %		Materialeinzelkosten	27 038,94 EUR	
8,5 %		– Materialgemeinkosten	2 298,31 EUR	
108,5 %		**Materialkosten**		29 337,25 EUR
	100 %	Fertigungslöhne	19 800,00 EUR	
	108 %	+ Fertigungsgemeinkosten	21 384,00 EUR	
	208 %	Zwischensumme	41 184,00 EUR	
		+ Sondereinzelkosten d. Fertigung	900,00 EUR	
		Fertigungskosten		42 084,00 EUR
100 %		**Herstellkosten**		71 421,25 EUR
19 %		– Verwaltungsgemeinkosten	13 570,04 EUR	
6,8 %		– Vertriebsgemeinkosten	4 856,64 EUR	18 426,68 EUR
125,8 %		Zwischensumme		89 847,93 EUR
		– Sondereinzelkosten des Vertriebs		940,00 EUR
	100 %	**Selbstkosten**		90 787,93 EUR
	15 %	– Gewinn		13 618,19 EUR
91 %	115 %	**Barverkaufspreis**		104 406,12 EUR
2 %		– Kundenskonto	2 294,64 EUR	
7 %		– Vertreterprovision	8 031,24 EUR	10 325,88 EUR
100 %	90 %	**Zielverkaufspreis**		114 732,00 EUR
	10 %	– Kundenrabatt		12 748,00 EUR
	100 %	**Listenverkaufspreis (Nettoverkaufspreis)**		127 480,00 EUR

Rückwärtskalkulation

Ergebnis: Die Materialeinzelkosten dürfen höchstens 27 038,94 EUR betragen.

1 Die Rechenzeichen verstehen sich aus der Sicht der Rückwärtsrechnung.

Allgemeiner Rechenweg:

- Stellen Sie zuerst das Kalkulationsschema **von oben nach unten** auf und tragen Sie die in der Aufgabe vorgegebenen Prozentsätze und EUR-Beträge ein.
- Überlegen Sie bei jedem Rechenschritt, ob es sich bei der Rückwärtsrechnung um eine Rechnung **vom Hundert** (Kundenrabatt, Vertreterprovision, Kundenskonto) oder **auf Hundert** (Gewinn, VerwGK, VertrGK, MGK) handelt.
- **Sonderfall: Berechnung der Fertigungskosten.** Sofern Sondereinzelkosten der Fertigung vorliegen, müssen zunächst die Fertigungskosten in einer Zwischenrechnung im Rahmen einer Vorwärtskalkulation ermittelt (Fertigungslöhne + Fertigungsgemeinkosten = Zwischensumme + Sondereinzelkosten der Fertigung) und von den in der Rückwärtsrechnung ermittelten Herstellkosten subtrahiert werden.
- **Überprüfen** Sie das Ergebnis durch eine **Vorwärtskalkulation.**

Übungsaufgaben

147 Aufgrund der starken Konkurrenz können wir eine Maschine für höchstens 55 000,00 EUR verkaufen. Es liegen folgende Kalkulationsdaten vor:

Fertigungslöhne	4 800,00 EUR
Sondereinzelkosten des Vertriebs	300,00 EUR
Sondereinzelkosten der Fertigung	500,00 EUR

Kundenskonto	2 %	Verwaltungsgemeinkosten	10 %
Vertriebsgemeinkosten	15 %	Fertigungsgemeinkosten	450 %
Gewinnzuschlag	12,5 %	Kundenrabatt	10 %
Materialgemeinkosten	25 %	Vertreterprovision (vom Zielverkaufspreis)	3 %

Aufgabe:

Berechnen Sie die aufwendbaren Kosten für das Fertigungsmaterial!

148 Eine Druckerei erhält eine Anfrage, ob ein Posten Prospekte zu einem Nettopreis von 15 500,00 EUR gedruckt werden kann.

Somit entsteht die Frage, wie viel EUR dürfen die Papierkosten höchstens betragen, wenn folgende Kosten anfallen: Fertigungslöhne 2 800,00 EUR, FGK 94 %, MGK 8 %, SEKF 560,00 EUR, VerwGK 18 %, VertrGK 7 %. Der Kunde erwartet einen Nachlass von 2 % Skonto.

Aufgabe:

Berechnen Sie die höchstmöglichen Papierkosten, wenn ein Gewinn von 10 % erwirtschaftet werden soll!

149 Der neue Wohnwagen „Family“ soll den Händlern zum Listenverkaufspreis von 24 450,00 EUR angeboten werden. Die Kalkulationssätze des Wohnwagenherstellers sind: 7 % Materialgemeinkosten, 110 % Fertigungsgemeinkosten, 10 % Verwaltungsgemeinkosten, 6 % Vertriebsgemeinkosten, 9 % Gewinn, 2 % Kundenskonto und 20 % Kundenrabatt. Die anfallenden Fertigungslöhne betragen 4 360,00 EUR.

Aufgabe:

Wie viel EUR darf das erforderliche Fertigungsmaterial kosten?

(3) Differenzkalkulation

Häufig verhindert es die „Marktlage", dass der Unternehmer seinen Listenverkaufspreis selbst bestimmen kann. In diesem Fall muss es das Ziel der Kalkulation sein festzustellen, ob der so erwirtschaftete Gewinn ausreichend ist.

Wird die Höhe des anfallenden Gewinns errechnet, sprechen wir von **Differenzkalkulation.**[1] Da sowohl die *Kosten* als auch der *Listenverkaufspreis* festliegen, muss von **beiden** Werten aus mit dem Rechenweg begonnen werden, und zwar einmal als **Vorwärtskalkulation** (von den Materialeinzelkosten bis zu den Selbstkosten) und zum anderen als **Rückwärtskalkulation** (vom Listenverkaufspreis bis zum Barverkaufspreis).

Beispiel:

Bei der Herstellung eines Wäschetrockners fielen 280,00 EUR Materialeinzelkosten und 160,00 EUR Fertigungslöhne an. Es wird mit folgenden Zuschlagssätzen gerechnet: MGK 11 %, FGK 120 %, VerwGK 10,5 %, VertrGK 6 %, SEKV 40,00 EUR.

Aufgabe:

Mit welchem Gewinn in EUR und in Prozent kann der Hersteller rechnen, wenn er 12 % Vertreterprovision (vom Zielverkaufspreis), 3 % Kundenskonto und 15 % Kundenrabatt einrechnet und einen Listenverkaufspreis von 1 259,00 EUR ansetzt?

Lösung:

100 %		Materialeinzelkosten	280,00 EUR	
11 %		+ Materialgemeinkosten	30,80 EUR	
		Materialkosten		310,80 EUR
→	100 %	Fertigungslöhne	160,00 EUR	
	120 %	+ Fertigungsgemeinkosten	192,00 EUR	
		Fertigungskosten		352,00 EUR
100 %	←	**Herstellkosten**		662,80 EUR
10,5 %		+ Verwaltungsgemeink.	69,59 EUR	
6 %		+ Vertriebsgemeinkosten	39,77 EUR	109,36 EUR
		Zwischensumme		772,16 EUR
		+ Sondereinzelkost. d. Vertriebs (SEKV)		40,00 EUR
→	100 %	**Selbstkosten**		812,60 EUR
	x %	Gewinn		97,47 EUR
85 %		**Barverkaufspreis**		909,63 EUR
3 %		− Kundenskonto	32,10 EUR	
12 %		− Vertreterprovision	128,42 EUR	160,52 EUR
100 %	85 %	**Zielverkaufspreis**		1 070,15 EUR
	15 %	− Kundenrabatt		188,85 EUR
	100 %	**Listenverkaufspreis (Nettoverkaufspreis)**		1 259,00 EUR

Vorwärtskalkulation +

Berechnung des Gewinnzuschlagssatzes

812,16 EUR ≙ 100 %
97,47 EUR ≙ x %

$$x = \frac{100 \cdot 97{,}44}{812{,}16} = \underline{\underline{12\,\%}}$$

Rückwärtskalkulation −

Ergebnis: Der Hersteller kann mit einem Gewinn von 12 %, das sind 97,47 EUR, rechnen.

1 Die Differenz zwischen Barverkaufspreis und Selbstkosten stellt den Gewinn/Verlust dar. Wir sprechen daher auch von **Gewinnkalkulation.**

Allgemeiner Rechenweg

- Stellen Sie zuerst das Kalkulationsschema *von oben nach unten* auf und tragen Sie die in der Aufgabe vorgegebenen Prozentsätze und EUR-Beträge ein!
- Kennzeichnen Sie den Rechenweg durch Pfeile und errechnen Sie stufenweise durch **Vorwärtskalkulation** die **Selbstkosten** bzw. durch **Rückwärtskalkulation** den **Barverkaufspreis!**
- Ermitteln Sie den **Gewinn** als **Differenz zwischen dem Barverkaufspreis und den Selbstkosten!**
- Berechnen Sie anschließend den Gewinn in Prozent zu den Selbstkosten (Gewinnzuschlagssatz)!

Übungsaufgabe

150 1. Eine Maschinenfabrik kalkuliert eine Fräsmaschine nach folgenden Angaben:

- Verbrauch von Fertigungsmaterial	7 350,00 EUR	- MGK	12 %
- Fertigungslohn 58 Std. zu je	52,00 EUR	- FGK	15 %
- Fremdarbeiten 48 Std. zu je	95,00 EUR	- VerwGK + VertrGK	25 %
- Konstruktionszeichnung	400,00 EUR	- Kundenskonti	3 %
		- Vertreterprovision	5 %

Die Maschinenfabrik verkauft die Fräsmaschine für 24 500,00 EUR netto.

Aufgabe:

Ermitteln Sie den Gewinn in EUR und in Prozent!

2. Eine Möbelfabrik stellt für den Ausbau von zwei Büroräumen folgende Kalkulationsgrundlagen fest:

Verbrauch von Fertigungsmaterial:		9 400,00 EUR		
Fertigunglöhne:		16 200,00 EUR		
Gemeinkostenzuschläge:	MGK	12,4 %	VerwGK	6 %
	FGK	104 %	VertrGK	8 %

Es wird mit 18 % Gewinn, 5 % Vertreterprovision vom Zielverkaufspreis und 2 % Kundenskonto gerechnet.

Aufgaben:

2.1 Berechnen Sie den Angebotspreis netto!

2.2 Ein Konkurrenzunternehmen hat ein Angebot von 63 084,97 EUR unterbreitet. Wie viel Gewinn in EUR und in Prozent verbleiben, wenn der Angebotspreis der Konkurrenz um 1 800,00 EUR unterboten werden soll?

4.4.2.2.3 Anwendung der Zuschlagskalkulation als Nachkalkulation[1]

In der **Vorkalkulation** konnte nur mit voraussichtlichen Kosten **(Normalkosten)** gerechnet werden. Nach Fertigstellung des Auftrags können die tatsächlich angefallenen Kosten **(Istkosten)** ermittelt und den vorkalkulierten Kosten gegenübergestellt werden **(Nachkalkulation)**. Die dabei auftretenden Abweichungen müssen im Einzelnen analysiert werden.

1 Prinzipiell ist es möglich, im Rahmen der Nachkalkulation die Vorwärtskalkulation, die Rückwärtskalkulation und die Differenzkalkulation einzusetzen. Allerdings kommt in der Praxis in aller Regel nur die Differenzkalkulation zum Einsatz, da der Unternehmer insbesondere daran interessiert ist, den tatsächlich erzielten Gewinn zu erfahren.

Voraussetzung für eine solche Analyse ist, dass jeweils vom gleichen Kalkulationsaufbau (Kalkulationsschema) ausgegangen wird und dass eine getrennte Analyse von Mengen und Preisen erfolgt. Das betrifft das Fertigungsmaterial ebenso wie die Fertigungslöhne. Haben sich die Preise für die Rohstoffe geändert oder hat sich der Stundenlohn verändert, müssen sich zwangsläufig Abweichungen zwischen der Vor- und Nachkalkulation ergeben. Erst die durch den Ansatz gleicher Preise in der Vor- und Nachkalkulation verbleibenden Verbrauchsabweichungen geben Anlass zur Kritik und zur Einleitung gebotener Maßnahmen.

Die Abweichungen bei den Kosten in der Vor- und in der Nachkalkulation beruhen einerseits auf unterschiedlichen Einzelkosten und andererseits auf den unterschiedlichen Zuschlagssätzen in der Vor- und Nachkalkulation. Hierbei ist zu untersuchen, worauf die unterschiedlichen Ansätze zurückzuführen sind. In Frage kommen auch hier Mengen- und Preisabweichungen, wobei allerdings noch zu berücksichtigen ist, dass auch Beschäftigungsabweichungen die Zuschlagssätze beeinflussen. Auch hier kann nur die nach Bereinigung dieser Einflussfaktoren verbleibende Verbrauchsabweichung zur Diskussion gestellt werden.

Stellt sich heraus, dass die Mengen in der Vorkalkulation zu niedrig angesetzt waren, kann die Nachkalkulation auch dazu dienen, die Grundlagen für die Vorkalkulation zu ändern.

Merke:

Die **Nachkalkulation** dient folgenden **Zwecken**:

- genaue Erfassung der **tatsächlich entstandenen Kosten,**
- **Kontrolle der Kosten** durch Analyse der Abweichungen zwischen Vor- und Nachkalkulation,
- evtl. **Korrektur** der Grundlagen für die Vorkalkulation.
- Bei der **Kostenunterdeckung** liegen die Normalkosten unter den Istkosten, d. h., die tatsächlich angefallenen Selbstkosten werden durch die einkalkulierten Kosten nicht mehr gedeckt.
- Bei der **Kostenüberdeckung** werden mehr Kosten eingerechnet als tatsächlich entstanden sind, d. h., die kalkulierten Selbstkosten sind höher als die wirklich angefallenen Selbstkosten.

Beispiel:

Die Nachkalkulation für die erstellte Abfüllmaschine (vgl. Seite 418/419) ergab folgende Kosten:

Fertigungsmaterialverbrauch	17 500,00 EUR		SEKF	900,00 EUR
Fertigungslöhne	19 800,00 EUR		SEKV	940,00 EUR
Istzuschlagssätze lt. BAB	MGK	8,5 %	VerwGK	19 %
dieser Abrechnungsperiode:	FGK	108 %	VertrGK	6,8 %

Der in der Vorkalkulation (Angebotskalkulation) ermittelte Listenverkaufspreis in Höhe von 114 577,52 EUR ist der verbindliche Angebotspreis.

Aufgabe:

Welcher Erfolg (in EUR und Prozent) wurde an dem abgewickelten Auftrag erwirtschaftet?

Lösung:

	Vorkalkulation			Nachkalkulation		
Verbr. v. Fertigmaterial		17 200,00 EUR			17 500,00 EUR	
Materialgemeinkosten	9 %	1 548,00 EUR		8,5 %	1 487,50 EUR	
Materialkosten			18 748,00 EUR			18 987,50 EUR
Fertigungslöhne		21 400,00 EUR			19 800,00 EUR	
Fert.-Gemeinkosten	110 %	23 540,00 EUR		108 %	21 384,00 EUR	
Sondereinzelkosten der Fertigung (SEKF)		1 400,00 EUR			900,00 EUR	
Fertigungskosten			46 340,00 EUR			42 084,00 EUR
Herstellkosten			65 088,00 EUR			61 071,50 EUR
Verw.-Gemeinkosten	18 %	11 715,84 EUR		19 %	11 603,59 EUR	
Vertr.-Gemeinkosten	6 %	3 905,28 EUR		6,8 %	4 152,86 EUR	
Sondereinzelkosten des Vertriebs (SEKV)		890,00 EUR	16 511,12 EUR		940,00 EUR	16 696,45 EUR
Selbstkosten			81 599,12 EUR			77 767,95 EUR
Gewinn	15 %		12 239,87 EUR			16 071,04 EUR
Barverkaufspreis			93 838,99 EUR			93 838,99 EUR
Vertreterprovision	7 %		7 218,38 EUR			
Kundenskonto	2 %		2 062,40 EUR			
Zielverkaufspreis			103 119,77 EUR			
Kundenrabatt	10 %		11 457,75 EUR			
Listenverkaufspreis (Nettoverkaufspreis)			114 577,52 EUR			

Berechnung des Gewinnsatzes:

77 767,95 ≙ 100 %

16 071,04 ≙ x %

x = 20,66 %

Erläuterungen:

In unserem Beispiel sind die Kosten der Vorkalkulation teils höher, teils niedriger als die tatsächlich angefallenen Kosten. Per Saldo aber sind die Selbstkosten in der Nachkalkulation um 3 831,17 EUR (81 599,12 EUR − 77 767,95 EUR) niedriger als die kalkulierten Selbstkosten. Bei einem fest vereinbarten Barverkaufspreis kommt das dem Gewinn zugute, der in unserem Beispiel um diesen Betrag höher ist als aufgrund der Vorkalkulation erwartet wurde. Bezüglich des Preises wäre damit notfalls noch ein gewisser Verhandlungsspielraum gegeben. Aufgrund eingehender Analyse müsste überlegt werden, ob die Grundlagen für die Vorkalkulation geändert werden sollen. Auf jeden Fall ist eine solche Situation angenehmer und bietet weniger Diskussionsstoff als wenn sich bei dem Vergleich herausstellt, dass die tatsächlich angefallenen Kosten über den kalkulierten Kosten liegen.

Übungsaufgaben

151 Erstellen Sie zur Aufgabe 142 eine Nachkalkulation!

Nach Fertigstellung des Auftrages und der Ermittlung der Istzuschlagssätze aufgrund des erstellten BABs ergaben sich folgende Werte: Verbrauch von Fertigungsmaterial 56,30 EUR, Fertigungslöhne 65,20 EUR, Sondereinzelkosten der Fertigung 162,68 EUR. Die Istzuschlagssätze für die Gemeinkosten betrugen: MGK 6,9 %, FGK 149,5 %, VerwGK 17,4 %, VertrGK 9,5 %.

Aufgabe:

Stellen Sie bei einem unveränderten Angebotspreis den tatsächlichen Gewinn in EUR und in Prozent fest!

152 Erstellen Sie zur Aufgabe 143 eine Nachkalkulation!

An Istkosten fielen an: Verbrauch von Fertigungsmaterial 260,75 EUR, Fertigungslöhne 310,80 EUR. Die Istzuschlagssätze für die Gemeinkosten betrugen: MGK 32,5 %, FGK 79,5 %, VerwGK 21,5 %, VertrGK 17,2 %.

Aufgaben:

1. Ermitteln Sie den Gewinn in EUR und in Prozent, wenn sich der Angebotspreis nicht verändert!
2. Auf welchen Betrag könnte der Listenverkaufspreis (Nettoverkaufspreis) bei sonst gleich bleibenden Kalkulationsgrundlagen im Falle einer starken Preiskonkurrenz notfalls herabgesetzt werden?

153 Erstellen Sie zur Aufgabe 144 eine Nachkalkulation! Die Istkostenrechnung ergab folgende Kalkulationsdaten:

Verbrauch von Fertigungsmaterial 8 720,00 EUR; Fertigungslöhne 3 165,00 EUR; Istzuschlagssätze: MGK 10,4 %, FGK 151 %; VerwGK/VertrGK 14,9 %. Die Sondereinzelkosten der Fertigung betrugen 795,00 EUR. Kundenrabatt und Kundenskonto wurden mit den angegebenen Prozentsätzen gewährt. Der Listenverkaufspreis betrug 29 517,06 EUR.

Aufgabe:

Wie viel Gewinn in EUR und in Prozent wurde tatsächlich erzielt?

154 Erstellen Sie zur Aufgabe 145 eine Nachkalkulation! Die Istkostenrechnung ergab folgende Kalkulationsdaten:

Gemeinkosten	Material	Fertigung	Verwaltung	Vertrieb
Istgemeinkosten	9 936,00 EUR	181 935,00 EUR	56 910,00 EUR	36 929,00 EUR

Die Einzelkosten und die Bestandsveränderungen bleiben unverändert.

Aufgaben:

1. Berechnen Sie die Istzuschlagssätze für die Gemeinkosten!
2. Führen Sie mit den errechneten Istzuschlagssätzen für die Büroanbauwand eine Nachkalkulation durch! Die übrigen Kalkulationsdaten bleiben unverändert. Es wurde ein Barverkaufspreis von 3 021,48 EUR erzielt.

4.4.2.2.4 Zuschlagskalkulation mit Maschinenstundensätzen

(1) Berechnung von Maschinenstundensätzen und die Behandlung der Rest-Fertigungsgemeinkosten

Durch die fortschreitende Mechanisierung der Betriebe gewinnt die Maschinenstundensatzkalkulation immer größere Bedeutung. In dem Maße wie Personal immer mehr durch Maschinen ersetzt wird, vergrößert sich der Anteil der maschinenabhängigen Gemeinkosten gegenüber den lohnabhängigen Gemeinkosten. Daher ist es im Sinne einer genaueren Kalkulation erforderlich, die **Fertigungsgemeinkosten** in die **maschinenabhängigen** und in die **lohnabhängigen Fertigungsgemeinkosten (Rest-Fertigungsgemeinkosten)** aufzuteilen.

Für die **maschinenabhängigen Fertigungsgemeinkosten** werden die **Maschinenlaufzeiten** als Bezugsgrundlage gewählt, für die **lohnabhängigen Rest-Fertigungsgemeinkosten** wie bisher die **Fertigungslöhne**.

Fertigungsgemeinkosten

Maschinenabhängige Fertigungsgemeinkosten	**Lohnabhängige Fertigungsgemeinkosten (Rest-Fertigungsgemeinkosten)**
– kalk. Abschreibungen je Maschine – kalk. Zinsen für das in die Maschine investierte Kapital – Energiekosten der Maschine – Instandhaltungskosten (einschließlich Werkzeugkosten) je Maschine – Raumkosten der Maschine	– Gehälter – Hilfslöhne – soziale Kosten
Zuschlagsgrundlage: Maschinenlaufzeit	**Zuschlagsgrundlage: Fertigungslöhne**

Sind in einem Betrieb **unterschiedlich teure Maschinen** vorhanden, die bei der Herstellung der einzelnen Erzeugnisse aufgrund der verschiedenartigen Produktionsverfahren **unterschiedlich lange beansprucht** werden, so ist es erforderlich, die Maschinenkosten für jede Maschine bzw. Maschinenart gesondert zu erfassen.

Merke:

Werden die anfallenden maschinenabhängigen Gemeinkosten auf die Maschinenlaufzeit bezogen, so erhält man den **Maschinenstundensatz.**

(2) Berechnung von Maschinenstundensätzen

Der erste Schritt bei der Berechnung der Maschinenstundensätze besteht in der Ermittlung der effektiv für die Produktion der Erzeugnisse angefallenen Maschinenlaufzeit.

Maximale Laufzeit	Ausfallzeit
	effektive Laufzeiten

Beispiel:

Für die Maschinen in einem Industriebetrieb mit 37,5-Stunden-Woche und 7,5 Stunden täglicher Arbeitszeit fallen im laufenden Jahr Stillstandszeiten durch 14 Feiertage, 22 Urlaubstage, 6 Krankheitstage sowie 35 Ausfallstunden für Instandhaltung an.

Aufgabe:

Berechnen Sie die effektive Maschinenlaufzeit!

Lösung:

Maximal mögliche Maschinenlaufzeit (52 Wochen zu 37,5 Stunden)		1 950 Std.
– Instandhaltungszeit		35 Std.
– Stillstandszeiten	14 Feiertage zu 7,5 Stunden	105 Std.
	22 Urlaubstage zu 7,5 Stunden	165 Std.
	6 Krankheitstage zu 7,5 Stunden	45 Std.
= effektive Maschinenlaufzeit im laufenden Jahr		1 600 Std.

Im zweiten Schritt werden zunächst die maschinenabhängigen Gemeinkosten durch die Laufzeit der Maschine/Periode dividiert. Durch die anschließende Addition der einzelnen Gemeinkosten je Maschinenstunde erhält man dann den Maschinenstundensatz.

Fortführung des Beispiels von Seite 429:

Die Anschaffungskosten der Beschichtungsmaschine belaufen sich auf 214 500,00 EUR. Es wird von Wiederbeschaffungskosten in Höhe von 234 000,00 EUR ausgegangen. Die Nutzungsdauer wird mit 13 Jahren angesetzt. Die jährliche Maschinenlaufzeit beträgt 1 600 Stunden. Kalkulatorisch wird nach der linearen Abschreibungsmethode abgeschrieben. Es wird mit einem kalkulatorischen Zinssatz von 8 % gerechnet. Für die Gesamtnutzungsdauer der Maschine werden die Instandhaltungskosten auf 62 400,00 EUR geschätzt. Der Raumkostensatz beträgt pro Jahr und m^2 212,00 EUR. Die Maschine hat einen Raumbedarf von 24,50 m^2. Der Strombedarf der Maschine beträgt 45 kWh, der Strompreis 0,18 EUR je kWh.

Aufgabe:

Berechnen Sie den Maschinenstundensatz der Beschichtungsmaschine!

Lösung:

1. Abschreibungen je Maschinenstunde:

Für die Berechnung der Abschreibung wird die kalkulatorische Abschreibung herangezogen. Berechnungsgrundlage sind die Wiederbeschaffungskosten.

$$\text{Abschreibungsbetrag je Maschinenstunde} = \frac{234\,000}{13 \cdot 1\,600} = \underline{\underline{11{,}25 \text{ EUR}}}$$

Allgemein:

$$\begin{array}{l}\text{Abschreibungsbetrag}\\ \text{je Maschinenstunde}\end{array} = \frac{\text{Wiederbeschaffungskosten}}{\text{Nutzungsdauer} \cdot \text{Laufzeit/Jahr}}$$

2. Zinskosten je Maschinenstunde:

Üblicherweise wird für die Berechnung der kalkulatorischen Zinsen das Durchschnittsverfahren benutzt, d. h., bei der Berechnung der jährlichen Zinsen wird jeweils von den halben Anschaffungskosten[1] ausgegangen.

$$\text{Zinskosten je Maschinenstunde} = \frac{214\,500 \cdot 8}{2 \cdot 100 \cdot 1\,600} = \underline{\underline{5{,}36 \text{ EUR}}}$$

Allgemein:

$$\begin{array}{l}\text{Zinskosten je}\\ \text{Maschinenstunde}\end{array} = \frac{\frac{1}{2}\,\text{Anschaffungskosten} \cdot \text{kalk. Zinssatz}}{100 \cdot \text{Laufzeit/Jahr}}$$

3. Instandhaltungskosten je Maschinenstunde:

Die auf eine Maschine entfallenden Instandhaltungskosten (Reparaturen, Werkzeuge, Wartung) sind nicht exakt voraussehbar. Man muss daher auf die Angaben des Herstellers oder auf Erfahrungswerte der Vergangenheit zurückgreifen.

1 Anstatt der Anschaffungskosten können auch die Wiederbeschaffungskosten angesetzt werden.

$$\text{Instandhaltungskosten je Maschinenstunde} = \frac{62\,400}{13 \cdot 1\,600} = \underline{\underline{3{,}00\ \text{EUR}}}$$

Allgemein:

$$\frac{\text{Instandhaltungskosten}}{\text{je Maschinenstunde}} = \frac{\text{gesamte Instandhaltungskosten}}{\text{Nutzungsdauer} \cdot \text{Laufzeit/Jahr}}$$

4. Raumkosten je Maschinenstunde:

Die Raumkosten einer Maschine sind abhängig vom Raumbedarf und vom Raumkostensatz.

- Der **Raumbedarf** einer Maschine (gemessen in m^2) umfasst die Grundfläche der Maschine, Bedienungsflächen sowie die Abstellfläche für die Werkstücke.
- Im **Raumkostensatz** werden die anteiligen Abschreibungen, Zinsen, Instandhaltungskosten für Gebäude, ferner die anteiligen Heizungs-, Licht-, Klimatisierungs- und Versicherungskosten sowie die anteiligen personellen Kosten erfasst.

$$\text{Raumkosten je Maschinenstunde} = \frac{24{,}50 \cdot 212{,}00}{1\,600} = \underline{\underline{3{,}25\ \text{EUR}}}$$

$$\frac{\text{Raumkosten je}}{\text{Maschinenstunde}} = \frac{\text{Raumbedarf je Maschine} \cdot \text{Raumkostensatz je Maschine}}{\text{Laufzeit/Jahr}}$$

5. Energiekosten je Maschinenstunde:

Der Energieverbrauch einer Maschine ist je nach Energieart in Litern/Stunde (z. B. Diesel, Benzin), in m^3/Stunde (z. B. Gas, Dampf) oder in kWh (Strom) anzugeben. Der durchschnittliche Energieverbrauch wird vom Hersteller der Maschine in aller Regel in der Betriebsanleitung ausgewiesen. Allerdings ist in der Praxis davon auszugehen, dass der tatsächliche Energieverbrauch nicht mit 100% anzusetzen ist, da eine Maschine im Durchschnitt nicht mit der vollen Leistungsfähigkeit belastet wird.

Bei der Berechnung der Energiekosten geht man von der Annahme (Fiktion) aus, dass sich die Energiekosten proportional zu der tatsächlichen Leistungsaufnahme verhalten.

Energiekosten je Maschinenstunde[1] $= 45 \cdot 0{,}18 = \underline{\underline{8{,}10\ \text{EUR}}}$

Der **Maschinenstundensatz** ergibt sich jetzt aus der Addition der einzelnen maschinenabhängigen Kosten.

$$\text{Maschinenstundensatz: } 11{,}25 + 5{,}36 + 3{,}00 + 3{,}25 + 8{,}10 = \underline{\underline{30{,}96\ \text{EUR}}}$$

1 Eine allgemeine Formel zur Berechnung der Energiekosten je Maschinenstunde kann nicht angeboten werden.

Übungsaufgabe

155 1. Die Kosten- und Leistungsrechnung einer Metallwarenfabrik weist für die Maschinengruppe Formpresse folgende Daten aus:

Das Unternehmen arbeitet mit 8 gleichartigen Formpressen. Die Anschaffungskosten einer Formpresse betragen 32 600,00 EUR. Die jährliche Arbeitszeit in der Abteilung beträgt 240 Tage, die tägliche Arbeitszeit 8 $\frac{1}{2}$ Stunden. An Ausfallzeit (Leerstunden) sind für die Abteilung 220 Arbeitsstunden anzusetzen.

Die kalkulatorische Nutzungsdauer beträgt 8 Jahre. Die Wiederbeschaffungskosten je Maschine werden mit 36 400,00 EUR angesetzt. Kalkulatorisch wird linear abgeschrieben.

Als Zinssatz für das in die Maschinen investierte Kapital sind 7,5 % von den halben Anschaffungskosten zu veranschlagen.

Für die Instandhaltung aller Formpressen sind jährlich 48 594,00 EUR zu berücksichtigen.

Der Raumbedarf je Formpresse beträgt 32 m^2. Als Raumkostensatz werden je m^2 164,00 EUR pro Jahr angesetzt.

Der Strombedarf für eine Formpresse beträgt 72 kWh, der Strompreis 0,16 EUR je kWh.

Aufgabe:

Berechnen Sie den Maschinenstundensatz für eine Formpresse!

2. In einer Möbelfabrik sind drei Maschinengruppen vorhanden.

Maschinengruppe	Anzahl	Wiederbeschaffungskosten/Stück	Nutzungsdauer in Jahren	kWh-Verbrauch	m^2-Bedarf
Sägemaschine	10	42 000,00 EUR	8	12	24
Schleifmaschine	8	28 000,00 EUR	10	14	16
Hobelmaschine	14	56 000,00 EUR	12	16	26

Der Quartals-BAB weist folgende Gemeinkosten aus:

Kostenstelle Werkstattgebäude (4 200 m^2) 37 800,00 EUR
Kostenstelle Heizung (beheizte Fläche 3 700 m^2) 13 320,00 EUR

Die kalkulatorischen Zinsen betragen 9 %. Sie werden von den Wiederbeschaffungskosten berechnet. Die gesamten (geschätzten) Instandhaltungskosten belaufen sich bei der Maschinengruppe Sägemaschine auf 20 %, bei der Maschinengruppe Schleifmaschine auf 25 % und bei der Maschinengruppe Hobelmaschine auf 30 % der Wiederbeschaffungskosten. Es wird die lineare Abschreibungsmethode verwendet.

Der Strompreis beträgt 0,16 EUR je kWh.

Aufgaben:

2.1 Berechnen Sie die Maschinenstundensätze, wenn jährlich je Maschine 2 400 Laufstunden anfallen!

2.2 Wie viel EUR betragen die gesamten Maschinenkosten im Monat, wenn alle Maschinen je Monat 200 Betriebsstunden gelaufen sind?

(3) Behandlung der Rest-Fertigungsgemeinkosten

Im Rahmen des BAB werden die Gemeinkosten der Fertigung aufgeteilt in maschinenabhängige Gemeinkosten und in lohnabhängige Rest-Fertigungsgemeinkosten. Als Bezugsgrundlage für die maschinenabhängigen Fertigungsgemeinkosten werden die Maschinenlaufzeiten gewählt, für die lohnabhängigen Rest-Fertigungsgemeinkosten die Fertigungslöhne.

Bei der Anwendung der Zuschlagskalkulation mit Maschinenstundensätzen ändert sich z.B. die Kostenstelle Fertigung im BAB wie folgt:

Fertigung					
Gemeinkosten	maschinenabhängige Gemeinkosten			lohnabhängige Gemeinkosten (Rest-Fertigungsgemeinkosten)	
	Maschine I	Maschine II	Maschine III		
Summe der Gemeinkosten	13632,00 EUR	14892,00 EUR	7728,00 EUR		21981,60 EUR
effektive Laufzeit	160 Std.	120 Std.	140 Std.	Fertigungslöhne	28400,00 EUR
Maschinen-Std.-Satz	85,20 EUR	124,10 EUR	55,20 EUR	Rest-FGK-Satz	77,4 %

Merke:

- Maschinenstundensatz $= \dfrac{\text{maschinenabhängige Gemeinkosten}}{\text{effektive Maschinenlaufzeit}}$
- Rest-Fertigungsgemeinkostensatz $= \dfrac{\text{Rest-FGK} \cdot 100}{\text{Fertigungslöhne}}$

Übungsaufgabe

156 Die Zinngießerei Clemens Altaner GmbH möchte ihre Kosten genauer erfassen und deshalb den BAB in Maschinenkosten und Rest-Fertigungsgemeinkosten aufgliedern. Die Kosten- und Leistungsrechnung weist bisher folgende Daten auf:

Ausschnitt aus dem BAB:

Kostenarten	Fertigung		
	Summe der Gemeinkosten	Maschinenkosten	Restgemeinkosten
Hilfsstoffe	571800,00		
Betriebsstoffe	223400,00		
Energiekosten	114980,00	______	
Personalkosten	739545,00		
Instandhaltungskosten	268820,00	______	
Betriebssteuern	96300,00		
Raumkosten	77245,30	______	
Abschreibungen	1591885,12	______	
Zinsen	81140,00	______	

28 Speth u.a. – ISBN 978-3-8120-0555-5

Maschinenbestand (gleiche Kostenstruktur)	Wiederbeschaffungskosten je Maschine	Nutzungsdauer	Raumbedarf in m^2 je Maschine	Strombedarf in kWh je Maschine
12	62 000,00 EUR	8	30	18

Die jährliche Arbeitszeit beträgt 260 Tage, die tägliche Arbeitszeit 8 Stunden. An Leerstunden sind monatlich 8 Arbeitsstunden anzusetzen.

Der Zinssatz für das investierte Kapital beläuft sich auf 7,5 %. Die Anschaffungskosten je Maschine betragen 60 500,00 EUR.

Die jährlichen Instandhaltungskosten betragen 4 600,00 EUR je Maschine (Schätzung).

Es wird kalkulatorisch nach der linearen Abschreibungsmethode abgeschrieben.

Der Raumkostensatz je m^2 beträgt 99,20 EUR jährlich. Der Strompreis beträgt 0,19 EUR je kWh.

Aufgaben:

1. Berechnen Sie den Maschinenstundensatz je Maschine!
2. Übertragen Sie den BAB in Ihr Übungsheft. Berechnen Sie die Maschinenkosten und die Rest-Fertigungsgemeinkosten und tragen Sie die Beträge in den BAB ein! Dabei wird vorausgesetzt, dass sämtliche Maschinen die Sollleistung erbracht haben.
3. Berechnen Sie den Restgemeinkostensatz, wenn 4 114 506,00 EUR an Fertigungslöhnen angefallen sind!

(4) Kalkulation mit Maschinenstundensätzen

Beispiel:

Für einen Auftrag, bei dem nach den auf Seite 433 ermittelten Maschinenstundensätzen nur Maschine I und Maschine II zum Einsatz kommen, ist der Selbstkostenpreis aufgrund folgender Angaben zu berechnen:

Fertigungsmaterialverbrauch	1 210,00 EUR	Maschine I	3 Std. zu je 85,20 EUR
Fertigungslöhne	820,00 EUR	Maschine II	2 Std. zu je 124,10 EUR

Die Zuschlagssätze betragen:	MGK	8 %	VerwGK	12 %
	Rest-FGK	77,4 %	VertrGK	8 %

Aufgabe:

Berechnen Sie die geplanten Selbstkosten des Auftrags!

Lösung:

Verbrauch von Fertigungsmaterial	1 210,00 EUR	
8 % Materialgemeinkosten	96,80 EUR	
Materialkosten		1 306,80 EUR
Fertigungslöhne	820,00 EUR	
77,4 % Rest-FGK	634,68 EUR	
Maschine I: 3 Std. · 85,20 EUR/Std.	255,60 EUR	
Maschine II: 2 Std. · 124,10 EUR/Std.	248,20 EUR	
Fertigungskosten		1 958,48 EUR
Herstellkosten		3 265,28 EUR
12 % Verwaltungsgemeinkosten		391,83 EUR
8 % Vertriebsgemeinkosten		261,22 EUR
Selbstkosten		3 918,33 EUR

Übungsaufgaben

157 1. Der BAB eines Industriebetriebs weist folgende Zahlen aus:

Material	Fertigung				Verwaltung	Vertrieb
	Maschine A	Maschine B	Maschine C	Rest-FGK		
75000,00 EUR	320000,00 EUR	400000,00 EUR	500000,00 EUR	396000,00 EUR	201476,00 EUR	323422,00 EUR

Verbrauch von Fertigungsmaterial: 600000,00 EUR Fertigungslöhne: 360000,00 EUR
Die Laufzeit der einzelnen Maschinen beträgt: Maschine A: 1600 Std., Maschine B: 5000 Std., Maschine C: 4000 Std.

Aufgaben:

1.1 Errechnen Sie die Gemeinkostenzuschlagssätze und die Maschinenstundensätze!
Anmerkung: Die Rest-Fertigungsgemeinkosten sind auf die Fertigungslöhne, die Verwaltungs- und die Vertriebsgemeinkosten sind auf die Herstellkosten der Rechnungsperiode zu beziehen.

1.2 Für die Herstellung eines Produkts wird wie folgt kalkuliert: Fertigungsmaterial 210,00 EUR, Fertigungslöhne 170,00 EUR, Beanspruchung von Maschine A 12 Min., Maschine B 9 Min. und Maschine C 18 Min. Des Weiteren werden eingerechnet: 25% Gewinn, 12% Vertreterprovision, 3% Kundenskonto und 20% Kundenrabatt.
Ermitteln Sie den Listenverkaufspreis!

1.3 Nennen Sie Kostenarten, die zu den maschinenabhängigen Kosten zu rechnen sind und geben Sie an, wie aus diesen der Maschinenstundensatz errechnet wird!

1.4 Welche Folgen ergeben sich aus der Anwendung der Maschinenstundensatzrechnung für den Aufbau des BABs?

1.5 1.5.1 Wodurch unterscheiden sich die Herstellkosten der Rechnungsperiode von den Herstellkosten des Umsatzes?
1.5.2 Welchen Wert wählen Sie als Zuschlagsgrundlage für die Vertriebsgemeinkosten? (Begründung!)

2. Die Metall-Design Richter GmbH richtet nach Anschaffung einer neuen Multifunktionsmaschine eine zusätzliche Kostenstelle für die Fertigung ein.

Aufgabe:

Ermitteln Sie den Maschinenstundensatz für die Multifunktionsmaschine aufgrund folgender Angaben: Wiederbeschaffungskosten 600000,00 EUR, betriebliche Nutzungsdauer 10 Jahre, jährliche Maschinenlaufzeit je Anlage 1944 Stunden, kalkulatorischer Zinssatz 9% p.a., Instandhaltungskosten 22770,00 EUR jährlich, jährliche Raumkosten 104,00 EUR pro m^2 bei einem Platzbedarf von 30 m^2, Energiebedarf 25 kW; Strompreis 0,15 EUR/kWh, Grundgebühr monatlich 80,00 EUR.

158 Aus der Kosten- und Leistungsrechnung eines Industriebetriebs stehen folgende Zahlen und Angaben zur Verfügung (Gemeinkosten lt. BAB):

Material	Fertigung			Verwaltung	Vertrieb
	Maschine A	Maschine B	Rest-FGK		
380000,00 EUR	159225,00 EUR	207400,00 EUR	148500,00 EUR	306848,75 EUR	228161,25 EUR

Einzelkosten:	Verbrauch von Fertigungsmaterial:	304000,00 EUR
	Fertigungslöhne:	135000,00 EUR

Bestände	Anfangsbestand	Schlussbestand
Unfertige Erzeugnisse:	48 000,00 EUR	46 000,00 EUR
Fertige Erzeugnisse:	57 000,00 EUR	51 000,00 EUR

Laufzeit der Maschinen:
Maschine A 1 650 Stunden
Maschine B 1 700 Stunden

Aufgaben:

1. Errechnen Sie die Gemeinkostenzuschlagssätze und die Maschinenstundensätze (Ergebnisse auf ganze Zahlen aufrunden)! Bezugsgröße für die Verwaltungsgemeinkosten sind die Herstellkosten der Rechnungsperiode, für die Vertriebsgemeinkosten die Herstellkosten des Umsatzes für die Rest-Fertigungsgemeinkosten die Fertigungslöhne.
2. Ein Kunde des Betriebs bestellt 150 Stück eines Produkts, dessen Herstellung (pro Stück) Maschine A 9 Min. und Maschine B 18 Min. in Anspruch nimmt. Pro Stück wird Fertigungsmaterial im Wert von 16,50 EUR benötigt, die Fertigungslöhne betragen 24,00 EUR.

   Wie viel EUR beträgt der Listenverkaufspreis, wenn 7,93 % Gewinn, 2 % Kundenskonto und 10 % Vertreterprovision zu berücksichtigen sind?

159 1. Eine Maschinenfabrik rechnet für einen neuen Maschinentyp mit folgenden Kalkulationsdaten:

Verbrauch von Fertigungsmaterial		1 040,00 EUR		
Fertigungslöhne		870,00 EUR		
Gemeinkostenzuschläge:	MGK	5 %	VerwGK	9 %
	Rest-FGK	85 %	VertrGK	7 %
Nutzung von Maschinen:	Maschine A:	25 Minuten 108,00 EUR Maschinenstundensatz		
	Maschine B:	13 Minuten 78,00 EUR Maschinenstundensatz		

Gewinnzuschlag 33 ⅓ %, Vertreterprovision 12,5 %, Kundenskonto 2 ½ % und Kundenrabatt 20 %.

Aufgaben:

1.1 Berechnen Sie den Listenverkaufspreis!

1.2 Um den Absatz zu steigern, wird die Maschine zum Sonderpreis von 5 421,14 EUR angeboten.

Wie viel Gewinn in EUR und in Prozent verbleiben dem Unternehmen?

2. Für einen Reparaturauftrag ist der Angebotspreis unter Berücksichtigung folgender Angaben zu kalkulieren:

Verbrauch von Reparaturmaterial		195,80 EUR	Normalzuschlagssätze:	
Fertigungslöhne	2,6 Stunden zu je	45,00 EUR	– MGK	7,5 %
Maschine I	0,6 Stunden zu je	104,90 EUR	– Rest-FGK	101,8 %
Maschine II	1,3 Stunden zu je	63,50 EUR	– VerwGK	9,4 %
Gewinnzuschlag	20 %		– VertrGK	8,8 %

Aufgaben:

2.1 Wie viel EUR beträgt der Angebotspreis für den Reparaturauftrag?

2.2 Die Istkostenrechnung für den Reparaturauftrag ergab folgende Kalkulationsdaten:

Verbr. v. Rep.-Mat.			210,50 EUR	Istzuschlagssätze:	
Fertigungslöhne	2,8	Stunden zu je	46,70 EUR	– MGK	9 %
Maschine I	0,75	Stunden zu je	104,90 EUR	– Rest-FGK	104 %
Maschine II	1,2	Stunden zu je	63,50 EUR	– VerwGK	10,3 %
				– VertrGK	7 %

2.2.1 Wie viel EUR betragen die entstandenen Selbstkosten?

2.2.2 Berechnen Sie die Kostenabweichung in EUR und in Prozent!

160 Die Textilfabrik Maria Auer e. Kfr. stellt ihre Betriebsabrechnung teilweise auf Maschinenstundensatzrechnung um. Sie fasst dazu die zur Fertigungsstelle Näherei gehörenden Maschinen zur Maschinengruppe Näherei (Raumbedarf 250m²) zusammen.

Die maschinenabhängigen Kosten setzen sich wie folgt zusammen:

Wiederbeschaffungswert der Maschinen	2 400 000,00 EUR
Nutzungsdauer (lineare Abschreibung)	8 Jahre
Steuern und Versicherungen	5 250,00 EUR/Jahr
Stromverbrauch	120 kWh
Instandhaltungskosten pro Monat	3 000,00 EUR
Hilfslohnkosten pro Betriebsstunde	16,00 EUR
Sozialkosten	14 400,00 EUR/Jahr
Kalkulatorische Zinsen	8 %
Stromverrechnungssatz	0,25 EUR/kWh
Jährliche Arbeitszeit	246 Tage, 8 Std./Tag
Instandhaltungszeiten	32 Std./Jahr
Raumkosten pro Jahr	58,00 EUR/m²

Laut dem Jahres BAB sind in der Näherei folgende Gemeinkosten entstanden:

Hilfs- und Betriebsstoffkosten	120 000,00 EUR
Energiekosten	80 000,00 EUR
Hilfslöhne	48 000,00 EUR
Gehälter	55 000,00 EUR
Sozialkosten	80 000,00 EUR
Instandhaltungskosten	48 000,00 EUR
Steuern, Versicherungen	6 000,00 EUR
Kalkulatorische Abschreibung	540 000,00 EUR
Kalkulatorische Zinsen	170 000,00 EUR
Raumkosten	20 000,00 EUR
Summe der Gemeinkosten	1 167 000,00 EUR

Aufgaben:

1. Geben Sie zwei Gründe an, warum im Allgemeinen die Kalkulation der Fertigungskosten auf der Basis von Maschinenstundensätzen genauer wird!

2. Errechnen Sie aus dem Jahres-Betriebsabrechnungsbogen die maschinenabhängigen Kosten und die Rest-Fertigungsgemeinkosten für die Näherei in einer Tabelle!

3. Ermitteln Sie den Maschinenstundensatz und den Rest-Fertigungsgemeinkostenzuschlagssatz. Die Fertigungslöhne betragen 430 000,00 EUR.

4. Die Ausführung eines Einzelauftrages erfordert folgende Kosten:

Verbrauch von Fertigungsmaterial	2 000,00 EUR
Maschinenstunden	2,5
Fertigungslöhne	4 Std. zu je 45,00 EUR
Materialgemeinkostenzuschlagssatz	10 %

Ermitteln Sie die Herstellkosten!

161 Eine Möbelfabrik stellte bisher ausschließlich Lagerregale her und verwendete dazu relativ einfache und gleichartige Maschinen. Im Rahmen des BABs wurde für die Produktion lediglich die Hauptkostenstelle Fertigung eingerichtet. Zu Beginn des neuen Geschäftsjahres wird die Produktion von Bürotischen neu aufgenommen. Dazu wurde ein teurer Fertigungsautomat angeschafft.

Aufgaben:

1. Wie würden Sie den BAB gestalten?
2. Wie würde sich die Beibehaltung des BABs in seinem bisherigen Aufbau auf die Absatzsituation der Möbelfabrik auswirken?

4.4.3 Kostenträgerzeitrechnung

4.4.3.1 Inhalt und Aufgaben der Kostenträgerzeitrechnung

Bei der **Kostenträgerzeitrechnung** werden alle Einzel- und Gemeinkosten einer Rechnungsperiode ermittelt und den Leistungen der Rechnungsperiode gegenübergestellt. Die Differenz zwischen den Nettoverkaufserlösen und den Selbstkosten des Umsatzes ergibt das Betriebsergebnis.

Während sich die Ermittlung des Gesamtergebnisses in der Geschäftsbuchführung an den handels- und steuerrechtlichen Vorschriften zu orientieren hat, ist es die vorrangige Aufgabe der Kosten- und Leistungsrechnung, das Unternehmen – losgelöst von gesetzlichen Vorschriften – im Sinne der gesetzten Unternehmensziele zu steuern. Dabei spielt die Aufschlüsselung des Betriebsergebnisses eine wichtige Rolle. Es muss die wichtige Frage beantwortet werden, mit welchem Anteil die einzelnen Kostenträger (evtl. Kostenträgergruppen) am Betriebsergebnis beteiligt sind.

Technisches Hilfsmittel zur Beantwortung dieser Frage ist das so genannte **Kostenträgerblatt**.

4.4.3.2 Rechnerischer Ablauf der Kostenträgerzeitrechnung (Kostenträgerblatt) mit Normalkosten

Beispiel:

Die Kosten- und Leistungsrechnung eines Industrieunternehmens, das die Produkte A und B herstellt, weist für den Monat Oktober in der Vorkalkulation, in der die Gemeinkosten mit Normalzuschlagssätzen verrechnet werden, folgende Gesamtdaten auf, die sich in der vorgegebenen Weise (siehe Seite 439) auf die beiden Produkte verteilen.

Verbrauch von Fertigungsmaterial 480 000,00 EUR, Fertigungslöhne 210 000,00 EUR, Netto-Verkaufserlöse 1 460 000,00 EUR.

Die Zuschlagssätze betragen: MGK 12 %, FGK 85 %, VerwGK 18 %, VertrGK 7 %.

Bezugsgrundlagen: Die VerwGK sind auf die Herstellkosten der Rechnungsperiode und die VertrGK auf die Herstellkosten des Umsatzes zu beziehen.

SEKF 8 100,00 EUR, SEKV 4 800,00 EUR

Bestände an FE und UE:

	FE		UE	
	Produkt A	Produkt B	Produkt A	Produkt B
Anfangsbestand	31 400,00 EUR	17 500,00 EUR	14 300,00 EUR	12 400,00 EUR
Schlussbestand lt. Inventur	43 500,00 EUR	27 700,00 EUR	11 300,00 EUR	10 000,00 EUR

Aufgaben:

Stellen Sie die Kostenträgerzeitrechnung (das Kostenträgerblatt) auf, berechnen Sie das Betriebsergebnis und schlüsseln Sie dieses auf die beiden Kostenträger auf!

Lösungen:

Ziffer	Bezeichnungen	Beträge der Rechn.-Periode	Produkt A	Produkt B
1	Verbrauch von Fertigungsmaterial	480 000,00	280 000,00	200 000,00
2	+ 12 % Materialgemeinkosten	57 600,00	33 600,00	24 000,00
3	**Materialkosten** (1 + 2)	537 600,00	313 600,00	224 000,00
4	Fertigungslöhne	210 000,00	120 000,00	90 000,00
5	+ 85 % Fertigungsgemeinkosten	178 500,00	102 000,00	76 500,00
6	+ Sondereinzelkosten der Fertigung	8 100,00	8 100,00	
7	**Fertigungskosten** (4 + 5 + 6)	396 600,00	230 100,00	166 500,00
8	**Herstellkosten der Rechnungsperiode** (3 + 7)	934 200,00	543 700,00	390 500,00
9	+ Bestandsminderung UE	5 400,00	3 000,00	2 400,00
10	− Bestandsmehrung FE	22 300,00	12 100,00	10 200,00
11	**Herstellkosten des Umsatzes** (8 + 9 − 10)	917 300,00	534 600,00	382 700,00
12	+ 18 % Verwaltungsgemeinkosten (von 8)	168 156,00	97 866,00	70 290,00
13	+ 7 % Vertriebsgemeinkosten (von 11)	64 211,00	37 422,00	26 789,00
14	+ Sondereinzelkosten des Vertriebs	4 800,00	3 000,00	1 000,00
15	**Selbstkosten des Umsatzes** (11+12+13+14)	1 154 467,00	673 688,00	480 779,00
16	Netto-Verkaufserlöse	1 460 000,00	820 000,00	640 000,00
15	− Selbstkosten des Umsatzes	1 154 467,00	673 688,00	480 779,00
17	= **Umsatzergebnis** (16 − 15)	305 533,00	146 312,00	159 221,00

Zur Erinnerung:

Von den Herstellkosten der Rechnungsperiode zu den Herstellkosten des Umsatzes (Ziffer 8 bis Ziffer 11)

Bei dem so genannten **Gesamtkostenverfahren,**[1] von dem wir immer ausgehen, werden unabhängig von der verkauften Menge, alle Kosten der Rechnungsperiode erfasst.

Werden weniger Güter verkauft als hergestellt, drückt sich diese Differenz in einer Bestandserhöhung aus. Um die Kosten und Leistungen einander anzupassen, d. h., um sie auf die gleiche Mengenbasis zu bringen, muss der Wert der **Bestandsmehrung** aus Sicht der Kostenrechnung von den ermittelten Herstellkosten der Rechnungsperiode **subtrahiert** werden.

Bei einer **Bestandsminderung** sind die Verhältnisse entgegengesetzt. Daher muss der Wert der Bestandsminderung zu den Herstellkosten der Rechnungsperiode **hinzuaddiert** werden. Das gilt aus Sicht der Kostenrechnung sowohl für die fertigen Erzeugnisse als auch für die unfertigen Erzeugnisse.

Herstellkosten der Rechnungsperiode
− Bestandsmehrung
+ Bestandsminderung

Herstellkosten des Umsatzes

1 Das Gesamtkostenverfahren wird im Band „Steuerung und Kontrolle, Fachstufe I und II" behandelt.

Übungsaufgabe

162 Ein Industriebetrieb stellt die Produkte A und B her. In der Vorkalkulation, in der die Gemeinkosten mit Normalzuschlagssätzen ermittelt werden, ergeben sich für den Monat Januar folgende Daten:

	Für Produkt A:	**Für Produkt B:**
Netto-Verkaufserlöse	1 120 700,00 EUR	1 895 400,00 EUR
Verbrauch von Fertigungsmaterial	220 300,00 EUR	378 400,00 EUR
Fertigungslöhne	271 800,00 EUR	425 850,00 EUR
Materialgemeinkosten	11 %	1 %
Fertigungsgemeinkosten	160 %	160 %
Verwaltungsgemeinkosten	13 %	13 %
Vertriebsgemeinkosten	8 %	8 %

Bezugsgrundlagen: Die VerwGK sind auf die Herstellkosten der Rechnungsperiode und die VertrGK auf die Herstellkosten des Umsatzes zu beziehen.

Bestände an fertigen und unfertigen Erzeugnissen:

	A		B	
	Fertige Erz.	Unfert. Erz.	Fertige Erz.	Unfert. Erz.
Anfangsbestand	72 450,00 EUR	36 600,00 EUR	158 900,00 EUR	120 410,00 EUR
Schlussbestand lt. Inventur	51 550,00 EUR	41 500,00 EUR	210 600,00 EUR	86 300,00 EUR

Aufgabe:

Stellen Sie das Kostenträgerblatt auf und berechnen Sie das Umsatzergebnis insgesamt und bezogen auf die beiden Kostenträger!

4.4.3.3 Kostenträgerzeitrechnung mit Ist- und Normalkosten – Kostenüberdeckung und Kostenunterdeckung[1]

Grundlage der Zuschlagskalkulation während der Rechnungsperiode sind die Normalkosten. Nach Abschluss einer Rechnungsperiode (in der Praxis ist dies im Allgemeinen ein Monat) muss daher festgestellt werden, ob die Normalkosten die tatsächlich entstandenen Kosten (Istkosten) decken. Da in der Praxis die Istkosten mit den Normalkosten selten übereinstimmen, kommt es in aller Regel zu einer Über- oder Unterdeckung der Kosten. Die Kostenüber- oder Kostenunterdeckungen lassen sich im Kostenträgerblatt feststellen, wenn man die Normalkosten den Istkosten gegenüberstellt.

Beispiel:

Wir greifen zurück auf das Beispiel von S. 438. Der Lösung mit Normalkosten auf S. 439 (Vorkalkulation) soll eine Nachkalkulation mit folgenden Istzuschlagssätzen gegenüber gestellt werden.

MGK: 10 % FGK: 90 % VerwGK: 15 % VertrGK: 8 %

Aufgaben:

1. Ermitteln Sie die Selbstkosten des Umsatzes als Istkosten und bei Normalzuschlagssätzen!
2. Errechnen Sie die Kostenüber- bzw. Kostenunterdeckung!
3. Ermitteln Sie das Betriebsergebnis!

1 Der Einfachheit halber wird hier auf die Aufteilung in mehrere Produkte verzichtet.

Lösungen:

Ziffer	Bezeichnungen	Istkosten	Normalzuschlagssätze	Normalkosten	Kostenüber-/-unterdeckungen
1	Materialverbrauch	480 000,00		480 000,00	
2	+ 10 % Materialgemeinkosten	48 000,00	12 %	57 600,00	+ 9 600,00
3	**Materialkosten** (1+2)	528 000,00		537 600,00	
4	Fertigungslöhne	210 000,00		210 000,00	
5	+ 90 % Fert.-Gemeinkosten	189 000,00	85 %	178 500,00	– 10 500,00
6	+ Sondereinzelk. d. Fertigung	8 100,00		8 100,00	
7	**Fertigungskosten** (4+5+6)	407 100,00		396 600,00	
8	**Herstellk. d. Rech.-Periode** (3+7)	935 100,00		934 200,00	
9	+ Bestandsminderung UE	5 400,00		5 400,00	
10	– Bestandsmehrung FE	22 300,00		22 300,00	
11	**Herstellkosten des Umsatzes** (8+9–10)	918 200,00		917 300,00	
12	+ 15 % Verw.-Gemeinkosten (v. 8)	140 265,00	18 %	168 156,00	+ 27 891,00
13	+ 8 % Vertr.-Gemeinkosten (v. 11)	73 456,00	7 %	64 211,00	– 9 245,00
14	Sondereinzelkosten des Vertriebs	4 800,00		4 800,00	
15	**Selbstkosten des Umsatzes** (11+12+13+14)	1 136 721,00		1 154 467,00	+ 17 746,00

16	Nettoverkaufserlöse	1 460 000,00		1 460 000,00
15	– Selbstkosten des Umsatzes	1 136 721,00		1 154 467,00
17	**Umsatzergebnis**			305 533,00
18	+ Kostenüberdeckung			17 746,00
19	**Betriebsergebnis**	323 279,00		323 279,00

Erläuterungen: Vom Umsatzergebnis zum Betriebsergebnis (Ziffer 17 bis 19)

Das Umsatzergebnis bei der Vorkalkulation ergibt sich durch folgende Rechnung:

Nettoverkaufserlöse – Selbstkosten des Umsatzes = Umsatzergebnis

Die Rechnung mit Normalzuschlagssätzen (Vorkalkulation) führt zwangsläufig zu einem anderen Ergebnis als die Nachkalkulation mit Istkosten, da die Gemeinkosten mit anderen Zuschlagssätzen berechnet werden. Das Umsatzergebnis in der Normalkostenrechnung unterscheidet sich daher vom Betriebsergebnis in der Istkostenrechnung, und zwar um die Differenz zwischen den Normalgemeinkosten und den Istgemeinkosten, oder anders ausgedrückt, um die Kostenüber- bzw. Kostenunterdeckungen.

Da bei einer **Kostenüberdeckung** die verrechneten Normalkosten **über** den angefallenen Istkosten liegen, fällt das Umsatzergebnis niedriger aus als das mit Istkosten ermittelte Betriebsergebnis. Um im Falle einer Kostenüberdeckung vom Umsatzergebnis zum Betriebsergebnis zu gelangen, muss daher zum Umsatzergebnis eine **Kostenüberdeckung hinzuaddiert** werden.

Im vorliegenden Beispiel ergibt sich per Saldo eine Kostenüberdeckung in Höhe von 17 746,00 EUR. Bei einem Umsatzergebnis in Höhe von 305 533,00 EUR (siehe Ziffer 17) führt das zu einem Betriebsergebnis in Höhe von (305 533,00 EUR + 17 746,00 EUR) 323 279,00 EUR (siehe Ziffer 19).

Bei einer **Kostenunterdeckung** sind die **Normalkosten niedriger** als die tatsächlich angefallenen **Istkosten.** Daher ist das Umsatzergebnis höher als das tatsächliche Ergebnis. Um vom Umsatzergebnis zum Betriebsergebnis zu gelangen, muss daher eine **Kostenunterdeckung vom Umsatzergebnis subtrahiert** werden.

Merke:

- Umsatzergebnis + Kostenüberdeckung = Betriebsergebnis
- Umsatzergebnis − Kostenunterdeckung = Betriebsergebnis

Übungsaufgaben

163 Ein Industrieunternehmen entnimmt der Abgrenzungstabelle folgende Zahlenwerte:

Betriebsabrechnungsbogen am Ende der Rechnungsperiode

Gemeinkosten	Material	Fertigung	Verwaltung	Vertrieb
insgesamt	85 260,60 EUR	926 670,00 EUR	309 709,27 EUR	180 663,73 EUR

Einzelkosten und Leistungen

Verbrauch von Fertigungsmaterial	897 480,00 EUR
Fertigungslöhne	671 500,00 EUR
Nettoverkaufserlöse	3 247 200,00 EUR

Normalzuschlagssätze

MGK	9 %
FGK	136,2 %
VerwGK	13 %
VertrGK	6,5 %

Bezugsgrundlagen: Die VerwGK und die VertrGK sind auf die Herstellkosten der Rechnungsperiode zu beziehen.

Aufgaben:

1. Ermitteln Sie die Selbstkosten des Umsatzes
   1.1 als Istkosten,
   1.2 bei Normalzuschlagssätzen!
2. Errechnen Sie die Kostenüber- bzw. Kostenunterdeckung sowie das Betriebsergebnis der Abrechnungsperiode!
3. Errechnen Sie die Istzuschlagssätze!

164 Die Kosten- und Leistungsrechnung eines Industrieunternehmens liefert für den Monat Mai folgende Kalkulationsdaten:

Einzelkosten und Leistungen	**Für Produkt A**	**Für Produkt B**
Verbrauch von Fertigungsmaterial	210 700,00 EUR	106 300,00 EUR
Fertigungslöhne	140 500,00 EUR	72 100,00 EUR
SEKF	6 500,00 EUR	2 200,00 EUR
SEKVt	5 200,00 EUR	3 400,00 EUR
Nettoverkaufserlöse	792 322,00 EUR	404 700,00 EUR

Zuschlagssätze

	Material	Fertigung	Verwaltung	Vertrieb
Ist-Zuschlagssätze	7 %	165 %	13 %	6 %
Normal-Zuschlagssätze	8 %	166 %	11,5 %	7,2 %

Bezugsgrundlagen: Die VerwGK und die VertrGK sind auf die Herstellkosten des Umsatzes zu beziehen.

Bestände an FE und UE	Produkt A		Produkt B	
	FE	UE	FE	UE
Anfangsbestand	71 700,00 EUR	18 400,00 EUR	80 400,00 EUR	40 100,00 EUR
Schlussbestand lt. Inventur	67 200,00 EUR	21 600,00 EUR	84 200,00 EUR	34 800,00 EUR

Aufgaben:

1. Ermitteln Sie die Selbstkosten des Umsatzes
   1.1 als Istkosten,
   1.2 bei Normalzuschlagssätzen!
2. Errechnen Sie die Kostenüber- bzw. Kostenunterdeckung sowie das Betriebsergebnis der Abrechnungsperiode!

165 Aus der Buchhaltung eines Industriebetriebs und aus dem BAB entnehmen wir folgende Istkosten:

Verbr. v. Fertigungsmaterial (FM)	720 000,00 EUR
Materialgemeinkosten (MGK)	64 800,00 EUR
Fertigungslöhne (FL)	415 200,00 EUR
Fertigungsgemeinkosten (FGK)	519 000,00 EUR
Verwaltungsgemeinkosten (VerwGK)	240 660,00 EUR
Vertriebsgemeinkosten (VertrGK)	171 900,00 EUR

Normalzuschlagssätze MGK 10 %, FGK 100 %, VerwGK 20 %, VertrGK 15 %

Aufgaben:

1. Stellen Sie die Gesamtkalkulation sowohl auf Sollkostenbasis (Normalkosten) als auch auf Istkostenbasis auf!
2. Berechnen Sie die Kostenüber- bzw. die Kostenunterdeckung!
3. Berechnen Sie die Istzuschlagssätze!

166 Die Pharmageräte AG kalkuliert mit folgenden Normalzuschlagssätzen:

MGK 12 %, FGK 140 %, VerwGK 15 %, VertrGK 10 %.

Zur Überprüfung dieser Zuschlagssätze werden die Istkosten des vergangenen Abrechnungszeitraums herangezogen:

Verbrauch von Fertigungsmaterial	460 000,00 EUR
Fertigungslöhne	318 000,00 EUR
Materialgemeinkosten lt. BAB	58 700,00 EUR
Fertigungsgemeinkosten lt. BAB	412 300,00 EUR
Vertriebsgemeinkosten lt. BAB	135 014,00 EUR
Verwaltungsgemeinkosten lt. BAB	149 880,00 EUR
Nettoverkaufserlöse	1 580 000,00 EUR

Bezugsgrundlagen: Die VerwGK sind auf die Herstellkosten der Rechnungsperiode und die VertrGK auf die Herstellkosten des Umsatzes zu beziehen.

Bestände an unfertigen und fertigen Erzeugnissen:

UE:	Bestandsminderung	17 100,00 EUR
FE:	Bestandsmehrung	38 700,00 EUR

Aufgaben:

1. Stellen Sie in einer Gesamtkalkulation die Istkosten und die Normalkosten einander gegenüber und ermitteln Sie, welche Kostenüber- bzw. Kostenunterdeckungen sich für die einzelnen Positionen feststellen lassen!
2. Ermitteln Sie die Istgemeinkostenzuschlagssätze!
3. Errechnen Sie das Betriebsergebnis der Abrechnungsperiode!

167 Folgende Werte (TEUR) aus dem Kostenträgerzeitblatt liegen vor:

Umsatzerlöse (netto)	676 TEUR
Herstellkosten der Rechnungsperiode (Normalkosten)	533 TEUR
Verwaltungs- und Vertriebsgemeinkosten (Normalkosten)	91 TEUR
Kostenüberdeckung	26 TEUR
Betriebsergebnis	52 TEUR

Aufgabe:

Wie viel TEUR beträgt die Bestandsveränderung?

168 Ein Maschinenbaubetrieb ist als Zulieferer für mehrere Maschinenfabriken tätig. Die Nettoverkaufserlöse betrugen in der vergangenen Abrechnungsperiode 2 360 000,00 EUR. Im gleichen Zeitraum fielen folgende Kosten an:

Verbrauch von Fertigungsmaterial	732 800,00 EUR
Fertigungslöhne Weichbearbeitung	240 000,00 EUR
Hartbearbeitung	292 800,00 EUR
Sondereinzelkosten des Vertriebs	20 000,00 EUR
Gemeinkosten insgesamt	914 840,00 EUR

Es wurde mit folgenden Zuschlagssätzen gerechnet: MGK 10 %, FGK Weichbearbeitung 110 %, FGK Hartbearbeitung 115 %, VerwGK 8 % und VertrGK 5 %.

Die Gemeinkosten waren im BAB wie folgt aufgeteilt:

Sozialbereich	44 640,00 EUR
Materialbereich	68 700,00 EUR
Weichbearbeitung	183 200,00 EUR
Hartbearbeitung	274 800,00 EUR
Arbeitsvorbereitung	91 600,00 EUR
Verwaltung	137 400,00 EUR
Vertrieb	114 500,00 EUR

Der BAB des Maschinenbaubetriebs ist wie folgt aufgebaut:

	Zahlen der KLR	Sozialbereich	Materialbereich	Weichbearbeitung	Hartbearbeitung	Arbeitsvorbereitung	Verwaltung	Vertrieb
Summe der Gemeinkosten								

Aufgaben:

1. Verteilen Sie die Kosten des Sozialbereiches auf die übrigen Kostenstellen nach der Zahl der Beschäftigten: Material 2, Weichbearbeitung 25, Hartbearbeitung 30, Arbeitsvorbereitung 4, Verwaltung 8 und Vertrieb 3!
2. Die Kosten der Arbeitsvorbereitung sind zu gleichen Teilen auf die beiden Fertigungshauptstellen aufzuteilen!
3. Ermitteln Sie auf einem Kostenträgerblatt die Istzuschlagssätze (auf eine Dezimale gerundet) sowie die Über- und Unterdeckungen und das Betriebsergebnis!

   Zuschlagsgrundlage für die Verwaltungsgemeinkosten sind die Herstellkosten der Rechnungsperiode, für die Vertriebsgemeinkosten die Herstellkosten des Umsatzes.

   Bei den unfertigen Erzeugnissen war der Anfangsbestand 85 000,00 EUR, der Schlussbestand 87 200,00 EUR, bei den Fertigerzeugnissen war der Anfangsbestand 52 000,00 EUR, der Schlussbestand 64 000,00 EUR.
4. Wie wirkt sich ein rückläufiger Beschäftigungsgrad auf das Betriebsergebnis aus, wenn die Gemeinkostenzuschlagssätze unverändert bleiben? Begründen Sie Ihre Aussage!

4.5 Zusammenfassung zur Kostenarten-, Kostenstellen- und Kostenträgerrechnung

Zahlenmaterial aus der Finanzbuchhaltung oder aus Hilfsrechnungen (Material- und Anlagenrechnung, Lohn- und Gehaltsbuchhaltung)

Abrechnungsstufen	Rechnungsgegenstand	Verrechnung der Kostenarten auf Kostenträger
Kostenartenrechnung Welche Kosten sind angefallen? (z. B. Personal-, Sach-, Zinskosten u. a.)	Periodenrechnung (Erfassungsrechnung)	
Kostenstellenrechnung Wo sind die Kosten angefallen? (z. B. im Material-, Fertigungs-, Verwaltungs-, Vertriebsbereich)	Periodenrechnung (Verteilungsrechnung)	
Kostenträgerrechnung Wofür sind die Kosten angefallen? (z. B. Produktart 1, Produktart 2)	Periodenrechnung und Stückrechnung ● Vorkalkulation zu Normalkosten ● Nachkalkulation zu Istkosten	

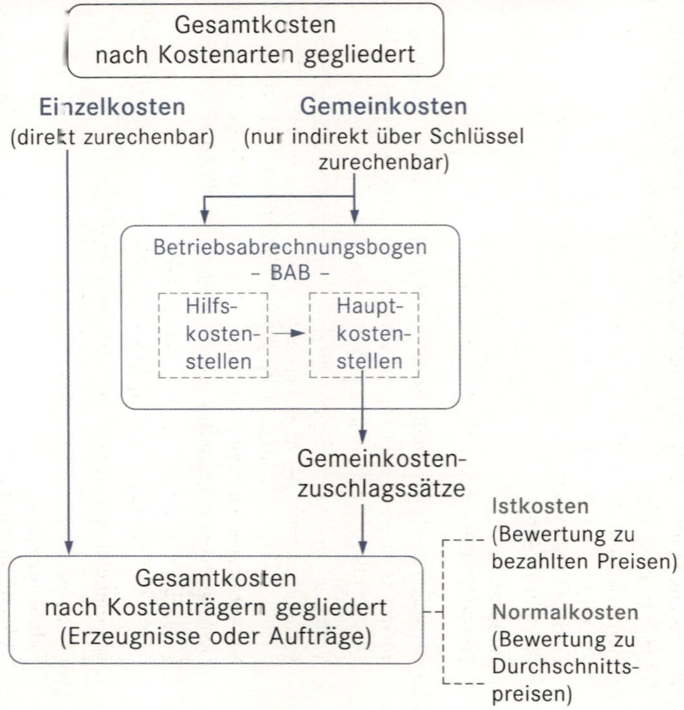

Übungsaufgaben

169 Ein Industrieunternehmen legt Ihnen den zusammengefassten Quartals-BAB vor.

	Materialbereich	Fertigungsstellen I	Fertigungsstellen II	Verwaltung	Vertrieb
Summe der Gemeinkosten	160 000,00	900 000,00	800 000,00	750 000,00	260 000,00
Zuschlagsgrundlage	3 200 000,00	700 000,00	750 000,00		
Ist-Gemeinkostenzuschläge	5 %	128,57 %	106,67 %		4 %

Bisher wurden folgende Zuschlagsgrundlagen für die Kalkulation verwendet:

Materialgemeinkosten:	Verbrauch von Fertigungsmaterial
Fertigungsgemeinkosten I:	Fertigungslöhne I
Fertigungsgemeinkosten II:	Fertigungslöhne II
Verwaltungsgemeinkosten:	Herstellkosten des Abrechnungszeitraums (Rechnungsperiode)
Vertriebsgemeinkosten:	Herstellkosten des Umsatzes

Aufgaben:

1. Berechnen Sie die Zuschlagsgrundlage und den Ist-Gemeinkostenzuschlagssatz für den Verwaltungsbereich (2 Kommastellen)!

2. 2.1 Berechnen Sie die Zuschlagsgrundlage für den Vertriebsbereich und die eingetretene Bestandsveränderung (Mehrung oder Minderung)!

   2.2 Weshalb ergeben sich in diesem BAB unterschiedliche Zuschlagsgrundlagen für Verwaltungs- und Vertriebsgemeinkosten?

3. Um die Kalkulationsgrundlagen zu verbessern, soll künftig in der Fertigungsstelle II mit Maschinenstundensätzen gerechnet werden. Eine Analyse ergab folgende Sätze:

   Für 9 Maschinen einen Maschinenstundensatz von je 60,00 EUR
   Für 3 Maschinen einen Maschinenstundensatz von je 80,00 EUR
   Für 6 Maschinen einen Maschinenstundensatz von je 120,00 EUR

   Laufzeit der Maschinen im Quartal:
   12 Wochen, 8 Stunden täglich, 5-Tage-Woche
   Ausfallzeiten: 60 Stunden

   Errechnen Sie die Maschinenkosten, die Rest-Fertigungsgemeinkosten und den Rest-Fertigungsgemeinkostenzuschlag!

4. Das Industrieunternehmen verkauft eine neuartige elektronische Steuerung für einen Motor für 1 437,50 EUR. Folgende Kalkulationsdaten liegen vor: Verbrauch von Fertigungsmaterial 475,00 EUR, MGK 12 %, Verwaltungs- und Vertriebsgemeinkosten 14 %, Kundenskonto 3 %, Mengenrabatt 10 %, Vertreterprovision 7 %.

   Wie viel EUR dürfen die Fertigungskosten für die elektronische Steuerung höchstens betragen, wenn an jedem Stück 145,00 EUR verdient werden soll?

170 Die Heinrich Plaste AG ist Hersteller von Kunststoffprodukten. Das Rechnungswesen der Heinrich Plaste AG liefert für das Jahr 20.. folgende Daten:

Konten		Zahlen der KLR (in EUR)	
5000	Umsatzerlöse	23 100 000,00	
6000	Rohstoffaufwendungen	4 200 000,00	
6200	Fertigungslöhne	6 300 000,00	
6300 - 7900	Gemeinkostensumme	8 400 000,00	
		Anfangsbestand	Schlussbestand
2100	Unfertige Erzeugnisse	84 000,00	98 000,00
2200	Fertige Erzeugnisse	170 000,00	146 000,00

Die Gemeinkostensumme verteilt sich auf die Kostenstellen wie folgt:
Material 3 Teile, Fertigung 12 Teile, Verwaltung 6 Teile und Vertrieb 4 Teile.

Von den Fertigungsgemeinkosten sind 2 592 000,00 EUR maschinenbedingt. Sie entfallen auf die automatische Kunststoffpresse. Die Laufzeit dieses Aggregates ist mit durchschnittlich 3 240 Stunden pro Jahr anzusetzen (Zweischichtbetrieb).

Aufgaben:

1. Die Zahlen der Kostenrechnung können von denen der Geschäftsbuchführung (Gewinn- und Verlustrechnung) abweichen.
   Erläutern Sie dies an jeweils einem Beispiel!
2. Verteilen Sie nach dem Schema des Betriebsabrechnungsbogens die Summe der Gemeinkosten und ermitteln Sie die Zuschlagssätze mit einer Stelle nach dem Komma!
   Die Verwaltungsgemeinkosten sind auf die Herstellkosten der Rechnungsperiode[1] und die Vertriebsgemeinkosten auf die Herstellkosten des Umsatzes zu beziehen.
3. Erläutern und begründen Sie, was die Heinrich Plaste AG dazu veranlasst haben könnte, bei der automatischen Kunststoffpresse mit einem Maschinenstundensatz zu rechnen!
4. Für einen Auftrag wurden im November 01 in einer Vorkalkulation Selbstkosten in Höhe von 55 500,00 EUR ermittelt. Tatsächlich verursachte der Auftrag folgende Kosten:

Fertigungsmaterialverbrauch	14 800,00 EUR
Fertigungslöhne	18 900,00 EUR
Sondereinzelkosten der Fertigung	1 800,00 EUR
Belegung der Kunststoffpresse	9,5 Stunden

4.1 Führen Sie mit den Zuschlagssätzen des Betriebsabrechnungsbogens die Nachkalkulation durch!

4.2 Welche Ursachen könnte die Kostendifferenz zwischen Vor- und Nachkalkulation haben und welche Schlüsse sind daraus zu ziehen?

1 Synonym zum Begriff „Herstellkosten der Rechnungsperiode" wird auch der Begriff „Herstellkosten der Produktion" verwandt.

Abschnitt C: Schwerpunkt Gesamtwirtschaft

Lernfeld 10: In Ausbildung und Beruf orientieren

1 Begriff, Leistungen, Leitbilder und Ziele des Unternehmens

1.1 Begriff und Leistung des Unternehmens

In der Regel bezieht ein Unternehmen von vorgelagerten Unternehmen eine Reihe von Vorleistungen (Werkstoffe verschiedener Art, Maschinen, Werkzeuge, Strom, Wasser, Erfindungen, Entwürfe, Dienstleistungen usw.). Wir nennen diese Vorleistungen **betriebliche Mittel.**

Durch den **Einsatz der eigenen Leistung** versucht das Unternehmen die übernommenen Mittel so zu verändern, dass sie für eine weitere Verwendung geeignet sind. Das Ergebnis der eigenen Leistung sind Sachgüter (z. B. Lebensmittel, Kleidung, Fahrzeug) oder Dienstleistungen (z. B. Transporte, Beratung durch einen Rechtsanwalt), die anderen Unternehmen wiederum als „betriebliche Mittel" dienen oder aber unverändert dem menschlichen Bedarf (Konsum) zugeführt werden können. Die wirtschaftliche Leistung des Unternehmens – und damit auch seine Berechtigung – ergibt sich immer daraus, dass es übernommene betriebliche Mittel einen **neuen Zweck** zuführt.

Merke:

- Unter einem **Unternehmen**[1] verstehen wir eine planvoll organisierte Wirtschaftseinheit, in der Sachgüter und Dienstleistungen beschafft, erstellt und abgesetzt werden.
- Die **Leistung eines Unternehmens** besteht darin, durch **eigene Anstrengungen** die **übernommenen betrieblichen Mittel** (Vorleistungen) für **weitere Zwecke** geeignet zu machen.

1.2 Unternehmensphilosophie (Unternehmenskultur) und Unternehmensleitbild

(1) Unternehmensphilosophie (Unternehmenskultur)

Alle am Unternehmen direkt oder indirekt beteiligten Menschen bringen Wertvorstellungen, Verhaltensregeln, Kommunikationsformen und Erkennungszeichen ein. Hieraus hat die Unternehmensführung eine für das Unternehmen typische Unternehmensphilosophie (Unternehmenskultur) zu entwickeln. Grundelemente einer Unternehmensphilosophie sind die Grundwerte und Überzeugungen, die Normen und Standards sowie die Artefakte[2] und Symbole.

1 Die Begriffe Unternehmen und Betrieb werden hier aus Vereinfachungsgründen gleichbedeutend (synonym) verwendet.

2 Artefakte: Das durch menschliches Können Geschaffene, Kunsterzeugnis.

- **Grundwerte** und **Überzeugungen** fragen nach dem „**Warum**“ des unternehmerischen Engagements und geben dem Unternehmen Orientierung. Sie sind dessen Richtschnur und leiten es in seinem Handeln, sie bilden quasi dessen „Weltanschauung“.

Beispiel Sony:

„Mit unseren Produkten sollten wir stets Pioniere sein – dem Markt weit voraus. Wir glauben, dass es besser ist, der Öffentlichkeit neue Produkte vorzuführen, als sie zu fragen, was für Produkte sie gerne hätte.“

- **Normen (Verhaltungsregeln)** und **Standards** sollen dafür sorgen, dass alle Beteiligten des Unternehmens sich entsprechend den Grundwerten und Überzeugungen verhalten. Normen und Standards haben den Charakter von Leitsätzen, Richtlinien, Regeln, Geboten, Verboten.

Beispiel:

Wir liefern nur Erzeugnisse mit maximaler Qualität aus und gehen hierfür keine Kompromisse ein.

- **Artefakte** und **Symbole** sind sichtbarer Ausdruck der Wertvorstellungen und halten diese über die Zeit hinweg lebendig. Es handelt sich um unternehmenstypische Erkennungszeichen bezüglich Verhalten (behaviour), Kommunikation (communication) und Erscheinungsbild (design).

Beispiele:

Verhalten:	Es wird eine kundenorientierte Produktberatung durchgeführt.
Kommunikation:	Die Produkte werden ausschließlich über das eigene Filialnetz verkauft und ausgeliefert.
Design:	Es wird ein einheitliches Firmenlogo verwendet.

Mit der Unternehmensphilosophie umschreibt man somit die „Persönlichkeit“ eines Unternehmens hinsichtlich der spezifischen, historisch gewachsenen Denkweisen und Problemlösungswegen. Sie umfasst so unterschiedliche Bereiche wie Tradition im Führungsverhalten, überlieferte Geschäftspraktiken oder die Organisationsstruktur.

(2) Unternehmensleitbild

In aller Regel formuliert die Unternehmensleitung die im Unternehmen bestehende Unternehmensphilosophie und hält sie unter Berücksichtigung der Unternehmensumwelt (politische, wirtschaftliche und soziale Rahmenbedingungen) in einem **Unternehmensleitbild**[1] fest.

1 In der betriebswirtschaftlichen Literatur wird teilweise noch der Begriff **Unternehmensvision** verwendet und zwar je nach Autor synonym mit dem Begriff Unternehmenskultur oder mit dem Begriff Unternehmensleitbild.

Beispiel: Unternehmensleitbild der Siemens AG

- **Wir machen unsere KUNDEN stark – und verschaffen ihnen Vorteile im Wettbewerb**
  Der Erfolg unserer Kunden ist auch unser Erfolg. Wir stellen unseren Kunden unsere ganze Kompetenz und unsere besten Lösungen zur Verfügung. So tragen wir dazu bei, dass sie ihre Ziele schnell und umfassend erreichen.
- **Wir treiben INNOVATIONEN voran – und gestalten die Zukunft**
  Innovationen sind unser Lebenselexier, rund um den Erdball und rund um die Uhr. Aus Ideen und Erfindungen entwickeln wir erfolgreiche Technologien und Produkte. Kreativität und Erfahrung sichern uns eine Spitzenstellung.
- **Wir steigern den Unternehmens-WERT – und sichern uns Handlungsfreiheit**
  Wir setzen auf profitables Wachstum und auf nachhaltige Wertsteigerung. Ein ausgewogenes Geschäftsportfolio, effektive Managementsysteme und die konsequente Realisierung von Synergien über alle Geschäftssegmente und Regionen hinweg sind die Basis unseres Erfolgs. Damit bieten wir unseren Aktionären eine attraktive Anlage.
- **Wir fördern unsere MITARBEITER – und motivieren zu Spitzenleistungen**
  Die Mitarbeiterinnen und Mitarbeiter sind die Quelle unseres Erfolgs. Wir arbeiten in einem weltweiten Netzwerk des Wissens und des Lernens zusammen. Unsere Unternehmenskultur ist geprägt von der Vielfalt der Menschen und Kulturen, von offenem Dialog, gegenseitigem Respekt, klaren Zielen und entschlossener Führung.
- **Wir tragen gesellschaftliche VERANTWORTUNG – und engagieren uns für eine bessere Welt**
  Unsere Ideen, Technologien und unser Handeln dienen den Menschen, der Gesellschaft und der Umwelt. Integrität bestimmt den Umgang mit unseren Mitarbeitern, Geschäftspartnern und Aktionären.

Merke:

- Unter der **Unternehmensphilosophie (Unternehmenskultur)** versteht man ein System gemeinsamer Grundwerte und Überzeugungen mit entsprechenden Verhaltensregeln und Standards sowie Erkennungszeichen.
- Das **Unternehmensleitbild** leitet sich aus der Unternehmensphilosophie ab. Es formuliert die grundlegenden Zwecke, Zielrichtungen, Gestaltungsprinzipien und Verhaltensnormen der Unternehmung.

(3) Corporate Identity

Aus dem Unternehmensleitbild leitet sich die Corporate Identity ab.

Merke:

Corporate Identity ist das Erscheinungsbild eines Unternehmens in der Öffentlichkeit und bei seinem Personal. Je höher der Grad der Corporate Identity ist, desto mehr können sich die Belegschaftsmitglieder mit dem Unternehmen identifizieren.[1]

1 Sich identifizieren: sich mit einer anderen Person oder Gruppe gefühlsmäßig (emotional) gleichsetzen und ihre Ziele übernehmen.

Folgende Instrumente dienen der Verstärkung der Corporate Identity eines Unternehmens (Corporate-Identity-Policy):

- **Corporate Design.** Hierunter versteht man die unverwechselbare Gestaltung der Elemente, die zum Erscheinungsbild des Unternehmens gehören z. B. die Firma, das Firmenzeichen, die Firmenfarben und das Unternehmens- und Produkt-Design.
- **Corporate Communications.** Hierzu gehören die Werbung und die Publicrelations.
- **Corporate Behaviour.**[1] Darunter versteht man die Erziehung der Mitarbeiter zu einem bestimmten Verhalten untereinander und gegenüber der Umwelt des Unternehmens entsprechend der verfolgten Corporate Identity.

1.3 Unternehmensziele

1.3.1 Begriff Unternehmensziele

Die Ziele der Unternehmung leiten sich aus dem Unternehmensleitbild ab. Sie geben der Unternehmensleitung, den Bereichs- und Gruppenleitern bzw. den Mitarbeitern eine Orientierung für die Steuerung und Kontrolle der betrieblichen Prozesse. Damit diese Orientierung zweifelsfrei möglich ist, sind die Unternehmensziele eindeutig zu formulieren und verbindlich festzulegen. Es sollten also Zielinhalt und Zielausmaß festgehalten werden. Ohne eine eindeutige Zielformulierung sind weder eine sinnvolle Planung noch eine Steuerung oder zweckentsprechende Kontrolle möglich.

Merke:

Unternehmensziele beschreiben einen zukünftigen Zustand des Unternehmens, den der zuständige Entscheidungsträger anzustreben hat.

Unternehmensziele können nach einer Vielzahl von Kriterien gegliedert werden. Wir beschränken uns im Folgenden auf die Darstellung der Gliederung der Unternehmensziele nach dem angestrebten Erfolg.

1.3.2 Gliederung der Unternehmensziele nach dem angestrebten Erfolg des Unternehmens

Das Kriterium *angestrebter Erfolg* führt zur Unterscheidung in ökonomische, ökologische und soziale Unternehmensziele.

(1) Ökonomische (wirtschaftliche) Ziele

Als Wesensmerkmal unternehmerischer Tätigkeit in der Marktwirtschaft gilt in der Theorie in aller Regel das **Gewinnstreben** als Ausdruck der wirtschaftlichen Zielsetzung. In Wirklichkeit sind die wirtschaftlichen Ziele aber komplexer. In einer empirischen[2] Untersuchung von Unternehmenszielen in der Industrie werden die wirtschaftlichen Zielsetzungen in drei Kern-(Basis-)Ziele unterteilt:[3]

1 Behaviour (engl.): Verhalten, Benehmen, Auftreten.

2 Empirik: Lehre, die allein die Erfahrung als Erkenntnisquelle gelten lässt.

3 Vgl. Nieschlag, Dichtl, Hörschgen: Marketing, 17. Aufl., Berlin 1994, S. 882.

- **Marktziele.** Sie definieren die Stellung, die das Unternehmen im Markt einzunehmen anstrebt. Hierzu zählen z. B. das Streben nach Marktanteilsvergrößerung, das Erreichen bestimmter Wachstumsziele, das Streben nach Prestige und Macht oder das Streben nach Unabhängigkeit.
- **Ertragsziele.** Es handelt sich hier um Ziele, die sich in Geldeinheiten messen lassen, wie z. B. die Höhe des angestrebten Gewinns, die Rentabilität des eingesetzten Kapitals oder die geplante Umsatzentwicklung.
- **Leistungsziele.** Diese Zielvorgaben charakterisieren die angestrebten Leistungsschwerpunkte des Unternehmens. Hierzu können z. B. gerechnet werden: das Streben nach einem hohen Qualitätsstandard durch ein Qualitätsmanagement,[1] die Verpflichtung gegenüber einer Familientradition oder die Sicherung von Arbeitsplätzen aus sozialer Verantwortung gegenüber der Gesellschaft.

Den wirtschaftlichen Zielsetzungen liegt jeweils das **ökonomische Prinzip** zugrunde. Es besagt:

Merke:

- Mit **gegebenen Mitteln** ist der **größtmögliche Erfolg** zu erzielen **(Maximalprinzip).**[2]
- Ein **geplanter Erfolg** ist mit dem **geringsten Einsatz an Mitteln** anzustreben **(Minimalprinzip, Sparprinzip).**[2]

Hieraus lässt sich folgende **allgemeine Formulierung des ökonomischen Prinzips** ableiten:

Merke:

Es gilt, einen möglichst großen Überschuss an Erfolg über den Mitteleinsatz zu erlangen.

Bezogen auf den privatwirtschaftlich organisierten Betrieb besagt dies:

Ein **Betrieb** richtet sich dann nach dem ökonomischen Prinzip, wenn er mit den geplanten Kosten je Zeitabschnitt einen größtmöglichen Gewinn zu erzielen trachtet **(Gewinnmaximierung).** Der Betrieb handelt auch dann nach dem ökonomischen Prinzip, wenn er einen geplanten Gewinn mit dem geringstmöglichen Mitteleinsatz erreichen möchte **(Kostenminimierung).**

Beispiel:

Ein Handwerksmeister, der nicht darauf achtet, dass sparsam mit Material und sorgfältig mit Maschinen und Werkzeug umgegangen wird, verstößt gegen das ökonomische Prinzip, in diesem Fall gegen das Sparprinzip (Minimalprinzip).

1 Auf das Qualitätsmanagement wird im Band „Betriebswirtschaft - Fachstufe", Lernfeld 2, Kapitel 7.6 eingegangen.
2 Maximal: größtmöglich.
3 Minimal: kleinstmöglich.

(2) Ökologische[1] Ziele

Die zunehmenden nicht mehr hinnehmbaren Belastungen der natürlichen Umwelt (des **Ökosystems**) als Aufnahmemedium[2] für Emissionen und die notwendige Schonung der nicht regenerierbaren knappen Ressourcen (Roh- und Energiestoffe) erfordern eine konsequente umweltbezogene Abfallvermeidung, Abfallminderung und einen Wiedereinsatz aller recyclingfähigen[3] Abfälle. Dies gilt nicht nur für die bei der Produktion angefallenen Rückstände der eingesetzten Produktionsfaktoren und Produktionsausschussmengen, sondern gleichermaßen für die Konsumgüter (z. B. Möbel, Elektrogeräte, Autos). Wenn diese Konsumgüter z. B. durch ihren Verschleiß und/oder wegen ihrer technischen Überholung nicht mehr für die ursprünglichen Verwendungszwecke genutzt werden können, müssen diese bzw. deren Bestandteile (Substanzen) ebenfalls wieder als Produktionsfaktoren in den Leistungsprozess zurückgeführt werden.

(3) Soziale Ziele

Neben wirtschaftlichen und ökologischen Zielen verfolgen die Unternehmen auch soziale Ziele. Von sozialen Zielen wird dann gesprochen, wenn ein Unternehmen zum einen die Arbeitsplatzerhaltung in den Mittelpunkt seiner Unternehmenspolitik stellt und zum anderen seinen Mitarbeitern freiwillige Sozialleistungen gewährt. Durch die Zahlung von freiwilligen Sozialleistungen möchte das Unternehmen insbesondere das Folgende erreichen:

- **Wirtschaftliche Besserstellung der Arbeitnehmer** (z. B. Urlaubsgeld, Wohnungshilfe, Zuschüsse zur Werkskantine, Jubiläumsgeschenke).
- **Ausgleich familiärer Belastungsunterschiede** (z. B. Familienzulage, Geburts- und Heiratsbeihilfen).
- **Altersabsicherung und Absicherung gegen Risiken des Lebens** (z. B. Pensionszahlungen, Krankheitsbeihilfen, Beihilfe zur Rehabilitation).
- **Förderung geistiger und sportlicher Interessen** (z. B. Werksbücherei, Kurse zur Weiterbildung, Sportanlagen).

Die Verfolgung sozialer Ziele wird den Arbeitgebern aber auch gesetzlich vorgeschrieben, insbesondere durch das Arbeitsschutzrecht.[4] Ziel des Arbeitsschutzrechts ist, die Gesundheit der Arbeitskräfte bei ihrer Arbeit zu schützen, die betriebliche Unfallgefahr möglichst zu vermeiden und die Arbeitgeber zu einer menschengerechten Gestaltung der Arbeitsplätze und Arbeitsabläufe zu veranlassen.

Mit den sozialen Zielen verfolgen die Betriebe in aller Regel auch wirtschaftliche Ziele. Die am häufigsten anzutreffenden **wirtschaftlichen Motive,** die ein Unternehmen mit der Gewährung freiwilliger betrieblicher Sozialleistungen verfolgt, sind Steigerung der Leistung der Arbeit, Bindung der Arbeitnehmer an das Unternehmen, Sicherung von Einflussmöglichkeiten auf die Arbeitnehmer, Steuerersparnisse bzw. Steuerverschiebungen.

1 Die Ökologie ist die Wissenschaft von den Wechselwirkungen zwischen den Lebewesen untereinander und ihren Beziehungen zur übrigen Umwelt.

2 Medium (lat.): Mittel, Transportmitte, Vermittler.

3 To recycle (engl.): wieder in den Kreislauf (Produktionskreislauf, Stoffkreislauf) zurückführen.

4 Zum Arbeitsschutzrecht zählen insbesondere das Arbeitszeitgesetz (ArbZG), Mutterschutzgesetz (MuSchG), Jugendarbeitsschutzgesetz (JArbSchG), Arbeitsschutzgesetz (ArbSchG), Arbeitssicherheitsgesetz (ArbSichG), Geräte- und Produktsicherheitsgesetz (GPSG) und die Sozialgesetzbücher (SGB I bis XI).

1.3.3 Zielharmonie und Zielkonflikt

Die Ansichten darüber, ob zwischen den ökonomischen, ökologischen und sozialen Zielen grundsätzlich eine **Konkurrenzbeziehung** (ein **Zielkonflikt**) oder eine **komplementäre Zielbeziehung (Zielharmonie)** besteht, sind in der Wissenschaft und Wirtschaftspraxis unterschiedlich.

Merke:

- **Zielkonflikt:** Die Verfolgung eines wirtschaftlichen und/oder ökologischen Ziels beeinträchtigt oder verhindert zwangsläufig die Erreichung eines anderen wirtschaftlichen und/oder ökologischen Ziels.
- **Zielharmonie:** Die Förderung des einen wirtschaftlichen/oder ökologischen Ziels begünstigt zugleich die Förderung eines oder mehrerer anderer wirtschaftlicher/ökologischer Ziele.

Bisherige Untersuchungen zeigen weitgehend übereinstimmend, dass zumindest in den größeren von Umweltproblemen besonders betroffenen Unternehmen (Branchen) zwischen den **ökologischen** und **ökonomischen Unternehmenszielen** grundsätzlich eine komplementäre (sich gegenseitig ergänzende, fördernde) Zielbeziehung und **keine Zielkonkurrenz** besteht.

Dies ist deshalb der Fall, weil gerade der Umweltschutz vielfältige Innovationsmöglichkeiten (z. B. Entwicklung und Anwendung umweltschonender, Rohstoffe sparender Technologien; Chancen von Innovationsgewinnen) bietet.

In dem Ausmaß, in dem es den Unternehmen gelingt, ihre Umweltschutzziele zu verwirklichen, erhöht sich z. B. auch deren Umsatz, ihr Umsatzanteil am gesamten Markt, ihre Marktmacht, ihr langfristiger Gewinn, die Gesamtkapitalrentabilität und das Produkt- und Firmenimage in der Öffentlichkeit. Dadurch werden die Unternehmensexistenz und die Arbeitsplätze gesichert, neue Arbeitsplätze geschaffen sowie die Wettbewerbsfähigkeit verbessert.

Häufig bestehen dagegen **Zielkonflikte** zwischen den **ökonomischen** und den **sozialen Zielen.** Strebt ein Unternehmen z. B. zugleich Arbeitsplatzsicherung *und* Kostensenkung an, kann ein Zielkonflikt vorliegen, weil durch den Einsatz von Kosten sparenden Maschinen Arbeitskräfte „freigesetzt", d. h. entlassen werden müssen.

Auch zwischen den einzelwirtschaftlichen Zielen der Unternehmen und den wirtschafts- und gesellschaftspolitischen Zielen der Gesellschaft (des Staates) herrscht keineswegs immer Zielharmonie. Steigen aufgrund hoher Preise die Gewinne schneller als die Arbeitnehmereinkommen, nimmt der prozentuale Anteil der Arbeitnehmereinkommen am Gesamteinkommen (Volkseinkommen) – die sog. Lohnquote – ab. Dies widerspricht dem wirtschafts- und sozialpolitischen Ziel einer „sozialverträglichen Einkommensverteilung".

Zusammenfassung

- 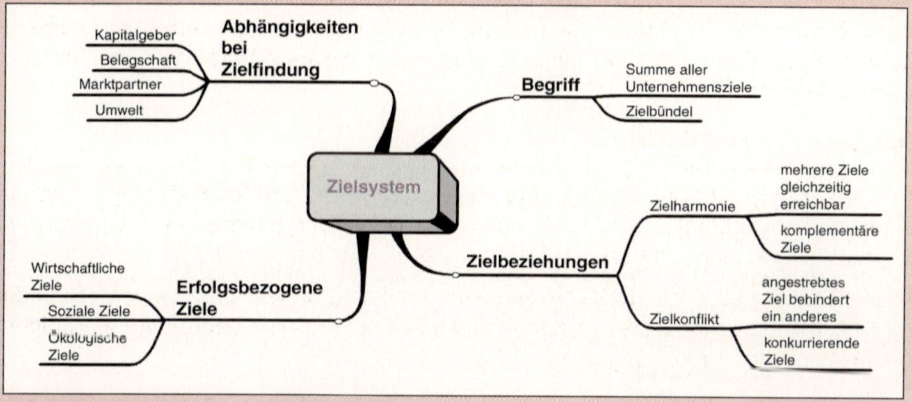

- Die **ökonomischen Ziele** lassen sich in drei Basisziele untergliedern, und zwar in **Marktziele** (Macht, Einfluss, Umsatz, Marktanteil), **Ertragsziele** (Gewinn, Rentabilität) und in produkt- und gesellschaftsbezogene **Leistungsziele** (Angebotsqualität, soziale Verantwortung, Sicherung des Unternehmensbestands).
- Um die immer knapper werdenden nicht regenerierbaren/natürlichen Ressourcen (z.B. primäre Roh- und Energiestoffe) und die Mülldeponien zu schonen, muss die Unternehmenspolitik **ökologische Ziele** formulieren, die auf einen möglichst **sparsamen Einsatz von Stoffen** und den **Einsatz von abfallarmen Stoffen** zur Vermeidung und Minderung von zu entsorgenden Reststoffen ausgerichtet sind.
- **Soziale Unternehmensziele** verfolgen den Zweck, den Arbeitnehmern eine umfassende Besserstellung zukommen zu lassen. Sie können vom Arbeitgeber freiwillig erbracht oder gesetzlich vorgeschrieben sein.
- Unter mehreren als wünschenswert erkannten Zielen kann eine **Konkurrenzbeziehung (Zielkonflikt)** oder eine **Zielharmonie** bestehen.

Übungsaufgaben

171 In der betriebswirtschaftlichen Literatur wird zwischen monetären[1] und nichtmonetären Zielvorstellungen unterschieden. Monetäre Ziele sind solche, deren Erreichung bzw. Nichterreichung in Geldeinheiten gemessen werden kann.

Aufgaben:

1. Welche der nachgenannten Ziele gehören zu den monetären Zielvorstellungen? (Eine Zuordnung ist nicht in jedem Fall eindeutig. Ob Ihre Antwort zutreffend oder nicht zutreffend ist, hängt daher von Ihrer Begründung ab!)
   - 1.1 Gewinnziel,
   - 1.2 Streben nach Macht und/oder Prestige,
   - 1.3 Gewinnung politischen Einflusses,
   - 1.4 Umsatzsteigerung,

1 Monetär: geldlich. Das Wort geht auf moneta (lat.): Münze zurück.

1.5 Erhöhung des Marktanteils,
1.6 Unternehmenswachstum,
1.7 Verminderung der Umweltbelastungen,
1.8 Arbeitsplatzsicherung,
1.9 Streben nach Unabhängigkeit,
1.10 Versorgung der Bevölkerung mit lebensnotwendigen Erzeugnissen oder Dienstleistungen,
1.11 Verpflichtung gegenüber Familientradition,
1.12 Kostendeckung,
1.13 Kostensenkung.

2. Welche(s) der vorstehend genannten Ziele gehören (gehört) zu den
   2.1 ökonomischen Zielen,
   2.2 ökologischen Zielen,
   2.3 sozialen Zielen?
3. Nennen Sie ein Beispiel für eine Zielkombination, bei der ein Zielkonflikt besteht!
4. Nennen Sie ein Beispiel für eine Zielkombination, bei der Zielharmonie besteht!

172 **Arbeitsauftrag:** Erklären Sie an einem selbst gewählten Beispiel, wie durch die Verfolgung des „wirtschaftlichen Prinzips" die Umwelt entlastet bzw. geschont werden kann!

2 Begriff, Aufgaben und Grundeinstellungen des Industrieunternehmens gegenüber dem Markt

2.1 Begriff und Aufgaben des Industriebetriebs

(1) Begriff Industriebetrieb

Merke:

Im **Industriebetrieb** verbinden sich **soziale Elemente (Menschen)** mit **technischen Elementen (Anlagen),** um auf ingenieurwissenschaftlicher Grundlage **Sachgüter** mit dazugehörigen **Dienstleistungen** zu schaffen. Durch den Verkauf der Sachgüter soll ein Erfolg erzielt werden.

(2) Aufgaben eines Industriebetriebs

Die Hauptaufgabe des Industriebetriebs ist, Erzeugnisse zu fertigen **(Fertigungsfunktion).** Um fertigen (produzieren) zu können, braucht der Industriebetrieb vor allem Roh-, Hilfs-, Betriebsstoffe, Energie sowie fremdbezogene Fertigteile (Vorprodukte) und Maschinen. Dies ist seine Beschaffungsaufgabe **(Beschaffungsfunktion).** Beschaffung und Fertigung sind nicht Selbstzweck. Industrielle Erzeugnisse müssen abgesetzt, d.h. verkauft werden. Die dritte Grundfunktion des Industriebetriebs ist somit die **Absatzfunktion.** Zur Durchführung der erforderlichen Zahlungen müssen finanzielle Mittel in Form von Eigen- und Fremdkapital beschafft werden **(Finanzierungsfunktion).**

(3) Modell eines industriellen Sachleistungsprozesses

Beispiel:

Angenommen, eine Möbelfabrik stellt lediglich Labormöbel her.

Zu beschaffen sind (neben den bereits vorhandenen bebauten und unbebauten Grundstücken, Maschinen, Fördereinrichtungen und der Betriebs- und Geschäftsausstattung):

1. **Rohstoffe:** Holz, Spanplatten, Kunststofffurniere;
2. **Hilfsstoffe:** Lacke, Farben, Schrauben, Muttern, Nägel;
3. **Betriebsstoffe:** Schmiermittel, Reinigungsmittel;
4. **Vorprodukte** (Fertigteile, Fremdbauteile): Scharniere, Schlösser.

Bereitzustellen sind außerdem die erforderlichen Arbeitskräfte sowie die erforderlichen Geldmittel, die zum Teil aus Erlösen (dem Umsatz), zum Teil aus Krediten und Beteiligungen bestehen.

Gefertigt wird in folgender Reihenfolge: Sockel, Ober-, Unter- und Seitenteile, Rückwände, Böden, Türen. Nach einer Zwischenlagerung der Teile erfolgt der Zusammenbau der Teile in der Endmontage.

Die Fertigerzeugnisse werden anschließend geprüft und bis zur Auslieferung in das Fertigerzeugnislager genommen.

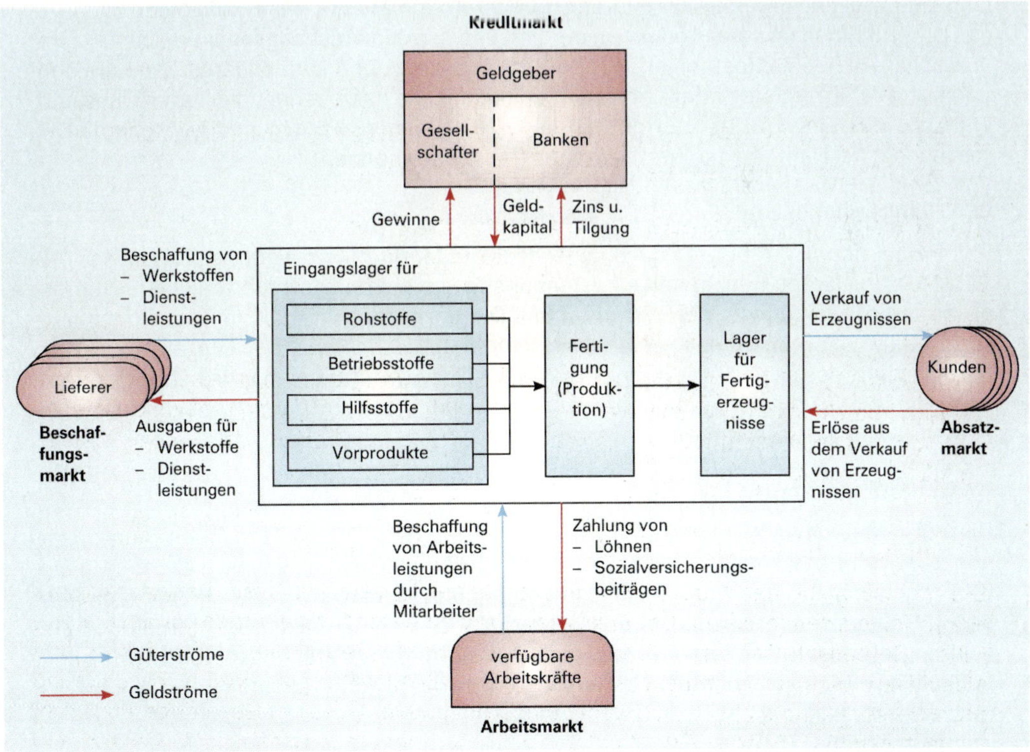

Erläuterungen:

- **Rohstoffe (Fertigungsmaterial)**

Unter Rohstoffen versteht man die Stoffe, die Hauptbestandteile des Fertigprodukts darstellen.

- **Hilfsstoffe**

Hilfsstoffe gehen zwar auch in das Fertigprodukt ein, sie bilden aber nur Nebenbestandteile der Erzeugnisse.

- **Betriebsstoffe**

Sie gehen nicht in das fertige Produkt ein, werden aber im Fertigungsprozess verbraucht.

- **Vorprodukte (Fremdbauteile)**

Es handelt sich um Teile oder Baugruppen (zusammengesetzte Teile) von Vorlieferern, die zur Erstellung eigener Produkte benötigt werden.

2.2 Grundeinstellungen von Industriebetrieben gegenüber dem Markt

Grundaufgabe eines jeden Industrieunternehmens ist es, den Absatz seiner Ideen, Waren und Dienstleistungen so zu organisieren, dass es auf dem gewählten Zielmarkt erfolgreich ist. Bei der Frage, wie das zu bewerkstelligen ist, stehen der Unternehmensleitung prinzipiell zwei Vorgehensweisen zur Führung des Unternehmens zur Wahl. Zum einen kann sie das Unternehmen und die Produktion der Erzeugnisse zum Ausgangspunkt des unternehmerischen Handelns bestimmen **(Produktionskonzept)** und zum anderen kann sie den Schlüssel zur Erreichung ihrer unternehmerischen Ziele darin sehen, die Bedürfnisse und Wünsche des Zielmarktes zu ermitteln und diese dann wirksamer und wirtschaftlicher zufrieden zu stellen als die Wettbewerber **(Marketingkonzept).**[1]

Produktionskonzept

Das Produktionskonzept geht davon aus, dass die Märkte noch nicht gesättigt sind. Die Denkrichtung lautet: Beschaffen – kostengünstig und mit den geforderten Eigenschaften produzieren – so gut wie möglich verkaufen. Die Vorgehensweise beim Produktionskonzept verläuft somit *von innen nach außen in Materialflussrichtung:* Der Ausgangspunkt ist die Fertigung; das Bezugsobjekt sind die Produkte des Unternehmens; sie bedürfen intensiver Verkaufs- und Verkaufsunterstützungsmaßnahmen, um durch genügend Umsatz einen Gewinn zu erzielen.

Marketingkonzept

Die Vorgehensweise beim Marketingkonzept verläuft *von außen nach innen:* Ausgangspunkt ist der Absatzmarkt; das Bezugsobjekt sind die Kundenwünsche, die es in allen Unternehmensbereichen zu berücksichtigen gilt, um einen Gewinn durch Zufriedenstellung der Kunden zu erzielen. Orientierung am Kunden heißt, dass das Unternehmen die Leistungseigenschaften seiner Produkte und die zufrieden zu stellenden Kundenwünsche in Einklang zu bringen sucht und dabei die Kunden mehr zufrieden stellt, als die Konkurrenz es vermag.

---

1 **Marketing** besagt, dass alle Aktivitäten eines Unternehmens konsequent auf die gegenwärtigen und künftigen Erfordernisse des Zielmarktes und der weiteren Umwelt ausgerichtet werden. Zu Einzelheiten siehe Band „Betriebswirtschaft – Fachstufe", Lernfeld 4.

Stehen beim Produktionskonzept die Bedürfnisse des Herstellers im Mittelpunkt, so sind es beim Marketingkonzept die Bedürfnisse des Käufers. Beim Produktionskonzept möchte der Hersteller sein Produkt zu Geld machen, beim Marketingkonzept ist der Verkäufer bemüht, die Wünsche des Käufers durch das Produkt zu erfüllen (Koordination[1] von Verkauf und Produkt). Das nachfolgende Schema verdeutlicht die beiden Grundeinstellungen des Unternehmens gegenüber dem Markt.[2]

Während die Entwicklung der Wirtschaft nach dem Zweiten Weltkrieg zunächst durch einen Nachfrageüberhang charakterisiert war, der in der Regel (weit) über dem Leistungsangebot lag, kam es in den folgenden Jahren durch den technischen Fortschritt und die Liberalisierung der Märkte zu einem Überhang des Leistungsangebots. Die Märkte entwickelten sich vom Verkäufermarkt zum Käufermarkt, sodass das Marketingkonzept immer mehr in den Vordergrund trat.

Merke:

- Als **Verkäufermarkt** bezeichnet man einen Markt, in dem (bei gegebenem Preisniveau) die Nachfrage nach Gütern größer ist als das Güterangebot. Es besteht ein **Nachfrageüberhang.**
- Ein **Käufermarkt** ist dadurch gekennzeichnet, dass das Angebot an Gütern (bei gegebenem Preisniveau) die Nachfrage nach Gütern übersteigt, und der Käufer auf dem Markt aus einer Vielzahl von Angeboten auswählen kann. Es besteht ein **Angebotsüberhang.**

Während sich die Zielsetzung der Industrieunternehmen zu Zeiten des Verkäufermarktes auf die Lösung des Problems **Produktion** und **Verteilung der Erzeugnisse** konzentrierte, steht im Zeichen des Käufermarktes als zentrales Unternehmensziel die systematische[3] Erschließung des Absatzmarktes im Vordergrund. Das Erreichen dieses Unternehmensziels erfordert zunehmend die Ausrichtung aller Unternehmensfunktionen auf die tatsächlichen und die zu erwartenden Bedürfnisse der Kunden. Die **Kundenorientierung** wird zu der **herausragenden Zielsetzung** bei der Grundeinstellung des Unternehmens gegenüber dem Markt.

1 Koordination: Gleichstellung.

2 Quelle: Kotler, P., Bliemel, F.: Marketing-Management, 8. Aufl., Stuttgart 1995, S. 26.

3 Systematisch: planmäßig.

Zusammenfassung

- Zum **Begriff Industriebetrieb** siehe S. 456.
- Die **Hauptfunktionen (Hauptaufgaben)** des Industriebetriebs sind **die Fertigungsfunktion,** die **Beschaffungsfunktion** und die **Absatzfunktion.**
- Zur Durchführung der erforderlichen Zahlungen müssen finanzielle Mittel in Form von Eigen- und Fremdkapital beschafft werden **(Finanzierungsfunktion).**
- **Herausragende Zielsetzung** bei der Grundeinstellung des Unternehmens gegenüber dem Markt ist die **Kundenorientierung (Marketingkonzept).**

Übungsaufgabe

173 1. Beschreiben Sie die Grundeinstellungen, die ein Unternehmen gegenüber seinem Zielmarkt einnehmen kann! Bilden Sie hierzu jeweils ein Beispiel!

2. Worin unterscheiden sich Käufer- und Verkäufermarkt?

3. Begründen Sie, warum die Kundenorientierung für die Unternehmen zu einer herausragenden Zielsetzung geworden ist!

3 Standortfragen

Merke:

Unter einem **Standort** versteht man die **örtliche Lage** eines **Betriebs.**

Nicht alle Betriebe sind in der Wahl ihres Standorts frei. Die *Urproduktionsbetriebe* (z. B. Kohlebergbau, Erzbergbau, Erdölförderung, Kieswerk, Ziegelei) sind in der Wahl ihres Standorts an die Bodenvorkommen gebunden. Man spricht deshalb von **natürlichen** oder **gebundenen Standorten.** Eine mehr oder weniger **freie Standortwahl** besitzen die Verarbeitungs-, Handels- und Dienstleistungsbetriebe. Allerdings müssen bei der Neugründung die **Kostenvorteile** bzw. **Absatzvorteile** erwogen werden, die an den zur Auswahl stehenden Standorten zu erwarten sind.

Maßgebende Standortfaktoren	Bezeichnung der Betriebe nach ihrer Standortorientierung	Beispiele
Nähe der Verkehrswege	verkehrsorientierte Betriebe	Massengüter verarbeitende Industrien (z. B. Kohlekraftwerke), schwere Güter herstellende Betriebe (z. B. Maschinenfabriken, Autofabriken), Transportgesellschaften, Lagerhausgesellschaften.
Nähe des Verbrauchers (Nähe des Absatzmarkts)	absatzorientierte Betriebe (verbrauchs- oder konsumorientierte Betriebe)	Getränkeindustrie, Einzelhandelsgeschäfte, Tankstellen, Genussmittelindustrie.
Rohstoffvorkommen	rohstofforientierte Betriebe	Bergwerke, Erdöl- und Erdgasgewinnung, Steinbrüche, Ziegeleien, Kieswerke sowie Rohstoff verarbeitende Industrien (z. B. Hüttenwerke).
Energievorkommen	energieorientierte Betriebe	Sägewerke, ehemals wasserkraftgetriebene Mühlen, Elektrizitätswerke an Flüssen und Stauseen, Aluminiumwerke, Atomkraftwerke (Wasser zur Kühlung).
klimatische Bedingungen, Bodenbeschaffenheit, landschaftliche Schönheit	naturorientierte Betriebe	Landwirtschaft, Forstwirtschaft, Fremdenverkehrswirtschaft, heilklimatische Einrichtungen, Brauereien, Hersteller von Heilwasser, Säften
Nähe der Arbeitskräfte	arbeitsorientierte Betriebe	Betriebe mit großem Bedarf an Arbeitskräften (lohnintensive Betriebe) wie optische oder feinmechanische Industrien (Bedarf an Fachkräften) oder Betriebe mit hohem Bedarf an Hilfskräften (z. B. Textilindustrie).
staatliche Maßnahmen (Subventionen)	wirtschaftspolitisch beeinflusster Standort	Allgemein: Ansiedlung von Betrieben in wirtschaftlich schwach entwickelten, oft dünn besiedelten Gebieten.

Erläuterungen:

- **Nähe der Verkehrswege**

Betriebe, die Massengüter herstellen (z. B. Kohlekraftwerke, Hersteller von Fertigbeton) und Betriebe, die Waren für andere einlagern (Lagerhausgesellschaften) oder transportieren (Transportunternehmen), finden sich in der Nähe des Straßen-, Schienen-, Wasserstraßen- und Flugverkehrsnetzes.

- **Nähe der Absatzmöglichkeiten**

Solche Betriebe, die ihre Rohstoffe oder Waren an jedem Ort zu etwa gleichen Preisen erhalten können, oder solche, bei denen die Absatzvorteile größer als die Kostennachteile sind, werden ihren

Standort dort suchen, wo sich die besten Absatzmöglichkeiten ergeben, d. h., sie suchen die Nähe des Verbrauchers. Dies gilt beispielsweise für Lebensmittelgeschäfte (in der Nähe von Siedlungen), Warenhäuser und Kaufhäuser (im Stadtkern oder in Hauptstraßen) oder Tankstellen (an Hauptstraßen, Ausfallstraßen oder Autobahnen).

- **Nähe der Rohstoffe und Energien**

Rohstoffe verarbeitende Betriebe befinden sich oft in der Nähe der Rohstoffgewinnung, weil der Transport der schwereren unverarbeiteten Rohstoffe teurer ist als der Transport der leichteren Fertigerzeugnisse. So finden sich z. B. in Bremen viele Kaffeeröstereien, weil der importierte Rohkaffee ein höheres Gewicht als der Fertigkaffee besitzt.

- **Nähe natürlicher Rahmenbedingungen**

Die Standorte dieser Betriebe sind an besondere Bodenbeschaffenheiten und klimatische Bedingungen gebunden (z. B. Weinanbau, Spargelanbau, Obstkulturen). Fremdenverkehrsunternehmen und -einrichtungen finden sich in landschaftlich besonders reizvollen Gegenden (z. B. Seen, Mittelgebirge, Hochgebirge, Küstenlandschaften). Kureinrichtungen und Sanatorien werden in Orten mit Mineralquellen, heißen Quellen und/oder besonderen klimatischen Eigenschaften (z. B. am Meer, in besonderen Höhenlagen) gegründet. Brauereien und Limonaden- sowie Heilwasserfabriken richten sich in der Regel an der Qualität des vorhandenen Wassers aus.

- **Nähe der Arbeitskräfte und des Lohnniveaus**

Hier spielen mehrere Gesichtspunkte eine Rolle. Einmal mag es sein, dass Betriebe deswegen in entferntere Gegenden ausweichen müssen, weil im Bereich der an sich günstigeren Standorte ein Mangel an qualifizierten Arbeitskräften herrscht. Werden vorwiegend ungelernte und angelernte Arbeitskräfte benötigt, werden Gegenden (auch das Ausland) bevorzugt, in denen die Löhne niedriger sind.

Zum anderen mag es günstiger sein, sich gerade in solchen Gebieten niederzulassen, in denen bereits ähnliche Betriebe arbeiten (Zusammenballung, Agglomeration). Hier nämlich sind die etwa erforderlichen gelernten Arbeitskräfte vorhanden. Hinzu kommt, dass solche Gegenden von vornherein einen guten Ruf genießen, was dem Absatz zugute kommt (z. B. Nürnberger Lebkuchen, Schwarzwälder Uhren, bayerisches Bier).

- **Staatliche Maßnahmen**

Der Staat kann Betrieben direkte oder indirekte **Zuschüsse (Subventionen)** gewähren.

- Von *indirekten Subventionen* spricht man, wenn z. B. die Gemeinden ansiedlungswilligen Betrieben günstige Wasser- oder Gastarife einräumen oder Grundstücke billig verkaufen. Auch zinsverbilligte Staatskredite gehören hierzu.
- *Direkte Subventionen* hingegen liegen vor, wenn staatliche Körperschaften (Bund, Länder, Gemeinden) den Betrieben Geldbeträge zur Verfügung stellen, die diese nicht mehr zurückzahlen (tilgen) müssen.

Merke:

Bei der **Standortwahl** sind in der Regel **mehrere Standortfaktoren von Bedeutung.** Sie fallen unterschiedlich stark ins Gewicht und liegen oft im Widerstreit miteinander (z. B. günstige Verkehrswege, teureres Lohnniveau). Die Standortwahl ist demnach – von Ausnahmen abgesehen – immer eine Kompromisslösung.[1]

1 Kompromiss: Vereinbarung, Übereinkunft, Lösung von Meinungsverschiedenheiten durch Findung eines Mittelweges.

Zusammenfassung

- Unter einem **Standort** versteht man die **örtliche Lage** eines **Betriebs.**
- Wichtige **Standortfaktoren** für einen Betrieb sind die:
  - Verkehrsanbindung
  - Nähe der Verbraucher
  - Rohstoffvorkommen
  - Energievorkommen
  - Natur
  - Maßnahmen des Staates

Übungsaufgabe

174 1. Erfragen Sie in Ihrem Ausbildungsbetrieb, auf welche Gründe seine Standortentscheidung im Wesentlichen zurückzuführen sind und erfragen Sie die Probleme, die mit dem gegenwärtigen jeweiligen Standort verbunden sind!

Aufgabe:

Stellen Sie die Ergebnisse im Klassenverband in einer Übersicht zusammen!

2. Die Gewinnlage eines Betriebs hängt u. a. von der Wahl des optimalen Standorts bei der Gründung ab.

Aufgaben:

2.1 Erklären Sie den Begriff Standort und nennen Sie mindestens fünf Standortfaktoren!

2.2 Warum ist die Standortwahl für die künftige Entwicklung eines Betriebs von großer Bedeutung?

4 Handelsrechtliche Rahmenbedingungen und Rechtsformen des Unternehmens

4.1 Rechtliche Grundlagen der Unternehmen

4.1.1 Kaufleute

(1) Geltungsbereich des Handelsrechts

Für die wirtschaftliche Tätigkeit der Kaufleute im rechtlichen Sinne gilt das Handelsrecht. Zum Handelsrecht gehören neben dem HGB und seinen Nebengesetzen (z. B. Scheck- und Wechselgesetz) z. B. das in verschiedenen Gesetzen geregelte Gesellschaftsrecht, das Recht des gewerblichen Rechtsschutzes, sowie das Wertpapierrecht und das Bank- und Börsenrecht. Für Kaufleute gilt das BGB nur subsidiär[1], das bedeutet, dass das BGB nur insoweit Anwendung findet, als es für den Sachverhalt im Handelsrecht keine Sondervorschriften gibt.

1 Subsidiär: zur Aushilfe dienend.

Merke:

Das **Handelsrecht** ist das Sonderprivatrecht der Kaufleute.

(2) Begriff Kaufmann

Merke:

Kaufmann im Sinne des HGB ist, wer ein Handelsgewerbe betreibt [§ 1 I HGB].

Was ein Handelsgewerbe ist, sagt § 1 II HGB. Danach ist jeder Gewerbebetrieb[1] ein Handelsgewerbe, der einen nach Art oder Umfang in kaufmännischer Weise eingerichteten Geschäftsbetrieb erfordert. Merkmale eines kaufmännisch eingerichteten Geschäftsbetriebs sind z. B. doppelte Buchführung, Erreichen eines bestimmten Umsatzes, mehrere Beschäftigte, Produktvielfalt (Sach- und/oder Dienstleistungen), Gewinnziel und Zahl der Betriebsstätten.

(3) Abgrenzung des Begriffs Kaufmann vom Nichtkaufmann

Merke:

Gewerbetreibende, deren Unternehmen *keinen* nach Art oder Umfang eines in kaufmännischer Weise eingerichteten Geschäftsbetrieb erforderlich macht, sind keine Kaufleute.

Hierzu gehören vor allem alle **Kleinbetriebe,** sofern diese nicht in der Rechtsform einer Personengesellschaft (siehe S. 471 und S. 476 ff.) oder Kapitalgesellschaft (siehe S. 471 und S. 488 ff.) geführt werden. Für freie Berufe (z. B. Rechtsanwälte, Architekten) bietet sich die Rechtsform der Partnerschaftsgesellschaft an (Näheres siehe §§ 1 ff. PartGG).

(4) Arten der Kaufleute

■ Istkaufleute

Merke:

Gewerbetreibende, deren Unternehmen eine kaufmännische Einrichtung erforderlich macht, sind *in jedem Fall* Kaufleute, gleichgültig, ob sie bereits im Handelsregister eingetragen sind oder nicht. Man spricht deswegen auch von **Istkaufleuten** [§ 1 HGB].

Die Istkaufleute sind verpflichtet, sich mit ihrer Firma und mit sonstigen wichtigen Merkmalen ihres Handelsgewerbes (z. B. Niederlassungsort, Zweck des Unternehmens, Gesellschafter) in das Handelsregister eintragen zu lassen. Die Eintragung erklärt dann nur noch nach außen, dass es sich um ein kaufmännisches Unternehmen handelt. Die Eintragung wirkt nur noch **deklaratorisch,**[2] was besagt, dass die Rechtswirkung schon vor der Eintragung in das Handelsregister eingetreten ist.

---

1 Ein Gewerbebetrieb liegt vor, wenn die Tätigkeit selbstständig und auf Dauer angelegt ist, planmäßig betrieben wird, auf dem Markt nach außen in Erscheinung tritt, nicht gesetzes- oder sittenwidrig ist und in der Regel eine Gewinnerzielungsabsicht beinhaltet.

2 Deklaratorisch (lat.): erklärend, rechtserklärend. Deklaration (lat.): Erklärung, die etwas Grundlegendes enthält.

Kannkaufleute

Merke:

Kleinbetriebe sind keine Kaufleute im Sinne des § 1 HGB und unterliegen daher grundsätzlich nicht den **Vorschriften des HGB.** Kleingewerbetreibende können sich aber in das Handelsregister eintragen lassen. Mit der Eintragung erlangen sie die Kaufmannseigenschaft. Die Kleingewerbetreibenden zählen deshalb zu den **Kannkaufleuten.**

Auch die Inhaber land- und forstwirtschaftlicher Betriebe und/oder ihrer Nebenbetriebe haben die Möglichkeit (die Eintragungsoption), sich ins Handelsregister eintragen zu lassen. Voraussetzung ist, dass diese Betriebe einen nach Art und Umfang in kaufmännischer Weise eingerichteten Geschäftsbetrieb erfordern [§§ 2, 3 II HGB].

Bei den Kannkaufleuten wirkt die Handelsregistereintragung **konstitutiv.**[1] Dies bedeutet, dass die Kaufmannseigenschaft erst mit der Handelsregistereintragung erworben wird. Folglich gelten gewerbliche Unternehmen, die nicht bereits nach § 1 II HGB ein Handelsgewerbe sind, als Handelsgewerbe, wenn die Firma des Unternehmens in das Handelsregister eingetragen ist [§ 2, S. 1 HGB].

Kaufleute kraft Rechtsform

Merke:

Kaufleute kraft Rechtsform **(Formkaufleute)** sind die juristischen Personen des Handelsrechts ohne Rücksicht auf die Art der betriebenen Geschäfte und der Betriebsgröße.

Ein wichtiges Beispiel für einen Kaufmann kraft Rechtsform ist die Gesellschaft mit beschränkter Haftung (GmbH) (siehe S. 488 ff.), die mit der Eintragung in das Handelsregister Kaufmann wird [§ 13 III GmbHG]. Auch die Aktiengesellschaft und die eingetragene Genossenschaft sind den Kaufleuten kraft Rechtsform gleichgestellt. Während sich die Handelsgesellschaften ins Handelsregister eintragen lassen müssen, wird die Genossenschaft ins Genossenschaftsregister, das ebenfalls beim zuständigen Amtsgericht geführt wird, eingetragen. Bei den Formkaufleuten wirkt die Handelsregistereintragung **konstitutiv,** d. h., die Rechtswirkung tritt erst mit der Eintragung in das Handelsregister ein.

4.1.2 Handelsregister

(1) Begriff Handelsregister

Merke:

- Das **Handelsregister** ist ein amtliches, öffentliches Verzeichnis aller Kaufleute eines Amtsgerichtsbezirks. Für die Führung des Handelsregisters sind die Amtsgerichte zuständig [§ 8 HGB, § 125 FGG]. Die für die Anmeldung erforderlichen Unterlagen sind elektronisch einzureichen.[2]

---

1 Konstitutiv (lat.): rechtsbegründend, rechtschaffend. Konstitution (lat.): Verfassung, Rechtsbestimmung.

2 Bis Ende 2009 können die Unterlagen auch noch in Papierform eingereicht werden.

- Für die **Anmeldungen zur Eintragung** ist eine **öffentliche Beglaubigung** (z. B. durch einen Notar) erforderlich.
- Die für die Anmeldung erforderlichen **Unterlagen** sind **elektronisch einzureichen.**[1]

Die Landesregierungen sind ermächtigt, durch Rechtsverordnungen die Führung des Handelsregisters für mehrere Amtsgerichtsbezirke einem Amtsgericht zu übertragen, wenn dies einer schnelleren und rationelleren Führung des Handelsregisters dient [§ 125 II FGG].

(2) Aufgabe und Bedeutung des Handelsregisters

Die Aufgabe des Handelsregisters besteht darin, der **Öffentlichkeit** die Rechtsverhältnisse der eingetragenen kaufmännischen Gewerbebetriebe offenzulegen. Das Handelsregister ist frei zugänglich, d. h., jeder Interessierte kann ohne Angaben von Gründen in das Register Einsicht nehmen.

Das Handelsregister gibt z. B. Auskunft über die Firma, die Rechtsform, den Gegenstand des Unternehmens, den (oder die) Geschäftsinhaber, die Haftungsverhältnisse, den Ort der Handelsniederlassung, den Gegenstand des Unternehmens, die Vertretungsbefugnisse der Vertretungsorgane des Unternehmens und den Tag der Handelsregistereintragung.

Die Handelsregistereintragungen werden **elektronisch bekannt gemacht.**[2] Auskünfte über die Eintragungen (z. B. Registerblätter, Gesellschafterlisten und Satzungen) können über das gemeinsame Justizportal aller Bundesländer (www.justiz.de) online eingesehen werden.[3] Zudem kann jeder auf elektronischem Wege (kostenpflichtig) Abschriften und Registerausdrucke erhalten.[4]

Das Handelsregister genießt **öffentlichen Glauben.** Zum Schutz des Vertrauens Dritter auf die bekannt gemachten Handelsregistereintragungen gilt die *Vermutung der Richtigkeit* der Handelsregistereintragungen (Vertrauensschutz).

(3) Abteilungen des Handelsregisters

Das Handelsregister besteht aus zwei *Abteilungen*:

- In die **Abteilung A** werden u. a. eingetragen: die Einzelkaufleute, die OHG und die KG.
- In die **Abteilung B** werden u. a. eingetragen: die AG und die GmbH.

(4) Löschung

Die Löschung der Eintragung erfolgt dadurch, dass die Eintragung rot unterstrichen wird. Auf diese Weise können alle früheren Eintragungen zurückverfolgt werden.

1 Bis Ende 2009 können die Unterlagen zur Eintragung auch noch in Papierform eingereicht werden.

2 Bis Ende 2008 erfolgen die Bekanntmachungen noch zusätzlich in einer Tageszeitung.

3 Die Einsichtnahme „vor Ort“ ist grundsätzlich bei jedem Amtsgericht über ein Terminal möglich.

4 Außerdem besteht seit Januar 2007 ein **Unternehmensregister**, das als bündelndes Portal über die Informationen des Handelsregisters hinaus alle wirtschaftlich relevanten Daten über Unternehmen zugänglich macht (www.unternehmens-register.de).

4.1.3 Firma

(1) Begriff Firma

Merke:

Die **Firma** ist der im Handelsregister eingetragene Name, unter dem ein Kaufmann sein Handelsgewerbe betreibt und seine Unterschrift abgibt [§ 17 I HGB]. Der Kaufmann kann unter seiner Firma klagen und verklagt werden [§ 17 II HGB].

Das Recht an einer bestimmten Firma ist gesetzlich geschützt. Das Gesetz schützt den Inhaber einer Firma beispielsweise davor, dass ein anderer Kaufmann am selben Ort eine nicht deutlich abweichende Firma annimmt [§ 30 HGB]. Bei unrechtmäßiger Firmenführung durch ein anderes Unternehmen kann der Geschädigte die Unterlassung des Gebrauchs der Firma und unter bestimmten Voraussetzungen auch Schadensersatz verlangen [§ 37 II HGB].

Eintragungsfähig ist – unabhängig von der Rechtsform des Unternehmens – jede Firma, die folgende Bedingungen erfüllt:

- Sie muss sich deutlich von anderen Firmen unterscheiden [§ 18 I HGB].
- Die Geschäftsverhältnisse müssen ersichtlich sein [§ 19 I HGB].
- Die Haftungsverhältnisse müssen offen gelegt werden [§ 19 II HGB].
- Die Firma darf nicht irreführend sein (Irreführungsverbot nach § 18 II HGB). Eine Firma ist von der Eintragung ins Handelsregister ausgeschlossen, wenn sie Angaben enthält, die *ersichtlich* geeignet sind, über geschäftliche Verhältnisse, die für die angesprochenen Verkehrskreise wesentlich sind, irrezuführen.

(2) Firmenarten

Wenn die oben genannten vier Voraussetzungen erfüllt sind, können die einzutragenden Unternehmen zwischen folgenden Firmenarten wählen:

- **Personenfirmen** enthalten einen oder mehrere *Personennamen* (z. B. Carola Müller OHG, Schneider & Bauer KG).
- **Sachfirmen** sind dem Zweck (dem Gegenstand) des Unternehmens entnommen (z. B. Vereinigte Ulmer Lebensmittelfabriken GmbH, Hamburger Metallwarenfabrik AG).
- **Fantasiefirmen** sind erdachte Namen (z. B. Fantasia Verlagsgesellschaft mbH, Impex OHG).
- **Gemischte Firmen** enthalten *sowohl* einen oder mehrere Personennamen, einen dem Gegenstand (Zweck) des Unternehmens entnommenen Begriff und/oder einen Fantasienamen (z. B. Dyckerhoff Zementwerke Aktiengesellschaft; Arzneimittelgroßhandlung Peter & Schmid OHG; Fantasia Ferienpark GmbH). Gemischte Firmen kommen sowohl bei Einzelunternehmen, Personengesellschaften und Kapitalgesellschaften vor.

Eine Firma besteht entweder nur aus einem **Firmenkern** oder aus einem Firmenkern und einem **Firmenzusatz (Rechtsformzusatz)** oder mehreren Firmenzusätzen.

(3) Rechtsformzusätze

Den einzelnen Rechtsformen der Unternehmen sind **verbindliche Firmenzusätze** zugeordnet. Im Folgenden werden beispielhaft die Rechtsformzusätze der Einzelkaufleute, der Kommanditgesellschaft (KG) und der Gesellschaft mit beschränkter Haftung (GmbH) dargestellt.

- Die Firma der **Einzelkaufleute** muss die Bezeichnung „eingetragener Kaufmann" bzw. „eingetragene Kauffrau" enthalten. Allgemein verständliche Abkürzungen dieser Bezeichnung sind zulässig (z.B. e.K., e.Kfm., e.Kfr.) [§ 19 I, Nr. 1 HGB].
- **Kommanditgesellschaften** müssen die Bezeichnung „Kommanditgesellschaft" aufweisen. Eine allgemein verständliche Abkürzung dieser Bezeichnung wie z.B. KG ist zulässig [§ 19 I, Nr. 3 HGB].
- **Gesellschaften mit beschränkter Haftung** müssen die Bezeichnung „Gesellschaft mit beschränkter Haftung" enthalten [§ 4 GmbHG]. Eine allgemein verständliche Abkürzung dieser Bezeichnung ist zulässig (z.B. GmbH).

Freiwillige Firmenzusätze haben die Aufgabe, den Informationsgehalt einer Firma zu verstärken.

Beispiel:

Die Inhaberin eines Schuhgeschäfts firmiert wie folgt: „Inge Kern e.K. - Schuhfachgeschäft".

(4) Pflichtangaben auf Geschäftsbriefen

Für sämtliche kaufmännischen Unternehmen[1] sind auf allen **Geschäftsbriefen, die an einen bestimmten Empfänger gerichtet sind,** folgende Angaben **verpflichtend** vorgeschrieben [§ 37a HGB]: die Firma, die Bezeichnung nach § 19 I, Nr. 1 HGB (d.h. die Angabe der Rechtsform, z.B. „eingetragener Kaufmann"), der Ort der Handelsniederlassung, das Registergericht, die Nummer, unter der die Firma in das Handelsregister eingetragen ist und die Steuernummer [§ 14 I a UStG].

(5) Firmengrundsätze

Firmenwahrheit und -klarheit

Die Firma darf nicht über Art und/oder Umfang des Geschäfts täuschen.

Firmenöffentlichkeit

Jeder Kaufmann ist verpflichtet seine Firma und den Ort seiner Handelsniederlassung und deren spätere Änderungen zur Eintragung in das zuständige Handelsregister anzumelden [§§ 29, 31 HGB]. Damit wird erreicht, dass die Öffentlichkeit (also Kunden, Lieferanten, Banken, Behörden usw.) erfährt, unter welcher Firma Geschäftsvorgänge abgewickelt werden.

Firmenausschließlichkeit

Jede neue Firma muss sich von anderen an demselben Ort oder in derselben Gemeinde bereits bestehenden und in das Handelsregister eingetragenen Firmen deutlich unterscheiden. Bei gleichen Familiennamen der Inhaber muss ein Firmenzusatz eine eindeutige Unterscheidung ermöglichen (siehe § 30 I HGB).

1 Pflichtangaben auf Geschäftsbriefen bestehen somit für die eingetragenen Einzelunternehmen, die offene Handelsgesellschaft [§ 125a HGB], die Kommanditgesellschaft [§ 177a HGB], die Aktiengesellschaft [§ 80 AktG], die Gesellschaft mit beschränkter Haftung [§ 35a GmbHG] und die eingetragene Genossenschaft [§ 25a GenG].

Firmenbeständigkeit[1]

Die bisherige Firma kann beibehalten werden, wenn sich der Name des Inhabers ändert (z. B. bei Heirat), das Unternehmen durch einen neuen Inhaber fortgeführt wird (z. B. bei Verkauf oder Erbschaft) oder bei Eintritt eines zusätzlichen Mitinhabers (Gesellschafters) (vgl. §§ 21 – 24 HGB). Voraussetzung für die Weiterführung der Firma ist die ausdrückliche Einwilligung des bisherigen Inhabers oder dessen Erben. Ein Zusatz, der auf das Nachfolgeverhältnis hinweist, ist möglich.

Auch wenn die Firma fortgeführt wird, muss sie die zwingend vorgeschriebenen Rechtsformzusätze wie „eingetragener Kaufmann", „eingetragene Kauffrau", „offene Handelsgesellschaft" oder „Kommanditgesellschaft" bzw. die allgemein verständlichen Abkürzungen dieser Bezeichnungen enthalten [§ 19 I HGB].

(6) Haftung bei Übernahme

Wer ein Handelsgeschäft erwirbt und dieses unter Beibehaltung der bisherigen Firma mit oder ohne Beifügung eines das Nachfolgeverhältnis andeutenden Zusatzes fortführt, *haftet für alle* im Betrieb des Geschäfts begründeten Verbindlichkeiten des früheren Inhabers [§ 25 I HGB]. Eine abweichende Vereinbarung ist Dritten gegenüber nur wirksam, wenn sie in das Handelsregister eingetragen und bekannt gemacht oder von dem Erwerber bzw. dem Veräußerer dem Dritten mitgeteilt wurde [§ 25 II HGB].

Wird die Firma nicht fortgeführt, haftet der Erwerber für die früheren Geschäftsverbindlichkeiten grundsätzlich nur dann, wenn ein besonderer Verpflichtungsgrund vorliegt, insbesondere wenn die Übernahme der Verbindlichkeiten vom Erwerber in handelsüblicher Weise (z. B. durch Rundschreiben) bekannt gemacht worden ist [§ 25 III HGB].

Zusammenfassung

- **Arten der Kaufleute**

Istkaufleute	Kannkaufleute	Kaufleute kraft Rechtsform (Formkaufleute)
Alle Gewerbebetriebe, die einen in kaufmännischer Weise eingerichteten Geschäftsbetrieb benötigen	1. Kleinbetriebe 2. Land- und forstwirtschaftliche Betriebe, die nach Art und Umfang eine kaufmännische Einrichtung benötigen	Juristische Personen des Handelsrechts
Die Eintragung ins Handelsregister ist Pflicht	Die Eintragung ins Handelsregister ist freiwillig	Die Eintragung ins Handelsregister ist Pflicht
Eintragung wirkt deklaratorisch	Eintragung wirkt konstitutiv	

- Die **Firma** eines Kaufmanns ist sein im Handelsregister eingetragener Name, unter dem er seine Geschäfte betreibt und seine Unterschrift abgibt.
- Man unterscheidet **Personen-, Sach-, Fantasie-** und **gemischte Firmen.**

1 Der Grundsatz der Firmenbeständigkeit kann dem Grundsatz der Firmenwahrheit widersprechen, ist aber aus wirtschaftlichen Gründen gerechtfertigt. Denn viele alteingesessene Unternehmen haben sich im Laufe der Zeit einen guten Ruf erworben, sind also bei ihren Kunden bekannt. Um diesen Geschäftswert (Goodwill) nicht aufs Spiel zu setzen, muss es den Unternehmen erlaubt sein, auch bei Änderungen der Rechtsverhältnisse den bisherigen Namen beizubehalten.

Übungsaufgabe

175 1. Frau Erna Stehlin übernimmt für verschiedene Verlage Setzarbeiten. Sie hat zwei Teilzeitangestellte beschäftigt. Ihr Gewerbebetrieb erfordert keinen nach Art oder Umfang in kaufmännischer Weise eingerichteten Geschäftsbetrieb. Dennoch möchte sich Frau Stehlin ins Handelsregister eintragen lassen.

Aufgaben:

1.1 Wie kann die Firma lauten? Machen Sie drei Vorschläge!

1.2 Erläutern Sie, was unter dem Begriff Firma zu verstehen ist!

1.3 Frau Stehlin möchte wie folgt firmieren:

Die Texterfassung e. K.

Auf den Rat eines Bekannten hin meldet Frau Stehlin beim Amtsgericht folgende Firma an:

Die Texterfassung Inh. Erna Stehlin e. K.

Die Eintragung erfolgt am 24. Mai 20...

Beurteilen Sie, ob diese Firmen zulässig sind!

1.4 Welche Konsequenz (Folge) hat die Handelsregistereintragung für Frau Stehlin?

2. Der Installateurmeister Ernst Kopf hat vor Jahren einen kleinen Reparaturbetrieb gegründet, der sich gut entwickelte. Heute beschäftigt er fünf Gesellen und zwei Angestellte. Sein Betrieb ist kaufmännisch voll durchorganisiert. Im Handelsregister ist Ernst Kopf nicht eingetragen.

Aufgaben:

2.1 Beurteilen Sie, ob Herr Kopf Kaufmann ist!

2.2 Der Steuerberater Klug macht Herrn Kopf darauf aufmerksam, dass er seinen Gewerbebetrieb ins Handelsregister eintragen lassen muss.
Machen Sie einen Vorschlag, wie die Firma lauten könnte!

2.3 Herr Kopf lässt sich am 15. Februar 20.. unter der Firma „Ernst Kopf e. K. - Installateurfachbetrieb" ins Handelsregister eintragen.
Welche Wirkung hat die Handelsregistereintragung?

3. Entscheiden Sie folgenden Rechtsfall:
Der Angestellte Fritz Kugel erwirbt das Lebensmittelgeschäft Karl Klein e. K. Die neue Firma lautet „Fritz Kugel e. Kfm., Lebensmittelgeschäft". Mit dem ehemaligen Inhaber Klein vereinbart Fritz Kugel, dass dieser die restlichen Verbindlichkeiten an die Lieferer persönlich zu begleichen habe. Karl Klein zahlt nicht. Bei Fälligkeit der Verbindlichkeiten verlangen die Gläubiger die Begleichung der Verbindlichkeiten von Fritz Kugel. Muss Kugel zahlen?

4. Die Wirkung von Handelsregistereintragungen kann deklaratorisch oder konstitutiv sein.

Aufgaben:

4.1 Erklären Sie, was jeweils hierunter zu verstehen ist!

4.2 Bei welchen Kaufleuten wirkt die Handelsregistereintragung deklaratorisch, bei welchen konstitutiv?

4.2 Rechtsformen der Unternehmen

4.2.1 Rechtsformen im Überblick

(1) Einzelunternehmung

Der Begriff **Unternehmer** kommt von „etwas unternehmen". Unternehmer ist also, wer es selbst „unternimmt", Geschäfte in eigenem Namen und auf eigene Rechnung mit vollem Risiko zu tätigen. Der Unternehmer in diesem Sinne setzt also sein *eigenes* Geld- und Sachkapital ein, entscheidet selbstständig (autonom) in allen geschäftlichen Angelegenheiten, bestimmt selbst seine Arbeitszeit und trägt das Risiko des möglichen Verlusts, falls seine Entscheidungen sich als falsch herausstellen sollten. Unternehmer dieser (ursprünglichen) Art bezeichnet man daher als **Einzelunternehmer**, weil sie als Einzelperson alle genannten Unternehmerfunktionen (Unternehmensaufgaben) wahrnehmen. Einzelunternehmer sind zugleich **Eigentümerunternehmer**, wenn sie Eigentümer ihres Unternehmens sind. Meistens sind Einzelunternehmer lediglich „Inhaber" (alleiniger Gesellschafter) eines Unternehmens.

(2) Gesellschaftsunternehmen

Mit der Entstehung der Großbetriebe, vor allem in der Industrie, im Banken- und Versicherungswesen waren (und sind) *Einzelunternehmer* oftmals nicht mehr in der Lage, das erforderliche Geld- und/oder Sachkapital alleine aufzubringen. Es entstanden (bzw. entstehen) die **Gesellschaftsunternehmen.**

Bei den **Personengesellschaften** schließen sich mindestens zwei Unternehmer zusammen, die *alle* (bei der offenen Handelsgesellschaft) oder wenigstens teilweise (bei der Kommanditgesellschaft) die oben genannten Unternehmerfunktionen wahrnehmen, d.h., sie bringen i.d.R. das erforderliche Eigenkapital auf, leiten im gegenseitigen Einvernehmen das Unternehmen und tragen gemeinsam das Risiko. Als Beispiel für eine Personengesellschaft wird im Folgenden die Kommanditgesellschaft (KG) behandelt.

Die Möglichkeiten der Personengesellschaften, d.h. der Unternehmensformen, bei denen die *Person* als Gesellschafter im Vordergrund steht, reichen in vielen kapitalintensiven[1] Wirtschaftszweigen nicht aus, um den riesigen Kapitalbedarf zu decken. Es werden **Kapitalgesellschaften** wie z.B. die Aktiengesellschaften oder die Gesellschaften mit beschränkter Haftung gegründet. Die Kapitalgesellschaften sind unter anderem dadurch gekennzeichnet, dass die Unternehmerfunktionen „geteilt", d.h. von unterschiedlichen Personengruppen wahrgenommen werden. Die Eigenkapitalaufbringung erfolgt durch viele „kleine" oder auch „große" Kapitalanleger (z.B. durch die GmbH-Gesellschafter bzw. Aktionäre), wobei das *Risiko* auf den Wert der Kapitaleinlage beschränkt wird. Die *Leitung* der Kapitalgesellschaften obliegt hingegen angestellten Geschäftsführern (z.B. bei der GmbH) oder Direktoren (z.B. Vorstandsmitgliedern der AG), die selbst nicht am Unternehmen beteiligt sein müssen. Die Leiter (Geschäftsführer, Vorstandsmitglieder) der Kapitalgesellschaften werden deshalb als **Auftragsunternehmer** oder als **Managerunternehmer** bezeichnet. Als Beispiel für eine Kapitalgesellschaft wird im Folgenden die Gesellschaft mit beschränkter Haftung (GmbH) behandelt.

---

1 Kapitalintensive Betriebe sind solche mit hohem Kapitalbedarf (z.B. Hochöfen, Stahlwerke, Werften, Eisenbahnen, Raffinerien).

Als „besondere“ Rechtsformen der Unternehmen entstanden im vorigen Jahrhundert die **Genossenschaften** und die **Versicherungsvereine auf Gegenseitigkeit,** bei denen die Mitglieder zugleich Eigenkapitalgeber sind. Die Leitung obliegt – wie bei den Kapitalgesellschaften auch – angestellten Vorständen.

Zusammenfassung

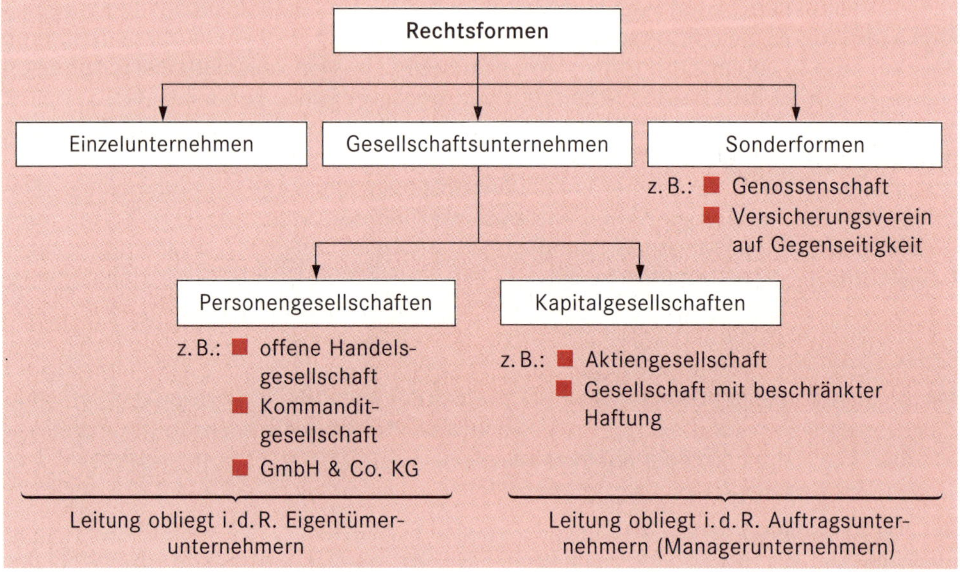

4.2.2 Einzelunternehmung

(1) Begriff Einzelunternehmer

Merke:

Einzelunternehmer ist, wer es selbst „unternimmt“, Geschäfte in **eigenem Namen** und auf **eigene Rechnung** mit **vollem Risiko zu** tätigen und hierzu sein **eigenes Geld- und Sachkapital** einsetzt. Der Einzelunternehmer ist alleiniger Gesellschafter bzw. Inhaber des Unternehmens.

(2) Firma

Die Firma des Einzelunternehmers richtet sich i. d. R. nach dem Vor- und Zunamen des Einzelunternehmers. Sie muss die Bezeichnung „eingetragener Kaufmann“ bzw. „eingetragene Kauffrau“ oder eine allgemein verständliche Abkürzung dieser Bezeichnung enthalten [§ 19 I, Nr. 1 HGB].

Beispiel:

Beauty-Farm Erna Starnecker, eingetragene Kauffrau; Hans Schmidt e.Kfm., Feinkostgeschäft.

(3) Weitere Voraussetzungen für die Unternehmensgründung und -führung

Wer erfolgreich ein Einzelunternehmen gründen und führen will, der muss nicht nur die persönlichen und wirtschaftlichen Voraussetzungen beachten, sondern weitere typische Merkmale des Einzelunternehmens berücksichtigen.

Nur wer z. B. das Geschäftsführungs- und Vertretungsrecht der Gesellschafter, die Gesellschafterrisiken (Haftungsverhältnisse) und die Gewinn- und Verlustverteilung bei einem Einzelunternehmen kennt, kann die Vor- und Nachteile des Einzelunternehmens erkennen und beurteilen sowie den persönlichen Zielsetzungen[1] entsprechend entscheiden, ob ein Einzelunternehmen oder eine Gesellschaftsform (ein Gesellschaftsunternehmen) die günstigste Rechtsform für das zu gründende und zu führende Unternehmen ist.

Die folgende Tabelle informiert Sie deshalb über weitere, bei der Unternehmensgründung und -führung zu beachtende Unternehmensmerkmale.

Personenzahl	Der Einzelunternehmer ist **alleiniger Inhaber** (Gesellschafter) des Unternehmens.
Geschäftsführung	Die **Geschäftsführung,** d. h., die Leitung des Unternehmens obliegt dem Einzelunternehmer allein. Er trifft alle Anordnungen in seinem Betrieb (also im *Innenverhältnis*) allein, ohne andere anhören zu müssen; es sei denn, die Mitbestimmungsrechte nach dem Betriebsverfassungsgesetz (BetrVG) stehen dem entgegen.
Vertretung[2]	Das Recht auf **Vertretung** des Unternehmens gegenüber Dritten (nach „außen") hat der Einzelunternehmer. Er schließt für das Unternehmen alle erforderlichen Rechtsgeschäfte mit Dritten ab (z. B. Kaufverträge, Mietverträge, Kreditverträge).[3]
Haftungsverhältnisse[2]	Der Einzelunternehmer haftet für alle Verbindlichkeiten des Unternehmens mit seinem Geschäfts- und sonstigen Privatvermögen **unbeschränkt** und **unmittelbar** (hohes Gesellschafterrisiko).
Organe	Das Einzelunternehmen hat **keine eigenen Organe.**
Eigenkapitalaufbringung	Das **Eigenkapital** stellt der Einzelunternehmer zur Verfügung. Über die Höhe des aufzubringenden Eigenkapitals gibt es keine gesetzliche Vorschrift.
Gewinn- und Verlustverteilung	Der Einzelunternehmer hat (soweit keine Gewinnbeteiligung der Arbeitnehmer vereinbart ist) das Recht auf den gesamten **Gewinn.** Andererseits hat er den **Verlust** ebenfalls allein zu tragen. Über die Gewinn- und Verlustverteilung gibt es keine gesetzliche Vorschrift.
Kreditwürdigkeit, Kreditfähigkeit	Die **Kreditwürdigkeit** hängt vor allem von der **persönlichen Zuverlässigkeit, Ehrlichkeit** sowie den menschlichen und beruflichen **Erfahrungen, Kenntnissen, Fähigkeiten** sowie von der **Leistungsfähigkeit** und **-willigkeit** des Einzelunternehmers ab. Aufgrund der meistens beschränkten Selbstfinanzierung durch erzielte Gewinne und des relativ niedrigen, den Gläubigern haftenden Vermögens, ist die **Kreditfähigkeit** (materielle Kreditwürdigkeit) nicht sehr hoch.

1 Die Gesellschafter können mit der Unternehmensgründung sehr unterschiedliche persönliche Zielsetzungen verfolgen. Gesellschafter möchten z. B. das zu gründende Unternehmen allein oder zusammen mit weiteren Gesellschaftern leiten. Die Gesellschafter sind bereit, mit ihrem gesamten Privatvermögen oder nur mit ihrem Gesellschaftsvermögen beschränkt für die Unternehmensverbindlichkeiten zu haften.

2 Haftung und Vertretung regeln die Rechtsbeziehung des Unternehmens mit außenstehenden Dritten. Sie betreffen daher das *Außenverhältnis*.

3 Der Einzelunternehmer kann jedoch seinen Mitarbeitern auch **Vollmachten** wie z. B. **Prokura** erteilen.

Form der Gründung	Für die **Gründung** des Einzelunternehmens bestehen keine gesetzlichen Formvorschriften. Erfordert ein Unternehmen eine kaufmännische Einrichtung, ist eine Eintragung ins Handelsregister erforderlich. Werden in das Einzelunternehmen **Grundstücke** eingebracht, ist die **Schriftform** mit **notarieller Beurkundung** erforderlich [§ 311b I, S. 1 BGB].

(4) Anmeldung des Unternehmens

Der Gründer **muss** sein neu zu gründendes Unternehmen vor allem bei folgenden öffentlichen Stellen anmelden:

■ Amtsgericht

Eine Anmeldung beim zuständigen **Amtsgericht** zur **Eintragung** in das **Handelsregister** ist erforderlich, sofern ein **Handelsgewerbe** vorliegt.

■ Gemeindebehörde

Der Gründer des Unternehmens muss sein zu gründendes Unternehmen bei der für den betreffenden Ort zuständigen Behörde, z. B. beim **Gewerbeamt** der Gemeinde [§ 14 GewO] anmelden.

Die Gewerbeanmeldung (Fachausdruck: Gewerbeanzeige) verfolgt den Zweck, dem Gewerbeamt jederzeit über Zahl und Art der ansässigen Gewerbebetriebe Kenntnis zu geben. Dadurch soll eine wirksame Überwachung der Gewerbebetriebe gewährleistet werden.

Mit der Gewerbeanzeige werden auch die sonstigen Meldeverpflichtungen erfüllt. Die nachfolgend genannten Stellen erhalten je eine Ausfertigung von der Gewerbeanzeige:

- das **Finanzamt,** um die Abführung der Steuern zu gewährleisten;
- die **Berufsgenossenschaft** als Träger der gesetzlich vorgeschriebenen Unfallversicherung;
- die **Industrie- und Handelskammer** bzw. die **Handwerkskammer** als berufsständische Vertretung;
- das **Gewerbeaufsichtsamt** als Aufsichtsbehörde für Anlagen, die einer besonderen Überwachung bedürfen (z. B. Dampfkesselanlagen, Aufzugsanlagen, Getränkeschankanlagen).

Die Gewerbeanzeige ist nicht immer ausreichend. Für bestimmte Gewerbezweige ist eine behördliche Genehmigung erforderlich (z. B. für Spielhallen, Makler, Bauträger, Gaststätten, Reisegewerbe).

■ Sozialversicherungsträger

Werden Arbeitnehmer beschäftigt, so ist eine Anmeldung bei den Sozialversicherungsträgern (gesetzliche Krankenkassen, gesetzliche Pflegekassen, Deutsche Rentenversicherung [gesetzliche Rentenversicherung], Bundesagentur für Arbeit [gesetzliche Arbeitsförderung] und z. B. Berufsgenossenschaften [gesetzliche Unfallversicherung]) erforderlich, um Versicherungsschutz zu erhalten.

(5) Auflösung des Unternehmens

Die **Auflösung** des Einzelunternehmens liegt allein im Entscheidungsbereich des Einzelunternehmens, es sei denn, das Unternehmen wird wegen Zahlungsunfähigkeit im Rahmen eines Insolvenzverfahrens[1] aufgelöst. Auch die Umwandlung in eine andere Rechtsform (z. B. in eine OHG) führt zur Beendigung (Auflösung) des Einzelunternehmens.

(6) Bedeutung, Vor- und Nachteile des Einzelunternehmens

Für einen **Unternehmer** hat diese Unternehmensform Vor- und Nachteile:

Vorteile (Gründungsmotive)	Nachteile
▪ Keine Abstimmung der Entscheidungen mit anderen (Ausnahme: Mitbestimmung der Arbeitnehmer). ▪ Schnelle Entscheidungsmöglichkeiten. ▪ Daher schnelle Anpassung an veränderte wirtschaftliche Verhältnisse (z. B. Aufnahme neuer Produkte). ▪ Klarheit und Eindeutigkeit der Unternehmensführung. ▪ Großes Eigeninteresse des Inhabers an der Arbeit, da ihm der Gewinn allein zusteht (Gewinn als Leistungsanreiz). ▪ Bei kleinen und mittelgroßen Unternehmen keine Publizitätspflicht (Pflicht zur Veröffentlichung des Jahresabschlusses).	▪ Alleiniges Entscheidungsrecht liegt beim Einzelunternehmer (nachteilig bei unzureichender Qualifikation des Unternehmers). ▪ Unter Umständen nachteilige Beeinflussung der betrieblichen Arbeit (des „Betriebsklimas“) durch persönliche Charaktereigenschaften. ▪ Gefahr, dass durch aufwendige Lebenshaltung des Inhabers die Existenz des Unternehmens aufs Spiel gesetzt wird. ▪ In der Regel geringe Eigenkapitalkraft und beschränkte Kreditbeschaffungsmöglichkeiten. ▪ Großes Gesellschafterrisiko (Haftungsrisiko).

Gesamtwirtschaftlich gesehen nimmt das Einzelunternehmen eine wichtige Stellung ein. Wir finden es in allen Wirtschaftsbereichen. In der Landwirtschaft, im Einzelhandel und im Handwerk stellen Einzelunternehmen die vorherrschende Unternehmensform dar. In der Industrie sind dagegen die Gesellschaftsunternehmen die wichtigsten Unternehmensformen.

Zusammenfassung

- Bei den Einzelunternehmen werden **alle wichtigen Unternehmerfunktionen** und **Risiken** vom **Einzelunternehmer** (von einem Gesellschafter) wahrgenommen, dem auch der Gewinn allein zusteht und der auch entstehende Verluste allein zu tragen hat.
- Wichtige **wirtschaftliche Voraussetzungen** sind, dass bei der Gründung und für die laufende Geschäftstätigkeit des Unternehmens (z. B. für den Einkauf, die Lagerhaltung, die Leistungserstellung und den Verkauf) ausreichend Finanzmittel vorhanden sind und das Unternehmen seine Leistungen auch langfristig mit Gewinn verkaufen kann.
- Das **Haftungsrisiko** ist aufgrund der unbeschränkten und unmittelbaren alleinigen Haftung des Einzelunternehmers für die Geschäftsverbindlichkeiten verhältnismäßig hoch.

1 Insolvenz: Zahlungsunfähigkeit.

- Die **Kreditwürdigkeit der Einzelunternehmen** hängt vor allem von der persönlichen Zuverlässigkeit sowie von den beruflichen Fähigkeiten und Kenntnissen der Einzelunternehmer ab.
- Einzelunternehmen verfügen grundsätzlich nur über ein **relativ niedriges Eigenkapital.** Aufgrund des niedrigen den Gläubigern haftenden Eigenkapitals besteht für die Einzelunternehmen eine beschränkte Kreditbeschaffungsmöglichkeit.
- Einzelunternehmen müssen vom Gründer z. B. beim **Amtsgericht zur Handelsregistereintragung,** beim **Gewerbeamt** und (wenn Arbeitnehmer beschäftigt werden) bei den verschiedenen **Sozialversicherungsträgern** (z. B. bei der Krankenkasse, Bundesagentur für Arbeit und Berufsgenossenschaft) angemeldet werden.

Übungsaufgabe

176 1. Heinz Augustin, Angestellter in einem Lebensmittelgeschäft, möchte sich selbstständig machen und als Einzelunternehmer ein Feinkostgeschäft eröffnen.

Aufgaben:

1.1 Nennen Sie drei persönliche Voraussetzungen, die Herr Augustin mitbringen sollte, um das Feinkostgeschäft erfolgreich führen zu können!

1.2 Bei welchen Stellen muss Herr Augustin sein neu gegründetes Unternehmen anmelden?

Führen Sie zwei Stellen an und geben Sie jeweils den Grund für die Anmeldepflicht an!

1.3 Nennen Sie drei Gründe, die Herrn Augustin zur Wahl dieser Rechtsform veranlasst haben könnten!

2. Nennen und beurteilen Sie je drei Vor- und Nachteile des Einzelunternehmens

2.1 aus der Sicht der Arbeitnehmer,

2.2 aus der Sicht des Einzelunternehmers!

4.2.3 Kommanditgesellschaft (KG) als Beispiel für eine Personengesellschaft

4.2.3.1 Begriff, Firma und Gründung der KG

(1) Begriff

Merke:

Die **Kommanditgesellschaft (KG)** ist eine **Gesellschaft** (Zusammenschluss von mindestens zwei Personen), deren Zweck auf den Betrieb eines **Handelsgewerbes** unter **gemeinschaftlicher Firma** gerichtet ist und bei der die **Haftung von mindestens einem Gesellschafter** gegenüber den Gesellschaftsgläubigern auf den Betrag einer bestimmten Vermögenseinlage **beschränkt** ist **(Kommanditist),** während **die anderen Gesellschafter** (mindestens ein Gesellschafter) den Gesellschaftsgläubigern gegenüber **unbeschränkt haften (Komplementäre)** [§ 161 I HGB].[1]

1 Soweit das HGB in den §§ 161 ff. nichts anderes vorschreibt, werden auf die KG die für die offene Handelsgesellschaft (OHG) geltenden Vorschriften angewendet [§ 161 II HGB].

Es gibt bei der KG also mindestens einen Gesellschafter, der nach den Vorschriften des OHG-Rechts [§§ 128 ff. HGB] haftet (den persönlich haftenden Gesellschafter, Komplementär), und auf der anderen Seite mindestens einen Gesellschafter (Kommanditist), dessen Haftung beschränkt ist. In der Praxis macht der Vorteil der Haftungsbeschränkung für die Kommanditisten die große Attraktivität der KG aus.

Außerdem bietet die KG die Möglichkeit, eine juristische Person als Komplementär einzusetzen. Ist eine GmbH Komplementär, so entsteht eine GmbH & Co. KG (vgl. S. 493 f.).

(2) Firma

Die **Firma** der KG muss die Bezeichnung „Kommanditgesellschaft" oder eine allgemein verständliche Abkürzung dieser Bezeichnung (z. B. KG) enthalten [§ 19 I, Nr. 3 HGB].

Beispiele:

Müller und Moser sind Vollhafter (Komplementäre), Krause ist Teilhafter (Kommanditist). Mögliche Firmen sind z. B.: Müller & Moser KG; Müller Kommanditgesellschaft; Müllheimer Import KG; Duisburger Import-Export KG.

(3) Gründung

Zur Gründung der KG sind zwei Voraussetzungen erforderlich:

Abschluss eines Gesellschaftsvertrags

Der Gesellschaftsvertrag regelt das Rechtsverhältnis der Gesellschafter untereinander [§ 109 HGB]. Er kann mündlich abgeschlossen werden. In der Praxis wird er aber aus Gründen der Rechtssicherheit (Beweissicherheit) regelmäßig **schriftlich** abgeschlossen.[1] Im Gesellschaftsvertrag werden alle wesentlichen Rechte und Pflichten, die die Gesellschafter geregelt sehen wollen, festgehalten, z. B. die Art und Höhe der Kapitaleinlage,[2] die Gewinn- und Verlustverteilung, die Höhe der Privatentnahmen usw.

Eintragung ins Handelsregister

Die KG ist beim zuständigen Gericht zur Eintragung in das Handelsregister anzumelden [§ 106 I HGB]. Die Anmeldung beim Handelsregister muss von sämtlichen Gesellschaftern der KG vorgenommen werden [§ 108 I HGB]. Die Anmeldung hat nach §§ 106 II, 162 I HGB zu enthalten:

- Name, Vorname(n), Geburtsdatum und Wohnort jedes Gesellschafters;
- Firma der Gesellschaft und den Ort, wo sie ihren Sitz hat;
- Zeitpunkt des Geschäftsbeginns;
- Vertretungsmacht der Gesellschafter und
- Bezeichnung der Kommanditisten und den Betrag der Einlage eines jeden Kommanditisten.[3]

1 Werden in die KG Grundstücke eingebracht, ist **Schriftform** mit **notarieller Beurkundung** erforderlich (siehe §§ 311 b I, S. 1; 128 BGB).

2 Bei der KG gibt es keine gesetzliche Vorschrift über die Höhe des Eigenkapitals.

3 Die Eintragung der Höhe der Kommanditeinlagen ist wegen der beschränkten Haftung des Kommanditisten erforderlich. Bei der Bekanntmachung der Eintragung der KG sind jedoch keine Angaben zu den Kommanditisten zu machen [§ 162 II HGB].

■ **Beginn der Gesellschaft**

Im **Innenverhältnis** beginnt das Unternehmen mit Abschluss des Gesellschaftsvertrages bzw. zu dem im Gesellschaftsvertrag festgelegten Termin.

Betreibt die KG ein Handelsgewerbe, so ist sie nach § 1 I HGB auch ohne Eintragung Kaufmann. In diesem Fall ist die KG im **Außenverhältnis** entstanden, sobald ein Komplementär im Namen der KG Geschäfte tätigt, z. B. einen Kaufvertrag abschließt (deklaratorische Wirkung der Handelsregistereintragung).

Wird kein Handelsgewerbe im Sinne des § 1 II HGB betrieben, beginnt die KG **im Außenverhältnis** mit ihrer Eintragung (konstitutive Wirkung der Handelsregistereintragung, siehe auch § 2 HGB).

4.2.3.2 Pflichten und Rechte der Gesellschafter im Innenverhältnis

(1) Begriff Innenverhältnis

Merke:

- Unter **Innenverhältnis** verstehen wir die **Rechtsbeziehungen der Gesellschafter untereinander.**
- Innerhalb der Gesellschaft gelten zunächst die **Vereinbarungen des Gesellschaftsvertrags** sowie die **zwingenden Vorschriften des HGB.** Ist ein Sachverhalt im Gesellschaftsvertrag nicht geregelt, gelten die **Bestimmungen des HGB.**

Wagner KG

Komplementär Wagner ◄── Rechtsbeziehungen im **Innenverhältnis** geregelt durch: ──► Kommanditist Wunsch

- Gesellschaftsvertrag und zwingende Vorschriften des HGB
- bei fehlender Vereinbarung gelten die Vorschriften des HGB

(2) Pflichten und Rechte des Komplementärs im Innenverhältnis

■ **Pflichten des Komplementärs**

■ **Fristgemäße Leistung der festgesetzten Kapitaleinlage**

Die Kapitaleinlagen können in Geld, in Sachwerten und/oder in Rechtswerten geleistet werden (z. B. Buchgeld, Gebäude, Grundstücke, Maschinen, Patente). Die Summe der geleisteten Kapitaleinlagen bildet als gemeinschaftliches Vermögen der Gesellschaft ein Sondervermögen [§ 718 I BGB] und steht den Gesellschaftern zur *gesamten Hand* zu [§ 719 BGB]. Das persönliche Eigentum der Gesellschafter an ihren Einlagen erlischt. Die Einlagen der Gesellschafter werden (trotz getrennter Buchung ihrer einzelnen Kapitalanteile) *gemeinschaftliches* Vermögen **(Gesamthandsvermögen)** aller Gesellschafter. Ein einzelner Gesellschafter kann damit nicht mehr über seinen Kapitalanteil verfügen. Grundstücke werden im Grundbuch auf die KG eingetragen. Alle Gesellschafter können nur noch gemeinsam über die einzelnen Vermögensteile verfügen.

■ **Geschäftsführung (Persönliche Arbeitsleistung)** [§ 114 I HGB]

Die KG wird allein schon deshalb zu den Personengesellschaften gerechnet, weil der Komplementär zur persönlichen Arbeitsleistung verpflichtet ist.

Treuepflicht und Wettbewerbsenthaltung

Die enge persönliche Bindung an die KG verlangt weiterhin vom Komplementär, dass er keine Geschäfte im Wirtschaftszweig der KG auf eigene Rechnung macht oder als persönlich haftender Gesellschafter an einer anderen gleichartigen Handelsgesellschaft teilnimmt (z. B. als Gesellschafter in einer OHG oder als Komplementär in einer anderen KG) [§ 112 I HGB]. Bei einer Verletzung des Wettbewerbsverbots kann die Gesellschaft Schadensersatz fordern oder in das betreffende Geschäft (z. B. Vertrag) eintreten und die Herausgabe der bezogenen Vergütung bzw. die Abtretung des Anspruchs auf die Vergütung verlangen [§ 113 I HGB]. Ferner können die übrigen Gesellschafter die Auflösung der KG verlangen [§ 113 IV HGB].

Ein Gesellschafter kann jedoch mit Einwilligung der übrigen Gesellschafter von diesem so genannten *Wettbewerbsverbot* entbunden werden.

Verlustbeteiligung

Nach der gesetzlichen Regelung wird der Verlust in einem „angemessenen" Verhältnis der Kapitalanteile verteilt [§ 168 II HGB].[1] Abweichende vertragliche Regelungen sind möglich.

Rechte des Komplementärs

Geschäftsführung

Die Geschäftsführungsbefugnisse der Komplementäre richten sich nach dem Gesellschaftsvertrag, bei fehlender Vereinbarung nach dem HGB [§§ 114 – 117 HGB].

- Bei **gewöhnlichen Geschäften** ist vom HGB das **Einzelgeschäftsführungsrecht** vorgesehen, d. h., *jeder* einzelne Komplementär ist zur Vornahme aller Handlungen berechtigt, die der gewöhnliche Betrieb des Handelsgewerbes dieser Unternehmung mit sich bringt [§ 116 I HGB] (z. B. Arbeitsaufträge an Belegschaftsmitglieder erteilen, Rechnungen bezahlen, Bestellungen unterschreiben, Arbeitnehmer einstellen oder entlassen). Widerspricht ein Komplementär einer Geschäftsführungsmaßnahme eines Mitkomplementärs, so muss diese unterbleiben.

Beispiel:

Der Komplementär Albrecht befürwortet einen riskanten Aktienkauf zur Geldanlage. Dem Komplementär Berthold ist das Risiko zu hoch. Das Geschäft muss unterbleiben.

- Bei **außergewöhnlichen Geschäften** besteht nach dem HGB **Gesamtgeschäftsführungsrecht,** d. h., es bedarf eines *Gesamtbeschlusses* aller Komplementäre (Beispiele für außergewöhnliche Geschäfte: Grundstückskäufe bzw. -verkäufe, Aufnahme neuer Komplementäre, Änderung des Unternehmenszwecks, Aufnahme eines Großkredits, Kauf von Spezialmaschinen) [§ 116 II HGB].

  Eine Sonderregelung besteht bei der Ernennung eines Prokuristen. Als ein außergewöhnliches Geschäft bedarf die Ernennung eines Prokuristen grundsätzlich der Zustimmung aller Komplementäre. Der Widerruf der Prokura kann dagegen durch jeden Komplementär in alleiniger Verantwortung erfolgen [§ 116 III HGB].

1 Angemessen ist somit im Zweifel die **Verlustverteilung** nach **Kapitalanteilen.**

Der Gesellschaftsvertrag kann vorsehen, dass bei allen Geschäften die Zustimmung aller Komplementäre, der Mehrheit der Komplementäre oder die von mindestens zwei Komplementären vorliegen muss.

Auf Antrag der übrigen Komplementäre kann einem Komplementär die Befugnis zur Geschäftsführung durch gerichtliche Entscheidung entzogen werden, wenn ein wichtiger Grund vorliegt (z.B. grobe Pflichtverletzung, Unfähigkeit zur ordnungsmäßigen Geschäftsführung [§ 117 HGB]).

- **Kontrollrecht**

Im Rahmen des Geschäftsführungsrechts erwähnt das Gesetz [§ 118 HGB] ausdrücklich, dass die Komplementäre (auch wenn sie von der Geschäftsführung ausgeschlossen sind) die Befugnis haben, sich über die Angelegenheiten der Gesellschaft persönlich zu unterrichten, in die Handelsbücher und Papiere der Gesellschaft einzusehen und sich hieraus eine Bilanz und einen Jahresabschluss anzufertigen. Das Kontrollrecht ist zwingendes Recht, kann also nicht durch Gesellschaftsvertrag aufgehoben werden.

- **Gewinnberechtigung**

Die Gewinnverteilung wird bei der Darstellung der Rechte des Kommanditisten im Innenverhältnis behandelt (siehe S. 481 f.).

- **Recht auf Privatentnahme**

Da der Komplementär im Normalfall seinen Lebensunterhalt aus der Entlohnung seiner unternehmerischen Tätigkeit bestreiten muss, sieht das HGB vor, dass (bei fehlender sonstiger Vereinbarung) jeder Komplementär berechtigt ist, *während* des Geschäftsjahrs bis zu 4 % seines zu Anfang des Geschäftsjahrs vorhandenen Kapitalanteils zu entnehmen [§ 122 I HGB]. Dieses Recht zur Privatentnahme besteht auch dann, wenn die Gesellschaft derzeit Verluste erzielt. Will ein Komplementär mehr als 4 % bzw. mehr als den im Gesellschaftsvertrag vereinbarten Prozentsatz entnehmen, müssen die übrigen Gesellschafter zustimmen [§ 122 II HGB].

- **Anspruch auf Aufwandsersatz**

Dieser Anspruch entsteht dann, wenn ein Komplementär im Rahmen seiner Geschäftsführung notwendige betriebliche Aufwendungen zunächst mit Privatmitteln begleicht [§ 110 HGB]. Ein Entgelt für ihre Tätigkeit als solche steht den Gesellschaftern nicht zu. Die Geschäftsführung ist durch die Gewinnbeteiligung abgegolten.

- **Kündigungsrecht (Austritt aus der KG)**

Wenn keine Vereinbarung zwischen den Gesellschaftern getroffen wurde, gilt die gesetzliche Regelung: Kündigungsmöglichkeit unter Einhaltung der Kündigungsfrist von mindestens 6 Monaten zum Schluss des Geschäftsjahrs [§ 132 HGB].

- **Recht auf Liquidationserlös bei Auflösung der KG** [§ 155 HGB]

Wird die KG aufgelöst, so ist das nach Abzug der Schulden verbleibende Vermögen im Verhältnis der Kapitalanteile unter die Gesellschafter aufzuteilen. Verbleibt nach der Liquidation der KG ein negativer Kapitalanteil, so haben die Gesellschafter eine entsprechende Ausgleichszahlung zu erbringen.

(3) Pflichten und Rechte des Kommanditisten im Innenverhältnis

Wie beim Komplementär gelten auch hier zunächst die Vereinbarungen zwischen den Gesellschaftern und ersatzweise die gesetzlichen Bestimmungen des HGB.

■ Pflichten des Kommanditisten

■ Fristgemäße Leistung der festgesetzten Kapitaleinlage

Die vertraglich festgelegte Kapitaleinlage **(Pflichteinlage)** kann in Geld, in Sachwerten und/oder in Rechtswerten erfolgen. Die Höhe der Pflichteinlage kann dabei von der in das Handelsregister eingetragenen Einlage, der **Haftsumme (Hafteinlage),** abweichen.

■ Verlustbeteiligung

Eine Verlustbeteiligung der Kommanditisten erfolgt bis zur Höhe des Kapitalanteils und der noch rückständigen Einlagen [§ 167 III HGB] in einem „angemessenen" Verhältnis der Kapitalanteile [§ 168 II HGB]. Wegen der Unbestimmtheit der gesetzlichen Regelung empfiehlt es sich, die Art und Weise der Verlustbeteiligung der Kommanditisten im Gesellschaftsvertrag eindeutig festzulegen.

Beispiel:

Bei der Müller KG (Müller und Moser sind Vollhafter, Krause ist Teilhafter) könnte die Verlustbeteiligung wie folgt geregelt sein: „Müller, Moser und Krause teilen sich einen eventuellen Verlust im Verhältnis 3 : 3 : 1."

■ Rechte des Kommanditisten

■ Kontrollrecht

Die Kommanditisten haben nur ein eingeschränktes (*kein* laufendes) Kontrollrecht. Sie können jedoch Abschriften des Jahresabschlusses (Jahresbilanz mit Gewinn- und Verlustrechnung) verlangen und deren Richtigkeit unter Einsicht in die Geschäftsbücher und sonstiger Geschäftspapiere überprüfen [§ 166 I, II HGB].

■ Gewinnberechtigung und Gewinnverwendung

Nach dem Gesetz erhalten die Kommanditisten (und die Komplementäre) zunächst eine 4%ige Verzinsung der (durchschnittlichen) Kapitalanteile.[1] Der eventuell verbleibende Restgewinn ist in „angemessenem" Verhältnis (z.B. der Kapitalanteile) zu verteilen. Wegen der Unbestimmtheit der gesetzlichen Regelung ist es erforderlich, im Gesellschaftsvertrag die Gewinnverteilung eindeutig zu regeln, um spätere Unstimmigkeiten zu vermeiden.

Beispiel:

Bei der Müller KG könnte die Gewinnbeteiligung wie folgt geregelt sein: „Aus dem Jahresreingewinn erhält jeder Gesellschafter zunächst eine 6%ige Verzinsung der durchschnittlichen Kapitalanteile. Reicht der Gewinn nicht aus, erfolgt eine entsprechend niedrigere Verzinsung. Übersteigt der Jahresreingewinn 6% der durchschnittlichen Kapitalanteile, wird der übersteigende Betrag im Verhältnis 3 : 3 : 1 verteilt."

---

1 Wenn der Jahresgewinn hierzu nicht ausreicht, erfolgt eine entsprechend niedrigere Verzinsung.

31 Speth u.a. - ISBN 978-3-8120-0555-5

Die Gewinnanteile der Kommanditisten werden ihren Kapitalanteilen nur so lange gutgeschrieben (Aktivkonto: Noch ausstehende Einlagen), bis diese voll geleistet sind [§ 167 II HGB]. Ist die Pflichteinlage der Kommanditisten erreicht, so haben sie Anspruch auf Auszahlung ihrer Gewinnanteile. Die im Unternehmen belassenen Gewinnanteile der Kommanditisten stellen „sonstige Verbindlichkeiten" der KG gegenüber den Kommanditisten dar.

Wird der Kapitalanteil des Kommanditisten durch Verlust oder Auszahlung gemindert, und zwar unter den auf die vereinbarte Einlage geleisteten Betrag, so kann der Kommanditist keine Auszahlung seines Gewinnanteils fordern. In diesem Fall wird der Gewinnanteil zur Auffüllung der Kommanditeinlage verwendet. Der Kommanditist ist dabei nicht verpflichtet, früher bezogene Gewinne wegen später eingetretener Verluste zurückzuzahlen [§ 169 II HGB]. Der Kommanditist hat **kein Recht auf Privatentnahmen** [§§ 169 I, 122 HGB].

- **Geschäftsführungs- und Widerspruchsrecht**

Die Kommanditisten sind nach dem HGB von der gewöhnlichen Geschäftsführung ausgeschlossen.[1] Sie können lediglich Handlungen der persönlich haftenden Komplementäre widersprechen, wenn diese über den gewöhnlichen Betrieb des Handelsgewerbes der KG hinausgehen, z. B. bei Grundstückskäufen und -verkäufen, bei der Aufnahme eines neuen Gesellschafters oder bei Änderung des Betriebszwecks [§ 164 HGB].

- **Kündigungsrecht (Austritt aus der KG)**

Wenn keine abweichenden Vereinbarungen zwischen den Gesellschaftern getroffen wurden, gilt die gesetzliche Regelung: Kündigungsmöglichkeit unter Einhaltung einer Kündigungsfrist von mindestens 6 Monaten zum Schluss des Geschäftsjahrs [§ 161 II i. V. m. § 132 HGB].

- Für die **Kommanditisten** besteht **kein gesetzliches Wettbewerbsverbot** [§ 165 HGB].

4.2.3.3 Pflichten und Rechte der Gesellschafter im Außenverhältnis

(1) Begriff Außenverhältnis

Unter Außenverhältnis verstehen wir die Rechtsbeziehungen der Gesellschafter gegenüber außenstehenden Dritten. Im Außenverhältnis **gelten grundsätzlich die Bestimmungen des HGB.** Abweichende Vereinbarungen müssen, soweit sie gesetzlich zulässig sind, im Handelsregister eingetragen werden.

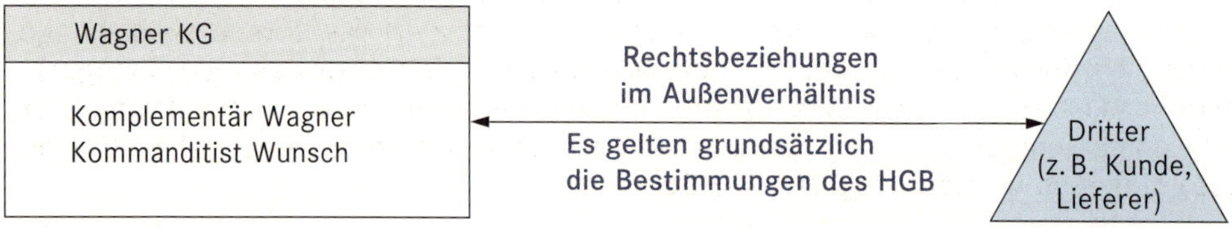

1 Durch Gesellschaftsvertrag kann einem Kommanditisten auch die Geschäftsführung übertragen werden. Dies ist z. B. der Fall, wenn alle Komplementäre durch Gesellschaftsvertrag oder durch gerichtliche Entscheidung [§ 117 HGB] von der Geschäftsführung [§ 114 HGB] ganz oder teilweise ausgeschlossen sind.

(2) Pflichten und Rechte des Komplementärs im Außenverhältnis

Pflichten des Komplementärs

- **Begriff und Umfang der Haftung** [§§ 128 – 130 HGB]

Der Komplementär haftet

- **unbeschränkt**, d.h. mit seinem Geschäftsvermögen *und* mit seinem sonstigen Privatvermögen.
- **unmittelbar**, d.h., die Gläubiger (z.B. die Verkäufer) können die Forderungen nicht nur der KG gegenüber, sondern zugleich unmittelbar (direkt) gegenüber *jedem* Komplementär geltend machen. Dies bedeutet, dass jeder einzelne Komplementär durch die Gesellschaftsgläubiger verklagt werden kann. Der Komplementär kann nicht verlangen, dass der Gläubiger zuerst gegen die KG klagt. Eine „Einrede der Vorausklage" steht dem Komplementär nicht zu. Hat ein Komplementär an einen Gläubiger eine Zahlung vorgenommen, so hat er gegenüber seinen Mitkomplementären einen Ausgleichsanspruch.
- **gesamtschuldnerisch („solidarisch")**, d.h., jeder Komplementär haftet den Gläubigern als **Gesamtschuldner** persönlich (allein) für die gesamten Schulden der Gesellschaft [§ 128, S.1 HGB], nicht jedoch für die privaten Schulden der übrigen Gesellschafter.[1] Eine vertragliche Vereinbarung zwischen den Gesellschaftern, durch die die Haftung beschränkt wird (z.B. auf den übernommenen Kapitalanteil), ist nur im Innenverhältnis gültig [§ 128, S.2 HGB].

Beispiel:

Der Komplementär Haufe der Kleiner & Haufe KG hat mit Kleiner im Gesellschaftsvertrag vereinbart, dass er für Verbindlichkeiten nur in Höhe von 25 000,00 EUR haftet. Wird Herr Haufe von einem Gläubiger der KG mit 30 000,00 EUR haftbar gemacht, so kann er von Herrn Kleiner den Mehrbetrag von 5 000,00 EUR fordern.

- **Haftung bei Eintritt** [§ 130 HGB]

Tritt ein Komplementär in eine bereits bestehende KG ein, haftet er auch für die vor seinem Eintritt bestehenden Verbindlichkeiten der KG [§ 130 I HGB]. Schließen die Gesellschafter die Haftung aus oder wird die Haftung vertraglich eingeschränkt, so ist dies nur im Innenverhältnis gültig [§ 130 II HGB]. Ein Haftungsausschluss gegenüber Dritten ist nicht möglich.

Wird ein Einzelunternehmen in eine Gesellschaft umgewandelt (z.B. in eine KG), so haftet die entstandene Gesellschaft, und damit auch der eintretende Gesellschafter, für alle Verbindlichkeiten des bisherigen Unternehmens, und zwar auch dann, wenn die bisherige Firma nicht fortgeführt wird. Ein Haftungsausschluss ist in diesem Fall jedoch möglich. Allerdings ist er gegenüber einem Dritten nur wirksam, wenn er in das Handelsregister eingetragen und bekannt gemacht oder von den Gesellschaftern den einzelnen Gläubigern mitgeteilt worden ist [§ 28 I, II HGB].

1 Weil die KG unter einer Firma betrieben wird, können die Gläubiger der KG auch die KG als Ganzes verklagen. Die KG wird hier wie eine juristische Person behandelt. Auch mehrere Komplementäre können gleichzeitig von den Gesellschaftsgläubigern in Anspruch genommen werden.

- **Haftung bei Austritt** [§ 160 I, S. 1 HGB]

Tritt ein Komplementär aus der KG aus, haftet er noch fünf Jahre für die Verbindlichkeiten der KG, die zum Zeitpunkt seines Ausscheidens bestanden [§ 160 I, S. 1 HGB]. Die Fünfjahresfrist beginnt erst am Ende des Tages, an dem das Ausscheiden des Komplementärs in das Handelsregister eingetragen worden ist [§ 160 I, S. 2 HGB].

- **Haftung bei Auflösung der Gesellschaft** [§ 159 I HGB]

Sofern die Ansprüche gegen die KG keiner kürzeren Verjährung unterliegen, haftet der Komplementär für Verbindlichkeiten der Gesellschaft bis zu fünf Jahren nach Auflösung der KG.

Rechte des Komplementärs

- **Einzelvertretungsrecht** [§§ 125, 126 HGB]

Ist im Gesellschaftsvertrag nichts anderes bestimmt und im Handelsregister eingetragen, besteht *Einzelvertretungsrecht,* d. h., jeder einzelne Komplementär hat das Recht, die KG (und damit die übrigen Komplementäre) gegenüber Dritten zu vertreten und zu verpflichten (z. B. durch Kaufverträge, Darlehensverträge, Mietverträge, Arbeitsverträge). Dieses **Einzelvertretungsrecht** gilt somit für **gewöhnliche und außergewöhnliche Rechtsgeschäfte.** Zum Schutz der Dritten (z. B. Gläubiger und Schuldner) kann das Einzelvertretungsrecht nicht durch den Gesellschaftsvertrag beschränkt werden.

Beispiel:

Angenommen, die Arndt KG hat drei Komplementäre: Arndt, Brecht und Czerny. Im Gesellschaftsvertrag wurde Gesamtgeschäftsführung vereinbart, d. h., alle Geschäfte bedürfen eines Gesamtbeschlusses der Komplementäre. Brecht kauft, ohne die übrigen Komplementäre zu fragen und zu informieren, eine neue Maschine. Der Kaufvertrag ist rechtswirksam, weil Brecht das Einzelvertretungsrecht besitzt. Die übrigen Komplementäre müssen den Vertrag gegen sich gelten lassen: Die KG muss die Maschine abnehmen und bezahlen. Brecht hat jedoch gegen die Vereinbarungen über die Geschäftsführung verstoßen. Sollte durch seinen Vertragsabschluss der Gesellschaft ein Schaden entstehen, ist er gegenüber den übrigen Komplementären schadensersatzpflichtig.

- **Gesamtvertretungsrecht** [§ 125 II HGB]

Im Gesellschaftsvertrag kann *Gesamtvertretung* vereinbart werden. Dies bedeutet, dass ein Komplementär nur zusammen mit mindestens einem weiteren Komplementär Rechtsgeschäfte mit Dritten rechtswirksam für die KG abschließen kann.

Die Gesamtvertretung ist Dritten gegenüber nur rechtswirksam, wenn sie im Handelsregister eingetragen oder dem Dritten z. B. durch Rundschreiben bekannt ist.

(3) Pflichten und Rechte der Kommanditisten im Außenverhältnis

Wie beim Komplementär, so sind auch beim Kommanditisten im Außenverhältnis allein die gesetzlichen Bestimmungen des HGB maßgebend.

Keine Vertretungsbefugnis

Kommanditisten sind nach dem HGB (gesetzlich) grundsätzlich *nicht* zur Vertretung der KG ermächtigt [§ 170 HGB]. Die Kommanditgesellschaft wird durch die Vollhafter (Komplementäre) vertreten. Möglich ist jedoch, einem oder mehreren Kommanditisten ohne Haftungsnachteile Handlungsvollmacht oder Prokura zu erteilen.

■ **Haftung**

Soweit die Kommanditisten ihre vertraglich bestimmte und im Handelsregister eingetragene Einlage geleistet haben, haften sie mit ihrer Einlage nur mittelbar (**beschränkte, mittelbare Haftung**) [§ 171 I, 2. HS HGB]. Vor der Eintragung der Gesellschaft in das Handelsregister haften die Kommanditisten unbeschränkt und unmittelbar [§ 176 I HGB]. Erst nach der Eintragung wird die Haftung auf die Höhe der Einlage begrenzt (**Risikohaftung**). Soweit ein Kommanditist seine Einlage nach Eintragung noch nicht geleistet hat, haftet er mit dem ausstehenden Betrag den Gesellschaftsgläubigern unmittelbar [§ 171 I, 1. HS HGB].

4.2.3.4 Auflösung und Bedeutung der KG

(1) Auflösung der KG

Auflösungsgründe können z. B. sein [§ 131 I HGB]: Ablauf der Zeit, für welche die KG eingegangen ist, Beschluss der Gesellschafter, Eröffnung des Insolvenzverfahrens über das Vermögen der KG, eine gerichtliche Entscheidung. Ist im Gesellschaftsvertrag nichts anderes vereinbart, führt das Ausscheiden eines Komplementärs nicht zur Auflösung der KG.[1] Beim Tod eines Kommanditisten wird die Gesellschaft mangels abweichender vertraglicher Bestimmungen mit den Erben fortgesetzt [§ 177 HGB]. Die Erben des verstorbenen Kommanditisten sind zunächst Teilhafter der KG mit dem Recht, die geerbte Einlage zu kündigen.

(2) Bedeutung der KG

Die Rechtsform der Kommanditgesellschaft ermöglicht den **Kommanditisten**, sich an einem Unternehmen durch Kapitaleinlagen zu beteiligen und die Haftung (das Risiko ihres Verlustes) auf diese Einlagen zu beschränken, ohne zur Geschäftsführung und Vertretung verpflichtet (und berechtigt) zu sein.

Für **Komplementäre** bietet die Rechtsform der KG die Möglichkeit, das Gesellschaftskapital sowie die Kreditbasis durch Aufnahme von Kommanditisten zu erweitern, ohne in der Geschäftsführung und Vertretungsbefugnis beschränkt zu werden.

Vorteile der KG	Nachteile der KG
■ Ausnutzung unterschiedlicher Kenntnisse und Fähigkeiten der Gesellschafter verbessert die Geschäftsführung. ■ Da das Eigenkapital und die Unternehmensführung in einer Hand sind, ist das Interesse der Gesellschafter an der Geschäftsführung groß. ■ Verteilung des Unternehmerrisikos.	■ Unbeschränkte, direkte, gesamtschuldnerische Haftung der Komplementäre. ■ Persönliche Meinungsverschiedenheiten zwischen den Gesellschaftern können den Bestand des Unternehmens gefährden (siehe Kündigungsrecht). ■ Dem Wachstum des Unternehmens sind häufig finanzielle Grenzen gesetzt, weil das Eigenkapital der Gesellschafter zur Finanzierung großer Investitionen nicht ausreicht. Fremdkapital kann nur in begrenztem Maße aufgenommen werden. ■ Durch aufwendige Lebenshaltung der Gesellschafter kann die Existenz des Unternehmens aufs Spiel gesetzt werden, da Kontrollorgane fehlen.

1 Die KG muss mindestens einen Komplementär aufweisen. Tritt der einzige (letzte) Komplementär aus der KG aus, so führt dies zur Auflösung der KG.

Zusammenfassung

- Die **KG** ist durch folgende **Merkmale** charakterisiert: (1) Zusammenschluss von *mindestens zwei Personen,* (2) *Handelsgesellschaft;* (3) gemeinschaftliche Firma, (4) mindestens ein Vollhafter (Komplementär) und mindestens ein Teilhafter (Kommanditist).
- Die **Firma** muss die Bezeichnung „Kommanditgesellschaft" oder eine allgemein verständliche Abkürzung dieser Bezeichnung enthalten.
- Zur **Gründung** ist erforderlich: (1) Gesellschaftsvertrag, (2) Eintragung ins Handelsregister.
- **Beginn der KG:**
  - im **Innenverhältnis** beginnt das Unternehmen mit Abschluss des Gesellschaftsvertrags bzw. zum vereinbarten Termin.
  - im **Außenverhältnis** beginnt die KG - sofern ein Handelsgewerbe im Sinne des § 1 II HGB betrieben wird - sobald ein Gesellschafter im Namen der KG tätig wird. Wird kein Handelsgewerbe im Sinne des § 1 II HGB betrieben, beginnt die KG mit der Eintragung ins Handelsregister.
- **Rechtsverhältnisse der Komplementäre im Innenverhältnis:**
  - Die **Pflichten der Komplementäre** sind: (1) Leistung der im Gesellschaftsvertrag vereinbarten *Kapitaleinlage;* (2) Pflicht zur *persönlichen Mitarbeit;* (3) *Verlusttragung* nach HGB oder nach Vertrag; (4) Einhaltung des *Wettbewerbsverbots.*
  - Die **Rechte der Komplementäre** sind: (1) Recht auf *Geschäftsführung* (gesetzlich: Einzelgeschäftsführungsbefugnis bei gewöhnlichen Geschäften, Gesamtgeschäftsführungsbefugnis bei außergewöhnlichen Geschäften). Gesamtgeschäftsführungsbefugnis für gewöhnliche Geschäfte muss im Gesellschaftsvertrag vereinbart sein; (2) *Kontrollrecht* über Geschäftslage und -entwicklung; (3) *Recht auf Gewinnanteil* (gesetzlich: 4 % des jahresdurchschnittlichen Kapitalanteils, Rest im angemessenen Verhältnis); (4) Recht auf *Privatentnahme* (gesetzlich jährlich höchstens bis zu 4 % des Eigenkapitalanteils zu Beginn des Geschäftsjahrs); (5) Anspruch auf *Aufwandsersatz;* (6) *Kündigungsrecht;* (7) Recht auf *Liquidationserlös* bei Auflösung der KG.
- **Rechtsverhältnisse der Komplementäre im Außenverhältnis:**
  - **Pflicht zur Haftung.** Die Komplementäre haften unbeschränkt, unmittelbar und gesamtschuldnerisch (solidarisch).
  - **Recht auf Vertretung.** Gesetzlich: Einzelvertretungsmacht; Gesamtvertretung muss im Handelsregister eingetragen sein.
- Die **Kommanditisten** besitzen gesetzlich **keine Geschäftsführungs- und Vertretungsbefugnisse** und **kein Recht auf Privatentnahmen.**
- Nach Eintragung der KG ins Handelsregister und voller Leistung der Kapitaleinlage haften die Kommanditisten nur mittelbar und beschränkt **(Risikohaftung).**

Übungsaufgabe

177 1. Der bisherige Einzelunternehmer Fritz Irmler e. Kfm. möchte sich aus Altersgründen aus der Unternehmensführung zurückziehen. Zusammen mit seinen beiden Söhnen Hans und Heinrich gründet er eine KG. Kapitalmäßig möchte Fritz Irmler noch im Unternehmen verbleiben.

Aufgaben:

1.1 Welche Gründe könnten Herrn Irmler dazu bewogen haben, eine KG zu gründen?

1.2 Erklären Sie anhand der angeführten Personen, wie man die Gesellschafter bei dieser Rechtsform bezeichnet und beschreiben Sie kurz deren Aufgaben!

1.3 Wie könnte die Firma der KG lauten?

1.4 Um die Liquidität der KG zu stärken, wollen die Söhne Hans und Heinrich ein Betriebsgrundstück verkaufen. Der Vater Fritz widerspricht dem Geschäft. Wie ist die Rechtslage?

2. Kommanditgesellschaften sind oft „Familiengesellschaften", d. h., die Gesellschafter sind miteinander verwandt.

Aufgabe:

Begründen Sie diese Tatsache!

3. Die gute Fremdenverkehrssituation im Allgäu möchte der alleinige Gesellschafter des Unternehmens Ferien-Hotel Karl Müller e.K. in Füssen nutzen und sein Hotel durch einen großzügigen Anbau erweitern. Seinem Nachbarn Heilmann, dessen angrenzendes Grundstück für den Bau von Hotelgaragen geeignet ist, bietet Müller an, sich als Gesellschafter an seinem Unternehmen zu beteiligen. Herr Heilmann ist dazu bereit, will aber nur teilweise haften und im Unternehmen nicht mitarbeiten. Auf seine Einlage in Höhe von 250 000,00 EUR bringt er das angrenzende Grundstück im Wert von 150 000,00 EUR ein und zahlt auf den Rest 65 % bar ein. Auch der Innenarchitekt Kaiser beteiligt sich mit einer Geldeinlage von 80 000,00 EUR als Teilhafter an dieser neuen Kommanditgesellschaft.

Aufgaben:

3.1 Welcher Form bedarf der Gesellschaftsvertrag? (Begründung!)

3.2 Beurteilen Sie, ob die bisherige Firma Ferien-Hotel Karl Müller e.K. beibehalten werden kann!

3.3 Welche rechtliche Wirkung hat die am 1. Dez. 20.. erfolgte Eintragung der Gesellschaft ins Handelsregister? (Begründen Sie kurz Ihre Ansicht!)

3.4 § 162 II, 1. HS HGB lautet: „Bei der Bekanntmachung der Eintragung der Gesellschaft sind keine Angaben zu den Kommanditisten zu machen."

Welche Gründe könnten dafür maßgebend sein, dass Tatbestände in Bezug auf die Teilhafter nicht publiziert werden?

3.5 Die Ferien-Hotel Karl Müller KG schuldet der Möbelfabrik Bach GmbH für gelieferte Zimmereinrichtungen 43 440,00 EUR. Die Möbelfabrik Bach GmbH fordert von Heilmann die Bezahlung der Einrichtungen. Kann Heilmann die Zahlung verweigern? (Begründung!)

3.6 Teilhafter Kaiser hat während seines Urlaubs am Bodensee für die Ferien-Hotel Karl Müller KG bei der Fritz Münster OHG, Großhandlung für Hotelbedarf, München, ein exklusives Kaffeeservice, das ihm besonders gut gefiel, im Wert von 35 482,00 EUR eingekauft.

Wie ist die Rechtslage?

3.7 Haben Heilmann und Kaiser das Recht, dem Verkauf eines Betriebsgrundstücks zu widersprechen? (Begründung!)

3.8 Erklären Sie jeweils zwei Rechte und Pflichten der Kommanditisten!

3.9 Wie werden bei der KG nach dem HGB die Gewinne und Verluste verteilt?

3.10 Nennen Sie zwei Gründe, die zur Auflösung der KG führen können! Muss die KG z. B. beim Tod von Kaiser aufgelöst werden?

4. Die Vorschriften bezüglich der Vertretung und Haftung bei den Personengesellschaften sind zwingendes Recht.

   Aufgaben:

   4.1 Was bedeutet „zwingendes Recht"?

   4.2 Welche Überlegungen mögen Ihrer Ansicht nach den Gesetzgeber dazu bewogen haben, im Gesellschaftsrecht bestimmte zwingende Vorschriften zu verankern?

   4.3 Warum sind auch in einer sozialen Marktwirtschaft zwingende Rechtsvorschriften wie z. B. die des Gesellschaftsrechts notwendig?

4.2.4 Gesellschaft mit beschränkter Haftung (GmbH) als Beispiel für eine Kapitalgesellschaft

(1) Begriff

Merke:

Die **Gesellschaft mit beschränkter Haftung** (GmbH) ist eine **Handelsgesellschaft** mit **eigener Rechtspersönlichkeit (juristische Person)**, deren Gesellschafter mit **Stammeinlagen am Stammkapital** der Gesellschaft beteiligt sind, **ohne persönlich** für die Verbindlichkeiten der Gesellschaft **zu haften** [§ 13 I, II GmbHG].

Die GmbH hat selbstständige Rechte und Pflichten, die es ihr mit Hilfe ihrer Organe ermöglichen, Rechtsgeschäfte abzuschließen. Sie kann Eigentum und andere dingliche Rechte an Grundstücken erwerben und vor Gericht klagen und verklagt werden. Die GmbH ist Gläubiger und Schuldner, nicht etwa die GmbH-Gesellschafter. Die GmbH-Gesellschafter statten die GmbH lediglich mit Eigenkapital aus, indem sie sich mit Einlagen (Stammeinlagen) am Stammkapital der GmbH beteiligen.

Durch diese rechtliche Konstruktion, unternehmerisches Kapital in einer juristischen Person zu verselbstständigen und die Haftung auf das Gesellschaftsvermögen zu begrenzen, wird den Eigenkapitalgebern (Gesellschaftern) die Möglichkeit eröffnet, ihr Risiko auf das eingesetzte Vermögen zu begrenzen sowie ihre persönliche Haftung zu vermeiden. Es kommt zu einer rechtlichen Trennung von Unternehmens- und Privatvermögen.

Gesellschaften mit beschränkter Haftung können zu jedem gesetzlich zulässigen Zweck errichtet werden. Das Betreiben eines Handelsgewerbes ist nicht erforderlich. Die GmbH kann von einem Gesellschafter (Einpersonen-GmbH) oder mehreren Gesellschaftern errichtet werden.

(2) Stammkapital, Stammeinlagen, Geschäftsanteil

Zum besseren Verständnis der nachfolgenden Ausführungen sollen zunächst die Begriffe Stammkapital, Stammeinlagen und Geschäftsanteil erläutert werden:

■ Stammkapital

Ist der in der Satzung festgelegte Gesamtbetrag aller Stammeinlagen. Das Stammkapital muss mindestens 25 000,00 EUR betragen [§ 5 I GmbHG]. Das Stammkapital wird in der offen zu legenden Bilanz als „gezeichnetes Kapital" ausgewiesen [§§ 266 III, 272 I HGB].

Stammeinlage

Ist der vom Gesellschafter übernommene Anteil am Stammkapital. Die Stammeinlage jedes Gesellschafters muss mindestens 100,00 EUR betragen [§ 5 I GmbHG]. Bei der Errichtung einer GmbH kann kein Gesellschafter mehrere Stammeinlagen übernehmen [§ 5 II GmbHG], wohl aber können die von den einzelnen Gesellschaftern übernommenen Stammeinlagen verschieden hoch sein. Gesetzlich vorgeschrieben ist lediglich, dass die Stammeinlagen durch 50 teilbar sein müssen [§ 5 III GmbHG].

Geschäftsanteil

Ist der Anteil eines Gesellschafters am tatsächlich vorhandenen Vermögen der GmbH abzüglich Schulden. Dabei richtet sich der Geschäftsanteil jedes Gesellschafters nach der Höhe der von ihm übernommenen Stammeinlagen [§ 14 GmbHG].

Die Geschäftsanteile können veräußert oder vererbt werden [§ 15 I GmbHG]. Veräußerung oder Vererbung von Geschäftsanteilen durch die Gesellschafter bedürfen der notariellen Beurkundung [§ 15 III GmbHG]. Geschäftsanteile an Gesellschaften mit beschränkter Haftung können somit nicht wie Aktien börsenmäßig gehandelt werden. Durch den Gesellschaftsvertrag kann die Abtretung der Geschäftsanteile auch von der Genehmigung der Gesellschaft abhängig gemacht werden (§ 15 V GmbHG; siehe auch § 17 GmbHG). Die Geschäftsanteile sind z. B. bei einer Auflösung der GmbH oder beim Ausscheiden von Gesellschaftern von Bedeutung.

(3) Firma

Die **Firma** der GmbH muss die Bezeichnung „Gesellschaft mit beschränkter Haftung" oder eine allgemein verständliche Abkürzung dieser Bezeichnung (z. B. GmbH) enthalten [§ 4 GmbHG].

Beispiele:

Albrecht Büller GmbH; Wangener Maschinenfabrik GmbH; Albrecht Büller Maschinenfabrik GmbH; Backhaus Gesellschaft mit beschränkter Haftung.

(4) Gründung

Die GmbH kann durch eine Person[1] oder mehrere Personen errichtet werden [§ 1 GmbHG].

Zur Errichtung der GmbH ist ein **notariell beurkundeter Gesellschaftsvertrag (Satzung)** erforderlich, der von sämtlichen Gesellschaftern unterzeichnet werden muss [§ 2 I GmbHG]. Wesentliche Inhalte des Gesellschaftsvertrags sind gesetzlich vorgeschrieben (Näheres siehe §§ 3, 4 a GmbHG).

Vor der Anmeldung zum Eintrag ins Handelsregister ist eine **Einzahlung von einem Viertel auf jede Stammeinlage** zu leisten. Ein Gesellschafter kann bei der Errichtung der Gesellschaft nur *eine* Stammeinlage übernehmen [§ 5 II GmbHG].[2] Insgesamt müssen die Geldeinzahlungen zuzüglich geleisteter Sacheinlagen **mindestens die Hälfte des Mindeststammkapitals,** d. h. **12 500,00 EUR** betragen [§§ 7 II, 5 I GmbHG].

1 Bei einer Ein-Mann-GmbH erfolgt die Gründung durch eine schriftliche Erklärung des Gründers, die dem Vertrag gleichsteht und vom Gesetz ebenfalls als „Gesellschaftsvertrag" bezeichnet wird. Wenn im GmbHG vom Gesellschaftsvertrag die Rede ist, gilt dies somit für jede GmbH.

2 Der Eintreibung der noch ausstehenden Einlagebeträge dient das Kaduzierungsverfahren [§ 21 GmbHG]. Die Behandlung des Kaduzierungsverfahrens ist im Lehrplan nicht vorgesehen.

Anmeldung zur **Eintragung ins Handelsregister.** Erst durch die Eintragung entsteht die GmbH als juristische Person mit Kaufmannseigenschaft [§§ 11 I, 13 GmbHG]. Schließen die Gesellschafter **vor der Handelsregistereintragung** im Namen der Gesellschaft Rechtsgeschäfte ab, so haften die Handelnden persönlich und solidarisch [§ 11 II GmbHG].

Die Regelungen zur Eigenkapitalaufbringung im Gründungsstadium dienen in erster Linie dem Schutz der Gläubiger. Da nur das Gesellschaftsvermögen als Haftungskapital zur Verfügung steht, muss die Erfüllung der Einlagenpflicht der Gesellschafter besonders abgesichert sein.

(5) Pflichten der Gesellschafter

■ Leistung der Stammeinlage

Bei nicht rechtzeitiger Einzahlung sind Verzugszinsen zu entrichten [§ 20 GmbHG].

■ Nachschusspflicht

Die Satzung kann eine **beschränkte** oder **unbeschränkte Nachschusspflicht** vorsehen (Näheres siehe §§ 26ff. GmbHG). Nachschüsse werden in der Regel dann verlangt, wenn die GmbH einen Kapitalbedarf (z.B. für Investitionen) hat. Sie dienen nur mittelbar zur Sicherung der Gläubiger.

■ Risikohaftung

Die Gesellschafter der GmbH haften nicht für die Verbindlichkeiten der Gesellschaft. Als juristische Person des Handelsrechts (Kapitalgesellschaft) haftet lediglich die GmbH selbst [§ 13 I, II GmbHG]. Das einzige Risiko, das der GmbH-Gesellschafter eingeht, ist, dass er den Wert seines Geschäftsanteils teilweise oder ganz verliert. Das Letztere ist der Fall, wenn die GmbH wegen Überschuldung oder Zahlungsunfähigkeit aufgelöst wird, also kein Eigenkapital mehr übrig bleibt. Die GmbH-Gesellschafter übernehmen daher nur eine „Risikohaftung", die mit der beschränkten und mittelbaren Haftung eines Kommanditisten vergleichbar ist.

■ Verlust

Bei Verlusten werden zunächst die Rücklagen aufgezehrt. Ist die Gesellschaft zahlungsunfähig oder sind die Schulden nicht mehr durch das Vermögen gedeckt (Überschuldung), müssen die Gesellschafter das Insolvenzverfahren[1] beantragen.

(6) Rechte der Gesellschafter

■ Gewinnanteil

Jeder Gesellschafter hat einen Anspruch auf den sich nach der jährlichen Bilanz ergebenden Reingewinn. Die Verteilung des Gewinns erfolgt nach dem Verhältnis der Geschäftsanteile. Im Gesellschaftsvertrag kann eine andere Gewinnverteilung vereinbart sein [§ 29 GmbHG].

■ Auskunfts- und Einsichtsrecht

Der Geschäftsführer hat einem Gesellschafter auf dessen Wunsch unverzüglich Auskunft über die Angelegenheit der Gesellschaft zu geben. Die Einsicht in die Bücher und Schriften ist dem Gesellschafter gestattet [§ 51a GmbHG].

---

1 Insolvenz: Zahlungsunfähigkeit. Das Insolvenzverfahren ist ein gerichtliches Verfahren, das den Zweck verfolgt, das pfändungsfähige Vermögen des Schuldners gleichmäßig und anteilig auf die Gläubiger zu verteilen. Das Verfahren ist in der Insolvenzordnung [InsO] geregelt.

Geschäftsführungs- und Vertretungsrecht sowie weitgehende Mitverwaltungsrechte

Aus der engen persönlichen Bindung der Gesellschafter an die GmbH ergibt sich für sie ein weitgehendes Mitverwaltungsrecht.

(7) Organe der GmbH

Die Organe der GmbH sind der **Geschäftsführer**, die **Gesellschafterversammlung** und unter bestimmten Bedingungen der **Aufsichtsrat.**

Geschäftsführer

Die Geschäftsführer werden entweder aufgrund des Gesellschaftsvertrags oder durch die Gesellschafter, die sie jederzeit wieder abberufen können, bestellt [§§ 6 III, 38, 46 GmbH]. In Gesellschaften mit mehr als 2 000 Arbeitnehmern gehört der Geschäftsführung ein Arbeitsdirektor als gleichberechtigtes Mitglied an. Der Arbeitsdirektor bearbeitet insbesondere arbeitsrechtliche, soziale und personelle Angelegenheiten.

Die Zeitdauer der Bestellung ist nicht begrenzt. Die Rechte und Pflichten der Geschäftsführer als **leitendes Organ der GmbH** sind insbesondere die Gesamtgeschäftführung und Gesamtvertretungsbefugnis [§ 35 II GmbHG].[1]

Die Geschäftsführer können *Gesellschafter der GmbH* oder andere Personen (auch kombiniert) sein. Sie müssen unbeschränkt geschäftsfähige natürliche Personen sein [§ 6 II GmbHG]. Die Geschäftsführer müssen ihre Rechte und Pflichten in Angelegenheiten der GmbH mit der Sorgfalt eines ordentlichen Geschäftsmannes wahrnehmen. Sie haften der GmbH gegenüber solidarisch (gesamtschuldnerisch) für die z. B. der GmbH durch Pflichtverletzungen entstandenen Schäden (Näheres siehe § 43 GmbHG).

Gesellschafterversammlung

Die Geschäftsführer haben die Gesellschaft nicht in eigener Verantwortung zu leiten; sie müssen vielmehr im Rahmen der Satzung und des GmbHG die *Weisungen* der *Gesellschafter* unmittelbar befolgen. Aus diesem Grund ist die Gesamtheit (Versammlung) der Gesellschafter das *oberste Organ* der GmbH. In ihm nehmen die Gesellschafter ihre Rechte wahr [§§ 45, 46 GmbHG].

Sind im Gesellschaftsvertrag keine besonderen Regelungen getroffen, so können die Gesellschafter u. a. über folgende Punkte beschließen [§ 46 GmbHG]:

- Feststellung des Jahresabschlusses und die Verwendung des Ergebnisses;
- Einforderung von Einzahlungen auf die Stammeinlagen;
- Rückzahlung von Nachschüssen;
- Teilung sowie Einziehung von Geschäftsanteilen;
- Bestellung, Entlastung und Abberufung von Geschäftsführern;
- Regeln zur Prüfung und Überwachung der Geschäftsführung;
- Bestellung von Prokuristen und von Handlungsbevollmächtigten zum gesamten Geschäftsbetrieb.

---

1 Weiteres zur Geschäftsführung und Vertretung (z. B. Führen der Liste der Gesellschafter, Buchführungs- und Bilanzierungspflicht, Einberufung der Versammlung der Gesellschafter) durch die Geschäftsführer finden Sie in den §§ 35, 36 ff., 41 ff., 49 GmbHG.

Beschlussfassungen erfolgen grundsätzlich mit der Mehrheit der abgegebenen Stimmen. Dabei gewähren jede 50,00 EUR eines Geschäftsanteils eine Stimme [§ 47 I, II; 53 GmbHG].[1]

Aufsichtsrat

Grundsätzlich benötigen Gesellschaften mit einschließlich 500 Arbeitnehmern keinen Aufsichtsrat, es sei denn, die **Satzung** schreibt die Bestellung eines Aufsichtsrats vor [§ 52 I GmbHG]. Beschäftigt die GmbH mehr als 500 Arbeitnehmer, so muss nach § 1, Nr. 2 DrittelbG ein Aufsichtsrat gewählt werden **(Drittelparität)**. Unternehmen der Montanindustrie müssen ab 1 000 Arbeitnehmer einen paritätisch besetzten Aufsichtsrat haben **(paritätische Mitbestimmung)** [§ 3 Montan-MitbestG]. Für Gesellschaften mit i. d. R. mehr als 2 000 Arbeitnehmern gilt das Mitbestimmungsgesetz von 1976 **(eingeschränkte Parität)** [§ 1 MitbestG 1976].

Die **Aufgaben** des **Aufsichtsrats** sind vor allem:

- **Überwachung der Geschäftsführung,** Einsicht und Prüfung der Geschäftsbücher und Schriften sowie der Vermögensgegenstände.
- **Einberufung einer außerordentlichen Gesellschafterversammung,** wenn es das Wohl der Gesellschaft erfordert (z. B. bei Eintritt hoher Verluste).
- **Prüfung des Jahresabschlusses,** des Lageberichts und des Vorschlags für die Verwendung des Bilanzgewinns. Der Aufsichtsrat hat die Gesellschafterversammlung über das Ergebnis der Prüfung schriftlich zu unterrichten [§ 52 I GmbHG; § 171 I, II AktG].

(8) Auflösung der GmbH

Die Auflösung der GmbH ist in den §§ 60 ff. GmbHG geregelt. Neben der zwangsweisen Auflösung durch das Gericht (im Rahmen eines Insolvenzverfahrens) wegen **Zahlungsunfähigkeit** oder **Überschuldung** kann die GmbH nach **Ablauf der im Gesellschaftsvertrag bestimmten Zeit,** durch **Beschluss der Gesellschafter** (grundsätzlich mit einer Mehrheit von drei Viertel der abgegebenen Stimmen) oder auch durch **gerichtliches Urteil** aufgelöst werden.

(9) Bedeutung der GmbH

Die Gesellschaft mit beschränkter Haftung ist vor allem bei Familienunternehmen und bei Unternehmen mittlerer Größe anzutreffen, weil für die Gründung ein sehr niedriges Anfangskapital vorgeschrieben ist, die Haftung begrenzt ist, ein enges Verhältnis zwischen Gesellschaftern und Geschäftsführern besteht (die Gesellschafter häufig selbst Geschäftsführer sind) und die Gründung verhältnismäßig unkompliziert und kostengünstig ist. Hinzu kommt, dass bei kleineren Gesellschaften die Prüfungs- und Offenlegungspflicht entfällt.

Häufig gründen auch Großunternehmen Gesellschaften mit beschränkter Haftung, die Teilfunktionen übernehmen (z. B. Forschung und Entwicklung, Erschließung neuer Rohstoffquellen, Wahrnehmung des Vertriebs). Daneben eignet sich die Rechtsform der GmbH auch zur Ausgliederung bestimmter kommunaler Aufgaben (z. B. können kommunale Wasserwerke, Versorgungsunternehmen, Krankenhäuser, Müllverbrennungsanlagen in Rechtsform der GmbH betrieben werden).

---

1 Notariell zu beurkundende Satzungsänderungen bedürfen einer Mehrheit von drei Vierteln der abgegebenen Stimmen. Der Gesellschaftsvertrag kann noch andere Erfordernisse enthalten [§ 53 II GmbHG].

4.2.5 GmbH & Co. KG

(1) Begriff

Merke:

Bei der **GmbH & Co. KG** handelt es sich um eine **Kommanditgesellschaft** (KG), an der eine **GmbH** als einzige persönlich haftende Gesellschafterin **(Komplementär)** beteiligt ist.

Kommanditisten können die **Gesellschafter der GmbH** (echte, typische GmbH & Co. KG) **oder andere Personen** (unechte, atypische GmbH & Co. KG) sein.

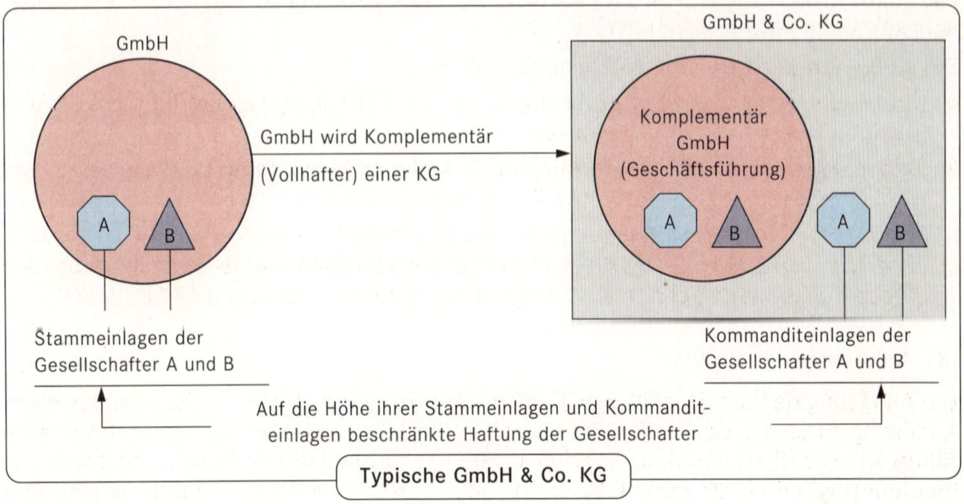

(2) Firma

Die **Firma** einer GmbH & Co. KG muss die Bezeichnung „Kommanditgesellschaft" oder eine allgemein verständliche Abkürzung dieser Bezeichnung enthalten [§ 19 I, Nr. 3 HGB].

Beispiele:

Exportgesellschaft Wild m.b.H. & Co. KG, Impex GmbH KG, Isnyer Fertigbeton GmbH & Co. KG, Friedrich Metzger GmbH & Co. KG.

(3) Vertretung

Die GmbH & Co. KG wird durch die GmbH (Komplementär) vertreten, die auch die Geschäftsführungsbefugnis besitzt. Für die GmbH handeln die Geschäftsführer, die bei der typischen GmbH & Co. KG mit den Kommanditisten identisch sind. Im Übrigen sind die Rechtsgrundlagen die gleichen wie bei der KG.

(4) Gründe für die Ausgestaltung der KG als GmbH & Co. KG

- **Haftungsbeschränkung**

Die GmbH als Komplementär haftet zwar unbeschränkt mit ihrem Vermögen, die Gesellschafter der GmbH allerdings nur mit ihren Stammeinlagen.

■ **Erleichterung der Kapitalbeschaffung**

Die GmbH & Co. KG kann durch die Aufnahme weiterer Kommanditisten ihr Eigenkapital erweitern, wobei die neuen Gesellschafter nur einen geringen Einfluss auf das Unternehmen gewinnen.

■ **Nachfolgeregelung**

Anstelle einer natürlichen Person tritt die GmbH als Vollhafter ein. Damit ist die Unternehmensfortführung gesichert, denn die GmbH ist „unsterblich". Dies ist insbesondere für Familienunternehmen wichtig.

■ **Mitbestimmung**

Der Einfluss der Arbeitnehmer aufgrund der Mitbestimmungsgesetze ist bei der KG geringer als bei der GmbH.

■ **Geschäftsführung**

Als Geschäftsführer der Komplementär-GmbH können außenstehende Fachleute angestellt werden.

Zusammenfassung

- Die **GmbH** ist durch folgende **Merkmale** charakterisiert: (1) juristische Person; (2) Handelsgesellschaft; (3) Gesellschafter sind mit Stammeinlagen am Stammkapital beteiligt; (4) keine persönliche Haftung der Gesellschafter.
- Das **Stammkapital** beträgt mindestens 25 000,00 EUR. Es setzt sich aus **Stammeinlagen** zusammen, wobei eine Stammeinlage mindestens 100,00 EUR betragen muss. Der **Geschäftsanteil** (Summe aller um stille Reserven und Verluste berichtigten Vermögenswerte abzüglich Schulden) bestimmt sich nach dem Betrag der übernommenen Stammeinlage.
- Die **Firma** der GmbH muss die Bezeichnung „Gesellschaft mit beschränkter Haftung" oder eine allgemein verständliche Abkürzung dieser Bezeichnung enthalten [§ 4 GmbHG].
- Zur **Gründung der GmbH** sind erforderlich: (1) eine Person oder mehrere Personen; (2) notariell beurkundete Satzung; (3) Mindesteinzahlung 12 500,00 EUR; (4) Eintragung ins Handelsregister.
- **Bestellung, Rechtsstellung und Aufgabe der Organe der GmbH**

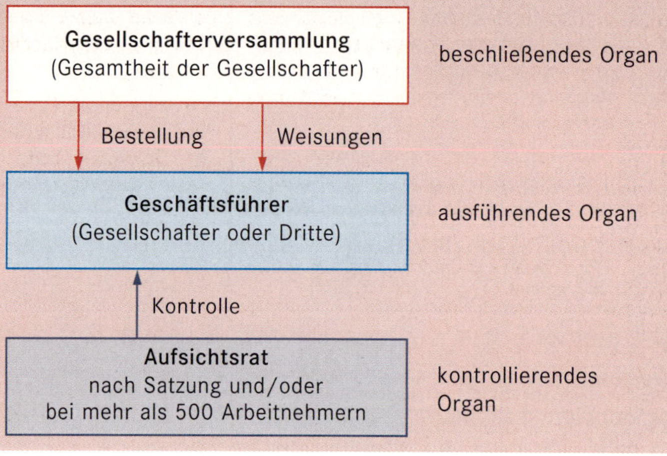

Vergleichsmerkmale	KG	GmbH
Eigenkapitalaufbringung	Das Kapital wird durch Einlagen der Komplementäre und Kommanditisten aufgebracht. Die Höhe der Kommanditeinlage wird ins Handelsregister eingetragen. Gesetzlich besteht keine Vorschrift über die Kapitalhöhe.	Das Kapital wird durch die Übernahme von Stammeinlagen durch die Gesellschafter aufgebracht. Gesetzlich ist ein Mindestkapital (Stammkapital) in Höhe von mindestens 25 000,00 EUR vorgeschrieben. Es muss bei der Gründung mindestens zur Hälfte einbezahlt sein. Im Gesellschaftsvertrag kann eine Nachschusspflicht vereinbart werden.
Gesellschafterrisiko (Haftung)	Die Komplementäre haften unbeschränkt, unmittelbar und solidarisch. Die Haftung der Kommanditisten ist, soweit die jeweilige Kommanditeinlage in der vereinbarten Höhe geleistet und ins Handelsregister eingetragen ist, auf die Höhe dieser geleisteten Einlagen beschränkt. Außerdem haften die Kommanditisten für diesen Fall nur indirekt.	Als juristische Person des Handelsrechts haftet die GmbH in Höhe des Stammkapitals selbst. Die Gesellschafter der GmbH haften nur indirekt, d. h. sie riskieren den Wert ihres Geschäftsanteils teilweise oder ganz zu verlieren (Risikohaftung).
Vertretung	Grundsätzlich besteht Einzelvertretungsmacht jedes Komplementärs für gewöhnliche und außergewöhnliche Geschäfte und Rechtshandlungen. Vertraglich ist es möglich, einzelne Komplementäre von der Vertretung auszuschließen oder Gesamtvertretung zu vereinbaren. Handelsregistereintragung ist erforderlich. Die Kommanditisten besitzen gesetzlich keine Vertretungsmacht.	Der (die) Geschäftsführer vertritt (vertreten) die GmbH nach außen. Soweit die Satzung nichts anderes bestimmt, besteht für eine aus mehreren Personen bestehende Geschäftsführung **Gesamtvertretungsmacht.** Einzelvertretungsmacht muss, um rechtswirksam zu sein, im Handelsregister eingetragen werden.
Geschäftsführung	Die Geschäftsführung erfolgt durch die Komplementäre. Für gewöhnliche Geschäfte: Einzelgeschäftsführungsbefugnis und -pflicht jedes Komplementärs. Für außergewöhnliche Geschäfte: Gesamtbeschluss (Gesamtgeschäftsführungsbefugnis) aller Gesellschafter. Die Kommanditisten haben gesetzlich keine Geschäftsführungsbefugnis und können Handlungen der Komplementäre nur widersprechen, wenn diese über den gewöhnlichen Betrieb des Handelsgewerbes der KG hinausgehen.	Die Geschäftführung erfolgt durch die Geschäftsführer, die Gesellschafter der GmbH und/oder auch andere unbeschränkt geschäftsfähige natürliche Personen. Wenn die Geschäftsführung mehrere Personen umfasst, besteht grundsätzlich Gesamtgeschäftsführungsbefugnis. Die Satzung kann Abweichendes bestimmen.

Vergleichsmerkmale	KG	GmbH
Mitbestimmung der Arbeitnehmer im Aufsichtsrat	Besitzt keinen Aufsichtsrat.	In Gesellschaften mit mehr als 500 Arbeitnehmern ist ein Aufsichtsrat zwingend vorgeschrieben. Die Zusammensetzung des AR richtet sich nach der Anzahl der beschäftigten Arbeitnehmer. **Aufgaben des AR:** Überwachung der Geschäftsführung; Einsicht und Prüfung der Geschäftsbücher und Schriften sowie der Vermögensgegenstände; Einberufung einer außerordentlichen Gesellschafterversammlung; Prüfung des Jahresabschlusses, des Lageberichts und des Vorschlags für die Verwendung des Bilanzgewinns.

Übungsaufgaben

178 1. Die Heinz Kern KG betreibt eine Früchtegroßhandlung. Sie soll in eine GmbH umgewandelt werden. Gleichzeitig soll der bisherige Verkaufsleiter Fritz Dick als Gesellschafter in die neue GmbH aufgenommen werden.

Aufgaben:

1.1 Wodurch unterscheidet sich die Personengesellschaft von der Kapitalgesellschaft?

1.2 Nennen Sie zwei Gründe, die für die Wahl der Gesellschaftsform GmbH sprechen!

1.3 Wie könnte die Firma der neuen GmbH lauten? (Zwei Vorschläge!)

1.4 Wie sind die Haftungsverhältnisse bei der GmbH und der KG geregelt?

1.5 Wie unterscheidet sich die Vertretung der GmbH von der der KG?

1.6 Nennen Sie drei Gründe, die zur Auflösung der GmbH führen können!

2. Unterscheiden Sie zwischen Stammkapital, Stammeinlage und Geschäftsanteil!

3. Wie ist die Mindesteinzahlung der Gesellschafter im GmbHG geregelt? (Nehmen Sie Ihren Gesetzestext zu Hilfe!)

4. An der Heidelberger Metallwarenfabrik GmbH sind beteiligt:
   - Adam mit einer Stammeinlage von 25 000,00 EUR,
   - Brecht mit einer Stammeinlage von 30 000,00 EUR und
   - Czerny mit einer Stammeinlage von 45 000,00 EUR.

Aufgaben:

4.1 Wie viel Euro beträgt das Stammkapital?

4.2 Wie ist der Reingewinn (nach bereits erfolgtem Abzug der lt. Satzung zu bildenden Rücklagen) in Höhe von 90 000,00 EUR zu verteilen, wenn die Gewinnverteilung nach dem GmbHG erfolgt? Wie viel Euro erhält jeder Gesellschafter?

4.3 Czerny möchte seinen Geschäftsanteil verkaufen. Kann er das? Gegebenenfalls wie?

179 1. Die Baumwollfärberei Max Maier e. Kfm., ein Unternehmen mittlerer Größe, benötigt für die aus Konkurrenzgründen erforderlich gewordene Erweiterung und Rationalisierung ihres Betriebs zusätzliche Finanzierungsmittel. Die Beleihungsgrenzen der Hausbank würden eine etwa 40%ige Finanzierung der Neuinvestitionen mit Fremdkapital gestatten. Da Maier aber das für die Restfinanzierung notwendige Eigenkapital nicht besitzt, sieht er sich gezwungen, in Zukunft mit Gesellschaftern zusammenzuarbeiten. Er gründet mit den Herren Merger und Baum die Heidelberger Textilveredelungs-GmbH, in die er selbst seinen bisherigen Betrieb einbringt, während sich Merger und Baum mit Geldeinlagen beteiligen.

Aufgaben:

1.1 Welche Vorteile besitzt die GmbH gegenüber der KG?

1.2 Welche Regelung des Geschäftsführungsrechts und der Vertretungsmacht schlagen Sie Herrn Maier vor?

1.3 § 14 GmbHG lautet: „Der Geschäftsanteil jedes Gesellschafters bestimmt sich nach dem Betrag der von ihm übernommenen Stammeinlage." Erläutern Sie die Bedeutung dieser Bestimmung!

1.4 Wodurch unterscheidet sich die Gewinnverteilung der KG von der der GmbH? Nennen Sie zwei weitere Merkmale, durch die sich die KG von einer Kapitalgesellschaft unterscheidet!

2. Erich Emmrich und Hans Heine wollen ihr neu eröffnetes Autohaus in der Rechtsform einer GmbH führen.

Aufgaben:

2.1 Welche wirtschaftlichen Entscheidungen sind außer der Branchen- und Rechtsformwahl noch zu treffen? Nennen Sie drei!

2.2 Nennen Sie die Voraussetzungen, die für die Gründung einer GmbH erforderlich sind!

2.3 Erich Emmrich verkauft als Geschäftsführer vor der Eintragung der GmbH in das Handelsregister einen Pkw im Namen der GmbH. Wie ist die Rechtslage?

3. Die GmbH ist eine Kapitalgesellschaft mit Merkmalen einer Personengesellschaft.

Belegen Sie diese Aussage anhand von zwei Beispielen!

180 **Sachverhalt:**

Die Albrecht Bühner KG stellt Werkzeugmaschinen her. An der KG sind beteiligt Albrecht Bühner als Komplementär und Sigrid Bühner als Kommanditistin. Da auf dem Markt ein starker Wettbewerb herrscht, müssen erhebliche Investitionen vorgenommen werden. Albrecht Bühner entschließt sich daher, die KG in eine GmbH umzuwandeln und zwei neue Gesellschafter aufzunehmen. Es sind dies Ingo Bach und Franz Werder.

Albrecht Bühner legt folgenden Vorschlag für einen Gesellschaftsvertrag vor (Auszug):

§ 1 Firma: Albrecht Bühner GmbH

§ 2 Sitz der Gesellschaft: Nürtingen

§ 3 Geschäftsbeginn: 10. August 20..

32 Speth u. a. – ISBN 978-3-8120-0555-5

§ 4 Die Stammeinlagen betragen:

- Albrecht Bühner	30 000,00 EUR	
- Sigrid Bühner	20 000,00 EUR	
- Ingo Bach	15 000,00 EUR	
	Einzahlung:	50 % bis zum 31. September 20..
		50 % bis zum 31. Dezember 20..
- Franz Werder	40 000,00 EUR	

Das Stammkapital der Gesellschaft beträgt 105 000,00 EUR.

§ 5 Gegenstand des Unternehmens ist die Produktion und der Vertrieb von Werkzeugmaschinen.

§ 6 Zu Geschäftsführern der GmbH werden bestellt:
- Albrecht Bühner, zuständig für Beschaffung und Produktion
- Sigrid Bühner, zuständig für Marketing und Vertrieb

Die Geschäftsführer besitzen Einzelvertretungsmacht.

Ingo Bach und Franz Werder sind von der Geschäftsführung ausgeschlossen.

Die notarielle Beurkundung des Gesellschaftsvertrags erfolgt am 30. Juli 20.., die Handelsregistereintragung am 30. August 20...

Aufgaben:

1. Welche gesetzlichen Gesellschaftsrechte hat Albrecht Bühner und welche hat Sigrid Bühner, solange das Unternehmen als Kommanditgesellschaft betrieben wird?
2. Welche Vorteile ergeben sich für die Gesellschafter insgesamt aus der Umwandlung in eine GmbH?
3. Was kann die GmbH unternehmen, wenn Ingo Bach den noch zu leistenden Restbetrag auf seine Stammeinlage nicht vertragsgemäß zahlt?
4. Sigrid Bühner, zuständig für Marketing und Vertrieb, kauft ohne Wissen von Albrecht Bühner Rohstoffe im Wert von 56 000,00 EUR ein. Albrecht Bühner verweigert die Zahlung mit der Begründung, der Kaufvertrag sei ohne sein Wissen abgeschlossen worden.

   Beurteilen Sie die Rechtslage!
5. Geben Sie in Stichworten an, welche Punkte im Gesellschaftsvertrag der GmbH außer den in den §§ 1 - 6 genannten vertraglich noch geregelt werden sollten!
6. Die GmbH erhält am 25. August 20.. (Gründungsjahr) ein günstiges Angebot zum Kauf eines Lkws. Albrecht Bühner nimmt für die GmbH das Angebot am 28. August 20.. an. Ingo Bach widerspricht dem Kauf.

   Beurteilen Sie die Rechtslage!
7. Ingo Bach und Franz Werder sind mit der Geschäftsführung von Sigrid Bühner nicht zufrieden und verlangen ihre Ablösung als Geschäftsführerin.

   Außerdem sind Bach und Werder der Meinung, die Kleber GmbH, ein starkes Konkurrenzunternehmen auf dem Werkzeugmarkt, zu übernehmen. Hierzu verlangen Sie eine Erhöhung des Stammkapitals um 200 000,00 EUR.

   Welche Erfolgsaussichten haben Bach und Werder bezüglich der beiden Vorhaben bei den gegebenen Beteiligungsverhältnissen?

Abschnitt D: Integrierte Unternehmenssoftware

1 Geschäftsprozessorientierte Projekte mit Einsatz einer integrierten Unternehmenssoftware

1.1 Steuerung von Geschäftsprozessen mit Hilfe eines ERP-Systems

Im Rahmen der industriellen Leistungserstellung und -verwertung nimmt die Abwicklung des Kundenauftrages als zentraler Geschäftsprozess eine Schlüsselstellung ein. Ein Kundenauftrag gibt den Anstoß zu einer Vielzahl weiterer Aktivitäten und Folgeprozesse. So muss bei den vom Kunden gewünschten Artikeln bei nicht ausreichender Lagerverfügbarkeit im Zuge der weiteren Bearbeitung des Auftrages eine innerbetriebliche Produktion und/oder Beschaffung bei Lieferanten vorgenommen werden, sei es als Handelswarenartikel oder bei Eigenherstellung in Form von Rohstoffen und Fremdbezugsteilen für die Fertigung und Montage.

Diese Grobbeschreibung des Geschäftsprozesses „Kundenauftrag" zeigt bereits, dass sich Geschäftsprozesse nicht nur unternehmensintern abspielen, sondern vielfach auch unternehmensübergreifend sind. Neben dem Kunden und dem eigenen Unternehmen sind auch die Lieferanten in die Geschäftsprozesskette eingebunden.

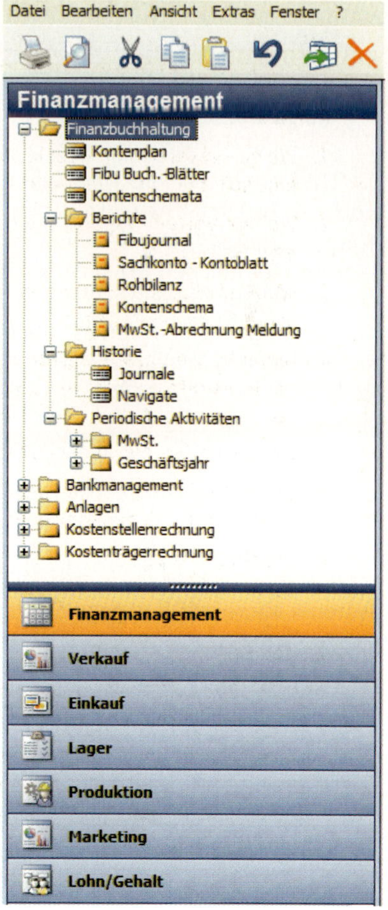

Eine rationelle Steuerung und Koordination solcher meist komplexen und vernetzten Geschäftsprozesse mit ihrem Material-, Geld- und Informationsfluss zwischen den Prozessbeteiligten ist heute ohne informationstechnische Unterstützung kaum vorstellbar. Durch den Einsatz von Softwaresystemen werden die Prozessabläufe standardisiert und damit störungsfreier und transparenter.

Softwarelösungen, die betriebswirtschaftliche Geschäftsprozesse bereichsübergreifend – vom Kundenauftragseingang im Vertrieb, von der Beschaffung bei Lieferanten über die innerbetriebliche Produktion bis zur Auslieferung an den Kunden – zu einem nahtlosen, einheitlichen Prozess integrieren und optimieren, bezeichnet man im Allgemeinen als ERP-Systeme.[1]

Die nebenstehende Abbildung zeigt das modular aufgebaute Hauptmenü des im Bereich mittelständischer Unternehmen führenden ERP-Systems „Microsoft Business Solutions – Navision®".

1 Enterprise Resource Planning.

Auch mittelständische und kleinere Unternehmen setzen aufgrund der mit dem Einsatz von ERP-Systemen verbundenen Rationalisierungs-, Kosten- und Wettbewerbsvorteile verstärkt solche Softwarelösungen ein.

Die Vorteile liegen auf der Hand:

- effizientere Koordination und Steuerung der betrieblichen Geschäftsprozesse,
- alle Mitarbeiter in allen Bereichen des Unternehmens arbeiten mit einer gemeinsamen, zentralen Datenbasis mit stets aktuellen Daten,
- früheres Erkennen von und Reagieren auf Problemsituationen,
- bessere mengenmäßige und zeitliche Disposition des Materialbedarfes.

Bereichsübergreifend kann in verschiedenen, miteinander integrierten Modulen ein Geschäftsprozess (z. B. Kundenauftragsabwicklung), der sich in weitere Teilprozesse aufgliedert, bearbeitet werden.

1.2 Überblick über das Modellunternehmen und Einstieg in das ERP-System

(1) Modellunternehmen

Die HWR GmbH ist ein Handels- und Endmontagebetrieb für Artikel aus dem Bereich **H**obby, **W**erken und **R**enovieren. Neben dem Handel mit den entsprechenden Artikeln sowie der Endmontage speziell eingekaufter Einzelkomponenten werden einzelne Teile auch in eigener Fertigung hergestellt.

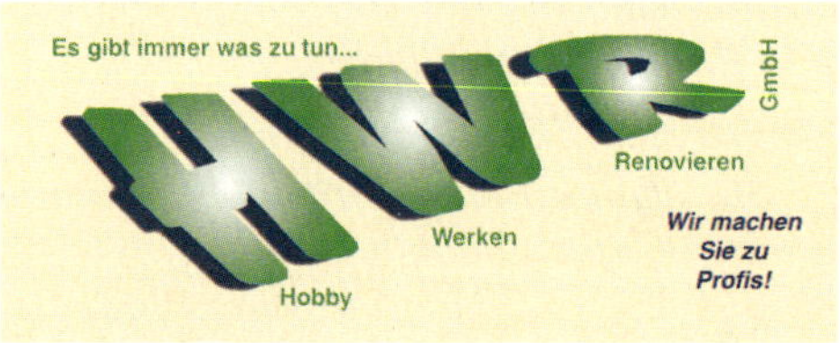

(2) ERP-System

Aufbauend auf den betriebswirtschaftlichen Kenntnissen sollen im Folgenden exemplarische Geschäftsprozesse im Modellunternehmen HWR GmbH mit Unterstützung des ERP-Systems Microsoft Business Solutions – Navision® praktisch umgesetzt werden.

Die beispielhaft zu bearbeitenden Geschäftsprozesse laufen bei jeder ERP-Software vergleichbar ab, auch wenn sich im Masken- und Menüaufbau Unterschiede ergeben. Bedienerfreundlichkeit und eine optische Ausrichtung an Microsoft Standards ermöglichen einen weitgehend intuitiven Umgang mit dem hier verwendeten ERP-System.

(3) Datensicherung importieren

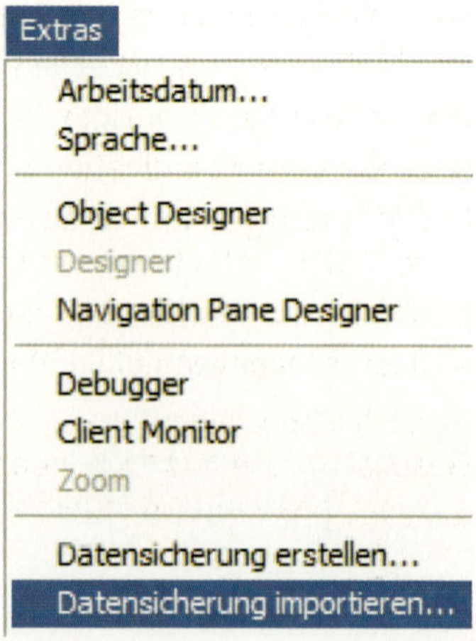

Soll zu Beginn einer Arbeitssitzung ein bestimmter Datenstand (Mandant) in die Datenbank des Programms importiert werden, so ist in der Menüleiste über *Extras / Datensicherung importieren* der Pfad zum Ordner, in dem die Datenstände hinterlegt sind, anzuwählen. Mit einem Doppelklick auf den entsprechenden Datenstand (oder Datenstand markieren und Schaltfläche *Öffnen*) wird der Mandant im Import-Fenster angezeigt. Mit Klick auf die Schaltfläche *OK* werden die Daten des ausgewählten Mandanten in die Datenbank eingelesen.

In der Datenbank können gleichzeitig die Daten mehrerer Mandanten gehalten werden. Daher ist im nächsten Schritt der entsprechende Mandant zu öffnen.

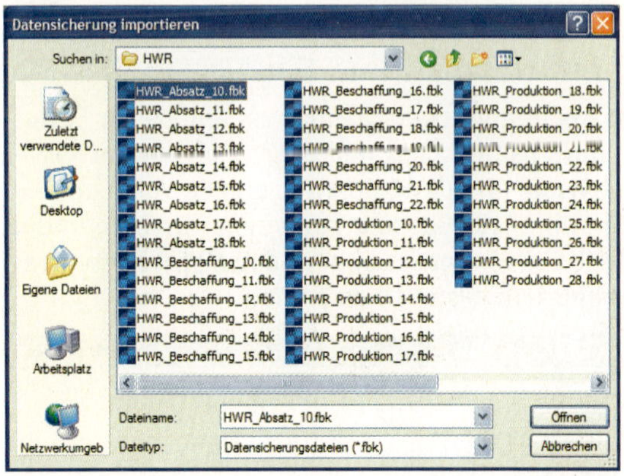

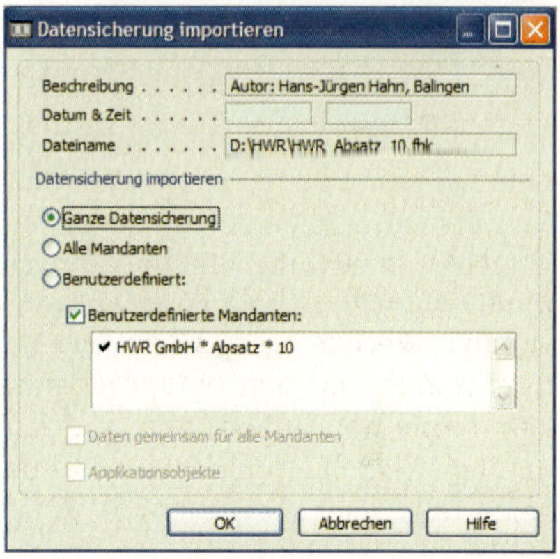

In der Menüleiste ist über *Datei / Mandant / Öffnen* aus der angezeigten Liste der jeweilige Mandant mit einem Doppelklick (oder Mandant markieren und Schaltfläche *OK*) zu aktivieren. Anschließend befindet man sich im Hauptmenü des Programms und in der Kopfleiste des Bildschirms wird der Mandantenname angezeigt.

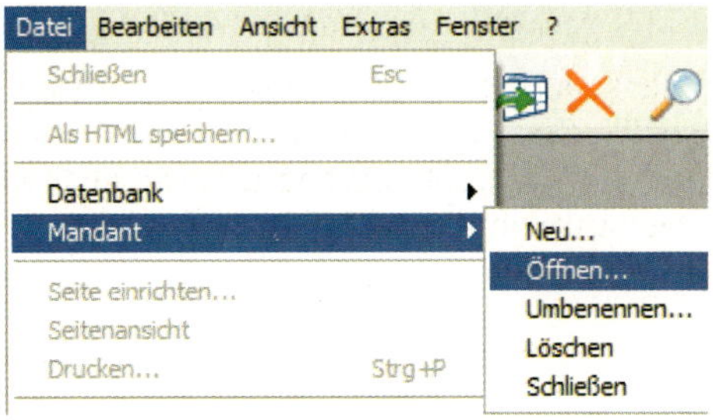

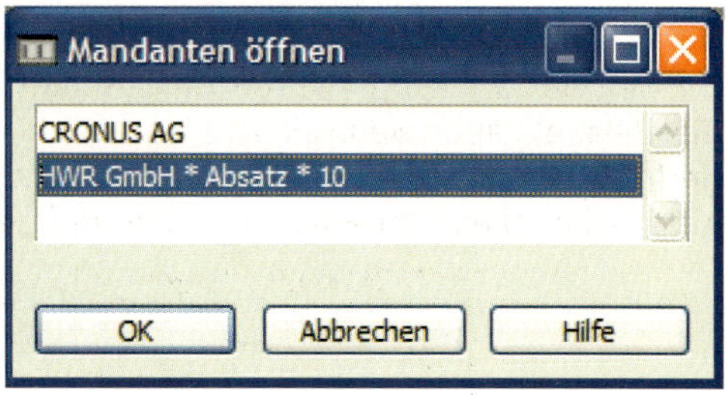

(4) Datensicherung erstellen

Soll am Ende einer Arbeitssitzung ein Datenstand für eine spätere Arbeitsfortsetzung gesichert werden, so ist in der Menüleiste über *Extras / Datensicherung erstellen* vorzugehen.

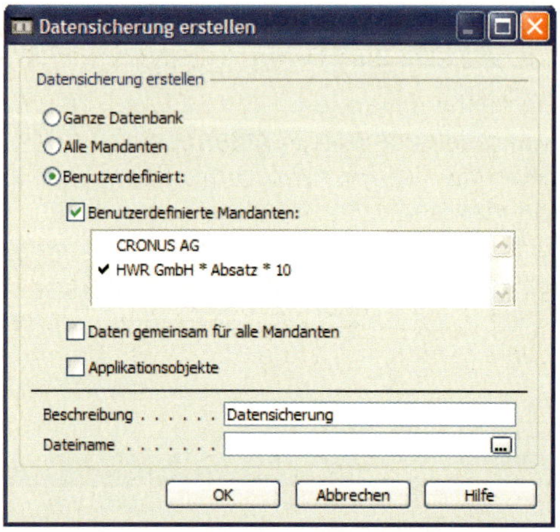

Es wird das Fenster mit den in der Datenbank befindlichen Mandanten angezeigt. Benutzerdefiniert ist der zu sichernde Mandant durch einen Klick mit einem Häkchen zu versehen (keine Häkchen setzen bei *Daten gemeinsam für alle Mandanten* und bei *Applikationsobjekte*). Im unteren Teil des Fensters kann im Feld *Beschreibung* eine Kurzbemerkung zum Datenstand angegeben werden. Im Feld *Dateiname* ist über den Assist-Button (Dreipunkte-Symbol) das Folgefenster *Datensicherung erstellen* zu öffnen.

Nun ist der Ordner anzuwählen, in dem der Datenstand gespeichert werden soll. Weiterhin ist der Datenstand mit einem Dateinamen zu versehen. Über Schaltfläche *Speichern* gelangt man zurück ins obige Fenster. Im Feld *Dateiname* ist nun der Pfad des Ordners zu sehen, in dem sich der Datenstand nach der Speicherung befindet. Mit *OK* wird der Speicherungsvorgang gestartet.

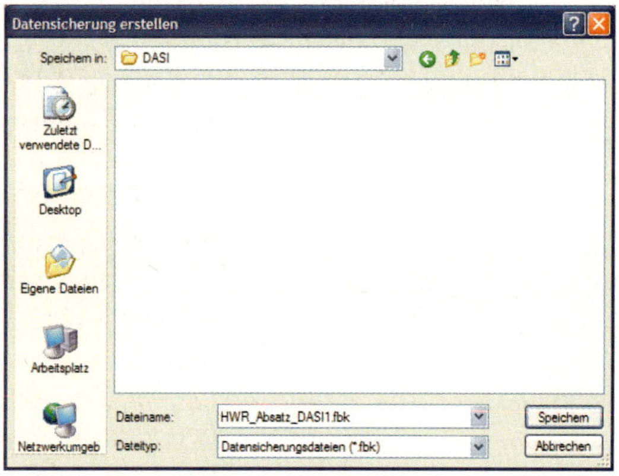

(5) Mandant löschen

Möchte man den gleichnamigen Mandanten erneut in die Datenbank importieren, um z. B. wieder den Ausgangsdatenstand zu laden, so bringt das System folgende Meldung:

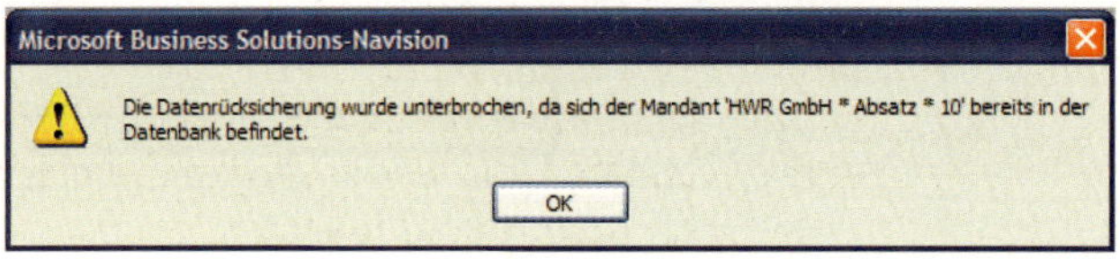

In diesem Fall muss der bereits in der Datenbank befindliche Mandant zuerst gelöscht werden, damit sich der gleichnamige Mandant importieren lässt. Das Löschen des Mandanten geschieht in der Menüleiste über *Datei / Mandant / Löschen.*

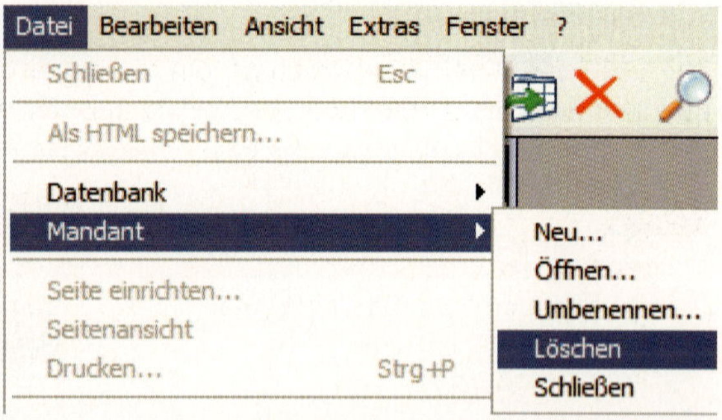

Anschließend ist die Datenrücksicherung (Import der Datensicherung), wie zuvor beschrieben, möglich. Alternativ bestünde auch die Möglichkeit, den Mandanten in der Datenbank zuvor umzubenennen, um die Gleichnamigkeit mit dem zu importierenden Mandanten zu beseitigen. Da die Datenbank auf ein begrenztes Speicherungsvolumen ausgelegt ist, sollten nicht benötigte Mandanten in der Datenbank vorsorglich gelöscht werden.

(6) Programmnavigation

In der Symbolleiste des Programms befinden sich häufig gebrauchte Funktionen aus den Menüs der Menüleiste. Legt man den Mauszeiger auf die Symbole, so wird der Funktionsbegriff des Symbols eingeblendet. Eine Reihe von Symbolen aus der Symbolleiste ist bereits aus anderen Windows-Anwendungen bekannt. Die für die folgende Arbeit wesentlichen Symbole werden nachfolgend kurz erläutert:

Mit diesen Symbolen kann z. B. bei den Kunden, Lieferanten, Artikeln, Mitarbeitern, Anlagen usw. in den jeweiligen Karten (Datensätzen) navigiert, d. h. vorwärts und rückwärts geblättert bzw. eine Gesamtübersicht aller Datensätze angezeigt werden.

Aus der Gesamtheit der Datensätze (z. B. Kunden, Lieferanten usw.) werden über diese Symbole je nach Filtersetzung nur Datensätze nach bestimmten Kriterien angezeigt.

Befindet man sich z. B. in einer Artikelkarte oder in der Artikelübersicht, so kann über diese Suchfunktion ein Artikel beispielsweise über Artikelnummer oder Artikelbezeichnung ausfindig gemacht werden. Bevor die Suchfunktion gestartet wird, muss der Cursor in das entsprechende Datenfeld (Artikelnummer oder Artikelbezeichnung) gestellt werden. Für andere Suchvorgänge bei Kunden, Lieferanten usw. gilt dies analog.

Über diese Symbole lassen sich neue Datensätze bei Konten, Kunden, Lieferanten, Artikeln, Anlagen, Mitarbeitern einfügen bzw. wieder löschen.

Übungsaufgabe

181 Um einen ersten Überblick über das Modellunternehmen HWR GmbH und die eingesetzte Software zu bekommen, sollen Sie zum Einstieg zunächst eine Reihe relevanter Geschäftsdaten beschaffen.

Stellen Sie fest bzw. ermitteln Sie …

1. **bei den Buchführungskonten**

… welches Bankguthaben vorhanden ist.
… welchen Betrag an Zahlungseingängen die HRW GmbH von Kunden noch zu erwarten hat.
… welchen Betrag an Zahlungsverpflichtungen das Unternehmen momentan gegenüber Lieferanten hat.

2. **bei den Bankkonten**

… bei welchen Banken die HWR GmbH ein Konto hat.
… wie hoch das eingeräumte Kreditlimit auf den Bankkonten ist.

3. **bei den Kunden**

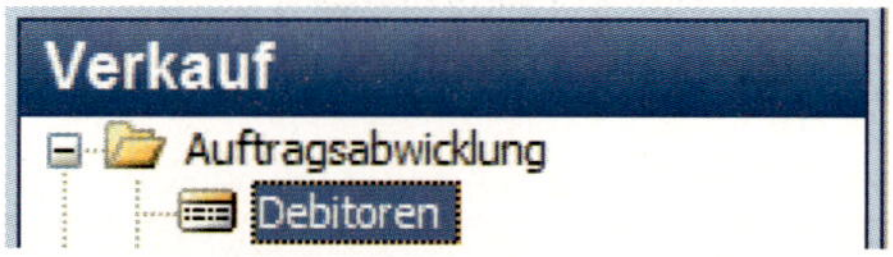

… wo der Kunde (Debitor) Bauland AG den Geschäftssitz hat.
… welchen Betrag die HWR GmbH von diesem Kunden noch zu bekommen hat.
… welche Zahlungsbedingung die HWR GmbH diesem Kunden einräumt.

4. **bei den Lieferanten**

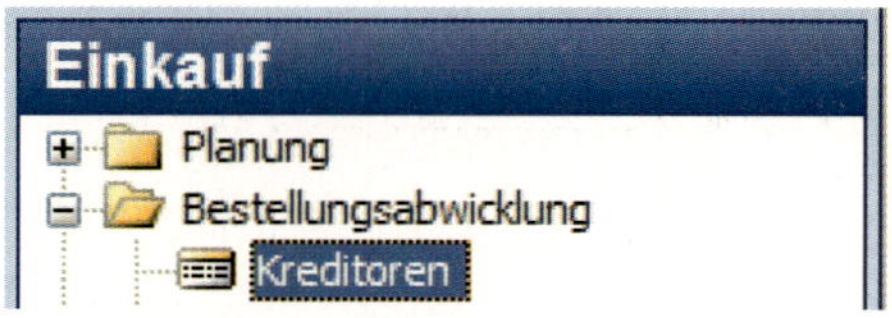

… wo der Lieferant (Kreditor) Breuer-Technik GmbH & Co. KG den Geschäftssitz hat.
… welchen Betrag die HWR GmbH an diesen Lieferanten noch zu zahlen hat.
… welche Zahlungsbedingung dieser Lieferant der HWR GmbH einräumt.

5. **im Lager**

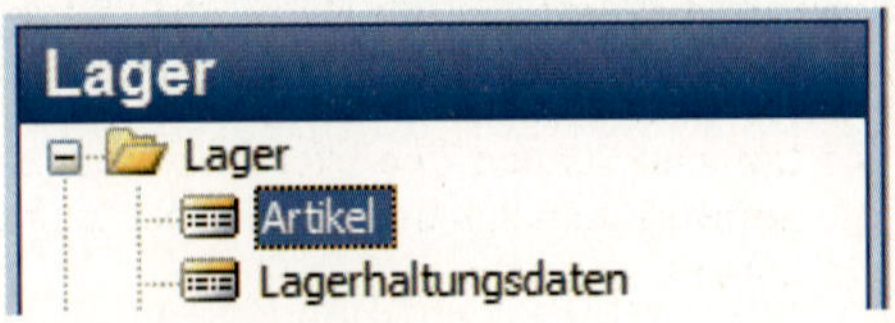

... welche Artikelnummer der Artikel „Schlagbohrmaschine“ hat.
... wie der Artikel „Schlagbohrmaschine“ aussieht (Bild).
... welche Lagerbestandsmenge vom Artikel Nr. 221116 vorrätig ist.
... wie hoch der Einstandspreis einer „Handkreissäge“ ist.
... wie hoch der Verkaufspreis eines „Gummihammers 230 g“ ist.
... von welchem Lieferanten der „Gabelschlüsselsatz 6-teilig“ standardmäßig bezogen wird.

6. **bei den Anlagen**

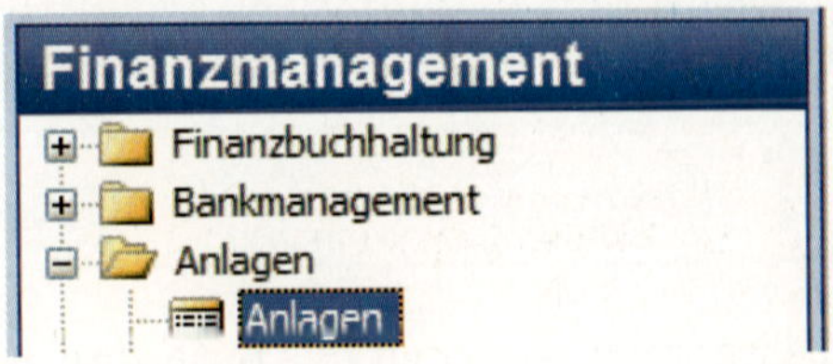

... welche Anlagennummer der „Gabelstapler“ hat.
... wann der „Gabelstapler“ angeschafft wurde und welche Anschaffungskosten dafür angefallen sind.
... nach welcher Methode der „Gabelstapler“ abgeschrieben wird.

7. **bei den Mitarbeitern**

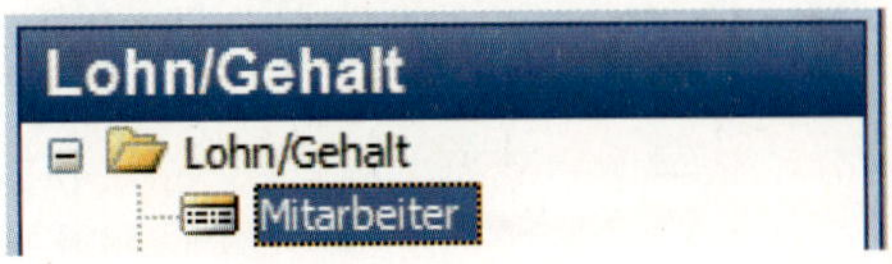

... seit wann die Mitarbeiterin „Rosalinde Neuenstein“ im Unternehmen beschäftigt ist.
... bei welcher Krankenkasse der Mitarbeiter „Harry Hoffmann“ versichert ist.
... welche Steuerklasse der Mitarbeiter „Eduard Stricker“ hat.
... wann die Mitarbeiterin „Inge Rebstock“ geboren ist.
... ob bei der Mitarbeiterin „Kerstin Milnek“ als persönliche Information ein Bild hinterlegt ist.

1.3 Projekt: Absatzprozess

1.3.1 Grundlagen und Basisdaten

(1) Situation

Die HWR GmbH ist ein Handels- und Endmontagebetrieb für Artikel aus dem Bereich Hobby, Werken und Renovieren mit einem sehr umfangreichen Handelswarensortiment. Laufend werden Artikelanfragen von Kunden und Interessenten an die HWR GmbH gerichtet, Angebote an diese abgegeben, die meist auch zu Aufträgen führen und im Weiteren zuverlässig und zur Zufriedenheit der Kunden abgewickelt werden.

Bei den gängigen und „schnelldrehenden" Handelswarenartikeln wird ein Lagerbestand gehalten, der in der Regel eine sofortige Lieferfähigkeit aus dem Lagerbestand heraus ermöglicht.

Die HWR GmbH setzt im Betrieb ein integriertes ERP-System ein, mit dessen Hilfe Sie die anfallenden Arbeitsaufträge im Rahmen des betrieblichen Absatzprozesses durchführen sollen.

Die wesentlichen Daten zum Absatzprozess sind in den einzelnen Menüpunkten der entsprechenden Module des ERP-Informationssystems bereits vorhanden oder werden im Rahmen der Prozessabwicklung erzeugt.

Modul / Menüpunkt	Daten
Verkauf Auftragsabwicklung Debitoren Angebote Aufträge Reklam. / Gutschriften	- Kundenverzeichnis (Debitoren) - Kundenkreditlimit - Offene Debitorenposten - Zahlungsbedingung - Lieferungsbedingung - Datenerfassung der einzelnen Prozessschritte
Lager Lager Artikel Lagerhaltungsdaten	- Lagerbestand - Verkaufspreise - Einkaufspreise - Bezugsquellen

<table>
<tr><th>Modul / Menüpunkt</th><th>Daten</th></tr>
<tr><td>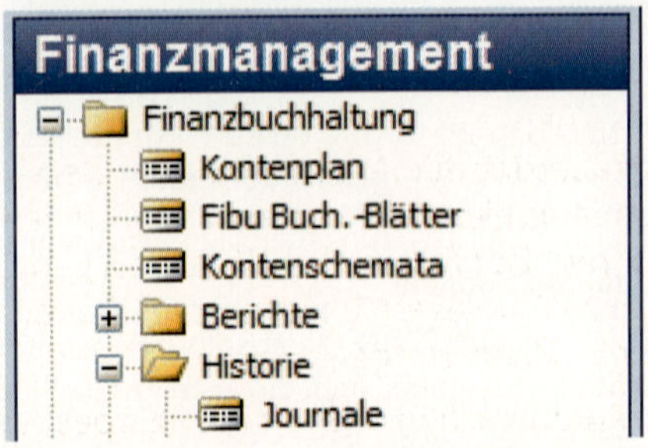
</td><td>- Kontenplan mit Anzeige der Kontenstände
- Ausgleich offener Debitorenposten
- Journale über die Buchungen in der Finanz- und Lagerbuchhaltung</td></tr>
</table>

Projektaufgabe

182 1. Anfragen nach Artikeln erfolgen bei der HWR GmbH meist telefonisch, per Fax, per E-Mail oder postalisch. Aufgrund dieser Anfragen gibt die HWR GmbH verbindliche Angebote ab, die im ERP-System erfasst, gespeichert und an die Interessenten bzw. Kunden auf den entsprechenden Kommunikationswegen übermittelt werden.

1.1 Überprüfen Sie, ob und gegebenenfalls welche Angebote an Kunden abgegeben wurden!

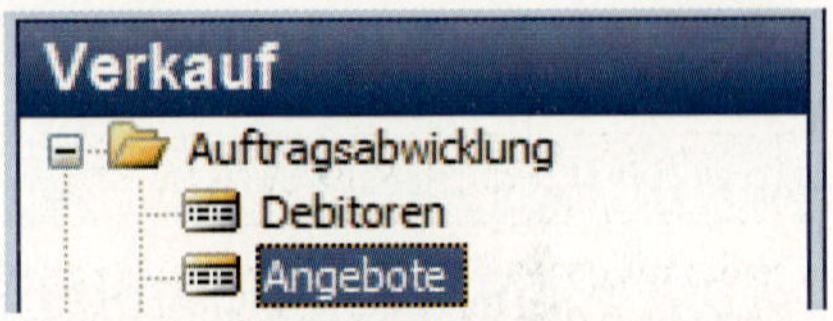

1.2 Stellen Sie stichprobenartig fest, ob die Lagerbestände der Artikel in den Angeboten für eine sofortige Lieferung ausreichen, falls die Angebote zu Aufträgen führen würden!

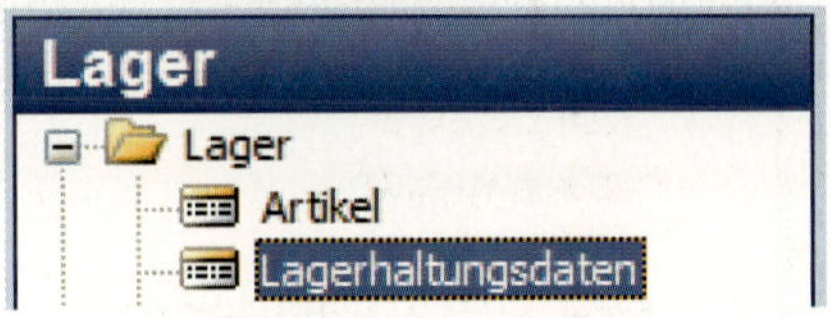

2. Der nebenstehend abgebildete Ausschnitt einer Artikelkarte enthält im Register *Fakturierung* Angaben zur Berechnungsmethode und zum Prozentsatz des Deckungsbeitrages dieses Handelswarenartikels.

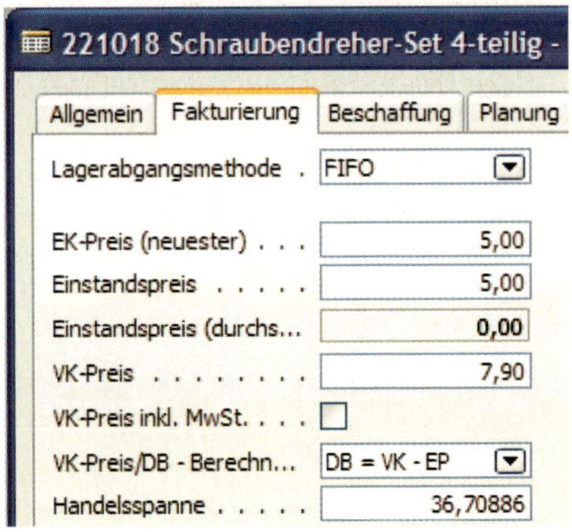

2.1 Erläutern Sie, was man grundsätzlich unter dem so genannten Deckungsbeitrag versteht!

2.2 Begründen Sie, wie sich in der Artikelkarte die Prozentangabe zum Deckungsbeitrag berechnet und geben Sie auch den Stückdeckungsbeitrag an!

2.3 Nehmen Sie an, der Umsatz bei diesem Artikel beträgt 58 500,00 EUR. Ermitteln Sie, welchen Deckungsbeitrag dieser Artikel zum Betriebsergebnis beisteuern würde!

2.4 Nennen Sie Gründe, die zu einer Verringerung des Deckungsbeitrages im Rahmen des Absatzprozesses bei diesem Artikel führen können!

2.5 Begründen Sie, bei welchem (Bar-)Verkaufspreis kurzfristig die absolute Preisuntergrenze bei diesem Artikel liegt! Berücksichtigen Sie dabei auch die allen Kunden laut Debitorenkarte einheitlich eingeräumte Zahlungsbedingung!

3. Der Auftragseingang bei der HWR GmbH erfolgt mit oder ohne vorausgegangenes Angebot in der Regel telefonisch, per Fax, per E-Mail oder postalisch. Der Kunde erhält eine Auftragsbestätigung. Bei Auslieferung der Artikel werden aus dem Auftrag als Begleitpapiere ein Lieferschein und eine Rechnung erzeugt mit den entsprechenden Buchungen im Lager und in der Finanzbuchhaltung.

3.1 Überprüfen Sie, ob und gegebenenfalls welche noch nicht abgewickelten Kundenaufträge vorhanden sind!

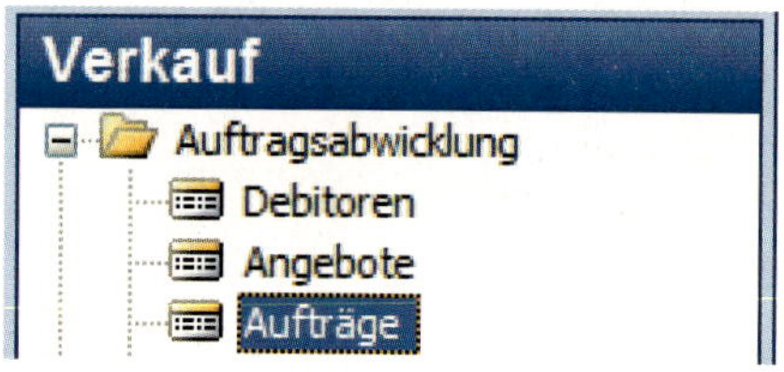

3.2 Lassen Sie sich in der Auftragsmaske über die Schaltfläche *Drucken* eine Auftragsbestätigung anzeigen und/oder ausdrucken!

Erläutern Sie, in welchen Fällen eine Auftragsbestätigung für das Zustandekommen eines Kaufvertrages notwendig ist!

3.3 Prüfen Sie stichprobenartig am Beispiel eines Artikels aus einem Auftrag, ob die Auftragsmenge im Lager verfügbar ist!

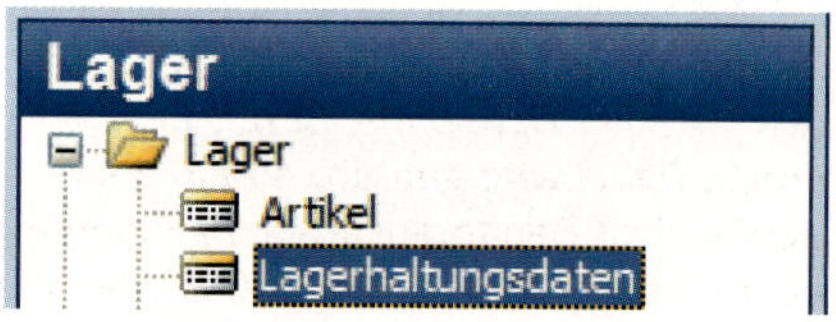

3.4 Inwiefern ist aus der Artikel- bzw. Lagerhaltungsdatenkarte ersichtlich, ob bei einem Artikel ein zu erfüllender Kundenauftrag vorliegt?

1.3.2 Kundenauftragsabwicklung am Beispiel von Handelswaren

Die folgende Abbildung skizziert vereinfacht den grundsätzlichen Ablauf des Geschäftsprozesses Kundenauftragsabwicklung bei Handelswaren. Vereinfachend nehmen wir zunächst noch an, dass die Auftragsabwicklung aus einem ausreichend verfügbaren Lagerbestand heraus ohne Beschaffungsprozess möglich ist.

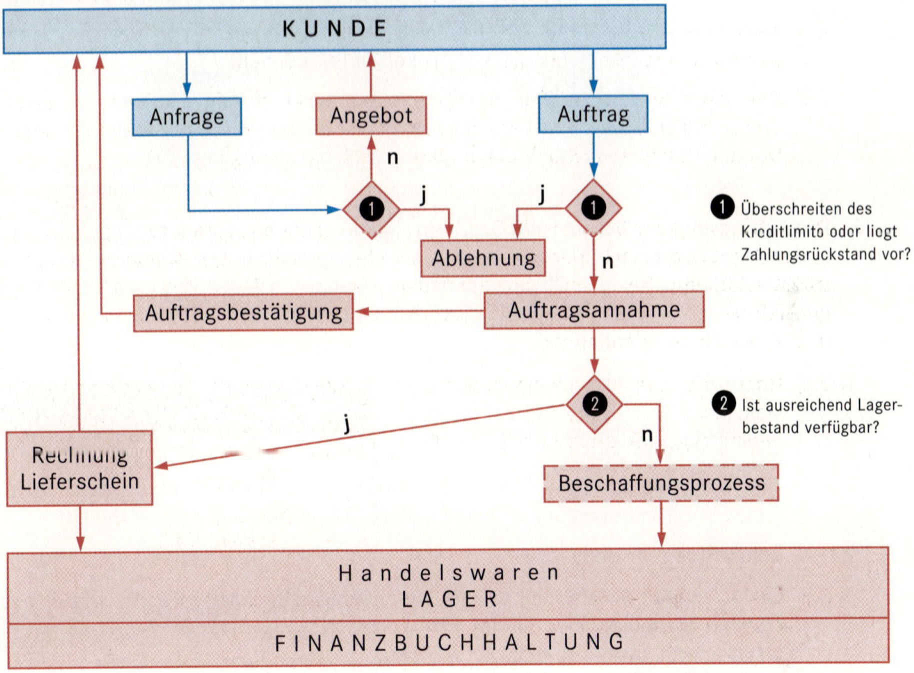

Erläuterung:

Nach Eingang einer Kundenanfrage führt das System bereits bei der Erstellung des „Angebotskopfes“ (Nr. und Datum des Angebotes, Adressdaten des Kunden) eine so genannte Bonitätsprüfung durch. Dabei wird geprüft, ob mit dem Angebot (falls es zu einem Auftrag führen würde) das dem Kunden laut Debitorenkarte eingeräumte Kreditlimit überschritten wird und/oder ob aufgrund früher bereits abgewickelter Aufträge der Kunde einen „überfälligen Saldo“ hat, also im Zahlungsrückstand ist. Gegebenenfalls hat hier der Sachbearbeiter auch einen Entscheidungsspielraum, ob ein Angebot an den Kunden abgegeben wird oder nicht.

Bei einem Auftragseingang (mit oder ohne vorausgegangenes Angebot) führt das System im Rahmen der Auftragserfassung ebenfalls zunächst eine Bonitätsprüfung durch, die gegebenenfalls zu einer Auftragsablehnung führt. Außerdem wird bei der Erfassung der Auftragspositionen vom System die Verfügbarkeit des Artikels im Lager geprüft. Bei nicht ausreichender Verfügbarkeit müsste in einen Beschaffungsprozess verzweigt werden, um schließlich dem Kunden die Artikel ausliefern zu können.

Projektaufgabe

183 **1. Anfrage und Angebot**

Von der Bauland AG, die bereits Kunde der HWR GmbH ist, trifft folgende E-Mail ein:

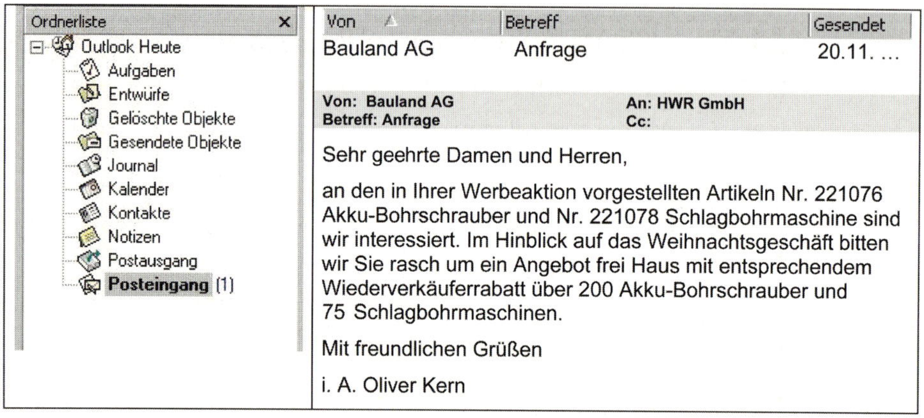

1.1 Prüfen Sie vor einer eventuellen Angebotsabgabe anhand der Debitorenkarte und/oder des entsprechenden Berichtes im Modul *Verkauf,* ob der Kunde das eingeräumte Kreditlimit überschreitet, falls das Angebot zu einem Auftrag führen würde und ob der Kunde aufgrund eventuell früherer Lieferungen im Zahlungsrückstand ist!

Bearbeitungshinweis

Einen Überblick über die „offenen Posten" eines Kunden erhält man sehr schnell auch über das Register *Allgemein* der betreffenden Debitorenkarte.

Über die Pfeilschaltfläche im Betragsfeld *Saldo* öffnet sich im Weiteren die Anzeige der offenen Posten.

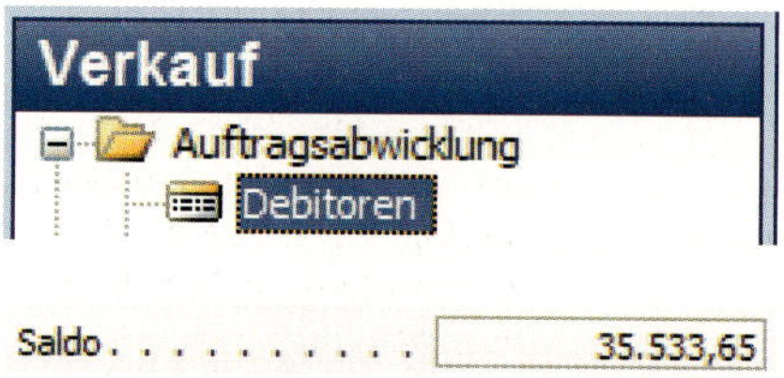

1.2 Erstellen Sie unter dem Arbeitsdatum des 20.11. für die Bauland AG ein Angebot mit Einräumung eines attraktiven Rabattes!

Bearbeitungshinweis

Die Bauland AG ist ein langjähriger, guter Kunde. Im Falle einer Überschreitung des Kreditlimits oder bei fälligen offenen Posten soll trotzdem ein Angebot abgegeben werden. Beachten Sie bei Ihrer Einräumung des Wiederverkäuferrabattes, dass die HWR GmbH bei ihren Handelswaren für die geschäftsinternen Kosten mit einem Handlungskostenzuschlag von 25% auf den Einstandspreis kalkuliert und unter Berücksichtigung der Kundenzahlungsbedingung bei den Artikeln eine Gewinnspanne von etwa 5% realisieren möchte. Für eventuelle Angebotsnachverhandlungen soll noch ein Spielraum für ein Rabattzugeständnis möglich sein!

Programmtechnische Hinweise zur Angebotserstellung

Im Feld *Angebot Nr.* der Angebotsmaske erhält man für das Angebot über die Return-Taste einen Nummernvorschlag. Im folgenden Feld ist über die Pfeilschaltfläche die Auswahl des Kunden möglich, sodass die Adressdaten in den „Angebotskopf" übernommen werden.

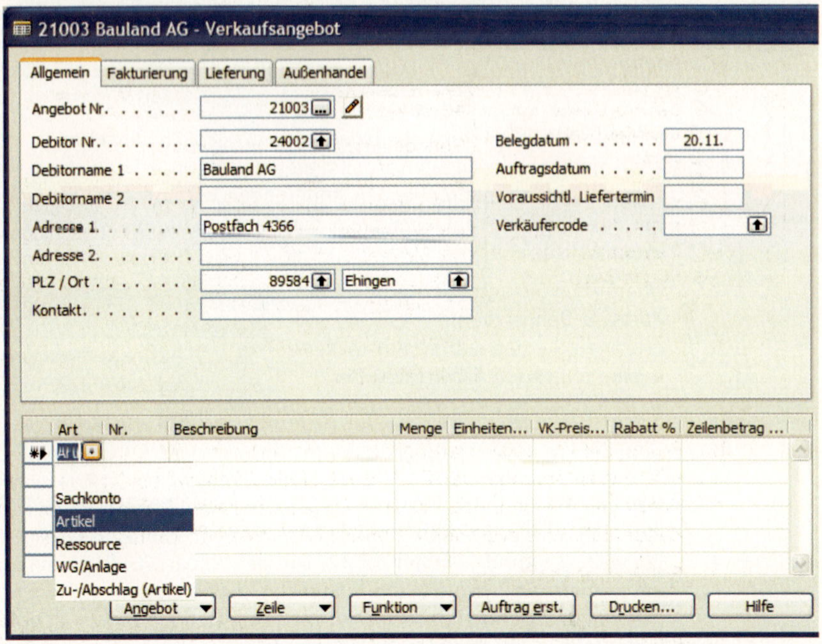

Der untere tabellarische Teil der Maske dient der Erstellung der Angebotspositionen. Im Feld *Art* ist *Artikel* auszuwählen, um im Weiteren den Angebotsartikel mit Verkaufspreis aus dem Artikelverzeichnis zu übernehmen. Die Angebotsmenge und der zu gewährende Rabattsatz sind in den entsprechenden Feldern der Zeile noch zu erfassen.

Über die Schaltfläche *Drucken* kann das Angebot ausgedruckt werden.

2. Angebot und Auftrag

Rückfragen zu abgegebenen Angeboten kommen von Kundenseite sehr häufig durch Telefonanruf. Folgende Gesprächsnotiz wurde von einem Telefongespräch mit einem Kunden angefertigt:

Telefonnotiz	
Datum:	*20.11.*
Gesprächspartner:	*Herr Wunder, Kurz GmbH*
Gesprächsnotiz:	*Bezug auf unser Angebot Nr. 21001 vom 12.11. Auftragserteilung nur, wenn beim Artikel Lochsäge ein Rabatt von 20% und beim Artikel Schraubstock ein Rabatt von 25% möglich ist. Gewünschtes Lieferdatum bis 03.12.*

2.1 Prüfen Sie, ob bei den Vorgaben des Kunden wenigstens die kalkulierten innerbetrieblichen Kosten (Handlungskostenzuschlag) in Höhe von 25 % auf den Einstandspreis noch gedeckt wären, wenn der Kunde entsprechend der Kundenzahlungsbedingung eventuell noch den Skontoabzug vornimmt!

2.2 Nennen Sie Gründe, die im vorliegenden Fall trotz unbefriedigender Gewinnsituation für eine Auftragsannahme sprechen könnten!

2.3 Der Auftrag soll zu den Bedingungen des Kunden angenommen werden. Prüfen Sie, ob ein ausreichender Lagerbestand für die Auslieferung an den Kunden vorhanden ist!

2.4 Nehmen Sie unter dem Arbeitsdatum des 20.11. im „Angebotskopf" und bei den Angebotspositionen des zugrunde liegenden Angebotes die entsprechenden Änderungen vor und erzeugen Sie aus dem Angebot über die Schaltfläche *Auftrag erstellen* einen Auftrag!

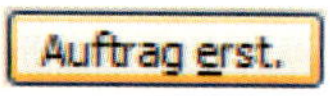

2.5 Überprüfen Sie unter dem Menüpunkt *Aufträge* den erzeugten Auftrag und erledigen Sie den auf die Auftragsannahme folgenden Arbeitsschritt!

2.6 Inwiefern ist aus der Artikel- bzw. Lagerhaltungsdatenkarte der betreffenden Artikel nun ersichtlich, dass ein zu erfüllender Kundenauftrag vorliegt?

2.7 Ein weiterer Anruf kam am 02. 12. von der Weber KG. Sie nimmt unser Angebot unverändert an und bittet um schnellstmögliche Lieferung. Prüfen Sie die Verfügbarkeit der angebotenen Artikel im Lager und erzeugen Sie unter dem Arbeitsdatum des 02. 12. aus dem Angebot einen Auftrag!

2.8 Begründen Sie, ob der Kaufvertrag mit der Weber KG rechtlich bereits durch den Telefonanruf oder erst mit einer Auftragsbestätigung zustande kommt!

2.9 Am 03. 12. meldet sich Herr Kern von der Bauland AG wegen unseres abgegebenen Angebotes vom 20. 11. am Telefon. Während die angebotenen Akku-Bohrschrauber wie angeboten mit 20% Rabatt geliefert werden können, musste nach zähen Verhandlungen der Rabatt für den Artikel Schlagbohrmaschine auf 30 % erhöht werden, um den Auftrag insgesamt bei rascher Lieferung zu erhalten. Die Lieferung wurde für den 09. 12. zugesagt.

Nehmen Sie unter dem Arbeitsdatum des 03. 12. im Angebotskopf und bei der betreffenden Angebotsposition die entsprechende Aktualisierung vor und erzeugen Sie aus dem Angebot einen Auftrag!

2.10 Auf wie viel Prozent beläuft sich der Rabatt bei diesem Auftrag insgesamt?

2.11 Erläutern Sie, welche Auswirkung die Rabatterhöhung auf Umsatzerlös, Umsatzsteuer, Handelswarenaufwand, Lagermenge und Rohgewinn haben wird!

3. Lieferung und Ausgangsrechnung

Am 09.12. liefert die HWR GmbH den Auftrag mit nachfolgender Rechnungsstellung an die Bauland AG aus:

Es gibt immer was zu tun...

HWR GmbH – Hobby – Werken – Renovieren

Wir machen Sie zu Profis!

HWR GmbH

*Hobby * Werken * Renovieren*

HWR GmbH * Im Industriegebiet 20 * 72336 Balingen

Bauland AG
Postfach 4366
89584 Ehingen

Name	
Telefon	07433 9123-**65**
Fax	07433 9123-**66**
E-Mail	info@hwr.de
Home	www.hwr.de
Bank	Sparkasse Zollernalb
BLZ	65351260
Konto	24999111
Kunden-Nr.	24002
Bestell-Nr.	
Auftrag Nr.	25505
Datum	09.12.

Rechnung **Nr.: 25501**

Artikel-Nr.	Bezeichnung	Menge	Einheit	E-Preis / €	Rabatt %	MwSt %	G-Preis / €
221076	Akku-Bohrschrauber	200	Stück	54,90	20	19	8.784,00
221078	Schlagbohrmaschine	75	Stück	139,50	30	19	7.323,75

Warenwert	**16.107,75**
19% MwSt.	3.060,47
Rechnungsbetrag	**19.168,22**

Zahlungsbedingung 14 Tage / 3% Skonto / 60 Tage Ziel
Lieferbedingung frei Haus

Wir bedanken uns für Ihren Auftrag

3.1 Erläutern Sie, welche Auswirkung die Auslieferung des Auftrages im Lager (Artikel- bzw. Lagerhaltungsdatenkarte) hervorruft!

3.2 Geben Sie die Buchung für die obige Ausgangsrechnung an, die im ERP-System automatisch vorgenommen wird!

Bearbeitungshinweis

Beachten Sie, dass dem Umsatzerlös aus dem Handelswarenverkauf sofort bei jedem Verkaufsvorgang der Lagerabgang der einzelnen Artikel als Wareneinsatz mit einer Handelswarenaufwandsbuchung gegenübergestellt wird. Das integrierte Warenwirtschaftssystem liefert hierzu mengen- und wertmäßig die entsprechenden Zahlen. Aus der Differenz zwischen Handelswarenerlös und Handelswarenaufwand ergibt sich sofort bei jedem Verkaufsgeschäft der so genannte Warenrohgewinn.

33 Speth u.a. – ISBN 978-3-8120-0555-5

3.3 Erzeugen Sie aus dem Auftrag der Bauland AG über die Schaltflächen *Buchen / Buchen* eine Lieferung und Rechnung!

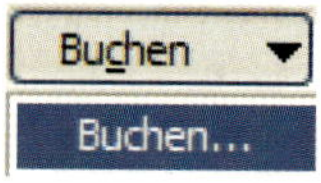

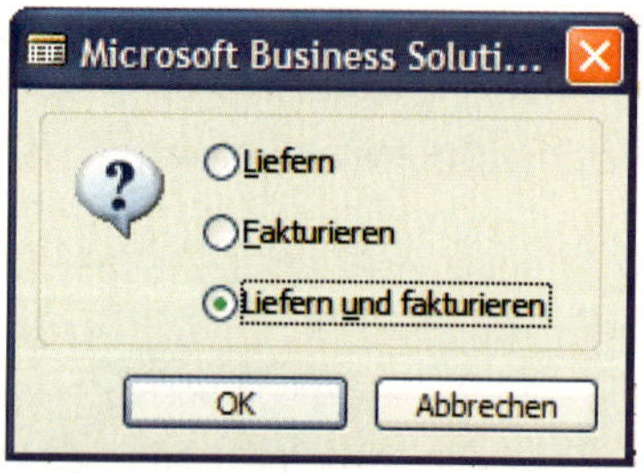

Lassen Sie sich für die Lieferung und Rechnungsstellung (Fakturierung) vom System auch die Belege ausdrucken!

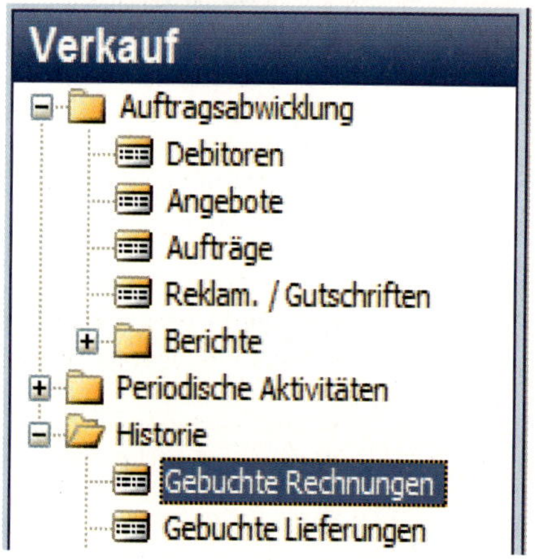

3.4 Öffnen Sie in der *Finanzbuchhaltung* den Menüpunkt *Journale* und analysieren und vergleichen Sie die Buchungen unter LWERTBUCH (Lagerwertbuch) und VERKAUF mit Ihren Buchungen aus Aufgabe 2!

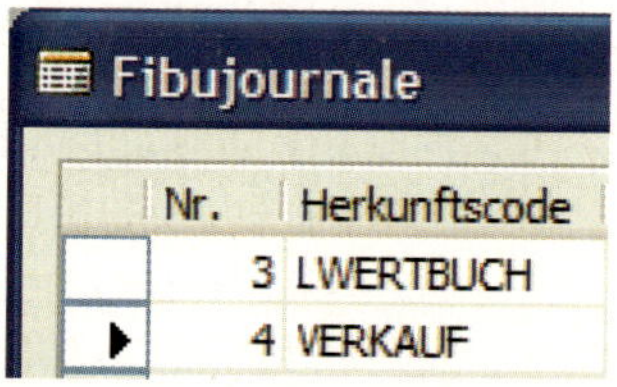

Bearbeitungshinweis

Alternativ zum Journal lassen sich die Buchungen auch im Kontenplan über die Schaltflächen *Saldo / Saldo* analysieren. Setzen Sie als Datumsfilter den Tag der Rechnung, um gezielt nur diese Buchungen angezeigt zu bekommen!

3.5 Ermitteln Sie aus den Zahlen der Buchungen den Handelswarenrohgewinn aus diesem Kundenauftrag!

3.6 Am 10.12. wurden die Aufträge der Kunden Baupraktiker GmbH und Heimwerkermarkt GmbH mit gleichzeitiger Rechnungsstellung ausgeliefert. Nehmen Sie die entsprechenden Arbeiten im System vor!

4. Rücksendung und Verkaufsgutschrift

Am 16.12. ruft Herr Anger von der Baupraktiker GmbH wegen der Rechnung Nr. 25502 an. Durch ein innerbetriebliches Versehen seien vom Artikel Nr. „221035 Gummihammer 230 g“ 200 Stück statt 100 Stück bestellt worden. Seiner Bitte um Rücknahme und Gutschrift von 100 Stück hat die HWR GmbH aus Kulanzgründen entsprochen. Am 18.12. traf die Rücklieferung in der HWR GmbH ein.

4.1 Erläutern Sie, welche Auswirkung bzw. Veränderung die Gutschrift in der Finanzbuchhaltung und in der Lagerwirtschaft haben wird!

4.2 Rufen Sie im System die gebuchte Rechnung auf und ermitteln Sie manuell den sich ergebenden Gutschriftbetrag!

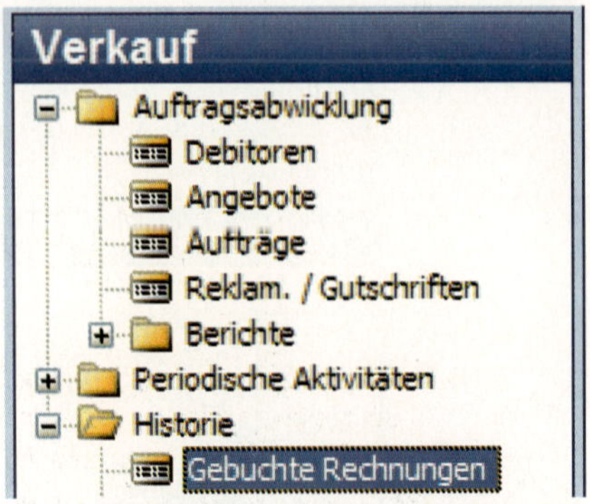

4.3 Erstellen und buchen Sie unter dem Arbeitsdatum des 18. 12. die Gutschrift im System und drucken Sie die Gutschrift aus!

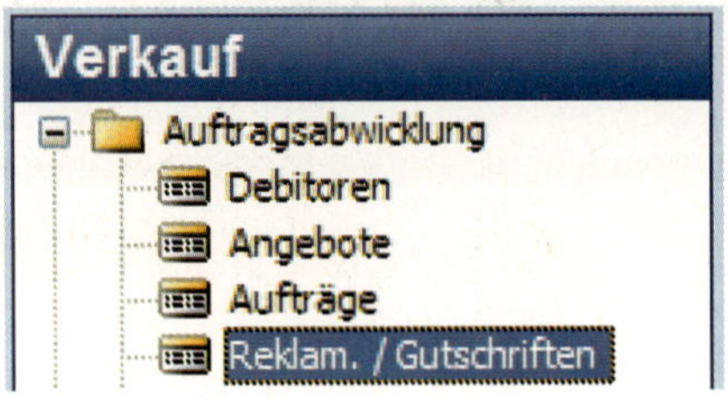

Bearbeitungshinweis

Eine Gutschrift mit Artikelrückgabe (mengen- und wertmäßige Gutschrift) erfolgt über den Menüpunkt *Gutschriften.* Steht der Cursor im Feld *Gutschrift Nr.* der Gutschriftmaske, erhalten Sie über die Enter-Taste einen Vorschlag für die Gutschriftnummer.

Anschließend ist über die Schaltflächen *Funktion / Beleg kopieren* am unteren Bildschirmrand die gebuchte Rechnung aufzurufen, auf die eine Gutschrift erteilt werden soll.

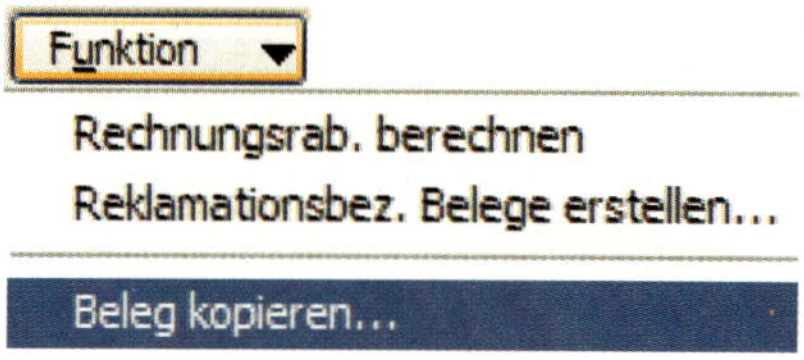

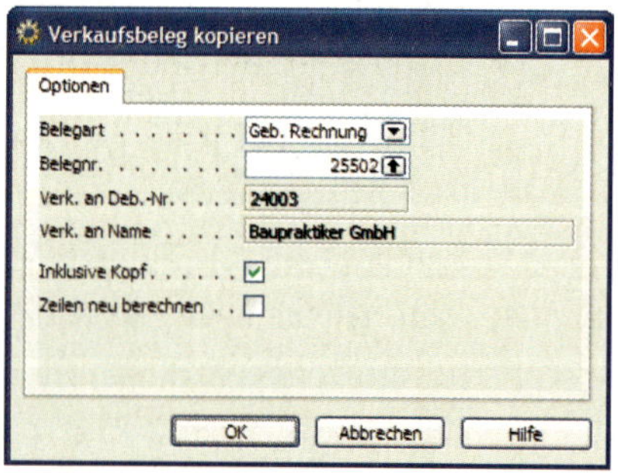

Durch das Setzen des Häkchens in der vorigen Abbildung werden die Adressdaten und der Inhalt der gebuchten Rechnung in die Gutschrift übernommen. Die von der Gutschrift nicht betroffenen Positionen (Zeilen) sind zu löschen, während betroffene Positionen entsprechend mit der Rücksendungsmenge zu korrigieren sind.

4.4 Bilden Sie die Buchungssätze für die obige Gutschrift, die im ERP-System automatisch vorgenommen werden!

4.5 Überprüfen bzw. vergleichen Sie im Modul *Finanzbuchhaltung* in *Journale* die Buchungen unter LWERTBUCH (Lagerwertbuch) und VERKAUF mit Ihren Buchungen aus der vorigen Aufgabe!

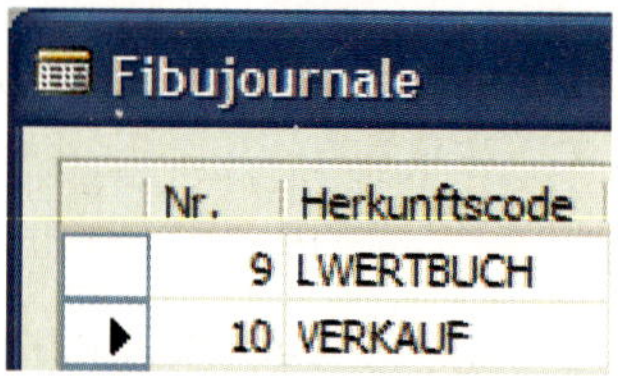

5. **Zahlungseingang**

Die HWR GmbH erhielt von ihrer Hausbank nachfolgenden Kontoauszug.

SPARKASSE ZOLLERNALB		**Auszug 40**	**Konto**	**24 999 111**
	Alter Kontostand vom 18.12.		EUR	100.734,04+
Tag	**Text**	**Wert**	**Belastung**	**Gutschrift**
22.12	BAULAND AG, KD-NR 24002 R-NR 25501 ABZÜGL. SKONTO	22.12		18.593,17
22.12	BAUPRAKTIKER GMBH, KD-NR 24003, R-NR 25502, ABZÜGL. GUTSCHRIFT NR 28001 UND SKONTO	23.12		1.554,70
22.12	HEIMWERKERMARKT GMBH, KD-NR 24001 R-NR 25415, 25436, 25487, 25492	23.12		44.900,00
	Neuer Kontostand vom 23.12.			165.781,91+
++++	**NEUER ZINSSATZ SEIT 15.11. 10,75%**			

5.1 Prüfen Sie die sachliche und rechnerische Richtigkeit des Zahlungseinganges vom Kunden Bauland AG anhand der weiter vorne abgebildeten Ausgangsrechnung!

5.2 Geben Sie den Buchungssatz an, der sich durch den Zahlungseingang von der Bauland AG ergibt!

5.3 Ermitteln Sie, ob es für den Kunden Bauland AG von Vorteil war, die Rechnung mit Skontoabzug zu zahlen, wenn sie dazu den Kontokorrentkredit ihrer Bank zum im Kontoauszug genannten Zinssatz in Anspruch genommen hat!

5.4 Stellen Sie rechnerisch dar, wie sich der Zahlungsbetrag der Baupraktiker GmbH ergibt!

Bearbeitungshinweis

Lassen Sie sich zur Bearbeitung der Aufgabe die entsprechenden Belege am Bildschirm anzeigen.

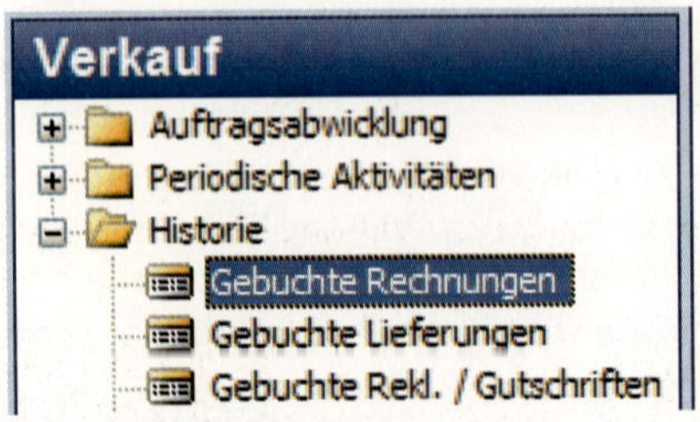

Einen Überblick über die noch zu zahlenden Rechnungen („offene Posten“) eines Kunden erhält man sehr schnell auch über das Register *Allgemein* der betreffenden Debitorenkarte.

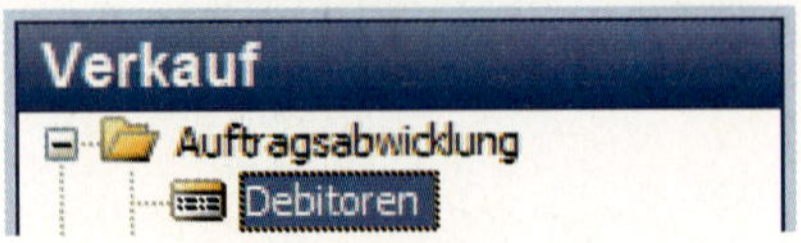

Über die Pfeilschaltfläche des Betragsfeldes *Saldo* öffnet sich im Weiteren die Anzeige der offenen Posten.

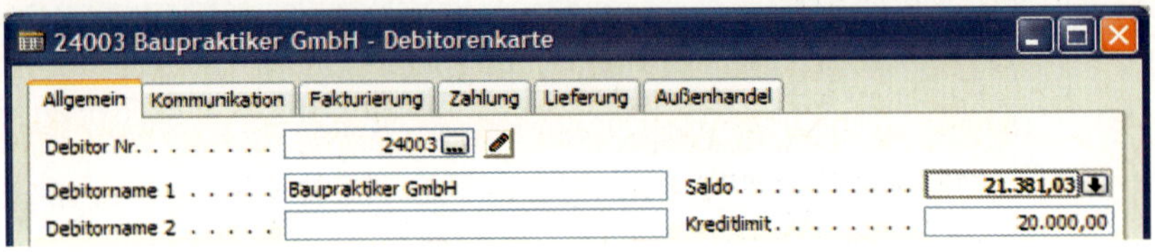

5.5 Laut Kontoauszug hat die Heimwerkermarkt GmbH vier Rechnungen beglichen. Der glatte Überweisungsbetrag lässt jedoch vermuten, dass die Heimwerkermarkt GmbH zu ihren Gunsten „gerundet“ hat.

Stellen Sie fest, ob die Vermutung zutrifft und ermitteln Sie gegebenenfalls den Differenzbetrag!

5.6 Erläutern Sie, wovon Sie es abhängig machen würden, dass bei unberechtigten Abzügen auf eine Nachforderung verzichtet werden soll und treffen Sie gegebenenfalls im vorliegenden Fall eine entsprechende Entscheidung!

5.7 Erfassen Sie über das Fibu-Buchungsblatt den Zahlungsausgleich „offener Posten“ des Kontoauszuges.

Bearbeitungshinweis

Passen Sie an Ihrem Arbeitsplatz bei abweichender Spaltenanzeige die Buchungsmaske gegebenenfalls an die nachfolgende Darstellung an.

Erfassen Sie die Buchungszeile so weit, bis der Cursor im Feld *Ausgleich-Belegnr.* steht!

Verzweigen Sie nun über die Pfeilschaltfläche in diesem Feld in die Ansicht *Debitorenpostenausgleich!*

Markieren Sie den auszugleichenden offenen Posten und übernehmen Sie ihn über die Schaltfläche *OK* in das Betragsfeld der Buchungszeile!

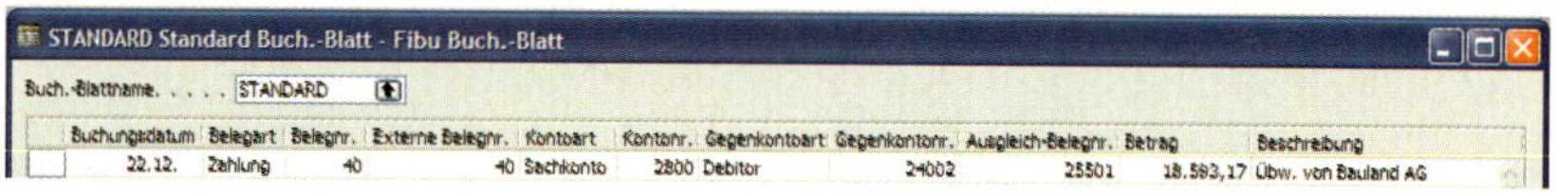

Nun muss überprüft werden, ob der Betrag laut Kontoauszug mit dem vom System vorgeschlagenen Betrag übereinstimmt. Sollte dies nicht der Fall sein, wäre der vorgeschlagene Betrag durch den tatsächlichen Betrag laut Kontoauszug zu ersetzen. Liegt der Betrag innerhalb einer im Programm eingestellten Toleranzspanne, so würde das System anschließend abfragen, wie mit der Differenz verfahren werden soll, andernfalls bleibt ein offener Posten als Restbetrag zurück.

Werden mit einer Zahlung mehrere offene Posten ausgeglichen, so ist der Ausgleich in Form eines zusammengesetzten Buchungssatzes über mehrere Buchungszeilen entsprechend zu erfassen.

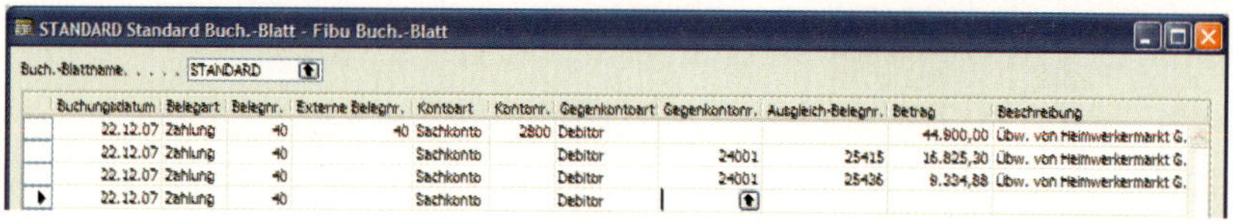

Vor dem Buchen der erfassten Zahlungsvorgänge im Buchungsblatt sollte eine Kontoabstimmung erfolgen. Hierbei kann abgeglichen werden, ob die erfassten Zahlungsvorgänge in der Finanzbuchhaltung zum gleichen Kontostand führen wie im Bankkontoauszug ausgewiesen. Bei Abweichungen sind die erfassten Buchungen nochmals zu überprüfen. Hierdurch lassen sich spätere Korrekturbuchungen vermeiden.

Führen Sie eine Kontoabstimmung durch und buchen Sie anschließend die erfassten Zahlungsvorgänge über die Schaltflächen *Buchen / Buchen* in das System ein!

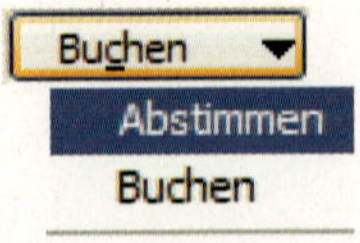

5.8 Analysieren Sie die Systembuchungen in der *Finanzbuchhaltung* unter *Journale* und vergleichen Sie diese mit Ihren manuellen Buchungen!

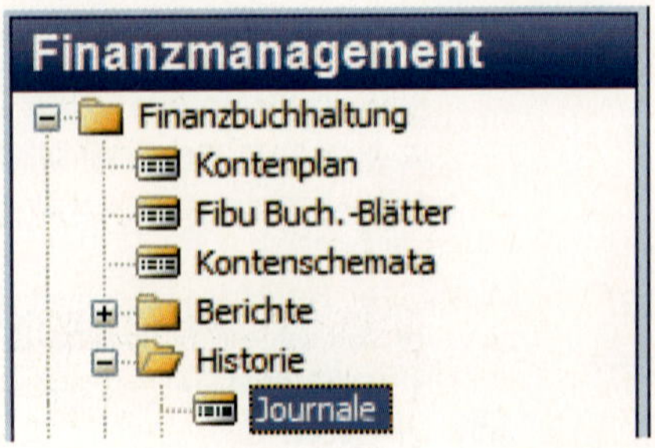

Abkürzungen

Gesetze und Rechtsverordnungen

AktG	Aktiengesetz
AO	Abgabenordnung
ArbGG	Arbeitsgerichtsgesetz
ArbSchG	Gesetz über die Durchführung von Maßnahmen des Arbeitsschutzes zur Verbesserung der Sicherheit und des Gesundheitsschutzes der Beschäftigten bei der Arbeit (Arbeitsschutzgesetz)
ArbSichG	Gesetz über Betriebsärzte, Sicherheitsingenieure und andere Fachkräfte für Arbeitssicherheit (Arbeitssicherheitsgesetz)
ArbZG	Arbeitszeitgesetz
BetrVG	Betriebsverfassungsgesetz
BGB	Bürgerliches Gesetzbuch
DrittelbG	Gesetz über die Drittelbeteiligung der Arbeitnehmer im Aufsichtsrat (Drittelbeteiligungsgesetz)
FGG	Gesetz über die Angelegenheiten der freiwilligen Gerichtsbarkeit
GenG	Gesetz betreffend die Erwerbs- und Wirtschaftsgenossenschaften (Genossenschaftsgesetz)
GmbHG	Gesetz betreffend die Gesellschaften mit beschränkter Haftung
GPSG	Gesetz über die Sicherheit von technischen Arbeitsmitteln und Verbraucherprodukten (Geräte- und Produktsicherheitsgesetz)
HGB	Handelsgesetzbuch
HRV	Handelsregisterverordnung
InsO	Insolvenzordnung
JArbSchG	Gesetz zum Schutze der arbeitenden Jugend (Jugendarbeitsschutzgesetz)
Montan-MitbestG	Gesetz über die Mitbestimmung der Arbeitnehmer in den Aufsichtsräten und Vorständen der Unternehmen des Bergbaus und der Eisen und Stahl erzeugenden Industrie (Montan-Mitbestimmungsgesetz) von 1951
MitbestG (1976)	Gesetz über die Mitbestimmung der Arbeitnehmer (Mitbestimmungsgesetz) von 1976
MuSchG	Gesetz zum Schutze der erwerbstätigen Mutter (Mutterschutzgesetz)
ProdHaftG	Gesetz über die Haftung für fehlerhafte Produkte (Produkthaftungsgesetz)
SGB	Sozialgesetzbuch (12 Bücher)
UStDV	Umsatzsteuer-Durchführungsverordnung
UStG	Umsatzsteuergesetz
ZPO	Zivilprozessordnung

Stichwortverzeichnis